문장을 찾는 사람들

이용태 · 지음

삶과 세상을 통찰하는 문장과 명언

문장사전

 문장을 찾는 사람들
삶과 세상을 통찰하는 문장과 명언

초판 인쇄 2025년 1월 19일
초판 발행 2025년 1월 19일

출판등록 번호 제 2015-000001 호
ISBN 979-11-94000-05-1 038000

주소 강원도 횡성군 횡성읍 송전로 209 (고즈넉한 길)
도서문의(신한서적) 031) 942 9851 팩스 : 031) 942 9852
도서내용문의 chackbase@kakao.com / 010 8287 9388
펴낸 곳 책바세 (책으로 바꾸는 세상)
펴낸이 이용태

지은이 이용태
기획 책바세
진행 책임 책바세
편집 디자인 책바세
표지 디자인 책바세

인쇄 및 제본 (주)신우인쇄 / 031) 923 7333

본 도서의 저작권은 [책바세]에서 있으며, 내용 중 디자인 및 저자의 창작성이 인정되는 내용을 무단으로 복제 및 복사하는 것은 저작권법에 의해 처리될 수 있다.
Published by chackbase Co. Ltd Printed in Korea

프롤로그

"하나의 문장이 당신의 삶을 바꿀 수 있다!"

어린 시절, 13살의 나이에 빵공장과 봉재공장에서의 하루는 끝없는 반복이었다. 손끝에서 흘러내리던 땀과 가슴속에 담긴 작지만 단단한 꿈은 그렇게 쌓여 갔다. 그 꿈은 언젠가 나만의 이야기를 쓰고, 그것으로 사람들에게 힘이 되는 문장을 만드는 것이었다. 오랜 시간이 흘러, 나는 작가가 되었고 출판사를 세웠다. 그리고 지금, 꼭 쓰고 싶었던 책을 완성했다.

물질만능의 시대에 살고 있는 지금, 우리는 종종 인문학적 감성과 삶의 진정한 의미를 잊고 살아간다. 이러한 세상의 소음 속에서 마음의 중심을 잡아줄 문장 하나, 삶의 방향을 비춰줄 빛 같은 문장이 필요하다. 이 책은 바로 그러한 문장 속 명언들을 모은 작지만 큰 통찰이 담겨있다. 이 책이 남녀노소 누구에게나 도움이 되는, 누구나 자신의 이야기를 찾을 수 있는 책이 되기를 바라는 마음이다.

이 책을 쓰는 동안 작가인 나 자신조차도 수없이 많은 생각에 잠기며, 내 삶의 본질을 다시금 느끼게 해 준 감사한 시간이었다. 그러나 이 책은 나만의 것이 아니다. 이 책을 읽는 독자분들이 이 문장(명언)들을 통해 자신의 이야기를 찾고, 더 나은 삶의 길을 걸을 수 있기를 바라는 마음이며, 필자보다 더 많은 감동을 받는 책이 되기를 진심으로 바라고 있다.

하나의 문장이 삶을 바꾸고, 사람이 또 다른 사람의 삶을 변화시킨다. 이것이야말로 우리가 함께 만들어가는 세상의 아름다움이 아닐까? 이 작은 문장들이 여러분 마음속에 따스한 불씨가 되어 훨훨 타오르길 간절히 소망한다.

작가 이종태

책 소개

▶ 500명의 명사가 남긴 1,000여 개의 명언

이 책 속에는 시대와 국경, 그리고 성별을 초월한 역사, 철학, 과학, 문화, 예술 등 다양한 분야에서 활약한 500명의 명사가 남긴 명언 1,000여 개가 담겨 있다.

▶ 한 권으로 1,000여 편의 책을 읽는 효과

이 책의 명언 한 줄에는 한 권의 책에 버금가는 깊은 통찰이 담겨 있다. 이 책은 독서 시간이 부족한 현대인을 위해 기획되어, 1,000개의 명언과 그에 얽힌 이야기를 통해 방대한 독서 효과를 누리는 기회를 제공한다.

▶ 위키백과, 요다위키, 나무위키 등의 정보 참고

이 책에 수록된 이야기와 명언은 신뢰성과 풍부함을 더하기 위해 위키백과, 요다위키, 나무위키 등 다양한 출처의 정보를 참고하여, 독자들은 이 책을 통해 잘 알려지지 않았던 사실과 이야기를 만날 수 있다.

▶ 작자의 상상력으로 재구성된 이야기와 명언

이 책은 단순히 정보만 나열하지 않았으며, 작가적 상상력으로 각 명사의 삶과 명언을 더 흥미롭고 생동감 넘치게 재구성하여 재미와 감동을 동시에 선사한다.

▶ 문장의 세계를 넘어 방대한 지식의 세계로

이 책의 명언과 이야기는 단순히 문장의 세계에 머물지 않고, 나아가 문장을 통해 새로운 사유와 관점을 접하며, 방대한 지식의 세계로 발돋움하는 다리 역할을 한다.

▶ 감동적인 글을 선물하고 싶은 모든 이들에게

이 책은 단순히 명언집 그 이상으로, 이야기와 문장, 그리고 명언들을 통해 감동의 글을 쓰고, 선물하고자 하는 모든 사람들에게 영감을 준다.

목차

프롤로그　　　004
책 소개　　　005

[감사와 나눔]　　010
감　사　　　010
나　눔　　　013
배　려　　　017
협　력　　　019
희　생　　　022
연　대　　　026
축　복　　　029
헌　신　　　031
기　부　　　035

[문화와 예술]　　038
문　화　　　038
예　술　　　042
창　작　　　049
공　연　　　053
미　학　　　057
전　통　　　061
현　대　　　064

[사랑과 우정]　　068
사　랑　　　068

우　정　　　073
친　구　　　077
애　정　　　080
소　통　　　084
포　용　　　089
설　렘　　　091

[모험과 도전]　　094
모　험　　　094
탐　험　　　097
도　전　　　099
용　기　　　104
위　험　　　107
성　취　　　110
열　정　　　113
탐　구　　　117
의　지　　　121
결　단　　　124
목　표　　　127

[자연과 환경]　　132
자　연　　　132
환　경　　　137
생　태　　　138
보　존　　　141

기후	144	
생명	145	
생과 사	146	
자원	150	
조화	150	
생존	151	
본능	152	
쾌락	155	

[전쟁과 평화] 158

전쟁	158
무기	164
희생	166
갈등	171
역사	179
평화	184
독립	187

[종교와 철학] 192

종교	192
신	200
구원	203
영혼	204
사유	206
이성	213

존재	218
지혜	220
진리	222
초월	226
자유	228
성찰	231
형이상학	234
깨달음	236

[사회와 윤리] 240

사회	240
윤리	245
정의	250
제도	254
권리	257
책임	260
복지	261
갈등	263
선과 악	265
양심	269
책임	272
평등(공정)	273
정직	277
거짓말	280
원칙	284

배려	289	
선의	291	

[정치와 경제] 294

정치	294
권력	301
투표	306
법	309
외교	309
정책	312
리더	315
분배	322
자본주의	327
공산주의	331
민주주의	339
사회주의	342
경제	347
돈	348
투자	356

[과학과 기술] 362

과학	362
우주	369
진화	374
물질	378
실험	382
기술	383
정보	385
인공지능	389
혁신	394
발명	398

[희망과 절망] 400

희망	400
기대	405
행복	409
고난	411
극복	415
위기	416
위안	418
성취	421
절망	425
상실	428
한계	431
어둠	432
실패	434
꿈	436
방향	438
성공	440

[시간과 공간]	446
시 간	446
과 거	545
현 재	459
미 래	461
순 간	465
영 원	468
기 억	469
공 간	472
차 원	475

감사와 나눔

감사, 나눔, 배려, 협력, 희생, 연대, 축복, 헌신, 기부와 관련된 문장들

마야 안젤루 "세상에서 가장 고귀한 태도"

의미: 감사는 단순한 예의를 넘어서 인간이 가질 수 있는 가장 고귀한 마음의 표현.
출처: 마야 안젤루의 강연과 저서 〈I Know Why the Caged Bird Sings〉.

미국의 작가이자 시인, 인권운동가였던 마야 안젤루는 감사의 힘을 삶과 관계의 중심에 두었다. 그녀는 감사가 인간의 가장 고귀한 감정 중 하나이며, 그 표현이야말로 인간성을 빛나게 하는 중요한 행동이라고 말했다. 그녀는 자신의 삶에서 감사의 중요성을 몸소 실천했다. 어려운 어린 시절을 겪으면서도 그녀는 작은 친절이나 도움에도 깊은 감사를 표현하며, 그것이 자신에게 얼마나 큰 힘이 되었는지 자주 언급했다.

"감사의 표현은 가장 고귀한 인간의 태도 중 하나다. 감사는 우리가 가진 모든 것에 의미를 부여하고, 그것을 세상과 나누는 방식이다."

안젤루는 '감사의 표현은 사랑과 연대의 시작이다'라며, 감사는 개인뿐 아니라 사회를 더 나은 방향으로 변화시키는 도구라고 보았다. 그녀는 감사의 태도가 사람들에게 희망과 용기를 전달한다고 믿었다.

마릴린 먼로 "소중함의 발견"

의미: 감사는 단순한 고마움이 아닌, 현재 가진 모든 것의 가치를 깊이 인정하는 태도.
출처: 마릴린 먼로의 인터뷰와 그녀의 개인적인 철학.

20세기 할리우드의 아이콘이자 배우였던 마릴린 먼로는 화려한 외면과는 달리, 내면의 불안과 외로움 속에서도 자신이 가진 것의 소중함을 발견하고, 항상 감사하는 태도를 강조했다. 그녀는 감사를 통해 삶의 진정한 가치를 깨닫는 법을 배웠다고 말했다.

"감사는 당신이 가진 모든 것을 소중히 여길 줄 아는 마음이다. 감사를 통해 우리는 단순한 것들에서도 행복과 평화를 발견할 수 있다."

먼로는 이 말을 통해 감사는 단순히 성공이나 특별한 성과에 대한 것이 아니라, 우리가 이미 가진 것들을 진심으로 소중히 여기고 그 가치를 인정하는 마음에서 비롯된다고 설명했다.

조셉 베르나드 "감사의 효과"

의미: 감사 표현은 순간의 감정을 넘어 끝없이 퍼져나가는 긍정의 에너지를 만드는 힘.
출처: 조셉 베르나드의 연설과 그의 글.

20세기, 미국의 연설가이자 교육자인 조셉 베르나드는 감사의 힘과 그것이 인간 관계와 사회에 미치는 긍정적인 영향을 깊이 탐구했다. 그는 감사의 말 한마디가 사람들 사이의 벽을 허물고, 세상을 더 나은 곳으로 변화시킬 수 있다고 믿었다.

"감사의 말 한마디는 무한한 긍정의 파동을 만들어낸다. 감사는 씨앗과 같아서, 우리가 심는 곳마다 성장하여 더 큰 영향을 미친다."

베르나드는 이 말을 통해 감사는 단순한 예의 표현이 아니라, 사람들 사이에 긍정적인 변화를 일으키고, 그것이 연쇄적으로 퍼져나가는 힘이라고 강조했다. 그의 강연에서 종종 감사의 표현이 한 개인에게만 영향을 미치는 것이 아니라, 그것을 받은 사람들이 또 다른 긍정적 행동으로 이어가며 커다란 파급 효과를 낼 수 있다고 설명했다.

마르쿠스 툴리우스 키케로 "덕의 어머니"

의미: 감사는 모든 선행과 덕목의 근원이며, 도덕적 행동을 이끌어내는 핵심 감정.
출처: 마르쿠스 툴리우스 키케로의 저서 〈의무론(De Officiis)〉과 그의 철학적 사상.

고대 로마 공화국의 정치가이자 철학자인 마르쿠스 툴리우스 키케로는 감사가 인간의 삶에서 도덕적 행동과 선한 성품을 형성하는 핵심이라고 설파했다. 그는 감사가 단순한 감정이 아니라, 모든 덕목의 시작이자 근원이라고 강조했다.

"감사는 덕의 어머니이며, 모든 덕의 근원이다. 감사는 우리의 마음을 고양시키고, 더 나은 행동으로 이어지게 한다."

그는 이 말을 통해 감사는 단순히 고마움을 느끼는 것에 그치지 않고, 인간의 행동과 사고를 선하게 이끄는 힘이라고 설명했다. 특히, 감사가 사회적 조화와 인간 관계를 유지하는 데 중요한 역할을 한다고 보았다. 또한, 그는 '감사를 통해 우리는 타인과의 관계에서 신뢰와 존중을 쌓고, 사회적 덕목을 발전시킬 수 있다'고 설파했으며, 감사가 인간의 내면을 풍요롭게 하고, 다른 덕목, 겸손, 배려, 용기 등을 강화한다고 믿었다.

프랜시스 베이컨 "관계의 끈"

의미: 감사는 인간 관계에서 유대감을 강화하고 신뢰와 존중으로 관계를 이어주는 핵심.
출처: 프랜시스 베이컨의 철학적 사유와 그의 저서 〈에세이(Essays)〉.

16~17세기, 영국의 철학자이자 과학자인 프랜시스 베이컨은 인간의 관계와 사회적 조화에 깊은 관심을 가졌다. 그는 감사가 인간 사이의 신뢰와 연대를 형성하는 데 필수적이라고 강조하며, 감사가 단순한 예의가 아니라 관계를 유지하고 강화하는 핵심적인 역할을 한다고 보았다.

"감사는 인간 관계를 연결하는 가장 강력한 끈이다. 감사는 신뢰를 키우고, 상호 존중을 증진시키며, 서로의 가치를 인정하게 한다."

베이컨은 이 말을 통해 감사가 인간 사이의 관계를 더욱 단단하게 만들고, 이를 통해 더 나은 협력과 조화를 이끌어낸다고 설명했다. 그는 또한 감사의 표현이 상대방에게 긍정적인 에너지를 전달하고, 그로 인해 관계가 더욱 깊어질 수 있다고 보았다.

에크하르트 톨레 "감사의 힘"

의미: 현재를 감사하는 마음가짐은 우리의 삶과 시각을 즉시 긍정적으로 바꾸는 힘.
출처: 에크하르트 톨레의 저서 〈지금 이 순간을 살아라〉와 그의 철학.

독일 출신의 영적 지도자이자 작가인 에크하르트 톨레는 현재의 순간에 온전히 머무르는 것의 중요성을 설파했다. 그는 감사가 단순한 감정 표현이 아니라, 현재를 받아들이고 이를 긍정적으로 인식하는 가장 강력한 도구라고 강조했다.

"현재의 순간에 감사할 수 있다면, 삶은 즉시 변한다."

톨레는 이 말을 통해 과거나 미래에 대한 걱정에서 벗어나, 현재 순간에서 감사할 수 있는 것을 찾는 것이 우리의 삶을 즉각적으로 풍요롭게 만든다고 설명했다. 톨레는 또한 감사가 우리의 에너지를 변화시키고, 이를 통해 삶의 더 많은 기회를 열어준다고 믿었다.

말콤 포브스 "감사의 특별함"

의미: 감사는 소유의 많고 적음이 아닌, 현재 가진 것의 가치를 소중히 여기는 태도.
출처: 말콤 포브스의 경영 철학과 그의 인생관.

20세기, 미국의 기업가이자 포브스(Forbes) 잡지의 창립자였던 말콤 포브스는 성공과 부유함 속에서도 감사의 중요성을 설파했다. 그는 진정한 풍요는 더 많이 소유하는 데 있지 않고, 이미 가진 것들을 소중히 여기는 태도에서 비롯된다고 강조했다.

"감사는 우리가 가진 것을 소유하는 것이 아니라, 그것을 소중히 여기는 태도에서 온다."

포브스는 이 말을 통해 감사는 물질적 풍요와는 관계없이, 현재 가진 것들의 가치를 진심으로 인정하고 이를 즐기는 태도라고 설명했다. 그의 경영 철학에서도 감사의 태도는 중요한 요소였다. 포브스는 '회사의 성공은 단지 매출과 이익이 아니라, 함께 일하는 사람들과 고객의 가치를 소중히 여길 때 이루어진다'고 믿었다.

오스카 쉰들러 "희망을 내는 작은 조각"

의미: 나눔은 자신보다 남을 위한 행동으로 진정한 인류애를 실천하는 것.
출처: 제2차 세계대전 당시 유대인 수천 명을 구한 오스카 쉰들러의 삶.

1940년대, 나치의 광기가 유럽을 휩쓸던 시기, 폴란드 크라쿠프에 한 독일 사업가가 있었다. 오스카 쉰들러, 평범한 기업가였던 그는 전쟁을 기회로 삼아 돈을 벌겠다는 야심으로 공장을 세웠다. 그러나 그의 공장은 단순한 생산 기지를 넘어 수천 명의 유대인들에게 삶의 등불이 되었다.

쉰들러는 유대인 노동자들에게 일자리를 제공하며 그들을 죽음의 수용소로부터 구하기 위해 노력했다. 공장의 생산량은 전쟁에 크게 기여하지 못했지만, 쉰들러는 의도적으로 비효율을 가장하며 노동자들의 생명을 연장했다. 그는 나치 관리들에게 뇌물을 주고, 재산을 팔아가며 '쉰들러 리스트'에 이름을 올린 노동자들을 보호했다.

"누군가 한 사람의 생명을 구하면, 그것은 세상을 구한 것이다."

그의 말은 쉰들러의 모든 행동을 응축한 말이었다. 그는 단순히 자신이 할 수 있는 최선을 다했을 뿐이라고 겸손히 말했지만, 그의 희생은 1,200명의 생명을 구했다. 그가 남긴 희망의 작은 조각들은 오늘날에도 인류애의 상징으로 남아 있다. 쉰들러의 이야기는 나눔이 단순한 행동을 넘어 생명을 살리는 기적을 이룰 수 있음을 보여준다.

프리다 칼로 "아름다움 속의 자유"

의미: 나눔은 고통을 예술로 승화시켜 자유를 나누는 행동.
출처: 프리다 칼로가 자신의 그림으로 고통 속에서도 희망을 전한 삶.

20세기, 멕시코의 대표적인 예술가인 프리다 칼로는 평생에 걸친 육체적 고통과 감정적 상처를 예술로 승화시켰다. 그녀의 작품은 깊이 개인적인 이야기이면서도, 전 세계의 사람들이 공감할 수 있는 보편적인 감정을 담고 있다.

"내 그림은 나의 고통을 담았지만, 보는 사람들에게는 자유를 준다. 고통은 나의 것이지만, 자유는 보는 이들의 것이다."

그녀의 작품은 단순히 예술이 아니었다. 그것은 자신을 넘어 세상의 고통과 연대를 나누는 메시지였다. 그녀의 대표작 중 하나인 〈부러진 기둥〉은 그녀의 척추 부상과 그로 인한 고통을 표현한 그림이다. 이 작품은 프리다 자신의 신체적 고통을 고백적으로 드러내면서도, 이를 통해 관객들에게 연민과 치유의 감정을 불러일으킨다.

엘리너 루스벨트 "가장 큰 선물, 평화"

의미: 나눔은 평화를 만들어가는 가장 강력한 도구.
출처: 엘리너 루스벨트의 연설과 인권 선언을 통해 보여준 행적.

제2차 세계대전이 끝난 뒤, 세계는 깊은 상처를 입었다. 미국의 32대 대통령 프랭클린 D. 루스벨트의 아내 엘리너 루스벨트는 전쟁 후 유엔 인권 선언의 초안을 작성하는 데 핵심적인 역할을 했다. 그녀는 '모든 사람이 존엄과 권리를 누릴 수 있어야 한다'고 주장하며 말했다.

"평화는 단순히 전쟁이 없는 상태가 아니라, 인간의 존엄을 보장하는 것이다."

그녀는 세계 곳곳을 돌아다니며 인권을 위한 협약을 이끌었다. 그녀의 노력으로 유엔은 1948년 세계 인권 선언을 채택했고, 이는 전 세계 인권의 기준이 되었다. 엘리너 루스벨트는 단순히 평화를 외친 것이 아니라, 이를 구체적으로 실현할 방법을 제시했다. 그녀의 삶은 나눔이 개인을 넘어 전 인류를 위한 선물이 될 수 있음을 보여주었다.

헬렌 켈러 "나눌수록 커지는 기적"

의미: 작은 선한 행동이나 도움도 누군가에게는 삶을 바꾸는 큰 기적이 될 수 있다.
출처: 헬렌 켈러의 강연과 자서전 〈내 삶의 이야기(The Story of My Life)〉.

청각과 시각을 모두 잃은 상태에서도 교육과 노력으로 세계적인 작가이자 활동가가 된 헬렌 켈러는 나눔의 힘과 그것이 만들어내는 기적을 몸소 체험한 인물로, 그녀는 작은 친절과 나눔이 자신과 다른 이들에게 얼마나 큰 영향을 미칠 수 있는지 직접 증명했다.

"작은 나눔도 누군가에게는 큰 기적이 된다. 작은 나눔이 없었다면, 나는 지금 이 자리에 없었을 것이다."

켈러는 이 말을 통해 우리가 때로는 하찮게 여길 수 있는 작은 도움이라도, 그것이 필요한 사람에게는 삶을 변화시키는 거대한 힘이 될 수 있음을 강조했다. 어린 시절 앤 설리번(Anne Sullivan)의 도움을 받아 언어를 배우며 세상과 소통하는 법을 익혔다. 그녀가 교육을 받을 수 있었던 것은 앤 설리번 선생님의 헌신적인 나눔 덕분이었다.

마틴 루터 킹 주니어 "진정한 소유의 의미"

의미: 소유물을 나누지 못할 때 그것은 우리를 속박하며, 진정한 소유는 나눔을 통해 완성.
출처: 마틴 루터 킹 주니어의 연설과 그의 사회적 정의를 위한 활동.

18세기, 미국의 인권운동가이자 목회자인 마틴 루터 킹 주니어는 인종차별에 맞서 싸우며, 나눔과 공동체 정신을 통해 세상을 변화시키는 데 헌신했다. 그는 물질적, 정신적 소유는 타인과 나누지 않으면 그 진정한 가치를 잃는다고 강조했다.

"우리가 베풀 수 없는 것은 진정으로 소유한 것이 아니다."

킹은 이 말을 통해 진정한 소유란 단지 축적된 것이 아니라, 그것을 다른 사람들과 나눌 수 있는 자유와 마음가짐에서 비롯된다고 설명했다. 그는 자신의 시간과 재능, 그리고 영향력을 불의와 싸우고 평등을 이루기 위한 도구로 사용했다.

데스몬드 투투 "치유의 시작"

의미: 나눔은 단순한 이타적 행위가 아닌, 세상의 갈등과 아픔을 치유하는 변화의 시작.
출처: 데스몬드 투투의 인종 화합과 평화 운동에서 비롯된 철학적 신념.

18~19세기, 남아프리카공화국의 성공회 대주교이자 노벨 평화상 수상자인 데스몬드 투투는 평생 동안 인종차별 철폐와 화해를 위해 헌신했다. 그는 나눔이 인간의 아픔을 치유하고, 사회적 갈등을 해결하며, 더 나은 세상을 만드는 시작점이라고 강조했다.

"나눔은 세상을 치유하는 첫걸음이다. 나눔은 사람들을 하나로 연결하고, 그 과정에서 갈등과 상처를 덮는다."

투투는 이 말을 통해 나눔은 단순히 물질적인 것을 제공하는 것을 넘어서, 인간과 사회 간의 이해와 연대감을 형성하며 치유의 과정을 시작하는 행위라고 설명했다. 그는 남아프리카공화국의 진실화해위원회(TRC) 활동을 통해 나눔과 화해의 힘을 보여주었다. 피해자와 가해자가 서로의 이야기를 나누고, 용서를 구하며, 함께 치유로 나아가는 과정에서 나눔은 핵심적인 역할을 했다.

장기려 "땅에서 피어난 희망"

의미: 나눔은 고통받는 이웃에게 희망을 심어준다.
출처: 한국의 의사 장기려가 무의탁 환자를 위해 평생을 헌신했던 삶의 흔적.

대한민국의 의사이자 사회적 지도자였던 장기려 박사는 나눔과 헌신의 삶을 통해 사랑의 진정한 의미를 보여준 인물이다. 그는 가난한 환자들을 위해 자신의 기술과 자원을 아낌없이 나누며, 이를 통해 사회적 약자를 돕는 삶을 살았다. 그는 6·25 전쟁 후 부산으로 피난해 가난한 이들을 위한 무료 진료를 시작했으며, 1951년 '청십자 의료보험 조합'을 설립해 현대 한국 의료보험 제도의 토대를 닦았다.

"한 사람이라도 더 살릴 수 있다면 내 재산은 필요 없다. 의사가 먼저 손을 내밀어야 환자는 용기를 얻는다."

그는 청십자 의료보험을 설립해 경제적으로 어려운 환자들을 무료로 치료하며, 환자들에게 의료의 본질은 이익이 아니라 사랑이라고 가르쳤다. 그의 헌신은 단순히 개인적 선행을 넘어, 한국 사회의 의료 시스템을 변화시키는 데까지 이어졌다.

세종대왕 "한글재로 이룬 혁명"

의미: 배려는 모두를 위한 지식을 나누는 혁신.
출처: 세종대왕이 훈민정음을 창제하며 남긴 유산.

15세기 조선, 세종대왕은 한자를 모르는 백성들이 억울함을 호소하지 못하고 지식에 접근할 수 없는 현실을 통감했다. 그는 말없이 긴 세월을 연구하며 새로운 문자를 고안했다. 훈민정음이 그 결과물이었다. 훈민정음 창제 후, 신하들은 이를 반대하며 말했다. '백성이 글을 배우는 것은 하늘을 거스르는 일입니다.' 하지만 세종은 단호하게 답했다.

"백성이 가난하면, 그 책임은 임금에게 있다."

훈민정음은 백성을 위한 배려의 결정체였다. 누구나 쉽게 배우고 사용할 수 있도록 설계된 이 문자는 지식의 문을 열었고, 조선의 문화와 학문을 급속히 발전시켰다. 세종대왕은 자신의 배려로 조선의 미래를 설계한 진정한 혁신가였다.

마더 테레사 "두드려라, 그러면 열릴 것이다"

의미: 배려는 작은 행동으로 시작해 세상을 바꾸는 힘.
출처: 마더 테레사의 생애와 빈도들을 위한 헌신적인 삶.

1950년대, 인도 콜카타, 거리에는 굶주림과 병으로 신음하는 사람들이 넘쳐났다. 평생을 헌신한 마더 테레사는 이들을 외면하지 않고 손을 내밀었다. 하루는 한 아이가 그녀를 향해 울며 말했다. '먹을 것이 없어요.' 그녀는 아무것도 없는 상황에서도 작은 빵 한 조각을 구해 그 아이에게 건네주었다.

"내가 가진 것은 작지만, 이 작은 행동이 하나의 시작이 될 것이다. 가장 위대한 변화는 가장 작은 사랑에서 시작된다"

이후 그녀는 빈손으로 시작해 국제 자선 단체 '사랑의 선교회'를 설립했고, 세계 곳곳의 가난한 이들을 돕는 데 평생을 바쳤다. 그녀의 배려는 이내 전 세계로 퍼져나가 수백만 명의 삶을 변화시켰다. 마더 테레사의 손길은 배려가 가진 힘을 세상에 증명했고, 그의 사랑의 선교회는 전 세계로 확장되어 오늘날에도 도움이 필요한 이들을 위한 사명을 이어가고 있다.

달라이 라마 "세상을 바꾸는 힘"

의미: 작은 친절과 배려의 실천이 모여 세상을 더 나은 곳으로 변화시키는 원동력.
출처: 달라이 라마의 강연과 저서 〈행복론(The Art of Happiness)〉.

티베트 불교의 정신적 지도자인 달라이 라마는 평생 동안 자비와 친절을 통해 세상을 변화시키는 방법을 가르쳐왔다. 그는 친절과 배려가 작은 행동처럼 보이지만, 그것이 사람들의 마음과 사회를 변화시키는 가장 강력한 힘이라고 강조했다.

"친절과 배려는 사소한 것이지만, 그것들이 세상을 바꾼다."

달라이 라마는 이 말을 통해, 친절과 배려는 그 자체로 큰 희생이나 특별한 능력을 필요로 하지 않지만, 그 효과는 엄청나다고 설명했다. 그는 또한 배려와 친절은 단순히 타인을 위한 것이 아니라, 우리 자신에게도 깊은 만족과 행복을 가져다준다고 설파했다.

마야 안젤루 "잊혀지지 않는 감정의 흔적"

의미: 배려 없는 말과 행동은 타인의 감정에 오래 남아 영향을 미친다.
출처: 마야 안젤루의 강연과 저서 〈자전적 소설 I Know Why the Caged Bird Sings〉.

미국의 작가이자 시인, 인권운동가였던 마야 안젤루는 인간 관계와 감정의 힘에 대해 깊이 통찰한 인물이다. 그녀는 우리의 말과 행동이 단기적인 영향을 줄 수 있지만, 진정한 영향력은 타인에게 남긴 감정의 흔적에 있다고 강조했다.

"우리의 말과 행동은 순간이지만, 감정은 영원하다. 사람들은 당신이 한 말을 잊고, 당신이 한 행동도 잊겠지만, 그들이 당신 때문에 느꼈던 감정은 절대 잊지 않을 것이다."

안젤루는 이 말을 통해 인간 관계의 본질은 말이나 행동보다 더 깊은 감정의 교류에 있음을 설명했다. 녀의 삶은 이 철학을 실천으로 보여준 사례였으며, 인종차별과 불평등 속에서도 연대와 사랑의 메시지를 전하며 사람들에게 희망과 용기를 심어주었다.

마르쿠스 아우렐리우스 "도움을 주는 삶의 시작"

의미: 하루를 시작할 때 타인을 돕는 것을 자신의 의무이자 기쁨으로 여기는 태도.
출처: 마르쿠스 아우렐리우스의 저서 〈명상록(Meditations)〉.

2세기 로마의 철학자이자 황제였던 마르쿠스 아우렐리우스는 스토아 철학을 바탕으로 자신의 삶을 성찰하며, 인간다움과 덕의 가치를 실천했다. 그는 하루를 시작할 때마다 다른 사람을 돕는 것을 자신의 사명으로 여겼으며, 이를 통해 내면의 평화를 유지하고 삶의 의미를 찾았다.

"아침에 눈을 뜰 때, 나는 이렇게 생각한다. '오늘 나는 다른 이들에게 도움을 줄 기회를 가진다."

이 말은 아우렐리우스가 자신의 삶을 어떻게 바라보고 행동했는지를 보여준다. 그는 하루를 시작할 때 자신이 해야 할 일들을 떠올리며, 다른 사람들에게 도움을 줄 수 있는 기회를 감사히 여겼다. 그는 '타인을 돕는 것은 단순한 의무가 아니라, 인간의 본성에서 비롯된 가장 고귀한 행동'이라고 말했다.

헨리 포드 "성공의 과정"

의미: 성공은 사람들의 단순한 모임을 넘어 지속적 협력과 공동 작업으로 이룬 결실.
출처: 헨리 포드의 경영 철학과 협력의 중요성에 대한 그의 연설.

20세기, 미국의 기업가이자 자동차 산업의 선구자인 헨리 포드는 협력과 팀워크를 통해 개인의 노력보다 훨씬 더 큰 성과를 이룰 수 있음을 보여줬다. 그는 사람들을 모으는 것에서 시작해, 지속적으로 협력하며 목표를 달성하는 과정을 성공의 핵심으로 보았다.

"함께 모이는 것이 시작이고, 함께 머무르는 것이 진전이며, 함께 일하는 것이 성공이다. 성공은 팀워크와 지속적인 신뢰에서 시작된다.'

포드는 이 말을 통해 성공은 한 번의 단순한 행동으로 이루어지지 않으며, 꾸준히 협력하고 노력하는 과정에서 만들어진다고 설명했다. 그의 자동차 생산라인 개발은 이러한 철학을 반영한다. 포드는 단순히 뛰어난 개인의 능력에 의존하지 않고, 모든 직원이 협력하여 한 시스템 내에서 함께 일할 수 있도록 효율성을 극대화했다.

아리스토텔레스 "전체와 부분의 조화"

의미: 전체는 부분의 단순한 합이 아닌, 상호작용으로 만들어지는 더 큰 가치의 총체.
출처: 아리스토텔레스의 저서 〈형이상학〉.

고대 그리스 철학자인 아리스토텔레스는 세상을 분석하고 이해하는 데 있어 부분과 전체의 관계를 중요시했다. 그는 전체가 단순히 부분의 집합이 아니라, 각 요소들이 조화를 이루어 더 큰 본질과 의미를 형성한다고 주장했다.

"전체는 그 부분의 합보다 크다. 조화와 상호작용이 전체를 더 큰 존재로 만든다."

아리스토텔레스는 이 말을 통해 각 부분이 독립적으로는 미완성일지라도, 함께 결합하면 예상치 못한 새로운 가치를 창출한다고 설명했다. 그의 철학에서는 한 사회나 공동체가 개인들의 단순한 집합체가 아니라, 각 구성원이 서로 영향을 주고받으며 만들어지는 더 큰 의미와 가치를 가진다고 보았다.

마거릿 미드 "작은 집단의 큰 변화"

의미: 헌신적이고 단결된 작은 집단이 세상의 변화를 시작하고 이끌어내는 근본적인 힘.
출처: 마거릿 미드의 인류학적 연구와 그녀의 강연.

20세기 미국의 인류학자 마거릿 미드는 사회적 변화와 혁신의 본질을 탐구하며, 역사를 통해 세상을 변화시킨 것은 늘 소수의 헌신적이고 열정적인 사람들임을 강조했다. 그녀는 변화는 수의 크기가 아니라, 의지와 헌신의 깊이에서 비롯된다고 보았다.

"세상을 변화시키는 것은 단 하나의 헌신적인 작은 집단이다. 그것이 항상 세상을 변화시켜 온 방식이다."

미드는 이 말을 통해, 소규모 집단의 열정적이고 헌신적인 노력이 세상에 큰 영향을 미칠 수 있다고 설명했다.

레너드 번스타인 "함께하는 믿음"

의미: 팀워크는 개인의 한계를 인정하고 협력으로 더 큰 목표를 이루려는 신뢰의 실천.
출처: 레너드 번스타인의 음악 활동과 오케스트라 지휘 철학.

20세기, 미국의 위대한 지휘자이자 작곡가인 레너드 번스타인은 오케스트라를 통해 팀워크의 진정한 의미를 실천했다. 그는 음악이란 개인의 역량이 아니라, 서로 조화를 이루며 협력할 때 비로소 완성된다고 믿었다. 오케스트라 지휘자로서 그는 모든 연주자가 각자의 파트를 완벽히 연주해야 하지만, 그 연주가 하나의 통합된 작품으로 만들어지는 것은 팀워크 덕분이라고 강조했다.

"팀워크는 '나는 혼자서는 할 수 없지만, 우리는 함께 할 수 있다'는 믿음이다."

번스타인은 이 말을 통해 팀워크의 본질은 개인의 능력을 초월해 서로가 협력하며 더 큰 성과를 이루는 데 있다고 설명했다. 그는 '팀워크는 각자의 고유한 역할을 존중하고, 이를 통해 하나의 조화를 만들어가는 과정'이라고 말했다.

사이먼 시넥 "함께 빛내는 힘"

의미: 좋은 리더는 자신의 성공보다 팀원 모두의 성장과 발전을 돕는 데 헌신하는 것.
출처: 사이먼 시넥의 저서 〈리더는 마지막에 먹는다(Leaders Eat Last)〉와 강연.

현대의 동기부여 연사이자 작가인 사이먼 시넥은 리더십의 본질은 개인적인 성공이 아니라, 팀의 성과와 조화에 있다고 강조한다. 그는 리더의 역할은 자신을 중심에 두는 것이 아니라, 팀 전체가 빛날 수 있도록 환경과 동기를 제공하는 데 있다고 보았다.

"좋은 리더는 혼자 빛나는 법을 찾지 않는다. 그들은 팀 전체가 빛나도록 만든다. 리더는 자신을 위해 일하는 것이 아니라, 팀을 위해 헌신하는 존재다."

시넥은 이 말을 통해 리더십이란 타인을 이끌고 지원하는 책임감의 실천임을 설명한다. 그는 성공적인 조직은 리더가 팀원들에게 신뢰와 자율성을 부여하고, 그들이 자신의 역량을 최대한 발휘하도록 돕는 데서 시작된다고 강조했다.

찰스 다윈 "생존의 열쇠"

의미: 인류의 생존과 발전은 개인의 적응력과 협력으로 극대화되었다.
출처: 찰스 다윈의 진화론과 그의 저서 〈종의 기원(On the Origin of Species)〉.

19세기, 진화론의 창시자인 찰스 다윈은 자연 선택과 생존의 원리를 설명하며, 협력의 중요성도 강조했다. 그는 생존 경쟁 속에서도 인류가 다른 종들보다 탁월한 이유는 서로 협력하며 함께 생존 전략을 발전시켰기 때문이라고 주장했다.

"인류의 위대함은 각자의 적응력이 아니라, 협력을 통해 생존 가능성을 높인 데 있다. 협력은 단순한 생존을 넘어, 인류를 진화와 발전으로 이끄는 열쇠다."

다윈은 이 말을 통해 자연에서 개체의 적응력은 중요하지만, 사회적 동물로서 인간이 번영할 수 있었던 근본적인 이유는 협력을 통해 생존의 도전에 맞섰기 때문임을 설명했다.

피터 드러커 "협력이 주는 효율성"

의미: 효율성은 협력을 통해 각자의 역량이 조화롭게 발휘될 때 극대화됨.
출처: 피터 드러커의 경영 철학과 저서 〈프로페셔널의 조건〉.

현대 경영학의 아버지라 불리는 피터 드러커는 조직과 팀워크의 중요성을 강조하며, 효율성이란 단순히 뛰어난 개인의 역량에서 비롯되는 것이 아니라, 협력의 과정에서 완성된다고 보았다.

"효율성은 한 개인의 능력이 아닌, 협력을 통해 극대화된다."

드러커는 이 말을 통해 조직 내에서 개인의 성과가 아무리 뛰어나더라도, 협력 없이 효율성과 지속 가능성을 이루기 어렵다고 했으며, '협력은 각 개인의 능력을 결합해, 그 이상의 결과를 만들어낸다'고 강조했다.

이봉창 "생명을 위한 구원의 내유"

의미: 희생은 자신의 삶을 바쳐 더 나은 미래를 만드는 행동.
출처: 독립운동가 이봉창이 일본 천황을 저격하며 보인 헌신적인 삶.

1932년, 일제강점기 대한민국의 독립운동가였던 이봉창은 일본 도쿄의 황궁 근처에서 두 손에 폭탄을 쥐고 천황의 마차가 지나가길 기다렸다. 그는 일본의 상징적인 존재였던 히로히토 일왕을 겨냥해 폭탄을 투척하는 의거를 감행했다.

"내가 살아도 독립을 보지 못한다면, 죽어서라도 씨앗이 되겠다."

비록 계획은 실패했지만, 그의 희생은 일제의 탄압에 굴하지 않는 조선 민중의 저항 의지를 세계에 알리는 계기가 되었다. 그가 던진 폭탄은 단순한 무기가 아니라, 조선의 독립을 위해 바친 생명의 씨앗이었다.

로사 파크스 "불씨가 된 발걸음"

의미: 희생은 한 사람의 용기가 공동체의 변화를 이끄는 행동.
출처: 로사 파크스가 미국 민권 운동의 상징이 된 사건.

1955년, 앨라배마주의 한 버스에서 로사 파크스는 백인 승객에게 자리를 양보하라는 운전사의 명령을 거부했다. 당시의 법은 흑인이 백인에게 자리를 내주지 않으면 체포될 수 있는 부당한 것이었지만, 그녀는 흔들림 없이 말했다.

"나는 내 권리를 포기하지 않을 것이다. 작은 희생은 큰 변화를 이끌어낼 수 있다"

그 행동은 단순히 한 사람의 저항이 아니었다. 그녀의 체포 소식은 곧 전 미국으로 퍼졌고, 몽고메리 버스 보이콧이라는 대규모 시민 운동으로 이어졌다. 운동은 1년 넘게 지속되었고, 결국 대법원은 공공 버스에서 인종차별을 금지하는 판결을 내렸다. 그녀의 희생은 미국의 인종차별을 종식시키는 데 중요한 전환점이 되었고, 한 사람의 용기가 얼마나 큰 변화를 만들 수 있는지를 보여주는 살아 있는 증거로 남았다.

해리엇 터브먼 "자유의 강물"

의미: 희생은 자신을 넘어 모두를 자유로 이끄는 행동.
출처: 해리엇 터브먼이 노예 해방을 위해 생명을 걸었던 삶과 철학.

19세기 미국, 노예제의 어둠 속에서 해리엇 터브먼은 자신의 자유를 얻고도 만족하지 않았다. 그녀는 수십 차례 위험한 길을 오가며 70명이 넘는 노예를 자유로 이끌었다. '지하철도'로 불린 이 비밀 루트는 그녀의 지혜와 용기로 유지될 수 있었다.

"나의 자유는 다른 이들의 자유가 없이는 완전하지 않다"

그녀는 종종 자신의 생명이 위협해질 것을 알면서도 위험을 감수했다. 그녀의 용기와 희생은 단순히 탈출의 성공을 넘어 노예제 폐지를 위한 큰 물결을 일으켰다. 그녀는 자신을 위해 싸운 것이 아니라, 모두를 위한 자유를 선택했다. 그녀의 이야기는 희생이 가진 위대한 힘을 증명하며, 그 강물은 지금도 흐르고 있다.

조르당 아모리스 "목숨으로 밝힌 자유의 등불"

의미: 희생은 자신의 생명을 담보로 미래 세대를 위한 길을 여는 행동.
출처: 아이티 혁명의 지도자 조르당 아모리스의 투쟁과 자유 열망에 대한 삶과 철학.

18세기 말, 아이티는 유럽 열강의 식민지로 억압받고 있었다. 흑인 노예들은 땅에서 금과 설탕을 캐내며 고된 노동에 시달렸다. 그 중심에서 조르당 아모리스는 한 치의 두려움도 없이 자유를 외쳤다.

"우리의 자유는 태어날 때부터 주어진 것이다. 이를 빼앗으려는 자는 그들의 목숨으로 대가를 치를 것이다."

1791년, 그는 노예들을 규합해 반란을 일으켰다. 검과 총이 부족했지만, 그의 불타는 연설은 사람들의 가슴에 용기를 심었다. 그는 자신이 선봉에 서서 유럽의 군대와 맞섰다. 수많은 전투에서 그는 살아남았고, 자유의 불씨를 지켜냈다. 그의 희생은 아이티가 역사상 최초의 흑인 공화국으로 독립을 이루는 데 결정적인 역할을 했다.

장바티스트 콜베르 "마지막 희망의 불꽃"

의미: 희생은 국가와 백성을 위해 자신의 모든 것을 내어주는 행동.
출처: 프랑스 재무장관 장바티스트 콜베르가 국가 재건을 위해 헌신한 삶.

17세기 프랑스, 루이 14세 치하의 재정은 위기에 빠져 있었다. 귀족들의 사치와 전쟁으로 나라의 재정은 바닥났고, 백성들은 세금의 무게에 신음했다. 이때 재무장관으로 임명된 장바티스트 콜베르는 혁신적인 정책을 통해 나라를 구하기 위해 나섰다.

"나라의 금은 국가의 것이지, 당신들의 것이 아니다."

이 발언은 귀족들의 반발을 샀지만, 그는 흔들리지 않았다. 그는 낭비를 줄이고, 상공업을 장려하며 재정의 근본을 바꾸는 데 헌신했다. 그의 정책 덕분에 프랑스는 재정적으로 회복되었고, 국가의 기반이 다져졌다. 그의 희생은 오늘날에도 공직자가 국민과 국가를 위해 어떻게 봉사해야 하는지를 보여주는 모범으로 남아 있다.

이순신 "바람을 다루는 대장군"

의미: 희생은 나라와 민족을 위해 자신의 모든 것을 바치는 행동.
출처: 임진왜란 당시 조선을 지킨 이순신 장군의 〈난중일기〉 속 그의 헌신적인 삶.

1597년, 임진왜란이 한창이던 시기, 조선의 함대는 거듭된 패배로 위기에 처해 있었다. 이순신은 절망적인 상황 속에서도 남아 있는 12척의 배를 이끌고 명량 해전에서 일본군의 대규모 함대를 맞섰다. 수적 불리한 상황에서 그는 전투를 앞두고 병사들에게 말했다.

"필사즉생(必死則生), 필생즉사(必生則死). 죽으려 하면 살고, 살고자 하면 죽는다."

그는 전략과 기지를 발휘해 압도적인 수의 적을 물리치고 조선의 바다를 지켜냈다. 그의 희생과 헌신은 단순히 전쟁의 승리를 넘어, 나라를 지키기 위한 한 인간의 의지와 책임감을 상징했다. 또한, 그가 남긴 유언, '내 죽음을 알리지 말라'는 끝까지 민족과 나라를 위한 그의 마음을 드러낸다. 이순신의 삶은 희생이 어떻게 역사에 길이 남는 전설이 되는지를 증명했다.

유관순 "꽃잎 위의 향기"

의미: 희생은 나라의 독립과 자유를 위해 자신의 목숨을 바치는 행동.
출처: 유관순이 3·1 운동과 독립운동을 위해 헌신한 삶.

1919년 3월, 유관순은 16세의 나이로 3·1 운동에 참여했다. 그녀는 태극기를 들고 만세를 외치며, 일본 식민 통치에 맞서 조국의 독립을 외쳤다. 체포된 후에도 그녀는 옥중에서 동료들을 독려하며 끊임없이 투쟁했고, 고문을 받으면서도 흔들리지 않았다.

"내 몸은 비록 감옥에 있지만, 내 정신은 결코 억압받지 않는다"

끝내 그녀는 고문으로 생을 마감했지만, 그녀의 의지는 조선의 독립운동에 불을 지폈다. 유관순의 희생은 단순히 한 소녀의 용기가 아니라, 나라를 위해 모든 것을 바친 한 민족의 상징이 되었다. 그녀는 꽃잎처럼 짧게 피었지만, 그 향기는 역사의 바람 속에서 영원히 남아 있다.

말랄라 유사프자이 "새벽을 연 소녀"

의미: 희생은 교육의 권리를 위해 두려움 없이 맞서는 행동.
출처: 말랄라 유사프자이가 여성 교육을 위해 싸운 삶과 철학.

파키스탄의 탈레반은 여성의 교육을 금지했다. 그러나 15세의 말랄라는 '교육이야말로 모든 이들의 권리임'을 외치며 학교를 떠나지 않았다. 탈레반의 위협에도 그녀는 굴복하지 않았다. 2012년, 통학 중 버스 안에서 탈레반의 총격을 받았지만, 기적적으로 생존했다.

"책과 펜은 세상을 바꿀 가장 강력한 무기다."

회복 후 그녀는 더욱 강력한 목소리로 여성 교육의 중요성을 전 세계에 알렸다. 그녀는 2014년 최연소 노벨 평화상을 수상하며 교육을 통한 평등과 자유를 주창했다. 그녀의 희생과 전 세계의 아이들에게 새벽을 여는 희망의 상징으로 남아 있다.

마리앙투아네트 "혁명을 위한 연대의 빵"

의미: 연대는 나눔을 통해 평등을 실현하는 행동.
출처: 프랑스 혁명 당시 마리 앙투아네트와 바스티유 감옥의 전설.

1789년, 파리의 거리는 굶주림과 분노로 들끓었다. 프랑스 혁명은 절정으로 치닫고 있었고, 민중의 목소리는 귀족들의 성벽을 넘어섰다. 이 와중에 마리 앙투아네트는 '빵이 없으면 케이크를 먹으라'는 말로 악명 높아졌다. 하지만 역사가 기록하지 않은 또 다른 이야기가 있다.

혁명의 소용돌이 속, 한 혁명 지도자가 감옥에 갇힌 동료를 구하기 위해 감옥을 습격하려 했다. 그러나 무기를 모을 수도, 많은 이들을 동원할 수도 없는 상황이었다. 그는 감옥 밖에 굶주린 사람들에게 말했다.

"우리가 가진 빵을 나누자. 하나의 빵은 하나의 혁명을 만든다."

그의 말은 사람들의 마음을 움직였고, 이내 작은 연대가 큰 힘이 되었다. 결국 바스티유 감옥은 무너졌고, 이는 프랑스 혁명의 상징이 되었다. 당시 나눈 빵 한 조각은 연대의 시작이었고, 민중이 평등한 세상을 만들겠다는 다짐이었다.

왕건 "바람 속에 심은 나무"

의미: 연대는 분열된 이들을 하나로 모아 평화를 이루는 것.
출처: 고려를 건국하며 삼국 통일을 이룬 왕건의 역사적 근거.

10세기, 후삼국이 분열되어 혼란스러웠던 한반도. 왕건은 고구려의 후예로서 단순히 한 나라를 세우는 데 그치지 않고, 분열된 민족을 하나로 모으는 꿈을 품었다. 그는 전투마다 승리를 거두며 세력을 넓혀갔지만, 그는 힘이 아니라 협력으로 통일을 이루고자 했다.

"강한 자가 이기는 것이 아니라, 함께하는 자가 승리한다."

그는 적국의 지도자와도 화합을 도모하며 민심을 얻었고, 고려를 세운 후에도 그는 관용과 연대를 바탕으로 나라를 다스리며 민중의 신뢰를 얻었다. 왕건의 삶은 연대가 단순히 힘의 논리가 아니라, 화합을 통해 평화를 이루는 가장 강력한 방식임을 보여주었다. 그의 이야기는 오늘날에도 하나 되는 것의 가치를 가르쳐준다.

존 F. 케네디 "평화를 위해 쏘아올린 별"

의미: 연대는 과학과 협력을 통해 인류의 미래를 밝히는 힘.
출처: 미국 대통령 존 F. 케네디가 아폴로 우주 프로그램을 추진하며 남긴 연설.

1961년, 존 F. 케네디는 미국 의회에서 이렇게 말했다. '우리는 이 세기가 끝나기 전에 달에 인간을 보내고 무사히 귀환시키겠다는 목표를 세운다.' 그의 말은 단순히 과학적 도전이 아니었다. 그것은 냉전 속에서 세계를 하나로 묶을 희망이었다.

"우리는 함께 갈 때 더 멀리 갈 수 있다"

그의 비전 아래 진행된 아폴로 프로그램은 1969년 닐 암스트롱이 달에 첫발을 디딜 때 정점에 달했다. 케네디는 달에 서보지 못했지만, 그의 연대의 정신은 인류가 우주로 나아가는 길을 열었다. 그는 단순한 정치가가 아니라, 협력과 과학이 세상을 변화시킬 수 있음을 증명한 지도자였다.

토머스 에드워드 로렌스 "모래 벌판의 피로 그린 독립"

의미: 연대는 억압받는 이들과 하나가 되어 자유를 위해 싸우는 행동.
출처: 아라비아의 로렌스라 불린 영국군 장교 토머스 에드워드 로렌스가 아랍 독립운동을 지원한 삶.

제1차 세계대전 중, 영국군 장교였던 로렌스는 아랍 반란군을 도와 오스만 제국에 대항했다. 그는 아랍 민족의 독립을 위해 자신의 위치와 신분을 내려놓고, 그들의 삶 속으로 들어갔다. 그는 광야에서 반란군과 함께하며 낮에는 전투를 치르고 밤에는 별빛 아래서 그들의 문화를 배우며 말했다.

"자유는 함께 싸우는 자만이 얻을 수 있다. 연대와 희생이 없으면 자유는 헛된 꿈에 불과하다."

그의 전략은 단순한 군사적 도움을 넘어, 아랍 민족의 자존심을 회복하는 데 기여했다. 비록 전쟁 후 정치적 상황이 그들의 완전한 독립으로 이어지지 못했지만, 로렌스의 연대와 헌신은 오늘날에도 식민지 민족의 자유와 연대를 상징하는 이야기로 남아 있다.

마르코 폴로 "바다를 넘은 꿈"

의미: 연대는 서로 다른 문화를 연결하며 세상을 확장하는 것.
출처: 마르코 폴로가 동방을 탐험하며 남긴 〈동방견문록〉.

13세기, 이탈리아의 탐험가 마르코 폴로는 동방의 비밀을 탐험하기 위해 실크로드를 따라 중국으로 떠났다. 그는 동방의 문화와 기술을 배워 자신의 고향으로 돌아와 이를 알리며 말했다

"우리는 세상에서 단절된 존재가 아니다. 연결될 때 더 큰 세상을 볼 수 있다."

그가 남긴 〈동방견문록〉은 동양과 서양을 연결하는 다리 역할을 했고, 그의 이야기는 유럽인들에게 새로운 세계에 대한 상상력을 불어넣었다. 마르코 폴로의 삶은 단순히 탐험의 기록을 넘어, 연대를 통해 문명 간의 상호 이해와 교류를 촉진하는 힘을 보여준다. 그의 발자취는 오늘날까지도 서로 다른 세계를 연결하는 영감이 되고 있다.

시몬 볼리바르 "바다를 넘은 다리"

의미: 연대는 자유와 평화를 위해 민족과 민족을 연결하는 것.
출처: 라틴아메리카 독립운동의 지도자 시몬 볼리바르가 여러 나라를 해방시킨 삶.

19세기 초, 시몬 볼리바르는 스페인 식민지로부터 라틴아메리카 여러 나라를 해방시키는 데 앞장섰다. 그는 단순히 전쟁을 이끈 장군이 아니라, 새로운 나라와 정체성을 만들어간 지도자였다. 볼리바르는 자신의 고향 베네수엘라뿐만 아니라 콜롬비아, 에콰도르, 페루, 볼리비아의 독립운동을 이끌었다.

"자유는 단 한 민족의 것이 아니라, 모든 민족의 것이다."

그는 전쟁 중에도 동맹을 통해 각 나라의 단결을 도모하며 자유의 꿈을 이뤄냈다. 그의 노력은 라틴아메리카의 독립을 가져왔고, 그의 이름은 오늘날에도 자유와 연대의 상징으로 남아 있다. 볼리바르의 삶은 연대가 민족과 민족을 연결하며 역사를 바꿀 수 있는 힘임을 보여준다.

벤저민 프랭클린 "스스로 돕는 자의 축복"

의미: 하늘의 도움과 축복은 스스로 행동하고 노력하는 사람들에게 주어진다.
출처: 벤저민 프랭클린의 저서 〈가난한 리처드의 달력〉.

미국의 건국의 아버지 중 한 명이자 발명가, 작가였던 벤저민 프랭클린은 개인의 책임과 자기 노력을 강조한 실용주의 철학을 설파했다. 그는 자신의 노력 없이 행운만을 바라는 태도를 경계하며, 성공고 축복은 행동에서 비롯된다고 강조했다.

"하늘은 스스로 돕는 자에게 축복을 내린다. 행운은 준비와 행동을 통해 만들어지는 것이다"

그는 이 말을 통해 운명이나 신의 축복을 단순히 기다리는 것이 아니라, 자신의 노력과 행동을 통해 스스로 행운의 문을 열어야 한다고 설명했다. 가난한 가정에서 태어난 그는 꾸준한 자기 계발과 노력으로 정치가, 발명가, 작가로 성공적인 삶을 살았다. 그는 자신의 성공이 단지 재능이 아니라, 부단한 노력과 실천에서 비롯되었다고 강조했다.

보브 고프 "축복의 순환"

의미: 다른 이들에게 베푸는 선행과 축복이 결국 자신에게도 돌아오는 긍정적 선물.
출처: 작가 보브 고프의 저서 〈사랑은 행동한다〉.

미국의 작가이자 동기부여 연사인 보브 고프는 사랑과 선행의 실천이 삶을 풍요롭게 만든다고 설파했다. 그는 축복은 단지 받는 것이 아니라, 다른 이에게 베풀 때 더 큰 기쁨과 행복을 가져다준다고 강조했다. 고프는 이 말을 통해 베푸는 행위가 단순히 타인을 돕는 것이 아니라, 자신의 삶에도 긍정적인 변화를 가져온다고 설명했다.

"당신이 다른 이에게 축복이 될 때, 자신도 축복받는다."

그의 삶에서 이런 철학은 실천으로 드러난다. 그는 교육 기회를 받지 못한 아이들을 위해 학교를 세우고, 법적 지원이 필요한 사람들을 도우며, 자신이 할 수 있는 모든 방식으로 축복을 나누었다.

멜로디 비티 "감사와 축복의 배가"

의미: 축복은 단순히 받는 것에서 끝나지 않고 감사할 때 더 크고 풍성해지는 선물.
출처: 작가 멜로디 비티의 저서 〈공동의존 극복〉.

미국의 작가이자 상담가인 멜로디 비티는 감사와 자아 회복의 중요성을 강조하며, 우리의 삶에 이미 존재하는 축복을 깨닫고 감사하는 것이 삶의 풍요로움을 배가한다고 설파했다.

"축복은 우리가 감사할 때 배가 된다. 감사는 우리에게 주어진 축복의 가치를 깨닫게 하고, 그 축복이 더욱 풍성하게 느껴지게 만든다."

비티는 이 말을 통해 감사가 단순히 고마움을 표현하는 것 이상의 힘을 가진다고 설명했다. 그녀의 철학은 특히 개인적인 어려움을 겪는 사람들에게 큰 위로와 지침이 된다.

조앤 K. 롤링 "보이지 않는 축복"

의미: 가장 큰 축복은 익숙함에 가려 보이지 않지만, 이를 깨달을 때 진정한 가치를 발견.
출처: 조앤 K. 롤링의 강연과 그녀의 작품 〈해리 포터〉.

해리 포터 시리즈로 전 세계에 감동을 선사한 작가 조앤 K. 롤링은 자신의 인생 경험을 통해 축복의 본질을 깊이 이해했다. 그녀는 고난과 실패 속에서도 삶의 숨겨진 축복을 발견하며, 그것이 자신의 성장과 성공의 밑거름이 되었음을 강조했다.

"가장 큰 축복은 당신이 그것을 깨닫기 전까지는 보이지 않는다."

이 말을 통해, 우리가 종종 삶에서 당연하게 여기는 것들이 사실은 가장 큰 축복일 수 있음을 일깨운다. 그녀 자신의 이야기가 이를 잘 보여준다. 무일푼의 싱글맘이었던 그녀는 인생의 바닥에서 창작의 열정을 되찾아 해리 포터 시리즈를 쓰기 시작했다. 그녀는 '가장 힘든 시기에야 내가 가진 축복을 깨닫고 그것에 의지할 수 있었다'고 회고했다.

루이스 헤이 "축복을 보는 눈"

의미: 삶에 가득한 축복은 이를 발견하고 감사할 줄 아는 마음의 눈이 있을 때 보인다.
출처: 루이스 헤이의 저서 〈치유하라, 네 삶을 사랑하라〉.

미국의 자기 계발 작가이자 심리치유 전문가인 루이스 헤이는 긍정적인 사고와 자아 사랑의 중요성을 강조했다. 그녀는 삶이 우리에게 준 축복을 깨닫는 태도가 행복과 치유의 시작점이라고 설파했다. 그녀는 이 말을 통해 삶의 축복은 단순히 특별한 순간에만 존재하는 것이 아니라, 일상 속 모든 경험과 순간에 스며들어 있음을 강조했다.

"삶은 축복으로 가득하다. 다만 그것을 알아보는 눈이 필요할 뿐이다. 축복은 우리가 그것을 찾고 감사할 준비가 되었을 때 가장 명확히 보인다."

그녀는 자신의 삶에서 고난을 축복으로 전환하는 과정을 보여줬다. 어려운 어린 시절과 암 투병 경험 속에서도 삶의 소중함과 축복을 발견하며, 자신과 타인을 치유하는 길을 열었다.

오스카 쉰들러 "목숨을 건 탈출"

의미: 헌신은 위험 속에서도 인간성을 지키기 위해 나서는 용기.
출처: 제2차 세계대전 중 나치로부터 유대인을 구한 독일 사업가 오스카 쉰들러의 삶.

1940년대 나치 치하 폴란드, 오스카 쉰들러는 나치당의 일원으로 독일의 승리로부터 이익을 얻으려 했다. 그는 공장을 운영하며 유대인 노동자를 값싼 인력으로 고용했다. 하지만 전쟁이 진행되며 유대인들이 강제 수용소로 보내져 학살당하는 현실을 마주했을 때, 쉰들러의 삶은 변하기 시작했다.

그는 자신이 가진 부와 권력을 이용해 유대인 노동자들을 보호하기로 결심했다. 쉰들러는 나치 관계자들을 매수하고, 자신의 공장이 전쟁 물자를 생산하기 위한 필수 시설임을 주장하며 유대인들을 강제 수용소로부터 구해냈다. 그는 유대인들을 구하기 위해 재산 대부분을 탕진했으며, 생명의 위험도 감수했다.

"헌신은 내가 가진 모든 것을 다른 이의 생명을 위해 쓰는 것이다. 더 많은 사람을 구하지 못한 것이 나의 후회다."

그의 노력으로 1,200명이 넘는 유대인이 목숨을 구했다. 전쟁이 끝난 후 그는 가난 속에서 생을 마감했지만, 그의 헌신은 수천 명의 생명을 살렸고, 그의 이야기는 세계적으로 감동을 주는 사례로 남아 있다.

알버트 슈바이처 "정글 속에서의 기적"

의미: 헌신은 세상의 가장 외딴 곳에서도 희망을 전하며 삶의 가치를 실천하는 행동.
출처: 아프리카 랑바레네에서 병원을 세워 의료 봉사를 실천한 알버트 슈바이처의 삶.

1924년, 슈바이처는 유럽의 안정된 생활을 뒤로 하고, 아프리카 가봉의 랑바레네로 떠났다. 그곳은 의료 시설이 거의 없는 열악한 환경이었지만, 그는 자비로 병원을 설립해 의료 봉사를 시작했다. 낮에는 환자들을 치료하고, 밤에는 병원을 운영하기 위한 기금을 모으기 위해 글을 쓰며 연주회를 열었다.

"헌신은 자신의 삶을 타인을 위한 도구로 만드는 것이다. 나의 기쁨은 그들의 건강 속에 있다."

그의 노력으로 랑바레네의 사람들은 의료 혜택을 누릴 수 있었고, 그의 병원은 아프리카 전역에서 존경받는 시설로 자리 잡았다. 슈바이처의 삶은 헌신이란 자신을 희생하여 타인의 생명을 살리는 위대한 행동임을 보여준다.

라비아 바실리 "희망의 길을 밝히다"

의미: 헌신은 자신의 재능과 열정을 통해 고통받는 이들에게 희망을 전하는 행동.
출처: 시리아 내전 중 고아들을 위해 헌신한 교육자 라비아 바실리의 이야기.

2011년, 시리아 내전이 시작되며 수많은 아이들이 부모를 잃고 고아가 되었다. 폐허가 된 도시 속에서 라비아 바실리는 전쟁의 상처를 입은 아이들에게 교육의 기회를 제공하기 위해 고군분투했다. 그는 폭격으로 파괴된 건물에 임시 교실을 만들고, 아이들에게 글을 가르치며 희망의 불씨를 지켰다.

"헌신으로 한 아이의 미래를 밝힐 수 있다면, 그 작은 불씨가 언젠가 세상을 비출 것이다."

아이들은 라비아의 헌신으로 다시 꿈을 꾸기 시작했고, 그들의 웃음 속에서 그는 삶의 보람을 찾았다. 라비아의 노력은 국제적으로 주목받아, 그가 운영하는 학교는 점점 더 많은 지원을 받아 전쟁 속에서도 희망을 지키는 상징이 되었다.

이사벨라 버드 "세상을 향한 헌신"

의미: 헌신은 새로운 세계를 발견하고, 그 가치를 사람들에게 전하는 힘.
출처: 19세기 영국 여행가 이사벨라 버드의 탐험과 기록.

19세기, 이사벨라 버드는 여성으로서 당시에는 전례 없는 전 세계 여행을 떠났다. 그녀는 척박한 자연과 문화적 장벽을 넘어 다양한 문화를 탐험하고, 이를 기록하며 세계에 알렸다. 이사벨라는 일본, 하와이, 중앙아시아 등 당시 서구 세계에 알려지지 않은 지역을 탐험하며, 그곳 사람들의 삶과 자연을 글로 남겼다.

"헌신은 두려움에 맞서는 용기다. 나는 세상의 모든 이들에게 그들의 이야기를 전하기 위해 이 길을 선택했다."

그녀의 기록은 당시 서구 세계가 이해하지 못했던 문화를 이해하고 존중하는 데 기여했으며, 오늘날에도 귀중한 자료로 남아 있다. 이사벨라 버드의 이야기는 헌신이란 새로운 길을 열어 사람들에게 진실과 가치를 전하는 행동임을 보여준다.

프리다 칼로 "고통 속에 피어난 봉우리"

의미: 헌신은 고통을 예술로 승화시켜 사람들에게 영감을 주는 힘.
출처: 멕시코 화가 프리다 칼로가 자신의 삶과 고통을 작품에 담은 이야기.

프리다 칼로는 교통사고로 심각한 부상을 입고 평생 고통 속에 살았지만, 이를 극복하며 예술에 자신을 헌신했다. 그녀는 자신의 아픔과 고통을 캔버스에 담아내며, 사람들에게 삶의 강인함과 희망을 전했다.

"헌신은 고통 속에서 피어난 열정이다. 나는 내 고통으로 세상과 소통한다."

그녀의 작품은 단순한 그림을 넘어, 삶의 진실과 고통을 표현하는 강력한 메시지가 되었다. 프리다의 헌신은 그녀를 단순한 화가가 아니라, 모든 이들에게 영감을 주는 상징으로 만들었다.

윤봉길 "조국을 위한 희생의 꽃"

의미: 헌신은 자신의 삶을 바쳐 조국의 독립과 미래를 위해 행동하는 용기.
출처: 일제강점기, 조국의 독립을 위해 폭탄을 던진 윤봉길 의사의 삶.

1932년 4월 29일, 상하이 홍커우 공원에서 일본 천황의 생일을 기념하는 행사가 열렸다. 당시 윤봉길은 중국으로 망명해 조국의 독립을 위한 활동을 이어가고 있었다. 그는 김구 선생과 함께 독립운동 계획을 세우며, 일제의 억압 속에서 조국의 독립을 위한 헌신적인 결단을 내렸다.

그날, 윤봉길은 행사장에서 폭탄을 던져 일본군 주요 인사들에게 큰 타격을 입혔다. 이는 세계적으로 큰 충격을 주었고, 일본 제국주의의 만행을 폭로하며 독립운동의 의지를 알리는 계기가 되었다. 윤봉길은 체포 후 사형을 선고받고, 고통스러운 수감 생활을 견디며 마지막 순간까지 조국의 독립을 위해 희생하는 태도를 보였다.

"내 한 몸은 사라질지라도, 나의 희생이 조국의 자유를 밝히는 등불이 되기를 바란다."

유언에서 알 수 있듯, 윤봉길 의사의 헌신은 단순한 개인의 행동을 넘어, 한국 독립운동의 상징으로 자리 잡았다. 그의 희생은 많은 이들에게 독립의 희망과 용기를 심어주었고, 오늘날까지도 그의 정신은 우리 마음속에 살아 있다.

이봉창 "한 몸 바친 조국의 외침"

의미: 헌신은 자신의 모든 것을 걸고, 조국의 자유를 외치는 용기.
출처: 일제강점기, 일본 천황 암살 시도로 독립 의지를 알린 이봉창의 삶.

1932년 1월 8일, 이봉창은 도쿄에서 일본 천황 히로히토를 암살하려는 계획을 실행했다. 일본 천황의 행렬이 지나가는 순간, 그는 폭탄을 던져 조국의 독립에 대한 강렬한 의지를 보여주었다. 비록 천황 암살은 실패했지만, 이 사건은 전 세계에 일제의 폭압적인 통치를 폭로하며 독립운동의 불씨를 더 크게 지폈다. 체포 후 그는 사형을 선고받고 일본 감옥에서 최후를 맞았다. 그는 마지막 순간에도 조국의 독립을 믿으며 이렇게 말했다.

"조국의 해방을 위해 내 한 몸 바치는 것이 나의 가장 큰 영광이다."

이봉창의 헌신은 단순한 한 사람의 희생이 아니라, 한국 독립운동의 불꽃을 지핀 상징적인 사건으로 기억된다.

안중근 "동양의 평화를 꿈꾸다"

의미: 헌신은 개인의 희생을 넘어, 모두를 위한 정의와 평화를 이루게 하는 힘.
출처: 1909년 이토 히로부미를 처단하며 동양 평화를 외친 안중근 의사의 삶.

1909년 10월 26일, 안중근은 하얼빈 역에서 일제의 침략 정책을 주도한 이토 히로부미를 처단했다. 이 사건은 전 세계에 일제의 야욕을 폭로하고, 조선의 독립 의지를 알리는 강력한 메시지가 되었다. 체포된 안중근은 재판에서 자신이 조국의 독립과 동양의 평화를 위해 행동했음을 주장했다.

"내가 죽어도 나의 뜻은 영원히 남아, 정의와 평화의 꽃을 피울 것이다."

사형 집행 전날 밤, 그는 평화를 담은 동양평화론의 초안을 쓰며 자신의 헌신을 글로 남겼다. 그의 삶은 독립운동뿐만 아니라, 인류 평화를 위한 헌신의 상징으로 남아 있다.

앤드류 카네기 "부의 책임, 죽음 후의 명예"

의미: 재산은 단순히 축적하기 위한 것이 아니라, 사회를 위해 쓰여야 한다.
출처: 기업가 앤드류 카네기의 저서 〈부의 복음〉 속 사회적 책임과 기부 철학.

19세기 말, 앤드류 카네기는 철강 산업을 통해 미국에서 가장 부유한 사람 중 한 명이 되었다. 그러나 그는 부의 축적이 개인적인 성공으로 끝나서는 안 된다고 믿었다. 그는 자신의 재산을 사회적 선을 위해 사용하며, 도서관, 대학, 문화시설을 설립했다.

"부자는 죽을 때 재산을 남기면 불명예스럽다. 진정한 명예는 자신의 재산을 사람들에게 환원하여 사회에 유익을 주는 데 있다."

그는 부유한 사람이 자신의 재산을 어떻게 사용하느냐에 따라 그 삶의 가치를 평가해야 한다고 보았다. 그의 기부 활동은 현대의 자선 문화에 큰 영향을 미쳤다.

윈스턴 처칠 "삶을 풍요롭게 하는 것"

의미: 생계는 노동을 통해 이루어지지만, 삶의 진정한 가치는 나눔에서 온다.
출처: 정치가 윈스턴 처칠의 연설과 저서 〈제2차 세계대전 회고록〉.

윈스턴 처칠은 20세기 세계 대전의 중심에서 영국을 이끌며 개인의 노력과 공동체의 가치를 결합한 리더십을 발휘했다. 그는 생계를 위해 돈을 벌고, 생존을 위해 일하는 것은 필수적이지만, 진정으로 삶을 풍요롭게 하는 것은 나눔과 베품이라고 강조했다. 처칠은 베푸는 행동이 단순한 이타심을 넘어, 더 나은 세상을 만드는 필수 요소라고 믿었다.

"우리는 생계를 위해 벌지만, 삶을 위해 베푼다. 나눔은 우리 삶에 의미와 목적을 부여한다."

그는 인간의 삶에서 물질적 성공만으로는 부족하며, 다른 사람들과의 연결과 나눔을 통해 삶의 깊이를 더할 수 있다고 설파했다.

마이모니데스 "보이지 않는 손길의 자선"

의미: 진정한 자선은 자신을 드러내지 않고, 상대방을 배려하며 돕는 것.
출처: 유태인 철학자 마이모니데스의 저서 〈미슈네 토라〉 속 자선과 윤리적 삶의 철학.

12세기, 유대 철학자 마이모니데스는 자선의 계층적 가치를 설명하며, 가장 고귀한 자선은 자신을 드러내지 않고 행하는 것이라고 설파했다. 그는 자선을 통해 도움을 받는 사람이 부끄러움이나 의존감을 느끼지 않도록 배려하는 것이 중요하다고 강조했다. 마이모니데스는 자선이 단순히 물질적 나눔이 아니라, 인간 존엄성과 자립을 존중하는 행위라고 보았다.

"최고의 자선은 자신을 알리지 않고 남을 돕는 것이다. 그 행위는 진정한 배려와 겸손에서 나온다."

그는 자선을 통해 인간의 상호 연대를 강화하고, 도움을 받는 사람의 자립과 존엄을 지키는 것이야말로 진정한 나눔의 본질이라고 믿었다.

유대인의 속담 "나눔 속에서 강해지는 우리"

의미: 다른 사람을 돕는 행동은 결국 자신을 더 강하게 만든다.
출처: 유대 전통 속담, 공동체와 상호 의존의 지혜.

유대 문화에서는 공동체의 중요성과 상호 도움의 가치를 깊이 강조한다. 이 속담은 타인을 돕는 것이 단순히 상대방을 위한 일이 아니라, 궁극적으로 자신에게도 긍정적인 영향을 준다는 깨달음을 담고 있다. 공동체가 서로의 짐을 나눌 때, 개개인은 더 강해지고 공동체 전체는 더욱 단단해진다.

"누군가의 등을 떠받칠 때 당신은 자신의 등을 더 강하게 한다. 나눔은 도움받는 사람만이 아니라, 돕는 사람에게도 새로운 힘을 준다."

이 말은 유대인의 삶의 철학과 윤리를 잘 보여준다. 상호 부조와 나눔은 개인과 공동체 모두에게 성장과 안정을 가져오는 힘이 된다. 유대인의 이야기는 나눔과 도움은 단순히 선행을 넘어, 개인과 공동체를 함께 강하게 만드는 상호 작용이라는 메시지를 전달한다.

헨리 몬테피오리 "세상에 대한 빚 갚기"

의미: 기부는 세상과 사람들에게 진 빚을 되갚는 행위.
출처: 유태계 자선가 헨리 몬테피오리의 연설과 활동, 기부와 사회적 책임의 철학.

헨리 몬테피오리는 19세기 유태계 자선가로, 기부는 단순한 선택이 아니라, 세상이 준 기회와 자원을 되갚는 책임이라고 설파했다. 그는 성공한 사람들이 자신의 부를 나누며, 사회에 긍정적인 변화를 만들어야 한다고 믿었다. 몬테디오리는 자신이 가진 것은 모두 공동체 덕분에 가능했음을 인정하며, 이를 되돌려주는 것이 인간의 도덕적 의무라고 주장했다.

"기부는 우리가 세상에 갚아야 할 빚이다. 부는 소유가 아니라, 나눔의 도구다."

이 말은 몬테피오리의 철학과 자선 활동의 정신을 잘 보여준다. 그는 기부가 단순히 베푸는 것이 아니라, 더 나은 세상을 만들기 위한 의무라고 보았다.

요한 볼프강 폰 괴테 "노블리스 오블리제"

의미: 특권은 책임으로 전환될 때 그 가치가 완성된다.
출처: 독일 시인 요한 볼프강 폰 괴테의 글과 노블리스 오블리제와 도덕적 책임의 철학.

요한 볼프강 폰 괴테는 자신이 가진 특권과 지위가 단순히 누리는 것에 그치지 않고, 사회를 위해 책임 있게 활용되어야 한다고 주장했다. 그는 특권이란 스스로의 노력뿐 아니라, 사회적 기회와 환경 덕분에 가능했음을 인정하며, 이를 되돌려주는 행동이야말로 진정한 고귀함이라고 보았다.

"당신이 가진 특권은 책임으로 환원되어야 한다. 특권은 나눔과 봉사를 통해 진정한 가치를 얻는다."

이 말은 괴테의 도덕적 철학과 노블리스 오블리제 정신을 함축적으로 보여준다. 그는 특권은 책임을 동반할 때 비로소 그 정당성이 인정된다고 강조했으며, 높은 지위와 부를 가진 이들이 자신의 책임을 다할 때, 사회가 더욱 정의롭고 균형 있게 발전할 수 있다고 설파했다.

문 화 와 예 술

문화, 예술, 창작, 공연, 미학, 전통, 현대와 관련된 문장들

프레데리코 펠리니 "영혼의 거울"

의미: 영화는 단순한 오락을 넘어 인간의 내면을 비춘다.
출처: 영화감독 프레데리코 펠리니의 작품 세계와 창작 철학.

1954년, 이탈리아의 작은 마을에서 촬영을 마친 프레데리코 펠리니는 스크린 테스트를 준비하고 있었다. 그의 영화는 당시의 현실을 담지 않았고, 오히려 꿈과 환상을 그려냈다. 그는 화면을 통해 인간의 영혼 깊숙한 곳을 탐구하며, 관객을 일상과 비일상의 경계로 초대했다.

"문화는 영혼의 문화를 반영한다. 영화는 단순한 시청각 경험을 넘어, 관객의 마음속에서 반향을 일으키는 영혼의 거울이다."

이 한마디는 그의 영화 철학을 가장 잘 나타낸다. 펠리니에게 영화는 단순한 이야기가 아니라, 인간 영혼의 복잡성과 아름다움을 드러내는 도구였다. 그의 작품은 기교적인 완성도를 넘어선 상징과 은유로 가득했다. 〈길〉과 〈달콤한 인생〉 같은 작품은 현대 사회에서 잃어버린 순수성과 인간의 고독을 그려냈다.

요한 볼프강 폰 괴테 "문화로 이어진 영혼의 다리"

의미: 문화는 과거와 현재를 잇고 미래를 형성한다.
출처: 작가 요한 볼프강 폰 괴테의 삶과 저서 〈젊은 베르테르의 고뇌〉, 〈파우스트〉.

1808년, 요한 볼프강 폰 괴테는 〈파우스트〉의 첫 부분을 출간하며 독일 문학의 새로운 지평을 열었다. 그는 단순히 시대를 반영하는 작가가 아니었다. 괴테의 작품은 과거의 유산과 현재의 고민, 그리고 미래를 향한 희망을 하나로 엮어내며 인류의 보편적인 가

치를 탐구했다.

"문화는 세대를 연결하는 다리이다. 인간의 이야기는 그 다리를 통해 흐르며, 과거와 현재, 미래를 이어간다."

이 말은 그의 작품 세계와 철학을 한 문장으로 압축한다. 괴테는 〈젊은 베르테르의 고뇌〉, 〈파우스트〉와 같은 작품을 통해 인간 내면의 갈등과 열망, 그리고 시대를 초월하는 보편적 진리를 탐구했다. 그의 글은 단순한 문학적 성취를 넘어, 각 세대가 서로를 이해하고 이어가는 통로가 되었다.

마하트마 간디 "뿌리 없는 나무, 잃어버린 문화"

의미: 문화를 잃는 것은 정체성과 연속성을 잃는 것.
출처: 인도의 독립운동에서 드러난 마하트마 간디의 삶과 저서 〈자서전〉.

1920년, 마하트마 간디는 인도 독립운동의 일환으로 전통 작물 생산을 촉구하며 외국 제품 보이콧을 시작했다. 그는 단순히 경제적 자립을 외치는 데 그치지 않았다. 간디에게 전통 직물은 경제적 상징인 동시에 인도의 문화적 정체성을 지키는 행위였다.

"문화를 잃는 것은 뿌리를 잃는 것이다. 정체성을 잃은 민족은 미래를 잃는다."

이 말은 간디의 사상과 행동을 집약적으로 드러낸다. 간디는 독립운동을 통해 단순히 정치적 자유를 넘어서, 식민 지배 아래 잊혀져 가는 전통과 문화를 되살리고자 했다. 그가 직접 물레를 돌리며 만든 천은 단순한 의복이 아니라, 인도의 자립과 문화적 재생을 상징하는 깃발이었다.

루스 베네딕트 "세상을 여는 열쇠"

의미: 문화의 다양성을 이해하는 것은 인류의 조화를 이루는 시작이다.
출처: 문화 다양성의 중요성에 담긴 문화인류학자 루스 베네딕트의 저서 〈국화와 칼〉.

1946년, 루스 베네딕트는 〈국화와 칼〉을 출간하며 일본 문화를 서구 세계에 소개했다. 그녀는 단순히 문화를 비교하거나 판단하지 않았다. 베네딕트는 각각의 문화가 나름의 독특한 논리와 가치를 지니고 있으며, 이를 이해하는 것이 인간 사회의 조화를 이루는 열쇠라고 보았다.

"다양한 문화를 이해하는 것은 세상을 이해하는 첫걸음이다. 인간은 서로 다름을 통해 진정한 조화를 배운다."

이 말은 그녀의 연구 철학을 그대로 담고 있다. 베네딕트는 문화적 다양성을 무시하거나 동화시키려는 태도를 경계했다. 그녀는 문화 간의 차이를 존중하고, 그 안에서 인간의 보편적 가치를 발견하려 했다. 〈국화와 칼〉에서 그녀는 일본 사회의 특성을 파헤치며 서구의 관점으로는 이해하기 어려운 문화적 패턴을 섬세하게 설명했다.

헤르만 헤세 "나라의 수준을 아는 법"

의미: 예술은 한 나라의 문화적 성숙도를 비추는 지표.
출처: 작가 헤르만 헤세의 삶과 저서 〈데미안〉, 〈유리알 유희〉 속 예술과 문화의 관계.

1943년, 헤르만 헤세는 그의 걸작 〈유리알 유희〉를 발표하며 인간과 예술, 그리고 문화의 관계를 심오하게 탐구했다. 그는 작품 속에서 인간 정신의 진화와 문화적 성숙을 이야기하며, 예술이 단순한 창작을 넘어 시대의 영혼을 담아내는 그릇이라고 강조했다.

"한 나라의 문화 수준은 예술의 수준으로 측정된다. 예술은 인간 정신의 가장 고귀한 표현이다."

헤세는 예술이 단순히 미적인 즐거움을 제공하는 도구가 아니라, 문화와 시대의 깊이를 반영하는 창(窓)이라고 보았다. 〈데미안〉과 〈유리알 유희〉 같은 작품은 그가 얼마나 예술을 통해 인간 정신의 내면과 그 시대의 문화적 경향을 탐구했는지를 보여준다.

이사벨 아옌데 "벽을 허물고 다리를 잇다"

의미: 문화는 갈등을 넘어 소통과 연대를 가능하게 한다.
출처: 작가 이사벨 아옌데의 삶과 저서 〈영혼의 집〉, 〈운명의 딸〉.

1982년, 이사벨 아옌데는 〈영혼의 집〉을 출간하며 라틴아메리카 문학의 새로운 목소리를 세상에 알렸다. 그녀는 가족의 이야기를 통해 역사적 갈등과 정치적 억압, 그리고 세대를 초월하는 화합과 연대를 그려냈다. 그녀에게 문화란 단순한 유산이 아니라, 소통과 이해를 통해 갈등을 극복하는 힘이었다.

"문화는 벽을 허물고 다리를 놓는다. 이해와 공감은 서로를 연결하는 가장 강력한 도구다."

아옌데는 작품 속에서 다양한 문화와 인간 경험을 조명하며, 서로 다른 배경을 가진 사람들이 서로를 이해하고 화합하는 과정을 섬세하게 그렸다. 〈영혼의 집〉은 가부장적 구조와 사회적 불평등 속에서도 서로를 이해하고 연대하며 살아가는 가족의 모습을 통해, 문화가 어떻게 벽을 허물고 다리를 놓는지 보여준다.

벤자민 디즈레일리 "정치와 경제의 벽을 넘다"

의미: 문화는 정치와 경제를 넘어 인류의 가치를 형성하는 원천.
출처: 정치가 벤자민 디즈레일리의 삶과 연설에 담긴 문화의 중요성에 대한 통찰.

1873년, 벤자민 디즈레일리는 영국 의회에서 문화의 중요성을 강조하며 연설을 시작했다. 그는 경제적 번영과 정치적 안정이 국가의 기초라면, 문화는 그 위에 세워진 국가의 영혼이라고 보았다. 디즈레일리는 문화가 단순히 예술과 문학의 범주를 넘어, 사회를 결속하고 미래를 형성하는 가장 근본적인 힘이라고 주장했다.

"문화의 힘은 정치나 경제를 넘어선다. 문화는 영혼을 풍요롭게 하고, 사회를 진정한 의미에서 강하게 만든다."

디즈레일리는 정치적 안정과 경제적 번영이 지속 가능하려면 문화적 성숙이 뒷받침되어야 한다고 믿었다. 그는 대영제국의 번영 속에서도 각 지역의 고유한 문화를 존중하고 보존하는 것이 진정한 제국의 힘이라고 보았다.

마르셀 프루스트 "모두를 위한 것"

의미: 문화는 소유물이 아니라 모두가 공유하는 보편적 가치이다.
출처: 작가 마르셀 프루스트의 삶과 저서 〈잃어버린 시간을 찾아서〉 속 문화의 철학.

1913년, 마르셀 프루스트는 〈잃어버린 시간을 찾아서〉의 첫 권을 출간하며 인간 기억과 삶의 본질을 탐구했다. 그의 작품은 단순한 문학적 서사가 아니라, 인간 경험의 총체와 문화의 본질을 기록한 방대한 정신적 유산이었다. 그는 문화가 개인의 소유물이 아니라, 모두가 함께 누리고 만들어가는 공공의 영역임을 믿었다.

"문화는 모두의 것이며, 소유할 수 있는 것이 아니다. 그것은 인간 경험의 공통된 언어다."

프루스트는 문화가 특정 계층이나 개인의 전유물이 아니라, 모든 사람이 참여하고 함께 만들어가는 공동의 자산임을 강조했다. 그의 이야기는 현대 사회에서도 여전히 유효한 메시지를 전달한다.

라빈드라나트 태고르 "나라의 정신을 비추는 거울"

의미: 문화는 한 나라의 정체성과 정신을 나타내는 본질적인 요소.
출처: 시인 라빈드라나트 타고르의 삶과 저서 〈기탄잘리〉.

1913년, 라빈드라나트 타고르는 〈기탄잘리〉로 노벨 문학상을 수상하며, 인도 문화의 깊이를 세계에 알렸다. 그는 시를 통해 인도 특유의 영혼과 정신을 전하며, 문화가 단순히 전통의 집합체가 아니라, 한 나라의 본질을 드러내는 창이라고 말했다.

"한 나라의 문화는 그 나라의 정신을 보여준다. 문화는 마음의 거울이자 영혼의 언어다."

그는 문화가 단순한 과거의 유물이 아니라, 시대를 관통하며 그 나라 사람들의 정신적, 도덕적 가치를 드러내는 가장 중요한 요소라고 보았다. 〈기탄잘리〉는 단순한 시집이 아니라, 인도의 철학과 자연, 그리고 인간 영혼을 담아낸 깊은 성찰이었다.

이사도라 덩컨 "춤추는 별을 향한 발걸음"

의미: 예술은 기술적 완성에 머무르지 않고, 인간의 감정과 자유를 표현한다.
출처: 현대무용의 선구자 이사도라 덩컨의 생애와 예술적 혁신의 삶.

1903년, 이사도라 덩컨은 파리의 한 무대에 섰다. 발레가 지배하던 시대, 그녀는 토슈즈와 코르셋 대신 맨발로, 몸을 구속하는 장식을 벗어 던졌다. 덩컨의 무용은 춤이라기보다는 자유 그 자체였다. 그는 무대에서 자연스러운 움직임과 인간의 본질적인 감정을 표현하며 관객을 사로잡았다.

"나는 발끝이 아니라, 내 영혼으로 춤춘다."

그녀에게 춤은 단순한 기술이 아니라, 삶과 연결된 본질적인 표현이었다. 그녀의 독창적인 무대는 유럽을 넘어 전 세계에 퍼졌고, 춤의 정의를 새롭게 썼다. 이사도라 덩컨의 춤은 고전 발레의 규칙에서 벗어나 인간 감정의 깊이를 표현하는 도구가 되었으며, 현대무용이라는 새로운 장르의 문을 열었다. 그녀는 단순히 춤을 추지 않았다. 그녀는 인류가 감정을 해방시키고, 자신의 삶을 춤으로 노래할 수 있다는 사실을 몸으로 증명했다.

파블로 피카소 "분열된 세상을 그리다"

의미: 예술은 파괴를 통해 새로운 시각과 가능성을 창조한다.
출처: 입체파 창시자 파블로 피카소의 작품과 혁신적 예술 철학.

1907년, 파블로 피카소는 자신의 작업실에서 캔버스를 앞에 두고 깊은 고민에 잠겼다. 그는 기존의 사실적 묘사가 더 이상 현대 사회를 설명할 수 없다고 느꼈다. 그때 그의 눈길을 끈 것은 아프리카 부족의 가면이었다. 단순화된 형태와 강렬한 표현력은 그에게 새로운 영감을 주었다.

몇 달 후, 그는 아비뇽의 처녀들을 완성했다. 전통적인 아름다움이나 형태는 찾아볼 수 없었고, 대신 인물들은 각기 다른 시점에서 분해되고 재조합되었다. 친구와 평론가들은 이 작품을 보고 당혹감을 감추지 못했다.

"나는 세상을 보이는 그대로 그리는 것이 아니라, 내가 느끼는 대로 그린다."

이 작품은 곧 입체파의 시초가 되었고, 예술이 현실을 단순히 반영하는 것이 아니라, 분해하고 재해석할 수 있음을 증명했다. 피카소의 혁신은 예술이 현대의 복잡한 세계를 이해하고 표현하는 새로운 길을 제시했다.

프리다 칼로 "고통 속에서 피어난 꽃"

의미: 예술은 고통 속에서도 희망으로 전환하는 힘이다.
출처: 멕시코 화가 프리다 칼로의 삶과 자화상 작품.

1925년, 18세의 프리다 칼로는 교통사고로 전신이 부상당했다. 병상에서 움직일 수 없었던 그녀는 천장에 거울을 달고 스스로를 그리기 시작했다. 그녀의 자화상에는 몸의 고통뿐 아니라, 마음 깊은 곳의 외로움과 희망이 담겼다.

"나는 내가 가장 잘 아는 것을 그린다 그거 바로 나 자신이다."

그녀는 고통을 피하지 않고 정면으로 응시하며, 캔버스에 그 감정을 담아냈다. 프리다의 작품은 단순한 자화상을 넘어, 인간이 고통 속에서도 희망을 발견할 수 있음을 보여준다. 그녀의 그림은 멕시코 전통과 현대적 감각을 융합하며, 고통을 예술로 승화시키는 강렬한 메시지가 되었다.

안토니오 가우디 "자연이 빚어낸 건축의 시"

의미: 건축은 자연의 법칙을 따라 탄생하는 예술이다.
출처: 건축가 안토니오 가우디의 삶과 작품 〈사그라다 파밀리아〉, 〈카사 밀라〉.

1883년, 안토니오 가우디는 바르셀로나의 대성당 〈사그라다 파밀리아〉의 설계 책임을 맡게 되었다. 그는 전통적인 건축 양식을 따르지 않고, 자연에서 영감을 받은 곡선과 유기적인 구조로 새로운 미학을 창조했다. 그의 설계는 단순한 건축이 아니라, 자연과 조화를 이루는 생명력이 넘치는 예술이었다.

"자연은 가장 완벽한 건축가다. 나는 단지 자연이 알려준 대로 만들 뿐이다."

그는 건축을 인간의 창의성을 자연의 법칙과 결합시키는 행위로 보았다. 그의 작품은 나무의 가지, 동물의 뼈대, 그리고 물결의 흐름에서 영감을 받은 곡선과 구조로 가득했다. 〈카사 밀라〉의 물결치는 외관과 〈사그라다 파밀리아〉의 땅과 하늘을 잇는 첨탑은 자연의 아름다움과 건축의 기술이 만나는 지점을 보여준다.

잭슨 폴록 "혼돈 속의 질서"

의미: 예술은 무질서 속에서도 질서를 찾는 창조적 과정.
출처: 화가 잭슨 폴록의 삶과 작품 〈넘버 1〉, 〈블루 폴스〉에 담긴 액션 페인팅의 철학.

1947년, 잭슨 폴록은 캔버스를 바닥에 두고 작업하는 독창적인 방식을 선보였다. 그는 전통적인 붓질 대신, 페인트를 흩뿌리고 흘리는 과정을 통해 자신의 감정과 직관을 그대로 표현했다. 이 방식은 당시 예술계의 규범을 뒤흔들며 '액션 페인팅'이라는 새로운 길을 열었다.

"나는 그리는 것이 아니라, 캔버스와 대화하고 있다. 내 감정과 생각이 자유롭게 흐르는 순간을 기록하는 것이다."

그는 그림이란 완성된 형태를 미리 계획하는 것이 아니라, 즉흥성과 감정을 통해 캔버스와 교감하는 과정이라고 보았다. 그의 대표작 〈넘버 1〉은 형태와 구도의 전통적 틀을 거부하며, 자유로운 에너지와 움직임을 담아냈다.

클로드 모네 "빛 속에서 순간을 담다"

의미: 예술은 순간의 빛과 색을 포착해 영원을 창조한다.
출처: 인상주의 화가 클로드 모네의 작품과 그의 삶과 철학.

1899년, 모네는 지베르니 정원의 수련 연못에서 작업을 시작했다. 그는 하루 종일 연못의 빛과 색의 변화를 관찰하며 다양한 시간대에 그림을 그렸다. 스케치북이 산처럼 쌓였고, 화폭에는 수십 가지의 색조가 반복적으로 겹쳐졌다.

"빛은 결코 같은 순간에 머물지 않는다. 예술은 그 순간을 붙잡는 것이다."

모네는 끊임없이 변화하는 자연의 빛을 포착하고자 했으며, 그의 수련 연작은 단순한 풍경화가 아니라, 시간과 자연의 본질을 탐구한 결과물이었다. 그가 남긴 작품은 빛과 색의 찬란함으로 관객에게 자연의 아름다움과 순간의 소중함을 일깨워 준다.

워실리 칸딘스키 "음악을 그리다"

의미: 예술은 시각과 청각의 경계를 넘나드는 표현의 힘이다.
출처: 추상미술의 선구자 워실리 칸딘스키의 작품과 음악에서 영감.

1910년, 워실리 칸딘스키는 음악회에서 바그너의 로엔그린을 듣고 강렬한 영감을 받았다. 그는 악기의 음색과 멜로디가 색채와 형태로 보이는 독특한 경험을 했다. 음악이 시각적으로 변환되는 이 현상은 그의 예술 철학을 형성하는 중요한 순간이었다. 칸딘스키는 말년에 자신의 작업에 대해 이렇게 회고했다.

"색은 건반이고, 눈은 망치이며, 영혼은 피아노의 현이다. 예술가는 그 건반을 두드려 영혼을 흔드는 연주자다."

그는 형체를 완전히 배제하고, 색과 선만으로 감정을 표현하는 추상화에 몰두했다. 대표작 즉흥 연작은 마치 음악을 시각적으로 해석한 것처럼 강렬하고 유기적이다. 칸딘스키의 작업은 회화가 단순히 눈으로 보는 것이 아니라, 영혼으로 느끼는 것임을 보여주었다. 그는 시각 예술을 음악처럼 감상할 수 있는 새로운 세계로 안내하며, 예술의 경계를 확장했다.

프리츠 랑 "빛과 그림자로 이야기를 쓰다"

의미: 예술은 빛과 어둠을 통해 인간의 감정과 이야기를 전달하는 도구.
출처: 독일 표현주의 영화 감독 프리츠 랑의 영화 〈메트로폴리스〉.

1927년, 프리츠 랑은 독일 표현주의 영화의 거장으로, 빛과 그림자의 대비를 통해 인간의 희망과 고통을 화면에 담아냈다. 그는 예술이란 단순히 밝거나 어두운 감정을 표현하는 것이 아니라, 그 둘 사이의 균형을 찾아내어 진실을 드러내는 것이라고 설파했다. 대표작 〈메트로폴리스〉와 〈M〉에서도 그는 빛과 그림자를 통해 인간 내면의 갈등과 사회적 메시지를 전달했다.

"빛은 희망을, 그림자는 고통을 말한다. 예술은 이 둘 사이에서 균형을 찾는 것이다."

〈메트로폴리스〉는 단순한 영화가 아니었다. 그것은 기술 발전 속에서 인간의 감정과 사회적 갈등을 탐구하는 시각적 시였다. 랑은 빛과 그림자의 대비를 통해 감정과 이야기를 생생하게 전달하며, 예술이 시각적 요소로 인간의 내면을 표현할 수 있음을 증명했다.

조르주 브라크 "여러 시점으로 빚어낸 현실"

의미: 예술은 현실을 다각도로 이해하려는 시도의 표현이다.
출처: 입체주의 화가 조르주 브라크의 삶과 작품 〈악기와 주전자〉, 〈카페 테이블〉.

1907년, 조르주 브라크는 피카소와 함께 입체주의라는 혁신적인 예술 운동을 시작했다. 그는 전통적인 원근법과 단일한 시점에 갇힌 회화의 한계를 넘어, 사물과 공간을 다양한 시각에서 동시에 표현했다. 그의 그림은 현실을 재구성하며 관객에게 새로운 관점을 제시했다.

"현실은 단일한 시점에서 이해될 수 없다. 예술은 그것을 여러 시점에서 바라보는 일이다."

그는 예술이 단순히 현실을 모방하는 것이 아니라, 현실의 본질을 다각적으로 탐구하며 새로운 차원으로 나아가는 작업이라고 믿었다. 그의 대표작 〈악기와 주전자〉는 다양한 시점에서 분해된 형태와 겹쳐진 공간을 통해 관객에게 현실의 복합성을 보여준다. 브라크의 입체주의 작품은 단순한 형식 실험을 넘어, 인간이 현실을 인식하는 방식을 혁신적으로 재해석했다.

마르셀 뒤샹 "예술이 던지는 질문"

의미: 예술은 답을 제시하기보다 새로운 질문을 던지는 것.
출처: 작가 마르셀 뒤샹의 삶과 작품 〈샘〉, 〈큰 유리〉에 담긴 예술의 도전과 혁신.

1917년, 마르셀 뒤샹은 일반적인 소변기에 'R. Mutt'라는 서명을 하고 그것을 〈샘〉이라는 제목의 작품으로 전시했다. 이 행위는 예술의 정의와 경계를 근본적으로 흔들어 놓았다. 그는 예술이란 단순히 아름다움을 창조하거나 기술적 완벽함을 추구하는 것이 아니라, 본질적으로 질문을 던지는 과정이라고 강조했다.

"예술은 질문을 던지는 과정이다. 그 질문은 관습과 편견을 흔들고, 생각을 확장하게 만든다."

그는 기존의 예술 개념을 넘어, 예술이 무엇인지에 대한 논의를 이끌어냈다. 〈샘〉은 평범한 사물이 예술적 문맥 속에 놓였을 때, 어떻게 새로운 의미를 가질 수 있는지를 묻는 실험이었다. 그의 또 다른 작품 〈큰 유리〉는 완결된 서사가 아닌, 관객의 해석에 따라 끊임없이 변화하는 열린 질문으로 남아 있다.

오스카 와일드 "쓸모없음의 찬란한 가치"

의미: 예술은 실용성을 넘어선 순수한 감성과 아름다움의 영역이다.
출처: 작가 오스카 와일드의 삶과 저서 〈도리언 그레이의 초상〉, 〈비범한 연애〉.

1890년, 오스카 와일드는 그의 대표작 〈도리언 그레이의 초상〉을 발표하며 빅토리아 시대의 도덕적 가치관과 예술의 본질에 대한 논쟁을 불러일으켰다. 그는 예술이 도덕적이거나 실용적이어야 한다는 관념에 정면으로 반대하며, 예술은 그 자체로 존재 가치를 지닌다고 주장했다.

"모든 예술은 전적으로 쓸모없다. 그 쓸모없음이야말로 예술의 진정한 아름다움이다."

이 말은 와일드의 미학적 철학을 명확하게 보여준다. 그는 예술이 실용적인 목적을 가진다면, 그것은 더 이상 예술이 아니라고 보았다. 〈도리언 그레이의 초상〉 속에서 그는 아름다움이 단순히 외적 장식이 아니라, 인간 영혼을 반영하는 깊은 진리를 담고 있음을 탐구했다.

파블로 피카소 "진실을 담은 예술의 거짓말"

의미: 위대한 예술은 단순히 모방을 넘어 창조로 나아간다.
출처: 파블로 피카소의 작품 〈게르니카〉, 〈아비뇽의 처녀들〉 속 예술과 진실의 역설.

1937년, 파블로 피카소는 스페인 내전 중 독일군의 폭격으로 파괴된 게르니카의 참상을 담아낸 대작 〈게르니카〉를 완성했다. 그는 현실을 직접적으로 재현하지 않았지만, 다른 예술가들의 작품에서 영감을 얻는 것을 두려워하지 않았고, 이를 자신의 독창적인 방식으로 재해석했다.

"훌륭한 예술가는 모방하고, 위대한 예술가는 훔친다."

그는 단순한 모방은 예술적 발전에 한계가 있지만, 진정으로 위대한 예술은 기존의 것을 완전히 자신의 것으로 소화하고, 이를 새롭게 변형하는 데서 나온다고 강조했다. 피카소는 전통적인 기법을 넘어 입체파와 초현실주의 같은 새로운 스타일을 창조하며, 예술계의 경계를 끊임없이 확장했다.

파블로 피카소 "예술가의 영혼을 간직한 아이"

의미: 예술적 창의성은 순수한 아이의 시각을 유지하는 데 있다.
출처: 화가 파블로 피카소의 삶과 작품 〈아비뇽의 처녀들〉, 〈게르니카〉.

1946년, 파블로 피카소는 한 인터뷰에서 예술과 창의성의 본질에 대한 질문을 받았다. 그는 자신이 왜 전통적인 화풍을 버리고 새로운 양식을 탐구했는지 묻는 질문에 이렇게 답했다.

"모든 아이는 예술가이다. 문제는 어떻게 하면 어른이 되어서도 예술가로 남아 있을 수 있는가이다."

그는 예술이란 아이처럼 세상을 새롭게 바라보는 순수한 눈에서 비롯된다고 믿었다. 〈아비뇽의 처녀들〉에서 그는 기존의 전통적인 구도와 미학을 해체하고, 어린아이의 자유로운 상상력과 과감한 표현으로 새로운 차원의 예술을 열었다. 피카소는 어른이 되면서 점점 굳어지는 관습과 틀을 깨는 것이 예술가로 남는 길이라고 말했다.

레오나르도 다 빈치 "끝나지 않는 창조의 여정"

의미: 창작은 완성을 향한 과정이 아니라, 끊임없는 탐구와 시도이다.
출처: 다 빈치의 삶과 작품 〈모나리자〉, 〈최후의 만찬〉 속 창작의 철학.

1503년, 레오나르도 다 빈치는 〈모나리자〉의 작업을 시작했다. 그는 그림을 완성하는 데 평생을 투자했지만, 작품을 마무리했다고 여기지 않았다. 그의 작업은 끊임없는 수정과 실험의 연속이었고, 그는 늘 더 나은 결과를 찾기 위해 노력했으며, 복잡하고 화려한 것보다는 본질에 집중하고 불필요한 요소를 제거함으로써 진정한 아름다움과 기능성을 구현했다.

"예술은 결코 끝나는 법이 없다. 단지 포기될 뿐이다. 창작은 더할 것이 없는 완벽한 상태가 아니라, 뺄 것이 없는 상태다."

그는 예술이란 단순히 결과물을 만드는 것이 아니라, 끝없는 개선과 실험을 통해 인간의 한계를 확장하는 과정이라고 보았다. 〈최후의 만찬〉에서도 그는 독창적인 기법을 시도하며, 작품이 시간의 흐름 속에서도 살아 있는 감동을 줄 수 있도록 노력했다. 다 빈치는 예술뿐만 아니라 과학, 해부학, 공학 등 다양한 분야에서도 끊임없이 질문하고 탐구했다.

알버트 아인슈타인 "지식의 한계를 넘는 상상력의 세계"

의미: 창작은 한계를 초월한 상상력에서 시작된다.
출처: 과학자 알버트 아인슈타인의 삶과 이론 〈특수 상대성 이론〉, 〈일반 상대성 이론〉.

1905년, 알버트 아인슈타인은 당시의 물리학적 상식을 넘어서는 혁신적인 이론, 〈특수 상대성 이론〉을 발표했다. 이 이론은 단순한 수학적 계산에서 출발하지 않았다. 그의 상상력은 시간과 공간을 새롭게 이해하는 관점을 열었고, 기존의 고전 물리학에 도전했다.

"상상력은 지식보다 더 중요하다. 지식은 우리가 아는 것에 국한되지만 상상력은 세상을 포괄한다. 창작은 한계를 초월한 상상력에서 시작된다."

그는 지식이란 과거의 축적에 불과하며, 새로운 발견은 기존의 틀을 넘어서야 가능하다고 보았다. 그의 상상력은 시간과 공간이 고정된 것이 아니라 유동적이라는 발상을 가능하게 했고, 이를 바탕으로 물리학의 새로운 시대를 열었다.

요한 볼프강 폰 괴테 "대담성의 마법"

의미: 진정한 창조와 성취는 마음속 결단과 대담한 행동에서 시작된다.
출처: 작가 요한 볼프강 폰 괴테의 삶과 작품 〈파우스트〉, 〈젊은 베르테르의 고뇌〉.

1790년, 요한 볼프강 폰 괴테는 삶의 갈림길에서 새로운 도전을 시작하며 〈파우스트〉의 초안을 쓰기 시작했다. 그는 단순히 문학을 쓰는 것을 넘어 인간의 욕망과 선택, 그리고 삶의 본질을 탐구했다. 괴테에게 행동은 단순한 결과를 넘어서, 인간의 잠재력을 현실로 이끄는 마법과도 같았다.

"마음에 무엇인가를 품고 행동하라. 대담성 안에는 천재성, 힘, 마법이 숨어 있다."

그는 인간이 마음속 열망을 행동으로 옮길 때 비로소 새로운 가능성과 창조적 힘이 발휘된다고 믿었다. 〈파우스트〉 속 주인공은 자신의 욕망과 목표를 추구하며 대담한 결정을 내리는 과정을 통해 인간 존재의 깊이를 드러낸다. 괴테의 삶 또한 이러한 철학을 실천한 여정이었다. 그는 문학뿐 아니라 과학, 정치, 예술 등 다양한 분야에서 도전하며, 자신의 결단력과 행동으로 시대를 초월한 유산을 남겼다.

버지니아 울프 "자유를 위한 방 한 칸"

의미: 창작은 물리적, 경제적 자율성에서 비롯된다.
출처: 작가 버지니아 울프의 삶과 에세이 〈자기만의 방〉, 〈등대로〉.

1929년, 버지니아 울프는 에세이 〈자기만의 방〉을 발표하며 여성 작가로 살아간다는 것의 현실과 가능성을 탐구했다. 그녀는 여성에게 창작을 위한 최소한의 조건으로 '자기만의 방'과 경제적 자립을 강조했다. 당시 사회적, 경제적 제약 속에서 여성들은 자신의 목소리를 내기 어려웠고, 그녀는 이를 돌파하려는 선언과도 같은 작품을 남겼다.

"글을 쓰기 위해서는 방과 약간의 돈이 필요하다. 자율성과 독립이 없으면 창작은 시작조차 할 수 없다."

이 말은 울프의 창작 철학과 그녀가 추구한 여성의 자유를 단적으로 보여준다. 그녀는 창작이란 단순한 재능이 아니라, 물리적 공간과 경제적 여유라는 현실적 조건 속에서 꽃필 수 있다고 보았다. 〈등대로〉와 〈올랜도〉는 그녀가 여성 작가로서 자기만의 목소리를 담아낸 작품으로, 이러한 철학을 실천한 결과물이다.

찰스 부코스키 "미쳐야 가능한 것"

의미: 진정한 창작은 억누를 수 없는 내적 충동에서 비롯된다.
출처: 작가 찰스 부코스키의 삶과 저서 〈우체국〉, 〈사랑은 지옥에서 온 개〉.

1971년, 찰스 부코스키는 직장을 그만두고 자신의 삶을 글로 풀어내기 시작했다. 그는 일상적이면서도 거친 경험을 바탕으로, 화려한 문체나 꾸밈없는 언어로 사람들의 마음을 사로잡았다. 그의 글쓰기는 단순한 표현이 아니라, 자신의 내면을 토해내는 필연적인 행위였다.

"글을 써라. 쓰지 않으면 미쳐버릴 것 같은 순간에만. 그렇지 않다면 쓰지 말아라."

이 말은 부코스키의 창작 철학을 날카롭게 드러낸다. 그는 글쓰기가 단순한 작업이나 의무가 아니라, 내면의 압박에서 터져 나오는 진정성과 열정의 산물이어야 한다고 보았다. 그의 대표작 〈우체국〉은 삶의 고난과 분노를 그대로 담아내며, 글이 곧 그의 생존 방식임을 보여준다.

밥 딜런 "영감을 붙잡다"

의미: 창작은 순간의 영감을 포착하는 행위이다.
출처: 음악가 밥 딜런의 삶과 작품 〈Blowin' in the Wind〉, 〈Like a Rolling Stone〉.

1962년, 밥 딜런은 기타를 들고 작곡을 시작했다. 그는 세상의 소음 속에서 들려오는 작은 속삭임을 붙잡아 노래로 만들어냈다. 그의 가사는 단순한 문장이 아니라, 시대의 흐름을 포착하고 인간의 내면을 담아낸 시와 같았다.

"창작은 일단 손을 뻗어 무언가를 잡아오는 것이다. 영감은 순간적으로 지나가지만, 그것을 붙드는 것이 예술이다."

그는 영감이란 특별한 것이 아니라, 일상 속에서 흘러가는 것을 붙잡아 자신의 것으로 만드는 과정이라고 보았다. 그의 대표곡 〈Blowin' in the Wind〉은 단순한 선율과 가사를 통해 자유와 평등이라는 보편적 메시지를 전달하며 시대를 대표하는 곡이 되었다.

루이 암스트롱 "음악으로 살아내는 삶"

의미: 창작은 삶의 본질이며, 존재의 이유이다.
출처: 음악가 루이 암스트롱의 삶과 작품 〈What a Wonderful World〉, 〈La Vie En Rose〉.

1930년대, 루이 암스트롱은 재즈 트럼펫 연주자이자 가수로서 세계를 무대로 활동하기 시작했다. 그는 독창적인 연주 스타일과 깊이 있는 목소리로 사람들의 마음을 사로잡았다. 암스트롱에게 음악은 단순한 직업이 아니었다. 음악은 그의 삶이었고, 그의 심장이었다.

"음악은 내 삶이다. 창작하지 않는다면 죽은 것이나 다름없다. 내 영혼은 음악 속에서 살아 숨 쉰다."

그는 매 순간 창작을 통해 자신을 표현하며, 이를 통해 살아 있음을 느꼈다. 그의 대표곡 〈What a Wonderful World〉는 단순한 멜로디와 가사를 넘어, 세상에 대한 희망과 사랑의 메시지를 전달하며 전 세계 사람들에게 감동을 주었다.

백남준 "질문으로 이어진 예술의 여정"

의미: 창작(예술)은 답을 찾는 것이 아니라, 새로운 시각과 질문을 제시하는 것.
출처: 미디어 아티스트 백남준의 삶과 작품 〈굿모닝 미스터 오웰〉, 〈다다익선〉.

1984년, 백남준은 〈굿모닝 미스터 오웰〉이라는 획기적인 위성 방송 퍼포먼스를 선보이며 전 세계를 연결했다. 그는 예술이 단순히 결과를 제시하거나 기존의 틀 안에서 머무는 것이 아니라, 새로운 관점과 질문을 던지는 과정이라고 보았다. 그의 작업은 항상 관객에게 상상력과 사고를 자극하며, 예술의 역할을 다시 생각하게 했다.

"예술과 창작은 정답을 제시하는 것이 아니라 새로운 질문을 던지는 것이다. 질문을 통해 세상은 끊임없이 변화한다."

그는 기존의 형식에 얽매이지 않고, 전자기술과 예술을 결합하며 새로운 미디어 아트의 길을 개척했다. 그의 대표작 〈다다익선〉은 수백 대의 TV 모니터를 활용해 인간과 기술, 그리고 예술의 관계를 탐구하며 수많은 질문을 관객에게 던졌다.

윌리엄 셰익스피어 "삶을 비추는 연극"

의미: 연극은 인간의 본질과 삶의 진실을 반영한다.
출처: 극작가 윌리엄 셰익스피어의 삶과 작품 〈햄릿〉, 〈맥베스〉에 담긴 연극과 삶의 철학.

1600년, 윌리엄 셰익스피어는 자신의 대표작 〈햄릿〉을 완성했다. 극 중 햄릿은 '연극은 자연을 비추는 거울이다'라는 대사를 통해, 연극이 현실의 모습과 인간의 내면을 투영하는 예술임을 강조한다. 셰익스피어는 자신의 극작을 통해 인간의 갈등, 욕망, 그리고 비극을 생생하게 재현하며, 연극이 단순한 오락이 아닌 삶의 본질을 탐구하는 도구임을 보여주었다.

"연극은 삶을 비추는 거울이다. 그 안에는 우리의 강점과 약점, 희망과 두려움이 담겨 있다."

그는 연극이란 삶의 거대한 무대를 축소한 것으로, 관객들이 자신의 모습과 시대의 문제를 직면하게 만드는 역할을 한다고 믿었다. 〈햄릿〉의 복잡한 심리, 〈맥베스〉의 야망과 파멸, 〈로미오와 줄리엣〉의 비극적 사랑은 모두 인간 본성과 삶의 진실을 투영한 작품들이다.

한스 크리스티안 안데르센 "음악은 언어를 초월한 언어"

의미: 음악은 언어의 한계를 넘어 감동을 전달한다.
출처: 작가 한스 크리스티안 안데르센의 삶과 이야기 〈인어공주〉, 〈성냥팔이 소녀〉.

1847년, 한스 크리스티안 안데르센은 독일을 여행하던 중 한 오케스트라 공연을 관람했다. 그는 언어를 전혀 이해하지 못하는 청중조차도 음악을 통해 동일한 감동을 느끼는 모습을 보며 음악의 특별한 힘을 깨달았다. 안데르센에게 음악은 인간의 감정을 언어보다 더 깊이, 더 보편적으로 전달하는 도구였다.

"음악은 말을 초월한 언어다. 그것은 누구나 이해할 수 있는 감동의 매개체다."

그는 자신의 동화를 통해 인간의 감정을 세밀하게 표현했듯이, 음악 또한 단어로 표현할 수 없는 감정을 전달하는 강력한 매체라고 믿었다. 음악은 그의 이야기처럼 국경과 언어를 초월하여 보편적 메시지를 전했다.

마사 그레이엄 "몸으로 전하는 마음의 이야기"

의미: 춤은 언어로 표현할 수 없는 감정을 몸으로 전달하는 예술.
출처: 현대무용가 마사 그레이엄의 삶과 작품 〈람다〉, 〈무제트〉에 담긴 춤과 감정의 철학.

1930년, 마사 그레이엄은 전통적인 발레의 틀을 벗어나 인간의 내면을 탐구하는 현대무용 작품 〈람다〉를 발표했다. 그녀는 무용이 단순한 동작이 아니라, 말로 표현할 수 없는 감정과 내면의 이야기를 전하는 방식이라고 믿었다. 그레이엄은 춤을 통해 인간의 고통, 희망, 열망을 형상화하며 관객들에게 깊은 공감을 불러일으켰다.

"춤은 마음이 말할 수 없는 것을 몸으로 이야기하는 방식이다. 감정은 몸의 움직임으로 자유롭게 흐른다."

그녀는 춤이란 단순히 기술을 연마하는 것이 아니라, 내면의 진실을 탐구하고 표현하는 행위라고 보았다. 〈무제트〉 같은 작품은 인간의 복잡한 감정을 동작 하나하나에 담아내며, 언어의 한계를 초월한 깊은 메시지를 전달했다.

콘스탄틴 스탠니슬랍스키 "도전으로 빛나는 무대"

의미: 무대는 예술가가 끊임없이 도전하며 성장하는 공간이다.
출처: 연출가 콘스탄틴 스탠니슬랍스키의 삶과 연극 〈세 자매〉, 〈바냐 아저씨〉.

1902년, 콘스탄틴 스탠니슬랍스키는 연극 〈세 자매〉를 무대에 올리며 관객들에게 극의 깊이를 전달하기 위해 배우들에게 철저한 준비와 몰입을 요구했다. 그는 무대를 단순히 연기하는 공간이 아니라, 예술적 도전과 창조적 탐구의 장으로 여겼다. 그의 시스템은 배우가 내면의 진실을 찾아 끊임없이 자신을 시험하게 만들었다.

"모든 무대는 도전의 공간이다. 배우는 자신의 한계를 넘어서 진정한 예술적 표현에 도달해야 한다."

그는 무대에서의 도전이야말로 예술적 성장의 원천이라고 믿었다. 그의 연출 방식은 배우들이 단순히 대사를 외우는 것이 아니라, 캐릭터의 심리를 탐구하고 몰입하도록 유도했다. 〈바냐 아저씨〉의 성공은 그가 무대에서의 도전을 통해 예술적 진실에 가까이 다가갈 수 있음을 증명했다.

피나 바우쉬 "가슴속에서 울려 퍼지는 무대"

의미: 좋은 공연은 관객의 마음속게 깊은 울림을 남긴다.
출처: 안무가 피나 바우쉬의 삶과 작품 〈카페 뮐러〉, 〈봄의 제전〉.

1978년, 피나 바우쉬는 자신의 대표작 〈카페 뮐러〉를 무대에 올렸다. 관객은 단순한 춤을 넘어서, 인간의 내면을 탐구하는 강렬한 퍼포먼스에 압도되었다. 그녀는 동작 하나하나에 인간의 고통, 희망, 그리고 소통을 담아냈고, 공연이 끝난 후에도 관객의 가슴속에 잔잔한 여운을 남겼다.

"좋은 공연은 사람의 가슴속에서 영원히 울려 퍼진다. 그것은 단순한 순간의 경험이 아니라, 영혼에 새겨지는 감동이다."

그녀는 공연이란 단순한 기술적 완성을 넘어, 관객의 감정을 일깨우고 내면에 깊은 울림을 주는 경험이어야 한다고 믿었다. 〈봄의 제전〉 같은 작품은 동작의 강렬함과 무대의 긴장감을 통해 관객들에게 강한 인상을 남겼다.

피니어스 테일러 바넘 "불멸의 쇼"

의미: 삶과 무대는 어떤 어려움 속에서도 멈추지 않고 계속된다.
출처: 흥행사 P.T. 바넘의 삶과 쇼 비즈니스 철학과 서커스 〈바넘과 베일리 서커스〉.

1871년, P.T. 바넘은 세계 최초의 이동식 서커스인 〈바넘과 베일리 서커스〉를 창립하며 대중의 상상력을 사로잡았다. 공연 중 천막이 무너지고 동물들이 탈출하는 등 수많은 위기를 겪었지만, 그는 항상 공연을 멈추지 않았다. 바넘은 어떤 상황에서도 관객에게 약속한 즐거움을 제공해야 한다는 신념을 굳게 지켰다.

"쇼는 계속되어야 한다. 그것이야말로 대중과의 약속을 지키는 예술의 본질이다."

그는 어려움 속에서도 멈추지 않는 열정과 창의력을 통해 대중에게 끊임없는 놀라움과 감동을 선사했다. 그의 서커스는 단순한 공연을 넘어, 사람들에게 희망과 환희를 주는 공간이었다. P.T. 바넘의 이야기는 예술과 삶이 어떤 위기 속에서도 멈추지 않고 계속된다는 강렬한 메시지를 전한다.

데이비드 매멧 "진실로 무대 위에 서라"

의미: 관객은 무대에서 느껴지는 진실에 마음을 열고 공감한다.
출처: 극작가 데이비드 매멧의 삶과 작품 〈글렌게리 글렌 로스〉, 〈스피드 더 플로우〉.

1984년, 데이비드 매멧은 〈글렌게리 글렌 로스〉를 통해 연극계에 강렬한 인상을 남겼다. 그의 작품은 날카로운 대사와 리얼리즘으로 관객들에게 삶의 진실과 인간의 복잡한 심리를 드러냈다. 매멧은 연극과 영화에서 무엇보다 중요한 것은 배우와 연출자가 무대 위에서 진실을 전달하는 것이라고 강조했다.

"관객은 당신의 진실을 본다. 그들은 진실을 믿을 준비가 되어 있다. 예술가는 진정성과 함께 무대에 서야 한다."

그는 연극과 영화가 관객에게 진정한 감동을 주기 위해서는, 작위적인 표현이나 허구를 넘어선 진솔함이 필요하다고 믿었다. 그의 대표작들은 단순한 서사를 넘어 인간의 욕망과 갈등을 적나라하게 그려내며, 관객이 그 진실에 공감하도록 이끌었다.

플루타르코스 "관객은 무대 아래의 배우다"

의미: 관객은 공연의 일부이며, 공연의 완성은 그들의 참여에서 비롯된다.
출처: 철학자 플루타르코스의 삶과 저서 〈영웅전〉.

기원후 1세기, 플루타르코스는 극장에서 사람들이 공연에 몰입하며 배우와 감정적으로 연결되는 모습을 자주 관찰했다. 그는 공연이 단순히 무대 위에서 이루어지는 것이 아니라, 관객의 반응과 공감이 결합될 때 비로소 완성된다고 믿었다.

"관객은 공연의 또 다른 배우다. 그들의 반응과 에너지가 공연을 생동감 있게 만든다."

이 말은 플루타르코스가 예술과 인간의 상호작용에 대해 가졌던 깊은 통찰을 보여준다. 그는 예술이 단방향적 전달이 아니라, 관객과의 상호작용 속에서 생명력을 얻는다고 주장했다. 관객의 감정, 박수, 그리고 침묵조차도 배우와 연출가에게 영향을 미치며 공연의 새로운 층위를 만들어낸다.

마거릿 울프 헝터 "눈 안에 담긴 아름다움"

의미: 아름다움은 객관적 기준이 아니라, 개인의 시각에서 탄생한다.
출처: 철학자 마거릿 울프 헝터의 삶과 사상과 미와 주관성에 대한 통찰.

20세기 초, 마거릿 울프 헝터는 미학과 철학에 대한 강의를 통해 아름다움의 본질에 대해 질문을 던졌다. 그녀는 전통적으로 규정된 미의 기준을 비판하며, 아름다움은 보는 사람의 마음과 시각에서 비롯된다고 주장했다. 그녀의 철학은 예술, 자연, 인간관계 등 삶의 다양한 측면에서 아름다움을 새롭게 이해하도록 했다.

"아름다움은 보는 이의 눈 안에 있다. 그것은 관점과 감정, 그리고 경험에서 빚어진다."

그녀는 아름다움이란 보편적이고 고정된 것이 아니라, 각 개인의 시각과 경험에 따라 다르게 느껴지는 상대적인 것이라고 보았다. 이러한 관점은 아름다움에 대한 고정관념을 깨고, 다양성과 개인적 감각을 존중하는 철학으로 이어졌다.

아리스토텔레스 "조화와 균형의 아름다움"

의미: 아름다움은 조화로운 구성과 균형에서 탄생한다.
출처: 철학자 아리스토텔레스의 저서 〈형이상학〉, 〈시학〉 속 미와 조화의 철학.

기원전 4세기, 아리스토텔레스는 그의 저서 〈시학〉에서 예술과 아름다움의 본질에 대해 탐구했다. 그는 비극, 음악, 조각 등 다양한 예술 형태를 분석하며, 아름다움은 사물의 조화로운 구성과 적절한 균형 속에서 드러난다고 보았다. 그의 철학은 단순한 외형이 아니라, 내적 질서와 구조를 통해 완성되는 미의 본질을 강조했다.

"아름다움은 사물의 조화와 균형에서 비롯된다. 조화는 영혼을 만족시키고, 균형은 마음을 평온하게 한다."

그는 자연과 예술, 인간의 창조물이 아름다움을 가질 수 있는 이유는 그 안에 내재된 조화와 균형 때문이라고 강조했다. 그의 관점은 그리스 건축과 조각, 음악 등에 지대한 영향을 미쳤다. 파르테논 신전의 비례와 균형은 그의 철학을 실천한 대표적인 사례로 꼽힌다.

에드가 드가 "보이지 않는 아름다움을 비추는 예술"

의미: 예술은 삶 속에서 흔히 간과되는 미묘한 아름다움을 발견하게 한다.
출처: 화가 에드가 드가의 삶과 작품 〈무희〉, 〈다림질하는 여인〉.

1874년, 에드가 드가는 발레 연습실에서 무희들이 쉬는 모습을 관찰하며 새로운 영감을 얻었다. 그는 무대 위의 화려한 순간이 아니라, 연습의 고단함 속에서도 드러나는 인간적인 아름다움과 생생한 움직임을 화폭에 담았다. 그의 예술은 일상의 사소한 순간들이 가진 미묘한 아름다움을 포착했다.

"예술은 우리가 흔히 놓치는 것들을 보게 한다. 그것은 삶의 미묘한 아름다움을 일깨우는 과정이다."

그는 화려한 주제나 대단한 서사가 아닌, 일상 속에서 흔히 간과되는 순간들을 예술로 승화시키며, 그 안에 담긴 진실과 아름다움을 관객에게 전달했다. 〈무희〉 시리즈는 발레리나들의 순간적인 동작과 표정을 통해 무대 뒤편의 인간적인 이야기를 그렸다.

존 키츠 "아름다움 속의 진리, 진리 속의 아름다움"

의미: 아름다움과 진리는 본질적으로 하나이며, 서로를 완성한다.
출처: 시인 존 키츠의 삶과 시 〈그리스 항아리에 부치는 시〉, 〈가을에게〉.

1819년, 존 키츠는 그의 불후의 걸작 〈그리스 항아리에 부치는 시〉를 쓰며, 시간과 공간을 초월한 아름다움과 진리의 본질을 탐구했다. 그는 항아리의 조각된 장면들을 통해 영원한 아름다움이 인간에게 진리의 빛을 비출 수 있음을 노래했다. 그의 시는 아름다움과 진리가 서로 다른 것이 아니라, 같은 본질을 가진 두 얼굴임을 선언했다.

"진리와 아름다움은 동일한 것이다. 아름다움은 진리를 드러내고, 진리는 아름다움 속에서 빛난다."

그는 진리를 논리나 이성의 차원에서만 이해하지 않고, 아름다움이라는 감각적 경험 속에서 발견해야 한다고 믿었다. 그의 시는 독자들에게 아름다움 속에 숨어 있는 깊은 진리를 감각적으로 느끼게 만들었다.

플라톤 "아름다움의 권능"

의미: 미학적 아름다움은 정의를 넘어 사람들의 마음을 움직이는 강력한 힘.
출처: 철학자 플라톤의 삶과 저서 〈향연〉, 〈국가〉 속 미와 정의의 철학.

기원전 4세기, 플라톤은 〈향연〉에서 아름다움의 본질에 대해 탐구하며, 미가 인간의 삶에 미치는 강력한 영향을 설명했다. 그는 아름다움이 단순한 외형적 매력을 넘어, 사람들의 마음을 움직이고 행동을 변화시키는 힘을 가지고 있다고 주장했다. 아름다움은 진리와 선을 이끄는 가장 효과적인 매개체로 여겨졌다.

"미는 정의보다 더 큰 권능을 가진다. 아름다움은 사람들의 마음을 사로잡고, 그들을 변화시킨다."

이 말은 플라톤이 아름다움을 단순히 감각적인 즐거움으로 보지 않고, 인간의 내면과 사회를 움직이는 본질적인 힘으로 여겼음을 보여준다. 그는 정의가 이성에 호소한다면, 미는 감정을 자극하고, 이를 통해 행동을 이끌어내는 힘이 있다고 믿었다. 그의 철학은 예술과 건축, 인간관계 등 삶의 모든 측면에서 아름다움이 가진 영향력을 강조했다.

루키우스 안나이우스 세네카 "자연을 닮은 창조"

의미: 모든 예술은 자연의 아름다움을 재현하고 재구성하는 과정.
출처: 철학자 세네카의 삶과 저서 〈자연의 질문들〉, 〈도덕 편지〉.

기원후 1세기, 세네카는 자연의 질서와 조화를 연구하며, 자연이야말로 최고의 예술가라는 통찰을 얻었다. 그는 인간의 예술적 창작이란 본질적으로 자연에서 영감을 받고, 그것을 재구성하며 표현하는 행위라고 보았다. 그의 철학은 예술을 자연과의 대화로 정의하며, 자연 속에서 진리와 아름다움을 찾으려 했다.

"모든 예술은 자연의 모방이다. 예술은 자연의 질서와 조화를 반영하며, 그것을 통해 인간의 창조성을 드러낸다."

그는 예술이 단순히 자연을 복제하는 것이 아니라, 자연의 본질과 아름다움을 이해하고 이를 인간의 창의력으로 재창조하는 과정이라고 믿었다. 그의 철학은 건축, 조각, 문학 등 모든 예술 분야에 자연이 가진 조화와 질서를 적용하려는 시도로 이어졌다.

이마누엘 칸트 "감각 속에서 피어나는 아름다움"

의미: 아름다움은 이성을 넘어 감각적 직관으로만 이해할 수 있다.
출처: 철학자 이마누엘 칸트의 삶과 저서 〈판단력 비판〉, 〈순수 이성 비판〉.

1790년, 칸트는 〈판단력 비판〉에서 미학적 경험이란 단순히 이성적 분석이나 논리적 사고로 이해할 수 없는 것이라고 주장했다. 그는 아름다움은 개인의 감각과 직관을 통해 경험되는 것이며, 이를 통해 사람들은 순수한 기쁨과 조화를 느낄 수 있다고 보았다. 그의 철학은 예술과 자연에서 느껴지는 미적 경험을 탐구하며, 아름다움이 지닌 초월적인 특성을 정의했다.

"아름다움은 이성을 초월하며, 그것을 이해하려면 감각으로 느껴야 한다. 그것은 설명이 아니라 경험되어야 한다."

그는 아름다움을 감각적이고 주관적인 경험으로 간주하며, 개인의 직관이 미학적 판단의 핵심이라고 보았다. 자연의 경이로움이나 예술작품에서 느껴지는 아름다움은 논리적 분석을 넘어선, 감각적이고 즉각적인 반응을 통해 이해된다고 강조했다.

프리드리히 니체 "아름다움의 형상"

의미: 아름다움은 내면의 빛이 외면을 통해 드러나는 것이다.
출처: 철학자 프리드리히 니체의 저서 〈차라투스트라는 이렇게 말했다〉, 〈도덕의 계보〉.

1883년, 니체는 〈차라투스트라는 이렇게 말했다〉를 통해 인간의 내면과 삶의 본질에 대해 철학적 성찰을 시작했다. 그는 아름다움이 단순히 외적 형태에 국한되지 않으며, 영혼의 깊이와 본질이 외적으로 표현될 때 진정한 아름다움이 탄생한다고 주장했다. 그의 철학은 외적인 아름다움과 내면의 진실을 분리하지 않고, 둘 사이의 조화를 강조했다.

"아름다움은 영혼의 빛이 육체를 통해 드러나는 것이다. 내면의 진실이 외면을 통해 빛날 때, 우리는 그것을 아름다움이라 부른다."

그는 아름다움을 단순한 외형적 매력으로 정의하지 않고, 내면의 가치와 힘이 외적인 형상을 통해 구현되는 과정이라고 보았다. 그의 철학은 예술과 삶에서 진정한 아름다움은 내면의 본질과 외면의 조화 속에서 발견된다는 메시지를 전달한다.

요한 볼프강 폰 괴테 "인간의 본성"

의미: 아름다움을 추구하는 것은 인간 본성의 필연적이고 근본적인 갈망이다.
출처: 작가 요한 볼프강 폰 고테의 삶과 작품 〈파우스트〉, 〈젊은 베르테르의 고뇌〉.

18세기 말, 괴테는 예술과 자연 속에서 아름다움의 본질을 탐구하며 인간 본성의 깊이를 이해하려 했다. 그는 인간이 아름다움에 끌리는 것은 단순한 취향이나 감각의 문제가 아니라, 삶의 의미를 찾고자 하는 본질적인 갈망에서 비롯된다고 주장했다. 그의 작품은 이 갈망을 이야기로 풀어내며, 인간의 내적 세계를 탐구하는 도구로 삼았다.

"미의 추구는 인간 본성의 필연적인 부분이다. 아름다움은 우리의 영혼을 풍요롭게 하고, 삶의 의미를 깨닫게 한다."

그는 아름다움이 단순히 외적인 매력이 아니라, 인간이 진리를 이해하고, 존재의 의미를 발견하며, 조화를 이루기 위해 추구하는 핵심적인 요소라고 보았다. 그의 대표작 〈파우스트〉는 인간의 한계를 넘어선 진리와 아름다움에 대한 탐구로 가득 차 있다.

구스타프 말러 "전통의 불꽃을 지키다"

의미: 전통은 과거를 답습하는 것이 아니라, 그 속의 생명력을 지속적으로 살려가는 것.
출처: 작곡가 구스타프 말러의 삶과 교향곡 〈대지의 노래〉, 〈9번 교향곡〉에 담긴 전통.

1909년, 구스타프 말러는 〈9번 교향곡〉을 작곡하며 고전적 전통 속에서도 현대적 감성을 담아냈다. 그는 전통을 단순히 반복하거나 복원하는 것이 아니라, 그것을 새로운 방식으로 재창조하고 시대에 맞게 발전시키는 과정으로 이해했다. 말러는 과거의 형식을 존중하면서도 그것을 자신의 예술적 목소리로 재해석했다.

"전통은 재의 숭배가 아니라 불을 유지하는 것이다. 과거의 열정과 생명력을 현재와 미래로 이어가야 한다."

그는 전통을 단순히 보존하는 것이 아니라, 그것을 통해 새로운 영감을 얻고 창조적 불꽃을 이어가는 과정이라고 보았다. 그의 음악은 고전과 현대의 경계를 허물며, 전통의 깊이와 혁신의 가능성을 동시에 보여준다.

에드먼드 버크 "세대를 잇는 사회적 계약"

의미: 전통은 과거, 현재, 미래 세대가 공동으로 지켜야 할 사회적 약속.
출처: 정치철학자 에드먼드 버크의 저서 〈프랑스 혁명에 대한 고찰〉.

1790년, 에드먼드 버크는 〈프랑스 혁명에 대한 고찰〉을 발표하며, 혁명적 변화가 아닌 전통을 존중하는 점진적 개혁의 중요성을 강조했다. 그는 전통을 단순히 과거의 유산이 아니라, 세대를 넘어 사회를 유지하고 발전시키는 중요한 연결 고리로 보았다. 버크에게 전통은 단순히 보존해야 할 것이 아니라, 각 세대가 협력하여 새롭게 해석하고 지켜나가야 할 공동의 책임이었다.

"전통은 모든 세대가 함께 노력하여 지키는 사회적 계약이다. 그것은 과거의 지혜와 현재의 행동, 그리고 미래의 기대를 하나로 묶는다."

그는 전통이란 고정된 것이 아니라, 세대 간의 대화를 통해 변화와 적응을 거듭하며 사회의 안정과 지속 가능성을 보장한다고 주장했다. 그의 사상은 급진적 변화 대신 전통과 점진적 개혁의 조화를 통해 사회의 건강한 발전을 도모했다.

요한 볼프강 폰 괴테 "과거에서 재래는 미래"

의미: 과거를 존중하는 태도는 미래를 창조할 자격의 토대이다.
출처: 작가 요한 볼프강 폰 괴테의 삶과 작품 〈파우스트〉, 〈빌헬름 마이스터의 수업 시대〉.

1829년, 괴테는 나이가 들수록 더욱 과거의 유산과 전통을 깊이 이해하고 존중해야 한다고 주장했다. 그는 과거를 단순히 복원하는 것이 아니라, 현재를 이해하고 미래를 열어가는 방향을 제시하는 중요한 자원으로 여겼다. 그의 작품과 철학은 전통의 지혜를 토대로 새로운 세계를 창조하는 원동력을 강조했다.

"과거를 존중하지 않는 자는 미래를 가질 자격이 없다. 과거는 미래의 뿌리이며, 그 안에 잠재된 가능성을 발견하는 것이 우리의 책임이다."

그의 이야기는 과거를 단순히 미화하거나 고수하는 것이 아니라, 그 속에서 미래를 창조할 힘과 통찰을 발견하는 과정임을 상기시킨다. 그의 철학은 우리가 전통을 통해 현재를 이해하고, 더 나은 미래를 설계할 수 있음을 강조한다.

윌리엄 서머셋 모음 "변화 속에서 빛나는 전통"

의미: 전통은 변화를 거부하지만, 삶은 끊임없이 변화를 요구한다.
출처: 작가 윌리엄 서머셋 모옴서머셋 몸의 삶과 작품 〈인간의 굴레에서〉, 〈달과 6펜스〉.

1925년, W. 서머셋 몸은 소설 〈달과 6펜스〉를 통해 예술과 사회의 갈등을 다루며, 전통과 변화의 긴장 속에서 개인이 어떻게 자유를 추구해야 하는지를 탐구했다. 그는 전통이란 안정과 질서를 제공하지만, 삶과 예술의 본질은 변화와 혁신에서 비롯된다고 주장했다.

"전통은 변하지 않기를 요구하지만, 생명은 끊임없이 변화한다. 삶의 진정한 도전은 그 둘 사이의 균형을 찾는 데 있다."

그는 전통의 가치를 인정하면서도, 그 속에 갇히지 않고 변화와 새로움을 받아들일 때 비로소 삶과 예술이 진정한 생명력을 얻는다고 보았다. 〈인간의 굴레에서〉는 전통적 가치와 개인의 자유 사이에서 갈등하는 인간의 모습을 통해 이 메시지를 전달한다.

헨리 제임스 "뿌리에서 자라는 전통"

의미: 전통은 개인과 사회가 뿌리내리고 성장하는 기반이다.
출처: 작가 헨리 제임스의 삶과 작품 〈나사의 회전〉, 〈여인의 초상〉.

19세기 말, 헨리 제임스는 유럽과 미국을 오가며 전통과 정체성의 관계를 탐구했다. 그의 작품은 문화적 뿌리가 부족한 신세계와 깊은 전통을 가진 구세계 사이의 긴장을 그려내며, 전통이 개인과 사회에게 얼마나 중요한 기반을 제공하는지를 강조했다.

"전통이 없다는 것은 뿌리가 없는 나무와 같다. 뿌리가 없는 나무는 높이 자라지 못하고, 풍성한 열매를 맺지 못한다."

그는 전통이 단순히 과거를 반복하거나 숭배하는 것이 아니라, 정체성과 지속 가능성을 제공하는 근본적인 기반이라고 보았다. 그의 작품 〈여인의 초상〉에서는 주인공이 정체성을 찾기 위해 전통과 새로운 가치 사이에서 갈등하는 모습을 통해 이 메시지를 드러냈다.

앨빈 토플러 "변화를 읽는 새로운 문맹의 정의"

의미: 미래 사회에서 중요한 능력은 배우고, 익히고, 변화를 수용할 수 있는 유연성.
출처: 미래학자 앨빈 토플러의 저서 〈미래의 충격〉, 〈제3의 물결〉.

1970년, 앨빈 토플러는 〈미래의 충격〉을 발표하며 급변하는 현대 사회에서 적응과 학습의 중요성을 설파했다. 그는 기술과 정보의 폭발적인 변화 속에서 기존의 방식에 집착하는 사람은 시대에 뒤처질 수밖에 없다고 경고했다. 학습과 적응의 능력을 갖추는 것이 미래 사회의 생존 필수 조건이라고 강조했다.

"미래의 문맹은 읽고 쓰지 못하는 사람이 아니라, 배우지 못하고, 익히지 못하며, 잊지 못하는 사람이다. 변화에 적응하지 못하는 자는 뒤처질 것이다."

그는 학습과 적응이 단순한 개인의 능력을 넘어, 변화의 시대를 살아가는 필수적인 생존 기술이라고 강조했다. 〈제3의 물결〉에서 그는 정보화 사회에서 유연성과 창의력이 얼마나 중요한 자질인지 역설했다. 앨빈 토플러의 이야기는 변화와 혁신의 시대에서 학습과 적응이 얼마나 중요한지 깨닫게 한다.

마셜 매클루언 "확장과 제어의 경계"

의미: 도구는 인간의 능력을 확장하지만, 통제력을 잃을 때 새로운 위험을 초래한다.
출처: 커뮤니케이션 이론가 마셜 매클루언의 저서 〈미디어의 이해〉, 〈구텐베르크 은하계〉.

1964년, 마셜 매클루언은 〈미디어의 이해〉를 통해 기술과 미디어가 인간의 인식과 행동을 어떻게 변화시키는지 분석했다. 그는 휘발유 램프나 자동차 같은 단순한 도구부터 전자 미디어에 이르기까지, 모든 기술이 인간의 감각과 능력을 확장하는 역할을 한다고 보았다. 하지만 기술이 인간을 통제하고, 인간이 도구에 종속될 때 문제는 완전히 달라진다고 경고했다.

"현대는 도구를 통해 인간을 확장하는 시대다. 그러나 도구가 인간을 제어하기 시작하면 문제는 달라진다. 도구는 수단이어야지, 목적이 되어서는 안 된다."

그는 기술과 미디어가 인간의 삶에 미치는 긍정적 영향을 인정하면서도, 인간이 기술에 의해 지배당할 위험성을 경계했다. 그의 '미디어는 메시지다'라는 유명한 개념은 기술이 단순한 도구가 아니라, 인간의 사고와 사회를 형성하는 주요 요소임을 시사한다.

한나 아렌트 "생각 없는 시대의 위기"

의미: 현대 사회의 가장 큰 위기는 비판적 사고의 부재이다.
출처: 정치철학자 한나 아렌트의 삶과 저서 〈전체주의의 기원〉, 〈인간의 조건〉.

1963년, 한나 아렌트는 〈예루살렘의 아이히만〉을 통해 악의 본질을 분석하며 '악의 평범성'이라는 개념을 제시했다. 그녀는 아이히만 같은 인물이 저지른 끔찍한 행위의 근본 원인이 광신적 악의지가 아니라, 생각하지 않고 기계적으로 명령에 따르는 태도라고 주장했다. 아렌트에게 생각의 부재는 개인의 책임감과 도덕적 판단력을 상실하게 만드는 사회적 위기의 근원이었다.

"현대 사회의 위기는 생각하지 않는 사람들이 점점 더 많아지고 있다는 데 있다. 생각하지 않는 것은 무책임함과 무감각을 낳는다."

그녀는 비판적 사고와 성찰이 개인과 사회를 건강하게 유지하는 필수 요소라고 보았다. 〈인간의 조건〉에서는 인간의 활동 중 사고와 성찰이 사회의 도덕적 기반을 형성한다고 강조하며, 현대 사회에서 이것이 점차 사라져가는 것을 우려했다.

지그문트 바우만 "유동적 삶의 시대"

의미: 현대 사회는 안정보다 변화와 불확실성이 중심이 되는 유동적 시대이다.
출처: 사회학자 지그문트 바우만의 저서 〈유동적 현대성〉, 〈유동적 사랑〉.

2000년, 지그문트 바우만은 〈유동적 현대성〉을 발표하며 현대 사회의 급격한 변화와 불확실성을 탐구했다. 그는 현대를 특징짓는 가장 중요한 요소가 안정성의 부재와 지속적인 변화라고 주장했다. 기술, 경제, 관계 등 삶의 모든 측면에서 전통적 구조가 해체되고, 유동적이고 불확실한 상태가 일상이 되었다고 분석했다.

"현대는 유동성의 시대다. 안정성 대신 끊임없는 변화가 중심이 된다. 우리는 더 이상 고정된 삶이 아닌, 끊임없이 적응해야 하는 삶을 살아간다."

그는 유동적 현대성이 삶의 자유를 확대했지만, 동시에 지속적인 불안과 책임의 전가라는 문제를 야기했다고 보았다. 〈유동적 사랑〉에서는 이러한 유동성이 인간관계에도 영향을 미쳐, 관계가 더 쉽게 형성되고 쉽게 해체되는 특징을 가짐을 지적했다.

에리히 프롬 "소유와 존재의 갈림길"

의미: 현대인은 소유에 몰두하며, 진정한 삶의 본질인 존재의 가치를 잃어가고 있다.
출처: 심리학자 에리히 프롬의 저서 〈소유냐 존재냐〉, 〈사랑의 기술〉.

1976년, 에리히 프롬은 〈소유냐 존재냐〉를 통해 현대 사회의 가장 큰 문제를 소유에 대한 집착으로 진단했다. 그는 현대인이 물질적 소유를 삶의 목표로 삼으면서, 존재의 깊이와 인간다움을 잃어가고 있다고 경고했다. 프롬은 소유 중심의 삶이 인간의 진정한 행복을 왜곡하며, 사회적 불평등과 개인적 소외를 초래한다고 강조했다.

"현대인은 소유에 집착하여 존재의 가치를 잃고 있다. 소유는 사람을 노예로 만들지만, 존재는 사람을 자유롭게 한다."

그는 소유 중심의 삶이 자아 실현과 인간의 본질적 가치를 가로막는다고 보았다. 그의 철학은 물질적 풍요가 아니라, 내적 충족과 인간다운 삶을 강조한다. 〈사랑의 기술〉에서도 그는 사랑이 소유가 아닌 존재의 방식임을 역설하며, 인간관계에서 소유적 태도의 위험성을 지적했다.

장 폴 사르트르 "자유의 무게와 선택의 책임"

의미: 현대의 자유는 선택의 기회를 얻는 동시에 그 책임을 짊어지는 것이다.
출처: 철학자 장 폴 사르트르의 저서 〈존재와 무〉, 〈구토〉 속 자유와 책임의 철학.

1943년, 장 폴 사르트르는 그의 대표작 〈존재와 무〉를 통해 인간의 자유와 선택의 본질에 대해 심도 있게 탐구했다. 그는 자유를 단순히 억압에서 벗어나는 상태로 보지 않고, 인간이 선택을 통해 자신의 존재를 정의하는 과정으로 여겼다. 하지만 자유에는 항상 선택의 무게와 책임이 따른다고 강조했다.

"현대의 자유란 선택의 무게를 지고 살아가는 것이다. 선택은 곧 책임이며, 책임을 피하려는 자유는 진정한 자유가 아니다."

그는 자유가 무제한적인 방종이 아니라, 선택과 그에 따른 결과를 온전히 감당하는 태도라고 보았다. 〈구토〉 속 주인공은 삶의 무의미 속에서 선택과 책임의 중요성을 깨닫는 과정을 통해 이러한 철학을 드러낸다.

알렉시스 드 토크빌 "정보와 지혜의 간극"

의미: 현대인은 정보에 능숙하지만, 지혜를 얻는 데 부족하다.
출처: 프랑스 정치사상가 알렉시스 드 토크빌의 저서 〈미국의 민주주의〉.

알렉시스 드 토크빌은 정보가 넘쳐나는 현대 사회에서, 사람들이 정보를 수집하는 데는 능숙하지만 이를 바탕으로 지혜를 얻는 데는 서툴다고 지적했다. 그는 정보는 단순히 사실의 나열일 뿐, 이를 통해 더 깊은 이해와 판단력을 얻기 위해선 성찰과 통찰이 필요하다고 설파했다. 지혜는 단순히 정보를 모으는 데서 끝나는 것이 아니라, 정보를 바탕으로 삶에 적용할 수 있는 방향성을 찾는 데 있다고 강조했다.

"현대인은 정보를 얻는 데는 능숙하지만, 지혜를 얻는 데는 서툴다. 지혜는 단순히 정보를 아는 것이 아니라, 그것을 이해하고 사용하는 능력이다."

그는 정보는 풍부하지만, 그것을 삶의 지침으로 전환하는 과정이 부족한 현대인의 문제를 날카롭게 지적했다.

니콜라스 카 "지식의 풍요, 이해의 결핍"

의미: 현대인은 지식은 많지만, 이해는 부족하다.
출처: 미국 작가 니콜라스 카의 저서 〈생각하지 않는 사람들〉.

니콜라스 카는 디지털 시대가 정보를 쉽게 제공하지만, 깊이 있는 이해를 방해할 수 있다고 경고했다. 그는 현대인은 과거보다 더 많은 지식을 쉽게 얻을 수 있지만, 이를 분석하고 내면화하는 과정이 줄어들고 있다고 주장했다. 정보의 과잉이 오히려 집중력과 성찰을 약화시키며, 진정한 이해를 방해하는 요소로 작용한다고 설파했다.

"현대의 사람들은 과거보다 더 많은 것을 알고 있지만, 그 지식으로 더 적게 이해한다. 이해는 정보를 넘어선 성찰의 산물이다."

그는 정보화 시대의 단점이 깊이 있는 사고를 희생시키는 것이라고 지적하며, 지식과 이해의 균형이 중요하다고 강조했다.

사 랑 과 우 정

사랑, 우정, 친구, 애정, 소통, 포용, 설렘과 관련된 문장들

벤저민 프랭클린 "사랑의 법칙"

의미: 사랑을 받고 싶다면 먼저 사랑을 주고, 사랑받을 만한 사람이 되어야 한다.
출처: 정치가이자 철학자 벤저민 프랭클린의 삶과 저서 〈가난한 리처드의 연감〉.

18세기, 벤저민 프랭클린은 인간관계와 삶의 지혜를 설파하며, 사랑과 존경은 결코 일방적으로 얻어지는 것이 아니라고 강조했다. 그는 사람들 간의 신뢰와 유대는 상호적인 관계에서 비롯되며, 진정한 사랑은 먼저 베풀고, 자신을 변화시키는 노력 속에서 피어난다고 주장했다.

"사랑받고 싶다면 사랑하라, 그리고 사랑스러워져라. 사랑은 감정이 아니라, 행동과 태도로 이루어진다."

그는 인간의 본성은 상호적인 것을 원하며, 타인의 사랑과 존경을 얻기 위해서는 스스로 그만큼의 노력을 기울여야 한다고 설파했다. 그의 지혜는 단순히 사랑의 감정이 아닌, 구체적 행동과 품성의 중요성을 강조했다.

오드리 헵번 "사랑으로 세상을 돌보다"

의미: 사랑은 자신을 넘어 다른 이를 보살피고 돕는 헌신이다.
출처: 배우 오드리 헵번의 유니세프 활동과 그녀의 신념.

1980년대, 영화계를 떠난 오드리 헵번은 유니세프 친선대사로 활동하며 아프리카와 아시아를 오가며 기아와 질병에 고통받는 어린이들을 도왔다. 그녀는 자신의 명성과 자원을 활용해 이들의 삶을 개선하고자 노력했다.

"사랑은 주는 것이다. 나 자신을 잊고, 다른 이를 돕는 것이 사랑이다."

그녀는 자신의 삶을 사랑의 실천으로 채우며, 고통받는 사람들에게 위로와 희망을 전했다. 오드리 헵번의 활동은 사랑이 단순한 감정이 아니라, 행동으로 나타나는 힘이라는 것을 보여주었다.

빅토르 위고 "사랑은 삶의 전부다"

의미: 사랑은 인간의 삶을 채우고, 영원을 남기는 힘이라는 뜻
출처: 프랑스 작가 빅토르 위고의 소설 〈레 미제라블〉.

1862년, 빅토르 위고는 소설 레 미제라블을 통해 인간의 사랑과 희생, 용서의 가치를 이야기했다. 장발장은 자신을 희생하며 코제트를 보살피고, 자베르는 정의와 자비 사이에서 고뇌했다.

"사랑은 삶을 완성하는 것이다. 그것이 없다면 우리는 아무것도 아니다."

그의 소설은 사랑이 인간 관계와 삶을 어떻게 변화시키는지 보여주며 독자들에게 깊은 감동을 주었다. 빅토르 위고는 사랑과 우정을 통해 인간이 더 나아질 수 있음을 문학으로 증명했다.

마더 테레사 "사랑은 계산하지 않는 것"

의미: 사랑은 작은 행동을 통해 세상을 변화시키는 도구이다.
출처: 마더 테레사 수녀의 헌신적 삶과 그녀의 자선 활동.

1950년대, 테레사 수녀는 인도 콜카타의 빈민가에서 고통받는 사람들을 돕기 위해 사랑의 선교회를 설립했다. 그녀는 굶주린 이들에게 음식을 나누고, 병든 이들에게 약을 제공하며, 죽어가는 이들에게 품에서 편히 눈을 감을 수 있는 평안을 주었다.

"사랑은 위대한 일을 하는 것이 아니다. 작은 일을 큰 사랑으로 하는 것이다. 사랑은 나눌수록 커진다."

그녀의 헌신은 단순히 도움을 주는 것을 넘어, 사람들에게 사랑받는 존재임을 깨닫게 했다. 테레사 수녀의 활동은 사랑이 크기의 문제가 아니라, 마음의 문제임을 보여주었

다. 그녀는 작은 행동으로도 세상에 큰 변화를 가져올 수 있음을 증명하며 전 세계에 영감을 주었다.

에밀리 브론테 "폭풍 속에 피어난 사랑"

의미: 사랑은 어떤 고난 속에서도 흔들리지 않는 감정이다.
출처: 영국 작가 에밀리 브론테의 소설 〈폭풍의 언덕〉에서 유래.

1847년, 에밀리 브론테는 폭풍의 언덕을 통해 히스클리프와 캐서린의 강렬하고 파괴적인 사랑 이야기를 세상에 내놓았다. 황량한 요크셔 황무지를 배경으로 한 이 작품은 사랑이 단순한 감정을 넘어선 삶의 중심적 에너지임을 보여주었다.

"사랑은 폭풍 속에서도 자라는 힘이다. 그것은 우리를 변화시키고, 때로는 파괴한다."

그녀의 글은 사랑의 아름다움과 비극을 동시에 탐구하며 독자들에게 깊은 인상을 남겼다. 〈폭풍의 언덕〉은 단순한 로맨스 소설이 아니라, 인간의 내면과 관계를 깊이 탐구하는 작품으로, 사랑이 가진 복잡성과 강렬함을 보여주었다.

이디스 워튼 "추억 속에 남겨진 사랑"

의미: 사랑은 시간이 지나도 우리의 기억 속에 남아 삶의 일부가 되는 힘이다.
출처: 미국 작가 이디스 워튼의 소설 〈순수의 시대〉.

1920년, 이디스 워튼은 순수의 시대를 통해 금기된 사랑과 그로 인한 고통, 그리고 시간이 지나도 지워지지 않는 감정에 대해 이야기했다. 아처 뉴랜드와 엘렌 올렌스카의 이루어질 수 없는 사랑은 독자들의 공감을 불러일으켰다.

"사랑은 사라지지 않는다. 그것은 우리의 기억 속에 남아, 삶의 일부가 된다."

그녀의 작품은 사랑의 상실이 아픔만이 아니라, 삶의 깊이를 더하는 추억이 될 수 있음을 보여주었다. 순수의 시대는 인간의 감정과 관계를 깊이 탐구하며, 사랑이 가진 보편적이고 영원한 가치를 이야기했다.

프리드리히 실러 "사랑은 자유다"

의미: 사랑은 사람들 간의 자유를 존중하며, 관계를 더욱 풍요롭게 만드는 힘이다.
출처: 독일 시인이자 극작가 프리드리히 실러의 작품과 사상.

1795년, 실러는 철학적 시 인간의 미적 교육에 대한 편지를 통해 사랑과 자유의 관계를 탐구했다. 그는 인간이 미를 추구하고 사랑할 때 비로소 진정한 자유를 얻을 수 있다고 믿었다.

"사랑은 자유를 주는 것이다. 그것은 억압이 아니라, 서로를 성장하게 하는 힘이다."

그의 글은 단순히 사랑의 감정에 머무르지 않고, 사랑이 인간 본질과 사회적 관계를 변화시키는 방법을 설명했다. 그의 작품 빌헬름 텔은 자유와 사랑의 결합을 통해 독재에 맞서는 인간의 이야기를 담았다.

마리안느와 마가렛 "섬에서 피어난 연대의 사랑"

의미: 사랑은 국경과 문화를 넘어 서로를 이해하고 돕는 힘이다.
출처: 한국 소록도에서 한센병 환자들을 위해 헌신한 오스트리아 간호사 마리안느와 마가렛의 삶.

1962년, 오스트리아에서 온 마리안느 스퇴거와 마가렛 피사는 한국 소록도로 향했다. 두 사람은 한센병 환자들이 겪는 고통과 사회적 낙인을 목격하며, 자신들의 삶을 그들을 위해 헌신하기로 결심했다. 이들은 병원을 설립하고, 환자들을 돌보며, 그들에게 희망을 심어주었다. 낮에는 치료를, 밤에는 환자들의 이야기를 들어주며 그들의 고통을 나눴다.

"사랑은 우리가 다른 사람의 아픔을 이해하고 함께 나누는 것이다. 그곳에서 우리는 진정한 행복을 발견한다."

두 간호사는 40여 년간 헌신했지만, 조용히 고국으로 돌아가며 '우리는 사랑을 전하러 왔을 뿐이다'라는 편지 한 장만 남겼다. 마리안느와 마가렛은 사랑이 단순한 동정심이 아니라, 진정으로 함께 아파하고 희망을 나누는 행동이라는 것을 몸소 증명했다. 그들의 봉사는 사랑의 실천이 어떻게 세상에 변화와 감동을 가져올 수 있는지를 보여준다.

레프 톨스토이 "사랑은 행동이다"

의미: 사랑은 말이 아니라 실천을 통해 증명되는 것.
출처: 러시아 작가 레오 톨스토이의 작품과 그의 실천적 삶.

19세기 후반, 레프(레오) 톨스토이는 귀족의 삶을 버리고 농민들과 함께 생활하기 시작했다. 그는 자신의 땅을 가난한 농민들에게 나누어주며, 계급과 물질에 얽매이지 않는 삶을 추구했다. 그의 글은 물론 행동 역시 사랑과 정의를 실천하는 데 집중되었다.

톨스토이는 작품 부활에서 사랑과 구원의 의미를 탐구하며, 인간의 내면에서 시작되는 변화를 강조했다. 하지만 그의 철학은 소설 속에만 머무르지 않았다. 그는 자신의 재산을 가난한 사람들에게 기꺼이 내어주었고, 전쟁과 폭력에 반대하며 평화주의를 실천했다.

"사랑은 행동이다. 말로만 하는 사랑은 아무 의미가 없다."

귀족의 특권을 포기하고 이런 고된 삶을 택한 그는 자신의 철학을 글뿐 아니라, 삶으로 증명한 인물이었다. 톨스토이의 삶과 작품은 사랑이 단순한 감정이 아니라, 세상을 바꾸는 실천임을 보여준다.

오노레 드 발자크 "영혼의 언어"

의미: 사랑은 영혼이 서로 소통하는 방식이다.
출처: 프랑스 작가 발자크의 저서 〈인간 희극〉 속 사랑과 인간 관계 철학.

19세기 프랑스, 오노레 드 발자크는 그의 작품 〈인간 희극〉을 통해 사랑과 욕망, 그리고 인간 관계의 복잡성을 탐구했다. 그는 사랑을 단순한 감정이 아니라, 영혼과 영혼이 소통하며 진정한 이해를 이루는 도구로 보았다.

"사랑은 영혼의 언어다."

그는 사랑이란 인간의 가장 깊은 본질을 드러내며, 언어로 표현할 수 없는 감정을 영혼끼리 주고받는 과정이라고 보았다. 사랑은 이해와 공감을 통해 인간이 고독에서 벗어나 서로 연결될 수 있는 가장 순수한 방식이었다. 발자크는 사랑이 개인의 영혼뿐만 아니라, 사회적 관계와 인간의 운명을 변화시킬 수 있는 강력한 힘이라고 묘사했다. 그의 작품 속 인물들은 사랑을 통해 성장하거나, 때로는 파멸을 맞이하며 삶의 의미를 새롭게 정의한다.

소피아 톨스토이 "사랑은 인내다"

의미: 사랑은 긴 시간 동안 서로를 이해하고 받아들이는 과정이다.
출처: 레오 톨스토이의 아내 소피아 톨스토이와의 현실적 사랑 이야기.

소피아 톨스토이는 젊은 나이에 레오 톨스토이와 결혼하여 그의 창작과 가정을 동시에 지탱했다. 그녀는 톨스토이의 원고를 수없이 베껴쓰며 그의 작품이 완성될 수 있도록 도왔다. 하지만 톨스토이와의 결혼 생활은 결코 쉽지 않았다. 그들의 관계는 톨스토이의 급진적인 철학과 현실적인 가정생활 사이에서 끊임없이 흔들렸다.

"사랑은 서로를 이해하는 데 많은 시간이 걸린다. 그것은 끝없는 인내의 과정이다."

그녀는 때로는 분노하고 절망했지만, 끝내 그의 곁을 지키며 그의 삶과 예술에 깊은 영향을 미쳤다. 소피아 톨스토이의 이야기는 사랑이 단순히 낭만적 감정이 아니라, 긴 시간 동안 서로를 수용하고 함께 성장하는 여정임을 보여준다. 그녀의 헌신은 톨스토이의 문학적 업적의 배경이 되었고, 사랑의 또 다른 측면을 조명한다.

세르반테스 "우정을 선택하고 지키는 법"

의미: 친구를 선택할 때는 신중해야 하며, 우정을 지키는 데는 더 많은 노력이 필요하다.
출처: 작가 미겔 데 세르반테스의 삶과 작품 〈돈키호테〉 속 인간관계와 우정의 철학.

1605년, 세르반테스는 〈돈키호테〉를 통해 인간관계의 중요성과 우정의 본질을 탐구했다. 돈키호테와 산초 판사의 동반자 관계는 단순한 동행을 넘어 서로를 이해하고 지켜주는 진정한 우정을 보여준다. 세르반테스는 우정을 단순히 맺는 것이 아니라, 이를 유지하고 지키는 데 더 큰 신중함과 헌신이 필요하다고 강조했다.

"친구를 선택할 때는 천천히, 그러나 바꿀 때는 더욱 천천히. 진정한 우정은 신중함과 시간 속에서 자라난다."

이 말은 세르반테스의 인간관계 철학을 명확히 드러낸다. 그는 우정이란 단순한 감정이 아니라, 신뢰와 시간 속에서 깊어지는 관계라고 보았다. 그의 작품 속 인물들은 서로를 이해하고, 때로는 갈등을 겪으면서도 우정을 통해 더 나은 사람이 되어간다.

에픽테토스 "나눔으로 완성되는 우정"

의미: 진정한 친구는 소유 여부에 상관없이 나눌 의지를 가진 사람.
출처: 스토아 철학자 에픽테토스의 삶과 저서 〈엥케이리디온〉 속 우정의 철학.

기원후 1세기, 에픽테토스는 그의 철학 강의에서 인간관계의 본질과 덕목을 강조하며, 진정한 우정이란 물질적인 소유보다 나누려는 태도에서 비롯된다고 설파했다. 그는 우정을 이기적 계산이 아니라, 상호적이고 헌신적인 나눔의 관계로 정의하며, 그 속에서 인간이 더 나은 존재로 성장한다고 믿었다.

"좋은 친구란 자신이 가지고 있지 않은 것조차 기꺼이 나눌 수 있는 사람이다. 우정은 소유의 문제가 아니라 마음의 문제다."

그는 우정이란 단순히 줄 수 있는 것이 아니라, 자신의 부족함을 깨닫고도 상대를 위해 마음을 내어주는 데 있다고 강조했다. 이러한 철학은 우정이 물질적 교환을 넘어, 인간다움을 실천하는 관계임을 드러낸다.

로버트 루이스 스티븐슨 "함께 걷는 반쪽의 여정"

의미: 친구는 우리의 삶에서 중요한 순간들을 함께하며, 여정을 나누는 동반자.
출처: 작가 로버트 루이스 스티븐슨의 삶과 작품 〈지킬 박사와 하이드 씨〉, 〈보물섬〉.

19세기, 로버트 루이스 스티븐슨은 그의 모험 소설 〈보물섬〉을 통해 인생의 여정에서 동행의 중요성을 그려냈다. 주인공 짐과 롱 존 실버는 서로 다른 목적과 길을 가면서도 중요한 순간에 서로를 돕고 함께하는 동반자로서의 모습을 보여준다. 스티븐슨은 우정을 단순한 관계가 아니라, 삶의 중요한 부분을 함께 나누는 동행으로 보았다.

"친구는 우리가 함께 갈 길의 반을 동행해 줄 사람이다. 여정의 끝이 아니라 과정 속에서 우정은 빛난다."

그는 우정이란 인생의 전부를 책임지거나 완성하는 것이 아니라, 가장 힘들고 중요한 순간에 서로를 지지하고 동행하는 과정에서 완성된다고 보았다. 그의 작품 속 캐릭터들은 이러한 철학을 바탕으로 관계를 맺고 성장한다.

알렉산드르 푸시킨 "서로의 마음을 비추는 거울"

의미: 우정은 서로를 비추어 나 면을 이해하고 성장하게 만드는 관계.
출처: 시인 알렉산드르 푸시킨의 삶과 작품 〈예브게니 오네긴〉, 〈추억〉.

1820년대, 푸시킨은 그의 대표작 〈예브게니 오네긴〉에서 주인공 오네긴과 렌스키의 우정을 통해 인간관계의 복잡성과 내면 성찰의 중요성을 그려냈다. 두 친구는 서로를 비추는 거울처럼 각자의 장점과 단점을 보며, 우정 속에서 자신을 돌아보는 경험을 했다. 푸시킨은 우정이 단순히 즐거움과 위안을 주는 것이 아니라, 스스로를 성찰하고 발전시키는 힘을 가진다고 보았다.

"우정은 서로에게 거울이 되어주는 것이다. 거울 속에서 우리는 자신의 모습을 더 분명히 볼 수 있다."

그는 우정이란 단순히 유사성을 나누는 관계가 아니라, 서로의 차이와 장점을 통해 자신을 발견하고 성숙해지는 과정이라고 강조했다. 그의 작품 속 캐릭터들은 우정을 통해 내면의 성장과 인간관계의 깊이를 탐구했다.

소크라테스와 플라톤 "지혜로 이어진 우정"

의미: 우정은 진리를 탐구하는 과정에서 함께 나아가는 관계.
출처: 고대 그리스 철학자 소크라테스와 그의 제자 플라톤의 우정.

기원전 5세기, 소크라테스는 아테네의 거리에서 사람들과 철학적 대화를 나누며 진리를 탐구했다. 그의 제자 플라톤은 스승의 사상을 기록하며, 그의 철학을 후대에 전하는 역할을 했다.

"우정은 함께 질문을 던지는 것이다. 진리를 찾는 여정은 혼자가 아닌 둘이 걸을 때 완성된다."

소크라테스는 대화를 통해 진리를 찾는 '변증법'을 철학의 핵심으로 삼았다. 그의 제자 플라톤은 이를 계승하여 대화를 통해 진리를 탐구하는 과정을 철학의 본질로 여겼다. 두 철학자는 우정이란 단순히 감정적 연대가 아니라, 함께 질문하고 논의하며 진리를 향해 나아가는 동반자적 관계라고 보았다.

J. R. R. 톨킨과 C. S. 루이스 "상상으로 이어진 우정"

의미: 우정은 상상력과 창작의 과정을 함께 나누는 관계라는 뜻.
출처: 반지의 제왕의 톨킨과 나니아 연대기의 루이스의 관계우정.

1926년, 존 로널드 루엘 톨킨과 클라이브 스테이플스 루이스는 옥스퍼드 대학의 교수로 만나게 되었다. 두 사람은 문학에 대한 열정과 신화를 사랑하는 공통점으로 빠르게 가까워졌다. 그들의 우정은 단순한 대화에서 그치지 않고, 서로의 작품을 공유하고 비평하며 창작의 원동력을 주고받는 동반자로 발전했다.

옥스퍼드의 작은 술집 '이글과 차일드'에서 자주 만나던 그들은 문학 클럽 〈잉클링스〉를 결성했다. 이 모임에서 톨킨은 반지의 제왕의 초기 원고를 낭독했고, 루이스는 나니아 연대기의 아이디어를 발전시켰다.

"우정은 서로의 상상을 완성시키는 것이다."

사실 두 사람은 때로 신앙과 문학적 관점에서 갈등을 빚기도 했다. 루이스가 나니아 연대기에서 기독교적 상징을 직접적으로 드러낸 것에 대해 톨킨은 비판적이었다. 그러나 그들의 우정은 이런 의견 차이를 넘어, 서로를 더욱 성장하게 하는 기반이 되었다.

헤르만 헤세와 토마스 만 "문학으로 맺어진 우정"

의미: 우정은 서로의 예술적 영감을 키우고, 삶의 깊이를 나누는 관계.
출처: 독일 작가 헤르만 헤세와 토마스 만의 교류와 우정.

1920년대, 헤르만 헤세와 토마스 만은 독일 문학계를 이끄는 두 작가로서 서로의 작품을 깊이 존경했다. 헤세의 데미안과 싯다르타는 영혼의 여정을 탐구하며 인간의 내면을 그렸고, 만의 마의 산과 토니오 크뢰거는 사회와 개인의 갈등을 이야기했다. 그들은 서로의 작품에 대해 서신을 주고받으며 격려와 비평을 아끼지 않았다.

"그의 글은 내 생각에 날개를 달아주는 선물이다."

두 작가는 문학적 영감뿐 아니라, 개인적인 고뇌와 사회적 변화 속에서도 서로를 지탱하며 우정을 이어갔다. 이들의 관계는 예술적 동반자 관계가 우정으로 발전할 수 있음을 보여주었다.

헨리 포드와 토머스 에디슨 "혁신으로 맺어진 우정"

의미: 우정은 서로의 창의력과 열정을 북돋아주는 관계.
출처: 자동차의 대중화를 이끈 헨리 포드와 발명가 토머스 에디슨의 우정.

1896년, 헨리 포드는 자신이 발명한 자동차를 전시장에서 소개했을 때, 에디슨이 직접 그를 찾아와 칭찬과 격려를 아끼지 않았다. '계속 밀고 나가라. 네 아이디어는 세상을 바꿀 것이다.' 에디슨의 말은 포드에게 큰 용기를 주었다. 포드는 자동차 산업에서 성공을 거둔 뒤에도 에디슨과의 으정을 이어갔다. 두 사람은 함께 캠핑을 하며 새로운 아이디어를 논의했고, 서로의 작업에 영감을 주었다.

"그는 나의 스승이자 친구였다. 그의 격려가 없었다면, 나는 지금의 내가 되지 못했을 것이다."

이 말은 포드가 에디슨에 대해 언급한 말로, 서로의 관계에서 받은 지적, 정신적 영향을 잘 보여준다. 두 사람은 서로의 성공을 기뻐하며, 혁신과 발전을 위한 연대를 이뤘다. 헨리 포드와 토머스 에디슨의 이야기는 진정한 스승과 친구가 서로에게 영감을 주고, 함께 성장하며 세상을 바꿀 수 있다는 메시지를 전달한다.

오스카 와일드 "홀로일 때 빛나는 빛"

의미: 진정한 친구는 기쁠 때가 아니라, 어려운 순간에 곁에 머무른다.
출처: 작가 오스카 와일드의 삶과 작품 〈도리언 그레이의 초상〉, 〈비범한 연어〉.

19세기, 오스카 와일드는 사회적 성공과 개인적 고난의 양극단을 경험했다. 그는 어려운 시기에 자신 곁을 떠난 사람들과, 끝까지 남아준 사람들로 인해 진정한 우정이 무엇인지 깊이 깨달았다. 와일드는 친구란 단순히 행복한 순간을 함께 즐기는 사람이 아니라, 고독과 고난 속에서 곁에 머물러 주는 존재라고 강조했다.

"진정한 친구는 당신이 행복할 때 등장하지 않고, 당신이 혼자일 때 곁에 있어준다. 그들은 당신이 가장 필요로 할 때 손을 내민다."

그는 친구란 단순히 상황에 따라 달라지는 관계가 아니라, 진심 어린 헌신과 연대로 형성된다고 보았다. 그의 철학은 어려운 순간에 누가 곁에 있는지에 따라 우정의 진정성이 드러난다고 말한다.

아리스토텔레스 "두 개의 몸, 하나의 영혼"

의미: 진정한 친구(우정)는 두 사람이 하나의 영혼으로 연결된 깊은 유대이다.
출처: 철학자 아리스토텔레스의 삶과 저서 〈니코마코스 윤리학〉.

기원전 4세기, 아리스토텔레스는 〈니코마코스 윤리학〉에서 인간 관계의 본질을 탐구하며, 우정을 덕 있는 삶의 필수 요소로 정의했다. 그는 진정한 우정이란 단순한 유대가 아니라, 서로가 서로의 영혼을 비추고 완성하는 깊은 관계라고 보았다. 이 우정은 상호 존중과 신뢰를 바탕으로 형성되며, 덕과 선을 함께 추구할 때 가능하다고 말했다.

"우정(친구)은 두 개의 몸에 깃든 하나의 영혼이다. 진정한 친구는 서로의 존재 속에서 자신을 발견한다."

그는 진정한 우정이란 단순히 이익이나 즐거움에 기반하지 않고, 도덕적 미덕과 깊은 영혼의 교감을 통해 형성된다고 보았다. 이러한 우정은 서로를 더 나은 사람으로 성장시키는 힘을 가진다.

마크 트웨인 "완벽한 삶의 세 가지 요소"

의미: 좋은 친구, 좋은 책, 그리고 적당한 양심의 휴식이 삶을 풍요롭게 만든다.
출처: 작가 마크 트웨인의 삶과 작품 〈톰 소여의 모험〉, 〈허클베리 핀의 모험〉.

19세기, 마크 트웨인은 그의 유머와 통찰로 삶의 복잡함을 단순하고 재치 있게 표현했다. 그는 친구와의 우정, 독서를 통한 지혜, 그리고 지나치게 엄격하지 않은 양심이 조화를 이룰 때 진정한 행복에 가까워진다고 보았다. 그의 작품 속 인물들은 이 세 가지 요소를 통해 자유와 성장, 그리고 삶의 즐거움을 찾아가는 여정을 보여준다.

"좋은 친구, 좋은 책, 그리고 졸린 양심이야말로 완벽한 삶의 구성 요소다. 지나친 고민 대신, 삶을 가볍게 즐길 줄 아는 지혜를 가져야 한다."

이 말은 트웨인의 유쾌한 삶의 철학을 명확히 드러낸다. 그는 인간 관계, 지적 탐구, 그리고 심리적 안정을 균형 있게 유지하는 것이 풍요로운 삶의 비결이라고 믿었다. 〈허클베리 핀의 모험〉에서 친구와의 동행과 자유로운 여정을 통해 이러한 메시지를 전달한다.

벤저민 프랭클린 "우정의 시작은 바로 자신"

의미: 친구를 얻으려면 먼저 친구로서 행동해야 한다.
출처: 정치가이자 철학자 벤저민 프랭클린의 삶과 저서 〈가난한 리처드의 연감〉.

18세기, 벤저민 프랭클린은 그의 삶과 저작을 통해 인간관계의 기본 원칙을 설파했다. 그는 성공적인 사회적 관계는 상호적인 헌신과 노력에서 비롯된다고 강조했다. 프랭클린은 진정한 우정은 상대방이 먼저 다가오길 기다리는 것이 아니라, 자신이 먼저 다가가 마음을 열고 신뢰를 쌓는 데서 시작된다고 보았다.

"친구를 만들고 싶다면 먼저 친구가 되어라. 우정은 주고받는 관계 속에서 자라난다."

그는 인간관계에서 이기적 기대가 아닌, 진심 어린 노력과 헌신이 우정의 시작임을 역설했다. 이러한 철학은 그의 생애와 정치적 활동에서도 잘 드러난다. 그는 신뢰를 바탕으로 한 인간관계를 통해 공동체와 국가를 발전시키는 데 크게 기여했다.

존 로널드 루엘 톨킨 "나란히 걸으며 맞서는 세상"

의미: 진정한 우정은 친구와 함께 어려움에 맞서며 동행하는 데서 완성된다.
출처: 작가 J.R.R. 톨킨의 삶과 작품 〈반지의 제왕〉, 〈호빗〉 속 우정과 연대의 철학.

20세기, J.R.R. 톨킨은 그의 대표작 〈반지의 제왕〉에서 다양한 인종과 배경을 가진 등장인물들이 함께 힘을 모아 세상의 위협에 맞서는 이야기를 그렸다. 프로도와 샘, 아라곤과 레골라스 같은 동료들은 서로의 약점을 보완하며 어려움을 함께 극복한다. 이 동행의 이야기는 톨킨이 우정이란 단순한 유대가 아니라, 함께 나아가는 여정과 연대 속에서 빛난다는 믿음을 담고 있다.

"내가 가장 사랑하는 것은, 친구와 나란히 걸으며 세상에 맞서는 것이다. 함께 걸을 때 우리는 더 강해진다."

그는 우정이란 단순히 기쁨을 나누는 관계를 넘어, 삶의 도전과 어려움 속에서 서로를 지지하며 함께 싸우는 연대라고 보았다. 그의 작품 속 동료들의 이야기는 이러한 철학을 생생하게 증명한다.

토마스 머튼 "이해로 피어나는 애정"

의미: 진정한 애정은 상대를 소유하려 하지 않고 깊이 이해하려는 마음에서 시작.
출처: 신학자이자 작가 토마스 머튼의 삶과 저서 〈침묵 속의 명상〉, 〈자비의 씨앗〉.

20세기, 토마스 머튼은 수도사로서의 삶을 살며 인간 관계와 사랑의 본질에 대해 깊이 성찰했다. 그는 애정이란 소유하려는 마음에서 시작되지 않으며, 상대를 있는 그대로 바라보고 이해하려는 태도에서 피어난다고 보았다. 그의 사상은 사랑과 관계의 본질을 자기중심적 욕망이 아닌, 타인의 고유함을 존중하고 받아들이는 데 두었다.

"애정은 소유가 아니라 이해에서 나온다. 상대를 이해하려는 노력 속에서 우리는 진정한 애정을 발견한다."

그는 사랑이란 상대를 자신의 필요에 맞추려는 욕심이 아니라, 그들의 고유한 존재와 진실을 존중하고 이해하는 과정이라고 말했다. 그의 저서와 삶은 이를 실천하고자 한 노력이었다.

에리히 프롬 "사랑과 애정 속에서 피어나는 자아"

의미: 사랑은 사람을 성장시키며, 애정은 자신의 본질을 발견한다.
출처: 심리학자 에리히 프롬의 저서 〈사랑의 기술〉, 〈소유냐 존재냐〉.

1956년, 에리히 프롬은 그의 저서 〈사랑의 기술〉에서 사랑을 단순한 감정이 아닌, 개인과 타인의 성장과 자아 발견을 돕는 능동적 행위로 정의했다. 그는 진정한 사랑과 애정은 이기적 소유를 넘어, 서로의 가능성을 꽃피우는 관계를 통해 삶을 풍요롭게 만든다고 보았다.

"사람은 사랑을 통해 성장하고, 애정을 통해 자신을 발견한다. 사랑은 자신과 타인을 동시에 완성시키는 힘이다."

그는 사랑이란 단순히 누군가를 좋아하거나 의존하는 것이 아니라, 관계 속에서 서로가 더 나은 사람이 될 수 있도록 돕는 과정이라고 보았다. 또한, 애정은 자신의 내면을 탐구하고, 타인과의 관계를 통해 자아의 본질을 깨닫는 기회라고 설명했다.

오스카 와일드 "이유 없이 피어나는 순수"

의미: 진정한 애정은 조건 없이, 이유를 초월해 자연스럽게 생겨난다.
출처: 작가 오스카 와일드의 삶과 작품 〈도리언 그레이의 초상〉, 〈진지함의 중요성〉.

19세기, 오스카 와일드는 사랑과 애정의 본질에 대해 탐구하며, 가장 순수한 애정은 이기적 동기나 계산 없이 생겨난다고 주장했다. 그의 작품은 조건 없이 타인을 사랑하거나 우정을 나누는 관계의 아름다움을 보여준다. 와일드는 애정이란 특별한 이유가 필요 없는, 인간 내면의 자연스러운 감정이라고 강조했다.

"가장 순수한 애정은 아무런 이유 없이 생긴다. 이유가 없는 사랑은 가장 깊고 진실하다."

그는 진정한 애정이란 물질적 이익이나 감정적 보상을 기대하지 않고, 단순히 타인의 존재를 있는 그대로 받아들이는 데서 시작된다고 보았다. 그의 철학은 애정을 계산적 관계에서 해방시키고, 그 본질을 순수함 속에서 찾으려 했다.

루이자 메이 올컷 "애정 속에서 찾는 자유"

의미: 진정한 애정은 마음을 풍요롭게 하며, 동시에 서로를 자유롭게 한다.
출처: 작가 루이자 메이 올컷콧의 삶과 작품 〈작은 아씨들〉, 〈7명의 사촌〉.

1868년, 루이자 메이 올콧은 〈작은 아씨들〉을 통해 가족과 친구 사이에서 피어나는 애정의 다양한 모습을 그려냈다. 그녀는 애정이란 타인의 존재를 소유하려는 것이 아니라, 서로를 풍요롭게 하면서도 자유를 존중하는 관계에서 꽃피운다고 강조했다. 올콧은 자신의 삶과 글을 통해 사랑과 자유가 공존할 수 있음을 보여주었다.

"애정은 마음을 가득 채우는 동시에, 자유롭게 해준다. 그것은 서로의 가능성을 존중하며, 함께 성장하게 한다."

그녀는 사랑과 애정이란 단순히 가까운 관계를 유지하는 것이 아니라, 서로를 얽매지 않고 각자의 길을 존중하며 진정한 자유를 경험하게 하는 것이라고 보았다. 그녀의 작품 속 인물들은 서로의 성장과 독립을 돕는 애정 속에서 더 깊은 유대를 형성한다.

오귀스트 로댕과 카미유 클로델 "조각으로 서로의 마음을 새기다"

의미: 애정은 예술 속에 담긴 감정과 영감으로 서로를 연결하는 힘이다.
출처: 조각가 로댕과 그의 제자이자 연인이었던 카미유 클로델의 사랑 이야기.

19세기 말, 카미유 클로델은 조각가 로댕의 제자로 들어가 그의 작품에 강렬한 영향을 끼쳤다. 두 사람은 예술적 동반자이자 연인으로서 서로의 작품 세계를 공유하고 발전시켰다.

"그녀는 나의 영혼을 새겨 넣는 조각가다. 그녀의 손길이 없었다면, 나의 작품은 완성되지 못했을 것이다."

로댕의 〈입맞춤〉과 클로델의 〈숙명〉은 두 사람의 애정을 예술로 표현한 걸작으로 남아있다. 이들의 관계는 예술적 협력을 넘어 복잡한 감정으로 얽혀 있었다. 그들의 애정은 단순한 감정을 넘어, 서로의 예술 세계를 확장하고 풍요롭게 만든 특별한 관계였다.

프리다 칼로와 디에고 리베라 "그림 속 핀 사랑"

의미: 애정은 서로의 결점을 포용하며 함께 살아가는 힘이다.
출처: 멕시코 화가 프리다 칼로와 디에고 리베라의 열정적이고 복잡한 관계.

프리다 칼로와 디에고 리베라는 예술적 천재성과 격정적인 사랑으로 얽힌 관계였다. 두 사람은 각자의 작품 속에서 서로를 표현하며, 사랑과 갈등을 예술로 승화시켰다.

"나는 그의 그림에서 나를 본다. 그는 나의 고통과 기쁨을 동시에 담아낸다."

프리다는 디에고와의 관계를 두고 이렇게 말했고, 디에고 역시 프리다의 강렬한 색채와 내면의 이야기를 존경했다. 그들의 애정은 끊임없는 갈등과 화해 속에서도 예술적 영감을 주고받으며, 서로의 작품을 완성시킨 관계로 기억된다.

루트비히 판 베토벤과 테레제 말파트리 "불멸의 연인"

의미: 애정은 영원히 남아 마음속에 살아가는 감정이다.
출처: 작곡가 베토벤이 테레제 말파트리에게 보낸 편지.

1812년, 베토벤은 테레제 말파트리에게 보낸 편지에서 '불멸의 연인'이라는 호칭으로 그녀에 대한 감정을 표현했다. 이 편지는 베토벤의 내면에 깃든 깊은 사랑을 보여주는 강렬한 증거로 남아 있다. 그의 감정은 단순히 편지에 머물지 않았다. 베토벤은 그녀와의 애정을 바탕으로 자신의 음악에 더욱 깊은 감정을 담았다.

"내 사랑은 시간과 공간을 초월한다. 당신은 나의 영혼 그 자체다."

교향곡과 피아노 소나타 곳곳에 테레제에 대한 사랑과 고뇌가 스며들어 있다. 그러나 시대와 환경의 제약 속에서 그들의 사랑은 결실을 맺지 못했다. 테레제와의 이별 후에도 베토벤은 그녀를 향한 감정을 잊지 않았다.

에밀 졸라와 알렉산드르 메를루 "숨겨진 사랑의 흔적"

의미: 애정은 드러나지 않아도 서로의 삶과 예술에 깊은 흔적을 남기는 감정이다.
출처: 프랑스 작가 에밀 졸라와 그의 연인 알렉산드르 메를루의 관계.

19세기 후반, 에밀 졸라는 결혼 상태에서 평생의 연인이었던 알렉산드르 메를루와의 관계를 이어갔다. 사회적 제약 속에서도 그녀는 졸라의 가장 가까운 조력자이자 영감의 원천이었다.

"너는 나의 조용한 빛이다. 세상은 모르더라도, 나는 너를 통해 살아간다."

알렉산드르는 졸라의 글이 탄생하는 모든 순간을 지켜보며 그의 창조을 지원했다. 졸라의 나는 고발한다와 같은 작품 속에는 그녀가 불어넣은 정서와 헌신이 깊이 깃들어 있다. 그들의 애정은 공개되지 않았지만, 서로에게 변함없는 위로와 영감을 제공했다.

마리야 하르도프스카야와 톨스토이 "비극적 사랑의 초상"

의미: 사랑은 인간의 본능과 사회적 규범 사이에서 갈등하는 복잡한 감정이다.
출처: 레프 톨스토이의 소설 안나 카레니나에 등장하는 주인공 안나의 실제 모델로 알려진 마리야 하르도프스카야와의 관계.

19세기 러시아, 톨스토이는 마리야 하르도프스카야를 통해 여성의 억압된 삶과 사랑의 비극을 목격했다. 그녀는 자신의 결혼 생활에서 벗어나지 못한 채, 다른 남자를 사랑하며 갈등 속에 살아갔다.

"사랑은 삶을 고귀하게도, 비극적으로도 만든다. 그것은 인간의 가장 깊은 갈망이다."

마리야의 이야기는 작품 속 안나를 통해 전 세계적으로 알려졌고, 사랑의 복잡성과 고통을 대변하는 상징이 되었다. 톨스토이는 그녀의 삶을 통해 애정이란 감정이 가진 파괴적이면서도 숭고한 힘을 깊이 탐구했다.

한스 크리스티안 안데르센 "이야기로 이어진 소통"

의미: 소통은 이야기를 통해 사람들의 마음을 잇고, 공감을 나누는 힘.
출처: 덴마크 동화 작가 한스 크리스티안 안데르센의 삶과 작품.

19세기, 한스 크리스티안 안데르센은 가난한 집안에서 태어나 어려운 환경 속에서도 상상력과 이야기를 통해 세상과 연결되었다. 그는 〈인어공주〉, 〈미운 오리 새끼〉, 〈성냥팔이〉 소녀와 같은 동화를 쓰며, 단순히 어린이를 위한 이야기를 넘어 인간의 본질과 감정을 담았다.

"소통은 마음을 열고 이야기를 나누는 것이다. 이야기는 우리를 하나로 만든다."

그의 작품은 세대와 국경을 초월해 사람들에게 깊은 감동을 주며, 소통의 도구로 기능했다. 그의 동화는 오늘날에도 사람들 사이의 이해와 공감을 이끌어내며, 소통이 가진 강력한 힘을 증명하고 있다.

피터 드러커 "이해로 완성되는 대화"

의미: 의사소통의 본질은 말하는 것이 아니라, 상대가 이해한 내용에 달려 있다.
출처: 경영학자 피터 드러커의 삶과 저서 〈경영의 실제〉, 〈효과적인 경영자〉.

20세기, 피터 드러커는 경영학의 아버지로 불리며 조직 내 소통과 리더십의 중요성을 설파했다. 그는 의사소통이란 단순히 정보를 전달하는 행위가 아니라, 상대방이 그 메시지를 제대로 이해하고 행동으로 옮길 수 있게 만드는 과정이라고 강조했다. 드러커는 조직에서 오해가 생기는 근본 원인은 말하는 사람이 아니라, 이해하는 사람이 기준이 되어야 한다는 점을 간과했기 때문이라고 보았다.

"내가 한 말이 아니라, 상대가 이해한 것이 중요하다. 소통은 듣는 사람의 입장에서 이루어진다."

그는 효과적인 소통이란 자기중심적 표현이 아니라, 상대방의 관점과 이해를 우선시하는 태도에서 시작된다고 주장했다. 그의 리더십 철학은 조직에서 명확한 의사소통을 통해 신뢰를 구축하고 목표를 효과적으로 달성하는 방법을 제시했다.

폴 로브슨 "노래로 전한 자유의 메시지"

의미: 소통은 노래를 통해 억압받는 이들에게 희망과 자유를 전하는 힘.
출처: 미국 배우이자 가수 폴 로브슨이 인권운동과 음악을 통해 세상과 소통한 삶.

20세기 초, 폴 로브슨은 흑인 인권 운동과 함께 그의 음악적 재능을 활용해 억압받는 이들의 목소리를 대변했다. 그는 흑인 영가와 노동자의 노래를 통해 억압과 차별을 고발하며, 연대와 희망의 메시지를 전했다.

"노래는 가장 강렬한 소통의 도구다. 그것은 말보다 더 깊이 사람들의 영혼을 울린다."

그의 노래는 단순한 공연을 넘어, 인종차별과 사회적 불의에 맞서는 강력한 도구가 되었다. 폴 로브슨의 이야기는 소통이란 단순한 예술적 표현을 넘어, 정의와 자유를 위해 세상을 변화시키는 힘이 될 수 있음을 보여준다.

조르주 퐁피두 "미래를 위한 대화"

의미: 소통은 과거와 현재를 잇고, 미래를 설계하는 힘이다.
출처: 프랑스 대통령 조르주 퐁피두가 프랑스 현대화를 위해 추진한 개혁 과정.

20세기 중반, 조르주 퐁피두는 프랑스의 현대화를 위해 대화와 소통을 강조했다. 그는 전통과 혁신 사이의 균형을 유지하며, 산업과 예술 분야에서 프랑스의 성장을 이끌었다.

"소통은 과거와 현재를 연결하고, 미래를 열어가는 열쇠다."

그의 지도력은 정치적 안정뿐 아니라, 프랑스의 국제적 위상을 높이는 데 기여했다. 그의 이야기는 소통이 어떻게 세대를 연결하고, 국가의 비전을 실현할 수 있는지를 보여준다.

윌리엄 조지프 워드 "따뜻한 대화의 힘"

의미: 소통은 큰 목소리가 아니라 진심 어린 대화에서 더 큰 영향을 발휘한다.
출처: 교육자이자 작가 윌리엄 조지프 워드의 삶과 말 속에 담긴 소통과 인간관계의 철학.

20세기, 윌리엄 조지프 워드는 교육과 인간 관계의 중요성을 설파하며, 소통은 힘으로 이루어지는 것이 아니라 공감과 따뜻함으로 형성된다고 강조했다. 그는 효과적인 대화란 상대를 이해하고 배려하는 태도에서 시작된다고 믿었다.

"큰 목소리보다 따뜻한 대화가 더 멀리 간다. 진심 어린 대화는 마음과 마음을 연결한다."

그는 감정적이고 강압적인 대화는 관계를 단절시키지만, 진심 어린 따뜻함이 담긴 대화는 신뢰와 소통의 다리를 놓는다고 주장했다. 그의 철학은 대화에서 상대의 관점을 이해하고 존중하는 것이 얼마나 중요한지를 상기시킨다.

스베틀라나 알렉시예비치 "목소리를 기록하다"

의미: 소통은 잊힌 사람들의 목소리를 기록하고, 역사를 연결하는 힘.
출처: 작가 스베틀라나 알렉시예비치의 저서 〈전쟁은 여자의 얼굴을 하지 않았다〉.

20세기 말, 스베틀라나 알렉시예비치는 전쟁과 사회적 억압 속에서 침묵당한 사람들의 목소리를 기록하기 시작했다. 그녀는 인터뷰를 통해 평범한 사람들의 이야기를 모아, 작품 속에 생생히 담아냈다.

"소통은 침묵 속에서 진실을 찾아내는 일이다. 그것은 우리가 잊지 않도록 돕는다."

그녀의 작품은 단순한 기록을 넘어, 역사를 이해하고 미래를 준비하는 데 중요한 역할을 했다. 스베틀라나 알렉시예비치의 이야기는 소통이란 단순한 말의 전달이 아니라, 잊힌 사람들의 이야기를 세상에 되살리는 힘임을 보여준다.

파블로 네루다 "시는 소통의 언어다"

의미: 소통은 시를 통해 사람들의 감정을 잇고, 진실을 노래하는 힘.
출처: 칠레의 시인 파블로 네루다가 그의 시를 통해 사람들과 소통한 삶.

20세기, 파블로 네루다는 사랑, 고통, 자유를 주제로 한 시를 통해 전 세계 독자들과 소통했다. 그의 작품은 단순한 문학을 넘어 억압받는 이들의 목소리를 대변하며, 인간의 감정을 노래했다.

"시는 단어로 소통을 하는 다리다. 나는 시를 통해 세상과 연결된다."

그의 시는 수많은 이들에게 공감을 이끌어내며, 억압받는 자들에게 희망을 전했다. 그의 이야기는 소통이 예술과 문학을 통해 어떻게 감정과 사상을 공유하며 변화를 이끌어낼 수 있는지를 보여준다.

라마누자 "듣기로 시작하는 언어의 예술"

의미: 진정한 소통은 말하기가 아니라 상대방의 말을 듣는 데서 시작한다.
출처: 철학자 라마누자의 삶과 사상, 인간 관계와 소통의 본질에 담긴 가르침.

11세기 남인도의 위대한 철학자 라마누자는 신학과 인간 관계에 대해 깊이 성찰하며, 소통의 중요성을 설파했다. 그는 언어는 단순히 정보를 전달하는 도구가 아니라, 이해와 공감을 이끄는 예술이라고 보았다. 라마누자는 말하기 이전에 상대의 이야기를 온전히 듣는 태도가 소통의 첫걸음이라고 강조했다.

"소통은 언어의 예술이며, 듣는 것이 그 출발점이다. 듣지 않고는 진정한 대화가 이루어질 수 없다."

그는 소통을 단순히 말하는 행위로 축소하지 않고, 상대방의 말과 감정을 깊이 이해하는 듣기의 과정으로 정의했다. 그의 철학은 대화가 일방적 전달이 아닌, 상호적 공감과 이해를 목표로 해야 한다는 가르침을 전한다.

프리드리히 니체 "소통의 부재가 만든 오해의 벽"

의미: 오해는 소통의 부족에서 비롯되며, 이를 극복하기 위해서는 진정한 소통이 필요하다.
출처: 철학자 프리드리히 니체의 저서 〈차라투스트라는 이렇게 말했다〉, 〈도덕의 계보〉.

19세기, 프리드리히 니체는 그의 철학적 저작을 통해 인간 관계에서 소통의 중요성을 강조했다. 그는 대부분의 갈등과 오해가 대화의 부재, 혹은 부정확한 소통에서 비롯된다고 분석했다. 니체는 사람들이 서로의 관점과 의도를 충분히 이해하지 못할 때, 불신과 오해의 벽이 높아진다고 보았다.

"모든 오해는 소통의 부재에서 시작된다. 진정한 소통은 서로의 마음을 여는 첫걸음이다."

그는 소통을 단순히 정보를 교환하는 행위가 아니라, 서로의 관점과 감정을 이해하고 공감하는 과정으로 보았다. 그의 철학은 인간 관계에서 대화와 소통이 얼마나 중요한지를 강조한다.

마르틴 부버 "소통의 문과 벽"

의미: 소통은 관계를 열고 신뢰를 형성하거나, 단절과 갈등을 초래할 수 있다.
출처: 철학자 마르틴 부버의 저서 〈나와 너〉, 〈대화의 본질〉 속 소통과 관계의 철학.

20세기, 마르틴 부버는 인간과 인간 사이의 관계를 탐구하며, 소통이 단순한 언어적 행위를 넘어선 신뢰와 연결의 본질이라고 주장했다. 그는 진정한 소통이란 상대를 하나의 존재로 대하고, 그들의 이야기에 공감하며 마음을 여는 과정이라고 보았다. 반면, 나쁜 소통은 상대를 객체화하거나 무시함으로써 단절과 오해를 초래한다고 말했다.

"좋은 소통은 문을 열고, 나쁜 소통은 벽을 세운다. 대화는 서로를 향한 다리이자 연결이다."

그는 소통이 단순한 기술이 아니라, 인간 존재의 진정성을 드러내고 관계를 형성하는 힘이라고 강조했다. 그의 저서 〈나와 너〉는 인간이 진정한 관계를 통해 서로에게 다가가며, 소통의 가치를 재발견하도록 이끈다.

넬슨 만델라 "포용으로 적을 친구로 만들다"

의미: 진정한 포용은 용기와 희망에서 비롯되며, 적을 친구로 만드는 데 힘이 있다.
출처: 정치가 넬슨 만델라의 삶과 저서 〈자유를 향한 긴 여정〉.

1994년, 넬슨 만델라는 남아프리카공화국의 첫 흑인 대통령으로 취임하며, 인종차별의 상처를 치유하기 위한 화해와 포용의 정치를 시작했다. 그는 아파르트헤이트 체제를 지지했던 이들을 보복하지 않고, 오히려 대화와 화해를 통해 새로운 남아프리카를 건설하려 했다. 만델라는 용서와 포용이 단순한 약함이 아니라, 강인한 용기와 희망에서 비롯된 가장 강력한 힘임을 몸소 보여주었다.

"포용은 용기와 희망에서 시작된다. 적이었던 이를 친구로 만드는 것이야말로 가장 강한 힘이다. 화해는 두려움을 넘어선 행동이다."

그는 갈등을 극복하고, 적을 친구로 만드는 일이 진정한 리더십의 핵심이라고 믿었다. 그의 철학은 단순히 과거의 잘못을 잊는 것이 아니라, 상처를 극복하고 함께 나아갈 길을 모색하는 데 있다.

마틴 루터 킹 주니어 "사랑을 선택하는 용기"

의미: 포용과 사랑만이 증오의 고리를 끊을 수 있다.
출처: 인권운동가 마틴 루터 킹 주니어의 삶과 연설 〈내가 가진 꿈〉, 저서 〈사랑의 힘〉.

1960년대, 마틴 루터 킹 주니어는 미국에서 민권운동을 이끌며, 비폭력과 사랑의 힘을 통해 인종차별과 불평등에 맞섰다. 그는 증오와 갈등은 또 다른 증오를 낳으며, 이를 종식시키는 유일한 방법은 용서와 포용의 길을 선택하는 것이라고 설파했다. 사랑은 단순한 감정이 아니라, 증오를 극복하고 평화를 이루기 위한 강력한 도구라고 강조했다.

"우리가 포용과 사랑을 선택하지 않는다면 증오라는 짐을 영원히 짊어져야 할 것이다. 사랑은 유일한 해방의 길이다."

그는 사랑과 포용이 단순히 감정을 넘어 행동과 선택의 문제임을 강조하며, 이 선택이 증오의 악순환을 끝내는 열쇠라고 주장했다. 그의 연설과 행보는 단순한 이상을 넘어, 사랑과 포용이 실제로 사회를 변화시키는 힘이 될 수 있음을 보여주었다.

엘리너 루스벨트 "포용의 진정한 척도"

의미: 포용은 가장 약한 사람을 존중하고 배려하는 태도에서 그 진정성을 확인할 수 있다.
출처: 인권운동가 엘리너 루스벨트의 삶과 저서 〈나의 하루〉.

1948년, 엘리너 루스벨트는 유엔 인권위원회의 의장으로서 세계 인권 선언의 초안을 작성하며, 모든 인간이 평등하게 대우받아야 한다는 원칙을 수호했다. 그녀는 포용이란 단순히 강한 자들 간의 협력이 아니라, 사회에서 가장 약하고 소외된 이들을 어떻게 대하는지에 달려 있다고 주장했다. 그녀의 철학은 약자와 소외된 사람들에 대한 배려와 존중이야말로 진정한 포용의 기준이라고 강조했다.

"포용의 진정한 척도는 가장 약한 사람을 어떻게 대하는가에 달려 있다. 모두가 존엄성을 가지고 대우받을 때, 우리는 진정으로 포용적인 사회를 만든다."

그녀는 포용이란 단순히 다수의 화합이 아니라, 가장 약한 자들의 권리와 존엄을 지키는 데서 시작된다고 믿었다. 그녀의 리더십과 활동은 이러한 가치를 구체적인 행동으로 실천하며, 인권과 평등의 기준을 세웠다.

마하트마 간디 "있는 그대로의 수용"

의미: 진정한 포용은 타인의 신념과 삶의 방식을 존중하며 받아들이는 데 있다.
출처: 정치적·영적 지도자 마하트마 간디의 삶과 저서 〈자서전〉 속 비폭력과 관용.

마하트마 간디는 비폭력과 관용을 통해 인도의 독립운동을 이끌며, 다양한 신념과 문화를 가진 사람들 간의 화합을 추구했다. 그는 포용이란 타인의 차이를 억누르거나 동화시키는 것이 아니라, 그 차이를 이해하고 존중하는 태도에서 비롯된다고 강조했다. 간디는 모든 신념과 삶의 방식이 고유한 가치를 지니며, 이를 받아들이는 것이야말로 진정한 평화의 출발점이라고 역설했다.

"진정한 포용은 다른 이의 신념과 삶의 방식을 있는 그대로 받아들이는 데 있다. 관용은 우리의 차이를 넘어서는 다리이다."

그는 관용과 포용을 단순히 충돌을 피하는 태도가 아니라, 적극적으로 타인의 존재와 가치를 인정하는 실천적 행위로 보았다. 그의 비폭력 운동은 이러한 철학을 구체적인 행동으로 증명하며, 사회 변화를 이루어냈다.

헬렌 켈러 "마음을 여는 열쇠"

의미: 진정한 포용은 모든 이를 받아들일 준비가 된 마음에서 시작된다.
출처: 작가이자 사회운동가 헬렌 켈러의 삶과 저서 〈나의 삶 이야기〉.

헬렌 켈러는 시각과 청각 장애를 극복하며, 모든 인간이 평등하게 존중받아야 한다는 메시지를 전했다. 그녀는 자신의 경험을 통해 포용이란 단순히 차이를 수용하는 것이 아니라, 마음을 열고 서로를 향한 연대와 공감을 실천하는 것이라고 강조했다. 그녀의 삶 자체가 포용의 힘을 보여주는 강력한 사례였다.

"포용은 마음의 문을 여는 열쇠다. 모든 이에게 그 문을 열어 두어라. 열려 있는 마음은 세상을 변화시킬 힘을 가진다."

그녀는 마음의 문을 닫는 순간, 우리는 진정한 연결과 이해의 가능성을 잃게 된다고 경고하며, 열린 마음이야말로 인간다움의 핵심이라고 강조했다.

에드워드 에버렛 헤일 "최선의 포용"

의미: 모든 것을 할 수는 없어도, 할 수 있는 일에 최선을 다해 포용을 실천해야 한다.
출처: 작가이자 성직자 에드워드 어버렛 헤일의 삶과 저서 〈어느 백만장자의 이야기〉.

에드워드 에버렛 헤일은 설교와 글을 통해 인간의 연대와 공동체 정신을 강조했다. 그는 개인이 세상을 완전히 바꿀 수는 없지만, 자신이 할 수 있는 작은 행동 하나하나가 포용과 변화의 시작이 될 수 있다고 설파했다. 헤일은 완벽함에 집착하기 보다, 지금 가능한 일에 최선을 다해 실천하는 것이 중요하다고 믿었다.

"나는 모든 것을 할 수는 없지만, 내가 할 수 있는 한 최선을 다해 포용하겠다. 작은 노력들이 모여 세상을 바꾼다."

그는 우리가 완벽하지 않아도 각자가 할 수 있는 범위에서 포용과 연대를 실천하면 세상에 큰 영향을 미칠 수 있다고 보았다. 그의 메시지는 이상과 현실의 간극을 인정하면서도, 행동으로 그 간극을 메우는 데 집중한다.

오스카 와일드 "삶의 색을 바꾸는 마법"

의미: 설렘은 일상에 활기를 불어넣고 삶을 새롭게 만들어주는 마법 같은 감정이다.
출처: 작가 오스카 와일드의 삶과 작품 〈도리언 그레이의 초상〉, 〈진지함의 중요성〉.

오스카 와일드는 예술과 삶의 경계를 넘나들며, 일상적인 순간 속에서도 설렘이 가져다주는 창의적 에너지와 변화를 강조했다. 그는 설렘이란 단순히 흥분되는 감정을 넘어, 삶의 무채색에 새로운 색을 더하고, 인간의 영혼을 풍요롭게 만드는 마법 같은 경험이라고 보았다.

"설렘은 삶에 새로운 색을 더하는 마법이다. 그것은 평범한 순간을 특별하게, 어둠 속에서도 빛을 발견하게 한다."

그는 설렘이 단순한 감정을 넘어, 삶의 시각과 방향을 바꾸고, 더 창의적이고 활기찬 존재로 변화시킨다고 믿었다. 그의 작품 속 인물들은 설렘을 통해 삶의 새로운 가능성을 탐구하고, 자기 자신과 세상을 더 깊이 이해한다.

릴리안 가시 "별을 떠라 걷는 기분"

의미: 설렘은 미지의 세계로 나아가며 희망과 두근거림을 느끼는 감정이다.
출처: 천문학자 릴리안 가시가 우주의 신비를 탐구하며 새로운 별을 발견한 이야기.

20세기 초, 릴리안 가시는 당시 여성이 배척받던 천문학계에 도전하며 밤하늘을 연구했다. 그녀는 작은 망원경으로 수백 개의 별과 행성을 관찰하며, 새로운 별을 발견했다.

"설렘은 우리가 아직 보지 못한 세계를 꿈꾸는 데서 시작된다. 별은 희미하지만, 그것을 찾는 눈빛은 강렬하다."

그녀의 연구는 우주의 신비를 밝혀내며, 천문학에 새로운 지평을 열었다. 그녀의 삶은 설렘이란 미지에 대한 두려움을 이겨내고, 가능성을 탐구하는 강력한 감정임을 보여준다.

프리드리히 니체 "살아 있음의 증거"

의미: 설렘은 생동감과 삶의 진정성을 느끼게 해주는 순간이다.
출처: 철학자 프리드리히 니체의 저서 〈즐거운 학문〉, 〈차라투스트라는 이렇게 말했다〉.

프리드리히 니체는 인간 존재와 삶의 의미를 탐구하며, 감정이란 단순한 반응이 아니라 인간의 본질을 드러내는 중요한 요소라고 보았다. 그는 설렘이란 단순히 기쁨을 느끼는 것이 아니라, 삶의 에너지와 가능성을 자각하게 되는 순간이라고 강조했다.

"설렘은 우리가 살아 있음을 증명하는 순간이다. 그것은 영혼이 깨어나 삶과 조우하는 순간이다."

그는 설렘을 단순한 감정적 흥분이 아니라, 삶의 깊은 에너지와 생명력의 표현으로 보았다. 그의 저작은 인간이 삶의 설렘을 통해 고통과 불확실성을 초월하고, 진정한 자기 자신과 마주할 수 있는 가능성을 이야기한다.

빅토르 위고 "사랑의 첫 숨결"

의미: 사랑은 설렘에서 시작되어 깊은 감정으로 자라난다.
출처: 작가 빅토르 위고의 삶과 작품 〈노트르담의 꼽추〉, 〈레 미제라블〉.

19세기, 빅토르 위고는 그의 문학 작품에서 사랑의 다채로운 얼굴을 그려냈다. 그는 사랑이 단순히 감정이 아니라, 마음을 흔드는 설렘에서 시작되는 생명력 넘치는 경험이라고 보았다. 그의 작품 속 인물들은 사랑의 설렘을 통해 변화하고, 자신과 타인을 더 깊이 이해하게 된다.

"사랑의 첫 숨결은 설렘에서 시작된다. 설렘은 사랑이 피어나는 가장 순수한 순간이다."

그는 사랑이 단순한 열정이나 로맨스를 넘어, 설렘을 통해 인간의 영혼과 마음이 깨어나는 과정이라고 말했다. 그의 작품 속 에스메랄다와 콰지모도, 장발장과 코제트는 설렘에서 시작된 사랑을 통해 삶의 깊은 변화를 경험한다.

알베르 카뮈 "어린아이가 되는 순간"

의미: 설렘은 삶을 순수하게 바라보고, 어린아이처럼 감탄하게 만드는 힘을 가진다.
출처: 철학자 알베르 카뮈의 저서 〈이방인〉, 〈시지프 신화〉 속 삶과 감정의 철학.

20세기, 알베르 카뮈는 인간 존재와 부조리한 삶의 본질을 탐구하며, 설렘이 어떻게 삶의 무게를 초월하는 순간을 제공하는지 이야기했다. 그는 설렘이란 단순한 감정의 떨림을 넘어, 어린아이처럼 세상을 순수하게 바라보게 하고 삶의 경이로움을 느꼈다.

"설렘은 우리를 어린아이처럼 만든다. 삶의 경이와 아름다움을 다시 발견하게 한다."

그는 설렘이 삶의 부조리함 속에서도 희망을 발견하게 해주는 감정이라고 믿었다. 그의 작품 속 주인공들은 설렘의 순간을 통해 삶의 본질과 인간다움을 깊이 경험한다.

마틴 루터 킹 주니어 "꿈꾸는 가슴의 설렘"

의미: 꿈을 꾸는 자의 마음은 희망과 열정으로 가득 차 있다.
출처: 인권운동가 마틴 루터 킹 주니어의 연설 〈내가 가진 꿈〉과 그의 비폭력 저항 철학.

1963년, 워싱턴에서 열린 행진에서 마틴 루터 킹 주니어는 〈내가 가진 꿈〉이라는 연설로 인종차별과 불평등에 맞서 싸우는 희망을 선포했다. 그는 꿈이란 단순한 바람이 아니라, 인간의 가슴 속에 불꽃을 지피는 설렘과 동력이라고 강조했다.

"꿈 꾼 자의 가슴은 설렘으로 가득하다. 설렘은 변화의 시작이며, 새로운 세상을 향한 초석이다."

그는 꿈이란 단순히 미래를 기다리는 것이 아니라, 현재를 움직이고 변화시키는 힘이라고 믿었다. 그의 인권운동은 이러한 꿈을 실현하기 위한 행동의 연속이었다.

모 험 과 도 전

모험, 탐험, 도전, 용기, 위험, 성취, 열정, 탐구, 의지,
결단, 목표와 관련된 문장들

헬렌 켈러 "모험으로 채워지는 인생"

의미: 인생은 위험을 감수하며 도전할 때 비로소 의미를 갖는다.
출처: 작가이자 사회운동가 헬렌 켈러의 저서 〈나의 삶 이야기〉.

헬렌 켈러는 시각과 청각 장애를 극복하며, 한계를 넘어선 삶을 살았다. 그녀는 장애를 핑계로 멈춰 서지 않고, 새로운 배움과 도전을 통해 자신의 한계를 넓혀갔다. 헬렌은 안전과 안락함 속에 머무르는 삶은 아무런 의미가 없으며, 도전과 모험을 통해 비로소 삶의 본질에 다가갈 수 있다고 믿었다.

"인생은 위험을 감수하는 모험이거나, 아무것도 아니다. 도전하지 않는 삶은 진정으로 사는 것이 아니다."

그녀는 삶의 본질은 안전한 길이 아니라, 실패와 성공을 모두 경험하며 성장하는 여정이라고 강조했다. 그녀의 삶은 스스로 한계를 넘고, 더 많은 사람들에게 영감을 주는 과정이었다.

스페인 속담 "모험이 없는 인생은 반쪽 인생"

의미: 모험을 두려워하면 인생의 진정한 즐거움과 가치를 반만 누릴 수 있다.
출처: 스페인 문화 속 삶의 철학과 도전에 대한 지혜.

스페인 사람들은 역사적으로 항해와 탐험을 통해 세계를 누비며, 도전을 두려워하지 않는 삶의 자세를 보여줬다. 이 속담은 그러한 전통 속에서 태어난 삶의 철학을 담고 있다. 모험은 단지 위험을 무릅쓰는 것이 아니라, 삶을 더 풍요롭고 의미 있게 만드는 과정이다. 스페인 문화는 일상 속에서도 새로운 경험을 찾고, 두려움을 극복하며 성장하

는 것을 중시한다.

"모험을 두려워하는 사람은 인생을 반만 산 것이다. 삶은 도전 속에서 비로소 완전해진다."

이 말은 인생에서 모험과 도전의 중요성을 강조하며, 안전과 안락함 속에 갇힌 삶이 아닌, 가능성과 변화를 추구하는 삶의 자세를 가르친다.

앙드레 지드 "두려움을 넘어서는 발견"

의미: 진정한 발견은 미지의 세계에 대한 두려움을 극복할 때 시작된다.
출처: 작가 앙드레 지드의 저서 〈좁은 문〉, 〈지상의 양식〉에 담긴 탐구와 모험의 철학.

20세기 초, 프랑스 작가 앙드레 지드는 인간의 내면과 삶의 모험을 주제로 작품을 통해 탐구했다. 그는 익숙한 것을 벗어나 미지의 영역으로 발을 내딛는 용기가 삶의 진정한 변화를 가져온다고 믿었다. 미지의 세계는 두려움을 동반하지만, 그것을 극복하는 순간 삶의 가능성과 풍요로움이 드러난다고 강조했다.

"미지의 세계로 향하는 두려움을 넘어서야만 진정한 발견이 시작된다. 안전한 틀을 벗어나야 새로운 가능성이 열린다."

그는 탐구와 모험이란 단순히 외적인 도전이 아니라, 내면의 한계를 깨고 새로운 자신을 발견하는 과정이라고 주장했다. 그의 작품은 독자들에게 두려움이 아니라 호기심으로 미지를 대면하라고 독려한다.

윌리엄 셰익스피어 "모험 속에서 피어나는 배움"

의미: 진정한 배움은 모험과 도전 속에서 이루어진다.
출처: 극작가 윌리엄 셰익스피어의 작품 〈템페스트〉, 〈한 여름밤의 꿈〉.

16세기 말, 셰익스피어는 그의 희곡에서 인물들이 모험과 도전을 통해 성장하고 변모하는 모습을 그려냈다. 〈템페스트〉의 프로스페로는 역경 속에서도 배움과 지혜를 얻으며, 〈한 여름밤의 꿈〉의 등장인물들은 예상치 못한 사건 속에서 자신과 삶에 대한 새로운 통찰을 얻는다. 셰익스피어는 모험이야말로 인간이 배우고 변화하는 근본적인 계기라고 믿었다.

"모험이 없다면 배움도 없다. 도전 속에서 우리는 삶과 자신을 더 깊이 이해하게 된다."

그는 삶의 여정에서 위험을 감수하고 새로운 경험을 통해 지식을 쌓는 과정이야말로 인간 존재의 본질이라고 보았다. 그의 작품은 이러한 철학을 반영하며, 독자들에게 모험을 통해 얻는 배움의 가치를 일깨운다.

마크 저커버그 "위험 없는 길의 위험"

의미: 아무런 위험도 감수하지 않는 것은 가장 큰 실패를 초래할 수 있다.
출처: 기업가 마크 저커버그의 삶과 연설, 페이스북 창업과 성장 과정에서의 도전 철학.

2004년, 하버드 대학 기숙사 방에서 시작된 페이스북은 마크 저커버그의 대담한 도전과 위험 감수 덕분에 세계 최대의 소셜 미디어로 성장했다. 그는 빠르게 변화하는 세상에서 안전한 선택만을 고수하는 것이야말로 가장 큰 위험이며, 변화에 맞서는 도전은 실패의 가능성을 수반하지만, 그 안에서 더 큰 성공과 성장이 가능하다고 강조했다.

"가장 큰 위험은 아무 위험도 감수하지 않는 것이다. 변화하는 세상에서 안전함만을 추구하면, 결국 뒤처질 수밖에 없다."

그는 위험을 피하려는 태도가 오히려 더 큰 실패를 초래할 수 있으며, 특히 변화가 빠른 현대 사회에서는 도전적인 선택이 필수적이라고 주장했다. 그의 사업 성장 과정은 이 철학을 실천한 사례이다.

윌리엄 헌틀리 "모험의 가치"

의미: 실패 없는 삶은 진정한 도전과 모험을 경험하지 못한 삶이다.
출처: 기업가이자 혁신가 윌리엄 헌틀리의 삶과 발언, 도전과 실패를 통한 성장 철학.

윌리엄 헌틀리는 자신의 경영 철학과 경험을 통해 실패의 중요성을 강조했다. 그는 성공이란 실패를 피하는 데 있는 것이 아니라, 실패 속에서 배우고 다시 도전하는 데 있다고 설파했다. 실패는 단순히 결과가 아닌, 성장과 깨달음을 주는 과정으로 보았다. 헌틀리는 도전 없는 삶이란 성취감 없는 삶과 같다고 믿었다.

"한 번도 실패하지 않았다면, 제대로 된 모험을 해본 적이 없는 것이다. 실패는 도전의 흔적이며, 성공으로 가는 길의 일부이다."

그는 실패를 두려워하기보다 이를 통해 얻는 배움과 성장이야말로 진정한 모험의 가치라고 강조했다. 그의 사업 성공 사례는 실패를 극복하고 새로운 기회를 창출하는 과정으로 가득하다.

헨리 허드슨 "얼음의 바다를 넘어"

의미: 모험은 미지의 세계를 향한 끊임없는 탐구와 용기를 요구하는 여정이다.
출처: 북서항로를 찾기 위해 대서양과 북극해를 탐험한 영국 항해사 헨리 허드슨의 여정.

17세기 초, 헨리 허드슨은 아시아로 가는 북서항로를 발견하기 위해 북극해의 얼음으로 뒤덮인 바다로 나아갔다. 1610년, 그는 현재의 허드슨 만에 도달하며 전진했으나 혹독한 겨울과 식량 부족으로 탐험은 중단되었다. 그럼에도 불구하고 허드슨은 새로운 지평을 열었다는 믿음으로 끝까지 자신의 항로를 기록하며 도전을 멈추지 않았다.

> "모험은 바다 끝을 넘어 상상하지 못한 세계를 발견하는 것이다. 우리는 항상 더 멀리 나아갈 수 있다."

그의 탐험은 극한의 환경과 강추위 속에서 이뤄졌지만, 허드슨은 포기하지 않고 대서양에서 북미 대륙으로 이어지는 새로운 항로를 개척했다. 그의 항해는 이후 탐험가들에게 새로운 영감을 주며 미지의 세계를 향한 모험의 상징으로 남았다.

로알 아문센 "미지로의 도전"

의미: 탐험은 미지의 세계에 도전하는 용기이다.
출처: 노르웨이 탐험가 아문센의 극지 탐험 철학.

1911년, 로알 아문센은 인류 역사상 최초로 남극점에 도달하며 탐험의 새로운 장을 열었다. 그는 미지의 세계에 대한 두려움을 극복하고, 철저한 준비와 결단력을 바탕으로 극지의 혹독한 환경에 도전했다.

> "탐험이란, 미지의 세계를 두려워하지 않고 도전하는 것이다."

그는 탐험이란 단순한 모험이 아니라, 알 수 없는 세계에 대한 두려움을 극복하고 인간의 한계를 시험하며 새로운 지식을 얻는 과정이라고 보았다. 아문센은 북극 탐험과 남극 탐험에서 철저한 계획과 실행력을 발휘하며, 자연의 위험과 불확실성을 극복했다.

그의 탐험은 단순히 지리적 발견에 그치지 않고, 인류의 용기와 끈기를 상징하는 업적이 되었다.

안토니오 마차도 "발걸음의 흔적"

의미: 길은 걷는 자의 발걸음으로 만들어진다.
출처: 스페인 시인 마차도의 탐험과 삶의 철학.

20세기 초 스페인, 안토니오 마차도는 속담과 노래들이라는 시집을 통해 인생의 길과 인간의 발걸음에 대한 깊은 통찰을 남겼다. 그는 길이란 정해진 것이 아니라, 우리가 발걸음을 내딛는 순간 만들어진다고 보았다.

"길은 걷는 자의 발걸음에 의해 만들어진다. 탐험은 그 발걸음을 내딛는 데 있다."

그는 삶의 여정에서 중요한 것은 목표나 결과가 아니라, 한 걸음씩 나아가는 과정을 통해 자신만의 길을 개척하는 데 있다고 주장했다. 마차도의 시는 단순히 시적 표현을 넘어, 인간의 용기와 자기 발견의 여정을 탐구한다. 특히 그는 탐험이란 목적지에 도달하는 것이 아니라, 그 과정에서 자신의 존재를 확인하는 행위라고 강조했다.

토머스 스턴스 엘리엇 "끝에서의 시작"

의미: 탐험의 끝은 결국 출발점의 재발견이다.
출처: 영국 시인 엘리엇의 저서 〈황무지〉와 그의 삶과 탐구에 대한 철학적 시선.

20세기 초, T.S. 엘리엇은 〈황무지(The Waste Land)〉와 같은 시를 통해 현대인의 삶과 내면을 탐구하며 철학적 성찰을 담아냈다. 그는 인간의 탐험이란 단순히 물리적 여정을 넘어, 자신의 본질과 근원으로 돌아가는 과정이라고 보았다.

"우리가 탐험을 멈추는 날, 결국 우리가 출발했던 장소에 도달하게 될 것이다."

그는 탐험이란 한계를 넘어 새로운 것을 발견하려는 과정일 뿐 아니라, 그 끝에서 우리의 본질과 처음 시작했던 의미를 새롭게 마주하는 것이라고 강조했다. 엘리엇은 그의 시에서 끊임없이 삶의 본질을 찾으려는 인간의 노력과, 그 끝에서 깨닫는 새로운 통찰을 묘사했다. 탐험의 과정은 단순히 외부 세계를 이해하는 것이 아니라, 내면을 깊이 들여다보며 새로운 자신을 발견하는 길이었다.

알버트 스미스 "한계를 넘나들다"

의미: 탐험은 미지의 땅과 자신의 한계를 뛰어넘는 과정이다.
출처: 탐험가 스미스의 도전과 자기 극복 철학.

19세기 영국, 알버트 스미스는 알프스 산맥 등정과 탐험을 통해 인간의 한계를 시험하며 도전의 가치를 몸소 실천했다. 그는 탐험을 단순히 물리적 장소를 정복하는 것이 아니라, 자신의 내적 한계를 뛰어넘는 과정으로 여겼다.

"탐험은 단순히 미지의 땅을 가는 것이 아니라, 우리 자신의 한계를 뛰어넘는 과정이다."

그는 탐험이란 외부의 미지의 세계를 정복하는 것에만 국한되지 않으며, 자신을 극복하고 새로운 가능성을 발견하는 과정임을 강조했다. 스미스는 알프스 산을 등정하며 그 위험과 어려움 속에서도 자신이 가진 두려움을 마주하고, 이를 극복하며 내면의 강인함을 발견했다. 그의 탐험은 물리적 장소를 넘어, 인간 정신의 용기와 가능성을 탐구하는 여정이었다.

토니 로빈스 "경계를 넓히는 도전의 힘"

의미: 자신의 한계를 시험할 때 비로소 진정한 가능성을 알게 된다.
출처: 동기부여 전문가 토니 로빈스의 강연과 저서 〈거인의 도약〉.

토니 로빈스는 수백만 명의 삶을 변화시키며, 사람들이 자신의 경계를 시험하고 성장하도록 격려했다. 그는 삶의 진정한 잠재력은 안전한 틀 안에 머무르지 않고, 불확실성과 도전을 통해 발견된다고 주장했다. 그는 스스로를 시험하지 않으면, 자신의 가능성과 능력을 결코 이해할 수 없다고 강조했다.

"자신의 경계를 시험하지 않으면 그 경계가 얼마나 넓은지 결코 알 수 없다. 도전은 우리의 가능성을 깨우는 열쇠다."

그는 인간이 자신의 한계를 넘어서 새로운 가능성을 발견할 때, 진정한 성취와 만족을 경험할 수 있다고 보았다. 그의 강연과 코칭은 사람들에게 안전지대를 벗어나 도전을 받아들이도록 영감을 주었다.

아놀드 슈워제네거 "강함으로 가는 길"

의미: 도전은 한계를 넘으며 자신이 강함을 깨닫는 과정이다.
출처: 배우이자 운동 선수, 정치가 아놀드 슈워제네거의 삶과 저서.

20세기 후반, 아놀드 슈워제네거는 보디빌더, 배우, 그리고 정치인으로서 끊임없는 도전을 통해 자신의 경계를 확장하며 살아왔다. 그는 도전이야말로 인간이 성장하고 자신의 진정한 잠재력을 깨닫는 유일한 방법이라고 강조했다. 그의 성공은 도전의 결과였으며, 그는 이를 통해 더 큰 가능성을 발견하고 성장할 수 있었다.

"도전은 우리가 더 강해지는 유일한 방법이다. 한계를 넘는 순간, 우리는 자신이 얼마나 강한지 깨닫게 된다."

그는 도전이란 두려움과 한계를 극복하며 자신에게 숨겨진 힘을 발견하는 과정이라고 강조했다. 보디빌딩 시절, 그는 자신의 몸과 정신의 한계를 밀어붙이며, 세계 최고의 보디빌더가 되었고, 이를 통해 자기 극복의 가치를 몸소 증명했다. 슈워제네거는 이후 영화계와 정치계에서도 끊임없이 새로운 도전에 나서며, 실패와 좌절 속에서도 도전의 가치를 실천했다.

에드먼드 힐러리 "정상의 첫 발자국"

의미: 도전은 불가능을 넘어 꿈을 이루는 첫 발자국이다.
출처: 세계 최초로 에베레스트 정상에 오른 에드먼드 힐러리의 이야기.

1953년, 에드먼드 힐러리와 셰르파 텐징 노르가이는 에베레스트 정상 정복을 목표로 했다. 극한의 고도와 추위, 산소 부족이라는 위험 속에서 두 사람은 서로를 격려하며 한 걸음씩 나아갔다. 마침내 그들은 세계 최고봉의 정상에 서며 인간의 한계를 넘어섰다.

"도전은 한 발자국 더 나아가는 것이다. 그 첫 발이 우리의 가능성을 증명한다."

그의 도전은 단순한 등정을 넘어, 인류의 꿈과 열정을 상징하는 순간으로 기록되었다. 에베레스트는 더 이상 미지의 땅이 아닌, 인간의 의지가 닿을 수 있는 가능성의 증거가 되었다.

윈스턴 처칠 "용기가 만드는 길"

의미: 성공과 실패는 일시적일 뿐이며, 진정으로 중요한 것은 도전하는 용기.
출처: 정치가 윈스턴 처칠의 삶과 연설, 제2차 세계대전 시기 리더십에서 드러난 도전과 끈기의 철학.

윈스턴 처칠은 영국의 총리로서 제2차 세계대전이라는 거대한 위기에 맞섰다. 그는 승리의 순간에도 방심하지 않았으며, 실패 속에서도 희망과 용기를 잃지 않았다. 처칠은 성공과 실패가 일시적인 결과일 뿐, 역사를 만들어가는 핵심은 끊임없이 도전하려는 태도에 달려 있다고 강조했다.

"성공은 최종적이지 않고, 실패는 치명적이지 않다. 중요한 것은 도전할 용기다. 용기 없이는 아무것도 시작할 수 없다. 용기를 잃으면 모든 것을 잃는 것이다."

그는 성공에 취하지 않고, 실패에 좌절하지 않으며, 지속적인 도전과 끈기로 어려움을 극복해야 한다고 역설했다. 그의 연설과 행동은 영국 국민들에게 희망과 단결의 힘을 심어주었다.

짐 론 "더 나은 내일을 위한 길"

의미: 도전의 가치는 그 어려움이 우리를 성장시키고 더 나은 사람이 되게 하는 데 있다.
출처: 동기부여 연설가 짐 론의 강연과 저서 〈5가지 인생의 기본 원리〉.

짐 론은 강연과 저서를 통해 개인 성장과 성공의 원리를 설파하며, 도전이 삶에서 필수적인 이유를 강조했다. 그는 도전이란 단순히 목표를 이루기 위한 과정이 아니라, 자신을 더 강하고 능숙하게 만드는 성장의 기회라고 보았다. 론은 쉬운 도전은 진정한 변화를 가져올 수 없으며, 어려움 속에서 우리가 진정한 자아와 가능성을 발견할 수 있다고 말했다.

"우리는 도전이 쉽기를 바라지 않는다. 도전이 우리를 더 나은 사람으로 만들어 주기를 바란다. 변화는 어려움을 통해 찾아온다."

그는 도전의 진정한 목적은 결과가 아니라, 그 과정에서 얻게 되는 배움과 성숙이라고 보았다. 그의 강연은 많은 이들에게 도전을 두려워하지 않고, 이를 성장의 도구로 삼으라는 메시지를 전했다.

프리드리히 니체 "도전 없는 삶의 역설"

의미: 도전을 피하려는 삶은 결국 자기 자신과 싸우는 또 다른 도전이 된다.
출처: 철학자 프리드리히 니체의 저서 〈즐거운 학문〉, 〈차라투스트라는 이렇게 말했다〉.

프리드리히 니체는 인간의 본질이 끊임없이 자기 자신을 초월하려는 의지에 있다고 보았다. 그는 도전 없이 살아가려는 선택이 겉보기에는 안전해 보일지라도, 그것이야말로 정체와 의미 없는 삶과 싸우는 가장 큰 도전이라고 지적했다. 니체는 도전을 피하려는 삶이 결국 내면의 공허함과 부딪히게 될 뿐이라고 말했다.

"도전 없이 사는 것은 그 자체로 도전이다. 도전은 피할 수 없는 인간 존재의 본질이다."

그는 삶의 진정한 의미는 편안함 속에 있지 않고, 끊임없이 자신의 한계를 시험하고 초월하려는 노력 속에 있다고 주장했다. 그의 철학은 도전을 두려워하지 않고 이를 삶의 동력으로 삼으라는 메시지를 전한다.

퍼디낸드 마젤란 "바람을 때라 도는 세상"

의미: 도전은 한계에 갇힌 세상을 벗어나 새로운 가능성을 발견하고자 하는 의지이다.
출처: 세계 최초로 지구 일주 항해를 이끈 포르투갈 탐험가 마젤란의 업적과 이야기.

1519년, 퍼디낸드 마젤란은 지구가 둥글다는 것을 증명하고 새로운 항로를 개척하기 위해 스페인 왕의 지원을 받아 항해를 시작했다. 5척의 배와 270명의 선원을 이끌고 출발한 그는 대서양을 건너, 아메리카 대륙의 남쪽 끝에 위치한 좁은 해협(현재 마젤란 해협)을 발견하며 태평양으로 나아갔다.

태평양 항해는 가혹한 도전이었다. 식량과 물이 부족해지며 선원들은 굶주림과 병에 시달렸다. 하지만 마젤란은 포기하지 않고 새로운 세상을 향해 나아갔다.

"도전은 끝없는 바람 속에서 새로운 세상을 향해 돛을 올리는 것이다."

비록 그는 필리핀에서 전사하며 항해를 끝까지 완수하지 못했지만, 그의 배 빅토리아호는 1522년 귀환하며 인류 최초로 지구 일주를 완성했다. 마젤란의 도전은 세계의 경계를 확장하며, 인간의 열정과 용기를 상징하게 되었다.

루이 파스퇴르 "성취 위에 세워지는 도전"

의미: 새로운 도전은 현재의 성취를 바탕으로 이루어진다.
출처: 과학자 루이 파스퇴르의 연구와 업적, 끊임없는 발견과 혁신의 철학.

19세기, 루이 파스퇴르는 미생물학과 면역학의 기초를 세우며 과학 혁신의 상징이 되었다. 그는 탄저병과 광견병 백신 개발 과정에서 작은 성취를 쌓아가며, 이를 바탕으로 더 큰 문제를 해결할 도전을 이어갔다. 파스퇴르는 현재의 성취가 단순한 끝이 아니라, 더 큰 도전을 위한 발판이라고 강조했다.

> "내일의 도전은 오늘의 성취 위에 세워진다. 한 걸음의 성공이 다음 단계로 나아갈 길을 연다."

이 말은 파스퇴르의 과학적 철학과 끊임없는 탐구 정신을 드러낸다. 그는 성취를 멈춤의 이유가 아닌, 다음 도전을 위한 동력으로 삼았다. 그의 연구는 이러한 철학을 실천하며 현대 과학의 기반을 구축했다.

어니스트 헤밍웨이 "바다와 싸우며 배우다"

의미: 도전은 자기 자신을 시험하며 삶의 의미를 깨닫는 과정이다.
출처: 소설 〈노인과 바다〉를 통해 인간과 자연의 투쟁을 그린 어니스트 헤밍웨이의 삶과 철학.

헤밍웨이는 바다를 사랑한 작가였다. 쿠바 해안에서 그는 매일 아침 바다로 나가 거대한 청새치와 힘겨운 싸움을 벌이며 낚시에 몰두했다. 이 경험은 단순한 취미를 넘어 그의 글에 생생한 생명력을 불어넣는 원천이 되었다. 그의 대표작 〈노인과 바다〉는 단순한 물고기를 잡는 이야기가 아니었다. 노인이 거대한 청새치를 붙잡고 바다 한가운데에서 펼치는 싸움은 인간이 자신의 한계를 넘어서는 과정을 상징했다.

> "도전은 바다처럼 거대한 것이며, 그 속에서 진정한 자신을 찾는 것이다."

그의 말은 바다와 싸우는 과정이 곧 자신을 찾아가는 과정임을 의미했다. 헤밍웨이의 작품은 단순히 독자를 감동시키는 것을 넘어, 인간의 의지와 본성을 성찰하게 했다.

유리 가가린 "별을 향한 첫 도전"

의미: 도전은 새로운 세상을 향해 첫발을 내딛는 용기이다.
출처: 세계 최초로 우주 비행에 성공한 유리 가가린의 도전적인 삶.

1961년 4월 12일, 유리 가가린은 인류 역사상 처음으로 우주로 향하는 문을 열었다. 그는 소련의 보스토크 1호에 탑승해 지구 궤도를 한 바퀴 도는 약 108분의 비행을 성공적으로 마쳤다. 이 비행은 단순한 과학적 실험이 아니라, 인류가 하늘 너머의 세계로 도약하는 순간이었다.

"도전은 우리가 상상하지 못한 세상을 마주하는 용기다. 우주는 우리의 미래다."

이 말은 단순한 선언이 아니라, 인류가 앞으로 나아갈 방향을 제시하는 메시지였다. 가가린의 비행은 단순히 소련의 업적을 넘어서, 전 세계에 우주 탐험의 가능성을 열어준 사건으로 기록되었다.

넬슨 만델라 "두려움 속에서 피어나는 용기"

의미: 진정한 용기는 두려움을 느끼더라도 이를 극복하고 행동하는 것.
출처: 정치가 넬슨 만델라의 삶과 저서 〈자유를 향한 긴 여정〉.

넬슨 만델라는 남아프리카 공화국에서 인종차별 정책인 아파르트헤이트에 맞서 싸우며 27년간 감옥에 갇히는 고난을 겪었다. 그는 자신이 두려움을 느끼지 않았던 것이 아니라, 두려움 속에서도 자유와 평등을 위한 행동을 멈추지 않았음을 고백했다. 만델라는 두려움은 인간적인 감정이지만, 그 감정에 지지 않고 앞으로 나아갈 때 비로소 용기가 나타난다고 설파했다.

"용기란 두려움이 없는 것이 아니라 두려움에도 불구하고 행동하는 것이다. 두려움은 누구에게나 있지만, 이를 극복하는 것이 차이를 만든다."

그는 용기가 단순히 두려움의 부재가 아니라, 더 나은 미래를 위해 두려움에 맞서는 행동이라고 주장했다. 그의 리더십과 철학은 남아프리카공화국의 변화를 이끌고 전 세계에 메시지를 주었다.

로자 파크스 "정지선 앞에서의 용기"

의미: 용기는 불평등에 맞서 행동을 취하는 강력한 힘이다.
출처: 인권운동가 로자 파크스의 삶과 몽고메리 버스 보이콧 운동에서 드러난 용기.

1955년, 로자 파크스는 몽고메리의 한 버스에서 자신의 자리를 백인에게 양보하지 않겠다고 선언하며 미국 인권운동의 전환점을 만들었다. 그녀의 작은 행동은 단순한 개인적 저항이 아니었으며, 평등을 요구하는 거대한 변화의 불씨가 되었다. 파크스는 물러서지 않는 태도야말로 용기의 본질이며, 개인의 작은 행동이 공동체와 사회에 큰 변화를 가져올 수 있음을 증명했다.

"용기는 한 걸음도 물러서지 않는 것이다. 나의 작은 행동이 변화를 만든다. 변화를 위한 첫걸음은 나 자신에게 달려 있다."

그녀는 용기가 단순한 감정이 아니라 행동으로 드러나는 것이며, 변화는 그러한 행동의 연속에서 이루어진다고 믿었다. 그녀의 행동은 미국의 평등과 정의를 위한 투쟁의 상징이 되었다.

아멜리아 이어하트 "용기로 하늘을 날다"

의미: 위대한 일을 이루기 위해 완벽한 준비보다 중요한 것은 행동하는 용기이다.
출처: 비행사 아멜리아 이어하트의 삶과 항공 기록, 그녀의 도전과 개척 정신.

아멜리아 이어하트는 최초로 대서양을 단독으로 횡단한 여성 비행사로, 자신의 한계를 뛰어넘는 도전을 통해 역사를 만들었다. 그녀는 모든 계획이 완벽하게 준비되지 않아도, 행동하는 용기가 새로운 가능성을 열 수 있음을 몸소 보여주었다. 이어하트는 두려움과 불확실성을 안고도 날아올랐고, 그 과정에서 인류의 꿈을 확장시켰다.

"위대한 일을 이루기 위해 필요한 것은 행동하는 용기이다. 준비는 언제나 불완전하다. 중요한 것은 날아오르는 순간이다."

그녀는 성공은 완벽한 계획이 아니라, 미지의 영역으로 과감히 나아가는 행동에서 비롯된다고 믿었다. 그녀의 비행은 이러한 철학을 바탕으로 새로운 시대를 열었다. 아멜리아 이어하트의 이야기는 완벽한 준비를 기다리기보다, 용기를 내어 행동할 때 비로소 위대한 일이 시작된다는 메시지를 전달한다.

마야 안젤루 "꺼지지 않는 내면의 불꽃"

의미: 용기는 좌절 속에서도 꺾이지 않는 내면의 강인한 힘이다.
출처: 작가이자 시인 마야 안젤루의 저서 〈나는 새장에 갇힌 새가 왜 노래하는지 안다〉.

20세기, 마야 안젤루는 인종차별과 성차별의 장벽을 넘어 자신의 목소리를 통해 세상에 영감을 주었다. 그녀는 삶에서 맞닥뜨린 수많은 역경에도 불구하고, 자신의 내면에서 타오르는 용기를 통해 꺾이지 않는 삶을 살았다. 안젤루는 외부의 시련이 아무리 거세더라도, 용기는 내면 깊은 곳에서 결코 꺼지지 않는 불꽃과 같다고 강조했다.

"세상이 당신을 꺾으려 할 때, 용기는 결코 사라지지 않는 내면의 불꽃이다. 그 불꽃은 삶의 어둠 속에서도 당신을 밝힌다."

그녀는 용기가 단순히 두려움을 이기는 것이 아니라, 내면의 불꽃을 지키며 자신을 믿는 태도라고 설파했다. 그녀의 작품과 행동은 이러한 용기의 철학을 실천한 사례였다.

한강 "어둠 속에서 빛을 찾는 용기"

의미: 용기는 힘든 진실을 드러내는 의지이며 그 과정에서 희망의 빛을 발견한다.
출처: 작가 한강의 소설 〈채식주의자〉, 〈소년이 온다〉 속 용기의 철학.

2024년, 한강은 〈소년이 온다〉와 〈채식주의자〉를 통해 한국인 최초로 노벨 문학상을 수상하며 세계적 주목을 받았다. 그녀의 글은 단순한 문학적 성취를 넘어, 고통과 침묵 속에 숨겨진 진실을 세상에 드러내는 강렬한 메시지를 담았다. 특히, 〈소년이 온다〉에서 1980년 광주의 아픔을 다룬 그녀의 용기는, 침묵 속에 묻힌 역사를 다시 기억하게 했다.

"용기란 말할 수 없는 것을 끝내 말하려는 의지이다. 쓰는 행위는 어둠 속에서 희미한 빛을 찾는 것이다. 그 빛은 침묵을 넘어 사람들에게 다가간다."

그녀는 글쓰기를 통해 역사의 어둠을 비추고, 인간의 내면 깊은 곳에서 공감과 치유를 끌어내는 작가로 평가받는다. 한강의 작품은 인간이 겪는 고통과 상실, 그리고 이를 극복하려는 용기를 문학이라는 언어로 담아냈다.

헬렌 켈러 "위험 속에서 살아가는 용기"

의미: 삶은 본질적으로 위험을 동반하며, 위험을 피하려는 삶은 가장 큰 위험이다.
출처: 작가이자 사회운동가 헬렌 켈러의 저서 〈나의 삶 이야기〉.

헬렌 켈러는 시각과 청각 장애를 극복하며, 자신의 한계를 뛰어넘는 삶을 살았다. 그녀는 안전과 안락함 속에서 머무르지 않고, 배움과 도전을 통해 장애와 편견에 맞서 싸웠다. 켈러는 위험을 피하려는 삶이야말로 스스로를 정체시키는 가장 큰 장애물이며, 진정한 삶은 도전을 통해 완성된다고 역설했다.

> "삶은 위험의 연속이다. 위험을 무릅쓰지 않는 삶은 그 자체로 가장 큰 위험이다. 진정한 성취는 위험을 뛰어넘는 용기에서 시작된다."

그녀는 실패와 두려움에도 불구하고, 끊임없이 새로운 길을 모색하며 세계적으로 영향력 있는 작가이자 사회운동가로 자리 잡았다. 그녀의 이야기는 위험 속에서도 살아가는 용기가 삶의 진정한 가치를 만든다는 메시지를 전한다.

짐 론 "위험을 넘어 비범함으로"

의미: 위험을 피하면 평범에 머물고, 도전할 때만 비범한 성취가 가능하다.
출처: 동기부여 연설가 짐 론의 강연과 저서 〈5가지 인생의 기본 원리〉.

짐 론은 자신이 가난했던 젊은 시절부터 시작해, 위험을 감수하며 경영과 동기부여 분야에서 성공을 거두었다. 그는 자신의 삶을 통해 안전한 선택에 머무르는 삶은 한계에 갇히게 되며, 도전과 위험 속에서만 진정한 성취와 변화를 이룰 수 있다고 강조했다. 론은 위험을 피하려는 태도는 평범한 삶으로 이어지고, 이를 극복하려는 의지야말로 비범함의 출발점이라고 주장했다.

> "위험을 감수하지 않는다면 평범함에 거무를 뿐이다. 도전 속에서 우리는 비범함을 발견한다."

그는 위험을 감수하는 것이 실패를 초래할 수도 있지만, 이는 곧 배움과 성장을 위한 기회가 된다고 믿었다. 그의 강연과 저서는 개인의 삶에서 위험을 두려워하지 않고 도전하라는 메시지로 가득하다.

존 A. 셰드 "배는 항해하기 위한 존재다"

의미: 안전함에 머무르기보다 본래의 목적을 위해 도전해야 한다.
출처: 철학자 겸 작가 존 A. 셰드의 격언, 삶과 도전의 본질에 대한 통찰.

존 A. 셰드는 배를 항구에 묶어 두는 안전함이 겉보기에는 평화로워 보이지만, 그것이 배가 존재하는 목적을 잃게 만드는 것이라고 지적했다. 그는 삶도 마찬가지로, 도전과 위험을 감수하지 않으면 본질적인 목적과 의미를 잃게 된다고 주장했다. 셰드의 말은 일상에서 안전과 안정만을 추구하는 태도를 경계하며, 도전 속에서 삶의 가치를 찾으라는 강력한 메시지를 전한다.

"배는 항구에 있으면 안전하다. 그러나 그것이 배가 만들어진 이유는 아니다. 도전 속에서만 우리는 본래의 목적을 이룰 수 있다."

그는 삶의 진정한 목적은 안전함에 머무는 것이 아니라, 모험과 도전을 통해 성장하고 자신의 가능성을 실현하는 것이라고 역설했다.

파울로 코엘료 "위험 속에서 찾는 바른 길"

의미: 위험은 잘못된 길의 징표가 아니라, 올바른 길을 향해 가는 여정이다.
출처: 작가 파울로 코엘료의 저서 〈연금술사〉 속 도전과 자기 발견의 철학.

파울로 코엘료는 그의 대표작 〈연금술사〉에서 주인공 산티아고가 자신의 꿈을 찾아 떠나는 여정을 통해, 위험과 도전이 진정한 삶의 필수적인 일부임을 보여주었다. 그는 삶의 목적과 자기 실현은 위험 없는 길이 아니라, 그 위험을 마주하며 스스로를 발견하는 과정에서 이루어진다고 설파했다.

"위험은 잘못된 길이 아니라, 올바른 길을 향해 가는 데 반드시 동반되는 요소다. 위험 속에서 우리는 꿈과 현실을 연결하는 방법을 배운다."

그는 위험은 두려워할 대상이 아니라, 성장과 자기 실현을 위한 필연적인 과정이라고 보았다. 그의 작품은 독자들에게 꿈을 이루기 위해 위험을 감수하고, 이를 통해 더 큰 자신과 마주할 것을 권한다.

에밀리아 어윈 "거센 바람 속으로"

의미: 위험은 한계를 시험하며, 성취는 그것을 극복하는 과정에서 완성된다.
출처: 극지방 항해를 최초로 성공시킨 여성 선장 에밀리아 어윈의 삶 이야기.

에밀리아 어윈은 남극과 북극을 모두 항해하며, 극한의 환경에서도 용기와 지혜로 팀을 이끌어 간 선장이었다. 그녀의 항해는 단순한 도전이 아니었다. 얼음이 갈라지고 파도가 배를 위협하는 순간마다, 어윈은 냉철한 판단과 강력한 리더십으로 선원들에게 안정감을 주었다.

"위험은 두려움이 아니라, 우리의 가능성을 보여주는 시험대다."

남극 항해 중 한 번은 거대한 빙산에 가로막혀 모든 항로가 막히는 위기를 맞았다. 선원들이 두려움에 빠질 때, 어윈은 침착하게 주변 환경을 분석하고, 팀원들의 협력을 이끌어 빙산을 우회하는 새로운 항로를 찾아냈다. 그녀의 결단력은 선원들의 생명을 구했을 뿐 아니라, 극지 탐험의 새로운 가능성을 열었다.

클라이브 스테이플스 루이스 "성장하는 삶, 위험을 받아들이는 순간"

의미: 삶에서 위험은 피할 수 없는 요소이며, 이를 받아들일 때 비로소 성장한다.
출처: 작가 C.S. 루이스의 저서 《스크루테이프의 편지》, 《순전한 기독교》.

C.S. 루이스는 그의 작품과 강연에서 삶의 본질이 도전과 고난 속에서 이루어지는 성장에 있다고 설파했다. 그는 위험 없는 삶은 사실상 정체된 삶에 불과하며, 진정한 성장은 위험을 마주하고 이를 극복하는 과정에서 온다고 주장했다. 그의 철학은 어려움 속에서도 인간이 어떻게 내적 강인함을 키울 수 있는지에 대한 깊은 통찰을 제공한다.

"위험 없는 삶은 없으며, 위험을 받아들이는 순간 우리는 성장한다. 도전 속에서 우리는 스스로를 새롭게 발견한다."

그는 위험과 고난이 삶의 필연적인 부분이며, 이를 통해 인간은 더 강하고 지혜롭게 변화한다고 보았다. 그의 작품 속 인물들은 위험과 갈등을 통해 내면의 성장을 이루며, 삶의 본질을 깨닫는다.

라이트 형제 "하늘을 향한 첫 도전"

의미: 진정한 위험은 두려워 도전조차 않는 것이며, 첫 발걸음이 도전의 시작이다.
출처: 세계 최초의 동력 비행기를 제작해 하늘을 날아오른 라이트 형제의 업적.

1903년, 오빌과 윌버 라이트 형제는 인간의 하늘을 나는 꿈을 실현하기 위해 미국 노스캐롤라이나주의 키티호크로 향했다. 그들은 여러 번의 실패와 추락을 겪었지만, 새로운 아이디어와 기술을 시도하며 좌절하지 않았다. 주변 사람들은 그들의 시도를 미친 짓으로 치부했지만, 형제는 실패 속에서도 가능성을 발견하며 끝없이 도전했다. 오빌 라이트는 비행에 성공하기 직전 이렇게 말했다.

"진정한 위험은 실패가 아니라, 실패가 두려워 아무것도 도전하지 않는 것이다."

12월 17일, 라이트 형제는 자신들이 설계한 플라이어 1호로 약 12초 동안 37미터를 비행하며 인류 최초의 동력 비행을 성공시켰다. 이 도전은 하늘에 대한 인간의 열망을 현실로 바꾸며, 항공의 새로운 시대를 열었다. 그들의 이야기는 실패를 두려워하지 않고 위험을 감수하며, 끝없이 도전하는 정신이야말로 진정한 성취를 이끄는 원동력임을 보여준다.

마이클 패러데이 "빛과 전기를 연결하다"

의미: 성취는 열정과 꾸준한 노력이 만들어낸 위대한 결과이다.
출처: 과학자 마이클 패러데이의 전자기학 연구와 실험 정신, 과학적 성취의 철학.

19세기 초, 마이클 패러데이는 가난한 제본공의 아들로 태어나 정규 교육을 받지 못했지만, 과학에 대한 열정으로 자신만의 길을 개척했다. 그는 전기와 자기장의 상호작용을 연구하며 전기 모터의 원리를 발견했다. 그의 노력은 전자기 유도의 법칙으로 결실을 맺으며, 현대 전기 공학의 초석이 되었다.

"단순한 아이디어로 시작되지만, 꾸준한 노력과 실행을 통해야만 성취라는 것을 완성할 수 있다. 실행 없는 아이디어는 공허한 꿈에 불과하다."

그는 과학적 성취가 단순한 영감에서 오는 것이 아니라, 아이디어를 실험하고 반복적으로 연구하며 끝까지 실행하는 노력에서 온다고 믿었다. 패러데이는 자신의 아이디어를 실제로 구현하기 위해 수없이 실패하면서도 끊임없이 실험을 지속했다.

조지프 리스터 "무균의 혁명"

의미: 성취는 작은 개선을 통해서도 큰 결과를 낳을 수 있다.
출처: 현대 외과학의 아버지로 불리며 무균 수술의 기초를 확립한 조지드 리스터의 업적.

19세기, 조지프 리스터는 외과 수술 중 감염으로 수많은 환자가 목숨을 잃는 현실에 충격을 받았다. 당시 수술실은 비위생적인 환경이었고, 감염은 수술 후 사망의 가장 큰 원인으로 여겨졌다. 그는 루이 파스퇴르의 세균 이론을 바탕으로, 감염을 예방하기 위해 수술 도구를 소독하고, 환부를 깨끗이 관리하며, 수술 환경을 개선하는 무균 수술법을 개발했다. 초기에는 많은 비판과 의심을 받았지만, 그의 방법은 곧 감염률을 획기적으로 줄이며 환자들의 생명을 구하기 시작했다.

"성취란 작은 변화로 생명을 구할 수 있는 큰 결과를 이끌어 내는 힘이다."

그의 혁신은 현대 의학의 안전성과 효과를 높이며, 의료 기술의 새로운 표준을 확립했다. 리스터의 노력은 단순히 과학적 발견에 그치지 않고, 인류애와 헌신으로 생명을 지키는 성취의 진정한 의미를 보여주었다.

프리드리히 니체 "깊은 곳에서 피어나는 성취"

의미: 성취는 단순히 결과의 높이가 아니라, 출발점의 어려움과 극복 과정이다.
출처: 철학자 프리드리히 니체의 저서 〈도덕의 계보〉, 〈즐거운 학문〉.

프리드리히 니체는 인간의 삶을 끊임없는 극복과 초월의 과정으로 바라보았다. 그는 성취의 가치를 외적인 높이에서 찾지 않고, 얼마나 어려운 출발점에서 시작해 그것을 어떻게 극복했는가에서 평가해야 한다고 주장했다. 그의 철학은 '초인' 개념을 통해, 자기 극복과 내면의 성장을 성취의 본질로 삼았다.

"성취란 당신이 얼마나 높은 곳에 올라갔는가가 아니라, 얼마나 깊은 곳에서 시작했는가로 측정된다. 깊이에서 시작된 여정은 삶의 진정한 강인함을 보여준다."

그는 삶의 시련과 어려움이야말로 성취를 더욱 값지게 만드는 요소라고 믿었다. 그의 사상은 단순한 성공보다 과정과 내적 성장을 강조한다.

알버트 아인슈타인 "한계를 넘었을 때 느끼는 유희"

의미: 진정한 성취는 스스로의 한계를 넘어설 때 비로소 이루어진다.
출처: 과학자 알버트 아인슈타인의 삶과 연구 속에 담긴 도전과 초월의 철학.

알트 아인슈타인은 자신의 연구와 삶을 통해 인류가 알고 있던 지식의 한계를 끊임없이 넘어서며 새로운 과학적 지평을 열었다. 그는 상대성 이론을 제시하기 전, 기존의 물리학 개념을 재검토하며 어려움과 반대 속에서도 자신의 아이디어를 끝까지 탐구했다. 아인슈타인은 성취란 단순히 목표를 이루는 것이 아니라, 그 과정에서 자신의 지적, 정신적 한계를 넘어서는 데 있다고 보았다.

"진정한 성취는 자신의 한계를 뛰어넘을 때 온다. 한계를 넘어서야 우리는 진정으로 자신이 무엇을 이룰 수 있는지 알게 된다."

그는 성취의 본질이 목표가 아니라, 그 목표를 이루기 위해 한계를 극복하려는 과정 속에 있다고 믿었다. 그의 연구와 철학은 인간의 무한한 가능성을 상기시킨다.

프레더릭 더글러스 "도전 속에서 피어나는 성취"

의미: 도전이 없다면 성취 또한 있을 수 없다.
출처: 인권운동가 프레더릭 더글러스의 연설과 저서 〈노예 생활의 이야기〉.

19세기, 프레더릭 더글러스는 노예제 폐지와 흑인 권리를 위한 투쟁에서 선봉에 섰다. 그는 자신의 삶과 연설을 통해 도전이야말로 자유와 정의를 쟁취하는 유일한 길임을 강조했다. 더글러스는 노예로 태어나 문맹과 억압을 극복하고, 자신의 이야기를 통해 억압받는 이들에게 희망과 용기를 주었다.

"도전 없이는 성취도 없다. 자유와 권리는 싸우지 않으면 얻을 수 없다."

그는 도전을 두려워하지 않고, 이를 통해 자신의 삶을 바꾸고 세상을 변화시킨 상징적인 인물이다. 그의 도전은 단순히 개인적인 성공이 아니라, 억압받는 모든 이들의 권리를 위한 것이었다.

세종대왕 "지혜로 길을 켜다"

의미: 성취란 개인적인 업적이 아니라, 세상(백성)의 삶을 풍요롭게 만드는 데 기여한다.
출처: 조선 시대 세종대왕의 훈민정음 창제와 백성을 위한 다양한 정책.

세종대왕은 조선 제4대 왕으로, 학문과 예술, 과학의 진흥에 큰 기여를 했다. 하지만 그의 가장 큰 업적은 누구나 글을 배우고 지혜를 나눌 수 있도록 훈민정음을 창제한 것이다. 당시 한자는 배우기 어려워 많은 백성이 억울함을 호소하지 못하고 삶을 개선할 기회를 놓치고 있었다. 세종은 이를 안타깝게 여기며 학자들과 함께 조선의 언어에 적합한 새로운 문자를 개발하기 시작했다.

"나의 가장 큰 성취는 어리석은 백성이 하나도 없게 하는 데 있다."

훈민정음의 창제는 조선 사회를 크게 바꾸었다. 백성들은 지식을 쌓고 문화를 전파하며 사회적 성장을 이뤘다. 세종의 노력은 단순히 한글을 만드는 데 그치지 않고, 국민 모두가 지혜를 공유하고 세상과 소통할 수 있는 길을 여는 위대한 성취로 평가받는다.

스티브 잡스 "열정이 만드는 지속의 힘"

의미: 열정은 일을 오래 지속하고 성공으로 이끄는 원동력이다.
출처: 기업가 스티브 잡스의 연설과 애플을 이끌며 보여준 열정과 헌신의 철학.

스티브 잡스는 애플을 창립하고, 혁신적인 제품들을 세상에 선보이며 기술 산업의 흐름을 바꾼 인물이다. 그는 창업과정에서 여러 번의 실패와 좌절을 겪었지만, 열정 덕분에 끊임없이 재도전하며 애플을 세계적인 기업으로 성장시켰다. 잡스는 일을 사랑하는 열정 없이는 역경을 극복하거나 지속적인 성공을 이루는 것이 불가능하다고 강조했다.

"열정이 없다면, 이 일을 오래 지속할 수 없다. 열정은 모든 어려움을 이겨내고 창조를 이어가는 힘이다."

그는 열정이 단순한 감정이 아니라, 어려운 순간에도 앞으로 나아가게 하는 지속적인 동력이라고 보았다. 그의 열정은 기술과 디자인, 그리고 사용자의 삶을 혁신적으로 변화시키는 데 기여했다.

로자리오 베르니 "위험 속에서 밝히는 진리"

의미: 열정은 위험을 무릅쓰고 진리를 추구하는 용기와 의지.
출처: 철학자이자 사상가 로자리오 베르니의 저서와 강연.

로자리오 베르니는 화산 연구에 평생을 바친 화산학자였다. 그는 활동 중인 화산 분화구 가장자리에서 용암의 흐름과 화산재의 성분을 직접 분석하며, 지구의 내부가 외부 환경에 미치는 영향을 기록했다. 그의 탐사는 화산이 단순한 파괴적인 자연 현상이 아니라, 지구의 역사와 생태계의 변화 과정을 이해하는 열쇠임을 증명했다.

"열정은 불타오르는 위험 속에서도 진리를 밝히는 것이다. 열정은 어려움 속에서도 빛을 비추는 도구다."

그는 진리 탐구의 길이 쉽지 않음을 인정하면서도, 열정이야말로 그 어둠을 밝히는 빛이 될 수 있다고 믿었다. 그의 사상은 독자들에게 위험을 두려워하지 말고, 열정을 통해 진리에 다가가라고 권한다.

랠프 왈도 에머슨 "성공의 조건"

의미: 열정 없이는 아무리 재능이 많아도 성공으로 이어질 수 없다.
출처: 사상가 랄프 왈도 에머슨의 에세이 〈자립〉, 〈성공의 본질〉 속 열정과 의지의 철학.

19세기, 랄프 왈도 에머슨은 미국 문학과 철학의 선구자로, 자립과 열정을 통해 개인의 성공과 성장 가능성을 설파했다. 그는 열정이 단순한 감정을 넘어 행동과 성취를 이끄는 가장 중요한 요소라고 보았다. 에머슨은 재능이 아무리 뛰어나도 열정 없이 노력하지 않는다면 성과를 낼 수 없으며, 열정이야말로 재능을 꽃피우는 원천이라고 강조했다.

"열정이 없는 사람은 아무리 많은 재능을 가지고 있어도 성공할 수 없다. 열정은 목표를 향한 의지의 불꽃이다."

그는 성공이란 재능만으로는 부족하며, 열정을 동반한 행동과 노력이 반드시 필요하다고 강조했다. 그의 글은 독자들에게 자신의 열정을 발견하고, 그것을 목표를 이루는 동력으로 삼으라는 메시지를 전달한다.

엘리너 루스벨트 "열정의 가치"

의미: 열정을 따라 사는 삶은 더 큰 의미와 가치를 가져다준다.
출처: 인권운동가 엘리너 루스벨트의 저서 〈나의 하루〉 속 그녀의 삶과 열정의 철학.

엘리너 루스벨트는 미국의 퍼스트레이디로서의 역할을 넘어, 인권운동가로 세계 무대에서 활동하며 자신의 열정을 실현했다. 그녀는 어려운 사회적 문제에 대해 목소리를 내고, 사람들에게 자신의 열정을 따라 살아갈 때 삶이 진정으로 의미 있는 방향으로 나아간다고 설파했다.

"자신의 열정을 따라가라. 그것이 인생을 더 가치 있게 만든다. 열정은 삶을 창조적으로 변화시키는 힘이다."

그녀는 열정이 단순히 좋아하는 것을 찾는 것이 아니라, 삶의 가치를 새롭게 정의하고 세상을 변화시키는 과정이라고 믿었다. 그녀의 활동은 열정이 어떻게 개인과 사회를 변화시키는 원동력이 될 수 있는지를 증명했다.

조앤 K. 롤링 "열정으로 빚어낸 마법"

의미: 열정은 꿈을 넘어 자신의 이야기에 가치를 부여하고 세상을 밝히는 원동력이다.
출처: 〈해리 포터〉 시리즈의 작가 조앤 K. 롤링의 인생 경험과 창작 과정.

1990년대 초, 조앤 K. 롤링은 혼자 딸을 키우며 생계를 유지하기 위해 힘겹게 살아가고 있었다. 그녀는 가난과 우울증 속에서도 열정을 잃지 않고 글을 쓰기 시작했다. 열차를 타고 이동하던 중, 그녀의 머릿속에 호그와트와 해리 포터의 이야기가 떠올랐고, 이를 현실로 옮기기 위해 매일 글을 썼다. 그러나 그녀의 첫 번째 원고는 12개 출판사에서 거절당했다. 하지만 롤링은 포기하지 않았다. 결국, 작은 출판사에서 그녀의 이야기가 출간되었고, 해리 포터 시리즈는 세계적으로 사랑받는 작품이 되었다.

"열정을 품으면, 당신의 이야기는 더욱 빛날 것이다. 그것이 사람들의 마음을 움직이는 힘이다."

그녀의 작품은 단순한 판타지를 넘어, 용기, 우정, 사랑의 가치를 전하며 전 세계 독자들에게 깊은 영감을 주었다. 롤링의 여정은 열정이 한 사람의 삶과 이야기를 어떻게 빛나게 할 수 있는지를 보여주었다.

오프라 윈프리 "평범함을 넘어서는 힘"

의미: 열정은 평범한 삶을 특별하게 만드는 원동력이다.
출처: 방송인 오프라 윈프리의 삶과 프로그램 〈오프라 윈프리 쇼〉에서의 모습.

오프라 윈프리는 가난과 역경을 딛고 세계적인 방송인이자 기업가로 성장했다. 그녀는 자신이 가진 열정이 삶의 방향을 결정하고, 평범함을 뛰어넘어 새로운 가능성을 창조했다고 말했다. 〈오프라 윈프리 쇼〉를 통해 사람들에게 열정의 힘을 설파하며, 각자가 자신의 열정을 발견하고 그것을 삶의 연료로 삼도록 독려했다.

"열정은 당신을 평범함에서 뛰어넘게 만드는 힘이다. 열정은 한계를 초월하고, 불가능을 가능으로 바꾸는 동력이다."

그녀는 열정이 단순한 감정이 아니라, 평범한 순간을 특별하게 만들고 목표를 실현하게 하는 강력한 에너지라고 믿었다.

마야 안젤루 "성공의 첫걸음"

의미: 열정을 따르지 않는다면 성공과 멀어질 수밖에 없다.
출처: 시인이자 작가 마야 안젤루의 저서 〈나는 새장에 갇힌 새가 왜 노래하는지 안다〉.

마야 안젤루는 인종차별과 성차별의 어려움을 극복하며 시와 글로 전 세계에 감동을 주었다. 그녀는 열정을 따르는 일이 두렵더라도, 그것이 성공으로 가는 유일한 길임을 자신의 삶으로 증명했다. 안젤루는 열정을 외면하는 것은 자신의 가능성을 외면하는 것과 같다고 설파했다.

"열정을 따르는 것이 두렵다면, 성공을 두려워해야 할 것이다. 열정 없는 성공이라는 문을 열 수 없다."

그녀는 열정이야말로 두려움을 극복하고, 자신이 꿈꾸는 삶을 향해 나아가게 하는 강력한 원동력이라고 강조했다.

헨리 포드 "열정이 만드는 길"

의미: 열정은 문제를 해결하고 목표로 가는 길을 만들고, 열정이 없으면 변명으로 멈춘다.
출처: 자동차 산업의 혁신가 헨리 포드의 저서 〈오늘과 내일〉 속 삶과 기업 경영 철학.

헨리 포드는 자동차를 대중화하며 산업 혁명을 이끈 혁신가로, 열정이야말로 문제 해결의 시작이라고 믿었다. 그는 누구나 어려움에 직면할 수 있지만, 열정이 있는 사람은 그 어려움을 넘어 새로운 길을 찾는다고 강조했다. 포드는 변명이 아니라 행동으로 결과를 만들어내는 열정의 중요성을 자신의 삶으로 증명했다.

"열정이 있는 사람은 길을 찾고, 열정이 없는 사람은 변명을 찾는다. 열정은 모든 문제를 돌파하는 유일한 동력이다."

이 말은 포드의 실용적이고 도전적인 철학을 잘 드러낸다. 그는 열정이 단순히 강렬한 감정이 아니라, 실천과 결과를 이끌어내는 구체적인 행동의 원천이라고 보았다.

토머스 에디슨 "열정으로 빛내는 길"

의미: 열정은 일을 즐거움으로 바꾸며, 진정한 성취를 가능하게 한다.
출처: 발명가 토머스 에디슨의 삶과 발명 과정, 끊임없는 열정과 창조의 철학.

토머스 에디슨은 전구, 축음기, 영화 카메라 등 1,000건 이상의 특허를 보유한 발명가로, 평생 연구와 실험에 몰두했다. 그는 일을 단순히 생계를 위한 것이 아니라, 자신이 사랑하는 열정적인 탐구로 여겼다. 에디슨은 열정이 일을 놀이처럼 느끼게 만들며, 이를 통해 더 많은 성취와 혁신을 이루었다고 강조했다.

"나는 한 번도 일한 적이 없다. 내가 하는 모든 일은 순수한 열정이다. 열정은 나를 앞으로 나아가게 하는 끝없는 동력이다."

그는 열정이야말로 지루함과 좌절을 넘어 더 나은 결과를 만들어내는 핵심 요소라고 믿었다. 그의 연구와 발명은 단순한 업무가 아니라, 스스로를 몰입시키는 즐거운 열정이었다.

장 르네 페리노 "깊은 바다의 탐구"

의미: 탐구는 보이지 않는 세계를 향해 끊임없이 나아가는 열정이다.
출처: 해양학자 장 르네 페리노가 심해 탐사를 이끈 이야기.

20세기 중반, 해양학자 장 르네 페리노는 인류가 거의 알지 못했던 심해 세계를 탐구하기 위해 선구적인 여정을 시작했다. 그는 초대형 잠수정을 설계하고 직접 탑승해, 수천

미터 아래의 바다로 내려갔다. 빛 한 점 들지 않는 심해의 어둠 속에서 그는 놀라운 생물들을 목격했다.

"탐구는 어둠 속에서 빛을 찾는 것이다. 바다는 인류가 가장 늦게 마주한 신세계다. 우리의 미래는 이 깊은 푸른 세계와 연결되어 있다."

그의 연구는 심해 생태계의 중요성을 알리는 데 기여했으며, 해양 생물 다양성을 보호하기 위한 국제적인 노력의 기반을 마련했다. 페리노는 심해가 단순한 미지의 공간이 아니라, 인류의 생존과 직결된 자원과 생태계의 보고임을 강조했다.

하워드 카터 "잠에서 깨어난 왕 이야기"

의미: 탐구는 잃어버린 역사를 발견하고, 그 가치를 현재로 이어가는 과정이다.
출처: 투탕카멘 왕의 무덤을 발견한 고고학자 하워드 카터의 업적.

1922년, 하워드 카터는 오랜 탐사 끝에 이집트 왕가의 계곡에서 투탕카멘 왕의 무덤을 발견했다. 고대 이집트의 파라오 가운데 거의 유일하게 손상되지 않은 채로 발견된 무덤은 그 자체로 경이로웠다. 3천 년 동안 봉인된 공간에서 그는 금관, 보석, 그리고 의식용 도구 등 화려한 유물뿐 아니라 고대 이집트의 일상과 종교, 정치가 담긴 역사의 흔적을 만났다.

"탐구는 과거의 목소리를 듣고, 그것을 현재에 다시 살리는 일이다."

투탕카멘 왕의 무덤은 단순한 고고학적 발견을 넘어, 고대 문명의 경이로움과 인간의 역사를 새롭게 이해하는 계기가 되었다. 카터의 발견은 고대 이집트 문화에 대한 전 세계적인 관심을 불러일으켰으며, 인류가 잃어버린 시간을 복원할 수 있음을 보여준 사례로 역사에 길이 남았다.

장 앙리 파브르 "곤충들의 비밀을 풀다"

의미: 탐구는 작은 세계를 관찰하며, 그 속에 숨겨진 큰 진리를 발견하는 과정이다.
출처: 곤충학의 아버지로 불리는 프랑스 과학자 장 앙리 파브르의 연구.

장 앙리 파브르는 평생을 곤충의 세계를 탐구하는 데 바쳤다. 그는 벌, 개미, 매미 같은 곤충들을 관찰하며 그들의 행동이 단순한 본능이 아닌, 고유한 지능과 놀라운 적응력을 기반으로 한다는 것을 밝혀냈다. 그의 연구는 곤충들의 생태와 사회 구조를 이해하는 데 중요한 기여를 했다.

파브르는 과학적 관찰을 문학적 서술로 승화시킨 저서 곤충기를 통해 곤충 세계의 복잡성과 아름다움을 대중에게 전달했다. 그는 관찰을 넘어 곤충들과 교감하며 자연의 신비를 기록으로 남겼다.

"탐구는 가장 작은 것 속에서 가장 큰 진리를 발견하는 것이다."

그의 연구는 곤충학의 새로운 길을 열었으며, 자연과 생명에 대한 경외감을 불러일으켰다. 과학적 발견을 문학적 감각으로 풀어낸 그의 업적은 자연을 사랑하는 마음과 탐구의 가치를 결합한 대표적인 사례로 남아 있다.

펠리페 피네로 "잃어버린 도시를 찾아서"

의미: 탐구는 가장 험난한 환경 속에서도 인간의 흔적을 찾아내는 과정이다.
출처: 아마존 정글에서 고대 문명의 유적을 발견한 탐험가 펠리페 피네로의 이야기.

20세기 초, 고고학자 펠리페 피네로는 아마존 밀림의 깊은 곳으로 탐험에 나섰다. 그의 목표는 전설 속의 잃어버린 도시 엘도라도를 발견하는 것이었다. 탐험은 시작부터 험난했다. 질병이 동료들을 괴롭혔고, 밀림의 습기와 독충, 맹수들이 그들의 생존을 위협했다. 그러나 피네로는 자연의 도전을 극복하며 끝없이 밀림 속으로 전진했다.

"탐구는 가장 짙은 숲 속에서 역사의 목소리를 듣는 것이다."

탐사 중 그는 고대 문명의 흔적을 발견했다. 거대한 석조 건축물과 미스터리한 상형 문자가 새겨진 유물을 발굴하며, 이곳이 단순한 전설에 그치지 않는다는 가능성을 세상에 알렸다. 그는 정글 속에서 발견한 유물을 분석하며 고대 아마존 문명이 정교한 사회 구조와 문화적 풍요를 가졌음을 증명했다.

프랜시스 베이컨 "탐구의 뿌리, 지식의 열매"

의미: 지식은 탐구에서 시작되며, 탐구는 관찰과 실험을 통해 이루어진다.
출처: 철학자이자 과학자인 프랜시스 베이컨의 저서 〈신기관〉.

16세기, 프랜시스 베이컨은 과학 혁명의 선구자로, 경험과 실험을 바탕으로 한 지식 탐구의 중요성을 강조했다. 그는 추상적 사고만으로는 진정한 지식을 얻을 수 없으며, 끊임없는 관찰과 실험이야말로 진리와 발견으로 가는 길이라고 설파했다. 베이컨의 과학적 방법론은 현대 과학의 토대를 세운 혁신적인 사고방식이었다.

"지식의 뿌리는 탐구이며, 탐구는 끊임없는 관찰과 실험에서 비롯된다. 진리는 행동 속에서 드러난다."

그는 지식이란 단순히 머릿속에서 떠오르는 아이디어가 아니라, 자연을 탐구하고 실험을 통해 검증함으로써 얻어지는 결과라고 믿었다. 그의 방법론은 후대 과학자들에게 경험적 탐구의 중요성을 일깨웠다.

리처드 파인만 "무지에서 피어내는 즐거움"

의미: 답을 알지 못하더라도 탐구하는 과정 자체가 아름다운 것이다.
출처: 물리학자 리처드 파인만의 저서 〈파인만씨 당신은 농담하시네요!〉.

리처드 파인만은 양자 전기역학의 선구자로, 과학적 질문에 대한 끝없는 호기심과 탐구 정신으로 유명했다. 그는 결과에 집착하기보다, 탐구의 과정에서 느끼는 즐거움과 아름다움을 강조했다. 파인만은 답을 찾지 못하는 순간조차도 새로운 가능성을 발견할 기회로 보았다. 그의 접근은 과학을 문제 해결의 도구를 넘어 인간의 창조적 활동으로 승화시켰다.

"나는 답을 알지 못할 때조차 탐구의 아름다움을 즐긴다. 호기심은 답을 넘어서, 새로운 질문을 열어준다."

그는 미지의 영역을 두려워하지 않고, 그 속에서 놀라움과 배움을 찾았다. 그의 태도는 과학적 사고뿐 아니라, 삶의 태도에도 영감을 준다.

에드윈 허블 "별에서 우주의 비밀을 찾다"

의미: 별들은 우주의 신비를 풀기 위한 창이며, 그 탐구는 인류의 끊임없는 여정.
출처: 천문학자 에드윈 허블의 연구와 발견, 그리고 저서 〈허블의 법칙〉.

20세기 초, 에드윈 허블은 별들의 움직임을 관찰하며 우주가 팽창하고 있다는 혁명적인 사실을 밝혀냈다. 그는 은하들이 우리 은하 밖에 존재한다는 것을 처음으로 증명하며, 인류가 우주를 이해하는 데 새로운 지평을 열었다. 허블의 관찰은 단순한 천문학적 발견을 넘어, 우주의 기원과 본질이 대한 심오한 질문을 던졌다.

"우리는 별들을 통해 우주의 비밀을 탐구한다. 별은 우리의 눈을 들어 무한한 가능성과 진리를 바라보게 한다."

그는 별들을 단순히 관찰의 대상이 아니라, 우주의 구조와 기원을 이해하기 위한 창으로 보았다. 그의 연구는 오늘날의 천문학과 우주론에 지대한 영향을 미쳤다.

칼 세이건 "탐구와 발견의 여정"

의미: 우주는 인간의 호기심과 탐구를 통해 발견하는 사람들의 것.
출처: 천문학자 칼 세이건의 저서 〈코스모스〉 속 과학과 인류에 대한 철학.

칼 세이건은 천문학과 과학 커뮤니케이션의 선구자로, 우주에 대한 인간의 호기심과 탐구가 우리 존재의 본질이라고 믿었다. 그는 우주가 단순히 거대한 공간이 아니라, 우리의 질문과 발견을 통해 끊임없이 열리는 새로운 세계라고 강조했다. 그의 프로그램 〈코스모스〉와 글은 수많은 사람들에게 우주에 대한 경이로움과 탐구의 기쁨을 전달했다.

"우주는 탐구하는 자의 것이고, 발견하는 자의 것이다. 질문하지 않는 자에게 우주는 단순한 어둠일 뿐이다."

세이건의 과학적 철학과 인간의 호기심에 대한 깊은 애정을 담고 있다. 그는 우주를 이해하려는 노력은 단순한 과학적 활동이 아니라, 우리 자신의 존재와 본질을 깨닫는 과정이라고 보았다.

아리스토텔레스 "장애물을 뛰어넘는 힘"

의미: 의지는 모든 장애물을 극복하고 목표를 이루게 하는 강력한 동력이다.
출처: 철학자 아리스토텔레스의 저서 〈니코마코스 윤리학〉.

기원전 4세기, 아리스토텔레스는 인간이 스스로의 삶을 통제하고 목표를 이루기 위해 의지가 필수적이라고 강조했다. 그는 의지가 단순한 감정이나 욕망이 아니라, 이성과 결합된 강한 정신적 힘이며, 모든 장애물을 극복하는 원천이라고 보았다. 아리스토텔레스는 의지를 통해 인간이 자기 실현에 도달하고, 궁극적으로 행복한 삶을 살 수 있다고 설파했다.

"의지는 모든 장애물을 넘어서는 힘이다. 그것은 이성을 따라 행동하게 하고, 목표를 향한 끈기를 만들어낸다."

그는 의지야말로 인간의 가능성을 최대한 실현하게 하고, 장애물 속에서도 전진하게 하는 원천이라고 강조했다.

토마스 만 "강한 의지로 운명을 바꾸다"

의미: 의지가 강할수록 운명은 긍정적으로 변화하고, 우리의 편이 된다.
출처: 작가 토마스 만의 작품 〈마의 산〉, 〈부덴브로크가의 사람들〉.

20세기, 독일 문학의 거장 토마스 만은 인간의 삶이 운명에 의해 결정되는 것이 아니라, 강한 의지와 노력에 의해 새롭게 만들어질 수 있다고 믿었다. 그의 소설 속 인물들은 역경과 운명 앞에서도 자신의 의지로 새로운 길을 개척하며, 삶의 의미를 발견한다. 만은 의지가 단순한 노력의 결과를 넘어, 운명을 변화시키는 원동력이라고 강조했다.

"우리의 의지가 강할수록 운명은 우리에게 유리하게 작용한다. 운명은 의지와 노력 앞에서 방향을 바꾼다."

그는 운명이란 고정된 것이 아니라, 인간의 강한 의지와 노력으로 변형될 수 있다고 보았다. 그의 작품은 이러한 철학을 바탕으로 인간의 가능성과 잠재력을 탐구한다.

나폴레옹 보나파르트 "무한한 의지의 힘"

의미: 의지의 힘은 인간이 설정한 한계를 넘어 모든 것을 가능하게 한다.
출처: 군사 지도자 나폴레옹 보나파르트의 연설과 행동, 전략과 의지의 철학.

나폴레옹 보나파르트는 자신의 군사적 천재성과 강력한 의지를 바탕으로 유럽 역사를 새로 썼다. 그는 역경과 고난 속에서도 의지를 발휘해 혁신적인 전략과 전술로 승리를 거두었다. 나폴레옹은 의지야말로 인간이 스스로 한계를 뛰어넘고, 불가능을 가능으로 바꾸는 열쇠라고 강조했다. 그의 전쟁과 정치적 행보는 이 철학을 실천으로 보여준 사례였다.

"의지의 힘은 한계가 없다. 의지는 불가능을 넘어서고, 목표를 현실로 만든다."

그는 의지가 단순한 정신적 강인함을 넘어, 물리적, 사회적 한계를 극복하는 가장 강력한 도구라고 믿었다. 그의 삶은 의지가 만들어내는 거대한 변화를 보여주는 상징이다.

마르쿠스 아우렐리우스 "성취의 첫걸음"

의미: 우리가 이루지 못하는 것은 의지가 부족하기 때문이다.
출처: 철학자이자 로마 황제 마르쿠스 아우렐리우스의 저서 〈명상록〉.

마르쿠스 아우렐리우스는 로마 제국을 다스리며, 스토아 철학에 기반한 의지와 자기통제의 중요성을 강조했다. 그는 목표를 이루기 위해서는 무엇보다도 먼저 강한 의지를 갖는 것이 필요하다고 믿었다. 의지가 없는 상태에서는 어떠한 성취도 불가능하며, 모든 성과는 의지에서 시작된다고 설파했다.

"우리가 이룰 수 없는 것은 의지를 발휘하지 않기 때문이다. 의지는 행동과 성취의 씨앗이다."

그는 의지가 인간의 내적 강인함과 외적 성취를 결정짓는 핵심 요소라고 보았다. 그의 황제로서의 리더십과 삶의 태도는 이러한 철학을 실천한 사례다.

빅터 프랭클 "의지와 행동이 만드는 길"

의미: 의지가 길을 열고, 행동이 그 길을 완성한다.
출처: 심리학자 빅터 프랭클의 저서 〈죽음의 수용소에서〉 속 인간 의지와 행동의 철학.

빅터 프랭클은 홀로코스트라는 극한의 상황에서도 삶의 의미를 찾고, 이를 통해 생존과 정신적 성장을 이뤘다. 그는 의지가 인간을 절망에서 구해내는 첫걸음이며, 행동은 그 의지를 현실로 만드는 힘이라고 강조했다. 프랭클은 의지가 없다면 길조차 열리지 않으며, 행동하지 않으면 아무리 열린 길도 걸을 수 없다고 설파했다.

"의지는 길을 만들고, 행동은 그 길을 걷게 한다. 의지와 행동이 함께할 때 비로소 우리는 목표에 다다를 수 있다."

그는 인간의 삶에서 의지는 방향을 설정하고, 행동은 그 목표를 실현하는 필수적인 과정이라고 보았다. 그의 경험은 이 철학을 실천으로 보여준다.

엘리너 루스벨트 "의지로 운명을 개척하다"

의미: 의지는 우리의 운명을 형성하는 가장 중요한 요소이다.
출처: 인권운동가 엘리너 루스벨트의 강연과 저서 〈나의 하루〉.

엘리너 루스벨트는 자신의 삶과 활동을 통해, 운명이란 단순히 주어진 것이 아니라 자신의 의지로 개척할 수 있다고 강조했다. 그녀는 제1차 세계대전과 대공황, 제2차 세계대전을 겪으며 의지가 개인과 사회를 변화시키는 강력한 도구임을 보여주었다. 루스벨트는 의지가 없다면 목표도, 변화도 없다고 믿으며, 이를 행동으로 옮기는 삶을 살아갔다.

"의지는 당신의 운명을 결정짓는 중요한 요인이다. 운명은 선택의 결과이며, 의지는 그 선택의 시작이다."

그녀는 삶에서 외부 상황에 흔들리지 않고 자신의 의지로 목표를 설정하고 이루어 나가는 중요성을 설파했다.

나폴레옹 보나파르트 "의지가 만든 운명"

의미: 운명은 고정된 것이 아닌, 인간의 의지와 행동으로 새롭게 만들어가는 것.
출처: 나폴레옹의 연설과 그의 철학적 사유.

19세기 프랑스의 황제이자 군사 전략가였던 나폴레옹 보나파르트는 자신의 강력한 의지와 결단력으로 유럽의 판도를 바꿨다. 그는 역경 속에서도 포기하지 않고, 자신의 운명을 스스로 개척하며 역사에 길이 남는 인물이 되었다.

"의지는 운명을 창조한다. 강한 의지는 불가능을 없애고, 새로운 가능성을 만든다."

나폴레옹은 이 말을 통해 인간의 운명이란 외부 요인에 의해 결정되는 것이 아니라, 자신의 의지와 노력으로 새롭게 만들어질 수 있음을 강조했다. 그는 자신의 삶에서 이를 증명하듯, 가난한 코르시카 출신의 청년에서 유럽을 정복한 황제의 자리까지 올랐다.

마하트마 간디 "의지가 결단을 완성한다"

의미: 결단은 단순한 선택을 넘어, 강한 의지가 뒷받침될 때 실제적 변화를 만든다.
출처: 마하트마 간디의 비폭력 저항 운동 철학과 그의 연설.

인도의 독립운동을 이끈 마하트마 간디는 비폭력과 평화의 원칙을 기반으로 한 혁신적인 결단을 내리며 세계사에 깊은 영향을 남겼다. 그의 삶에서 이를 가장 잘 보여주는 사례는 1930년 '소금 행진'이었다. 간디는 영국의 소금법에 저항하기 위해 240마일을 걸어 소금을 만드는 상징적 결단을 내렸다. 이 결단은 단순히 상징적인 행동이 아니라, 인도의 독립운동을 전 세계에 알리는 계기가 되었다.

"결단은 의지의 문제이며, 의지가 없는 결단은 아무것도 이루지 못한다."

간디는 이 말을 통해 단순히 결정을 내리는 것이 아니라, 이를 실행에 옮길 확고한 의지가 필요함을 강조했다. 그는 결단이 단지 생각에 머무를 뿐이라면, 어떤 변화도 가져올 수 없다고 보았다. 그의 결단은 단순히 선언에 그치지 않고, 강력한 의지와 행동으로 뒷받침되었다.

알렉산더 대왕 "대담한 결단과 위대한 승리"

의미: 위대한 승리는 신중함이 아니라, 위험을 감수하는 대담한 결단에서 시작된다.
출처: 알렉산더 대왕의 전쟁 전략과 그의 군사적 업적.

기원전 4세기, 마케도니아의 전설적인 정복자 알렉산더 대왕은 젊은 나이에 세계를 정복하며 역사를 바꿨다. 그의 성공은 단순히 강력한 군사력에 의존한 것이 아니라, 전장에서 보여준 대담한 결단과 비범한 전략에서 비롯되었다.

"대담한 결단은 위대한 승리를 가져온다. 위험은 결단에 수반되지만, 결단 없는 삶은 아무런 영광도 없다."

알렉산더는 이 말을 통해 안전한 길만을 추구하지 않고, 위험을 감수하며 대담하게 나아가는 태도가 승리로 이어진다고 강조했다. 그의 삶에서 이를 가장 잘 보여주는 사례는 그 유명한 가우가멜라 전투이다. 이 전투에서 그는 페르시아의 다리우스 3세를 상대로 수적으로 열세인 상황에서도 과감한 전략을 펼쳤다.

그는 자신의 군대를 좁은 지역으로 유인해 상대방의 대규모 병력을 무력화하고, 적의 약점을 정확히 공략하며 전투를 승리로 이끌었다.

마가렛 대처 "결단력의 가치"

의미: 뛰어난 능력과 재능이 있더라도 결단력이 없다면, 그 능력은 아무런 의미가 없다.
출처: 마가렛 대처의 연설과 그녀의 리더십 철학.

영국 최초의 여성 총리였던 마가렛 대처는 강한 의지와 결단력으로 '철의 여인'이라는 별명을 얻었다. 그녀는 정치적, 경제적 위기 속에서도 흔들리지 않는 결단력으로 국가를 이끌며 자신의 철학을 행동으로 보여주었다.

"결단력이 없다면, 아무리 뛰어난 능력도 무의미한 것이다."

대처는 이 말을 통해 능력이나 재능만으로는 성공을 이루기 어렵고, 이를 실행으로 옮길 결단력이 필수적임을 강조했다. 그녀의 리더십에서 이를 가장 잘 보여주는 사례는 1980년대 영국 경제 개혁이다. 당시 영국은 노동 분쟁과 경제 침체로 어려움을 겪고 있었지만, 대처는 강력한 시장경제 정책을 도입하며 국가적 변화를 주도했다.

윌리엄 셰익스피어 "두려움과 의심을 넘어"

의미: 두려움과 의심은 행동을 막는 장애물이며, 이를 넘어서려면 결단력이 가장 중요.
출처: 인간의 내적 갈등과 결단의 중요성을 표현한 셰익스피어의 작품 〈햄릿〉.

16~17세기, 영국의 극작가 윌리엄 셰익스피어는 인간의 복잡한 심리를 작품에 생생히 담아냈다. 그의 작품들은 결단이야말로 내적 갈등을 극복하고 행동으로 나아가는 데 필요한 가장 강력한 무기임을 보여준다.

"결단은 두려움과 의심을 극복하는 가장 강력한 무기이다. 결단 없는 의지는 정체된 물과 같다."

셰익스피어의 비극 〈햄릿〉은 결단의 힘과 그 부재가 가져오는 결과를 잘 보여준다. 주인공 햄릿은 아버지의 복수를 망설이며 두려움과 의심 속에서 끊임없이 내적 갈등을 겪는다. 결국 결단을 내리지 못한 결과는 비극으로 이어진다.

조지 버나드 쇼 "우물쭈물이 주는 교훈"

의미: 결단력 없고 주저하는 태도는 후회로 이어질 수 있음을 풍자적으로 표현한 말.
출처: 버나드 쇼의 유머러스한 자기 비판과 그의 묘에 새겨진 비문.

20세기, 아일랜드의 극작가이자 풍자 작가인 조지 버나드 쇼는 독창적인 작품과 날카로운 유머로 잘 알려져 있다. 그는 삶과 죽음을 철학적으로 바라보면서도, 유머와 풍자를 통해 인간의 약점을 지적하며 웃음을 유발했다.

"우물쭈물하다 내 이럴 줄 알았다."

이 문구는 그의 묘비에 써있는 글귀로, '결단 없는 삶은 후회로 가득 찬다'는 결단력 없이 시간을 허비하는 태도가 결국 아무런 성과를 남기지 못한다는 교훈을 담고 있다. 그는 이 문구를 통해 자신의 삶과 죽음을 돌아보며, 인간의 우유부단함이 얼마나 무의미한 결과를 초래할 수 있는지를 유머러스하게 표현했다.

율리우스 카이사르 "루비콘 강을 건너다"

의미: 결단의 순간에는 과감한 결단과 행동이 필요하다.
출처: 로마 공화정을 끝내고 제국으로 이끈 카이사르의 생애와 업적.

기원전 49년, 율리우스 카이사르는 루비콘 강 앞에서 멈춰 섰다. 루비콘 강은 로마 공화국의 북쪽 경계를 표시하는 강으로, 이를 넘는 것은 군사행동을 의미했다. 강을 건너는 순간, 카이사르는 공화정 지도자들과의 갈등이 내전으로 번질 것을 알고 있었다. 그는 한동안 침묵하며 강물을 바라보았다. 그러나 결국 그는 말을 이었다.

"이미 주사위는 던져졌다!"

이 외침과 함께 그는 강을 건넜다. 이 결단은 단순한 군사 행동이 아니라, 운명과 역사를 향한 도전이었다. 카이사르의 선택은 로마 공화정의 붕괴를 촉발하며 로마 제국 시대를 여는 시발점이 되었다. 그의 결단은 무엇이 옳은지를 고민하기보다는, 스스로의 비전을 현실로 만들어가는 행동의 상징이었다. 그 순간, 루비콘 강은 단순한 지리적 경계를 넘어 로마의 새로운 시대를 여는 상징이 되었다.

나폴레온 힐 "성공의 비결"

의미: 성공은 명확한 목표 설정과 매일의 꾸준한 실천에서 이루어지는 결과이다.
출처: 나폴레온 힐의 저서 〈성공의 법칙(Think and Grow Rich)〉.

20세기 자기 계발 문학의 선구자인 나폴레온 힐은 성공과 목표의 관계를 깊이 연구하며, 명확한 목표 설정과 꾸준한 실천이 성공의 핵심이라고 설파했다. 그의 철학은 오늘날에도 많은 사람들에게 동기부여와 실천의 지침으로 작용한다.

"무언가를 이루고 싶다면, 명확한 목표를 세우고 그 목표를 향해 매일 전진하라. 목표는 단순한 소망이 아니라, 분명하고 측정 가능하며 실행 가능한 것이어야 한다."

힐은 이 말을 통해 목표를 명확히 설정하는 것이 성공의 출발점이며, 목표를 향한 작은 행동이라도 꾸준히 반복하는 것이 성과를 이루는 비결이라고 강조했다. 그는 목표 없이 노력하는 것은 방향을 잃은 배와 같다고 비유하며, 목표는 우리의 에너지를 집중시키는 힘이라고 생각했다.

그의 대표작 〈성공의 법칙〉에서 힐은 목표 설정과 꾸준함의 중요성을 구체적으로 설명한다. 목표를 현실로 만들기 위해 매일 구체적인 행동 계획을 실행해야 한다는 것이다.

오손 웰스 "스스로 결정하는 삶"

의미: 자신의 길을 결정하는 권한은 오직 자신에게 있다.
출처: 영화감독 웰스의 자기 결정과 창의적 자유 철학.

20세기, 영화사에 혁신을 불러온 오손 웰스는 〈시민 케인〉을 통해 감독과 배우로서 독창적인 예술 세계를 구축했다. 그는 외부의 영향에 굴하지 않고, 자신만의 길을 개척하는 창작자로 유명했다. 그는 자기 결정과 독립적인 사고를 얼마나 중요하게 여겼는지를 잘 보여준다.

"자신이 해야 할 일을 결정하는 사람은 세상에서 단 한 사람, 오직 나 자신뿐이다."

그는 예술적 도전에 직면했을 때, 타인의 기준에 얽매이지 않고 자신의 비전과 창의성에 충실했다. 오손 웰스는 영화 제작에서 자주 스튜디오와 갈등을 겪었지만, 자신의 예술적 가치를 지키기 위해 끊임없이 싸웠다. 그의 철학은 현대 사회에서도 개인의 자유와 자기 주도성을 강조하는 데 중요한 메시지를 던진다.

프리드리히 니체 "위대한 영혼을 위하여"

의미: 높은 목표는 우리를 평범함에서 벗어나 더 고귀하고 위대한 존재로 성장한다.
출처: 프리드리히 니체의 저서 〈차라투스트라는 이렇게 말했다〉와 그의 철학적 사유.

19세기 독일 철학자 프리드리히 니체는 인간의 성장과 자기 초월을 강조하며, 목표가 인간의 존재를 변화시키는 중요한 요소임을 역설했다. 그는 낮은 수준의 욕망에 머무르지 않고 높은 목표를 추구하는 과정에서 인간은 자기 자신을 뛰어넘는 존재로 거듭난다고 말했다.

"높은 목표는 인간의 영혼을 위대하게 만든다. 자신을 초월하지 않는 목표는 인간의 영혼을 얕게 만든다."

니체는 이 말을 통해 단순히 현실에 안주하지 않고, 자신을 뛰어넘는 고귀한 목표를 설정하는 것이야말로 인간의 영혼을 강화하고 고양시키는 원동력임을 강조했다. 그는 '목표는 우리가 되는 존재를 결정한다'고 말하며, 높은 목표가 인간의 한계를 확장시키는 열쇠라고 보았다.

그의 철학에서 중심적인 개념인 '초인'은 인간이 스스로 높은 목표를 설정하고 그것을 실현하며, 자신의 잠재력을 최대한 발휘하는 과정에서 탄생한다고 설명된다.

미하일 바쿠닌 "목표와 삶의 방향"

의미: 목표가 없는 삶은 방향과 목적 없이 떠도는 배처럼 의미와 성취를 잃게 된다.
출처: 미하일 바쿠닌의 혁명적 사상- 저서 〈신과 국가(God and the State)〉.

19세기 러시아의 철학자이자 혁명가인 미하일 바쿠닌은 자유와 혁신, 그리고 사회 변화를 추구하며 목표의 중요성을 역설했다. 그는 인간의 삶이 단순히 생존에 그치지 않고, 명확한 목표와 방향성을 가져야 비로소 가치 있고 의미 있는 여정이 된다고 보았다.

"목표 없는 삶은 나침반 없이 항해하는 배와 같다. 목표는 우리를 정의하는 것이 아니라, 우리를 움직이게 한다."

바쿠닌은 이 말을 통해 삶에서 목표가 없다는 것은 방향을 잃은 상태와 같으며, 이는 결국 방황과 혼란으로 이어진다고 설명했다. 그는 목표가 인간의 행동과 결정을 이끄는 내적 나침반 역할을 한다고 강조했다. 그의 혁명 활동은 목표의 중요성을 실천적으로 보여준다. 그는 정치적 억압과 부당함에 맞서 싸우며, 자유와 평등이라는 목표를 위해 평생을 헌신했다.

톰 랜드리 "결코 포기하지 않겠다는 약속"

의미: 목표는 단순한 소망이 아닌 어떤 역경도 극복하여 이루겠다는 확고한 의지의 약속.
출처: 톰 랜드리의 코칭 철학과 그의 성공적인 미식축구 감독 경력.

미국 프로 미식축구의 전설적인 감독 톰 랜드리는 목표 설정과 그에 대한 헌신을 통해 팀의 성공을 이끈 인물이다. 그는 목표는 단지 방향을 제시하는 것이 아니라, 그 목표를 끝까지 포기하지 않겠다는 강력한 다짐이라고 역설했다.

"목표는 결코 포기하지 않겠다는 약속이다. 목표를 설정하는 것은 시작에 불과하며, 진정한 도전은 목표를 이루기 위해 계속 싸우는 데 있다."

랜드리는 이 말을 통해 목표를 단순히 바람직한 결과를 설정하는 단계가 아니라, 그것을 이루기 위해 모든 역경을 견디며 끝까지 밀고 나가는 의지의 표현이고, 목표를 추구하는 과정에서 나오는 고난과 실패가 성공의 필수적인 일부임을 강조했다.

랜드리가 감독한 댈러스 카우보이스는 20년간 지속적인 성공을 거두며, 그의 철학이 단순한 이론이 아니라 실질적인 결과로 이어졌음을 증명했다.

짐 론 "삶의 길잡이"

의미: 목표는 단순한 결과가 아닌, 그 과정에서 더 나은 자신으로 성장하게 하는 길이다.
출처: 짐 론의 자기 계발 철학과 연설, 저서 〈The Five Major Pieces to the Life Puzzle〉.

20세기 미국의 동기부여 연사이자 성공 철학자인 짐 론은 목표 설정이 단지 결과를 얻기 위한 것이 아니라, 목표를 추구하며 더 나은 사람이 되도록 돕는 과정이라고 강조했다. 그는 목표가 당신의 잠재력을 깨우고, 삶의 방향을 명확히 하는 도구라고 말했다.

"당신이 설정한 목표는 당신이 될 수 있는 사람이 되는 길을 보여준다. 목표를 추구하는 과정에서 우리는 새로운 능력을 배우고, 더 강인한 정신과 성격을 얻게 된다."

짐 론의 철학이 담긴 저서 〈번역: 인생의 퍼즐에 대한 다섯 가지 주요 조각〉에서 역설했듯, 목표는 당신의 내면적 성장과 깊이 연결되어 있으며, 단지 성취가 아니라 개인의 변화와 발전을 위한 지침서와 같다.

조지 해버트 "명확한 목표로 얻을 수 있는 것"

의미: 명확한 목표 설정은 성공의 방향을 제시하며, 성공을 향한 반쪽의 성취와 같다.
출처: 조지 해버트의 글과 시, 그리고 성직자로서의 통찰.

17세기 영국의 시인이자 성직자인 조지 해버트는 인간의 삶과 성취를 명확한 목표와 연결 지었다. 그는 목표가 명확하지 않으면 방향을 잃기 쉽고, 성공은 멀어질 수밖에 없다고 설파했다.

"명확한 목표는 성공의 절반이다. 정확한 목표는 우리의 노력과 자원을 집중하게 한다. 목표가 없다면, 아무리 열심히 걸어도 도착할 곳은 없다."

해버트는 이 말을 통해 목표 설정이란 단순한 희망 사항이 아니라, 구체적이고 실질적인 계획을 세우는 과정이라고 강조했다. 그는 명확한 목표가 우리를 혼란에서 구해주고, 성공으로 향하는 길을 명료하게 만든다고 말했다.

엘리자베스 길버트 "꿈을 목표로 했을 때의 가능성"

의미: 꿈은 구체적인 목표로 전환될 때 비로소 실현 가능한 무한한 가능성을 지니게 된다.
출처: 엘리자베스 길버트의 저서 〈먹고 기도하고 사랑하라〉와 그녀의 자기 발견 여정.

미국의 베스트셀러 작가 엘리자베스 길버트는 자신의 삶과 글을 통해 꿈을 목표로 전환하는 과정에서 얻게 되는 변화와 가능성을 보여주었다. 그녀의 작품과 강연은 꿈이 목표로 바뀌는 순간, 그 꿈이 실현 가능한 현실로 다가온다는 메시지를 전달한다.

"꿈이 목표로 바뀌는 순간, 모든 것이 가능해진다. 꿈은 영감을 주지만, 목표는 행동을 이끈다."

길버트는 이 말을 통해 꿈과 목표의 차이를 설명한다. 꿈은 우리 마음속에 자리한 희망이며, 목표는 그 꿈을 실현하기 위한 구체적인 계획이라고 강조했다. 길버트의 삶은 이 철학을 실천한 사례다. 그녀는 성공적인 작가가 되기를 꿈꾸면서도, 이를 목표로 전환하기 위해 매일 글을 쓰는 습관을 들이고 구체적인 출판 계획을 세웠다. 그 결과, 그녀의 작품은 전 세계적으로 사랑받는 베스트셀러로 자리 잡았다.

자연과 환경

자연, 환경, 생태, 보존, 기후, 생명, 생과 사, 자원, 조화,
생존, 본능, 쾌락과 관련된 문장들

존 뮤어 "자연의 품에 속한 존재"

의미: 인간은 자연의 일부이며, 자연과의 연결을 잃으면 삶의 균형도 잃게 된다.
출처: 환경운동가 존 뮤어의 저서 〈나의 여름 산행〉 속 자연과 인간의 상호 의존 철학.

19세기 말, 존 뮤어는 미국 요세미티 계곡과 시에라 네바다 산맥을 탐험하며 자연의 경이로움에 깊은 감명을 받았다. 그는 자연이 단순히 인간의 자원이 아니라, 인간이 속해 있는 커다란 생명체의 일부라고 믿었다. 뮤어는 요세미티 국립공원의 보호를 위해 정부와 대중을 설득하며, 자연의 아름다움과 가치를 글과 강연으로 전파했다.

"자연은 우리에게 속한 것이 아니라, 우리가 자연에 속해 있다. 이 사실을 잊는 순간, 우리의 삶도 흔들릴 것이다. 자연은 우리 존재의 뿌리이자 방향이다."

그는 자연을 단순히 보호해야 할 대상이 아니라, 인간의 삶과 영혼을 풍요롭게 하는 근본적인 존재로 여겼다. 그의 활동은 현대 환경 운동의 초석이 되었으며, 그의 노력은 미국의 국립공원 제도를 발전시키는 데 기여했으며, 현대 자연보호운동의 기틀을 마련했다.

데이비드 서튼 "자연과 인간, 하나의 연결고리"

의미: 자연을 돌보는 것은 곧 인간의 생존과 건강을 지키는 일.
출처: 환경운동가 데이비드 서튼의 자연 보존 활동과 연설.

데이비드 서튼은 도시와 산업화로 인해 파괴되는 생태계를 복원하기 위해 평생을 헌신했다. 그는 아마존 열대우림의 보존 활동에 참여하며, 현지 주민들과 협력해 삼림 파괴를 막고 지속 가능한 농업을 도입했다.

서튼은 숲이 단순히 나무와 동물의 서식지가 아니라, 인간의 생명과 연결된 생태계의 핵심임을 강조했다.

"우리는 자연의 일부이며, 자연을 돌보는 것은 곧 우리 자신을 돌보는 것이다. 자연이 파괴되면 우리의 미래도 사라진다."

그의 활동은 단순히 숲을 지키는 데 그치지 않고, 전 세계적으로 환경 보존의 중요성을 알리는 계기가 되었다. 서튼은 자연과 인간의 관계를 새롭게 조명하며, 환경 보호가 우리의 생존과 미래를 위해 필수적임을 일깨워 주었다.

헨리 데이비드 소로 "생명을 품은 자연"

의미: 자연에 대한 진정한 사랑은 모든 생명체에 대한 존중과 연결된다.
출처: 헨리 데이비드 소로의 저서 〈월든(Walden)〉과 그의 자연주의 철학.

헨리 데이비드 소로는 1845년, 매사추세츠의 월든 호숫가에 작은 오두막을 짓고 홀로 생활하며 자연과 교감하는 삶을 시작했다. 그는 자연 속에서 단순하고 자급자족하는 삶을 통해 인간의 본질을 탐구했다. 소로는 자연의 아름다움과 조화로운 생태계를 관찰하며, 모든 생명체가 서로 연결되어 있음을 깨달았다.

"자연을 사랑하지 않는 사람은 생명을 사랑할 수 없다. 자연 속에서 우리는 생명의 진정한 의미를 발견한다."

그의 자연에 대한 사랑은 단순한 감상이 아니라, 인간이 생명을 존중하며 살아가야 한다는 철학으로 발전하여, 오늘날 환경운동과 생태학의 기초가 되었다.

노자 "자연은 천천히 이루어지는 완벽함이다"

의미: 자연은 자신의 속도로 천천히 모든 것을 이루며 이것이 우리의 교훈이 된다.
출처: 고대 중국 철학자 노자(라오쯔)의 저서 〈도덕경〉에서 유래.

노자는 〈도덕경〉에서 자연을 우주의 가장 본질적이고 완벽한 질서로 묘사했다. 그는 산이 형성되고 강이 흐르며 나무가 자라는 과정에서 자연은 결코 서두르지 않지만, 모든 것이 조화롭게 이루어진다고 설명했다. 그는 인간이 조급함을 버리고 자연의 리듬을 따라 살아갈 때 더 큰 성취를 얻을 수 있다고 설파했다.

"자연은 인간에게 결코 서두르지 않지만, 모든 것을 이루어낸다. 우리가 이 진리를 깨닫는다면 삶의 평화를 찾을 수 있다."

그의 철학은 단순히 자연을 관찰하는 데 그치지 않고, 자연의 이치를 인간 삶에 적용하는 데 중점을 두었다. 그는 급한 욕망과 과도한 경쟁이 아닌, 자연처럼 유유자적하며 자신만의 속도로 나아가는 삶의 가치를 강조했다.

에드워드 애비 "자연이 하는 말"

의미: 자연은 중요한 메시지를 담고 있으며, 우리는 이를 이해하려 노력해야 한다.
출처: 환경운동가이자 작가 에드워드 애비의 저서 〈사막의 경전〉.

20세기 중반, 에드워드 애비는 미국 유타 주의 아치스 국립공원에서 관리인으로 일하며 자연과 깊은 교감을 나눴다. 그는 도시화와 산업화로 인해 파괴되는 자연을 보며 경각심을 느꼈고, 이를 기록한 사막의 경전에서 자연 보존의 중요성을 호소했다.

"자연은 늘 말하고 있지만, 우리는 그것을 듣지 않는다. 우리는 더 많은 것을 차지하려 하지만, 결국 자연은 그 대가를 요구한다."

그의 말은 단순히 자연을 보호하자는 주장을 넘어, 인간의 본질과 자연의 연결을 재해석했다. 애비는 자연을 대하는 태도가 인간의 삶과 가치관을 드러낸다고 말하며, 자연을 단순한 배경이 아닌, 인간과 긴밀히 연결된 존재로 묘사했다.

레이첼 카슨 "우리는 자연 속에 존재한다"

의미: 인간은 자연의 지배자가 아닌, 자연의 일부로서 조화롭게 살아야 한다.
출처: 환경운동의 선구자 레이첼 카슨의 저서 〈침묵의 봄 (Silent Spring)〉.

1962년, 레이첼 카슨은 침묵의 봄을 출간하며 환경오염과 화학물질 사용이 생태계에 미치는 심각한 영향을 고발했다. 그녀는 살충제와 농약이 자연과 인간의 건강을 위협한다고 주장하며, 자연과 인간이 서로 떼려야 뗄 수 없는 관계에 있음을 강조했다.

"우리는 자연을 지배하는 존재가 아니라, 그 일부로 존재한다. 자연과의 조화 없이는 우리의 미래도 없다."

카슨은 인간이 자연을 지배하려는 태도가 결국 환경 파괴와 인류의 생존 위기로 이어진다고 경고했다. 그녀의 책은 전 세계적으로 환경운동을 촉발하며, 지구 생태계 보존의 중요성을 알리는 기폭제가 되었다.

아리스토텔레스 "자연에서 배우는 지혜"

의미: 자연은 인간의 가장 위대한 스승으로, 배우고 깨닫는 모든 지혜의 근원이다.
출처: 그리스 철학자 아리스토텔레스의 자연철학과 그의 저서 〈자연학〉.

아리스토텔레스는 자연에 대한 깊은 관찰과 탐구를 통해 우주의 원리를 이해하려 했다. 그는 자연을 단순한 물질이 아닌, 조화와 질서를 갖춘 거대한 시스템으로 보았다. 식물의 성장, 동물의 행동, 하늘의 별 움직임에서 그는 세상이 어떻게 작동하는지에 대한 통찰을 얻었다.

"자연은 우리의 스승이며, 모든 지혜는 자연에서 나온다. 자연을 이해하려는 노력 속에서 인간은 자신의 자리를 깨닫는다."

아리스토텔레스는 자연의 원리를 이해하는 것이 인간의 윤리적 삶과 사회적 조화를 이루는 데 필수적이라고 강조했다. 그는 자연의 관찰을 통해 과학, 철학, 예술의 기초를 세웠으며, 그의 자연철학은 현대 과학의 초석이 되었다.

알도 레오폴드 "자연에 새겨진 시간의 교훈"

의미: 자연은 과거의 역사를 보존하며, 미래를 준비하는 지혜를 제공한다.
출처: 생태학자 알도 레오폴드의 저서 〈대지 윤리〉.

20세기 초, 미국의 환경운동가 알도 레오폴드는 자연의 모습을 관찰하며, 대지의 변화 속에서 인간의 발자취와 그 영향력을 읽어냈다. 위스콘신의 숲에서 레오폴드는 사라져 가는 동식물들과 인간의 개입으로 변화된 풍경을 연구하며, 자연이 단순한 자원의 집합체가 아니라, 역사를 담은 기록자라는 사실을 깨달았다.

"자연은 우리의 과거를 품고 있으며, 미래를 가르친다. 그 메시지를 이해하는 것은 우리의 책임이다."

그의 철학은 단순히 자연을 보존하자는 것을 넘어, 자연 속에서 배우고 조화를 이루는 삶을 강조했다. 그는 대지 윤리를 제안하며, 인간이 자연의 일원으로서 책임을 다해야 한다고 설파했다.

안토니오 가우디 "자연에서 빚어낸 건축"

의미: 자연은 건축의 모든 영감이 되며, 그 조화와 질서를 본받아 창조하는 것이 중요.
출처: 스페인 건축가 안토니오 가우디의 작품과 그의 자연 중심적 건축 철학.

안토니오 가우디는 자연이 가진 곡선과 비대칭, 색채에서 완벽함을 발견했다. 그는 건축을 단순한 기술이 아니라 자연의 아름다움을 표현하는 예술로 여겼다. 그의 대표작 〈인 사그라다 파밀리아 성당〉은 나무, 꽃, 동물 등 자연의 요소를 반영하여 설계되었다.

"자연은 가장 완벽한 건축가다. 나는 단지 자연이 알려준 대로 만들 뿐이다."

가우디는 자연을 관찰하며 독특한 건축 기법을 개발했다. 그의 작품은 단순히 시각적인 아름다움을 넘어, 자연과 인간이 조화를 이루는 공간을 창조하고자 하는 철학을 담고 있다.

알렉산더 폰 훔볼트 "자연이 가르치는 첫 번째 교훈"

의미: 자연은 인간이 처음으로 이해하고 배워야 할 지식과 지혜의 원천.
출처: 과학자이자 탐험가 알렉산더 폰 훔볼트의 자연 연구와 그의 저서 〈코스모스〉.

19세기 초, 알렉산더 폰 훔볼트는 남아메리카, 아프리카, 그리고 중앙아시아를 탐험하며 자연의 경이로움을 기록했다. 그는 아마존의 밀림에서 강과 식물의 연결성을 발견했고, 안데스 산맥에서는 생물과 기후의 상호작용을 연구하며 자연이 제공하는 수많은 교훈을 이해했다. 그는 자연이 단순히 관찰의 대상이 아니라, 모든 학문의 기초가 된다고 믿었다.

"자연은 인간이 가장 먼저 배우는 교과서다. 모든 진리는 자연의 질서와 법칙에서 비롯된다."

그의 연구는 생태학, 기후학, 지리학 등 다양한 학문의 기초를 세웠으며, 자연이 제공하는 교육적 가치를 세계에 알렸다. 그의 저서 〈코스모스〉는 자연의 조화로운 체계를 설명하며, 인간이 자연으로부터 배워야 할 교훈을 담은 그의 대표작으로 평가받는다.

갈릴레오 갈릴레이 "자연의 언어를 읽다"

의미: 자연은 명확한 법칙과 진리를 보여주며 이를 이해하려는 인간의 노력이 필요.
출처: 과학 혁명의 선구자 갈릴레오 갈릴레이의 천문학과 물리학 연구.

갈릴레오 갈릴레이는 17세기 과학 혁명의 중심에서 자연의 법칙을 이해하려는 열정으로 가득했다. 그는 망원경을 통해 하늘을 관찰하며 목성의 위성과 달의 표면을 발견하고, 자연이 항상 규칙과 질서 속에서 움직인다는 사실을 증명했다.

"자연은 항상 우리에게 답을 준다. 우리는 그것을 이해할 줄 알아야 한다. 자연은 결코 거짓말하지 않는다."

그는 자연을 단순히 관찰하는 것에 그치지 않고, 실험과 수학을 통해 자연의 법칙을 분석했다. 그의 연구는 당시 지배적이던 아리스토텔레스의 우주관에 도전하며, 지동설을 확립하는 데 중요한 역할을 했다. 이러한 발견은 인간이 자연의 언어를 읽고, 과학적 탐구를 통해 진리를 밝힐 수 있다는 점을 보여주었다.

그로 할렘 브룬틀란 "생존을 위한 환경 보호"

의미: 환경 보호는 단순한 선택이 아닌 인류와 지구의 생존을 위한 필수적인 의무.
출처: 그로 할렘 브룬틀란의 리더십과 그녀가 주도한 보고서 〈우리 공동의 미래〉.

1987년, 노르웨이 정치인 그로 할렘 브룬틀란은 유엔 세계 환경 개발 위원회의 의장으로서 우리 공동의 미래라는 보고서를 발표했다. 이 보고서는 인간의 경제적 활동이 환경에 미치는 영향을 경고하며, 지속 가능한 발전이라는 개념을 전 세계에 알리는 중요한 계기가 되었다.

"환경을 보호하는 것은 단순히 선택이 아니라, 우리의 생존을 위한 필수 조건이다. 이를 무시한다면 우리의 미래는 없다."

그녀 기후 변화와 생태계 파괴가 인류의 생존을 위협하고 있다는 점을 강조하며, 산업화와 개발이 지속 가능성을 기반으로 이루어져야 환경 보호가 경제 발전과 대립되는 것이 아닌 상호 보완적이라는 점을 설파했다.

레이첼 카슨 "환경에 남기는 우리의 흔적"

의미: 인간의 모든 행위는 환경에 영향을 미치며, 이를 인지하고 책임을 져야 한다.
출처: 환경운동의 선구자 레이첼 카슨의 저서 〈침묵의 봄〉.

1962년, 레이첼 카슨은 침묵의 봄을 통해 인간이 사용하는 화학물질, 특히 살충제 DDT가 자연과 생태계에 미치는 파괴적인 영향을 고발했다. 그녀는 자연에서 벌어지는 작은 변화조차 인간의 행동에서 비롯된 것임을 강조했다.

"우리가 하는 모든 행동은 환경에 흔적을 남긴다. 이 흔적은 생명을 지킬 수도, 파괴할 수도 있다."

그녀의 저서와 메시지는 전 세계적으로 환경 보호의 중요성을 알리는 계기가 되었다. 〈침묵의 봄〉은 환경운동의 시작을 알렸으며, 이후 많은 국가에서 살충제 규제와 환경 법규 제정으로 이어졌다. 카슨의 노력은 단순히 자연을 보호하는 것을 넘어, 인간이 자신의 행동이 환경에 미치는 영향을 인식하고 책임감 있게 행동해야 한다는 철학을 확립했다.

데이비드 아텐버러 "생태계, 생명을 지탱하는 체계"

의미: 생태계는 단순한 자원이 아닌, 인간 생존을 지탱하는 필수 시스템이다.
출처: 자연 다큐멘터리 제작자 데이비드 아텐버러의 저서 〈라이프 온 아워 플래닛〉.

데이비드 아텐버러는 평생 동안 자연 다큐멘터리를 제작하며, 생태계가 단순히 자원의 집합체가 아니라 모든 생명체의 생존을 유지하는 복잡하고 정교한 시스템임을 강조했다. 그는 바다와 숲, 초원에서 촬영한 장면을 통해 인간이 생태계의 일부로서 살아가야 할 이유를 설명했다. 특히, 해양 생태계가 인간의 산소 생산과 기후 조절에 얼마나 중요한 역할을 하는지 알리며, 인간의 무분별한 행동이 이를 파괴하고 있음을 일깨웠다.

"생태계는 단순한 자원이 아니라, 우리의 생존을 유지하는 시스템이다. 이 시스템을 파괴하는 것은 우리의 생명을 위협하는 것과 같다."

아텐버러의 연설과 그의 작품을 통해 생태계 보존의 필요성을 대중에게 알리는 데 크게 기여했으며, 현대 환경운동의 기초를 마련했다. 그의 메시지는 우리가 생태계를 보호해야 하는 이유를 명확히 하며, 인간과 자연의 공존을 위한 길을 제시한다.

왕가리 마타이 "균형의 예술, 생태"

의미: 생태는 균형으로 이루어진 체계이며, 인간은 그 균형을 보전할 책임이 있다.
출처: 노벨 평화상 수상자인 왕가리 마타이의 그린 벨트 운동에서 유래.

1977년, 왕가리 마타이는 케냐에서 삼림 파괴와 토양 침식으로 고통받는 지역사회를 위해 그린 벨트 운동을 시작했다. 그녀는 여성들과 함께 나무를 심으며 생태계 복원과 지역 경제를 동시에 재건했다. 마타이는 생태계의 파괴가 단순한 환경 문제를 넘어, 인간의 생존을 위협하는 요인임을 알았다.

"생태는 균형의 예술이다. 인간의 역할은 그 균형을 유지하는 것이다."

나무 한 그루, 한 그루를 심는 작은 행동은 생태계의 균형을 되찾는 데 큰 영향을 미쳤다. 이 운동은 케냐 전역에 확산되며 5천만 그루 이상의 나무를 심는 성과를 이루었고, 마타이는 생태 복원을 통한 사회적 변화를 이끌었다.

알렉산더 폰 훔볼트 "작은 조각이 완성하는 생태계"

의미: 생태계는 모든 것이 연결되어 있어 작은 요소도 전체의 균형에 영향을 주는 총체.
출처: 생태학의 선구자인 알렉산더 폰 훔볼트의 저서 〈코스모스〉.

알렉산더 폰 훔볼트는 19세기 초, 남아메리카를 탐험하며 자연의 복잡성과 조화를 관찰했다. 그는 아마존 밀림의 작은 곤충과 거대한 나무가 어떻게 상호 작용하며 생태계를 유지하는지 연구했다. 훔볼트는 안데스 산맥의 고지대에서 식물이 기후와 토양에 미치는 영향을 분석하며, 생태계의 모든 요소가 서로 연결되어 있다는 사실을 발견했다.

"생태계의 아주 가장 작은 부분도, 전체에 영향을 미친다. 이 조화는 자연의 위대한 설계다."

그의 연구는 생태계의 상호 연결성을 체계적으로 설명한 최초의 사례로, 오늘날 생태학의 기초가 되었다. 그의 통찰은 자연이 단순한 자원의 집합체가 아니라, 모든 요소가 긴밀히 연결된 하나의 거대한 시스템임을 알렸다. 이 말은 훔볼트의 생태학적 통찰과 자연에 대한 존경심을 잘 보여준다. 그는 자연을 단순히 관찰의 대상으로 삼는 것이 아니라, 그 속에서 인간의 책임을 발견하고자 했다.

에드워드 윌슨 "복잡성이 만드는 생태계의 힘"

의미: 생태계의 힘은 다양한 요소들이 조화를 이루며 만드는 복잡한 균형에 있다.
출처: 생물 다양성 연구의 선구자인 에드워드 윌슨의 저서 〈생물 다양성〉.

에드워드 윌슨은 생태학자이자 생물학자로, 전 세계의 생태계를 연구하며 그 복잡성과 다양성에 매료되었다. 그는 열대우림과 산호초 같은 생태계가 어떻게 수많은 종들의 상호작용으로 유지되는지 분석했다. 윌슨은 생태계의 복잡성이 단순한 혼란이 아니라, 안정성과 회복력을 제공하는 중요한 특징임을 발견했다.

"생태계의 진정한 힘은 그 복잡성에 있다. 생명의 네트워크는 단순함이 아닌 다양성에서 생긴다."

그는 생태계의 복잡성을 보존하지 않으면 인간도 그 영향을 피할 수 없다고 경고하며, 생물 다양성의 중요성을 강조했다. 그의 연구는 현대 생물학과 환경과학에 큰 영향을 미쳤으며, 생태계의 복잡성을 이해하고 보호해야 할 이유를 제시했다.

레이첼 카슨 "무관심이 부르는 위기"

의미: 생태계를 위협하는 가장 큰 적은 무지가 아니라, 알고도 행동하지 않는 무관심.
출처: 환경운동가 레이첼 카슨의 저서 〈침묵의 봄〉 속 생태계 보전과 책임의 철학.

1962년, 레이첼 카슨은 살충제 DDT의 위험성을 고발한 침묵의 봄을 발표하며, 생태계 파괴가 인간의 건강과 환경에 미치는 심각한 영향을 경고했다. 그녀는 인간이 환경 문제를 알면서도 무관심한 태도로 일관하는 것이 생태계 파괴를 가속화한다고 지적했다.

"생태계의 가장 큰 적은 무지가 아니라, 무관심이다. 우리가 알면서도 행동하지 않을 때, 생명과 미래는 보장받을 수 없다."

그녀의 메시지는 단순한 경고를 넘어, 환경 보호를 위해 모두가 적극적으로 참여해야 한다는 책임감을 강조했다. 〈침묵의 봄〉은 전 세계적으로 환경 보호 운동의 시작을 알리는 계기가 되었고, 이후 수많은 국가에서 살충제 사용 규제를 포함한 환경 정책 변화로 이어졌다.

앙투안 라부아지에 "질량 보존의 법칙"

의미: 자연은 새로 만드는 것이 아닌, 모든 것을 변화시킬 뿐이다.
출처: 화학자 앙투안 라부아지에의 연구와 법칙, 물질 보존 법칙의 철학.

18세기 후반, 앙투안 라부아지에는 화학 실험을 통해 물질의 본질을 탐구했다. 그는 실험 중, 화학 반응이 일어나도 반응 전후의 총 질량이 변하지 않는다는 사실을 발견했다. 이 혁신적인 발견은 '질량 보존 법칙'으로 정의되었다.

"자연은 아무것도 만들지 않으며, 아무것도 없애지 않는다. 단지 모든 것이 변화할 뿐이다."

라부아지에는 연소, 증발, 산화 등 다양한 반응을 분석하며, 물질이 사라지는 것이 아니라 다른 형태로 변환된다는 점을 과학적으로 증명했다. 이 법칙은 화학뿐만 아니라 물리학과 생물학에도 중요한 원리가 되었고, 현대 과학의 기초를 확립하는 데 기여했다.

가브리엘라 미스트랄 "연대에서 시작되는 보존"

의미: 보존은 자연과 생명의 연대를 시작하는 것이다.
출처: 노벨 문학상 수상 시인 가브리엘라 미스트랄의 작품과 연설.

가브리엘라 미스트랄은 시를 통해 자연과 생명의 아름다움을 노래하며, 이를 보호하는 것이 인간의 연대와 책임임을 강조했다. 그녀는 보존이란 단순히 자연을 지키는 행동이 아니라, 생명과 조화를 이루는 첫걸음이라고 역설했다. 그녀의 메시지는 인간이 자연과 협력해야만 지속 가능한 미래를 만들 수 있다는 강력한 경고를 담고 있다.

"보존은 생명을 위한 연대의 첫걸음이다. 우리가 자연과 협력하지 않는다면, 우리는 생명을 잃게 될 것이다."

이 말은 미스트랄의 시적 철학과 환경에 대한 깊은 이해를 보여준다. 그녀는 인간과 자연이 서로 연결되어 있으며, 그 관계를 회복하지 않으면 인류의 생존도 위태로워질 것이라고 경고했다.

애나 핑크 "우리의 뿌리와 교과서"

의미: 보존은 단순한 풍경이 아닌 우리의 뿌리를 지키는 일이다.
출처: 환경운동가 애나 핑크의 연설과 저서, 자연 보존과 정체성의 철학.

애나 핑크는 자연 보존이 인간의 정체성과 밀접하게 연결되어 있다는 점을 설파하며, 생태계와 문화유산을 보호하는 활동에 평생을 바쳤다. 그녀는 전통적인 지혜와 현대적 접근 방식을 결합해, 자연과 인간의 관계를 재구성하려고 노력했다.

"우리가 보존해야 하는 것은 단순한 풍경이 아니라, 우리의 뿌리다. 자연은 우리가 누구인지, 어디에서 왔는지를 알려주는 교과서다."

그녀는 인간이 자연을 잃을 때, 단순히 환경을 잃는 것이 아니라, 우리의 역사와 문화적 정체성도 잃는다고 경고했으며, 다양한 공동체와 협력해 생물다양성을 보존하는 동시에, 전통적인 생활 방식을 되살리는 프로젝트를 이끌었다.

엘리자베스 콜버트 "보존은 미래를 위한 투자이다"

의미: 자연 보존은 미래 세대를 위한 가장 큰 투자다.
출처: 환경 저널리스트 엘리자베스 콜버트의 저서 〈여섯 번째 대멸종〉.

퓰리처상을 수상한 저널리스트 엘리자베스 콜버트는 생물 다양성과 환경 파괴가 인간의 활동으로 인해 위기에 처해 있다는 사실을 널리 알렸다. 그녀는 과거의 대멸종 사건들과 오늘날의 생태계 붕괴를 비교하며, 우리가 자연을 보존하지 않으면 미래 세대가 심각한 대가를 치르게 될 것이라고 경고했다.

"보존은 미래를 위한 투자다. 우리가 자연을 지킬수록, 우리의 자손은 더 많은 가능성을 누릴 것이다."

그녀는 다수의 멸종 위기 종과 환경 파괴 지역을 직접 취재하며, 환경 보존이 인류 생존과 직결된 문제임을 증명했다. 그녀의 연구는 생물다양성의 중요성과 이를 보호하기 위한 국제적인 협력의 필요성을 강조하며, 전 세계적으로 환경 보존에 대한 인식을 높였다.

이사벨라 트리 "자연과 신뢰를 잇는 다리"

의미: 보존은 자연의 회복력을 믿고 인간의 역할을 되찾는 것이다.
출처: 환경운동가 이사벨라 트리의 저서 〈와일드링〉 속 자연 재생과 인간의 책임.

이사벨라 트리는 자신의 농장인 네프 에스테이트를 자연에 맡기는 실험을 통해, 인간의 간섭을 줄일 때 자연이 스스로 회복될 수 있음을 증명한 선구적인 인물이다. 그녀는 전통적 농업 방식을 버리고 땅을 자연 그대로 복원했으며, 이 과정에서 멸종 위기종이 돌아오고 생태계가 살아나는 놀라운 변화를 목격했다.

"보존은 인간과 자연 사이의 신뢰를 회복하는 일이다. 우리는 자연의 회복력을 믿고, 스스로의 역할을 다시 배워야 한다."

그녀의 이야기는 자연이 단순히 보호의 대상이 아니라, 인간과 상호작용하며 공존할 수 있는 동반자임을 일깨워준다.

클라라 에델만 "자연에 대한 감사와 보존"

의미: 자연 보존은 자연이 준 것에 대한 진정한 감사의 표현이다.
출처: 환경운동가 클라라 에델만의 강연과 저서, 자연과 인간의 관계에 대한 철학.

아마존의 깊은 열대우림 한가운데, 클라라 에델만은 한 원주민 마을에서 몇 년을 보냈다. 그녀는 이 마을 사람들이 자연과 어떻게 공존하는지, 그들의 생태계 보존 지혜를 배우고 싶었다. 원주민들은 매일 아침 숲에 들어가기 전 자연에게 감사의 의식을 행했다. 나무를 베거나 과일을 따기 전에 그들은 땅에 조그만 공물을 바치고, 자연이 준 선물에 대해 감사 기도를 올렸다. 클라라는 이 모습을 보며 깊은 감동을 받았다.

"자연은 우리의 어머니이다. 어머니가 주는 것을 받으면서 감사하지 않을 수 없다. 자연의 보존은 우리의 감사를 표현하는 가장 진실된 방법이다."

원주민의 이 말은 클라라의 마음에 깊이 새겨졌다. 그녀는 이후 전 세계를 돌아다니며 환경 보존의 중요성을 알리는 강연과 저술 활동을 했고, 자연에 대한 존중과 감사를 전파했다.

윌리엄 노드하우스 "선택의 경제학, 기후 경제학"

의미: 기후 경제학은 현재의 선택이 미래 환경을 결정한다는 것을 보여준다.
출처: 경제학자 윌리엄 노드하우스의 연구와 저서 〈기후 카지노〉.

노벨 경제학상을 수상한 윌리엄 노드하우스는 기후 변화와 경제학을 결합하여, 환경 문제를 해결하기 위한 경제적 모델을 제시했다. 그는 기후 변화 대응이 단순히 기술적 과제가 아니라, 우리가 현재 어떤 선택을 하느냐에 따라 미래가 결정된다는 것을 강조했다. 탄소세와 같은 경제적 도구를 통해 지속 가능한 발전을 이끄는 것이 그의 핵심 제안이었다.

"기후 경제학은 선택의 경제학이다. 오늘의 선택이 내일의 환경을 결정한다. 지금 우리는 올바른 선택을 해야 할 시점에 있다."

노드하우스의 연구는 기후 문제 해결을 위한 경제학적 접근법의 중요성을 부각하며, 국제 사회가 과감한 결정을 통해 미래를 바꿀 수 있음을 일깨운다.

클로이 스왑 "우리의 유일한 집"

의미: 기후 위기는 지구라는 우리의 유일한 집을 소홀히 한 데 대한 경고.
출처: 지속 가능성 전문가이자 환경 운동가 클로이 스왑의 강연과 인터뷰.

클로이 스왑은 지속 가능한 생활 방식을 촉진하고, 환경 보존을 위한 행동을 독려하는 활동가로서, 기후 위기의 본질을 대중에게 알리는 데 집중해 왔다. 그녀는 우리가 지구를 돌보는 책임을 외면하면 미래 세대가 치러야 할 대가가 클 것이라고 경고하며, 개인과 공동체가 할 수 있는 작은 변화부터 시작해야 한다고 주장했다.

"지구는 우리가 가진 유일한 집이다. 기후 위기는 우리가 그 집을 돌보지 않았다는 경고다. 기후 변화는 단순히 환경 문제가 아니라, 인류의 도덕적 시험이다."

스왑의 메시지는 지구를 돌보는 행동이 선택이 아니라 의무임을 상기시키며, 기후 행동이 단순한 환경 보호를 넘어 인류 생존을 위한 필수 조건임을 강조한다. 그의 노력은 전 세계적으로 기후 위기에 대한 관심을 높이고, 탄소 배출 감소를 위한 구체적인 행동으로 이어졌다.

알버트 슈바이처 "생명을 경외하는 윤리"

의미: 생명을 경외하는 마음이 윤리의 출발점.
출처: 의사이자 철학자 알버트 슈바이처의 저서 〈생명에 대한 경외〉.

알버트 슈바이처는 의사로서 아프리카에서 의료 활동을 펼치며 인간뿐 아니라 모든 생명체가 가진 고유한 가치를 깊이 이해했다. 그는 열악한 환경 속에서 병든 이들을 돌보며, 생명은 그 자체로 존중받아야 한다는 깨달음을 얻었다. 이러한 경험은 그의 철학적 사유를 바탕으로, 생명을 경외하는 것이 인간 윤리의 출발점이자 모든 행동의 기준이 되어야 한다는 신념으로 이어졌다.

"생명을 경외하는 태도는 진정한 윤리의 시작이다. 경외는 모든 생명에 대한 책임감을 심어준다."

슈바이처는 자신만의 윤리를 실천하며 의료, 교육, 환경 보호 등 다양한 분야에서 생명을 존중하는 방식을 제시했다. 그의 메시지는 인간과 자연, 동물이 공존하는 세상을 만들기 위한 필수적인 가치로 남아 있다.

알렉산더 폰 훔볼트 "생명은 자연의 예술이다"

의미: 생명 보호는 문화와 정신을 지키는 일이다.
출처: 탐험가이자 자연과학자 알렉산더 폰 훔볼트의 저서 〈코스모스〉.

19세기, 탐험가 알렉산더 폰 훔볼트는 자연을 단순한 자원이 아닌, 예술 작품으로 바라보며 모든 생명체가 서로 연결되어 있음을 강조했다. 그는 자연과 생명을 보호하는 것이 인류의 문화와 정신적 유산을 지키는 길이라고 역설했다. 훔볼트는 자연을 존중하는 마음이 인간의 지적, 정신적 성장을 이끄는 핵심이라고 주장하며, 그의 연구는 생태학과 환경 보호 운동에 깊은 영향을 미쳤다.

"생명은 자연의 예술이다. 그것을 보호하는 것은 우리의 문화와 정신을 지키는 것이다. 자연은 우리의 존재와 문화를 연결하는 본질이다."

훔볼트는 열대우림을 탐사하며 생물다양성의 중요성을 최초로 제기한 인물 중 하나로, 그의 연구는 현대 생태학과 환경 과학의 초석이 되었다. 그는 자연을 과학적으로 이해하는 동시에 철학적이고 예술적인 시각에서 바라보며, 자연 보호가 단순히 환경의 문제가 아니라 인간 존재의 본질과 연결된 과제임을 일깨웠다.

공자 "삶과 죽음의 이해"

의미: 삶을 이해하려면 죽음을 성찰해야 한다.
출처: 중국 고대 사상가 공자의 가르침, 〈논어(論語)〉 및 유가 철학.

공자는 삶과 죽음을 단순히 대립된 개념으로 보지 않고, 서로 깊이 연결된 존재의 본질로 이해했다. 그는 죽음에 대한 성찰이 삶의 의미를 더욱 분명하게 해준다고 설파했다. 공자는 죽음을 두려워하거나 회피하는 대신, 이를 통해 삶의 가치를 되돌아보고, 현재를 진정으로 살아가는 길을 찾으라고 가르쳤다. 그의 철학은 삶과 죽음이 모두 인간의 존재를 완성하는 과정임을 강조한다.

"삶(생)이란 무엇인지 알고자 한다면 죽음을 이해해야 한다. 죽음은 삶의 스승이자, 그 의미를 드러내는 거울이다."

이 말은 공자의 깊은 철학적 통찰을 보여준다. 그는 죽음을 올바르게 이해할 때 비로소 삶의 진정한 가치를 발견할 수 있다고 역설했다. 공자의 이야기는 죽음을 성찰하는 것이 삶의 본질을 이해하는 열쇠라는 메시지를 전달한다.

랄프 왈도 에머슨 "깊이 있는 삶의 가치"

의미: 인생의 가치는 시간의 길이가 아닌, 그 깊이에 있다.
출처: 미국 철학자 랄프 왈도 에머슨의 에세이와 강연, 초월주의 철학.

랄프 왈도 에머슨은 삶의 가치는 단순히 얼마나 오래 사느냐가 아니라, 얼마나 깊고 의미 있게 살아가는지에 달려 있다고 강조했다. 그는 시간의 길이가 아니라, 그 시간 동안 이루어진 경험, 성찰, 그리고 다른 사람들과의 관계가 삶을 진정으로 가치 있게 만든다고 설파했다. 에머슨은 사람들이 양적 삶보다는 질적 삶을 추구하며, 매 순간을 의미 있게 살아가기를 독려했다.

"인생의 가치는 그 길이가 아니라 깊이에 있다. 깊이 있는 삶은 시간의 양이 아니라, 순간의 질로 완성된다."

이 말은 에머슨의 초월주의 철학과 삶에 대한 깊은 통찰을 보여준다. 그는 삶을 수동적으로 살기보다는, 매 순간을 풍요롭고 깊이 있게 만들어야 한다고 역설했다.

장 자크 루소 "삶과 죽음의 역설"

의미: 삶과 죽음은 서로의 의미를 비추는 거울이다.
출처: 프랑스 철학자 장 자크 루소의 저서 〈에밀〉 속 인간 존재와 삶의 본질.

장 자크 루소는 인간 존재의 복잡성을 탐구하며, 삶과 죽음의 상호 관계를 깊이 성찰했다. 그는 고통스러운 삶 속에서 죽음은 위안이 되며, 죽음의 두려움 앞에서는 삶이 소중한 선물로 여겨진다고 주장했다. 이는 인간이 삶과 죽음을 대립된 개념으로만 보지 않고, 서로를 통해 그 의미를 되새길 필요가 있음을 강조한다. 루소는 삶의 고통과 죽음의 불가피함을 모두 받아들이며, 그 안에서 인간의 존엄과 가치를 찾는 철학을 설파했다.

"삶이 고통스러울 때는 죽음이 위안이 되고, 죽음이 두려울 때는 삶이 선물이다. 고통과 두려움 속에서도 삶과 죽음은 서로를 완성시킨다."

그는 삶과 죽음의 관계가 역설적이면서도 상호 보완적이라고 보았고, 삶과 죽음이 서로를 비추며 인간 존재의 의미를 형성한다는 메시지를 전달한다. 그의 철학은 현대인들에게 삶의 고통과 죽음의 두려움을 넘어, 존재의 본질을 이해하며 매 순간을 소중히 여기라는 영감을 준다.

프리드리히 니체 "죽음이 만드는 삶의 의미"

의미: 죽음은 삶의 가치를 정의하는 본질이다.
출처: 독일 철학자 프리드리히 니체의 저서 〈차라투스트라는 이렇게 말했다〉.

프리드리히 니체는 죽음을 삶의 본질적인 요소로 보며, 죽음이 없다면 삶 자체도 아무런 의미를 가지지 못할 것이라고 주장했다. 그는 죽음의 유한성이야말로 삶을 소중하게 만들고, 인간이 자신의 시간과 선택을 진지하게 받아들이도록 하는 원동력이라고 설파했다. 니체는 죽음이란 삶을 멈추게 하는 것이 아니라, 오히려 삶을 가치 있게 만드는 배경으로 이해했다.

"죽음이 없었다면 삶은 아무런 의미도 없었을 것이다. 유한함 속에서 우리는 삶을 창조한다."

그는 죽음이란 삶의 필연적 한계를 제시하며, 이를 통해 인간이 자신의 존재와 선택에 책임을 질 수 있게 한다고 보았다.

천상병 "아름다운 소풍"

의미: 삶은 잠시 다녀가는 소풍, 끝에서 아름다움을 말하다.
출처: 대한민국 시인 천상병의 생과 죽음에 대한 시적 철학.

천상병 시인은 고단한 현실 속에서도 삶의 본질을 찬미하며, 우리에게 감사와 평온 속에서 살아가는 법을 가르친 문학의 순례자였다. 그의 대표작 〈귀천〉 속 구절은 삶과 죽음을 담담히 마주하는 그의 철학적 성찰을 보여준다. 그는 삶을 '소풍'에 비유하며, 잠깐 머물다 가는 여정으로 바라본다. 그 속에서 고통과 슬픔조차도 아름다운 삶의 일부로 받아들이는 마음을 드러낸다.

"나 하늘로 돌아가리라. 아름다운 이 세상 소풍 끝내는 날, 가서, 아름다웠다라고 말하리라."

천상병은 자신의 고단했던 인생 속에서도 세상의 아름다움을 노래했다. 시는 죽음조차 두려움이 아닌, 하늘로 '돌아가는 귀향'으로 받아들이며, 마지막에 '아름다웠다.'고 말할 수 있는 삶의 태도와 삶의 매 순간을 소중히 여기고, 떠날 때 후회 없이 아름다움을 노래할 수 있는 삶을 살라는 메시지를 제시한다.

폴 칼라니티 "끝이 주는 삶의 의미"

의미: 삶의 유한성이 그 가치를 만든다.
출처: 폴 칼라니티의 회고록 〈숨결이 바람 될 때〉 속 죽음과 삶의 의미를 탐구한 작품.

폴 칼라니티는 신경외과 의사로서 삶과 죽음을 연구하고 다루는 일을 하던 중, 말기 폐암 진단을 받고 자신의 죽음과 마주했다. 그는 자신의 유한성을 인식하며, 삶이 의미를 가지는 이유는 그것이 영원하지 않고 끝이 있기 때문이라고 깨달았다. 칼라니티는 삶의 매 순간이 유일무이하며, 그 유한성 속에서 가치와 목적을 찾는 것이 중요하다고 설파했다. 그의 회고록은 죽음 앞에서의 성찰을 통해 삶을 새롭게 바라보는 과정으로 많은 독자들에게 감동을 주었다.

"삶이 의미 있는 이유는 언젠가 끝나기 때문이다. 유한성은 순간의 소중함을 깨닫게 한다."

그는 죽음이 삶을 무의미하게 만드는 것이 아니라, 그 가치를 더욱 빛나게 한다고 보았다. 그의 철학은 현대인들에게 죽음을 두려워하기보다는, 그것이 삶을 더욱 충만하게 만들 수 있는 계기임을 받아들이며 매 순간을 소중히 살라는 영감을 준다.

에피쿠로스 "삶의 확실성과 죽음의 불확실성"

의미: 죽음보다 삶에서의 책임과 선택을 두려워해야 한다.
출처: 고대 그리스 철학자 에피쿠로스의 사상, 〈쾌락의 철학〉과 존재에 대한 성찰.

에피쿠로스는 죽음을 두려워하는 것은 무의미하다고 주장하며, 죽음은 고통도 쾌락도 없는 상태로, 인간의 경험 범위를 벗어난 것이라고 말했다. 그는 오히려 삶의 확실성, 즉 우리가 내려야 할 선택과 마주해야 할 책임을 더 두려워해야 한다고 설파했다. 인간은 삶 속에서 자기 행동과 결과에 책임을 지는 존재로, 이는 피할 수 없는 확실성이기 때문이다.

"우리는 죽음의 불확실성보다 삶의 확실성을 두려워해야 한다. 삶은 우리의 책임이고, 죽음은 그저 존재의 끝일 뿐이다."

그는 죽음은 우리 의식과 상관없는 상태이며, 그보다 더 중요한 것은 지금의 삶에서 올바르게 행동하고 선택하는 것이라고 강조했다.

루키우스 안나이우스 세네카 "고통에서의 해방"

의미: 죽음은 삶의 고통에서 벗어나는 자연스러운 과정이다.
출처: 로마 철학자 세네카의 저서 〈윤리서간〉과 스토아 철학의 생사관.

세네카는 스토아 철학에 입각해 삶과 죽음의 본질을 탐구하며, 죽음을 두려움의 대상으로 보지 않았다. 그는 죽음을 삶의 고통과 번뇌에서 벗어나게 해주는 해방의 순간으로 이해했다. 삶은 고통과 시련으로 가득 찬 여정이며, 죽음은 그 여정을 끝내고 평온에 이르는 자연스러운 마무리라고 보았다. 세네카는 죽음을 두려워하지 말고, 그것을 인간 존재의 필연적인 일부로 받아들이라고 설파했다.

"죽음은 삶의 고통에서 벗어나는 해방이다. 두려움이 아닌 평온으로 맞이하라."

그는 죽음은 단순히 끝이 아니라, 삶의 고통을 벗어나 영혼의 평화를 찾는 과정이라고 보았다. 그의 철학은 현대인들에게 죽음을 삶의 자연스러운 부분으로 인식하며, 두려움을 내려놓고 삶을 더 충실히 살아가라는 영감을 준다.

그로 할렘 브룬틀란 "지속 가능성의 균형"

의미: 지속 가능성은 자원의 사용과 보존의 균형이다.
출처: 정치가 그로 할렘 브룬틀란의 보고서 〈우리 공동의 미래〉.

노르웨이 최연소 및 최초의 여성 총리 그로 할렘 브룬틀란은 지속 가능성의 개념을 정의하며, 이를 국제적인 환경 정책과 경제 논의의 중심에 놓았다. 그녀는 자연 자원을 무분별하게 사용하는 현재의 방식이 미래 세대의 삶을 위협할 수 있음을 경고하며, 우리가 자원을 현명하고 책임감 있게 관리해야 한다고 강조했다.

"지속 가능성은 자원을 사용할 권리와 남겨줄 의무의 균형에서 나온다."

그녀는 유엔 환경과 개발 위원회(UNWCED) 의장으로서 지속 가능성을 국제 의제로 현재 세대가 자원을 사용할 권리가 있지만, 동시에 미래 세대를 위해 자원을 남겨줄 의무도 있다고 강조했으며, 지속 가능성은 이 두 가지를 균형 있게 조화시키는 데에서 출발한다고 주장했다. 이 철학은 〈우리 공동의 미래〉 보고서를 통해 널리 알려졌다.

마사 페이퍼 "차이에서 피어내는 가능성"

의미: 조화는 차이를 통해 가능성을 발견하는 것이다.
출처: 사회학자 마사 페이퍼의 강연과 저서, 다양성과 조화에 대한 철학.

마사 페이퍼는 조화란 단순히 균형을 유지하는 것이 아니라, 서로 다른 요소들이 결합해 새로운 가능성을 창출하는 과정이라고 설파했다. 그녀는 차이를 인정하고 존중할 때, 갈등이 아닌 창조의 조화를 이루어낼 수 있다고 주장했다. 특히, 다문화와 다양한 배경이 공존하는 사회에서 조화는 차이를 극복하는 것이 아니라, 차이를 통해 풍요로움을 만드는 열쇠라고 강조했다.

"조화는 단순히 균형을 찾는 것이 아니라, 차이 속에서 새로운 가능성을 발견하는 것이다. 다양성은 조화의 씨앗이다."

그녀는 조화가 정적인 상태가 아니라, 차이를 통해 더 나은 결과를 이끌어내는 동적인 과정임을 설파했다. 마사 페이퍼의 이야기는 조화란 차이를 통해 새로운 가능성을 발견하고, 이를 통해 더욱 창의적이고 풍요로운 사회를 만들어가는 길이라는 메시지를 전달한다.

찰스 다윈 "적응은 생존의 진정한 열쇠이다"

의미: 생존은 강자의 특권이 아닌 변화하는 환경에 적응하는 능력을 가진 자의 결과.
출처: 찰스 다윈의 저서 〈종의 기원〉.

19세기, 영국의 자연주의자 찰스 다윈은 진화론을 통해 생명체가 환경에 적응하며 변화해왔음을 설명했다. 그는 자연 선택의 과정을 연구하며, 생존이 단순히 강함이나 지능으로 결정되는 것이 아님을 발견했다.

"생존은 강한 자의 몫이 아니라, 변화에 적응하는 자의 몫이다."

다윈은 이 말을 통해 자연계에서 생존의 열쇠는 환경에 얼마나 잘 적응하느냐에 달려 있다고 강조했다. 그는 갈라파고스 제도에서 핀치새의 부리가 환경에 따라 변형된 것을 관찰하며, 생존은 변화에 대한 능동적 적응에 의해 좌우된다는 진리를 깨달았다.

어니스트 헤밍웨이 "끈기로 쓰는 생존의 이야기"

의미: 생존은 운이나 본능이 아닌 절대 포기하지 않는 의지의 결실이다.
출처: 어니스트 헤밍웨이의 소설 〈노인과 바다〉와 그의 문학적 세계관.

20세기, 미국의 작가 어니스트 헤밍웨이는 그의 작품에서 인간의 끈기와 불굴의 의지를 강조하며, 생존은 단순한 본능이 아니라 끊임없는 도전과 포기의 부재에서 온다고 역설했다. 특히, 〈노인과 바다〉에서 주인공 산티아고는 힘든 상황 속에서도 끈기를 발휘해 거대한 물고기를 잡으며, 생존의 본질이란 끝까지 포기하지 않는 태도임을 보여준다. 헤밍웨이는 역경을 이겨내는 인간의 의지를 통해 생존의 가치를 표현했다.

"생존은 끈기의 시험이다. 끈기는 생존의 또 다른 이름이다. 포기하지 않는 사람이 결국 마지막에 살아남는다"

헤밍웨이는 이 말을 통해 생존이란 단순히 살아남는 것이 아니라, 끊임없이 도전하고 버티며 싸워가는 과정이라고 설명했다. 그는 역경 속에서도 끝까지 버티는 끈기가 진정한 생존의 핵심이라고 강조했다. 〈노인과 바다〉에서 주인공 산티아고는 광활한 바다에서 커다란 물고기와 싸우며 인간의 끈기와 생존 본능을 보여준다.

알버트 아인슈타인 "본능이 이성을 넘어"

의미: 본능은 위기에서 이성보다 빠르게 작동한다.
출처: 물리학자 알버트 아인슈타인의 강연과 저서.

20세기, 최고의 물리학자 알버트 아인슈타인은 우주와 자연의 법칙을 탐구하면서, 인간의 이성과 본능의 관계에 대해서도 깊은 통찰을 남겼다. 그는 복잡한 상황에서 이성이 멈추거나 작동하지 않을 때, 본능이야말로 인간을 구원하는 결정적 역할을 한다고 보았다.

"본능은 이성이 멈췄을 때 가장 잘 작동한다. 위기의 순간에 이성은 너무 느리다. 본능이 우리를 행동하게 만든다."

아인슈타인은 이 말을 통해 본능이 인간의 생존과 결단에 있어 중요한 역할을 한다고 설명했다. 그는 본능이 단순한 감각적 반응이 아니라, 수백만 년의 진화 과정에서 다듬어진 자연의 지혜라고 보았다.

앤 라모트 "변화를 알리는 신호"

의미: 본능은 변화의 필요성을 가장 먼저 감지하는 우리 내면의 예민한 신호.
출처: 앤 라모트의 에세이 〈Bird by Bird〉와 그녀의 철학적 사유.

미국의 작가이자 에세이스트인 앤 라모트는 인간의 감정과 내면의 소리를 탐구하며, 본능이란 변화의 시작을 알리는 내면의 경고등이라고 강조했다. 그녀는 본능이 우리가 미처 인식하지 못한 변화를 감지하고 준비하게 하는 자연의 지혜라고 보았다.

"본능은 변화를 받아들이는 첫 번째 신호다."

이 말은 본능이 인간의 감각과 직관을 통해 작동하며, 우리가 변화가 필요할 때나 새로운 상황에 적응해야 할 때 즉각적으로 반응한다는 것으로, 우리가 변화를 두려워하지 않고, 오히려 그것을 기회로 받아들이도록 이끄는 중요한 내적 안내자라는 것이다. 그녀는 자신의 에세이에서 삶의 전환점에서 본능을 믿고 따른 경험들을 이야기한다.

블레즈 파스칼 "본능이 이끄는 길"

의미: 인간의 행동은 본능이 먼저 결정하고, 이성은 이를 뒤따라 분석한다.
출처: 블레즈 파스칼의 저서 《팡세》.

17세기, 프랑스의 수학자이자 철학자인 블레즈 파스칼은 인간의 본능과 이성의 관계를 탐구하며, 우리의 행동이 이성보다 본능에 더 큰 영향을 받는다는 통찰을 남겼다. 그는 본능이 인간 행동의 근본적인 동력이자, 삶의 방향을 결정짓는 주요 요소라고 보았다.

"본능은 인간을 이끌고, 이성은 따라간다. 우리가 어떤 선택을 할 때, 먼저 본능이 방향을 정하고, 이성은 그 길을 정리한다"

그는 이 말을 통해 본능이란 우리의 깊은 내면에서 나오는 즉각적이고 강력한 힘으로, 우리가 결정을 내리는 순간 가장 먼저 작동한다고 설명했다. 그는 본능이 우리의 행동을 이끌 때, 이성은 뒤따라 그것을 분석하거나 정당화한다고 역설했다.

시몬 드 보부아르 "진정한 자아의 거울"

의미: 본능은 사회적 제약을 벗어나 우리의 가장 순수한 본질을 보여주는 표현이다.
출처: 시몬 드 보부아르의 저서 《제2의 성》과 그녀의 철학적 사유.

20세기, 프랑스의 철학자이자 페미니스트인 시몬 드 보부아르는 인간의 본능과 정체성에 대한 깊은 통찰을 남겼다. 그녀는 본능이란 단순한 생물학적 반응이 아니라, 사회적 틀에 가려진 진정한 자아를 드러내는 중요한 단서라고 보았다.

"본능은 우리의 진짜 자아를 드러낸다. 본능은 우리 자신을 마주하는 첫 번째 거울이다"

보부아르는 이 말을 통해 인간의 본능이야말로 내면의 순수한 동기를 보여주는 창이며, 외부 환경과 조건에 의해 왜곡되지 않은 인간 본질의 일부라고 강조했으며, 우리가 본능을 통해 우리의 진정한 욕구와 정체성을 탐구할 수 있다고 역설했다. 《제2의 성》에서 보부아르는 여성의 본능과 욕구가 사회적 억압 속에서 왜곡되고 억제된 과정을 설명하며, 본능이야말로 사회적 규범을 넘어서 인간의 진짜 목소리를 찾는 열쇠라고 호소했다.

대니얼 카너먼 "본능과 이성의 조화"

의미: 이성은 분석과 계획을 돕고, 본능은 즉각적 행동과 결단을 이끄는 힘이다.
출처: 다니엘 카너먼의 저서 〈생각에 관한 생각〉.

현대 심리학의 거장인 다니엘 카너먼은 인간의 의사결정과 행동을 '빠른 생각(본능)'과 '느린 생각(이성)'이라는 두 체계로 설명했다. 그는 본능이 즉각적이고 효율적인 결정을 가능하게 하며, 행동의 핵심적 동력이 된다고 주장했다.

"이성은 우리를 분석하게 하지만, 본능은 행동하게 한다. 생존의 순간, 복잡한 분석보다는 빠르고 직관적인 본능이 행동을 이끈다."

카너먼은 이 말을 통해 이성과 본능이 서로 상반된 역할을 하면서도 조화를 이루며 인간의 행동을 형성한다고 설명했다. 그는 이성이 정보를 평가하고 위험을 분석하는 과정을 담당하지만, 실제로 행동으로 옮기는 데 필요한 즉각적인 결단은 본능에 의존한다고 보았다.

데이비드 애튼버러 "자연의 신호"

의미: 본능은 생존을 위해 자연이 부여한 즉각적이고 자동적인 생명의 신호이다.
출처: 데이비드 애튼버러의 다큐멘터리 〈살아있는 행성〉과 그의 생태학적 철학.

20세기의 가장 영향력 있는 생태학자이자 다큐멘터리 제작자인 데이비드 애튼버러는 자연과 생명체의 복잡한 상호작용을 탐구하며, 본능이야말로 자연의 가장 강력한 힘 중 하나임을 강조했다. 그는 본능을 자연이 설계한 긴급한 신호 시스템으로 보았다.

"본능은 사전 경고 없이 작동하는 자연의 신호다."

애튼버러는 이 말을 통해 본능은 생명체가 위협이나 기회를 감지하고 즉각적으로 반응하도록 하는 자연의 중요한 메커니즘이라고 설명했다. 그는 본능이야말로 생명체가 예측 불가능한 환경에서 생존할 수 있도록 돕는 필수적인 도구라고 주장했다. 그의 다큐멘터리에서는 새의 이주, 물고기의 떼 지어 다니기, 포식자의 공격에 대처하는 동물의 행동 등 본능적으로 발현되는 다양한 생명체의 모습을 조명한다.

에피쿠로스 "행복의 시작과 끝"

의미: 쾌락은 행복한 삶의 출발점이자 완성이다.
출처: 고대 그리스 철학자 에피쿠로스의 저서와 가르침, 쾌락주의 철학.

에피쿠로스는 고대 그리스 철학자 중에서도 쾌락주의의 대변자로, 쾌락을 행복한 삶의 본질로 보았다. 그러나 그가 말한 쾌락은 단순한 육체적 즐거움이 아니라, 고통을 피하고 평온을 유지하는 심리적 만족에 가까웠다. 그는 지혜와 절제를 통해 욕망을 관리하며, 쾌락을 추구할 때 삶이 충만해진다고 가르쳤다. 에피쿠로스의 철학은 내면의 평온과 단순한 삶의 가치를 중시하는 방향으로 나아갔다.

"쾌락은 행복의 시작이자 끝이다. 진정한 쾌락은 고통이 없고, 마음의 평온을 찾는 데 있다."

그는 쾌락이란 단순히 욕망을 충족하는 것이 아니라, 고통에서 벗어나 평화를 이루는 과정이라고 강조했다. 에피쿠로스의 이야기는 쾌락이 행복의 본질이며, 이를 올바르게 추구하는 것이 삶의 만족을 이루는 길이라는 메시지를 메시지가 담겨있다.

프리드리히 니체 "쾌락과 자유의 경계"

의미: 쾌락은 자유롭게 즐기되, 그것에 종속되지 않아야 한다.
출처: 독일 철학자 프리드리히 니체의 저서 〈차라투스트라는 이렇게 말했다〉.

프리드리히 니체는 쾌락을 삶의 자연스러운 일부로 인정하면서도, 그것이 인간의 주체성을 억압하는 도구가 되어서는 안 된다고 주장했다. 그는 쾌락을 추구하는 과정에서 인간은 스스로의 의지를 잃지 않아야 하며, 진정한 자유와 주체성을 유지해야 한다고 역설했다. 니체는 쾌락이 인간의 정신을 약화시키는 것이 아니라, 강하게 만드는 방향으로 사용되어야 한다고 보았다.

"쾌락을 추구하되, 그로 인해 당신의 영혼이 노예가 되지 않도록 하라. 자유는 쾌락을 지배하는 힘에서 시작된다."

그는 쾌락이 단순한 욕망의 충족이 아니라, 인간 정신의 자유와 자기 극복을 위한 도구로 사용되어야 한다고 강조했다. 니체의 이야기는 쾌락을 올바르게 추구하는 것이 자유로운 삶의 열쇠이며, 이를 통해 인간은 더욱 고귀한 존재로 거듭날 수 있다는 메시지를 담고있다.

오스카 와일드 "쾌락, 삶의 역설과 예술"

의미: 쾌락은 본능이 아닌 예술이며, 역설적 즐거움이다.
출처: 영국 작가 오스카 와일드의 작품 〈도리언 그레이의 초상〉과 그의 철학적 사유.

오스카 와일드는 쾌락을 단순한 본능적 충족으로 보지 않았다. 그는 쾌락이란 선택과 섬세함이 필요한 고유의 예술이라고 설파했다. 또한, 쾌락을 멀리하는 행위조차 또 다른 형태의 쾌락일 수 있다는 역설을 즐겼다. 와일드는 삶의 다양한 모습 속에서 쾌락을 재해석하며, 이를 통해 인간의 감각과 욕망의 복잡한 본질을 탐구했다. 그는 단순히 쾌락을 즐기라는 메시지를 넘어, 쾌락을 창조적으로 느끼고 해석하는 과정을 중시한다.

"쾌락을 멀리하는 것이야말로 가장 큰 쾌락이다. 절제 속에서 드러나는 쾌락은 더욱 강렬하다."

또한 그는 '쾌락은 본능이 아니다. 그것은 진정한 예술이다. 느끼는 법과 즐기는 법 모두가 예술적 감각을 필요로 한다.'는 말을 통해 쾌락이 단순한 소비가 아니라, 세심한 감각과 예술적 접근으로 완성되는 삶의 기술임을 역설했다.

프랑수아 드 라 로슈푸코 "쾌락과 후회의 이중성"

의미: 쾌락은 종종 후회를 동반하며, 시간의 지배를 받는다.
출처: 프랑스 작가 프랑수아 드 라 로슈푸코의 저서 〈잠언집〉 속 인간 본성.

프랑수아 드 라 로슈푸코는 인간의 욕망과 쾌락을 통찰하며, 쾌락이 즉각적인 만족을 주는 동시에 종종 후회를 불러일으킨다고 주장했다. 그는 쾌락이 충족되는 순간은 항상 짧고, 그 뒤에 오는 감정은 긴 여운을 남긴다고 설파했다. 라 로슈푸코는 쾌락을 비판하기보다, 이를 적절히 다루지 못할 때 발생하는 인간의 약점과 후회를 지적하며, 삶의 균형을 강조했다.

"쾌락은 늘 뒤늦게 찾아와, 결국 후회를 동반한다."

이 말은 라 로슈푸코의 인간 본성에 대한 날카로운 통찰을 담고 있다. 그는 쾌락이 단순히 순간의 즐거움이 아니라, 그것을 어떻게 받아들이느냐에 따라 우리의 삶에 다른 흔적을 남긴다고 보았다.

마르쿠스 아우렐리우스 "쾌락과 자기 통제"

의미: 쾌락을 다스리는 것은 자신을 통제하는 힘이다.
출처: 로마 황제이자 철학자 마르쿠스 아우렐리우스의 저서 〈명상록〉.

마르쿠스 아우렐리우스는 스토아 철학을 바탕으로 쾌락과 욕망을 다스리는 것이 인간의 가장 중요한 덕목 중 하나라고 강조했다. 그는 쾌락을 부정하거나 회피하지 않으면서도, 그것에 휘둘리지 않고 이성고· 자기 통제를 통해 조화롭게 다루는 것이 진정한 자유라고 보았다. 아우렐리우스는 쾌락이란 삶의 일부이지만, 그것이 우리를 지배하지 않도록 경계해야 한다고 설파했다.

"쾌락을 현명하게 다루는 자는 자기 자신을 다스릴 줄 아는 사람이다. 자기 통제는 인간의 가장 큰 힘이다."

그는 쾌락과 욕망을 이성으로 조율하며, 자기 통제를 통해 고귀한 삶을 살 수 있다고 믿었다. 마르쿠스 아우렐리우스는 쾌락이 인간에게 주어진 자연스러운 감각이지만, 이를 통제할 줄 아는 능력이야말로 진정한 자유와 내적 평화를 가져온다는 메시지를 전달한다.

버트런드 러셀 "쾌락의 두 얼굴"

의미: 쾌락은 지혜로 다루면 보상이 되고, 어리석게 다루면 함정이 된다.
출처: 영국 철학자 버트런드 러셀의 저서 〈행복의 정복〉 속 쾌락과 지혜.

버트런드 러셀은 쾌락을 긍정하면서도, 그것이 지혜롭게 다뤄져야 한다고 강조했다. 그는 지혜로운 사람은 쾌락을 삶의 즐거움으로 활용하며, 이를 통해 내적 만족과 성취를 얻는 반면, 어리석은 사람은 쾌락에 휘둘려 그것이 자신에게 해를 끼치는 것을 알아차리지 못한다고 보았다. 러셀은 쾌락을 올바르게 다루는 것이 개인의 행복과 윤리적 삶의 핵심이라고 설파했다.

"쾌락은 지혜로운 사람에게 보상이며, 어리석은 사람에게는 함정이다. 쾌락을 다루는 방식이 그 사람의 삶을 정의한다."

이 말은 러셀의 삶과 철학에서 쾌락의 이중성을 잘 보여준다. 그는 쾌락이 인간 삶에서 피할 수 없는 요소임을 인정하면서도, 그것이 삶에 긍정적 영향을 미치려면 반드시 지혜로운 접근이 필요하다고 보았다.

전 쟁 과 평 화

전쟁, 무기, 희생, 갈등, 역사, 평화, 독립과 관련된 문장들

조지 워싱턴 "평화를 위한 전쟁 준비"

의미: 전쟁을 예방하려면 충분한 대비를 통해 강력함을 보여야 한다.
출처: 미국 초대 대통령 조지 워싱턴의 연설과 서신.

조지 워싱턴은 미국 독립 전쟁의 지도자로서 군사적 준비의 중요성을 누구보다 잘 이해했던 인물이다. 그는 독립 후 신생 국가로서의 미국이 강력한 군사력과 준비성을 갖추지 않으면 외부의 침략과 내부의 불안에 쉽게 무너질 수 있다고 경고했다.

"전쟁을 피하고 싶다면, 전쟁을 준비하라."

이 발언은 단순히 전쟁을 준비하라는 것이 아니라, 강력한 억지력을 통해 평화를 유지하라는 전략적 메시지를 담고 있다. 워싱턴의 메시지는 단순히 무력에 의존하라는 것이 아니라, 준비와 단결이야말로 평화를 유지하기 위한 핵심 요소라는 점을 강조했다. 그의 명언은 국가의 안보뿐 아니라 개인의 삶에서도 어려움을 예방하기 위한 준비와 계획의 중요성을 상기시킨다.

알버트 아인슈타인 "전쟁에 대한 혐오"

의미: 전쟁은 인간의 잔인함을 드러내며, 아무런 의미 없는 파괴 행위.
출처: 물리학자 알버트 아인슈타인이 전쟁과 평화에 대한 글과 인터뷰.

아인슈타인은 과학자로서 세계에 큰 공헌을 했지만, 제1차 세계대전과 제2차 세계대전을 목격하며 전쟁의 참혹함과 비합리성에 대해 깊은 혐오를 표현했다. 특히 그는 전쟁이 인간의 지성과 윤리를 배반하는 행위라고 보았다. 원자폭탄 개발에 간접적으로 기여한 것에 대해 후회하며, 과학의 목적은 인류를 파괴하는 것이 아니라 평화를 증진하는 데 있어야 한다고 역설했다.

"나는 어떤 전쟁도 싫어한다. 전쟁은 저속하고 아무 의미가 없으며, 인간이 얼마나 잔인해질 수 있는지 알기 때문이다."

아인슈타인은 평생 평화 운동을 지지하며, 국제적 협력과 비폭력을 통해 전쟁을 방지해야 한다고 강조했다. 그의 말은 전쟁이 인간의 가장 낮은 본성을 드러내며, 그것을 방지하기 위해 우리가 책임을 다해야 한다는 경고이다.

에리히 마리아 레마르크 "전쟁의 아이러니"

의미: 전쟁은 권력자들의 결정으로 젊은이들이 희생되는 비극적 현실의 반복이다.
출처: 독일 작가 에리히 마리아·레마르크의 대표작 〈서부 전선 이상 없다〉와 그의 인터뷰.

에리히 마리아 레마르크는 제1차 세계대전에 참전한 경험을 바탕으로, 전쟁의 참혹함과 그로 인해 희생되는 젊은이들의 비극을 생생하게 묘사한 소설을 집필했다. 그는 전쟁이 이상이나 명분의 이름으로 시작되지만, 그 결과는 젊은 세대의 목숨과 미래를 앗아가는 파괴로 끝난다고 비판했다.

"전쟁은 젊은이가 죽고, 노인이 대화를 나누는 것이다."

레마르크는 이 말을 통해 전쟁의 구조적 부조리와 세대 간 불평등을 날카롭게 지적했다. 그의 작품과 메시지는 전쟁의 참혹함을 폭로하며, 그것이 개인과 사회에 미치는 깊은 상처를 경고하는 강렬한 목소리로 남아 있다.

존 F. 케네디 "전쟁을 끝낼 책임"

의미: 전쟁은 결국 인류의 멸망을 초래할 것이라는 경고.
출처: 미국 제35대 대통령 존 F. 케네디의 1961년 유엔 총회 연설.

존 F. 케네디는 냉전 시대 핵전쟁의 위협이 절정에 이르렀던 시기, 전 세계를 향해 평화의 중요성을 역설했다. 그는 전쟁이 단순히 군사적 충돌을 넘어, 인류의 생존 자체를 위협하는 시대에 살고 있음을 강조하며, 모든 국가가 협력해 전쟁을 종식시킬 책임을 져야 한다고 주장했다.

"인류가 전쟁을 끝내지 않는다면, 전쟁이 인류를 끝낼 것이다."

케네디의 이 연설은 핵 군축과 평화를 위한 외교적 해결의 필요성을 촉구하며, 인류 공동의 미래를 위해 협력이 얼마나 중요한지 일깨웠다. 그의 말은 핵무기의 위협뿐 아니라, 모든 형태의 전쟁이 인류의 존속과 번영을 가로막는 가장 큰 장애물임을 설득력 있게 전달한다.

세르비아 속담 "전쟁과 계급"

의미: 전쟁은 계층에 따라 희생과 이익이 불평등하게 분배된다.
출처: 세르비아 속담에서 유래. 지금도 다양한 맥락에서 인용되고 변형된 표현.

이 속담은 전쟁이라는 상황이 단순한 국가적 대의가 아니라, 계급과 권력의 불평등을 적나라하게 드러내는 무대임을 풍자한다. 가난한 자의 아들은 전선에서 목숨을 걸고 싸우지만, 부유층은 전쟁으로 경제적 이득을 얻으며, 정치인들은 그 뒤에서 명령을 내리는 구조를 비판한다.

"전쟁에서 가난한 자의 아들은 싸우고, 부자의 아들은 돈을 벌고, 정치인의 아들은 명령을 내린다."

세르비아와 같은 분쟁의 역사 속에서, 이 속담은 전쟁의 희생이 주로 약자들에게 전가되는 현실을 날카롭게 드러낸다. 현대에 이르러, 이 표현은 국제 사회나 다양한 전쟁 상황에서도 여전히 공감과 분노를 불러일으키는 메시지를 전달한다.

"전쟁이 끝나면 정치인은 미소지으며 악수를 하고, 부자는 생필품 가격을 올리고, 가난한 사람은 자식의 무덤에서 통곡한다."

더불어 단순히 과거의 지혜를 담은 문구를 넘어, 오늘날에도 전쟁과 사회적 불평등에 대한 논의에서 자주 인용되며, 권력과 책임의 문제를 환기시키는 강력한 도구로 작용하고 있다.

유진 V. 데브스 "전쟁의 진정한 패자"

의미: 전쟁에서 승리란 허상일 뿐이며, 살아남은 자들만 고통을 견딜 뿐이다.
출처: 미국의 정치가이자 노동 운동가 유진 V. 데브스의 연설.

유진 V. 데브스는 사회주의와 노동자 권리를 옹호하며 전쟁의 부조리를 강력히 비판한 인물이었다. 그는 전쟁이 경제적, 정치적 이익을 위한 도구로 사용되며, 이 과정에서 희생되는 것은 힘없는 민중이라고 주장했다. 특히 제1차 세계대전의 비극을 목격하며 전쟁이 승자와 패자를 나누는 것이 아니라 모두를 고통스럽게 만든다는 점을 강조했다.

"전쟁의 승자는 존재하지 않는다. 단지 살아남은 이들만 있을 뿐이다."

데브스는 전쟁의 본질이 파괴와 고통임을 날카롭게 지적하며, 평화를 위한 국제적 연대와 비폭력적 해결책을 추구해야 한다고 주장했다. 그의 메시지는 전쟁의 비인간성을 폭로하며, 모든 형태의 갈등이 대화와 협력으로 해결될 수 있다는 신념을 전한다.

레프 톨스토이 "태락의 거울"

의미: 전쟁은 인간이 가진 타락한 본성과 잔인함을 그대로 드러내는 행위.
출처: 러시아 작가 레프 톨스토이의 소설 〈전쟁과 평화〉와 어 세이.

레프 톨스토이는 자신의 걸작 전쟁과 평화를 통해 전쟁의 비인간적이고 무의미한 파괴성을 묘사하며, 전쟁이 인간의 타락한 본성을 폭로한다고 주장했다. 그는 군사적 충돌이 명분이나 대의명분으로 정당화되더라도, 결국은 인간의 탐욕, 교만, 증오에서 비롯된 결과라고 보았다.

"전쟁은 인간의 타락한 본성을 가장 적나라하게 보여준다. 그것은 문명의 가면 뒤에 숨겨진 우리의 진실을 드러낸다."

톨스토이는 전쟁이 단순한 충돌이 아니라, 인간 내면의 어두운 면과 폭력성을 집단적으로 드러내는 과정임을 깊이 탐구했다. 그는 평화와 사랑을 통해서만 인간이 진정한 가치를 회복할 수 있다고 믿으며, 평화주의적 철학을 자신의 삶과 작품에 녹여냈다.

고드프리 해럴드 하디 "끝나지 않는 전쟁의 순환"

의미: 전쟁의 목표는 종결에 있지만, 그 종결은 또 다른 전쟁의 시작을 초래한다.
출처: 수학자이자 철학자인 고드프리 해럴드 하디의 강연과 저술.

고드프리 해럴드 하디는 전쟁의 비효율성과 무의미함을 통찰적으로 비판하며, 전쟁이 단순한 군사적 충돌로 끝나지 않고, 끊임없는 폭력의 순환을 초래한다고 주장했다.

그는 인간이 전쟁을 끝내기 위해서는 단순히 무력을 사용하는 것이 아니라, 근본적인 갈등의 원인을 해결하고 지속 가능한 평화의 구조를 만들어야 한다고 보았다.

"전쟁의 목적은 승리가 아니라, 끝을 맞이하는 데 있다. 그러나 그 끝은 항상 새 전쟁의 시작이 된다."

하디는 특히 전쟁이 승자와 패자를 가르는 과정으로 보이지만, 실제로는 모두에게 상처와 적대감을 남기며 새로운 갈등의 씨앗을 뿌리는 행위라고 경고했다. 그의 메시지는 전쟁의 순환에서 벗어나기 위해 우리가 평화의 지속성을 어떻게 구축할 것인지에 대한 깊은 성찰을 요구한다.

칼 폰 클라우제비츠 "전쟁은 정치의 연장이다"

의미: 전쟁은 단순한 군사적 충돌이 아닌 정치적 목표 달성을 위한 방식이다.
출처: 독일 군사 이론가 칼 폰 클라우제비츠의 저서 〈전쟁론〉.

칼 폰 클라우제비츠는 전쟁을 단순히 군사적 대결로 보지 않고, 국가의 정치적 목표를 달성하기 위한 도구로 분석했다. 그는 전쟁이 외교와 협상의 연장선에 있으며, 정치적 의사결정과 밀접하게 연결되어 있다고 주장했다. 그의 이론은 현대 전략학과 군사학의 기초가 되었으며, 전쟁을 이해하는 데 있어 중요한 관점을 제시했다.

"전쟁은 단순한 충돌이 아니라, 정치의 또 다른 수단이다."

클라우제비츠는 전쟁을 통해 정치적 목적을 실현하려는 국가의 의도를 냉철하게 분석하며, 전쟁이 도덕적 이상이나 영웅적 행위로 포장되더라도, 궁극적으로는 정치적 계산의 결과임을 강조했다.

이본 크로포드 "전쟁의 뿌리는 두려움과 오만이다"

의미: 전쟁은 물리적 충돌이 아니라, 인간의 두려움과 오만에서 비롯된 결과.
출처: 역사학자 겸 작가 이본 크로포드의 강연과 저서.

이본 크로포드는 전쟁의 근본 원인을 분석하며, 무력 충돌이 단순히 기술적 문제나 국가 간의 갈등이 아니라, 인간 본성에서 기인한다고 역설했다. 그는 인간 사회에서 두려움은 방어적 충동을 자극하고, 오만은 대화를 거부하게 하며, 이 두 가지가 결합될 때 전쟁이 불가피하게 일어난다고 설명했다.

"전쟁은 단순히 무기로 벌이는 싸움이 아니라, 두려움과 오만이 빚어낸 결과다. 평화는 그것을 극복하려는 용기에서 시작된다."

크로포드는 전쟁을 피하기 위해 인간이 자신의 두려움과 오만을 인식하고 이를 극복하는 과정이 필요하다고 강조했으며, 갈등을 해결하기 위한 첫 단계는 이러한 내적 요인을 직면하고, 평화와 화해를 위한 진정성 있는 노력을 시작하는 것이라고 제안했다.

아네스 콜린스 "공포의 무기"

의미: 전쟁은 공포심 조작을 통해 타인을 파괴하는 가장 극단적인 폭력의 형태다.
출처: 심리학자이자 평화 연구가 아네스 콜린스의 연구와 강연

아네스 콜린스는 인간의 심리가 전쟁의 근본적인 도구로 사용된다는 점을 연구하며, 전쟁이 단순히 물리적 충돌이 아니라 심리적 조작과 두려움에 기반하며, 공포가 사람들을 결속시키거나 통제하기 위한 수단으로 사용될 때, 그 결과가 폭력과 파괴로 이어질 수 있다고 역설했다.

"전쟁은 우리의 공포를 이용해 타인을 무너뜨리려는 가장 파괴적인 행위다."

콜린스는 평화의 지속 가능성을 위해 인간의 공포를 인식하고 이를 극복하는 방법을 찾아야 한다고 강조했다. 그녀는 갈등의 해결은 무력 사용이 아니라, 공감과 대화, 그리고 심리적 이해를 바탕으로 이루어져야 한다고 주장했다.

크리스티앙 랑 "전쟁은 인간 실패의 상징이다"

의미: 전쟁은 인간이 문제를 해결하는 데 실패했음을 명백히 보여주는 행위라는 뜻.
출처: 노벨 평화상 수상자이자 국제평화사무국(IPB) 설립자인 크리스티앙 랑의 연설.

크리스티앙 랑은 전쟁이 인간의 이성적이고 평화로운 문제 해결 능력의 실패로 인해 발생한다고 주장했다. 그는 전쟁이 순수한 무력 충돌이 아니라, 협상과 대화가 실패했을 때 나타나는 궁극적인 폭력의 형태라고 보았다. 평생을 국제 평화와 갈등 해결을 위해 헌신한 그는, 전쟁을 인간 문명의 가장 어두운 순간으로 간주하며 이를 피하기 위한 국제적 연대를 촉구했다.

"전쟁은 인간의 실패를 가장 극명히 드러내는 행위다. 이것은 인간의 한계를 스스로 드러내는 것이다."

랑은 전쟁의 대안으로 국제 협력과 평화적 대화를 제안했으며, 평화는 단순히 전쟁의 부재가 아니라, 사회적 정의와 신뢰의 구축을 통해 이루어질 수 있다고 강조했다.

루이즈 빌몬드 "정의의 가면을 쓴 전쟁"

의미: 전쟁은 정의를 표방하지만, 그 실제 원인은 욕망과 탐욕이다.
출처: 사회학자이자 정치 분석가 루이즈 빌몬드의 저술과 강연.

루이즈 빌몬드는 전쟁이 정의와 대의명분을 내세우지만, 그 배후에는 자원, 권력, 지배와 같은 인간의 탐욕이 자리하고 있음을 지적했다. 그녀는 역사적으로 많은 전쟁이 표면적으로는 고귀한 이유를 내세웠지만, 실제로는 특정 집단의 이익이나 욕망을 충족시키기 위한 수단으로 이용되었다고 주장했다.

"전쟁은 정의를 외치지만, 그 안에 숨은 욕망과 탐욕이 진짜 원인이다."

빌몬드는 전쟁을 방지하기 위해서는 이와 같은 진정한 동기를 인식하고, 이를 해결할 수 있는 투명하고 공정한 국제 시스템을 구축해야 한다고 강조했다. 그녀는 특히 자원과 권력의 불평등이 전쟁을 촉발하는 주요 요인이라는 점을 연구하며, 평화를 위한 지속 가능한 해결책을 제안했다.

마하트마 간디 "비폭력, 가장 강력한 무기"

의미: 진정한 힘은 폭력이 아니라, 비폭력을 통해 상대를 설득하고 변화시키는 데 있다.
출처: 인도의 독립 운동을 이끈 마하트마 간디의 연설과 저서.

마하트마 간디는 폭력적인 투쟁 대신 비폭력을 통해 인도 독립운동을 이끈 인물로서, 그는 무기를 통한 힘이 일시적인 결과를 가져올 수 있지만, 진정한 변화는 비폭력을 통해 상대방의 마음과 행동을 변화시킬 때 이루어진다고 역설했다.

"가장 강력한 무기는 폭력이 아니라, 비폭력이다."

간디는 비폭력 운동을 통해 단순히 정치적 독립뿐만 아니라, 인간의 도덕적 성장과 평화로운 공존의 가능성을 증명했다. 그의 비폭력 철학은 마틴 루터 킹 주니어와 넬슨 만델라 같은 지도자들에게도 큰 영향을 미치며 전 세계적으로 공감과 실천의 모델이 되었다.

조지 오웰 "무기와 권력의 본질"

의미: 무기는 권력의 상징이나 그 힘은 폭력과 파괴라는 비도덕적 기반에서 나온다.
출처: 영국 작가 조지 오웰의 정치적 에세이와 저서 〈1984〉, 〈동물농장〉.

조지 오웰은 전쟁과 독재를 포함한 폭력적인 권력 체계에 대해 깊이 탐구하며, 무기가 권력 유지와 확장의 수단으로 사용되는 현실을 날카롭게 비판했다. 그는 무기가 단순히 방어나 안전을 위한 도구로 포장되지만, 실제로는 폭력과 공포를 통해 권력을 정당화하는 데 사용된다고 강조했다.

"무기는 권력의 상징이지만, 그 권력은 언제나 폭력과 파괴 위에 서 있다."

오웰은 특히 자신의 대표작 〈1984〉와 〈동물농장〉에서 폭력적 권력이 어떻게 무기를 통해 강화되고 유지되는지를 묘사하며, 무기가 단순한 물리적 도구가 아니라 정치적 억압과 지배의 상징임을 강조했다.

세이노 "진정한 무기"

의미: 지식은 도구일 뿐, 지혜만이 진정한 힘이 된다.
출처: 자기 계발 작가 세이노의 지식과 지혜에 대한 통찰.

자기 계발과 현실적인 성공 철학으로 세계적으로 주목받는 작가 세이노는 지식과 지혜의 차이를 날카롭게 통찰하며 단순한 지식의 축적이 아니라 지혜로운 판단과 실행이 삶의 성공을 결정한다고 강조했다.

"지식은 무기가 아니며, 지혜만이 진정한 무기다."

그는 지식은 단순한 정보로서, 이를 어떻게 활용하느냐에 따라 가치가 결정된다고 보았다. 지혜는 단순히 아는 것에서 그치지 않고, 그것을 현실적으로 적용하고 결과를 만들어내는 힘이라고 정의했다. 그는 지식의 무분별한 추구보다, 삶에 필요한 본질을 깨닫고 그것을 활용하는 능력이야말로 진정한 성공의 열쇠라고 강조했다.

에드워드 텔러 "무기는 과학과 도덕성의 단절"

의미: 무기는 과학적 발전이 인간의 도덕적 책임을 넘어서 악용될 때 탄생한다.
출처: 핵무기 개발에 참여했던 과학자 에드워드 텔러의 강연과 저술.

에드워드 텔러는 핵무기 개발의 중심 인물 중 하나로, 과학이 가진 힘이 윤리적 기준 없이 사용될 때 초래될 수 있는 위험을 깊이 고민했다. 그는 과학의 진보가 도덕적 통제를 벗어나면 무기가 탄생하며, 이는 결국 인류에게 비극을 가져온다고 경고했다.

"무기는 과학이 인간의 도덕성을 초월할 때 만들어진다. 과학의 힘은 도덕적 책임에 의해 통제되어야 한다."

텔러는 자신이 참여했던 핵무기 개발이 과학적 업적으로 평가받으면서도 동시에 인류의 생존을 위협하는 수단이 된 현실을 반성하며, 과학은 반드시 도덕적 책임과 함께 가야 한다고 주장했다.

딜런 토마스 "희생은 빛나는 불꽃"

의미: 희생은 고통스럽지만, 그 과정이 삶의 어두운 순간을 밝혀주는 빛이 된다.
출처: 시인이자 작가 딜런 토마스의 시적 사유와 강연.

딜런 토마스는 인간의 감정과 삶의 복잡성을 시로 표현하며, 희생의 아름다움과 필연성을 탐구했다. 그는 희생을 단순한 고통이 아니라, 어둠 속에서 불꽃처럼 빛나며 삶에 방향을 제시하는 고귀한 행위로 보았다. 토마스는 특히 인간이 어려운 상황에서 자신을 내어줄 때, 그 행동이 자신뿐만 아니라 다른 이들에게도 희망을 가져다준다고 강조했다.

"희생은 불꽃처럼 타오르며, 삶의 어두운 순간을 밝히는 빛이 된다."

토마스는 자신의 시적 표현을 통해 희생이 개인적인 아픔을 넘어 공동체와 인간성을 고양하는 역할을 한다고 강조했다. 그의 작품은 희생의 본질을 단순한 포기나 고통이 아니라, 내적 성찰과 빛나는 가능성으로 승화시켰다.

마야 린 "기억에 남는 희생"

의미: 진정한 희생은 조용하지만, 깊은 인상을 남기고 세상을 변화시킨다.
출처: 건축가이자 디자이너인 마야 린의 작품과 인터뷰.

20세기 중반, 마야 린은 베트남 참전용사 기념비를 설계하며, 희생의 본질에 대해 깊은 통찰을 표현했다. 그녀는 희생이 화려한 선언이나 행동이 아니라, 조용히 기억 속에 남아 사람들의 마음을 움직이고 세상을 바꾸는 힘을 가진다고 믿었다. 기념비의 단순한 디자인은 이 희생의 조용한 위대함을 강조하기 위한 것이었다.

"진정한 희생은 기억에 남는다. 그것은 세상을 변화시키는 조용한 행위다."

린은 자신의 작품을 통해 희생의 가치를 기리며, 사람들에게 희생이 단순히 과거의 일이 아니라 현재와 미래를 위한 가르침이라는 메시지를 전달했다. 그녀의 기념비는 희생한 사람들의 이야기를 통해 세대 간의 연결을 만들어내며, 그들의 희생이 헛되지 않음을 상기시킨다.

엘리자베스 프라이 "인간애의 증거"

의미: 희생은 인간애를 보여주는 가장 숭고한 행동이며 이로써 더 나은 세상을 만든다.
출처: 사회 개혁가이자 감옥 개혁 운동 선구자 엘리자베스 프라이의 연설과 저술.

18세기, 엘리자베스 프라이는 감옥 개혁 운동을 주도하며, 희생이 사회적 변화와 인간애를 실현하는 데 얼마나 중요한지 몸소 보여준 인물이다. 그녀는 열악한 감옥 환경을 개선하기 위해 자신의 시간과 자원을 아낌없이 바쳤으며, 이를 통해 인간의 존엄성을 회복하는 희망을 제시했다.

"희생은 인간애의 진정한 증거다. 우리는 희생을 통해 더 나은 세계를 만든다."

프라이는 자신의 활동을 통해 희생이 단순히 자신을 포기하는 행위가 아니라, 더 큰 공동선을 위해 자신을 헌신하는 고귀한 행동임을 증명했다. 그녀의 개혁 운동은 감옥 안에 있는 사람들에게 더 나은 환경과 인간적인 대우를 제공하며, 희생이 만들어내는 긍정적 변화를 보여주었다.

레이첼 코리 "행동에서 나오는 희생"

의미: 진정한 희생은 말이나 선언이 아니라, 실제 행동을 통해 이루어진다.
출처: 인권 운동가 레이첼 코리의 연설과 활동 기록.

레이첼 코리는 팔레스타인 가자지구에서 인도주의적 활동을 하다 희생된 인권 운동가로, 자신의 삶을 행동으로 증명한 인물이다. 그녀는 불의와 폭력 속에서도 자신의 목소리를 높이는 데 그치지 않고, 직접 현장에 나서 억압받는 이들을 위해 싸웠다. 그녀는 희생이 단순히 이상을 이야기하는 데서 그치는 것이 아니라, 실천을 통해 현실을 바꾸는 과정이라고 강조했다.

"희생은 행동에서 나오는 것이지, 말에서 나오는 것이 아니다."

코리의 말과 행동은 전 세계적으로 큰 반향을 일으켰으며, 그녀의 삶은 희생이란 개인의 안락을 넘어서 더 큰 정의와 평화를 위해 실천하는 것임을 보여주었다. 그녀의 용기 있는 행동은 희생이 얼마나 강력한 변화를 가져올 수 있는지에 대한 영감을 준다.

엠마 라자러스 "공동체의 뿌리"

의미: 희생은 공동체를 성장시키고 단단하게 만드는 기반이다.
출처: 시인이자 인권 옹호자인 엠마 라자러스의 글과 연설.

엠마 라자러스는 이민자와 난민의 인권을 옹호하며, 희생이 사회와 공동체를 단단하게 결속시키는 필수 요소라고 강조했다. 그녀는 희생이 개인의 헌신을 통해 공동체의 발전과 조화를 이루는 데 어떻게 기여할 수 있는지를 시적 언어로 표현했다. 특히 그녀의 대표작 〈뉴 콜로서스〉는 자유의 여신상 기념비에 새겨져, 희생을 통해 새로운 희망과 자유를 만들어가는 정신을 상징하게 되었다.

"희생은 공동체의 뿌리를 키우는 비옥한 흙과 같다."

라자러스는 희생이 단순히 개인적인 헌신이 아니라, 공동체 전체를 위해 지속 가능한 기반을 제공하는 역할을 한다고 믿었다. 그녀의 작업은 희생이 가진 사회적 가치와 그로 인해 만들어지는 변화의 중요성을 보여준다.

알레한드로 잉아리투 "예술을 위한 고통"

의미: 희생은 단순한 고통이 아니라, 아름다움을 창조하기 위한 필연적인 과정.
출처: 영화 감독 알레한드로 잉아리투의 인터뷰와 창작 철학.

알레한드로 잉아리투는 영화 제작 과정에서 느낀 창작의 고통을 희생에 비유하며, 희생이 없이는 진정한 예술적 아름다움도 없다고 강조했다. 그는 자신의 영화들이 인간의 고난과 희생을 통해 삶의 의미를 찾아가는 여정을 담고 있음을 설명하며, 창작 과정에서 겪는 고통이 궁극적으로 작품의 진정성을 만들어낸다고 믿었다.

"희생은 예술과 같아야 한다. 그것은 아름다움을 창조하는 고통이다."

잉아리투의 영화 레버넌트와 버드맨은 고통과 희생의 과정을 통해 인간의 복잡한 감정을 탐구하며, 관객에게 강렬한 메시지를 전달한다. 그의 말은 예술뿐 아니라, 삶의 모든 영역에서 희생이 고통 속에서도 새로운 가치를 창조하는 원천임을 일깨운다.

안중근 "설레를 탄 자유의 새도"

의미: 희생은 개인의 삶을 넘어 민족의 자유를 위한 행동이다.
출처: 독립운동가 안중근의 옥중 유언과 삶, 조국과 민족에 대한 헌신.

1909년 10월 26일, 안중근은 하얼빈 역에서 일본의 초대 총리 이토 히로부미를 저격했다. 그는 의거를 결심하며 자신의 손가락을 잘라 혈서로 '대한 독립 만세'를 적었다. 안중근은 체포 후 법정에서 자신을 향한 비난에도 당당히 맞섰다.

"내 손가락이 열 번이면 조선 독립도 가까워진다"

그는 조국의 독립을 위해 목숨을 걸었다. 그는 법정에서 말했다. '나는 죄인이 아니라, 조국을 위한 의사(義士)다.' 그의 말은 모든 조선인들에게 용기와 희망을 불어넣었다. 그는 1910년 처형되었지만, 그의 희생은 이후 독립운동의 불씨가 되었고, 그가 바친 생명은 민족의 자유를 위한 도화선이 되었다. 안중근의 마지막 외침은 '대한 독립 만세'였고, 그의 정신은 지금도 우리에게 이어지고 있다.

에이브러햄 링컨 "헌신의 증거"

의미: 위대한 목표 달성에는 누군가의 희생이 필요하며 이것이 진정한 헌신의 표현이다.
출처: 미국 제16대 대통령 에이브러햄 링컨의 연설과 서신.

에이브러햄 링컨은 미국 내전 당시 노예 해방과 국가 통합을 위해 끊임없이 노력하며, 자신의 결단이 국민들에게 큰 희생을 요구하게 될 것을 깊이 인식했다. 그는 전쟁과 분열의 고통 속에서도, 진정으로 위대한 일은 헌신과 희생 없이는 이루어질 수 없음을 강조하며, 희생의 가치를 설득력 있게 전달했다.

"위대한 일은 항상 누군가의 희생을 필요로 한다. 그것이 진정한 헌신의 증거이다."

링컨의 리더십은 단순히 목표를 이루는 데 그치지 않고, 사람들에게 희생이 공동의 선을 위한 숭고한 행동임을 깨닫게 했다. 그는 노예 해방이라는 위대한 목표를 이루기 위해 미국이 치러야 했던 대가를 인정하면서도, 그 희생이 미래 세대를 위한 길을 열어준다고 믿었다.

마더 테레사 "순수한 사랑의 형태"

의미: 희생은 사랑의 가장 진실하고 순수한 표현이며, 사랑이 있을 때 비로소 진정한 희생이 가능하다.
출처: 가난하고 소외된 사람들을 위해 헌신한 마더 테레사의 강연과 저서.

마더 테레사는 평생을 가난하고 병든 이들을 위해 헌신하며, 희생이 단순한 의무가 아니라 사랑에서 우러나오는 행동임을 보여주었다. 그녀는 사랑의 본질이 자신을 내어주고, 타인을 위해 희생하는 데 있다고 강조하며, 희생을 통해 진정한 사랑의 힘을 실현할 수 있다고 믿었다.

"희생은 사랑의 가장 순수한 형태다. 우리는 사랑하기 때문에 희생할 수 있다."

테레사는 자신의 삶과 행동을 통해 희생이 단순히 잃는 것이 아니라, 타인을 살리고 세상을 변화시키는 힘을 가진 숭고한 행위임을 증명했다. 그녀의 메시지는 모든 사람이 자신의 이익을 초월해 타인을 위해 사랑과 희생을 실천할 때, 진정한 평화와 연대가 이루어진다고 전했다.

에리히 프롬 "희생, 더 큰 가치를 위한 헌신"

의미: 희생은 자신을 포기하는 행위가 아니라, 더 중요한 가치와 목표를 위해 헌신하는 숭고한 행동이다.
출처: 사회심리학자이자 철학자 에리히 프롬의 저서 〈사랑의 기술〉과 강연.

에리히 프롬은 사랑과 인간 본성에 대한 깊은 연구를 통해 희생이 단순한 자기희생을 넘어, 더 큰 목적을 위해 자신을 헌신하는 과정이라고 정의했다. 그는 희생을 진정한 사랑의 표현으로 보았으며, 진정한 사랑은 상대방을 위한 헌신과 책임을 포함한다고 주장했다. 희생은 자신을 소모하는 것이 아니라, 더 큰 가치를 창조하는 행위로 보아야 한다고 강조했다.

"희생은 단순히 자신을 포기하는 것이 아니라, 더 큰 가치를 위해 자신을 바치는 것이다."

프롬은 희생이 자주 오해되며, 무조건적인 포기나 고통으로 여겨지는 경우가 많지만, 그것은 오히려 자신과 타인을 모두 성장시키는 창조적이고 고귀한 행위라고 설명했다. 그는 인간 관계와 공동체 속에서 희생이 어떤 의미를 가지는지를 철학적으로 풀어내며, 이를 통해 인간이 더 높은 차원의 사랑과 연대를 이룰 수 있다고 보았다.

마틴 루터 킹 주니어 "평화로 가는 과정"

의미: 갈등은 평화와 대립하는 것이 아니라, 진정한 평화를 이루기 위한 필수적인 과정.
출처: 미국의 인권 운동가 마틴 루터 킹 주니어의 연설과 저서.

마틴 루터 킹 주니어는 민권 운동을 이끌며, 평화와 정의가 단순히 갈등을 회피한다고 이루어지지 않는다고 강조했다. 그는 갈등을 회피하는 평화는 진정한 평화가 아니며, 오히려 갈등을 직시하고 이를 비폭력적으로 해결하는 과정이 진정한 평화로 나아가는 길이라고 믿었다.

"갈등은 평화의 반대가 아니라, 진정한 평화로 가는 과정이다."

킹 목사는 인종차별과 불평등이라는 사회적 갈등 속에서 비폭력적 저항과 대화를 통해 정의와 화해를 추구했다. 그는 갈등을 두려워하기보다는, 그것이 평화와 공존의 진정한 의미를 배우고 실현하는 기회가 될 수 있다고 보았다.

브레네 브라운 "연결의 씨앗"

의미: 갈등을 극복하면 진정한 연결과 관계를 형성할 기회가 될 수 있다.
출처: 사회심리학자이자 취약성 연구가 브레네 브라운의 저서 〈용기의 탄생〉과 강연.

브레네 브라운은 인간 관계에서 갈등이 피할 수 없는 현상임을 인정하면서, 갈등을 통해 사람들이 서로의 진정성을 확인하고 신뢰를 쌓는 계기가 될 수 있다고 주장했다. 그녀는 갈등이 단지 위협이 아니라, 솔직한 대화를 통해 더 깊은 이해와 유대감을 형성할 수 있는 기회로 작용한다고 보았다.

"갈등은 신뢰를 시험하지만, 진정한 연결의 씨앗을 심는 기회가 되기도 한다."

브라운은 갈등을 피하지 말고, 이를 열린 마음으로 직면하며, 갈등 속에서 서로의 취약함과 진심을 드러낼 때 관계가 더 깊어질 수 있다고 강조했다. 그녀의 연구는 갈등이 인간의 성장과 관계의 질을 향상시키는 데 중요한 역할을 할 수 있음을 보여준다.

타라 브랙 "두려움에서 연민으로"

의미: 두려움과 오해에서 비롯된 갈등은, 연민과 이해를 통해 치유되고 해결된다.
출처: 명상 지도자이자 작가 타라 브랙의 저서 〈급진적 수용〉, 〈급진적 자비〉와 강연.

미국의 심리학자이자 불교 명상 지도자 타라 브랙은 갈등의 뿌리를 두려움과 방어적인 태도에서 찾으며, 이를 극복하기 위해 연민과 마음의 개방성이 필요하다고 강조했다. 그녀는 갈등이 일어나는 순간, 우리가 스스로의 두려움을 직면하고 상대방을 이해하려는 연민의 태도를 가질 때, 진정한 해결과 치유가 가능하다고 주장했다.

"갈등은 두려움에서 시작되지만, 연민으로 해결된다."

브록은 갈등 상황에서 연민의 중요성을 명상과 심리학적 접근을 통해 설명하며, 갈등을 단순히 피하거나 억누르는 것이 아니라, 내면의 두려움과 외부의 대립을 동시에 직시할 수 있어야 한다고 보았다. 그녀의 철학은 개인적, 관계적, 사회적 갈등을 해결하는 데 있어 연민과 공감의 힘을 강조한다.

아비지트 배너지 "이해와 공감의 필요성"

의미: 갈등은 서로의 관점을 이해하지 못할 때 생기며 해결의 핵심은 공감에 있다.
출처: 노벨 경제학상 수상자이자 빈곤 문제 연구자인 아비지트 배너지의 강연과 저서 〈가난한 사람이 더 합리적이다〉.

아비지트 배너지는 경제적 불평등과 빈곤 속에서 발생하는 갈등을 연구하며, 대부분의 갈등이 서로의 입장을 이해하려는 노력 부족에서 시작된다고 분석했다. 그는 갈등을 해결하기 위해서는 데이터를 넘어 사람들의 이야기를 듣고, 공감하는 자세가 필요하다고 주장했다. 특히 사회적, 경제적 불균형이 초래하는 갈등의 심각성을 지적하며, 공감이야말로 지속 가능한 해결책을 만드는 열쇠라고 보았다.

"갈등은 다른 관점을 이해하려 하지 않을 때 시작된다. 공감이 그 해답이다."

배너지의 연구는 경제적 갈등뿐만 아니라, 다양한 인간 관계 속에서 공감이 갈등을 완화하고 협력을 가능하게 하는 중요한 요소임을 보여준다. 그는 갈등을 대화와 공감의 기회로 삼아, 더 나은 사회적 결속을 이루는 방법을 제안했다.

프랜시스 후쿠야마 "제도의 역할"

의미: 갈등은 제도가 약할 때 드러나지만, 강한 제도는 이를 협력의 기회로 바꿀 수 있다.
출처: 일본계 미국인 3세 정치 철학자 겸 경제학자인 프랜시스 후쿠야마의 저서 〈정치 질서와 정치 쇠퇴〉와 강연.

프랜시스 후쿠야마는 사회적 갈등의 원인과 해결 방법을 탐구하며, 제도의 강점이 사회 안정에 미치는 영향을 분석했다. 그는 제도가 약하거나 공정하지 않을 때 갈등이 심화된다고 보았다. 그러나 강력하고 투명한 제도는 갈등을 생산적으로 관리하고, 이를 통해 협력과 발전을 이끌어낼 수 있다고 주장했다.

"갈등은 제도가 약할 때 나타나지만, 강한 제도는 갈등을 협력으로 바꾼다."

후쿠야마는 사회적 안정을 위해 공정성과 신뢰를 기반으로 한 제도의 중요성을 강조했다. 그는 정치, 경제, 사회적 갈등이 강력한 제도의 틀 안에서 해결될 때, 사회가 더 큰 통합과 진보를 이룰 수 있다고 보았다.

루시 켈러웨이 "학습의 기회"

의미: 갈등은 모든 조직에서 발생하지만, 그 갈등을 대하는 태도가 조직의 성장과 발전을 좌우한다.
출처: 기업 문화 전문가이자 작가 루시 켈러웨이의 칼럼과 인터뷰.

루시 켈러웨이는 조직 내에서 갈등을 피할 수 없는 현실로 인정하면서도, 갈등을 부정적으로만 보지 않았다. 그녀는 갈등이 조직 내 다양한 관점과 이해 관계가 충돌할 때 발생하며, 이를 적절히 해결하고 관리할 때 조직과 개인 모두가 성장할 수 있다고 강조했다.

"갈등은 모든 조직에서 생긴다. 중요한 것은 그것을 통해 배우는 태도다."

켈러웨이는 갈등을 단순히 해결해야 할 문제로만 간주하지 않고, 이를 통해 조직의 문제점을 발견하고 개선할 기회로 삼아야 한다고 강조했다. 그녀의 통찰은 조직이 갈등을 어떻게 관리하느냐에 따라 창의적이고 생산적인 결과를 얻을 수 있다는 점을 보여준다.

아만다 고먼 "갈등, 아름다운 시가 되다"

의미: 갈등은 단순한 대립이 아닌 다양성의 표현이며 이를 통해 새로운 가치가 창조된다.
출처: 시인이자 평화 활동가 아만다 고먼의 강연과 인터뷰.

아만다 고먼은 시와 예술이 갈등을 이해하고 치유하는 강력한 도구가 될 수 있다고 믿었다. 그녀는 갈등이 대립과 분열의 결과가 아니라, 우리가 서로 다르게 느끼고 생각한다는 증거로 볼 수 있으며, 이러한 차이가 창의적인 표현과 새로운 가능성을 열어줄 수 있다고 강조했다.

"갈등은 아름다운 시가 될 수도 있다. 그것은 우리가 다르게 느끼고 생각한다는 증거다."

고먼은 자신의 시를 통해 갈등 속에서 희망과 화합의 메시지를 전달하며, 예술이 사회적 문제를 다루고 이를 치유할 수 있는 힘을 가졌음을 보여주었다. 그녀의 작품은 갈등을 새로운 시각으로 바라보고, 이를 통해 더 나은 미래를 창조하는 데 기여하고 있다.

아담 그랜트 "혁신의 시작"

의미: 갈등은 다른 생각의 충돌이지만, 이는 혁신을 만들어내는 창조적 동력이 된다.
출처: 조직심리학자 겸 작가 아담 그랜트의 저서 〈오리지널스〉와 강연.

아담 그랜트는 조직과 팀 내에서 갈등이 항상 부정적인 것은 아니며, 오히려 창의적 아이디어와 혁신의 계기가 될 수 있다고 분석했다. 그는 갈등을 피하기보다는 이를 건강하게 관리하고, 서로 다른 관점과 아이디어가 충돌하는 과정에서 새로운 해결책과 혁신이 탄생한다고 주장했다.

"갈등은 아이디어가 충돌할 때 혁신이 태어나는 곳이다."

그랜트는 건설적인 갈등을 통해 팀이 더 깊은 논의를 하고, 다양한 관점을 수용하며, 더 나은 결정을 내릴 수 있다고 강조했다. 그는 갈등이 창의성과 혁신의 중요한 동력이 될 수 있으며, 이를 활용하기 위해선 열린 마음과 소통이 필요하다고 보았다.

주역 "조화의 본질과 갈등"

의미: 하늘과 땅이 조화를 이루어 세상을 창조하듯, 갈등은 조화와 균형이 부족할 때 발생한다.
출처: 동양 철학의 대표적인 경전 〈주역(周易)〉.

주역은 자연의 원리를 통해 인간 삶의 질서를 탐구하며, 조화와 균형을 모든 갈등 해결의 핵심으로 강조했다. 이 구절은 하늘과 땅이 서로 조화를 이루어 만물을 창조하듯, 인간과 인간 사이의 관계, 그리고 인간과 자연의 관계 역시 조화를 통해 발전할 수 있음을 시사한다. 조화가 깨질 때 갈등이 생기고, 이는 더 큰 혼란으로 이어질 수 있다고 경고한다.

"하늘과 땅은 서로 조화를 이루어 만물을 낳는다. 갈등은 조화의 부족에서 생긴다."

주역은 자연과 인간의 삶을 연결하여 갈등의 본질을 탐구하며, 조화를 이르는 방법을 제시한다. 이는 단순히 외부적 조화만을 뜻하지 않고, 인간의 내면적 균형과 타인과의 관계에서도 조화를 추구해야 한다는 철학적 메시지를 담고 있다.

공자 "화합과 다름의 조화"

의미: 군자는 차이를 인정하며 조화를 이루고, 소인은 차이를 무시하며 획일성을 강요.
출처: 공자의 〈논어(論語)〉, 〈자로편(子路篇)〉.

공자는 인간관계에서 조화와 차이를 다루는 태도를 군자와 소인의 차이로 설명했다. 그는 군자는 상대방의 차이를 인정하면서도 조화를 이루는 방법을 추구하지만, 소인은 표면적인 동일함만을 강요해 갈등을 조장한다고 지적했다. 공자는 갈등의 본질이 차이에 있는 것이 아니라, 이를 대하는 태도에 있다고 강조했다.

"군자는 화합을 추구하지만, 똑같아지려 하지는 않는다. 소인은 같아지려 하지만, 화합하지 않는다."

공자는 이 말을 통해 인간관계와 사회적 문제에서 화합의 본질이 단순한 일치에 있는 것이 아니라, 서로 다른 견해와 가치를 존중하며 균형을 이루는 데 있음을 가르쳤다.

동경대전 "다름과 본질의 조화"

의미: 사람은 모습과 생각이 달라도 본질은 같으며, 차이에 대한 두려움이 갈등을 만든다.
출처: 동학의 주요 경전 〈동경대전(東經大全)〉.

동학은 조선 후기의 사회적 불평등과 혼란 속에서 평등과 조화를 강조하며 등장한 종교·철학적 운동이었다. 이 구절은 동학의 핵심 사상인 '인내천(人乃天, 사람은 곧 하늘)'과 연결되며, 모든 인간이 본질적으로 평등하다는 가르침을 담고 있다. 동학은 갈등이 사람들의 차이를 두려워하거나 이를 받아들이지 못할 때 발생한다고 보았다.

"사람은 서로 다르나 본질은 하나다. 갈등은 다름을 두려워할 때 생긴다."

동학 사상은 차이와 다양성을 인정하면서도, 그것이 본질적으로 하나로 연결되어 있음을 인식할 때 갈등을 극복할 수 있다고 가르쳤다. 이는 단순한 개인 간의 갈등뿐만 아니라, 사회적, 계급적, 문화적 갈등을 해결하는 데도 중요한 통찰을 제공한다.

시몬 드 보부아르 "평등이 갈등을 치유한대"

의미: 남녀 갈등의 근원은 권력의 불균형에 있으며, 평등만이 이를 해결할 수 있다.
출처: 프랑스 철학자이자 페미니스트 시몬 드 보부아르의 저서 〈제2의 성〉.

시몬 드 보부아르는 남성과 여성의 관계에서 발생하는 갈등의 근본 원인을 분석하며, 그것이 단순한 오해나 차이에서 오는 것이 아니라, 사회적으로 구조화된 권력 불균형에서 비롯된다고 보았다. 그녀는 여성이 사회적으로 종속적 위치에 놓이는 상황에서 갈등이 깊어지고, 이를 해결하기 위해서는 양성 평등과 상호 존중이 필요하다고 주장했다.

"남성과 여성의 갈등은 권력이 균형을 잃을 때 나타난다. 평등은 이 갈등을 치유하는 유일한 길이다."

보부아르는 여성의 권리를 주장하며, 여성도 남성과 동등한 존재로서 인정받아야 한다고 강조했다. 그녀의 철학은 단순히 남성과 여성 간의 관계를 넘어서, 모든 인간 관계에서의 갈등 해결을 위한 평등의 중요성을 설파한다.

에머슨 이글스 "같은 하늘, 다른 세상"

의미: 남녀는 서로 다른 관점과 경험을 지녔으며, 이런 차이를 인정하지 않으면 갈등이 깊어진다.
출처: 작가이자 사상가 에머슨 이글스의 저서 〈화성에서 온 남자, 금성에서 온 여자〉.

에머슨 이글스는 인간 관계에서 남성과 여성의 차이를 이해하는 것이 갈등을 줄이는 핵심이라고 보았다. 그는 남녀가 같은 하늘 아래 살아가지만, 서로 다른 시각과 경험 속에서 세상을 바라보고 있음을 지적하며, 이러한 차이를 인정하고 존중하는 자세가 조화로운 관계를 이루는 첫걸음이라고 강조했다.

"남성과 여성은 같은 하늘 아래 다른 세상을 산다. 갈등은 이 차이를 인정하지 않을 때 커진다."

이글스는 남성과 여성 간의 차이를 갈등의 원인으로 보지 않고, 그 차이를 인정하고 받아들이지 않는 태도가 문제라고 분석했다. 그는 갈등을 해결하려면 차이를 부정하지 말고, 이를 다름이 아닌 다양성의 일부로 받아들여야 한다고 주장했다.

벨 훅스 "이해의 본질"

의미: 남녀 갈등은 사랑을 소유로 오해할 때 생기며, 진정한 사랑은 이해와 공감에서 시작된다.
출처: 페미니스트 작가이자 사상가 벨 훅스의 저서 〈사랑의 모든 것〉.

벨 훅스는 사랑에 대한 사회적 통념과 이를 둘러싼 기대가 남녀 간 갈등의 주요 원인이라고 지적했다. 그녀는 사랑을 소유나 지배의 형태로 이해하면 관계에서 균형이 깨지고 갈등이 심화될 수밖에 없다고 주장하며, 진정한 사랑은 상대방을 깊이 이해하고 자유롭게 하는 것에서 시작된다고 강조했다.

"남성과 여성 간의 갈등은 사랑에 대한 잘못된 기대에서 시작된다. 사랑은 소유가 아니라 이해다."

훅스는 사랑이 단순히 감정적 연결을 넘어, 상대방의 존재를 온전히 이해하고 수용하는 관계를 통해 깊어질 수 있음을 설파했다. 그녀는 갈등을 줄이고 조화로운 관계를 유지하기 위해 사랑의 정의를 재정립해야 한다고 강조했다.

알랭 드 보통 "불완전함의 수용"

의미: 남녀 갈등은 서로에게 완벽을 기대할 때 생기며, 불완전함의 수용이 관계의 열쇠다.
출처: 철학자이자 작가 알랭 드 보통의 강연과 저서 〈사랑의 기초〉.

알랭 드 보통은 인간 관계와 사랑에 대해 탐구하며, 갈등이 주로 이상적인 관계에 대한 비현실적인 기대에서 비롯된다고 분석했다. 그는 남녀가 서로를 완벽하게 이해하고 항상 만족시킬 수 있다는 믿음이 갈등을 촉발한다고 지적하며, 이러한 기대를 내려놓고 서로의 불완전함을 수용하는 태도가 필요하다고 강조했다.

"남녀 간의 갈등은 완벽함을 기대할 때 나타난다. 우리는 모두 불완전하다는 것을 받아들여야 한다."

보통은 인간이 본질적으로 불완전하며, 관계의 아름다움은 이러한 불완전함을 인정하고 서로의 부족함을 채워주려는 노력에서 나온다고 강조했다. 그는 완벽함 대신 이해와 용서가 갈등을 해결하는 열쇠임을 설파했다.

에드워드 기번 "역사의 반복과 교훈"

의미: 역사는 반복되며, 과거의 교훈을 잊기 때문에 같은 실수를 반복한다.
출처: 영국 역사가 에드워드 기번의 저서 〈로마제국 쇠망사〉.

에드워드 기번은 로마 제국의 흥망을 분석하며, 역사 속에서 인간이 반복적으로 같은 실수를 저지르는 현상을 지적했다. 그는 로마 제국의 몰락이 단순한 외부의 요인이 아니라, 내부의 부패와 교훈을 잊어버린 태도에서 비롯되었다고 설명했다.

"역사는 반복된다. 단지 인간이 그 교훈을 잊을 뿐이다."

기번은 역사를 단순한 사건의 나열이 아니라, 인간 행동의 패턴을 보여주는 거울로 보았다. 그는 과거의 실패를 배우고 이를 바탕으로 미래를 준비하지 않는다면, 문명은 다시 같은 길을 걸을 것이라고 경고했다. 이 통찰은 모든 시대와 문명에 적용될 수 있는 교훈으로 남아 있다.

조지 산타야나 "역사를 기억해야 하는 이유"

의미: 역사를 기억하지 못하면 같은 실수를 반복할 수밖에 없다.
출처: 철학자 조지 산타야나의 저서 〈이성의 삶〉.

19세기, 조지 산타야나는 역사가 단순히 과거의 기록이 아니라, 현재와 미래를 형성하는 중요한 교훈이라고 보았다. 그는 사람들이 과거의 경험을 배우지 못할 때 같은 실수를 반복할 가능성이 크다고 경고했다. 산타야나는 역사를 기억하고 반성하는 과정이 개인과 사회의 성장을 위한 필수적인 요소라고 강조하며, 이를 통해 인간이 진보할 수 있다고 설파했다.

"역사를 기억하지 못하는 자는 그것을 반복할 운명에 처한다. 과거의 교훈은 현재와 미래를 위한 길잡이다."

산타야나의 이 말은 역사가 단순한 과거의 기록이 아니라, 인간과 사회가 미래를 설계하는 데 반드시 참고해야 할 지침임을 경고하며, 시대를 초월한 통찰로 오늘날에도 자주 인용된다.

나폴레옹 보나파르트 "승리자가 쓴 역사"

의미: 역사는 사실의 나열이 아니라, 승리자의 관점에서 재구성된 이야기.
출처: 나폴레옹 보나파르트의 연설과 기록.

19세기 초, 유럽을 재편한 프랑스의 황제 나폴레옹 보나파르트는 전쟁과 정치에서 승리의 중요성을 누구보다도 깊이 이해한 인물이었다. 그의 업적과 실패는 역사에 깊은 흔적을 남겼지만, 그는 역사가 항상 객관적일 수 없음을 잘 알고 있었다.

"역사는 사실의 기록이 아니라, 승리자의 기록이다. 승리자는 과거를 자신의 이야기로 채우고, 패자는 잊힌다."

나폴레옹은 이 말을 통해 역사가 단순히 일어난 사건들을 기록하는 것이 아니라, 권력을 쥔 자들이 자신들에게 유리한 방향으로 재구성하는 과정이라고 역설했다. 그는 전쟁과 정치의 승자가 역사를 작성하며, 패자는 종종 그들의 이야기를 잃는다고 설명했다.

윌리엄 셰익스피어 "역사는 교사와 판관이다"

의미: 과거는 배우려는 사람에게는 유익하지만, 이를 무시하면 가혹한 결과를 초래한다.
출처: 셰익스피어의 작품 속 대사와 문헌에서 유래한 통찰.

셰익스피어는 자신의 희곡에서 인간의 선택과 행동이 과거의 경험에 의해 어떻게 형성되고, 또 그것을 외면했을 때 어떤 결과를 초래하는지 자주 묘사했다. 그는 과거를 교훈으로 삼아야 하며, 이를 통해 더 나은 선택을 할 수 있다고 보았다. 하지만 과거의 실수를 무시하거나 외면하면, 그 과거는 가혹한 판관이 되어 현재와 미래에 책임을 물을 것이라고 경고했다.

"과거는 친절한 교사이지만, 우리가 배울 의지가 없을 때는 엄격한 판관이 된다."

이 말은 인간이 과거를 대하는 태도에 따라 삶의 방향이 달라질 수 있음을 강조하며, 개인과 사회 모두가 과거에서 배우는 것이 얼마나 중요한지를 일깨운다. 셰익스피어의 작품은 이러한 교훈을 중심으로, 인간의 선택과 그 결과가 역사의 흐름을 어떻게 바꿀 수 있는지 보여준다.

칼 마르크스 "역사의 비극과 희극"

의미: 역사는 첫 번째는 비극으로 나타나고, 반복될 때는 희화화되는 아이러니를 지닌다.
출처: 철학자 겸 정치인 칼 마르크스의 저서 〈루이 보나파르트의 브뤼메르 18일〉유래.

칼 마르크스는 이 구절에서 역사가 단순히 반복되는 것이 아니라, 반복될 때 그 맥락과 의미가 달라진다는 점을 강조했다. 그는 나폴레옹 보나파르트와 그의 조카 루이 나폴레옹의 사례를 통해, 첫 번째 사건이 비극적이고 중대한 결과를 초래했지만, 동일한 상황이 두 번째로 반복될 때는 희극적인 모양새를 띠며 진지함이 결여된다고 설명했다.

"역사는 한 번은 비극으로, 다시 한 번은 희극으로 반복된다."

마르크스의 분석은 역사적 사건들이 각기 다른 시대적 맥락에서 어떻게 재현되는지를 탐구하며, 반복되는 역사가 항상 같은 방식으로 받아들여지는 것은 아니라는 점을 시사한다.

라이너 마리아 릴케 "거울로 과거의 역사를 비추다"

의미: 역사는 과거를 비추고, 이를 통해 현재를 돌아보고 미래를 준비하는 지침.
출처: 라이너 마리아 릴케의 에세이와 철학적 글.

20세기 초, 독일어권의 대표적인 시인이자 철학자였던 라이너 마리아 릴케는 역사란 단순히 과거의 기록이 아니라, 인간이 자신을 돌아보고 성찰할 수 있는 거울과 같다고 보았다. 그는 역사를 통해 우리가 어디에서 왔고, 무엇을 배워야 하는지 이해할 수 있다고 강조했다. 릴케는 과거를 비추는 거울로서의 역사가 현재와 미래를 설계하는 데 중요한 역할을 한다고 설파했다.

"역사는 과거를 비추는 거울이다. 그 거울 속에서 우리는 우리의 모습을 보고, 내일을 준비할 수 있다."

릴케는 이 말을 통해 역사가 단순히 과거의 사건들을 나열하는 것이 아니라 그 안에서 인간의 삶과 선택을 반성하며 미래를 위한 교훈을 얻는 도구라고 설명했다. 그는 거울이 우리 자신의 모습을 보여주듯, 역사는 과거를 통해 현재의 모습을 드러낸다고 강조했다.

토머스 칼라일 "인간의 영혼이 기록된 곳"

의미: 역사는 단순한 사건의 기록이 아닌, 인간의 감정, 사상, 영혼의 표현이다.
출처: 철학자이자 역사가 토머스 칼라일의 저서 〈영웅 숭배론〉.

토머스 칼라일은 역사를 단순한 연대기적 사건의 나열로 보지 않았다. 그는 역사를 통해 인간의 영혼과 가치가 드러나며, 그 안에 시대를 초월한 인간성의 본질이 담겨 있다고 주장했다. 역사는 개인의 행동과 사회적 움직임이 반영된 거대한 거울이며, 우리가 과거를 이해함으로써 스스로의 본질을 깨달을 수 있다고 강조했다.

"역사는 단순히 과거의 기록이 아니라, 인간의 영혼이 기록된 곳이다."

칼라일의 시각은 역사를 단순히 분석하거나 해석하는 것이 아니라, 그 안에 담긴 인간의 희망, 고통, 열망을 느끼고 배우는 과정으로 확장한다. 그는 역사가 단순한 사실의 집합이 아니라, 시대를 넘어선 인간적 진실을 간직한 이야기임을 설파했다.

시어도어 루스벨트 "역사를 바꾸는 지도자"

의미: 위대한 지도자는 시대의 흐름을 따르지 않고 새로운 역사를 주도한다.
출처: 시어도어 루스벨트의 연설과 그의 저서.

20세기 초 미국의 제26대 대통령 시어도어 루스벨트는 강력한 리더십으로 미국의 산업, 환경, 사회정책에 변화를 일으킨 지도자였다. 그는 역사를 수동적으로 따르는 것이 아니라, 행동을 통해 역사의 방향을 새롭게 정의해야 한다고 믿었다.

"위대한 지도자는 역사를 바꾼다. 현실에 안주하지 마라. 역사는 변화를 시도한 사람들에 의해 만들어진다."

루스벨트는 이 말을 통해 진정한 리더십은 단순히 현상 유지를 넘어, 혁신과 결단력을 통해 역사를 다시 쓰는 능력에 있다고 강조했다. 그는 환경 보호, 독점 기업 규제, 공정한 노동 정책을 통해 미국 사회에 큰 변화를 가져왔으며, 이를 통해 시대를 넘어서는 지도자의 역할을 보여주었다.

알렉시스 드 토크빌 "선택과 실수의 흔적"

의미: 역사는 단순히 진보하는 과정이 아닌, 인간의 선택과 실수들이 얽혀 만들어진 결과.
출처: 정치 철학자 겸 사회학자인 알렉시스 드 토크빌의 저서 〈미국의 민주주의〉.

알렉시스 드 토크빌은 역사를 단순히 진보와 발전의 과정으로 보지 않았다. 그는 역사가 인간의 의지, 선택, 그리고 그 선택에서 비롯된 실수들의 집합체라고 주장하며, 사회의 발전이 항상 직선적인 방향으로 이루어지지 않는다고 분석했다. 특히 그는 민주주의의 발전 과정에서 나타나는 역설과 인간 행동의 복잡성을 강조하며, 역사가 어떻게 예측 불가능한 방향으로 흘러갈 수 있는지 탐구했다.

"역사는 진보의 연속이 아니라, 인간의 선택과 실수로 만들어진 경로다."

토크빌은 민주주의와 자유의 발전이 필연적이라기보다, 각 시대의 사람들의 선택과 그로 인한 결과의 누적으로 형성된 것임을 설명했다. 그는 이를 통해 인간의 책임과 행동이 역사를 만드는 데 얼마나 중요한지를 설파했다.

이사벨 윌커슨 "역사는 흐르는 강물"

의미: 역사는 과거의 유물이 아니라, 현재의 삶 속에서 흐르고 있다.
출처: 작가 겸 저널리스트 이사벨 윌커슨의 저서 〈카스트〉와 강연.

이사벨 윌커슨은 역사적 사건과 구조가 현재에도 영향을 미치는 방식을 탐구하며, 역사가 단순히 과거에 머물러 있는 것이 아니라, 우리 삶 속에서 살아 움직이는 실체라고 주장했다. 그녀는 특히 카스트 시스템과 인종 문제를 다루며, 과거의 억압적 구조가 오늘날의 불평등과 갈등에 어떻게 연결되어 있는지를 분석했다.

"역사는 과거의 유물이 아니라, 지금도 우리 삶 속에서 흐르는 강물과 같다."

윌커슨은 역사가 단순한 기록물이 아니라, 오늘날의 사회적 구조와 인간의 행동을 형성하는 데 중요한 역할을 한다고 강조하며, 과거를 이해하는 것이 현재의 문제를 해결하고 더 나은 미래를 설계하는 열쇠라고 보았다.

틱낫한 "평화가 곧 길"

의미: 평화는 목적을 이루기 위한 수단이 아니라, 그 자체가 삶의 방식이다.
출처: 평화와 마음챙김의 대가 베트남 출신 승려 틱낫한의 사상과 그의 저서.

1967년, 베트남 출신 승려이자 세계 4대 생불 중의 한 명인 틱낫한은 베트남 전쟁의 한복판에서 평화를 설파하며 세계를 향해 목소리를 냈다. 그는 군사적 대립이 아닌 대화와 이해를 통해 평화를 이루어야 한다고 설파했다.

"평화는 길이 아니다. 평화가 곧 길이다. 평화는 목적지가 아니라 여정 그 자체이다."

틱낫한은 전쟁으로 고통받는 사람들을 돕기 위해 비폭력과 마음챙김의 실천을 강조했다. 그는 단순히 평화를 외치는 데 그치지 않고, 일상 속에서 평화를 살아가는 방법을 전 세계에 알렸다. 그의 가르침은 전쟁과 폭력의 고통 속에서도 개인과 공동체가 어떻게 평화를 선택할 수 있는지를 보여주었다. 그의 메시지는 국경을 넘어 수백만 사람들에게 전해졌고, 그의 가르침은 현대의 평화 운동과 마음챙김 명상에 깊은 영향을 끼쳤다.

말랄라 유사프자이 "교육은 평화의 첫걸음"

의미: 평화는 폭력보다 강력하며, 이를 이루기 위해서는 참 교육이 필요하다.
출처: 교육 운동가이자 노벨 평화상 수상자인 말랄라 유사프자이의 연설과 저서.

20세기 말, 말랄라 유사프자이는 여성과 소녀들의 교육권을 옹호하며, 폭력과 억압에 맞서 교육이 평화를 이루는 가장 강력한 도구라고 주장했다. 그녀는 자신의 고향 파키스탄에서 여성 교육을 반대하는 세력의 위협에도 굴하지 않고, 모든 사람이 교육받을 권리를 가져야 한다고 목소리를 높였다.

"평화는 총알보다 더 강력하다. 교육은 평화를 이루는 첫걸음이다. 배움은 우리를 변화시키고, 세상을 바꾸는 힘이다."

말랄라는 교육이 단순히 지식을 전달하는 것을 넘어, 사람들의 시야를 넓히고, 공감과 이해를 통해 갈등을 해소하며, 지속 가능한 평화를 만드는 도구라고 보았다. 그녀의 활동은 교육과 평화가 얼마나 깊이 연결되어 있는지를 세계에 알리는 계기가 되었다.

이마누엘 칸트 "영원한 평화는 의지의 산물"

의미: 평화는 자연스럽게 이루어지는 것이 아닌, 인간의 의지와 노력으로 만들어진다.
출처: 철학자 이마누엘 칸트의 저서 〈영구 평화론〉.

칸트는 국제적 평화와 협력의 가능성을 철학적으로 탐구하며, 영구적인 평화는 단순히 전쟁을 멈추는 것을 넘어, 법과 이성을 기반으로 한 인간의 의지와 제도로 이루어질 수 있다고 주장했다. 그는 개인과 국가가 평화를 실현하기 위해 적극적으로 노력해야 하며, 이를 위해 상호 존중과 공정한 협력이 필요하다고 보았다.

"영원한 평화는 우연히 오는 것이 아니라, 인간의 의지로 이루어지는 것이다."

칸트는 영구 평화를 위해 민주적 공화제, 국제적 연합, 그리고 인간의 도덕적 성숙이 필수적이라고 강조하며, 평화가 자연스럽게 찾아오는 것이 아니라 인간의 이성과 의지가 만들어가는 결과물임을 설파했다.

와리스 디리 "평화와 여성의 자유"

의미: 진정한 평화는 여성과 소녀들이 모든 억압에서 벗어나 자유로울 때 비로소 이루어진다는 뜻.
출처: 여성 인권 운동가이자 작가 와리스 디리의 강연과 저서.

20세기 중반, 와리스 디리는 자신이 겪은 여성할례의 고통을 세상에 알리며, 여성의 권리와 자유가 인류의 평화와 직결된다는 메시지를 전달했다. 그녀는 여성의 자유와 존엄성이 억압된 사회에서는 결코 평화가 이루어질 수 없다고 주장하며, 여성 권리의 보장이 인류 평화를 위한 필수 조건임을 강조했다.

"평화는 모든 여성과 소녀가 자유로울 때 비로소 실현된다."

디리는 자신의 이야기를 통해 여성 억압의 심각성을 전 세계에 알렸고, 이를 해결하기 위한 행동과 연대를 촉구했다. 그녀는 평화란 단순히 전쟁의 부재가 아니라, 모든 사람이 자유와 존엄성을 누릴 수 있는 사회적 조건을 포함해야 한다고 설파했다.

스테파니 포스텔 "갈등 관리의 새로운 방식"

의미: 평화는 갈등을 끝내는 것이 아니라, 이를 생산적이고 지속 가능하게 다루는 방법.
출처: 심리학자이자 평화주의자 겸 저술가 스테파니 포스텔의 연구와 강연.

스테파니 포스텔은 갈등을 피하는 것이 평화가 아니며, 갈등을 긍정적이고 건설적으로 관리하는 방식이 평화를 실현하는 길이라고 주장했다. 그녀는 평화란 갈등을 무조건 억누르는 것이 아니라, 서로의 차이를 이해하고 조화를 이루는 과정에서 지속 가능한 방식을 찾아내는 것이라고 보았다.

"평화는 갈등의 끝이 아니라, 갈등을 관리하는 새로운 방식이다."

포스텔의 연구는 평화가 단순히 갈등 없는 상태가 아니라, 갈등을 생산적이고 혁신적으로 다루는 기술과 태도임을 강조하며, 사회적 문제 해결의 새로운 패러다임을 제시한다. 이 명언은 평화가 갈등 자체를 부정하지 않고, 이를 통해 더 나은 미래를 만들어가는 도구라는 점을 일깨운다.

김대중 "평화는 용기에서 시작된다"

의미: 평화는 두려움을 극복하고, 대화와 화해를 실천하는 용기에서 비롯된다.
출처: 대한민국 제15대 대통령 김대중의 연설과 저서, 노벨 평화상 수상 연설.

김대중 대통령은 한반도 평화와 화해를 위해 한반도의 긴장 완화를 위한 '햇볕 정책'을 추진했다. 그는 분쟁과 갈등 속에서도 평화를 이루기 위해서는 두려움을 넘어서 대화와 상호 이해를 실천하는 용기가 필요하다고 역설했다. 그의 노벨 평화상 수상 연설에서는 특히 평화가 단순히 갈등의 부재가 아니라, 진정한 화합과 상호 존중에서 비롯된다고 강조했다.

"평화는 용기에서 비롯되며, 두려움을 극복하지 못하면 화해와 협력은 불가능하다."

김대중은 평화는 갈등을 단순히 억누르는 것이 아니라, 적극적으로 해결하려는 의지에서 나오는 것임을 보여주었으며, 한반도와 국제사회의 평화 구축을 위해 대화를 통해 신뢰를 쌓아야 한다고 강조하였다. 그는 취임 직후 IMF로 인해 실추된 경제를 국민과 함께 극복하였고, 외교에서도 두려움을 극복하고 화해와 협력을 이루는 용기의 가치를 몸소 보여주었다.

헬렌 켈러 "독립의 시작, 선택과 행동"

의미: 독립은 타인의 도움이 아닌 스스로의 선택과 행동으로 삶을 주도하는 데서 시작.
출처: 헬렌 켈러의 자서전 〈내 삶의 이야기〉와 그녀의 연설.

19~20세기, 미국의 작가이자 활동가인 헬렌 켈러는 시각과 청각 장애를 극복하며 전 세계에 감동을 주었다. 그녀는 독립이란 단순히 외부 조건에 의해 이루어지는 것이 아니라, 자신의 선택과 행동을 통해 스스로 쟁취해야 한다고 역설했다.

"독립은 스스로 선택하고 행동하는 데서 시작된다. 나는 나의 장애를 나의 독립으로 바꾸었다."

켈러는 이 말을 통해 독립은 외부 환경이나 다른 사람의 도움만으로 완성되는 것이 아니라, 스스로 선택하고 삶의 방향을 결정하는 능력에서 시작된다고 강조했다. 그녀는 자신의 장애를 극복하기 위한 첫 번째 단계가 스스로 배우고 성장하기로 결심하는 것이었다고 회고했다.

토머스 제퍼슨 "독립은 용기의 특권이다"

의미: 독립은 주어지는 것이 아닌, 용기 있는 행동으로 쟁취해야 얻을 수 있는 권리.
출처: 토머스 제퍼슨의 독립 선언 초안과 그의 정치적 철학.

18세기, 미국의 건국의 아버지 중 한 명이자 제3대 대통령인 토머스 제퍼슨은 독립과 자유의 가치를 누구보다 강렬하게 옹호했다. 그는 1776년 미국 독립 선언문을 작성하며, 자유와 독립은 단순히 권리가 아니라 용기 있는 행동과 헌신의 결과물임을 강조했다. 그는 독립이란 얻어지는 것이 아니라, 용기와 결단력을 통해 쟁취하는 것이라고 보았다.

"독립은 용기 있는 자들만이 누릴 수 있는 특권이고, 행동하는 자들의 유산이다."

토머스는 이 말을 통해 독립이 단순히 선언으로 이루어지는 것이 아니라, 이를 위해 싸우고 희생하며 용기를 발휘한 자들만이 누릴 수 있는 권리임을 설파했다. 그는 미국 독립 전쟁 당시 많은 사람들이 두려움 속에서 현실에 타협했지만, 용기를 가진 이들이 미래를 위해 위험을 감수하며 독립을 쟁취했다고 말했다.

에이브러햄 링컨 "독립의 본질"

의미: 독립은 자신의 삶과 방향을 스스로 결정하고 선택할 수 있는 근본적 권리.
출처: 에이브러햄 링컨의 연설과 그의 노예해방 정책.

19세기, 미국의 제16대 대통령이자 노예제 폐지의 상징인 에이브러햄 링컨은 자유와 독립의 가치를 누구보다 깊이 이해했다. 그는 모든 사람은 자신의 삶의 길을 선택할 권리가 있으며, 이를 부정하는 것은 독립의 본질을 훼손하는 것이라고 역설했다.

"모든 사람은 자신만의 길을 결정할 권리가 있다. 그것이 독립의 본질이다. 독립은 타인에 의해 부여되는 것이 아니라, 스스로 쟁취하고 유지하는 것이다."

링컨은 이 말을 통해 독립이란 단순히 외부적 억압으로부터 벗어나는 것이 아니라, 개인이 자신의 선택과 결정에 따라 삶을 주도할 수 있는 권리를 가지는 것임을 강조했다.

오드리 로드 "두려움 속의 목소리"

의미: 독립은 두려움을 없애는 것이 아닌, 그 속에서도 자신의 목소리를 찾는 과정.
출처: 오드리 로드의 시와 에세이 〈시스터 아웃사이더〉.

20세기, 미국의 시인이자 활동가인 오드리 로드는 인종 차별, 성별 억압, 그리고 성소수자로서의 정체성을 대담하게 드러내며, 독립과 자기 표현의 중요성을 설파했다. 그녀는 독립이란 외부의 억압이나 내면의 두려움에 굴복하지 않고, 자신의 목소리를 찾고 이를 세상에 전달하는 과정이라고 말했다.

"독립은 두려움 속에서도 스스로의 목소리를 찾는 과정이다. 두려움은 우리의 목소리를 묶어두지만, 침묵은 결국 우리를 더 억압한다."

로드는 이 말을 통해 두려움은 인간의 자연스러운 감정이지만, 그 속에서 침묵하지 않고 자신의 진실을 표현하는 것이 독립의 본질임을 강조했다. 그녀는 두려움이 있을지라도 자신의 목소리를 찾고 말하는 것이야말로 자유와 독립을 향한 첫걸음이라고 강조했다.

랄프 왈도 에머슨 "자유의 원천"

의미: 자유는 외부가 아닌 독립적 사고와 판단이 가능한 정신에서 시작되는 가치.
출처: 랄프 왈도 에머슨의 에세이 〈자립(Self-Reliance)〉.

19세기, 미국의 철학자이자 시인인 랄프 왈도 에머슨은 개인의 자립과 독립적 사고의 중요성을 설파하며 초월주의 운동을 이끌었다. 그는 인간의 정신적 독립이야말로 진정한 자유와 행복을 가져오는 원천이라고 강조했다.

"독립적인 정신은 진정한 자유의 원천이다. 스스로 생각하라, 그것이 곧 독립이다."

에머슨은 이 말을 통해 인간은 외부의 권위나 사회적 규범에 얽매이지 않고, 자신의 내면에서 나오는 판단과 통찰에 따라 행동할 때 진정한 자유를 누릴 수 있다고 강조했다. 그는 독립적 사고가 없이는 자유란 단순한 환상에 불과하다고 보았다.

그의 대표작 〈자립〉에서 에머슨은 '다른 이들의 기대나 사회적 기준에 맞추려는 태도는 개인의 자유를 억압한다'고 경고했다.

시몬 볼리바르 "자유로 가는 첫걸음"

의미: 독립은 억압으로부터 벗어나 자유와 자주권을 향해 나아가기 위한 출발점.
출처: 시몬 볼리바르의 연설과 남아메리카 독립운동 과정.

18~19세기, 남아메리카의 해방자로 불리는 시몬 볼리바르는 스페인의 식민 통치에서 벗어나기 위한 독립운동을 이끌며 역사에 길이 남을 인물이 되었다. 그는 독립이 단지 억압에서 벗어나는 것이 아니라, 그 이후 자유롭고 정의로운 사회를 만드는 첫걸음임을 강조했다.

"독립은 억압에서 벗어나기 위한 첫걸음이다."

볼리바르는 이 말을 통해 독립이란 목표가 아니라, 억압에서 벗어나 자유와 번영을 이루기 위한 여정의 시작점이라고 설명했다. 그는 남아메리카의 여러 국가를 해방시키기 위해 싸우면서, 독립이 단순히 외세를 물리치는 것에 그쳐서는 안 되며, 스스로의 힘으로 사회적, 정치적 구조를 세워야 한다고 역설했다.

빅터 위고 "내면의 지배에서 벗어나다"

의미: 독립은 외부의 강압과 내면의 자기 억압을 모두 극복하는 데서 시작되는 자유.
출처: 빅터 위고의 소설 〈레 미제라블〉과 그의 철학적 사상.

19세기, 프랑스의 작가이자 사회운동가인 빅터 위고는 자유와 독립의 가치를 자신의 작품과 삶에 깊이 새겨넣었다. 그는 독립이란 외부의 억압에서 벗어나는 것뿐만 아니라, 자신의 두려움과 한계, 나약함을 극복하는 내적 해방이라고 강조했다.

"독립은 자신을 지배하지 않는 것으로부터 시작된다. 독립은 외부에서 주어지지 않으며, 내면에서 쟁취하는 것이다."

위고는 이 말을 통해 인간의 가장 큰 억압은 외부에서 오는 것이 아니라, 스스로에게서 비롯된다고 설명했다. 그는 두려움, 불신, 관습에 얽매인 사고방식이 진정한 독립을 방해한다고 보았다. 그의 대표작 〈레 미제라블〉의 주인공 장 발장은 내면의 두려움과 죄책감을 극복하며 자신의 자유를 찾아간다. 위고는 장 발장의 여정을 통해, 진정한 독립은 자신을 구속하는 내면의 족쇄를 끊는 데서 시작된다고 보여준다.

아리스토텔레스 "자기주도의 길"

의미: 독립은 고립이 아닌 스스로 삶을 이끌고 책임지는 주체적인 태도와 실천에 있다.
출처: 아리스토텔레스의 철학적 사유와 저서 〈니코마코스 윤리학〉.

기원전 4세기, 고대 그리스 철학자 아리스토텔레스는 인간의 삶과 행복, 자립의 중요성을 깊이 탐구했다. 그는 독립이란 고립된 상태가 아니라, 자신의 삶을 자율적으로 주도하고 올바른 방향으로 이끄는 능력이라고 정의했다.

"독립은 혼자가 되는 것이 아니라, 자신을 스스로 이끄는 것이다. 자신의 삶을 이끄는 능력은 인간의 가장 고귀한 덕목 중 하나다."

아리스토텔레스는 이 말을 통해 독립이란 단순히 외부 도움 없이 존재하는 것이 아니라, 자신의 선택과 판단에 따라 삶을 주도적으로 살아가는 과정임을 강조했다. 그의 철학에서 독립은 자기 실현과 밀접하게 연결되어 있다. 그는 〈니코마코스 윤리학〉에서 '행복은 스스로의 선택과 행동에 의해 이루어진다'고 말하며, 진정한 독립은 자기 자신에 대한 통제와 책임에서 비롯된다고 보았다.

소크라테스 "내면의 평화로 가는 길"

의미: 독립은 외부 조건에 흔들리지 않고 내면의 평화를 찾을 때 진정한 가치를 지닌다.
출처: 소크라테스의 대화와 철학적 사유.

기원전 5세기, 고대 그리스 철학의 아버지라 불리는 소크라테스는 독립과 자유를 단순히 외부적 상태가 아니라, 내면의 상태로 정의했다. 그는 진정한 독립은 물질적 소유나 외부의 인정이 아니라, 자신의 내면에서 평화와 조화를 이루는 데 있다고 주장했다.

"진정한 독립은 내면의 평화를 찾는 데 있다. 외부의 압력은 나를 흔들 수 없다. 나 안에 평화가 있다면 나는 독립적이다."

소크라테스는 이 말을 통해 인간이 외부의 유혹과 사회적 기준에 얽매이지 않고, 자기 자신과의 화해를 통해 독립적인 삶을 살 수 있다고 설명했다. 그는 내면의 평화를 찾는 과정이야말로 자유롭고 독립된 삶의 핵심이라고 보았다. 그는 아테네의 법정에서 사형 선고를 받으면서도 내면의 평화를 잃지 않았다.

앙투안 드 생텍쥐페리 "스스로 서는 힘"

의미: 독립은 타인에 의존하지 않고 자신의 삶을 스스로 책임지는 데서 비롯되는 가치.
출처: 생텍쥐페리의 철학적 에세이 〈인간의 대지〉와 그의 문학적 사유.

20세기 초, 프랑스의 작가이자 조종사였던 앙투안 마리 장바티스트 로제 드 생텍쥐페리는 인간의 삶과 자유, 책임에 대한 깊은 통찰을 남겼다. 그는 독립이란 다른 사람이나 외부적 도움에 의존하지 않고 스스로 자신의 길을 개척하는 힘이라고 강조했으며, 독립은 단순히 외부적 억압에서 벗어나는 것이 아니라, 자신의 능력과 책임감으로 삶을 주도하는 데서 비롯된다고 설명했다.

"독립은 다른 사람의 힘에 의존하지 않는 데서 시작된다. 다른 사람의 힘에 의존하면 자신의 길을 잃는다."

그는 진정한 독립이란 다른 사람에게 기대지 않고, 자신의 결정을 내리고 그것을 실행하는 데 있다고 보았다. 그의 대표작 〈어린 왕자〉에서도 독립과 자아 발견의 철학이 담겨 있다. 어린 왕자는 다양한 행성에서 만난 이들이 각기 다른 의존적 삶을 살아가는 모습을 보며, 스스로의 삶을 책임지고 자유롭게 사는 것이 얼마나 중요한지 깨닫는다.

종 교 와 철 학

종교, 신, 구원, 영혼, 사유, 이성, 존재, 지혜, 진리, 초월,
자유, 성찰, 형이상학, 깨달음과 관련된 문장들

달라이 라마 "종교의 본질은 사랑과 연민이다"

의미: 종교의 본질은 사랑과 연민이며, 이를 통해 사람들을 하나로 화합하게 하는 것이다.
출처: 티베트의 정신적 지도자 달라이 라마의 강연과 저서.

달라이 라마는 다양한 종교가 각기 다른 형식을 띠고 있지만, 그 본질은 동일하게 사랑과 연민을 중심으로 한다고 강조했다. 그는 종교가 사람들 간의 차이를 부각시키거나 갈등을 조장하는 도구로 사용되어서는 안 되며, 오히려 모두를 연결하는 가교 역할을 해야 한다고 역설했다.

"모든 종교의 본질은 사랑과 연민이다. 종교는 사람들을 나누는 것이 아니라, 하나로 묶는 것이다."

달라이 라마는 종교 간의 대화를 통해 서로의 차이를 이해하고 존중하며, 공통된 가치를 발견함으로써 세계 평화에 기여해야 한다고 주장했다. 그는 종교의 목적이 인간성을 증진하고, 더 나은 세상을 만드는 데 있다고 설파했다.

마하트마 간디 "종교보다 삶의 방식에 의미"

의미: 종교는 믿음이나 의식보다 실제 삶에서 실천해야 하는 태도와 방식이다.
출처: 인도의 독립운동 지도자 마하트마 간디의 연설과 저서.

마하트마 간디는 종교를 단순히 신앙 체계로 보는 것을 넘어, 도덕적 원칙과 실천을 중심으로 하는 삶의 방식으로 이해했다. 그는 모든 종교가 지향하는 사랑, 연민, 진실, 그리고 비폭력의 가치를 실제 행동으로 옮기는 것이야말로 참된 종교적 삶이라고 주장했다.

"종교는 단지 믿음의 문제가 아니라, 삶의 방식이 더 중요하다."

간디는 힌두교를 기반으로 하면서도, 다양한 종교에서 보편적 가치를 찾아내어 이를 실천했다. 그의 비폭력 운동은 종교적 원칙을 정치적, 사회적 행동으로 구현한 사례로 평가받는다.

데스몬드 투투 "종교는 닫힌 마음의 다리를 잇는 힘"

의미: 종교는 분열의 벽이 아닌, 서로를 연결하고 화합하는 다리가 되어야 한다.
출처: 인권 운동가이자 노벨 평화상 수상자인 데스몬드 투투의 연설과 저서.

남아프리카공화국의 인권 운동가인 데스몬드 투투는 아파르트헤이트에 맞서 싸우며, 종교가 인류를 분열시키는 도구가 아닌, 평화와 연대를 이루는 수단으로 사용되어야 한다고 강조했다. 그는 종교가 갈등과 차이를 조장하는 데 사용될 때, 그 본질을 잃는 것이며, 참된 종교는 사랑과 이해를 통해 사람들을 하나로 묶어야 한다고 역설했다.

"참된 종교는 벽을 쌓는 것이 아니라, 다리를 놓는 것이다."

투투는 종교 간의 대화와 협력을 통해 평화를 이루는 데 헌신했으며, 종교가 분열의 원인이 아닌 화합의 도구로 기능할 수 있다는 것을 행동으로 보여주었다.

칼 마르크스 "아편과 같은 종교"

의미: 종교는 억압 속에서 위안을 주지만, 동시에 현실을 가리는 도구.
출처: 경제와 사회 구조의 변화를 강조한 마르크스의 철학과 사상.

1843년, 칼 마르크스는 헤겔 법철학 비판 서문에서 당시 사회의 본질을 꿰뚫는 통찰을 남겼다. 그는 종교를 단순한 신앙 체계로 보지 않고, 사회적 맥락에서 인간의 고통을 반영하는 결과물로 분석했다. 그는 종교가 억압된 현실 속에서 사람들에게 위안을 제공하지만, 동시에 그 억압 구조를 유지시키는 역할을 할 수도 있다고 비판했다.

"종교는 인민의 아편이다. 종교는 억압받는 사람들의 한숨이다. 또한, 무정한 세상의 마음이며, 영혼 없는 조건의 영혼이다."

마르크스는 종교가 고통받는 사람들에게 희망을 제공하는 동시에, 그 고통의 근본 원인을 변화시키지 않는 도구로도 작용한다고 지적했다. 그는 이를 통해 종교가 인간의 감정과 사회적 조건 속에서 어떻게 작동하는지를 철학적으로 탐구했다.

프란치스코 교황 "종교는 열린 마음의 도구다"

의미: 종교는 열린 마음과 포용이 아닌, 배제나 단절의 도구로 쓰이면 안 된다.
출처: 프란치스코 교황의 강연과 가난한 교회의 꿈을 담은 메시지.

프란치스코 교황은 종교가 사람들을 차별하거나 나누는 도구로 사용되는 것을 강하게 비판하며, 종교의 본질은 포용과 사랑이라고 강조했다. 그는 특히 종교가 다른 사람들을 배제하거나 갈등을 조장하는 방식으로 사용될 때, 그것이 진정한 가치를 잃는다고 설파했다.

"종교는 사람들의 마음을 여는 데 사용되어야지, 문을 닫는 도구가 되어서는 안 된다."

교황은 종교 간 대화와 화합을 통해 인간 존엄성과 연대를 실현하는 데 앞장섰으며, 특히 소외된 사람들과의 연대를 강조했다. 그는 종교가 인간을 분열시키는 것이 아니라, 더 큰 사랑과 연민으로 나아가게 해야 한다고 역설했다.

볼테르 "종교의 필연성"

의미: 인간은 초월적 존재를 추구하는 본성 때문에 늘 새로운 형태의 신앙을 만들어낸다.
출처: 프랑스 계몽주의 철학자 볼테르의 저서와 강연.

볼테르는 계몽주의 사상가로서 종교를 비판하면서도, 인간이 자연스럽게 신성이나 초월적 개념을 추구한다는 점을 인정했다. 그는 종교가 인간의 도덕적, 사회적 질서를 유지하는 데 중요한 역할을 하며, 신념 체계는 인간의 본질적인 필요에 의해 계속해서 만들어질 것이라고 보았다.

"종교가 없다면, 인간은 반드시 무언가 하나를 만들어냈을 것이다."

볼테르는 이 말을 통해 종교의 필요성과 그것이 인간 사회에서 차지하는 역할에 대한 통찰을 제시하며, 종교가 단순히 신앙의 문제가 아니라 인간 본성과 연결된 현상임을 보여준다.

리처드 도킨스 "종교와 과학의 차이"

의미: 종교는 고정된 답을 제시하고, 과학은 질문을 통해 더 깊은 이해를 추구한다.
출처: 진화생물학자 겸 작가 리처드 도킨스의 저서 〈만들어진 신〉과 강연.

리처드 도킨스는 종교와 과학의 접근 방식을 비교하며, 종교는 절대적인 진리를 주장하고 탐구를 멈추는 경향이 있는 반면, 과학은 의문을 품고 계속해서 새로운 질문을 만들어 내며 진보한다고 강조했다. 그는 과학적 탐구가 세상의 본질을 더 잘 이해하고, 인간의 지식을 발전시키는 데 필수적이라고 역설했다.

"종교는 질문에 대한 답을 제공하려 하지만, 과학은 의문을 품고 더 나은 질문을 만든다."

도킨스는 종교가 많은 경우 인간의 호기심을 억누르고 기존의 신념 체계에 안주하도록 만드는 반면, 과학은 질문을 통해 기존의 지식을 확장하며 인간의 이해를 더욱 깊게 한다고 설파했다.

타라 브랙 "종교와 내면의 자유"

의미: 종교는 두려움에 기반하지 않고, 내면의 자유와 연결될 때 비로소 인간을 진정으로 해방시킬 수 있다.
출처: 명상 지도자이자 작가 타라 브랙의 강연과 저서 〈급진적 수용〉.

타라 브랙은 명상과 심리학을 결합한 작업을 통해, 종교와 영성의 본질은 두려움에서 벗어나 내면의 자유를 찾는 것에 있다고 강조했다. 그녀는 종교가 두려움과 억압의 도구로 사용될 때, 진정한 치유와 해방을 막는 장애물이 된다고 지적했다. 반대로, 종교가 내면의 평화와 자유를 촉진할 때, 개인의 삶에 깊은 의미와 변화를 가져올 수 있다고 설파했다.

"종교는 두려움이 아닌, 내면의 자유와 연결될 때 진정한 해방을 가져온다. 해방은 자비와 평화로 이끄는 길이다."

브랙은 명상과 심리학적 접근을 통해 종교적 경험이 두려움에서 벗어나, 자신과 세상에 대한 깊은 이해와 조화를 이루는 과정으로 확장될 수 있음을 설명했다.

유발 하라리 "종교는 협력의 산물이다"

의미: 종교는 진리의 독점이 아니라, 인간의 상상력으로 만들어져 집단적 협력을 가능하게 한 도구.
출처: 역사학자 겸 작가 유발 하라리의 저서 〈사피엔스〉.

유발 하라리는 인간 사회에서 종교가 진리를 제공하는 절대적인 체계라기보다, 인간의 상상력을 통해 구성된 믿음 체계로 이해해야 한다고 주장했다. 그는 종교가 집단적 목표를 형성하고 대규모 협력을 가능하게 하며, 인간 사회의 발전에 기여했다고 분석했다. 그러나 종교가 진리의 독점적 지위를 주장할 때 갈등의 원인이 될 수 있다고 경고했다.

"종교는 진리의 독점이 아니라, 인간의 상상력이 만들어낸 협력의 도구다."

하라리는 종교가 사회적 연대와 협력을 촉진한 측면을 인정하면서도, 그것이 진리에 대한 절대적 권위를 주장하는 방식은 비판적으로 보았다. 그는 종교를 통해 인간 사회가 어떻게 조직되고 발전했는지를 새롭게 조명했다.

마틴 루이스 킹 3세 "공통의 비전"

의미: 종교는 분열이 아닌, 더 나은 세상을 위한 공통의 비전을 제시해야 한다.
출처: 마틴 루터 킹 주니어의 아들인 마틴 루이스 킹 3세의 연설과 인터뷰.

마틴 루이스 킹 3세는 아버지의 유산을 이어받아 평등과 인권을 위한 활동을 이어오며, 종교가 차별과 갈등을 조장하는 수단으로 사용되어서는 안 된다고 강조했다. 그는 종교가 모든 인간을 하나로 묶는 사랑과 정의의 원칙을 실천하고, 더 나은 세상을 위한 공통의 비전을 제시해야 한다고 주장했다.

"종교는 우리를 분열시키는 것이 아니라, 더 나은 세상을 위한 공통의 비전을 제시해야 한다."

그는 종교의 본질이 사랑과 화합에 있음을 역설하며, 모든 종교가 인류의 보편적 가치를 중심으로 연대할 것을 촉구했다. 그는 종교 간 협력이 세계 평화와 정의 실현의 열쇠라고 믿었다.

레지나 브렛 "종교의 역할은 치유다"

의미: 종교는 인간의 고통을 줄이고 치유하는 데 사용되어야 하며, 고통을 정당화하거나 합리화하는 데 악용되어서는 안 된다.
출처: 미국의 칼럼니스트 겸 작가 레지나 브렛의 에세이와 강연.

레지나 브렛은 인간의 고통과 종교적 신념의 관계를 탐구하며, 종교가 사람들에게 위안과 치유를 제공해야 할 도구라고 강조했다. 그녀는 종교가 잘못된 방식으로 사용될 때, 고통을 합리화하거나 그 책임을 신에게 돌리는 변명이 될 수 있다고 경고했다. 종교는 인간의 아픔을 직면하고 해결하려는 실질적인 역할을 해야 한다고 주장했다.

"종교는 인간의 고통을 끝내는 도구가 되어야지, 고통을 합리화하는 핑계가 되어서는 안 된다."

브렛은 종교가 사람들의 삶을 개선하고, 고통받는 이들에게 희망과 사랑을 제공할 때 진정한 가치를 가진다고 보았다. 그녀는 종교가 단순한 의식이 아니라, 실질적인 공감과 행동으로 이어져야 한다고 설파했다.

이사벨 알렌데 "신과 인간의 약속"

의미: 종교는 신과 인간 사이에 맺은 약속이며, 그 약속은 사랑을 통해 유지된다.
출처: 작가 겸 종교 연구가 이사벨라 올렌스의 저서 〈영혼의 집〉과 강연.

20세기 중반, 칠레 출신의 이사벨 알렌데는 종교를 신과 인간 사이의 약속이자, 인간이 신과 연결되는 방식으로 보았다. 그녀는 이 약속이 단순한 의식이나 규칙이 아니라, 사랑이라는 본질을 통해 지속적으로 유지되고 실현된다고 강조했다. 그녀는 종교가 사랑을 중심으로 작동할 때, 인간과 신의 관계뿐만 아니라 인간 사이의 관계도 더욱 깊어질 수 있다고 보았다.

"종교는 신과 인간 사이의 약속이다. 그 약속은 사랑으로 유지된다. 사랑이 없는 신앙은 단순한 의무에 불과하다."

그녀는 사랑이야말로 종교의 본질이며, 이 사랑이 종교적 신앙을 실천으로 이끌고, 사회에 긍정적인 영향을 미칠 수 있는 원동력이라고 강조했다. 종교란 신과 인간이 사랑으로 맺는 약속이며, 그 사랑이야말로 종교의 지속성과 진정성을 지탱하는 힘이라는 메시지를 전달한다.

브레네 브라운 "취약성을 통한 성장"

의미: 종교는 완벽한 믿음을 강요하는 것이 아니라, 인간의 취약성을 인정하고 이를 통해 성장할 수 있도록 돕는다.
출처: 사회심리학자 겸 작가 브레네 브라운의 강연과 저서 〈취약성의 힘〉.

브레네 브라운은 인간의 취약성을 강점으로 전환하는 과정에서 종교가 중요한 역할을 한다고 보았다. 그녀는 종교가 완벽함을 요구하는 이상적인 틀을 강요하기보다는, 인간의 불완전함을 받아들이고 이를 통해 더 나은 자신으로 성장하도록 돕는 공간이 되어야 한다고 주장했다.

"종교는 완벽한 믿음을 요구하지 않으며, 그 취약성 속에서 성장하도록 돕는다."

그녀는 종교가 인간의 감정적 약점을 치유하고, 연대와 공감을 통해 사람들이 서로 연결될 수 있는 기회를 제공한다고 보았다. 그녀는 종교가 인간의 불완전함을 비난하기보다는, 이를 발전의 출발점으로 삼아야 한다고 설파했다.

버트런드 러셀 "종교에 대한 두려움"

의미: 종교는 진실보다 인간의 두려움에서 비롯된 것으로, 우리는 이를 극복해야 한다.
출처: 철학자 겸 수학자인 버트런드 러셀의 저서 〈왜 나는 기독교인이 아닌가〉.

버트런드 러셀은 종교를 인간이 죽음과 알 수 없는 것들에 대한 두려움에서 만들어낸 체계로 보았다. 그는 종교가 초월적 존재를 통해 위로를 제공하지만, 동시에 두려움을 강화하고 인간의 자유로운 사고를 제한할 수 있다고 비판했다. 러셀은 이러한 두려움을 극복하고, 진실을 향해 나아가는 용기가 필요하다고 강조했다.

"나는 종교를 진실보다 두려움에서 비롯된 것으로 본다. 우리는 두려움을 극복해야 한다."

그는 두려움에서 벗어나는 용기가 진정한 자유와 진실로 나아가는 열쇠라고 믿었으며, 인간이 두려움에서 벗어나기 위해 과학적 탐구와 비판적 사고를 통해 진실을 추구해야 하며, 종교에 의존하지 않고도 윤리와 도덕을 구축할 수 있다고 역설했다.

마크 트웨인 "종교가 만든 복잡성"

의미: 신이 인간을 창조했다면, 인간이 만든 종교는 삶을 복잡하게 만들었다.
출처: 작가 겸 풍자작가 마크 트웨인의 유머러스한 저서와 연설.

마크 트웨인은 종교의 복잡성과 모순을 날카로운 유머로 비판하며, 종교가 본래의 단순함에서 벗어나 인간 사회를 더 혼란스럽게 만들었다고 지적했다. 그는 종교가 인간을 하나로 묶기보다는 분열시키고, 단순한 믿음 대신 복잡한 규율과 갈등을 만들어냈다고 풍자적으로 표현했다.

"신은 인간을 창조하고, 인간은 종교를 창조했다. 그리고 모든 것이 더 복잡해졌다."

트웨인은 종교를 통해 인간의 본성을 드러내며, 종교가 단순히 신앙의 문제를 넘어 사회적, 정치적, 도덕적 갈등의 원천이 될 수 있음을 통찰했다. 그의 비판은 종교의 역할과 본질에 대해 깊이 생각해볼 기회를 제공한다.

칼 세이건 "과학과 종교의 탐구 방식"

의미: 과학은 우주의 신비를 탐구하며 진리를 찾으려 하지만, 종교는 초월적 존재를 통해 답을 찾으려 한다.
출처: 천문학자 겸 작가 칼 세이건의 저서 〈코스모스〉와 강연.

칼 세이건은 과학과 종교가 우주와 인간 존재의 본질을 이해하려는 공통된 목적을 가지고 있지만, 접근 방식에서 근본적인 차이가 있다고 보았다. 과학은 별과 우주를 탐구하며 사실과 증거를 기반으로 진리를 추구하고, 종교는 신성한 존재를 통해 우주와 삶의 목적을 설명하려 한다는 점을 지적했다.

"우리는 과학으로 별을 탐구하지만, 종교는 하늘에서 답을 찾으려 한다."

세이건은 과학이 우주의 작동 원리를 이해하는 데 기여한다면, 종교는 인간이 그 우주에서 자신을 어떻게 이해하고 위치 지을지를 고민하도록 한다고 설명했다. 그는 과학과 종교가 충돌하지 않고도 각자의 영역에서 인간의 궁극적인 질문에 기여할 수 있음을 주장했다.

프리드리히 니체 "신의 죽음과 인간의 과제"

의미: 전통적인 신앙 체계가 무너졌지만, 인간은 여전히 그 공백을 어떻게 채워야 할지 알지 못한다.
출처: 독일 철학자 프리드리히 니체의 저서 〈즐거운 학문〉.

프리드리히 니체는 근대 사회에서 종교적 믿음이 점차 쇠퇴하며, 인간이 도덕적이고 존재론적인 방향을 잃고 혼란에 빠질 것을 경고했다. 그는 '신은 죽었다'라는 선언을 통해 전통적인 종교와 도덕 체계가 더 이상 현대 인간에게 의미를 주지 못한다고 지적했으며, 그 공백을 새로운 가치 체계로 채우는 것이 인간의 중요한 과제라고 강조했다.

"신은 죽었다. 그리고 우리는 그 죽음을 어떻게 극복할지 배우지 못했다."

니체는 종교의 상실로 인해 발생한 공백이 무의미함과 허무주의를 초래할 수 있으며, 이를 극복하기 위해 인간이 스스로 가치를 창조하고 자신의 삶에 의미를 부여해야 한다고 설파했다.

알베르 카뮈 "삶의 의미와 신의 부재"

의미: 신이 존재하지 않는다면, 인간은 스스로 자신의 삶에 대해 의미를 부여하고 책임져야 한다.
출처: 프랑스 철학자 겸 작가 알베르 카뮈의 저서 〈시지프 신화〉.

알베르 카뮈는 신의 부재가 인간에게 자유와 동시에 책임을 부여한다고 보았다. 그는 삶이 본질적으로 무의미하다고 느껴질 수 있지만, 그 무의미 속에서 인간은 스스로 의미를 창조해야 한다고 강조했다. 이 과정은 개인의 선택과 행동에 따라 이루어지며, 이는 신앙이나 전통에 의존하지 않는 자유로운 삶의 방식이다.

"신이 없다는 것은 인간이 스스로 삶의 의미를 만들어야 가야 한다는 뜻이다."

카뮈는 신의 부재가 반드시 허무주의로 이어지지 않으며, 오히려 인간이 자신의 삶에 대한 주도권을 가지게 되는 계기가 된다고 설명했다. 그는 이를 통해 삶의 부조리함과 대면하고, 자신의 행동과 선택으로 삶의 가치를 만들어 가야 한다고 역설했다.

라빈드라나트 타고르 "신은 노력 속에 존재한다"

의미: 신은 단순히 기도와 의식에서 찾을 수 있는 것이 아니라, 우리의 행동과 노력 속에서 발견된다.
출처: 인도 시인이자 철학자인 라빈드라나트 타고르의 시와 철학적 저서.

19세기, 라빈드라나트 타고르는 신앙이 단순히 의식적 행위나 형식적인 기도를 통해 완성되는 것이 아니라고 보았다. 그는 신을 인간의 도덕적 책임과 창조적 노력을 통해 경험할 수 있는 존재로 여겼다. 타고르는 신이 우리의 실천과 헌신, 그리고 삶에서의 진정한 노력을 통해 드러난다고 주장했다.

"신은 우리 기도 속에 있지 않다. 신은 우리의 노력 속에 존재한다."

타고르는 신앙의 본질을 탐구하며, 신은 단순한 숭배의 대상이 아니라, 우리의 행동을 통해 구현되고 체험되는 존재라고 강조했다. 그는 종교적 의식보다는 신의 뜻을 따르고 실천하는 삶의 중요성을 설파했다.

도스토옙스키 "신의 부재와 도덕적 책임"

의미: 신이 존재하지 않는다면, 인간은 도덕적 기준과 책임의 근거를 상실하고 모든 행동이 정당화될 수 있다.
출처: 러시아 작가 표도르 도스토옙스키의 소설 〈카라마조프의 형제들〉.

도스토옙스키는 카라마조프의 형제들에서 이 명제를 통해 신앙과 도덕의 관계를 깊이 탐구했다. 소설 속 이반 카라마조프는 신이 없다면 인간은 자신이 원하는 대로 행동할 자유를 갖지만, 그 결과로 도덕적 혼란과 파괴가 초래될 수 있다고 역설했다. 그는 신의 부재가 단순히 종교적 믿음의 문제를 넘어, 인간 사회의 도덕적 질서와 개인의 책임에 심각한 영향을 미친다고 보았다.

"만약 신이 없다면, 모든 것이 허용된다."

이 명제는 신앙이 도덕적 행동의 근원이자 인간 행위를 제한하는 역할을 한다는 사상을 강조하며, 인간이 신 없이도 스스로 도덕적 기준을 세울 수 있는지에 대한 철학적 논의를 불러일으켰다.

스티븐 호킹 "우주와 신의 관계"

의미: 우주는 초월적 존재(신)의 개입 없이도 자연 법칙에 따라 스스로 존재하고 작동할 수 있다.
출처: 영국의 물리학자 스티븐 호킹의 저서 〈위대한 설계〉.

20세기, 스티븐 호킹은 우주의 기원과 작동 원리를 탐구하며, 신의 개입 없이도 물리학의 법칙만으로 우주의 존재를 설명할 수 있다고 주장했다. 그는 중력과 같은 자연 법칙이 빅뱅과 우주의 창조를 가능하게 했으며, 이러한 법칙들이 우주를 이해하는 데 충분한 근거를 제공한다고 보았다.

"우주는 신의 필요 없이 스스로 존재할 수 있는 법칙을 따른다."

호킹은 과학적 탐구가 신학적 설명과 대립하지 않으며, 우주의 기원을 설명하는 더 나은 질문과 답을 제시할 수 있다고 믿었다. 그의 주장은 신의 존재를 부정하려는 것이 아니라, 과학이 독립적으로 우주의 신비를 풀 수 있음을 강조하는 데 목적이 있었다.

아비지트 배너지 "신과 세계관"

의미: 신의 존재는 단순한 믿음의 문제가 아니라, 각자가 세상과 자신을 어떻게 이해하고 받아들이는가에 따라 달라진다.
출처: 노벨 경제학상 수상자인 아비지트 배너지의 인터뷰와 강연.

아비지트 배너지는 신의 개념이 단순히 종교적 믿음에 국한되지 않고, 인간이 세상을 해석하고 스스로의 위치를 정하는 방식에 깊이 연관되어 있다고 보았다. 그는 신이란 존재가 모든 이에게 동일하게 정의되지 않으며, 각 개인의 경험과 관점에 따라 달라질 수 있다고 설명했다.

"신의 존재는 믿음의 문제가 아니라, 우리가 세상을 바라보는 방식에 달려 있다."

배너지의 철학은 신의 존재를 절대적인 개념으로 이해하기보다는, 각자의 가치관과 세계관에서 해석될 수 있는 유동적인 개념으로 접근한다. 그의 주장은 종교적 믿음과 인간의 인식 체계가 어떻게 얽혀 있는지를 탐구하게 만든다.

타라 브랙 "구원의 시작은 자기 용서다"

의미: 진정한 구원은 자신의 잘못을 받아들이고 스스로를 용서하는 데서 시작되며, 이는 내면의 평화로 이어진다.
출처: 명상 지도자 겸 작가 타라 브랙의 강연과 저서 〈급진적 수용〉.

타라 브랙은 인간이 구원을 외부에서 찾으려는 경향이 있지만, 진정한 구원은 자신의 내면에서 시작된다고 역설했다. 그녀는 사람들이 자신의 결점을 인정하고 스스로를 용서할 때 비로소 과거의 고통에서 벗어나 내면의 평화를 찾을 수 있다고 강조했다. 이 과정은 자기 수용과 연민을 통해 이루어진다고 설명했다.

"구원은 스스로를 용서하는 데서 시작된다. 그것은 내면의 평화로 가는 첫걸음이다."

그녀는 자기 용서를 단순한 관용이 아니라, 삶을 새롭게 열어가는 문으로 보았으며, 구원이 단지 종교적 또는 외부적인 구조의 결과가 아니라, 자기 성찰과 마음의 변화를 통해 이루어지는 개인적인 여정임을 설파했다.

아룬다티 로이 "구원은 행동에서 피어난다"

의미: 구원은 단순히 조직이나 체계(구조물)에 의존하는 것이 아니라, 인간의 실질적인 행동과 실천에서 비롯된다.
출처: 인도 작가 겸 사회운동가 아룬다티 로이의 강연과 저서.

20세기, 아룬다티 로이는 구원이 개인의 신념 체계나 종교적 틀에 머무르지 않고, 삶에서 실질적으로 실행되는 행동과 실천에서 이루어진다고 보았다. 그녀는 구원이란 단순히 상징적이거나 추상적인 것이 아니라, 인류와 자연, 그리고 사회 정의를 위한 행동 속에서 실현될 수 있다고 주장했다.

"구원은 구조물이 아니라, 행동 속에서 피어나는 것이다."

그녀는 특히 환경 보호, 인권 문제, 그리고 사회적 불평등에 대해 행동으로 나설 때, 인간이 구원의 진정한 의미를 이해하고 실천할 수 있다고 역설했으며, 구조물이 아닌 행동이 인간의 내적 성숙과 사회적 변화를 이끄는 힘이라고 보았다.

타라 브랙 "영혼과 고요함"

의미: 영혼은 고요함 속에서 자기 자신과 마주할 때 드러난다는 뜻.
출처: 명상 지도자 겸 작가 타라 브랙의 강연과 저서 〈급진적 수용〉, 〈끌어안음〉.

타라 브랙은 현대인이 끊임없는 활동과 소음 속에서 진정한 자기 자신과 연결되기 어렵다고 보았다. 그녀는 멈추고 고요 속에서 자신의 내면을 바라보는 명상의 중요성을 강조하며, 그 과정에서 인간의 본질인 영혼이 드러난다고 말했다. 영혼은 내면의 고요 속에서 존재감을 드러내며, 삶의 방향과 의미를 재발견할 수 있게 해준다고 주장했다.

"영혼은 우리가 멈추고 고요함 속에서 자신을 만날 때 드러난다."

그녀는 이 명언을 통해 현대인의 과잉 자극과 분주함이 영혼과의 연결을 방해한다는 점을 지적하며, 의식적으로 멈추고 고요함을 찾는 것이 삶의 본질을 깨닫는 열쇠라고 설파했다.

스티븐 호킹 "영혼의 아름다움과 의지"

의미: 영혼의 진정한 아름다움은 인간이 육체적 한계를 극복하고자 하는 강한 의지와 끊임없는 노력에서 드러난다.
출처: 물리학자 스티븐 호킹의 강연과 저서.

스티븐 호킹은 자신의 신체적 장애에도 불구하고, 우주와 인간의 본질에 대한 깊은 탐구를 이어갔다. 그는 육체적 한계가 인간의 영혼과 의지를 제한할 수 없으며, 진정한 아름다움은 이러한 한계를 초월하려는 노력 속에서 발견된다고 강조했다. 호킹은 자신의 삶을 통해 인간의 의지와 지성이 육체적 제약을 넘어설 수 있음을 보여주었으며, 영혼의 힘이 인간의 위대한 발견과 성취를 가능하게 한다고 역설했다.

"영혼의 아름다움은 육체의 한계를 초월하려는 인간의 의지 속에 있다."

호킹은 자신의 과학적 업적뿐 아니라, 불굴의 의지와 탐구 정신으로 전 세계 사람들에게 영감을 주며, 영혼의 아름다움은 행동과 노력에서 드러난다는 것을 삶으로 증명했다.

오드리 로드 "고통 속에서도 노래하는 영혼"

의미: 영혼은 어떤 순간에도 희망과 자유를 노래하며, 이를 통해 해방을 향해 나아간다.
출처: 시인이자 페미니스트 활동가 오드리 로드의 시와 강연.

20세기, 미국의 시인이자 페미니스트 활동가 오드리 로드는 여성, 흑인, 성소수자라는 정체성을 가진 채로 불평등과 억압에 맞서 싸우며, 고통과 상처를 창조적인 힘으로 바꿨다. 그녀는 영혼이 고통 속에서도 희망을 잃지 않고 자신만의 목소리로 노래할 때, 그것이 개인과 공동체를 자유로 이끄는 힘이 된다고 믿었다.

"영혼은 고통 속에서도 노래하며, 그 노래는 자유를 부른다. 고통은 억압이 아니라, 새로운 가능성의 시작이 될 수 있다."

로드는 시와 글을 통해 자신의 고통을 표현하고, 그것을 통해 더 많은 사람들이 공감하고 연대할 수 있는 길을 열었다. 그녀는 고통이 인간의 영혼을 억누를 수 없으며, 오히려 고통 속에서 더욱 강렬한 목소리와 자유를 향한 열망이 피어난다고 강조했다. 오드리 로드의 이야기는 고통 속에서도 영혼의 목소리를 통해 자유를 향한 길을 만들 수 있다는 메시지를 전달한다.

크리스티안 보벵 "내면의 나침반"

의미: 영혼은 진리를 찾을 수 있도록 안내하는 내면의 나침반이다.
출처: 독일 철학자 겸 작가 크리스티안 보벵의 철학적 저술과 강연.

크리스티안 보벵은 현대 사회의 혼란과 소음 속에서 인간이 진정한 자기 자신과 진리를 잃어버리는 경향이 있다고 보았다. 그는 영혼이야말로 내면의 고요함 속에서 진리를 발견하도록 돕는 가장 중요한 도구라고 강조했다. 보벵은 영혼을 우리의 본질과 연결된 존재로 보며, 그것이 인간의 길을 밝히는 나침반 역할을 한다고 말했다.

"영혼은 고요함 속에서 진리를 발견하는 우리의 내면의 나침반이다."

보벵은 고요함과 성찰을 통해 인간이 자신의 영혼과 연결될 수 있으며, 이를 통해 진정한 삶의 의미와 방향을 찾을 수 있다고 설파했다.

엘라 모리스 "사랑과 희망을 담다"

의미: 영혼은 사랑과 희망을 담아두는 내면의 공간이다.
출처: 현대 시인이자 작가 엘라 모리스의 작품 〈고요한 메아리〉과 인터뷰.

엘라 모리스는 영혼을 인간의 가장 깊고 순수한 감정을 간직하는 장소로 바라보았다. 그녀는 때로는 말로 표현하기 어려운 사랑과 희망이 영혼 안에 자리 잡아, 인간이 절망과 상처 속에서도 살아갈 힘을 준다고 했다. 영혼은 우리의 언어가 닿지 않는 곳에서 빛나며, 삶의 보이지 않는 원동력이 된다.

"영혼은 우리가 말하지 못한 사랑과 희망을 간직하는 장소다."

그녀는 영혼의 역할을 단순한 감정의 집합체로 보지 않고, 삶의 의미와 관계를 연결하는 근원으로 여겼다. 이 말은 영혼이 사람들 사이의 말 없는 연대와 위로의 통로가 될 수 있음을 떠올리게 한다. 삶의 복잡함 속에서 표현하지 못한 감정과 희망을 영혼이 간직하고 있기에, 인간은 내면의 힘을 통해 다시 앞으로 나아갈 수 있다.

르네 데카르트 "존재의 의미"

의미: 인간의 존재는 의심할 수 없는 자신의 사고(생각) 행위로부터 증명된다.
출처: 프랑스 철학자 르네 데카르트의 저서 〈성찰〉와 〈방법서설〉.

16~17세기, 르네 데카르트는 철학적 회의주의를 통해 모든 것을 의심하며 확실한 진리를 탐구했다. 그는 '모든 것을 의심할 수 있어도, 내가 의심하고 있다는 사실만은 부정할 수 없다'는 결론에 도달했다. 이로부터 인간의 사고 행위 자체가 존재의 가장 근본적인 증거라는 명제를 제시하며, 근대 철학의 출발점을 마련했다.

"나는 생각한다, 고로 존재한다."

데카르트는 이 명제를 통해 주체적 사고가 철학적 탐구의 기반이 될 수 있음을 강조하며, 이를 바탕으로 인간이 스스로를 인식하고 세상과의 관계를 이해할 수 있는 방법을 제시했다.

소크라테스 "성찰하는 삶의 가치"

의미: 자신과 삶을 성찰하지 않는다면, 진정한 삶의 의미를 발견할 수 없다.
출처: 그리스 철학자 소크라테스의 말로, 제자인 플라톤이 기록한 〈변론〉.

고대 그리스 철학자 소크라테스는 아테네 시민들에게 철학적 대화를 통해 자신들의 삶을 성찰하도록 독려했다. 그는 진리와 도덕적 선을 탐구하지 않는 삶은 표면적으로는 살아있지만, 진정으로 가치 있는 삶이 아니라고 보았다. 이는 그가 재판에서 자신의 철학적 사명을 변론하며 한 유명한 발언으로, 죽음을 앞두고도 성찰의 중요성을 설파한 순간이었다.

"성찰하지 않는 삶은 살 가치가 없다."

소크라테스는 인간의 가장 중요한 임무는 자신의 삶과 선택을 끊임없이 검토하고, 올바르고 가치 있는 삶의 방향을 설정하는 것이라고 강조했다. 그의 말은 지금까지도 자기 성찰과 도덕적 책임의 중요성을 상기시키는 철학적 원리로 널리 인용되고 있다.

이마누엘 칸트 "사유와 진리의 길"

의미: 사유는 진리를 찾는 가장 중요한 도구이며, 이는 자신을 향한 내면의 성찰이다.
출처: 독일 철학자 이마누엘 칸트의 철학적 저작 〈순수이성비판〉과 그의 계몽사상.

18세기, 칸트는 인간이 이성과 사유를 통해 진리를 탐구할 수 있다고 보았다. 그는 진리를 찾기 위해서는 외부 권위에 의존하지 않고, 스스로의 이성적 판단을 통해 비판적으로 사고해야 한다고 주장했다. 칸트는 특히 계몽사상에서 인간이 스스로 사고하고 행동함으로써 비로소 자유롭고 주체적인 존재가 될 수 있음을 강조했다.

"사유는 우리를 진리로 이끄는 유일한 길이다. 그것은 스스로의 빛을 비추는 행위이다."

칸트의 철학은 인간이 비판적 사고를 통해 삶과 세계를 이해하며, 스스로를 넘어서는 진리를 발견할 수 있는 길을 열어준다고 강조한다. 그는 이러한 사유가 인간 존엄성과 도덕적 책임의 토대가 된다고 보았다.

한나 아렌트 "사유와 행동의 관계"

의미: 사유는 단순히 사고에 머무르지 않고, 행동을 결정하는 중요한 근원이다.
출처: 독일 출생 미국의 정치철학자 한나 아렌트의 저서 〈인간의 조건〉.

20세기, 한나 아렌트는 인간의 행동과 사유가 분리될 수 없다고 보았다. 그녀는 사유가 단순히 내면적 활동으로 끝나는 것이 아니라, 우리의 선택과 행동을 이끄는 근본적인 힘이라고 주장했다. 따라서 올바른 행동을 위해서는 깊은 사유가 선행되어야 한다고 강조했다.

"사유는 행동만큼 중요하다. 왜냐하면 우리의 행동은 우리의 사유를 따르기 때문이다."

그녀는 이를 통해 인간이 책임 있는 행동을 하기 위해서는 먼저 자신의 사유를 성찰하고 그 방향을 이해해야 한다고 설파했다. 이 말은 사유가 단순히 지적 활동이 아니라, 행동과 결과에 직접적인 영향을 미치는 실질적 과정임을 보여준다.

프리드리히 니체 "고독 속에서 태어나는 위대한 생각"

의미: 위대한 사상과 통찰은 외부로부터 벗어난 고독 속에서 이루어진다.
출처: 독일 철학자 프리드리히 니체의 저서 〈차라투스트라는 이렇게 말했다〉.

프리드리히 니체는 고독을 단순한 외로움으로 보지 않고, 깊은 사유와 창조적 통찰을 위한 필수적인 상태로 여겼다. 그는 고독 속에서 인간이 자신과 세상을 더 명확히 바라볼 수 있으며, 위대한 사상이란 이 고독 속에서 태어나는 것이라고 말했다. 니체는 군중의 시끄러운 목소리와 외부의 방해를 피할 때 비로소 참된 자기 성찰과 철학적 통찰이 가능하다고 역설했다.

"위대한 생각은 고독 속에서 태어난다."

니체는 이 말을 통해 고독이 인간의 성장과 창조성을 위한 필수적인 환경임을 상기시키며, 자신의 내면을 깊이 탐구하는 시간을 가질 것을 독려했다. 그의 철학은 고독을 두려워하지 않고, 이를 통해 더 높은 수준의 지혜와 통찰에 도달할 수 있는 기회로 여겨야 한다는 메시지를 전달한다.

칼 세이건 "질문의 도구"

의미: 사유는 인간이 우주의 광대한 질문에 접근할 수 있도록 하는 도구.
출처: 천문학자 겸 작가 칼 세이건의 저서 〈우주의 지적 생명〉, 〈다른 세계들〉과 강연.

20세기, 미국의 천문학자 칼 세이건은 인간이 우주의 광활함 속에서 자신의 위치를 이해하고, 우주의 본질을 탐구할 수 있는 능력을 가진 특별한 존재라고 보았다. 그는 이러한 능력이 바로 사유에서 비롯된다고 강조하며, 사유가 없으면 우리는 질문을 던질 수도, 답을 찾을 수도 없다고 말했다. 세이건은 과학적 탐구와 철학적 사고의 중요성을 통해 인간이 우주의 복잡한 질문에 도달할 수 있음을 설파했다.

"사유는 우주의 광활함 속에서 우리가 질문을 던질 수 있는 유일한 도구다."

세이건은 사유가 인간에게 허락된 특별한 능력이며, 이를 통해 우리는 우주를 이해하고, 삶의 본질에 대해 답을 찾아갈 수 있다고 강조했다. 그는 사유가 단순한 사고 행위에 그치지 않고, 호기심과 탐구를 통해 인간을 더 높은 차원의 지식으로 이끄는 열쇠라고 보았다.

장 자크 루소 "내면의 탐구"

의미: 사유는 인간이 자신의 내면을 통해 세상과 관계를 맺도록 돕는 행위.
출처: 프랑스 철학자 장 자크 루소의 저서 〈인간 불평등 기원론〉, 〈에밀〉.

18세기, 스위스 제네바 공화국에서 태어난 프랑스 철학자 장 자크 루소는 사유를 통해 인간이 자신을 성찰하고, 내면의 진실을 발견하며, 나아가 세상과 조화를 이루는 삶을 살 수 있다고 보았다. 그는 인간 본성이 가진 선함을 탐구하며, 사유가 이를 이해하고 실현하는 도구라고 강조했다. 또한, 사유를 통해 개인이 자신뿐만 아니라 타인과의 관계, 그리고 자연과의 연결을 새롭게 정의할 수 있다고 강조했다.

"사유는 우리의 내면을 탐구하게 하고, 세상과 진정으로 연결될 수 있게 한다."

루소는 특히 사유의 과정이 인간을 단순히 지적 존재로 만드는 것이 아니라, 더 나은 감정적, 도덕적 삶으로 이끌 수 있는 열쇠라고 역설했다.

아르투어 쇼펜하우어 "고독 속에서 피어난 진리"

의미: 사유는 고독 속에서 성장하며, 진리를 낳는다.
출처: 독일 철학자 쇼펜하우어의 저서 〈의지와 표상으로서의 세계〉 속 사유와 고독.

1818년, 독일의 한적한 서재에서 아르투어 쇼펜하우어는 펜을 들었다. 당시 그는 젊은 철학자로, 세간의 인정과는 거리가 멀었다. 그러나 그는 외부의 시선을 뒤로 하고 고독 속에서 깊이 사유했다. 그의 관심은 세상과 인간 본질의 모순을 꿰뚫는 데 있었다.

"사유는 고독 속에서 자라며, 진리는 그 고독의 결실이다."

이 말은 그의 철학적 탐구를 가장 잘 보여준다. 쇼펜하우어는 인간의 삶이 고통이라는 전제에서 출발해, 고통을 초월하는 예술과 윤리를 탐구했다. 그의 철학은 기존의 낙관적인 세계관을 거부하며, 세계를 냉철하게 바라보는 통찰을 담았다. 그의 저서 〈의지와 표상으로서의 세계〉는 초기에 크게 주목받지 못했지만, 시간이 지나며 독창성과 깊이를 인정받았다. 그의 철학은 이후 니체와 프로이트, 현대 예술가들에게까지 영향을 미쳤다.

공자 "배움과 사유의 균형"

의미: 배우기만 하고 사유하지 않으면 이해가 부족해 혼란스러워지고, 사유만 하고 배우지 않으면 기초가 부족해 위험해진다.
출처: 공자의 〈논어(論語)〉 중, 〈위정편(爲政篇)〉.

공자는 학문과 사유가 균형을 이룰 때 비로소 진정한 깨달음에 도달할 수 있다고 보았다. 그는 학문을 통해 지식을 쌓는 것이 중요하지만, 그것을 내면화하고 실질적으로 활용하기 위해 사유가 반드시 동반되어야 한다고 강조했다. 반대로, 사유만으로는 배움의 깊이가 부족해 실천과 응용에 어려움을 겪을 수 있다고 역설했다.

"배우기만 하고 사유하지 않으면 혼란스럽고, 사유만 하고 배우지 않으면 위태롭다."

이 가르침은 학문적 탐구와 철학적 성찰이 단순히 지식의 축적에 그치지 않고, 인간의 삶에 실질적인 방향성을 제공해야 함을 상기시킨다.

맹자 "마음의 확장"

의미: 사람의 마음은 사유를 통해서만 더 깊고 넓게 성장할 수 있다.
출처: 중국 고대 철학자 맹자의 〈맹자(孟子)〉 중, 인간 본성과 도덕적 성찰에 대한 논의.

맹자는 인간의 본성인 인심(人心)을 깊이 성찰하며, 그 본성이 사유를 통해 확장되고 완성될 수 있다고 보았다. 그는 사유가 없다면 마음은 한정된 상태에 머물러, 도덕적 판단과 참된 지혜를 얻을 수 없다고 강조했다.

"인심(人心)은 사유하지 않으면 넓어지지 않는다."

맹자는 특히 사유를 통해 인간이 자신과 세상을 더 잘 이해하고, 도덕적 선을 실현할 수 있는 길을 발견한다고 주장했다. 이 말을 통해 인간의 내면적 성찰과 지적 탐구가 단순한 개인적 활동이 아니라, 도덕적 성장과 사회적 책임을 위한 필수적인 과정임을 역설했다.

장자 "자연과의 조화"

의미: 진정한 사유는 틀에 얽매이지 않고, 자연과 함께 자유롭게 흐르는 상태에서 이루어진다.
출처: 중국 고대 철학자 장자의 〈장자(莊子)〉 중, 자연과 인간의 조화를 강조한 사상.

장자는 자연과 인간의 조화를 철학의 중심으로 삼았으며, 사유도 마찬가지로 자연의 흐름에 따라야 한다고 보았다. 그는 진정한 사유가 억지로 정답을 구하거나 특정 틀에 갇히는 것이 아니라, 자연의 리듬에 따라 유연하게 움직이고 흘러가는 과정에서 드러난다고 말했다. 이는 사유가 자유롭고 고요한 상태에서 진리를 발견할 수 있음을 상징한다.

"진정한 사유는 바람과 함께 움직이고, 강물과 함께 흘러가며 자유롭게 존재하는 것이다."

장자의 철학은 사유를 통해 인간이 자연의 일부임을 깨닫고, 억압된 사고로부터 벗어나 자유롭게 세상을 탐구하도록 이끌었다. 그의 사상은 인간과 자연이 분리될 수 없으며, 사유 또한 자연과 일체화된 상태에서 더 깊은 지혜를 얻을 수 있다는 메시지를 전한다.

원효 "깨달음의 길"

의미: 사유는 인간이 번뇌에서 벗어나 진리를 깨닫는 중요한 역할을 한다.
출처: 신라 시대의 고승 원효의 〈대승기신론소(大乘起信論疏)〉와 그의 불교 철학.

원효는 인간의 번뇌가 깨달음으로 가는 길의 장애물임을 지적하며, 사유를 통해 이를 극복할 수 있다고 설파했다. 그는 사유가 단순히 사고의 과정에 머무르지 않고, 인간의 내면적 갈등을 해소하고 참된 진리를 깨달을 수 있는 도구라고 보았다. 특히 그는 불교적 사유를 통해 인간이 자신의 마음속 번뇌를 비우고, 참된 본성을 깨닫는 길로 나아가야 한다고 강조했다.

"사유는 번뇌를 떠나 진리를 깨닫게 하는 길이다."

원효의 철학은 단순한 교리적 이해를 넘어, 사유와 명상으로 스스로의 내면을 성찰하고 본질적 깨달음에 이르는 실천적 방법론을 제시했다. 그의 가르침은 불교의 실천적 측면을 강화하며, 사유의 중요성을 강조했다.

혜능 "마음의 거울"

의미: 사유는 마음의 본질을 비추는 역할을 하며, 이를 통해 진리를 깨닫기 위해서는 끊임없이 마음을 갈고닦아야 한다.
출처: 중국 선종의 제6조인 혜능의 〈육조단경(六祖壇經)〉.

혜능은 마음을 비유하여 거울처럼 맑고 투명한 상태로 유지해야 진리를 깨달을 수 있다고 설파했다. 그는 사유가 단순한 지적 활동에 머무르지 않고, 마음의 본질과 진리를 비추는 중요한 도구라고 보았다. 그러나 마음을 거울처럼 맑게 유지하려면 끊임없이 수양하고 번뇌를 제거해야 한다고 강조했다.

"사유는 마음의 본성을 비추는 거울과 같다. 거울을 닦지 않으면 진리를 볼 수 없다."

혜능은 사유와 명상의 실천이 인간을 진리와 연결하며, 이를 통해 번뇌에서 벗어나 자유로운 삶을 살 수 있다고 가르쳤다. 그는 거울을 닦는 과정을 통해 마음속의 혼란과 집착을 제거하고, 인간이 본래의 깨끗한 본성을 되찾을 수 있다고 믿었다.

르네 데카르트 "가장 공평한 능력"

의미: 이성은 모든 사람이 선천적으로 공평하게 소유한 능력.
출처: 프랑스 철학자 르네 데카르트의 저서 〈방법서설〉.

르네 데카르트는 인간에게 이성이란 능력이 고르게 주어졌다고 보며, 이를 바탕으로 누구나 올바른 방법을 통해 진리를 탐구할 수 있다고 주장했다. 그는 이성이란 단순히 지식을 많이 쌓는 것과는 다르며, 누구에게나 잠재적으로 동일하게 존재하는 능력이라고 설명했다. 다만, 이를 사용하는 방법과 훈련에서 차이가 생긴다고 보았다.

"이성은 모든 사람에게 공평하게 주어진 가장 공통적인 것 중 하나다."

데카르트는 이성을 기반으로 한 철학적 방법론을 제시하며, 인간이 스스로 사고하고 의심하며 진리에 도달하는 과정을 중요하게 여겼다. 그는 이성이야말로 인간이 스스로를 이해하고 세상을 탐구하는 데 가장 기본적인 도구라고 강조했다.

소크라테스 "이성의 시작, 무지의 자각"

의미: 이성적 사고는 자신이 알고 있다고 착각하지 않고, 자신의 무지를 인정하는 데서 출발한다.
출처: 철학자 소크라테스의 대화에서 비롯되며, 플라톤의 저작 〈변론〉.

소크라테스는 아테네 시민들과의 대화를 통해 인간이 진정으로 지혜로워지기 위해서는 먼저 자신이 모른다는 사실을 깨달아야 한다고 설파했다. 그는 무지의 자각이야말로 이성적 탐구의 첫걸음이라고 보았다. 지식의 겸손함을 통해 인간은 편견에서 벗어나 진리를 향해 나아갈 수 있다고 강조했다.

"이성은 자신이 모른다는 사실을 인정하는 데서 시작된다."

소크라테스는 이 말을 통해 인간이 자신과 세상을 더 깊이 이해하기 위해 끊임없이 질문하고, 자신을 성찰하는 과정의 중요성을 설파했다. 그는 겸손한 태도가 이성적 탐구의 본질임을 깨닫게 했다.

이매누엘 칸트 "인간의 고귀한 능력"

의미: 이성은 인간을 본능에 의존하는 동물과 구별하는 가장 고귀한 능력.
출처: 독일 철학자 이마누엘 칸트의 저서 및 계몽주의 사상.

칸트는 이성을 인간이 가진 독특하고 고귀한 능력으로 간주했다. 그는 이성이 단순히 지식을 얻는 수단이 아니라, 도덕적 판단과 자유로운 선택의 기반이 된다고 보았다. 이성은 인간이 단순히 본능에 따라 행동하는 동물과 달리, 스스로 사고하고, 윤리적이고 책임 있는 결정을 내릴 수 있게 하는 능력이라고 강조했다.

"이성은 인간을 동물과 구별짓는 가장 고귀한 능력이다."

칸트는 이성을 통해 인간이 자율성을 얻고, 도덕적 법칙을 스스로 정하며, 자신의 행동을 정당화할 수 있다고 강조했다. 이러한 이성적 능력은 인간의 존엄성과 연관되며, 이를 통해 인간은 자유롭고 주체적인 삶을 살 수 있다.

프리드리히 니체 "삶을 도구로서의 역할"

의미: 이성은 삶을 이해하고 탐구하는 수단일 뿐, 삶 그 자체나 목표가 아니다.
출처: 독일 철학자 프리드리히 니체의 저서 〈선악의 저편〉 속 사상.

프리드리히 니체는 인간이 이성을 절대적으로 신뢰하고 그것을 삶의 궁극적 목적으로 삼는 태도를 비판했다. 그는 이성이 삶을 분석하고 설명하는 데 유용한 도구이지만, 삶의 본질적인 아름다움과 열정, 창조성은 이성 너머에서 발견된다고 보았다. 이성만으로는 삶의 모든 측면을 포괄할 수 없으며, 인간은 감정과 본능, 그리고 초월적인 경험을 통해서도 삶의 의미를 발견해야 한다고 역설했다.

"이성은 삶의 도구일 뿐, 삶의 목적이 아니다."

니체는 이성을 도구로 활용하되, 인간의 창조적이고 본능적인 측면을 억누르지 않고 이를 조화롭게 발휘해야 진정한 삶을 살 수 있다고 강조했다. 그의 철학은 삶의 다양성과 복합성을 존중하며, 이성이 모든 것을 해결할 수 있다는 환상에서 벗어날 것을 촉구했다.

장 자크 루소 "감정의 균형"

의미: 이성은 인간의 감정과 함께하지 않으면 진정한 방향성을 잃게 된다.
출처: 프랑스 철학자 장 자크 루소의 저서 〈에밀〉, 〈인간 불평등 기원론〉.

장 자크 루소는 인간이 이성과 감정을 조화롭게 사용할 때 비로소 진정한 인간다운 삶을 살 수 있다고 보았다. 그는 이성이 삶을 설계하고 문제를 해결하는 데 필요한 도구라면, 감정은 삶에 의미와 열정을 부여한다고 주장했으며, 이성이 감정을 구시하거나 억제하면 인간은 삶의 방향을 잃고 기계적이 되어버릴 수 있다고 경고했다.

"이성은 인간을 이끄는 길잡이지만, 감정이 없다면 방향을 잃는다."

루소는 이성과 감정이 대립하는 것이 아니라, 서로를 보완하며 인간이 더 나은 선택과 행동을 할 수 있게 돕는 관계라고 설명했다. 그는 인간의 감정이 도덕적 선택과 공감의 기반이 되며, 이성이 이를 조율함으로써 사회적 조화를 이룰 수 있다고 강조했다.

데이비드 흄 "열정의 도구"

의미: 이성은 인간의 열정과 욕망을 실행하는 수단일 뿐이며, 본질적으로 그것을 따르는 역할을 해야 한다.
출처: 스코틀랜드 철학자 데이비드 흄의 저서 〈인간 본성에 관한 논고〉.

18세기, 데이비드 흄은 인간의 행동이 이성이 아닌 감정과 열정에 의해 동기화된다고 역설했다. 그는 이성이 열정의 목표를 달성하는 데 필요한 수단을 제공하는 역할에 그치며, 본질적으로 감정과 열정이 인간 행동의 주된 원동력이라고 보았다. 이성은 도구일 뿐, 인간의 행동을 독립적으로 지배할 수 없다고 강조했다.

"이성은 열정의 노예이며, 그래야만 한다."

흄은 이 명제를 통해 인간의 행동을 설명하는 데 있어 감정의 중요성을 강조하고, 이성이 독립적이고 절대적인 힘으로 작동하지 않는다는 점을 설파했다. 그는 인간의 본성을 이해하려면 감정과 열정을 받아들이고, 그것이 행동을 이끄는 방식에 주목해야 한다고 주장했다.

아리스토텔레스 "감정의 조화"

의미: 이성은 감정을 억누르고 지배하는 것이 아니라, 감정을 올바른 방향으로 이끌어주는 역할을 한다.
출처: 고대 그리스 철학자 아리스토텔레스의 저서 〈니코마코스 윤리학〉.

아리스토텔레스는 인간의 도덕적 삶에서 이성과 감정의 조화를 강조했다. 그는 감정을 부정적인 것으로 보지 않고, 인간의 삶에서 중요한 역할을 하는 요소로 간주했다. 다만, 이성이 감정을 올바르게 이해하고 방향을 잡아주지 않으면, 감정은 비이성적인 행동으로 이어질 수 있다고 보았다.

"이성은 감정을 지배하는 것이 아니라, 감정을 올바르게 인도하는 것이다."

아리스토텔레스는 이성을 통해 감정을 절제하고, 중용(中庸)의 덕을 실천함으로써 인간이 도덕적이고 균형 잡힌 삶을 살 수 있다고 강조했다. 그는 감정을 잘 다스리는 것이야말로 인간의 이성과 감정이 조화를 이루는 데 필수적이라고 보았다.

공자 "군자와 소인의 차이"

의미: 군자는 이성을 바탕으로 정의롭지만, 소인은 감정과 욕망에 치우쳐 개인적인 이익을 추구한다.
출처: 공자의 〈논어(論語)〉 중, 〈이인편(里仁篇)〉.

공자는 군자와 소인의 차이를 강조하며, 군자가 도덕적 가치를 추구하는 반면, 소인은 개인적인 욕망에 사로잡혀 살아간다고 설명했다. 그는 군자는 의(義), 즉 올바른 도리를 따르며, 자신과 타인에게 이로운 행동을 한다고 보았다. 반면, 소인은 이(利), 즉 이익만을 좇아 자신에게만 유리한 선택을 한다고 지적했다.

"군자는 의(義)를 좇고, 소인은 이(利)를 좇는다."

이 가르침은 단순히 도덕적 판단을 넘어, 삶에서 올바른 행동을 선택하기 위해 무엇을 기준으로 삼아야 하는지에 대한 깊은 통찰을 제시한다. 공자는 군자의 행동이 정의롭고 공동체의 조화에 기여해야 하며, 개인적 이익을 넘어 더 큰 가치를 추구해야 한다고 설파했다.

맹자 "이성과 욕망의 조화"

의미: 이성이 통제되지 않은 욕망은 타락시키고 삶을 파괴할 수 있다.
출처: 중국 철학자 맹자의 〈맹자(孟子)〉.

맹자는 인간의 본성이 선하지만, 욕망이 이성을 잃고 통제되지 않으면 도덕적 타락과 사회적 혼란을 초래할 수 있다고 경고했다. 그는 욕망 자체를 부정하지 않고, 그것이 이성과 조화를 이루어야만 인간의 삶과 사회가 평화로워질 수 있다고 보았다. 욕망이 이성의 통제 없이 방치될 경우, 개인의 타락은 물론, 공동체에도 해악을 끼친다고 주장했다.

"이성이 없는 욕망은 인간을 망치게 한다."

맹자는 욕망이 인간의 삶에서 필연적이지만, 그것을 조절하고 올바른 방향으로 이끄는 이성적 판단이 반드시 수반되어야 한다고 설파했다. 이는 인간이 도덕적 삶을 유지하고 사회적 책임을 다하는 데 중요한 교훈을 제공한다.

정약용 "도리의 나침반"

의미: 이성은 마음속에서 도덕적 방향을 제시하는 정밀한 나침반과 같아, 이를 따르면 도리를 벗어나지 않는다.
출처: 조선 후기 실학자 정약용의 저작 〈목민심서〉와 그의 철학적 통찰.

정약용은 이성을 인간의 도덕적 판단과 행동의 중심 도구로 보았다. 그는 이성이 마음속에서 올바른 방향을 제시하는 나침반처럼 작동하며, 도리를 따르는 삶으로 이끌어준다고 설명했다. 이성이 없다면 인간은 혼란에 빠질 수 있지만, 이를 잘 활용하면 도덕적이고 실천적인 삶을 살 수 있다고 보았다.

"이성은 마음의 정밀한 나침반과 같아, 도리를 벗어나지 않는다."

정약용은 실천적 삶과 학문적 탐구를 결합하며, 이성을 통해 인간이 자신의 책임과 역할을 다해야 한다고 가르쳤다. 그는 이성을 단순한 사고의 도구가 아니라, 인간의 도덕적 삶을 지탱하는 필수적인 요소로 간주했다.

프리드리히 니체 "존재 이유를 찾는 행위 자체"

의미: 우리의 존재 이유는 끊임없이 그 이유를 탐구하고 질문하는 과정이다.
출처: 독일 철학자 프리드리히 니체의 저서 〈차라투스트라는 이렇게 말했다〉.

프리드리히 니체는 존재의 본질을 고정된 의미로 규정짓지 않고, 인간이 스스로 질문을 던지고 답을 찾아가는 과정에서 발견된다고 보았다. 그는 인간의 삶이 끊임없는 자기 탐구와 성찰 속에서 발전한다고 강조하며, 존재 이유를 묻는 행위 자체가 우리의 삶을 의미 있게 만든다고 말했다.

"우리는 왜 존재하는가? 이유를 찾는 것 자체가 우리의 존재 이유다."

니체는 이러한 사고를 통해 인간의 삶을 단순한 생존이 아니라, 자기 초월과 끊임없는 자기 정의의 과정으로 바라보았다. 그는 인간이 질문하고 탐구함으로써 자신만의 의미를 만들어낼 수 있다고 역설했다.

마르틴 하이데거 "존재와 질문의 관계"

의미: 존재의 본질은 스스로 질문을 던지고 탐구하는 과정에서 비로소 드러난다.
출처: 독일 철학자 마르틴 하이데거의 저서 〈존재와 시간〉.

20세기, 마르틴 하이데거는 인간이 존재의 의미를 탐구하는 과정에서 질문이 핵심적인 역할을 한다고 보았다. 그는 존재가 단순히 그 자체로 드러나는 것이 아니라, 인간이 '왜 존재하는가?'와 같은 근본적인 질문을 던질 때 비로소 나타난다고 설명했다. 하이데거는 이러한 탐구가 인간을 다른 존재와 구별하며, 존재의 본질을 이해하는 데 필수적이라고 강조했다.

"존재는 질문을 던질 때 비로소 드러난다."

하이데거는 존재가 인간의 사고와 탐구 활동을 통해 명료해지는 과정을 철학적 핵심으로 삼았다. 그는 질문이야말로 존재와의 대화를 시작하는 문이자, 우리가 존재의 깊이를 이해하기 위한 첫걸음이라고 보았다.

오노레 드 발자크 "고독에서 찾은 존재"

의미: 인간은 고독 속에서 자신의 존재를 깨닫는다.
출처: 프랑스 작가 발자크의 저서들 속에 담긴 인간 존재와 내면 탐구.

19세기 프랑스, 오노레 드 발자크는 방대한 소설 연작 인간 희극을 통해 인간의 내면과 사회의 복잡성을 탐구했다. 그는 인간이 고독한 순간에야 비로소 자신의 본질을 성찰할 수 있다고 믿었다. 그는 사회적 관계와 외부 세계에 휩싸인 인간이 고독을 통해 내면을 들여다보고, 자기 자신과 진정으로 대면할 수 있다고 주장했다.

"인간은 고독 속에서 진정한 자신의 존재를 발견한다."

발자크의 작품은 인간의 욕망, 사랑, 야망, 실패를 통해 고독과 존재의 본질을 탐구하며, 인물들이 자신의 고독한 순간에 진정한 깨달음을 얻는 과정을 자주 묘사했다. 그는 단순히 소설가가 아니었다. 그는 인간이 고독을 통해 자신의 본질과 삶의 의미를 발견할 수 있다는 통찰을 담아낸 문학의 철학자였다.

리처드 도킨스 "진화와 존재의 이해"

의미: 인간의 존재는 진화 과정을 통해 형성된 결과이며, 이를 이해하는 것이 자신의 존재를 깨닫는 출발점.
출처: 진화생물학자 리처드 도킨스의 저서 〈이기적 유전자〉와 강연.

20세기, 영국의 리처드 도킨스는 인간의 존재를 자연선택과 진화의 산물로 설명하며, 진화의 과정을 이해하는 것이야말로 우리의 본질과 역할을 깨닫는 데 중요한 첫걸음이라고 강조했다. 그는 우리가 진화의 결과로 존재하지만, 이를 자각함으로써 과거를 이해하고 미래를 설계할 수 있다고 보았다.

"존재는 진화의 결과이며, 그것을 이해하는 것이 우리 존재의 시작이다."

도킨스는 이 명언을 통해 인간이 자신의 생물학적 기원과 진화를 인식하는 것이 단순히 과학적 지식을 넘어, 인간으로서의 정체성과 목적을 정의하는 데 핵심적인 요소라고 설파했다.

클라리사 핑콜라 에스테스 "상처를 지혜로 변환하는 힘"

의미: 지혜는 우리의 상처를 단순히 고통으로 남겨두지 않고, 그것을 통해 배운 교훈과 통찰을 다른 이들과 나눌 수 있는 내면의 힘.
출처: 심리학자이자 클라리사 핑콜라 에스테스의 저서 〈달리는 늑대들과 함께하는 여자들〉.

20세기, 미국의 심리학자이자 작가 클라리사 핑콜라 에스테스는 인간의 상처가 단순히 고통으로 끝나는 것이 아니라, 그것을 통찰과 지혜로 변환하는 과정에서 진정한 치유와 성장의 기회를 제공한다고 보았다. 그녀는 상처를 삶의 한 부분으로 받아들이고, 이를 통해 인간이 더욱 깊은 연민과 이해를 얻을 수 있다고 주장했다. 상처가 지혜의 언어로 변환될 때, 그것은 다른 사람들에게도 빛이 되고 힘이 된다고 설파했다.

"지혜는 상처를 지혜의 언어로 변환할 수 있는 내면의 힘이다."

에스테스는 개인의 고통이 자기 성찰과 내면적 성장의 중요한 재료가 될 수 있음을 강조하며, 인간이 상처를 어떻게 다루느냐에 따라 더 강해지고 더 깊이 있는 존재가 될 수 있다는 메시지를 전한다.

에드워드 윌슨 "지식과 지혜의 차이"

의미: 지혜는 지식을 많이 아는 것이 아니라, 그 지식을 바르게 활용할 줄 아는 능력.
출처: 진화생물학자 에드워드 윌슨의 저서 〈인간 본성에 대하여〉와 그의 생태학적 철학.

19세기, 영국의 극지 탐험가이자 진화생물학자 에드워드 윌슨은 과학적 지식의 축적이 중요하지만, 그것을 올바르게 활용하지 않으면 무의미하다고 보았다. 그는 인간이 자연과 사회에 대한 지식을 쌓는 데 성공했음에도 불구하고, 이를 현명하게 사용하지 못할 때 자연과 생태계는 물론, 인간 사회에도 치명적인 결과를 초래할 수 있다고 경고했다.

"지혜는 지식을 넘어 그것을 어떻게 사용할지를 아는 데 있다."

윌슨은 지혜란 단순히 지식을 얻는 것을 넘어, 그것을 윤리적이고 실질적인 방식으로 사용하는 능력이라고 강조했다. 이것은 과학적 발견과 기술 발전이 인간의 삶을 개선할 수 있도록 지혜로운 선택과 책임 있는 행동이 수반되어야 한다는 메시지를 전달한다.

조안 디디온 "상실에서 새로운 의미 창조"

의미: 지혜란 삶의 새로운 가치를 발견하고 의미를 재창조하는 능력.
출처: 작가 조안 디디온의 〈상실에 대하여〉, 〈우리는 이야기를 만든다〉.

20~21세기, 미국의 작가 조안 디디온은 남편과 딸을 잃는 깊은 개인적 상실을 겪으면서도, 그 아픔을 글로 풀어내며 자신의 내면과 마주했다. 그녀는 상실이 단지 슬픔과 고통의 끝이 아니라, 삶의 의미를 새롭게 발견하는 시작점이 될 수 있음을 보여주었다. 디디온은 상실 속에서도 '왜 살아야 하는가?'라는 질문을 던지며 과거의 기억과 아픔을 통해 새로운 이야기를 창조했다.

"지혜는 우리가 잃어버린 것들로부터 삶의 새로운 의미를 창조하는 능력이다."

그녀는 고통이 삶의 일부임을 받아들이는 동시에, 이를 통해 인간이 더 깊이 성장하고, 강해질 수 있다는 메시지를 전했다. 디디온의 글은 상실의 경험이 우리의 삶을 재정의하는 계기가 될 수 있으며, 인간이 지혜를 통해 고통을 초월하고 새롭게 나아갈 수 있음을 독자들에게 깨닫게 했다.

공자 "지혜와 어짊의 비유"

의미: 지혜로운 이는 물과 같이 유연하고, 어진 이는 산처럼 안정된 삶의 길을 선택한다.
출처: 공자의 〈논어(論語)〉 중 〈옹야편(雍也篇)〉.

공자는 자연을 통해 인간의 성품과 삶의 태도를 설명하며, 지혜와 어짊을 각각 물과 산에 비유했다. 그는 지혜로운 사람이 물처럼 부드럽고 유동적이며 끊임없이 앞으로 나아가는 특성을 갖는 반면, 어진 사람은 산처럼 안정적이고 신뢰할 수 있는 성품을 가진다고 말했다. 이러한 비유는 각각의 가치가 다르지만, 모두 삶에서 중요한 덕목임을 강조한다.

"지혜로운 사람은 물(水)을 좋아하고, 어진 사람은 산(山)을 좋아한다."

공자는 인간의 삶이 때로는 물처럼 변화에 적응해야 하고, 때로는 산처럼 견고한 신념을 지켜야 한다고 가르쳤다. 이 비유는 인간이 자신의 성향에 따라 삶을 설계하고 덕목을 실천할 수 있음을 보여준다.

프랜시스 베이컨 "시간의 자식"

의미: 진리는 시간이 지나며 드러나는 것이며, 탐구와 경험의 과정에서 밝혀진다.
출처: 철학자 프랜시스 베이컨의 저서 〈새로운 논리학〉.

프랜시스 베이컨은 진리가 단번에 밝혀지는 절대적 개념이 아니라, 시간이 흐르며 점진적으로 드러나는 결과라고 주장했다. 그는 과학적 탐구와 경험적 관찰을 통해 진리를 발견할 수 있다고 믿었다. 베이컨은 인간이 끊임없이 질문하고 실험하며, 기존의 오류를 수정해나가는 과정이야말로 진리에 가까워지는 길이라고 설명했다.

"진리는 시간의 자식이다."

베이컨의 철학은 당시의 전통적 권위에 의존하던 학문적 태도를 벗어나, 경험과 실험을 통해 진리를 탐구하는 과학적 방법론의 기초를 세웠다. 그의 말은 진리를 찾기 위해 인내와 지속적인 노력이 필요하다는 교훈을 전달한다.

크리스토퍼 히친스 "불편한 진리의 역설"

의미: 진리는 때로 고통스러워도 이를 받아들일 때 문제 해결과 발전이 가능하다.
출처: 작가이자 비평가 크리스토퍼 히친스의 저서 〈신은 위대하지 않다〉.

20세기 중반, 영국계 미국 작가이자 언론인 크리스토퍼 히친스는 진리가 항상 달콤하거나 위안을 주는 것은 아니지만, 그것이 우리가 직면해야 할 필수적인 현실이라고 강조했다. 그는 종교, 정치, 사회 문제 등 다양한 주제를 다루며, 사람들이 불편한 진실을 외면하기보다 이를 받아들이고 변화의 동력으로 삼아야 한다고 역설했다.

그가 이 말의 정신을 실천했던 대표적인 순간 중 하나는 논란이 많았던 종교적 관습과 권위를 비판할 때였다. 그는 논쟁을 두려워하지 않고, 불편한 진실을 드러내는 데 주저하지 않았다. 히친스는 사람들이 진리를 직시할 용기를 가지도록 촉구하며, 진실이야말로 문제 해결과 진보의 출발점이라고 말했다.

"진리는 불편할 수 있지만, 그것이 필요한 이유다."

히친스의 철학은 진리가 감정적 편안함을 넘어, 인간의 삶을 개선하고 더 나은 미래를 만들어가는 데 핵심적인 역할을 한다는 점을 강조한다.

볼테르 "진리와 용기"

의미: 진리를 받아들이기 위해선 용기가 필요하다.
출처: 계몽주의 철학자 볼테르의 저서와 사회적 활동.

볼테르는 18세기 계몽주의 시대의 대표적인 사상가로, 불합리한 종교적 관습과 정치적 억압에 맞서 진실을 말하는 데 평생을 바쳤다. 그는 1762년, 한 프랑스 시민 장 칼라스가 억울하게 아들을 살해했다는 혐의로 처형되었다. 이 사건은 당시의 종교적 편견과 법적 불공정의 상징이었다. 볼테르는 이 사건의 부당함을 조사하고 진실을 드러내기 위해 끈질기게 싸웠다. 그는 진실을 말하기 위해 생명과 명성을 걸어야 했으며, 이를 통해 결국 칼라스 가족의 명예를 회복시켰다.

"진리는 강력하지만, 때로는 용기가 필요하다."

그의 생애 중 특히 드레퓌스 사건과 유사한 칼라스 사건은 이 말의 힘을 보여준다. 볼테르의 철학은 진리가 단순히 발견되는 것이 아니라, 사회적 편견과 억압을 넘어 세상에 드러나기 위해 용기를 요구한다고 강조한다. 그는 이 사건을 통해 진리를 밝히는 데 용기가 얼마나 중요한지, 그리고 그것이 얼마나 큰 변화를 가져올 수 있는지를 증명했다.

헨리 데이비드 소로 "진리의 자립성"

의미: 진리는 스스로 명확히 존재하여 그 자체로 충분하므로 변호가 필요 없다.
출처: 헨리 데이비드 소로의 저서 〈월든(Walden)〉과 그의 에세이

헨리 데이비드 소로는 자연 속에서 단순하고 자립적인 삶을 살며, 진리의 본질에 대해 깊이 성찰했다. 그는 진리가 변명이나 논쟁을 통해 얻어지는 것이 아니라, 자연과 같은 자명한 힘으로 스스로 드러난다고 보았다. 그는 1846년, 노예제에 반대하는 의미로 세금 납부를 거부하다 감옥에 갇혔다. 그는 법적 변론이나 자신의 행동에 대한 변명을 하지 않았다.

"진리는 자신을 변호할 필요가 없다."

감옥에서도 그는 자신의 저항이 결국 더 큰 정의(진리)로 이어질 것이라고 믿으며, 스스로 증명된다고 확신했다. 소로의 철학은 진리를 말하고 행동으로 실천하는 것에 초점을 두며, 불필요한 논쟁 대신 자신의 신념을 고수하는 용기를 강조한다.

랄프 왈도 에머슨 "진리의 단순함"

의미: 진리는 본질적으로 명료하고 단순하며, 복잡함은 진리에서 벗어난 상태.
출처: 철학자이자 시인 랄프 왈도 에머슨의 강연과 저서 〈자연〉과 에세이.

19세기, 미국의 철학자이자 수필가 랄프 왈도 에머슨은 자연과 인간의 본질을 탐구하며, 진리가 복잡한 논리나 장황한 설명에 얽매이지 않는 단순한 본질을 가진다고 주장했다. 그는 인간이 진리를 이해하려면 불필요한 것들을 제거하고, 본질에 집중해야 한다고 보았다.

에머슨은 자연 속에서 단순함이 진리와 연결되는 방식을 발견했다. 예를 들어, '나무 한 그루나 강물의 흐름은 인간이 설명하지 않아도 그 자체로 명확하고 진실된다.'는 그는 삶에서 너무 많은 복잡함을 만들지 말고, 자연처럼 단순하게 진리를 받아들이고 실천해야 한다고 강조했다.

"진리는 단순하다. 복잡함은 진리가 아니다."

에머슨의 철학은 삶의 본질을 단순하게 보고, 이를 통해 진정한 진리와 연결될 수 있다는 깨달음을 전한다.

장자 "침묵 속에서 빛내는 진리"

의미: 진정한 진리는 과장되거나 떠들썩하지 않으며, 조용히 그 자체로 존재한다.
출처: 중국 철학자 장자의 〈장자(莊子)〉 중, 자연과 진리에 대한 사상.

장자는 자연의 원리를 통해 인간의 삶과 진리를 설명하며, 진정한 진리는 단순히 말로 표현되지 않고, 그 자체로 드러난다고 보았다. 그는 진리를 외치며 설득하려는 태도를 경계하고, 큰 진리는 조용히 영향력을 미치지만, 작은 진리는 시끄럽고 과장된 모습으로 나타난다고 지적했다.

"큰 진리는 종종 말없이 존재하며, 작은 진리는 큰 소리를 낸다."

장자의 철학은 자연의 조화 속에서 진정한 진리를 발견하고, 외부의 떠들썩함에 흔들리지 않는 태도를 제안한다. 그의 말은 진리가 본질적으로 단순하고 명료하며, 진정한 지혜는 조용히 드러난다는 점을 상기시킨다.

토마스 아퀴나스 "진리는 불변하다"

의미: 진리는 시간과 공간에 구애받지 않으며, 영원하고 변하지 않는 본질이다.
출처: 중세 신학자이자 철학자 토마스 아퀴나스의 저서 〈신학대전〉.

토마스 아퀴나스는 신앙과 이성을 결합한 철학적 체계를 통해 진리의 본질을 설명했다. 그는 진리를 신(神)과 연결된 보편적이고 변치 않는 원리로 보았으며, 인간의 주관적 경험이나 시간적 상황에 의해 변질되지 않는다고 주장했다. 그는 진리를 자연의 법칙과 신의 섭리 속에서 탐구하며, 인간이 진리를 이해하는 방식은 변화할 수 있지만, 진리 그 자체는 영원히 동일하다고 보았다. 그는 이를 '시간과 공간을 초월한 불변의 진리'라고 표현하며, 인간이 이를 탐구해야 할 이유를 강조했다.

"진리는 그 자체이다. 진리는 시간과 공간을 넘어 불변한다."

토마스 아퀴나스의 철학은 진리가 단순히 인간의 관점에서 유동적인 개념이 아니라, 우주의 근본적이고 영원한 원리임을 상기시킨다.

노자 "초월은 자연과 하나 되는 과정이다"

의미: 초월은 욕망을 비우고 자연의 질서에 자신을 맡기는 데 있다.
출처: 도가 철학의 창시자 노자의 〈도덕경(道德經)〉.

노자는 인간이 자연과 조화를 이루며 살아갈 때 진정한 초월에 도달할 수 있다고 믿었다. 그는 인간의 욕망과 인위적인 노력은 도(道)의 흐름을 거스르는 행위이며, 이를 내려놓고 자연의 질서에 몸을 맡길 때 비로소 평화와 자유를 얻을 수 있다고 설명했다.

노자는 산과 강, 바람과 물처럼 자연의 모든 존재가 스스로의 자리에 맞게 조화를 이루는 방식에서 초월의 본질을 발견했다. 그는 인간도 이 흐름에 동참할 때 내면의 고요함과 진정한 자유를 경험할 수 있다고 보았다.

"초월은 자신의 욕망을 내려놓고 자연의 흐름에 자신을 맡기는 것이다."

노자의 철학은 단순히 욕망을 억지하는 데 그치지 않고, 자연과 하나 되어 도의 법칙에 따라 살아가는 삶을 추구한다. 이는 인위적인 힘이 아닌, 자연스러운 존재 방식 속에서 진정한 초월과 평화를 찾는 길을 제시한다.

프리드리히 니체 "자기 초월의 의무"

의미: 스스로를 극복하고 성장하지 않으면 자신의 잠재력을 저버리는 것이다.
출처: 독일 철학자 프리드리히 니체의 저서 〈차라투스트라는 이렇게 말했다〉.

프리드리히 니체는 인간의 삶을 끊임없는 자기 초월과 성찰의 과정으로 보았다. 그는 인간이 자신의 본능, 한계, 그리고 기존의 가치 체계를 극복하지 않으면 정체되거나 퇴보할 수밖에 없다고 주장했다. 니체의 철학에서 '초인' 개념은 자기 초월의 대표적 상징이다. 그는 인간이 자신의 약점과 두려움을 극복하며, 기존의 도덕적과 사회적 관습에 얽매이지 않고 스스로의 가치를 창조해야 한다고 보았다. 이를 통해 인간은 더 높은 경지로 성장할 수 있다고 역설했다.

"자신을 초월하지 않는 자는 자신을 배신하는 것이다."

니체는 자기 초월이 단순한 욕망의 실현이 아니라, 인간 본질에 대한 깊은 탐구와 자기 혁신의 과정임을 강조했다. 초월은 인간이 자신의 한계를 뛰어넘어 더 나은 존재로 발전할 수 있는 유일한 길로 보았다.

이마누엘 칸트 "순수 이성과 초월"

의미: 초월은 감각적 경험을 넘어, 순수한 이성의 영역에서 진리를 탐구하는 과정.
출처: 독일 철학자 이마누엘 칸트의 저서 〈순수이성 비판〉.

칸트는 인간이 감각적 경험에 의존하지 않고도 이성적 사고를 통해 초월적 진리를 탐구할 수 있다고 보았다. 그는 인간의 이성이 세계의 본질적 구조와 초월적 개념(신, 자유, 영혼 등)을 이해하는 데 중요한 역할을 한다고 강조했다. 또한 그는 초월을 단순히 물리적 경계를 넘어서는 행위로 보지 않았으며, 초월을 인간의 이성이 경험을 넘어 보편적이고 절대적인 원리를 탐구하는 과학적이고 철학적인 여정으로 간주했다.

"초월은 경험을 넘어선 순수한 이성의 영역으로 나아가는 것이다."

칸트의 철학은 경험적 지식과 이성적 사고의 한계를 명확히 하면서도, 초월적 사고를 통해 인간이 더 높은 수준의 이해와 통찰에 도달할 수 있음을 강조한다.

파블로 피카소 "창조와 초월"

의미: 초월은 틀을 깨고 새로운 가능성을 상상하고 이를 실현하는 창의적 행위.
출처: 현대미술의 거장 파블르 피카소의 예술적 철학과 그의 작업 방식.

파블로 피카소는 예술가로서 끊임없이 새로운 스타일을 창조하며, 기존의 전통적 틀을 깨는 데 주저하지 않았다. 그는 자신만의 독창적인 시각을 통해 초현실주의와 입체파의 혁신을 이끌며, 기존 예술의 경계를 초월했다. 피카소는 틀에 얽매이지 않는 창의성이야말로 초월의 본질이라고 보았으며, 기존의 규칙과 한계를 깨뜨릴 때 진정한 자유와 혁신이 가능하다고 믿었다.

"초월은 틀을 깨고 새로운 가능성을 상상하는 행위다."

그의 말은 예술뿐만 아니라 삶의 모든 영역에서 초월적 사고와 행동의 중요성을 강조한다. 그는 자신의 예술을 통해 초월의 과정을 실천하며, 세상에 새로운 시각과 영감을 제공했다. 그의 작업은 단순히 아름다움을 표현하는 것이 아니라, 인간의 상상력이 어디까지 확장될 수 있는지를 보여주는 증거였다.

랠프 왈도 에머슨 "초월과 자유"

의미: 초월은 마음의 고정관념과 한계를 넘어설 때 진정한 자유를 찾을 수 있다.
출처: 미국 철학자 랄프 왈도 에머슨의 저서 〈초월주의〉와 강연.

랄프 왈도 에머슨은 초월주의 철학의 선구자로, 자연과 인간 정신의 조화를 통해 진정한 자유를 찾을 수 있다고 믿었다. 그는 인간이 세상의 규범과 한계에 얽매이지 않고, 자신의 내면에서 진정한 자아와 연결될 때 초월의 경지에 이를 수 있다고 강조했다.

에머슨은 자연 속에서의 경험을 통해 이러한 깨달음을 얻었다고 말한다. 대자연의 무한함 속에서 그는 인간의 정신이 모든 경계를 넘어설 수 있는 가능성을 발견했다. 초월은 단순히 물리적 제약을 넘는 것이 아니라, 자신의 두려움과 의심을 벗어던지고 내적 자유를 얻는 과정이라고 설명했다.

"초월은 마음의 한계를 넘어 진정한 자유를 찾는 것이다."

에머슨의 철학은 인간이 스스로의 잠재력을 깨닫고, 세상과의 연결을 통해 더 높은 경지의 자유와 평화를 누릴 수 있음을 강조한다.

장 자크 루소 "자유의 새슬"

의미: 인간은 자유로 태어났지만, 사회적 제도와 규범 속에서 자유를 잃고 살아간다.
출처: 프랑스 철학자 장 자크 루소의 저서 〈사회 계약론〉.

장 자크 루소는 인간의 자연 상태를 자유롭고 평등한 상태로 묘사하며, 사회가 발전하면서 개인의 자유가 제도와 관습에 의해 억압되고 있다고 지적했다. 그는 인간이 스스로 만든 규칙과 권력 구조에 얽매이면서 자유를 상실했음을 경고했다.

"인간은 자유로 태어났지만, 어디에서나 사슬에 묶여 있다."

루소는 이러한 자유의 상실이 인간이 사회적 계약을 통해 집단의 이익을 위해 자신의 권리를 포기했기 때문이라고 설명했다. 그러나 그는 완전한 자유를 포기하지 않고도 공동체와 조화를 이루며 살아갈 수 있는 새로운 사회 질서를 제안했다. 그의 목표는 개인의 자유와 공동체의 이익이 동시에 존중받는 사회를 설계하는 것이었다.

마하트마 간디 "자유와 책임"

의미: 자유는 책임과 의무를 수반하기 때문에 많은 이들이 이를 회피하려 한다.
출처: 인도의 독립운동가 마하트마 간디의 연설과 저서.

마하트마 간디는 인도의 독립 운동을 이끌며, 자유를 단순히 억압에서 벗어나는 상태로 보지 않았다. 그는 자유가 권리를 누리는 동시에, 그 권리를 올바르게 사용할 책임을 지는 것을 의미하며, 진정한 자유가 자신뿐 아니라 타인의 자유를 존중하고 보호하는 데서 완성된다고 강조했다.

"자유는 책임을 의미한다. 그래서 많은 사람들이 그것을 두려워한다."

그는 자유를 책임과 분리할 수 없다는 철학을 삶으로 보여주었다. 비폭력과 비협력 운동을 통해 영국 제국에 저항하면서, 인도의 독립을 이루기 위한 개인적, 사회적 책임을 강조했다. 자유는 결코 방종이 아니며, 더 큰 선을 위해 자신의 역할을 다해야 한다고 역설했다.

넬슨 만델라 "진정한 자유의 의미"

의미: 자유는 억압으로부터의 해방을 넘어 모두의 자유를 지키고 확장하는 실천적 가치다.
출처: 남아프리카 공화국 인권운동가 넬슨 만델라의 저서 〈자유로 가는 긴 여정〉.

20세기 초, 넬슨 만델라는 인종차별 정책인 아파르트헤이트에 맞서 싸우며 27년간 감옥에 갇혀 있었다. 그의 투쟁은 단순히 개인적 자유를 되찾는 데 그치지 않고, 억압받는 모든 이들을 위한 자유를 추구하는 것이었다. 감옥에서 풀려난 뒤에도 그는 자신의 자유를 진정한 의미로 이해하기 위해 끊임없이 성찰했다.

"자유는 단지 사슬에서 벗어나는 것이 아니라, 다른 이들의 자유를 존중하고 증진하는 방식으로 사는 것이다."

만델라는 자유가 단순히 억압의 사슬을 끊는 행위로 끝나는 것이 아니라, 다른 사람들의 자유를 존중하고 이를 지지하는 삶의 방식이어야 한다고 강조했다. 그는 자유를 위해 자신을 희생하는 것이야말로 진정한 해방의 의미를 완성한다고 믿었다.

프리드리히 니체 "자유와 책임의 특권"

의미: 진정한 자유는 책임을 받아들이고 그에 따라 행동할 수 있는 용기 있는 사람만이 누릴 수 있다.
출처: 독일 철학자 프리드리히 니체의 저서 〈즐거운 학문〉과 그의 철학적 사유.

프리드리히 니체는 자유를 단순한 권리로 보지 않고, 책임과 연결된 특권으로 이해했다. 그는 인간이 자신의 삶을 설계하고 선택하는 과정에서 책임을 회피하지 않는 것이야말로 진정한 자유를 누리는 길이라고 역설했다.

"자유는 책임을 두려워하지 않는 자의 특권이다."

니체는 자신의 철학에서 '초인' 개념을 통해 자유와 책임의 중요성을 강조했다. 초인은 자신의 한계를 넘어 스스로의 가치를 창조하며, 외부의 규율에 의존하지 않고 책임감 있게 자신의 선택에 따른 결과를 감당할 수 있는 존재다. 그는 책임을 두려워하지 않는 것이야말로 자유로운 인간의 특권이라고 설파했다.

데스몬드 투투 "상호의 보장"

의미: 개인의 자유는 다른 모든 사람들의 자유가 보장될 때만 온전히 실현된다.
출처: 남아프리카공화국의 인권운동가이자 성직자인 데스몬드 투투의 연설과 저서.

20~21세기, 신학자 데스몬드 투투는 남아프리카공화국의 인종차별 정책인 아파르트헤이트에 맞서 싸우며, 자유와 평등의 중요성을 설파했다. 그는 인간의 자유가 개인적인 차원에서 끝나는 것이 아니라, 사회 전체와 깊이 연결되어 있다고 믿었다. 그는 저항하는 과정에서, 억압받는 이들의 자유가 억압받을 때 사회 전체가 그 고통을 나누어 감당해야 한다는 사실을 직접 경험했다.

"우리는 모두의 자유가 보장될 때 비로소 자유로워진다."

그는 '우분투(Ubuntu)' 철학을 기반으로, 모든 사람이 서로 연결되어 있으며, 타인의 자유와 존엄이 보장될 때만 자신도 자유로울 수 있음을 강조했다. 투투의 철학은 진정한 자유가 단순히 개인의 해방에 머무르지 않고, 모든 사람의 권리와 존엄을 보장하는 공동체적 노력 속에서 완성된다는 메시지를 전달한다.

에리히 셀리그만 프롬 "창조적 자유"

의미: 자유는 스스로 삶을 선택하고, 그 방향을 창조적으로 이끌어가는 주체적 능력이다.
출처: 심리학자이자 철학자인 에리히 셀리그만 프롬의 저서 〈자유로부터의 도피〉.

20세기, 독일의 사회심리학자 에리히 프롬은 현대 사회에서 자유의 의미를 심리학적 관점에서 탐구했다. 그는 사람들이 외부의 억압에서 벗어난 뒤에도 자신의 삶을 능동적으로 창조하지 못하면 또 다른 속박에 빠질 수 있다고 경고했다. 그는 많은 사람들이 자유를 두려워하여, 자율적으로 결정을 내리는 대신 권위에 의존하거나 집단에 자신을 동일시한다고 지적했다. 그러나 그는 진정한 자유는 이러한 두려움을 극복하고, 스스로 자신의 삶을 창조하는 책임을 질 때 비로소 이루어진다고 강조했다.

"자유는 단순히 억압에서 벗어나는 것이 아니라, 자신의 삶을 창조하는 능력이다."

프롬의 철학은 자유를 단순한 방종이나 선택의 가능성이 아니라, 적극적으로 자신의 삶을 만들어가는 창조적이고 주체적인 과정으로 정의한다.

프리드리히 니체 "인간은 극복의 대상이다"

의미: 인간은 현재의 한계를 넘어서 스스로를 초월해야 한다.
출처: 독일 철학자 프리드리히 니체의 저서.

1883년, 프리드리히 니체는 그의 대표작 〈차라투스트라는 이렇게 말했다〉를 집필하며 새로운 철학적 세계를 열었다. 그는 인간 존재의 본질을 넘어, 초인의 가능성을 설파했다. 니체는 인간이 자신의 본능과 두려움을 극복하고, 기존의 도덕과 관습에 얽매이지 않으며, 스스로의 새로운 가치를 창조해야 한다고 믿었다. 그는 이를 통해 인간이 자신의 가능성을 완전히 발휘하고, 더 나은 미래를 개척할 수 있다고 보았다.

"인간은 극복되어야 할 무엇이다."

니체는 이 명언을 통해 인간이 자기 자신을 극복하는 과정에서 고통과 도전이 필연적이지만, 그것이야말로 진정한 삶의 의미를 찾는 길이라고 역설했다. 니체의 철학은 당시 철학계를 넘어 예술, 문학, 심리학 등 다양한 분야에 영향을 끼쳤다.

소크라테스 "너 자신을 알라"

의미: 인간은 스스로를 깊이 이해하고 성찰하여, 진정한 삶의 의미를 발견할 수 있다.
출처: 고대 그리스 철학자 소크라테스의 철학적 가르침과 델포이 신전의 비문.

소크라테스는 인간의 지혜와 무지를 구분하며, 진정한 깨달음은 자기 자신을 이해하는 데서 시작된다고 가르쳤다. 그는 '나는 아무것도 모른다는 것을 안다'는 자기 인식을 통해 지혜를 탐구해야 한다고 강조했다. 이 말은 델포이 신전에 새겨져 있던 글귀에서 유래했지만, 소크라테스의 철학적 대화와 삶의 방식에서 중심적인 역할을 했다.

"너 자신을 알라!"

그는 인간이 자신의 한계를 인정하고, 스스로를 이해하려 노력할 때 더 높은 수준의 삶과 도덕적 성찰에 도달할 수 있다고 보았다. 이는 단순히 자신을 아는 것을 넘어, 자신의 도덕적, 지적, 그리고 영적 본질을 이해하고 이를 기반으로 행동하는 삶을 의미한다.

마르쿠스 아우렐리우스 "가치와 추구"

의미: 인간의 가치는 삶의 목표를 정하고 이를 향해 헌신하는 정도에서 드러난다.
출처: 로마 황제이자 스토아 철학자 마르쿠스 아우렐리우스의 저서 〈명상록〉.

고대 로마 황제 마르쿠스 아우렐리우스 안토니누스는 철학적 사유와 삶의 실천을 통해 인간이 자신의 가치를 스스로 정의할 수 있다고 믿었다. 그는 권력과 부 같은 외적 성공보다, 인간이 추구하는 내적 목표와 신념이야말로 진정한 가치를 결정한다고 보았다. 그는 황제로서의 막대한 책임에도 불구하고, 그는 스토아 철학을 실천하며 검소하고 절제된 삶을 살았다. 그는 스스로를 성찰하며, 자신의 행동이 더 큰 선과 조화를 이루고 있는지 끊임없이 질문했다.

"인간의 가치는 그가 추구하는 것에 달려 있다."

이 말은 인간이 자신의 가치와 목표를 신중히 선택하고, 이를 추구하는 과정에서 자신의 본질과 삶의 의미를 발견할 수 있음을 상기시킨다. 이는 단순히 목표를 이루는 것 이상의, 더 나은 존재로 성장하는 철학적 지침을 제공한다.

한나 아렌트 "생각하고 말하여 행동하는 동물"

의미: 인간의 본질은 생각하고 소통하며 행동으로 세상을 변화시키는 창조적 능력이다.
출처: 정치철학자 한나 아렌트의 저서 〈인간의 조건〉.

20세기, 정치철학자이자 작가 한나 아렌트는 인간의 본질을 단순히 생물학적 존재로 보지 않았다. 그녀는 인간을 생각하고, 말하며, 행동함으로써 세상과 소통하고 영향을 미치는 존재로 정의했다. 특히 아렌트는 '행동'을 인간 존재의 핵심 요소로 보았다. 그녀는 행동이 단순한 움직임이 아니라, 세상에 새로운 시작을 만들어내는 창조적이고 자유로운 행위라고 설명했다. 아렌트는 이러한 행동이 인간을 세상에 고유한 존재로 각인시키며, 역사를 만들어가는 원동력이 된다고 역설했다.

"인간은 생각하고 말하며 행동하는 능력으로 정의된다."

이 말은 인간이 사유를 통해 자신과 세상을 이해하고, 말을 통해 다른 사람들과 관계를 맺으며, 행동을 통해 세상을 변화시키는 능동적 존재임을 강조한다.

조지프 캠벨 "자신의 이야기를 완성하는 인간"

의미: 인간은 삶의 의미와 목적을 찾고 이를 이루려는 근본적 욕구를 지닌 존재다.
출처: 작가이자 신화학자 조지프 캠벨의 저서 〈천의 얼굴을 가진 영웅〉, 〈신화의 힘〉.

20세기, 미국의 작가 조지프 캠벨은 신화와 인간 삶의 상관성을 탐구하며, 모든 인간이 자신만의 이야기를 찾고 그 이야기를 완성하려는 여정을 살아간다고 역설했다. 그는 이를 '영웅의 여정'이라 표현하며, 개인의 삶이 내면적, 외면적 도전을 극복하고 자기 자신을 실현하는 과정이라고 설명했다. 캠벨은 인간이 세상에 영향을 받으며 다양한 역할을 맡지만, 궁극적으로는 자기 자신이 주인공인 이야기를 만들어간다고 강조했으며, 자신의 이야기를 찾는 것이야말로 진정한 행복과 의미를 발견하는 열쇠라고 말했다.

"인간은 자신의 이야기를 찾고, 그 이야기를 완성하려는 존재다."

이 말은 인간이 자신의 삶에서 목적과 의미를 발견하고, 이를 실현하는 과정에서 성장과 성취를 경험한다는 깊은 메시지를 담고 있다.

이황 "학문과 성찰을 통한 본성 회복"

의미: 인간은 교육과 수양을 통해 천리(天理)를 깨닫고 본성을 찾아야 한다.
출처: 조선 시대 성리학자 이황의 〈성학십도(聖學十圖)〉와 그의 학문적 가르침.

이황은 인간이 본래 선한 본성을 가지고 태어나지만, 욕망과 외부의 영향을 받으면서 그 본성을 잃을 수 있다고 보았다. 그는 학문과 성찰이야말로 인간이 이러한 왜곡된 상태를 극복하고, 천리라는 보편적 이치를 통해 본성을 회복하는 길이라고 강조했다.

이황은 성리학을 기반으로, 끊임없는 학문적 탐구와 자기 성찰을 통해 내면의 조화를 이루고, 도덕적 삶을 실천해야 한다고 역설했으며, 이를 통해 인간이 자신의 역할을 다하고, 사회와 자연과 조화를 이루는 삶을 살 수 있다고 믿었다.

"인간은 학문과 성찰을 통해 천리를 이해하고 본성을 회복할 수 있다."

이 말은 인간이 스스로를 수양하고 탐구함으로써 본질적인 선과 조화를 이룰 수 있다는 성리학적 가르침을 담고 있으며, 삶의 진정한 방향성을 제시한다.

앙드레 지드 "있는 그대로를 넘어서는 시선"

의미: 진리에 다다르는 성찰은 개인적 관점에 따라 다르다.
출처: 프랑스 작가 앙드레 지드의 명언과 문학 세계.

1925년, 프랑스 파리의 한 작은 서재에서 앙드레 지드는 글을 쓰고 있었다. 그는 늘 세상의 틀을 거부하고, 자신의 내면을 탐구하는 작업에 몰두했다. 그의 작품 속 인물들은 도덕적 기준과 사회적 규범에 도전하며, 자신만의 진리를 찾아가는 여정을 그렸다. 그의 글은 단순한 이야기로 끝나지 않았다. 독자들은 지드의 작품을 통해 자신을 돌아보고, 자신의 삶의 방향을 재설정했다.

"우리는 사물을 있는 그대로가 아니라, 우리가 서 있는 자리에서 본다."

그는 진리가 고정된 것이 아니라, 발견하고 확장해 나가는 과정임을 보여주었다. 그는 객관적 진리가 아니라, 각자의 경험과 시각에서 형성되는 주관적 진리를 탐구했다. 이는 그의 대표작 〈좁은 문〉, 〈지상의 양식〉에서도 드러난다.

플라톤 "이성의 세계"

의미: 지식은 감각적 경험이 아닌 이성적 사고와 관찰로 얻는 이상적 진리의 발견이다.
출처: 고대 그리스 철학자 플라톤의 저서 〈공화국〉과 그의 이데아론.

플라톤은 이데아론을 통해 감각적으로 인식할 수 있는 현실 세계는 단지 이상적 실재의 그림자일 뿐이라고 주장했다. 그는 우리가 감각을 통해 얻는 정보는 불완전하며, 참된 지식은 이성을 통해 이상적 실재, 즉 이데아의 세계에 접근함으로써만 얻을 수 있다고 설명했다.

"진정한 지식은 감각이 아닌 이성의 세계에서 발견된다. 형이상학은 그것을 탐구한다."

그의 철학은 유명한 '동굴의 비유'에서 구체화되었다. 동굴 속에 갇힌 사람들이 벽에 비치는 그림자만을 현실로 믿는 것처럼, 인간은 감각에 의존하면 진리를 완전히 이해할 수 없다. 이데아를 탐구하는 과정이야말로 형이상학적 진리로 가는 길이라고 플라톤은 역설했다.

바루흐 스피노자 "본질 탐구"

의미: 형이상학은 신과 자연, 그리고 우주의 근본적인 본질과 관계를 이해하려는 철학적 탐구이다.
출처: 네덜란드 철학자 바루흐 스피노자의 저서 〈에티카(Ethica)〉.

17세기, 바루흐 스피노자는 신과 자연, 그리고 우주가 별개의 것이 아니라 동일한 본질을 공유한다고 주장했다. 그는 신을 초월적 존재로 보기보다는, 자연과 동일한 무한한 실체로 설명하며, 이를 '신 또는 자연'이라 표현했다. 스피노자에게 형이상학은 이 실체의 본질을 이해하려는 인간의 궁극적 노력이다. 그는 모든 존재와 사건이 이 무한한 실체의 표현이며, 인간은 형이상학적 탐구를 통해 이 거대한 연결성을 이해할 수 있다고 보았다.

"형이상학은 신과 자연, 그리고 우주의 본질을 탐구하려는 인간의 노력이다."

스피노자의 형이상학은 단순히 철학적 사유를 넘어, 인간이 자신의 위치와 역할을 이해하며, 자연과 조화를 이루는 삶을 살도록 독려한다.

리처드 테일러 "광범위한 탐구"

의미: 형이상학은 존재의 본질과 시공간, 자유, 운명 등 세계의 근본 문제를 탐구하는 학문이다.
출처: 미국 철학자 리처드 테일러의 저서 〈형이상학(Metaphysics)〉.

리처드 테일러는 형이상학이 단순히 존재를 정의하고 설명하는 데 그치지 않고, 인간이 직면하는 근본적인 질문들에 대한 답을 찾는 포괄적인 철학적 탐구라고 주장했다. 그는 자유 의지와 결정론, 시간과 공간의 본질, 그리고 운명의 문제를 형이상학의 핵심 주제로 삼았다.

"형이상학은 단순히 존재의 본질뿐 아니라, 시간, 공간, 자유와 운명의 문제를 다룬다."

테일러는 인간이 자신의 자유를 믿으면서도 동시에 운명에 의해 통제되는 듯한 경험을 어떻게 조화롭게 이해할 수 있는지 탐구했다. 그는 이러한 철학적 질문들이 형이상학적 사유의 중심에 있으며, 이를 탐구함으로써 인간은 자신과 세계를 더 깊이 이해할 수 있다고 보았다.

소크라테스 "무지에서 시작되는 지혜"

의미: 지혜는 자신의 부족함을 인정하는 데서 출발한다.
출처: 고대 그리스 철학자 소크라테스의 가르침, 자기 인식과 지혜의 철학.

소크라테스는 고대 그리스 철학의 기초를 세우며, 지혜의 본질은 자기 자신을 아는 데 있다고 설파했다. 그는 자신의 무지를 인정할 때 비로소 배움과 깨달음의 길이 열리며, 진정한 지혜는 자신의 부족함을 깨닫고 이를 채우려는 노력에서 비롯된다고 강조했다. 소크라테스는 무지를 부끄러워하지 않고 이를 탐구의 출발점으로 삼으며, 지혜란 끊임없이 자신을 성찰하고 성장시키는 과정임을 역설했다.

"무지를 아는 것이 지혜의 시작이다. 자신의 부족함을 인정하지 않는 자는 결코 배우지 못한다."

그는 지혜란 끝없는 배움의 과정이며, 자신의 한계를 인정할 때 진정한 깨달음에 도달할 수 있다고 역설했다.

라이너 마리아 릴케 "단순함 속의 깊은 울림"

의미: 삶의 본질은 단순함 속에서 발견된다.
출처: 시인 라이너 마리아 릴케의 작품과 서신, 그리고 그의 삶과 예술의 철학.

19~20세기, 오스트리아 시인이자 소설가 릴케(본명: 르네 카를 빌헬름 요한 요제프 마리아 릴케)는 삶의 복잡함 속에서도 단순함이야말로 인간이 진정으로 이해하고 받아들여야 할 본질이라고 강조했다. 그는 지나친 욕망과 복잡한 사고가 진정한 깨달음을 가로막는다고 보았으며, 단순한 삶의 순간들이 인간의 내면에 깊은 통찰과 평온을 가져다준다고 설파했다. 릴케는 자연, 사랑, 예술 같은 단순한 요소들 속에서 삶의 깊은 아름다움을 발견하고 이를 통해 영감을 얻었다.

"삶의 가장 깊은 깨달음은 단순함 속에 있다. 단순함은 혼란 속에서도 빛나는 진리를 보여준다."

그는 삶의 본질이 외적 복잡함을 벗어나 내면의 단순함을 추구하는 데 있다고 믿었다. 삶의 본질과 깨달음은 단순한 것들 속에 있으며, 이를 발견하기 위해 자신을 비우고 단순함을 받아들이는 자세가 필요하다는 메시지를 전달한다.

라빈드라나드 태고르 "체험으로 느끼는 진리"

의미: 진리는 지식이 아니라 경험에서 나온다.
출처: 인도 시인 라빈드라나드 타고르의 작품 〈기탄잘리〉 속 진리와 깨달음에 대한 철학.

19~20세기, 인도의 시인, 철학자, 극작가 라빈드라나드(트) 타고르는 진리가 단순히 논리와 지식으로 이해되는 것이 아니라, 체험을 통해 마음과 영혼으로 느껴져야 한다고 강조했다. 그는 진정한 깨달음은 교훈적 지식이나 학문적 연구를 넘어, 삶 속에서 직접 경험하며 내면화되는 과정이라고 설파했다. 타고르는 자연, 예술, 인간 관계 속에서 체험하는 진리가 우리의 존재를 완성시키는 열쇠라고 보았다.

"진리는 이해할 수 없는 것이 아니라 체험되어야 하는 것이다. 경험 없는 진리는 공허하며, 체험 속에서만 생명을 얻는다."

그는 진리가 단순히 말이나 글로 설명될 수 있는 것이 아니라, 삶의 구체적 경험 속에서 스스로 드러나는 것이라고 믿었다.

제프 포스터 "시작의 운명"

의미: 깨달음은 더 나은 삶을 여는 출발점이다.
출처: 영성 작가 제프 포스터의 저서와 강연, 그의 깨달음과 삶의 변화를 다룬 철학.

20~21세기, 영국의 영성 작가 제프 포스터는 깨달음이 삶의 끝이 아니라, 새로운 방향으로 나아가기 위한 시작점이라고 강조했다. 그는 사람들이 깨달음을 하나의 완성으로 여길 때, 그 의미를 놓칠 수 있다고 경고하며, 깨달음은 변화와 성장을 위한 첫걸음이라고 설파했다. 포스터는 진정한 깨달음이란 삶을 완전히 새롭게 바라보고, 그 안에서 더 나은 선택과 행동으로 나아가는 것이라고 보았다.

"깨달음은 끝이 아니라 새로운 시작이다. 깨달음은 삶의 더 깊은 여정을 열어주는 문이다."

그는 깨달음을 단순한 목표가 아니라, 끊임없이 성장하고 변화하는 삶의 과정으로 보았으며, 자신의 강연과 글을 통해 깨달음이란 이상적인 상태가 아니라, 지금 이 순간의 현실을 깊이 받아들이는 데서 시작된다고 말했다.

앙드레 지드 "지식의 진정한 가치"

의미: 지식보다 중요한 것은 그것을 깊이 이해하는 것이다.
출처: 프랑스 작가 앙드레 지드의 저서 〈좁은 문〉 속 지식과 이해의 철학.

19~20세기, 프랑스 작가 앙드레 폴 기욤 지드는 단순히 정보를 아는 것이 아니라, 그것을 깊이 이해하고 내면화하는 것이 진정한 지혜라고 강조했다. 그는 지식이 단순히 머릿속에 쌓이는 것이 아니라, 삶의 방식과 선택에 영향을 미칠 수 있을 때만 가치 있다고 보았다. 지드는 표면적인 아는 것을 넘어, 질문하고 탐구하며 지식을 자신의 것으로 만드는 과정이 중요하다고 설파했다.

"무엇을 아는가는 중요하지 않다. 그것을 이해했는가가 중요하다. 진정한 지혜는 이해를 통해 완성된다."

그는 단순한 아는 것이 아니라, 그것을 자신의 삶에 녹여내는 깊은 이해가 지혜의 핵심이라고 역설했다.

에리히 프롬 "배움, 사랑, 용서의 깨달음"

의미: 배움, 사랑, 용서는 인간 이해와 깨달음의 과정이다.
출처: 심리학자 에리히 프롬의 저서 〈사랑의 기술〉 속 인간 관계와 깨달음의 철학.

20세기 초, 독일의 사회심리학자 에리히 셀리그만 프롬은 인간 이해와 깨달음이 배움, 사랑, 용서라는 세 가지 중요한 단계로 이루어진다고 보았다. 그는 배움을 통해 지식을 얻고, 사랑을 통해 상대를 이해하며, 용서를 통해 진정한 깨달음과 성장을 이룰 수 있다고 강조했다. 프롬은 인간이 관계 속에서 성찰하고 성장하며, 타인을 받아들이는 과정을 통해 자신 역시 변화할 수 있다고 설파했다.

"우리는 배움으로 시작하고, 사랑으로 이해하며, 용서로 깨닫는다. 깨달음은 관계를 통해 완성된다."

이 말은 프롬의 인간 중심적 철학과 심리학적 통찰을 압축적으로 보여준다. 그는 지식의 시작, 사랑의 이해, 그리고 용서의 완성을 통해 인간이 진정으로 성숙할 수 있다고 믿었다.

성철 "산은 산이고, 물은 물이다"

의미: 깨달음이란 있는 그대로의 본질을 보는 것이다.
출처: 한국 불교의 대선사 성철 스님의 법문, 선(禪)과 깨달음의 철학.

성철은 수행과 깨달음의 과정을 단순하면서도 심오한 언어로 표현하며, 삶과 존재의 본질을 있는 그대로 보는 것이 진정한 깨달음이라고 설파했다. 이것은 수행의 초기에 산과 물을 있는 그대로 보다가, 깊은 수행 속에서 산과 물이 단순히 상징적인 의미로 보이며, 최종적으로 다시 산은 산이고 물은 물로 돌아오는 깨달음의 경지를 의미한다. 이는 모든 것이 원래부터 그러했음을 있는 그대로 받아들이는 상태를 상징한다.

"산은 산이요 물은 물이로다. 모든 것은 본래 그대로 완전하다."

이 표현은 성철의 깨달음의 경지를 간결하고도 강렬하게 나타낸다. 그는 있는 그대로의 세상을 받아들이는 것이야말로 궁극적인 평화와 자유로 가는 길이라고 강조했다. 그의 철학은 현대인들에게 복잡한 생각과 집착에서 벗어나, 삶을 있는 그대로 바라보며 평온을 찾으라는 영감을 준다.

에크하르트 톨레 "자신을 이해하는 깨달음"

의미: 자신을 이해하면 세상과 과거를 초월할 수 있다.
출처: 영성 작가 에크하르트 톨레의 저서 〈지금 이 순간을 살아라〉.

20세기, 독일의 영성 작가 에크하르트 톨레는 진정한 깨달음이란 자신의 내면을 깊이 이해하는 데에서 시작된다고 강조했다. 그는 자기 이해를 통해 우리는 외부 세계를 바라보는 관점을 바꾸고, 과거의 아픔이나 후회에서 자유로워질 수 있으며, 깨달음은 과거와 미래라는 시간의 굴레를 벗어나, 현재를 온전히 사는 데서 완성된다고 역설했다.

"자신을 이해하는 순간, 세상도 이해할 수 있다. 깨달음을 얻는 순간 과거의 무게는 사라지고, 현재가 열릴 것이다."

그는 내면의 성찰이야말로 진정한 자유와 평화를 가져다주는 열쇠라고 보았다. 자기 이해와 깨달음을 통해 과거의 짐에서 벗어나고, 현재에 집중하며 살아가는 것이 행복의 열쇠라는 메시지를 전달한다.

| 사 | 회 | 와 | 윤 | 리 |

사회, 윤리, 정의, 제도, 권리, 책임, 복지, 갈등, 선, 악, 양심, 책임,
공정(평등), 정직, 배려, 선의, 복지와 관련된 문장들

다비드 에밀 뒤르켐 "사회는 관계의 합"

의미: 사회는 개인의 집합체가 아니라, 그들 사이의 상호작용과 관계가 본질이다.
출처: 프랑스의 사회학자 다비드 에밀 뒤르켐의 저서 〈사회분업론〉.

19세기, 다비드 에밀 뒤르켐은 현대 사회에서 사회적 결속과 통합이 어떻게 유지되는지 탐구했다. 그는 전통 사회는 공통된 가치와 믿음, 즉 '기계적 연대'에 의해 통합되지만, 현대 사회는 서로 다른 개인들이 전문화된 역할을 수행하며 상호 의존하는 '유기적 연대'를 통해 유지된다고 강조했다.

"사회는 단순히 많은 개인들이 모여 있다고 해서 존재하는 것이 아니라, 그들 사이의 관계가 만들어낸 유기적 구조이다."

이 말은 그가 사회를 분석하며 개인의 독립성을 강조하던 기존 관념에서 벗어나, 개인들 간의 관계와 그로 인해 형성된 사회적 구조를 연구 대상으로 삼으면서 등장했다. 뒤르켐은 유명한 자살론에서조차 개인적 행위인 자살이 사실은 사회적 관계의 결핍과 밀접하게 관련되어 있음을 밝혔다.

프랭클린 D. 루스벨트 "이상주의자가 만드는 사회"

의미: 위대한 사회는 더 나은 미래를 꿈꾸며 행동하는 이상주의자들에 의해 형성된다.
출처: 미국의 제32대 대통령 〈프랭클린 델라노 루스벨트〉의 연설과 정책 철학.

프랭클린 D. 루스벨트는 대공황이라는 역사적 위기 속에서 뉴딜 정책을 통해 미국 사회를 재건하며 희망을 심었다. 그는 사회적 불평등과 경제적 혼란을 해결하기 위해 혁신

적인 아이디어를 실현했고, 이러한 과정에서 이상주의적 비전이 필요하다고 역설했다.

그의 리더십은 단순히 현실 문제를 해결하는 데 그치지 않고, 더 나은 세상을 향한 희망과 꿈을 공유하는 데 중점을 두었다. 예를 들어, 사회보장제도(Social Security Act)의 도입과 같은 정책은 당시로선 혁경적인 아이디어였으며, 이는 미래 세대까지도 보호할 수 있는 지속 가능한 사회를 목표로 했다.

"이상주의는 행동하는 꿈이다. 행동하는 이상주의자들이 미래를 만든다."

루스벨트는 세계 2차 대전 중에도 더 나은 국제 질서를 꿈꾸며 유엔 설립을 구상했다. 그는 개인적 이익에 갇히지 않고 인류 공동체 전체의 번영을 위해 헌신하는 이상주의자들의 역할을 강조했다.

휴이 퍼시 뉴턴 "약자를 대하는 태도가 사회의 척도"

의미: 사회의 진정한 가치는 가장 약한 사람들을 대하는 방식에서 드러난다.
출처: 흑인 민권 운동가 휴이 뉴턴의 발언에서 비롯된 사상.

휴이 퍼시 뉴턴은 1960년대 미국의 흑인 민권 운동을 이끌며 '블랙 팬서당'을 공동 창립했다. 그는 사회 정의와 평등을 위해 싸우며, 사회는 그 구성원들 중 가장 약하고 소외된 이들에게 얼마나 공정하게 대하는가로 평가받아야 한다고 강조했다.

"약자의 권리를 보장하지 않는 사회는 결코 강한 사회가 될 수 없다."

그의 활동 중 하나는 지역 사회 내에서 무료 급식 프로그램을 도입하고 의료 서비스를 제공하며, 실질적으로 가장 약한 사람들을 돕는 데 초점을 맞춘 것이었다. 이는 단순히 구호 활동이 아니라, 약자에게 존엄성과 권리를 보장하는 것이 진정한 정의라는 그의 철학을 보여주는 사례였다.

벤저민 디즈레일리 "돈이 드러내는 사회의 가치"

의미: 사회는 자금을 어디에, 어떻게 사용하는가에 따라 가치를 평가받는다.
출처: 영국 총리 벤저민 디즈레일리의 정치 철학과 발언.

벤저민 디즈레일리는 19세기 영국의 정치 지도자로, 산업화와 빈부 격차가 심화되던 시기에 사회적 책임과 공공의 이익을 강조했다. 그는 부의 분배와 자원의 활용이 사회의 도덕성과 진보를 결정짓는 주요 요인이라고 보았다.

"사회는 부를 쌓는 것으로 평가받지 않는다. 그 부를 어디에 쓰는가로 평가받는다."

디즈레일리는 그의 총리 재임 시절, 공공복지와 노동자의 삶을 개선하는 데 국가 재정을 적극 활용했다. 특히 노동자 주택 건설과 공공 위생 개선 같은 정책은 돈이 단순한 경제적 수단을 넘어 도덕적 선택을 반영한다는 그의 철학을 보여주었다.

마하트마 간디 "변화의 시작은 내 자신"

의미: 사회를 변화시키려면 먼저 자신이 그 변화의 모델이 되어야 한다.
출처: 인도의 지도자 마하트마 간디의 삶과 그의 비폭력 저항 철학.

간디는 남아프리카 공화국에서 열차 1등석에 앉았다가 피부색 때문에 쫓겨난 사건을 계기로 불의에 침묵하지 않겠다고 결심했다. 그는 인도로 돌아와 독립운동을 이끌며 비폭력과 자급자족의 삶을 몸소 실천했다. 손으로 천을 짜고 직접 물을 길으며, 영국 상품에 의존하지 않는 자립의 상징을 보여주었다.

그의 행동은 단순한 생존을 넘어, 사람들이 자신부터 변화를 실천해야 한다는 메시지를 전했다. 간디는 말보다 행동으로 사람들을 설득하며, 영국에 저항하는 경제적 독립 운동을 이끌었다.

"내 행동이 사회의 거울이다. "사회를 변화시키고 싶다면 먼저 변화해야 한다."

간디의 삶은 전 세계적으로 영향을 미쳤고, 마틴 루터 킹 주니어와 넬슨 만델라 같은 지도자들에게도 영감을 주었다.

헨리 워드 비처 "지식 없는 사회는 방향을 잃은 배"

의미: 지식은 사회가 올바른 방향으로 나아가기 위해 필수적인 나침반이다.
출처: 미국의 목사이자 사회 개혁가 헨리 워드 비처의 설교와 저서.

헨리 워드 비처는 19세기 미국에서 사회적 불평등과 노예제 폐지 운동에 앞장섰던 인물이다. 그는 지식과 교육이야말로 사회적 진보를 위한 핵심이라고 믿었다. 그는 노예제 철폐를 설득하기 위해 자신의 설교에서 교육받지 못한 사회가 어떤 위험에 빠질 수 있는지를 강조했다.

"사회가 지속 가능하려면 지식이란 돛과 교육이란 바람이 필요하다. 지식 없는 사회는 방향을 잃은 배와 같다"

그는 지식이 없는 사회는 폭풍 속에서 나침반 없이 표류하는 배와 같으며, 이는 결국 혼란과 쇠퇴를 초래한다고 경고했다. 그의 지식과 교육에 대한 강조는 오늘날에도 사회 발전의 핵심 원리로 자리 잡고 있다.

제인 애덤스 "소속감과 책임감의 사회"

의미: 사회는 단순히 속해 있는 공간이 아닌, 구성원으로서 책임을 다해야 하는 공동체.
출처: 미국의 사회 개혁가이자 여성 운동가 제인 애덤스의 연설과 저서.

제인 애덤스는 20세기 초, 시카고의 빈민가에 설립한 '헐 하우스(Hull House)'를 통해 지역 주민들에게 교육과 복지를 제공하며 사회적 책임의 중요성을 강조했다. 어느 날 한 소녀가 헐 하우스를 찾아와 자신의 동네에서 겪는 어려움을 털어놓았다. 애덤스는 단순히 도움을 주는 데 그치지 않고, 그 소녀가 지역 문제 해결에 참여할 수 있도록 격려했다.

"사회란 우리가 소속감을 느끼는 동시에 책임감을 느껴야 하는 곳이다."

그녀는 사회란 단순히 도움을 받는 곳이 아니라, 함께 나아가는 책임을 공유하는 공간이라며 사람들에게 공동체 의식을 심어주었다. 소속감은 권리가 아니다. 그것은 책임감과 함께 온다. 제인 애덤스의 활동은 사회복지와 공동체 개념을 현대화하는 데 큰 영향을 미쳤고, 그녀는 이러한 공로로 여성 최초로 노벨 평화상을 수상했다.

아리스토텔레스 "공감이 만드는 건강한 사회"

의미: 건강한 사회는 서로의 고통에 공감하고 이를 해결하려는 노력에서 시작된다.
출처: 고대 그리스 철학자 아리스토텔레스의 저서 〈니코마코스 윤리학〉.

아리스토텔레스는 인간이 본질적으로 사회적 동물이며, 공동체 속에서 행복을 추구한다고 보았다. 그는 특히 공감이 사회를 유지하는 중요한 덕목이라고 강조했다.

"건강한 사회는 그 구성원들이 타인의 고통에 공감할 수 있을 때 가능하다."

아테네 광장에서 한 농부가 어려움을 호소하는 장면을 목격한 그는 제자들에게 공감이 없는 사회는 구성원이 아닌 군중일 뿐이다. 우리는 타인의 고통을 우리의 문제로 인식할 때 비로소 하나가 되는 것이라고 설파했다. 그는 공감이 단순히 감정적 반응이 아니라, 정의와 도덕적 행동의 근본임을 가르쳤으며, 공감하는 사람은 타인의 고통에 무관심하지 않으며, 이를 통해 사회는 조화롭게 성장할 수 있다고 역설했다.

존 듀이 "기회가 늘어내는 사회의 진보"

의미: 사회의 진보란 더 많은 사람들이 더 다양한 기회를 누릴 수 있게 된다.
출처: 미국의 철학자이자 교육학자인 존 듀이의 저서 〈민주주의와 교육〉.

존 듀이는 한 농촌 학교를 방문했을 때, 열악한 환경 속에서도 배움을 갈망하는 아이들을 보며 결심했다. 교육의 불평등이야말로 사회 발전을 가로막는 가장 큰 장애물이라는 것이다. 그는 모든 사람이 동등한 학습 기회를 가져야만 진정한 민주주의와 사회적 진보가 가능하다고 강조했다.

"사회가 진보한다는 것은 더 많은 이들이 더 많은 기회를 가지게 된다는 것이다."

듀이는 공립학교 시스템을 통해 모든 계층의 아이들이 학습할 기회를 얻는 것이 사회의 기초라고 강조했다. 그는 교육과 사회적 기회는 떼려야 뗄 수 없는 관계이며, 교육을 통해 개인의 잠재력을 발휘할 수 있을 때 사회 전체가 진보할 수 있다고 역설했다.

버락 오바마 "정의로운 사회의 조건"

의미: 정의 사회는 모든 사람이 평등하게 기회를 가질 수 있을 때 비로소 실현된다.
출처: 미국 제44대 대통령 버락 오바마의 연설과 정책 철학.

오바마는 시카고의 한 커뮤니티 센터를 방문했을 때, 교육과 의료, 일자리 기회가 부족한 지역 주민들의 이야기를 듣고 깊은 책임감을 느꼈다. 그는 기회의 불평등이 사회적 갈등을 낳는 가장 큰 원인임을 강조하며, 모든 사람이 공정하게 출발선을 공유해야 한다고 강조했다.

"정의로운 사회란 모든 사람이 동등한 기회를 가질 수 있는 곳이다."

대통령으로 재임하는 동안, 그는 오바마케어를 통해 의료 서비스 접근성을 확대하고, 교육 및 일자리 창출 정책을 통해 경제적 불평등을 해소하고자 했다. 특히 소외된 지역사회를 위한 투자와 기회 제공은 그의 핵심 정책 중 하나였다. 그는 기회 평등이야말로 정의로운 사회의 첫걸음이라며, 사회 구성원 모두가 잠재력을 발휘할 수 있는 환경을 만드는 것이 궁극적인 목표라고 역설했다.

칼 마르크스 "사회의 본질은 상호작용에 있다"

의미: 사회는 서로 돕고 협력하는 상호작용 속에서 그 진정한 본질을 발견한다.
출처: 독일 철학자이자 경제학자인 칼 마르크스의 저서와 그의 사상.

19세기, 칼 마르크스는 런던에서 노동자들과 함께 지내며, 자본주의 체제 아래에서 노동자들이 착취당하는 현실을 목격했다. 그는 사회가 단순히 개인들의 집합체가 아니라, 그들 간의 상호작용과 협력에서 정의된다고 주장했다.

"사회란 인간이 서로를 돕는 상호작용에서 그 본질을 찾는다."

마르크스는 개인이 서로 고립된 채로는 생존할 수 없으며, 노동과 생산의 협력을 통해 공동체가 발전한다고 강조했다. 그의 사상은 사회적 관계를 통해 생산되고 재생산되는 구조를 분석하며, 사회를 이해하는 데 있어서 협력과 상호 의존의 중요성을 부각시켰다.

아리스토텔레스 "정의는 윤리의 기초"

의미: 정의는 모든 윤리적 가치와 도덕적 판단의 근본 토대.
출처: 고대 그리스 철학자 아리스토텔레스의 저서 〈니코마코스 윤리학〉.

아리스토텔레스는 인간이 공동체 속에서 살아가는 사회적 동물로서, 정의가 개인의 행복뿐만 아니라 사회 전체의 조화를 유지하는 데 필수적이라고 보았다. 그는 정의를 단순히 법을 지키는 행위가 아니라, 각자에게 합당한 몫을 공정하게 배분하고 타인의 권리를 존중하는 도덕적 원리라고 정의했다.

"정의는 모든 윤리적 가치의 기초다."

그는 정의를 두 가지로 나누어 설명했다. 분배적 정의는 자원이나 명예를 공정하게 나누는 것이며, 교정적 정의는 불평등이나 잘못된 행위를 바로잡는 것이다. 아리스토텔레스는 이러한 정의가 실현될 때만이 사회와 개인이 조화롭게 성장할 수 있다고 역설했다.

이매누엘 칸트 "옳은 일은 의무대"

의미: 옳은 일을 하는 것은 보편적 도덕 법칙에 따라 반드시 지켜야 할 의무.
출처: 독일 철학자 이마누엘 칸트의 저서 〈실천 이성 비판〉과 그의 윤리학.

칸트는 인간이 이성을 가진 존재로서 도덕적 법칙을 따를 의무가 있다고 주장했다. 그는 '정언 명령'이라는 개념을 통해, 행동이 옳은지 아닌지는 그것이 모든 사람에게 적용될 보편적 법칙이 될 수 있는지로 판단해야 한다고 설명했다.

"옳은 일을 하는 것은 단순히 선택이 아니라 의무이다."

정직하게 거래하는 것은 단순히 신뢰를 얻거나 이익을 위해서가 아니라, 정직 자체가 보편적이고 의무적인 도덕 원칙이기 때문이라는 것이다. 그는 도덕적 행동은 외부의 결과가 아니라, 행위 자체의 의무감에서 비롯되어야 한다고 역설했다.

존 스튜어트 밀 "성품은 아무도 없을 때 드러난대"

의미: 사람의 진정한 성품은 순수한 동기로 행동할 때 드러난다.
출처: 영국 철학자이자 정치 사상가 존 스튜어트 밀의 저서 〈자유론〉.

19세기, 존 스튜어트 밀은 개인의 자유와 책임, 그리고 도덕적 성숙을 강조하며 진정한 윤리적 행동은 외부의 평가나 보상을 기대하지 않는 상태에서 이루어진다고 강조했다. 밀은 타인의 눈에 비치는 외적 행동이 아닌, 내면의 도덕적 신념과 책임감을 기준으로 인간을 평가해야 한다고 역설했다.

"사람의 진정한 성품은 아무도 보지 않을 때 드러난다."

그는 특히 개인이 사회적 압력 없이 스스로 선택한 행동에서 그들의 진정한 윤리적 가치가 드러난다고 보았다. 그의 말은 현대의 윤리학뿐만 아니라 자기 계발, 리더십, 그리고 사회적 책임에 관한 논의에서도 널리 인용되고 있다.

마하트마 간디 "도덕성과 경제의 균형"

의미: 경제는 도덕성을 바탕으로 운영되어야 사회를 유지할 수 있고, 도덕성은 경제적 기반 없이는 실질적인 영향을 미칠 수 없다.
출처: 인도 독립 운동의 지도자 마하트마 간디의 연설과 저서.

1942년, 인도 아마다바드의 한 회의장에서 간디는 그의 동료들과 대화를 나누고 있었다. 식민 지배 아래 경제적 착취가 심화되는 현실 속에서 그는 단순히 독립을 외치는 데 그치지 않았다. 간디의 관심은 인도의 경제적 자립과 도덕적 가치를 결합하는 새로운 사회를 만드는 데 있었다. 그는 식민지 경제 체제가 도덕성을 무시하고 인도인들을 착취하며 사회를 붕괴시킨다고 비판했다.

"도덕성이 없는 경제는 사회를 파괴하고, 경제가 없는 도덕성은 환상에 불과하다."

그의 철학은 경제적 자립을 통해 식민 지배로부터 벗어나면서도, 정의롭고 도덕적인 경제 체제를 구축하려는 노력이었다. 간디는 손으로 천을 짜는 자급자족 운동과 비폭력 저항을 통해, 경제적 번영과 도덕적 삶의 균형이 가능하다는 메시지를 건넸다.

에이브러햄 링컨 "양심에 따라 옳은 일을 하는 용기"

의미: 양심에 따라 옳은 일을 했다면, 결과가 어떠하든 두려워하지 않아도 된다.
출처: 미국 제16대 대통령 에이브러햄 링컨의 연설과 서신.

링컨은 남북전쟁 시기 노예제를 폐지하려는 결단을 내리며 극심한 반대와 비난에 직면했다. 그는 많은 이들이 그의 결정을 의심하거나 비판했지만, 자신의 양심과 신념에 따라 행동하는 것이 중요하다고 믿었다. 전쟁의 참상과 정치적 갈등 속에서 그는 한 가지 질문에 몰두했다. '무엇이 옳은가?' 그 답은 언제나 그의 양심에 있었다.

"내 양심에 비추어 옳은 일을 했다면, 그 결과를 두려워할 필요는 없다."

노예해방선언을 발표하며 그는 정의를 실현하는 데 따르는 위험과 어려움을 감수했다. 링컨은 결과에 연연하지 않고, 도덕적 확신에 따라 행동하는 용기가 진정한 리더십의 핵심이라고 역설했다.

존 롤스 "윤리적 딜레마가 증명하는 인간성"

의미: 윤리적 딜레마를 겪는다는 것은 우리가 도덕적 선택과 책임을 고민할 수 있는 인간적 존재임을 증명한다.
출처: 미국 철학자 존 롤스의 저서 〈정의론〉, 〈공정으로서의 정의〉.

20세기, 존 롤스는 사회 정의를 다루며, 윤리적 딜레마가 인간이 추구해야 할 정의와 도덕적 책임의 복잡성을 보여준다고 주장했다. 그는 '공정으로서의 정의'라는 개념을 통해, 우리가 윤리적 딜레마를 겪는 이유는 단순히 이익을 추구하기보다 올바른 선택을 고민하기 때문이라고 설명했다.

"윤리적 딜레마는 우리가 인간이라는 사실의 증거다."

롤스는 '무지의 베일'이라는 사고 실험을 통해, 개인적 이익이 배제된 상태에서 공정한 사회 원칙을 선택하는 방식을 제안했다. 그는 인간이 윤리적 딜레마를 겪을 때, 자신이 속한 공동체의 선과 정의를 함께 고려한다는 점에서 고귀한 존재임을 증명한다고 보았다. 그의 철학은 현대 사회에서 공정성과 도덕적 판단의 기준을 고민하는 데 지침이 되었으며, 윤리적 딜레마를 단순히 회피할 문제가 아니라, 인간성을 심화시키는 기회로 보게 했다.

바츨라프 하벨 "인간다움을 선택할 의무"

의미: 어떤 상황에서도 인간다운 행동을 선택하는 것은 모두의 도덕적 책임.
출처: 체코의 극작가이자 정치가 바츨라프 하벨의 연설과 저서.

20세기, 민주화 운동을 이끌던 반체제 작가이자 정치인 바츨라프 하벨은 체코슬로바키아 공산주의 정권 하에서 양심과 자유를 지키기 위해 투쟁하며, 인간다움의 중요성을 강조했다. 그는 억압적인 체제 속에서도 개인과 사회가 도덕적 선택을 포기해서는 안 된다고 강조했다.

"우리는 항상 인간다움을 선택할 의무가 있다."

하벨은 권력의 부패와 불의에 맞서며, 인간의 존엄성과 진실을 지키기 위한 행동이야말로 진정한 용기라고 설파했다. 체코 민주화 운동인 벨벳 혁명의 중심에 서서, 그는 비폭력과 인간다움의 가치를 기반으로 자유와 정의를 쟁취했다.

피터 드러커 "윤리는 행동의 설계도"

의미: 윤리는 잘못된 방향으로 설계되면 개인과 조직, 사회 전체가 무너질 수 있다.
출처: 경영학의 아버지라 불리는 피터 드러커의 저서 〈경영: 과제, 책임, 실천〉.

피터 드러커는 경영학의 틀을 윤리적 책임감과 사회적 가치 위에 세우고자 했다. 그는 경영과 조직의 모든 행동이 윤리적 기준을 기반으로 설계되지 않으면, 단기적으로는 성공할 수 있어도 장기적으로는 실패할 수밖에 없다고 설파했다.

"윤리는 인간 행동의 기본 설계다. 그 방향이 잘못되면, 모든 것이 무너진다."

드러커는 기업이 단순히 이익을 추구하는 데 그치지 않고, 직원, 고객, 지역 사회와의 관계에서 윤리적 책임을 다해야 한다고 강조했다. 그는 윤리가 조직과 사회를 움직이는 핵심 축이며, 이를 무시하면 궁극적으로 조직은 도태될 것이라고 경고했다. 그의 사상은 오늘날 지속 가능 경영과 윤리적 리더십에 대한 논의에서 중요한 기준이 되었다.

토머스 H. 헉슬리 "삶은 윤리적 선택의 연속"

의미: 인간의 삶은 크고 작은 윤리적 선택을 통해 구성되며, 이러한 선택이 개인의 삶과 사회를 형성한다.
출처: 영국의 생물학자이자 윤리 철학자인 토머스 H. 헉슬리의 강연과 저서.

19세기, 헉슬리는 과학과 윤리가 밀접하게 연결되어 있음을 주장하며, 인간의 행동은 항상 윤리적 선택을 포함한다고 역설했다. 그는 인간이 자연의 법칙에 따라 살아가는 동시에, 자신의 선택을 통해 도덕적 책임을 실현해야 한다고 강조했다.

"삶은 윤리적 선택의 연속이다. 그 선택은 우리 자신과 세상을 빚어간다"

헉슬리는 생물학적 진화와 도덕적 진보를 연관 지으며, 인간은 본능에만 의존하지 않고 스스로의 선택을 통해 윤리적 삶을 만들어 간다고 설명했다. 그는 특히 교육과 자기 성찰을 통해 더 나은 선택을 해야 한다고 강조했다. 그의 철학은 인간이 단순히 생존을 위해 사는 존재가 아니라, 도덕적 판단과 책임 있는 선택을 통해 삶의 방향을 결정하는 존재임을 일깨운다.

데스몬드 투투 "정직과 진실의 힘"

의미: 정직은 윤리적 삶의 기본이고, 진실은 인간 관계를 지탱하는 핵심.
출처: 남아프리카공화국의 인권 운동가인 데스몬드 투투의 연설과 저서.

데스몬드 투투는 아파르트헤이트(인종차별 정책) 하에서 정의와 화해를 위해 싸우며, 정직과 진실의 중요성을 강조했다. 그는 남아프리카공화국의 진실과 화해 위원회에서, 과거의 잘못을 바로잡고 화합을 이루는 유일한 길은 진실을 마주하는 것이라고 주장했다.

"정직은 윤리의 기초이며, 진실은 인간 관계의 본질이다."

그는 회의 중에도 피해자와 가해자 모두가 정직하게 자신의 이야기를 나눌 때, 화해와 치유가 가능하다는 점을 보여주었다. 투투는 진실이 없다면 어떤 관계도 신뢰와 지속성을 가질 수 없으며, 정직이야말로 윤리적 삶과 인간 관계의 출발점이라고 설파했다.

아리스토텔레스 "정의는 모든 덕목의 으뜸"

의미: 정의는 인간의 모든 덕목 중 가장 핵심적이고 근본적인 가치.
출처: 고대 그리스 철학자 아리스토텔레스의 저서 〈니코마코스 윤리학〉.

아리스토텔레스는 아테네에서 철학을 가르치며, 사회와 개인의 행복이 무엇인지 연구했다. 그는 정의를 모든 사람에게 마땅한 것을 주는 것이라고 정의하며, 정의가 단순히 법률의 준수가 아니라, 모든 덕목을 실현하는 종합적 가치라고 보았다. 그는 왕자가 공공재를 독점하려고 했던 사건을 지켜보며 제자들에게 말했다.

"정의는 모든 덕목의 으뜸이다. 정의가 없다면 사회는 지속될 수 없다. 정의는 개인의 이익을 넘어서 공공의 선을 추구할 때 실현된다."

그는 정의를 단순히 법적 규칙의 준수가 아닌, 개인과 사회 모두의 행복을 증진하는 조화로운 상태로 정의했다. 그는 〈니코마코스 윤리학〉에서 정의를 '개인적 미덕'이면서 동시에 '사회적 덕목'으로 설명하며, 공공의 선을 위한 협력의 중요성을 강조했다. 그의 사상은 고대 아테네를 넘어 현대까지 영향을 미쳤다.

벤저민 디즈레일리 "법은 정의의 도구"

의미: 법은 정의를 실현하기 위한 수단에 불과하며, 정의 자체가 목적이다.
출처: 영국의 정치가이자 총리 벤저민 디즈레일리의 연설과 저서.

벤저민 디즈레일리는 정치와 법률이 단순한 규칙의 집합이 아니라, 사회 정의를 실현하기 위한 도구로 기능해야 한다고 믿었다. 그는 영국 의회에서 토론 중, 법의 형식적 적용에만 집중하는 동료 정치인을 향해 강조했다.

"법은 정의를 실현하는 도구일 뿐이다. 정의가 없다면 법은 그 자체로 무의미하다."

그는 법이 정의를 담보하지 못한다면, 법적 시스템은 불공정과 억압의 도구로 전락할 수 있다고 경고했다. 디즈레일리는 법률 제정과 시행 과정에서 약자를 보호하고 공공의 선을 추구하는 것이 핵심이라고 강조했다.

엘리 위젤 "정의를 위한 기억"

의미: 정의란 진실을 추구하고 불의를 바로잡기 위한 끊임없는 실천이다.
출처: 홀로코스트 생존자 엘리 위젤의 삶과 저서 〈밤〉.

1945년, 아우슈비츠에서 해방된 엘리 위젤은 인류 역사상 가장 어두운 순간을 직접 목격했다. 그는 참혹한 경험을 기록하며, 홀로코스트 희생자들의 목소리를 잊지 않도록 세상에 알렸다.

"정의는 진실을 밝히고, 불의를 바로잡으려는 끝없는 노력이다."

그의 대표작 〈밤〉은 그가 경험한 비극과 인간성 상실의 이야기를 담아, 진실을 알리고 정의를 실현하려는 열망의 상징이 되었다. 위젤은 정의를 단순한 법적 개념이 아니라, 억압받은 이들의 목소리를 드러내고 역사의 교훈을 되새기는 과정으로 보았다. 위젤은 평생 전 세계를 돌며 연설과 글로 인권과 정의를 설파했다. 그는 '침묵은 가해자와 공범이 되는 일이다.'라는 말로, 불의 앞에서 행동하지 않는 것이야말로 가장 큰 죄악임을 강조했다.

그의 노력은 단지 과거의 고통을 기록하는 데 그치지 않았다. 그는 미래 세대가 비극을 반복하지 않도록, 진실과 기억을 통해 정의를 이루고자 했다.

다비드 에밀 뒤르켐 "정의는 사회의 뿌리"

의미: 정의는 모든 인간 사회가 유지되고 발전하기 위해 반드시 의존해야 하는 근본적인 기반이다.
출처: 프랑스의 사회학자 다비드 에밀 뒤르켐의 저서 〈사회분업론〉.

다비드 에밀 뒤르켐은 사회의 결속과 연대가 어떻게 형성되는지 탐구하며, 정의를 사회 구조를 유지하는 핵심 원리로 보았다. 그는 정의가 없으면 개인 간의 관계는 불균형으로 기울어지고, 사회는 분열될 수밖에 없다고 경고했다.

"정의는 모든 인류가 의존해야 하는 사회의 뿌리다."

그는 현대 사회에서 '기계적 연대'가 아닌 '유기적 연대'가 필요하다고 주장했다. 이는 각 개인이 서로 다른 역할을 하며 상호 의존하는 구조 속에서 정의가 실현될 때 사회가 안정적으로 유지된다는 것을 의미한다. 정의는 단순히 개인의 권리를 보호하는 데 그치지 않고, 사회 전체의 조화를 이끄는 핵심이라고 설명했다.

블레즈 파스칼 "정의는 힘의 조화이다"

의미: 정의가 없는 힘은 폭력으로 변질되고, 힘이 없는 정의는 실현되지 못한다.
출처: 프랑스의 철학자이자 수학자인 블레즈 파스칼의 저서 〈팡세〉.

17세기, 블레즈 파스칼은 인간 사회에서 정의와 힘의 관계를 깊이 탐구했다. 그는 사회적 권력이 정의를 바탕으로 하지 않을 때, 그것은 단순히 억압과 폭력이 될 뿐이라고 주장했다. 반대로, 정의가 아무런 실행력을 가지지 못할 때, 그것은 현실에서 아무런 변화를 가져오지 못하는 공허한 이상에 그친다고 지적했다.

"정의가 없는 힘은 폭력일 뿐이고, 힘이 없는 정의는 무기력할 뿐이다."

그는 법률과 정치 체제에서 정의와 힘이 균형을 이룰 때만이 사회가 안정과 평화를 유지할 수 있다고 보았다. 〈팡세〉 속에서도 드러나듯, 그는 인간의 약함과 모순을 이해하면서도 조화로운 사회를 위한 이상을 제시했다. 그의 사상은 단순히 철학적 주장에 그치지 않고, 정치와 윤리의 영역에서 실질적인 통찰로 작용했다.

프리드리히 니체 "고독한 길"

의미: 정의의 길은 외롭고 고통스러울 수 있지만, 진정한 자유와 해방을 가져온다.
출처: 독일 철학자 프리드리히 니체의 저서 〈차라투스트라는 이렇게 말했다〉.

니체는 개인의 내적 자유와 진정한 정의를 위해 사회적 관습과 도덕적 제약을 넘어서는 용기가 필요하다고 보았다. 그는 자신의 철학을 통해 정의란 다수의 의견에 따라 흔들리는 것이 아니라, 개인이 스스로 진리와 가치를 찾아가는 고독한 여정에서 탄생한다고 강조했다.

"정의로운 길은 때로 고독하지만, 그것이 진정한 자유를 가져온다."

니체는 정의를 단순히 타협하거나 대중을 만족시키는 것이 아닌, 개인이 자신의 양심과 신념에 따라 행동하는 것으로 정의했다. 그는 고독 속에서도 스스로를 믿고 끝까지 정의를 추구할 때, 진정한 자유와 자아실현에 도달할 수 있다고 강조했다.

엘리너 루즈벨트 "정의는 공감에서 시작된다"

의미: 정의는 타인의 고통을 자신의 문제로 인식하며 행동하는 공감에서 비롯된다.
출처: 미국의 인권운동가이자 전 영부인 엘리너 루즈벨트의 연설과 저서.

엘리너 루즈벨트는 세계 인권 선언의 초안을 작성하며, 인권과 정의의 근본은 타인의 고통에 대한 공감에서 시작된다고 역설했다. 그녀는 인종차별, 성차별, 빈곤 문제에 맞서 싸우며, 정의란 단순히 법적 정의를 넘어서 모든 이의 존엄성과 행복을 보장하려는 실천이라고 강조했다.

"정의는 타인의 고통을 당신의 문제로 여기는 데서 시작된다."

그녀는 빈민가를 방문해 아이들의 열악한 환경을 목격한 후, 단순한 동정이 아니라 실질적 변화를 위한 행동이 필요하다고 설파했다. 엘리너는 정의란 멀리 있는 추상적 개념이 아니라, 우리 주변에서 고통받는 사람들에게 손을 내밀며 공감을 실천하는 과정이라고 보았다.

샤를 드 몽테스키외 "제도가 사람을 만든다"

의미: 제도가 좋으면 악행을 막고, 나쁜 제도는 선한 사람마저 타락시키는 결과를 낳는다.
출처: 프랑스 철학자 샤를 드 몽테스키외의 저서 〈법의 정신〉.

17~18세기, 샤를 드 몽테스키외는 정치와 법 제도의 본질을 탐구하며, 제도가 인간 행동에 미치는 영향을 강조했다. 그는 다양한 국가와 문화를 연구하며, 법과 제도가 정의롭지 못할 경우, 그것이 사회를 혼란으로 몰아넣고 개인의 도덕성을 파괴할 수 있다고 경고했다.

"좋은 제도는 나쁜 사람을 억제하고, 나쁜 제도는 좋은 사람을 타락시킨다."

그는 한 국가의 법률과 제도가 공정하게 설계될 때, 인간의 본능적 이기심을 억제하고 공동체의 조화를 이루는 데 기여한다고 주장했다. 반면, 부패한 제도는 선량한 사람들조차 부정과 불의에 빠지게 할 수 있다고 역설했다. 그는 이를 바탕으로 '삼권분립'이라는 혁신적 정치 시스템을 제안하며, 권력의 분산이야말로 제도를 정의롭게 유지할 수 있는 핵심이라고 역설했다. 이 시스템은 현대 민주주의 제도의 근간이 되었다.

토머스 제퍼슨 "법과 제도의 유연성"

의미: 법과 제도는 고정된 것이 아니라, 시대와 환경의 변화에 따라 발전해야 한다.
출처: 미국의 제3대 대통령 토머스 제퍼슨의 서신과 연설.

토머스 제퍼슨은 미국 독립 선언의 주역으로, 자유와 혁신을 강조하며 법과 제도의 유연성을 설파했다. 그는 고정된 법률이 변화하는 사회와 조화를 이루지 못하면, 그것이 오히려 억압과 불평등을 낳을 수 있다고 경고했다.

"법과 제도는 살아있는 생명체처럼 변화해야 한다. 제도는 시대의 요구에 맞춰 변화할 때 비로소 생명력을 가진다. 정체된 제도는 결국 국민을 억압할 뿐이다."

제퍼슨은 농업 중심의 사회에서 산업화로 변해가는 시대적 변화를 목격하며, 법과 제도가 과거의 틀에 머무르지 않고 새로운 시대의 요구를 반영해야 하며, 특히 세대 간의 차이를 강조하며, 현재의 세대가 미래를 구속해서는 안 된다고 강조다. 그의 철학은 법과 제도가 단순히 규범을 유지하기 위한 것이 아니라, 인간의 자유와 권리를 보호하기 위해 진화해야 한다는 점을 보여준다.

존 롤스 "공정을 위한 제도"

의미: 제도의 역할은 단순히 사회적 질서를 유지하는 데 그치지 않고, 모든 구성원에게 공정한 기회를 보장하는 데 있다.
출처: 미국 철학자 존 롤스의 저서 〈정의론〉.

20세기, 존 롤스는 사회 정의와 공정성을 연구하며, 제도가 단순히 강제적 규칙으로 작동해서는 안 된다고 주장했다. 그는 '무지의 베일'이라는 철학적 사고 실험을 통해, 제도는 모든 이들이 공정한 출발선을 가질 수 있도록 설계되어야 한다고 설명했다.

"제도는 단순히 질서를 유지하는 것이 아니라, 공정을 보장하는 수단이어야 한다."

롤스는 특정 계층에 유리하거나 불리하게 작동하는 제도는 불공정하다고 보았다. 그는 제도가 약자와 소외된 사람들에게도 동등한 기회를 제공하고, 사회적 불평등을 완화하는 방향으로 설계되어야 한다고 강조했다.

피터 드러커 "혁신을 위한 제도"

의미: 제도는 새로운 아이디어와 발전을 촉진하는 역할을 해야 한다.
출처: 경영학의 아버지라 불리는 피터 드러커의 저서 〈혁신과 기업가 정신〉.

피터 드러커는 기업과 사회가 지속적으로 발전하기 위해서는 제도가 변화와 혁신에 열려 있어야 한다고 강조했다. 그는 전통적인 제도나 관료주의가 종종 새로운 아이디어를 억누르고, 창의적인 사고를 가로막는 경우가 많다고 지적했다.

"제도는 혁신을 방해하지 말고, 오히려 그것을 촉진해야 한다."

그는 조직이 변화에 적응하지 못하고 과거의 방식에만 의존하면 경쟁력을 잃고 도태될 수 있다고 경고했다. 그는 특히 관료적 제도가 경직성을 강화하여 혁신을 방해하지 않도록 제도를 설계하고 운영해야 한다고 역설했다. 그의 철학은 현대 경영학뿐만 아니라 공공 정책에도 큰 영향을 미쳤으며, 변화와 혁신을 촉진하는 유연한 제도의 필요성을 강조하고 있다.

벤저민 디즈레일리 "정의 없는 제도는 껍데기"

의미: 정의 없는 제도는 무의미하다.
출처: 영국 정치가 디즈레일리의 정의와 제도론.

1867년, 벤저민 디즈레일리는 영국의 총리로서 제2차 선거법 개정을 주도했다. 그는 법과 제도의 개선이 국민의 삶을 더 공정하게 만들어야 한다고 믿었다. 그의 정치 철학은 단순히 법을 제정하는 데 그치지 않고, 그것이 정의를 실현하는 데 기여해야 한다는 신념에서 출발했다.

"법과 제도는 정의를 실현하기 위해 존재한다. 정의가 없다면 그 제도는 껍데기일 뿐이다."

그는 법과 제도가 단순히 권력 유지의 수단이 아니라, 국민의 삶을 개선하고 사회적 정의를 실현하는 도구여야 한다고 보았다. 특히, 그는 노동자와 하층민의 권리를 보호하기 위한 제도적 개혁에 힘썼다.

장 자크 루소 "평등한 권리의 탄생"

의미: 모든 인간은 태어나면서부터 차별 없이 평등한 권리를 가진다.
출처: 프랑스 철학자 장 자크 루소의 저서 〈사회계약론〉.

1762년, 장 자크 루소는 그의 저서 〈사회계약론〉을 통해 당시의 사회적 불평등과 권력 구조에 도전했다. 그는 18세기 계몽주의 시대에 불평등과 계급 차별을 비판하며, 모든 인간이 평등하게 태어난다는 자연권의 개념을 주장했다. 또한, 당시 유럽 사회의 불공정한 제도와 불평등한 특권을 지적하며, 인간의 권리는 신분이나 부에 의해 제한되어서는 안 된다고 역설했다.

"인간은 태어나면서부터 평등한 권리를 가진다."

루소는 자연 상태에서는 모든 인간이 평등하지만, 사회가 발전하면서 생긴 제도와 재산의 축적이 불평등을 초래했다고 보았다. 그는 이러한 불평등을 극복하기 위해 공공선에 기초한 사회계약이 필요하다고 주장하며, 권리의 평등은 모든 정치적 체제의 근본이어야 한다고 강조했다.

토머스 제퍼슨 "자유와 권리의 상호 의존"

의미: 자유와 권리는 상호 의즌적 관계로, 한쪽이 없다면 다른 쪽도 실현될 수 없다.
출처: 미국 제3대 대통령 토머스 제퍼슨의 독립선언서 작성과 연설.

토머스 제퍼슨은 독립선언서를 작성하며, 모든 인간이 동등한 권리와 자유를 타고난 존재임을 선언했다. 그는 자유가 권리에 의해 보장되고, 권리가 자유에 의해 실현된다고 믿었다. 특히 식민지 시대의 억압적 통치 속에서 그는 자유와 권리가 분리될 수 없음을 강조했다.

"자유와 권리는 서로 연결되어 있으며, 한쪽이 없으면 다른 쪽도 존재할 수 없다."

그는 권리가 없는 자유는 무법 상태로 전락하고, 자유가 없는 권리는 억압의 도구로 변질될 수 있다고 경고했다. 제퍼슨은 개인의 권리가 자유를 지키는 방패이자, 자유가 권리를 행사하는 공간이라는 점을 역설하며, 이를 균형 있게 보장하는 것이 민주주의의 핵심이라고 강조했다.

수잔 B. 앤서니 "권리는 인간의 기본 요소"

의미: 권리를 요구하는 것은 인간으로서 기본적인 행위이다.
출처: 미국의 여성 참정권 운동가 수잔 B. 앤서니의 연설과 활동.

수잔 B. 앤서니는 여성 참정권과 평등을 위해 평생을 바쳤다. 19세기 미국 사회는 여성에게 투표권을 비롯한 기본적인 권리를 허락하지 않았고, 그녀는 이에 맞서 싸우며 권리를 주장하는 행동이 단순한 요구를 넘어, 인간으로서의 정당한 권리와 존엄을 되찾는 행위라고 강조했다.

"권리를 요구하는 것은 인간으로서의 기본적인 행동이다."

1872년, 앤서니는 여성에게 투표권이 없는 상황에서 투표를 강행했고, 이로 인해 체포되었다. 그녀는 재판장에서 자신의 투표가 불법이 아니라 헌법적 권리를 행사한 것이라고 주장하며, 권리를 요구하지 않으면 부당한 억압이 영원히 지속된다고 역설했다.

해리엇 비처 스토 "권리는 인간성에서 온다"

의미: 인간의 권리는 인간의 본질적 가치와 존엄성에서 비롯된다.
출처: 작가이자 노예제 폐지 운동가 해리엇 비처 스토의 저서 〈톰 아저씨의 오두막〉.

19세기, 미국의 노예 해방론자이자 사실주의 작가 해리엇 비처 스토는 노예제의 잔혹함을 고발하며, 모든 인간이 태어날 때부터 평등하고 존엄성을 지닌 존재임을 주장했다. 그녀는 법이 사람들을 분리하고 억압하더라도, 인간성 자체가 권리의 근거가 된다고 설파했다.

"인간의 권리는 법이 아니라, 인간성에서 비롯된다."

그녀는 〈톰 아저씨의 오두막〉을 통해 노예제도가 인간성에 반하는 끔찍한 제도임을 세상에 알렸다. 그녀의 작품은 노예의 고통과 인간으로서의 권리를 호소하며, 많은 사람들에게 깊은 공감을 불러일으켰다. 해리엇의 사상은 단순히 법의 정의를 넘어서, 인간성 자체가 권리의 출발점임을 강조하며, 인류의 평등과 자유에 대한 의식을 일깨웠다.

칼 마르크스 "권리의 자각과 자유"

의미: 인간은 자신이 타고난 권리를 인식하고 이를 주장할 때, 비로소 진정한 자유를 누릴 수 있다.
출처: 독일 철학자 칼 마르크스의 저서 〈공산당 선언〉과 그의 혁명적 사상에서 유래.

칼 마르크스는 산업혁명 시기의 노동자들이 억압받는 현실을 분석하며, 그들이 자신의 권리와 계급적 위치를 깨닫지 못하면 자유롭지 못한 상태에서 머물 수밖에 없다고 주장했다. 그는 권리의 자각이야말로 억압받는 이들이 해방을 향한 첫걸음을 내딛는 과정이라고 강조했다.

"인간은 자신이 권리를 가지고 있다는 사실을 깨달을 때 비로소 자유로워진다."

그는 노동자들이 자본주의 체제의 착취 속에서 자신의 권리를 인식하지 못할 때, 그것이 곧 억압의 도구가 된다고 경고했다. 하지만 권리에 대한 자각이 이루어지면, 이는 투쟁과 혁명의 계기가 되어 자유와 평등을 쟁취할 수 있다고 역설했다.

힐러리 클린턴 "여성의 권리는 인간의 기본 권리"

의미: 여성의 권리는 특별한 것이 아닌 모든 인간이 지닌 당연한 기본 권리다.
출처: 미국의 정치가 힐러리 클린턴이 1995년 베이징에서 열린 세계 여성회의 연설.

1995년, 힐러리 클린턴은 유엔 세계 여성회의에서 역사적인 연설을 통해 여성 권리의 중요성을 역설했다. 당시 그녀는 여성의 권리가 인권의 필수적 일부임을 강조하며, 전 세계 여성들이 겪는 차별과 억압을 강하게 비판했다.

"여성의 권리는 인간의 기본 권리이다."

그녀는 여성의 교육, 건강, 경제적 참여, 그리고 폭력으로부터의 보호를 위한 권리가 모든 사회에서 보장되어야 한다고 주장했다. 클린턴은 특히 '여성의 권리를 무시하는 사회는 지속 가능한 발전과 평화를 이루지 못한다.'고 말하며, 여성 권리가 인간 사회의 발전과 직결된 문제임을 강조했다.

글로리아 스타이넘 "권리의 주장"

의미: 권리는 스스로 요구하고 주장하지 않으면, 결국 사라지거나 침해된다.
출처: 미국의 여성 운동가이자 저널리스트 글로리아 스타이넘의 발언.

글로리아 스타이넘은 1960년대와 1970년대 여성의 권리와 평등을 위해 싸운 대표적인 인물이다. 그녀는 여성들이 사회에서 겪는 차별을 지적하며, '우리는 여성이라는 이유로 불평등을 겪고 있다.'며 여성의 권리가 더 이상 침묵 속에서 방치되지 않도록 해야 한다고 주장했다.

"권리는 스스로 주장하지 않으면 사라진다."

스타이넘은 여성들이 스스로의 목소리를 내지 않는다면, 기존의 사회 구조 속에서 권리가 점차 축소될 것이라고 경고했다. 그녀는 강연, 글, 시위 등 다양한 방식으로 여성 권리의 중요성을 설파하며, 적극적인 행동을 촉구했다. 그녀의 운동은 단순히 여성 권리만을 논하는 데 그치지 않고, 성차별 없는 사회를 만들기 위한 전반적인 변화를 추구했다.

윌리엄 제임스 "책임의 자발성"

의미: 책임은 억지로 떠맡는 것이 아니라, 스스로의 선택과 의지에 따라 받아들이는 것.
출처: 미국의 철학자이자 심리학자 윌리엄 제임스의 사상.

1897년, 윌리엄 제임스는 심리학과 철학을 넘나드는 중요한 업적을 남긴 인물로, 하버드대 강단에서 인간의 선택과 책임에 대해 강의했다. 그는 인간의 자유 의지와 선택에 대한 깊은 관심을 가졌으며, 사람들의 행동과 선택이 내적인 책임감에서 비롯된다고 보았고, 책임을 외부에서 강제로 부여받는 것이 아니라 스스로 받아들이는 것이라고 강조했다.

"책임은 강제로 주어지는 것이 아니라, 자발적으로 받아들이는 것이다."

그는 책임을 개인의 도덕적 성장과 밀접하게 연관 지었으며, 개인이 책임을 자발적으로 받아들이는 순간 그 사람은 진정으로 성숙하고, 더 큰 자유와 자아 실현을 경험한다고 믿었다. 그는 자유로운 선택과 책임이 함께 있을 때, 사람은 진정으로 의미 있는 삶을 살아갈 수 있다고 설파했다.

조지 버나드 쇼 "자유와 책임"

의미: 진정한 자유는 자신의 행동에 대한 책임을 스스로 지는 데서 비롯된다.
출처: 아일랜드의 극작가이자 사회 비평가 조지 버나드 쇼의 저서와 연설.

아일랜드의 극작가 조지 버나드 쇼는 사람들의 사회적, 도덕적 책임을 다루는 작품을 많이 썼다. 그는 자유를 단순한 선택의 권리가 아니라, 자신의 행동에 대해 책임을 지는 능력으로 정의했다.

"사람은 자신의 행동에 대한 책임을 지는 순간, 진정한 자유를 느낄 수 있다."

그는 사람들이 자신의 행동에 대해 외부의 압력이나 환경 탓으로 돌리는 대신, 그 결과에 대한 책임을 지는 순간 비로소 진정한 자유를 경험하며, 인간이 자유롭다고 느끼려면, 스스로의 선택에 따른 결과를 책임지고 받아들이는 것이 필수적이라고 강조했다. 그의 철학은 개인의 자유와 책임이 분리될 수 없으며, 오히려 책임감이 자유의 본질을 형성한다는 중요한 메시지를 전달한다.

존 스튜어트 밀 "책임의 핵심"

의미: 책임을 지는 것은 인간다운 행동의 본질이며, 도덕적 성숙과 직결된다.
출처: 영국의 철학자이자 경제학자 존 스튜어트 밀의 사상.

1859년, 존 스튜어트 밀은 그의 저서 자유론을 출간하며 개인의 자유와 권리, 그리고 그에 대한 책임을 강조했다. 그는 자유주의와 민주주의의 철학적 기초를 다지면서, 사람들은 자신의 선택과 행동에 대해 책임을 져야 한다고 강조했다.

"책임을 지는 것은 인간다운 행동의 핵심이다."

그는 자유를 주장하면서도, 그 자유가 타인과 사회에 미치는 영향을 고려해야 한다고 강조했다. 책임은 단순히 의무가 아니라, 성숙한 인간으로서의 삶을 위한 필수 요소라고 보았으며, 인간이 자신에게 주어진 자유를 남용하지 않고, 사회적 책임을 다할 때 진정한 자유를 실현할 수 있다고 믿었다.

존 F. 케네디 "복지와 사회의 기초"

의미: 복지는 모든 이에게 인간다운 삶을 보장하고, 우리 사회의 근본을 이루는 기초다.
출처: 미국 제35대 대통령 존 F. 케네디의 연설.

존 F. 케네디는 취임 초기부터 미국 사회의 불평등을 해소하고, 모든 시민에게 공평한 기회를 제공하는 사회를 만들기 위한 노력을 기울였다. 그는 경제적 안정과 사회적 공평을 위한 복지 정책을 강화하며, 이를 국가 발전의 핵심으로 삼았으며, 개인의 권리와 자유가 보장되기 위해서는 기본적인 생존과 존엄성이 전제되어야 한다고 보았다. 이를 위해 의료, 교육, 고용 기회를 확충하고 사회적 불평등을 해소하려 노력했다.

"복지는 모든 사람에게 인간다운 삶을 보장하는 것이다. 그것이야말로 우리가 함께 만들어야 할 사회의 기초다."

케네디는 복지를 단지 경제적 지원을 넘어서, 모든 사람들이 존엄하게 살아갈 수 있는 기회를 제공하는 것으로 정의했다. 그는 복지가 사회적 연대의 상징이며, 진정한 사회적 발전은 모든 사람이 기본적인 인간다운 삶을 보장받을 때 이루어진다고 강조했다.

프랭클린 D. 루스벨트 "진정한 복지의 목표"

의미: 복지는 단순한 물질 지원이 아닌 모든 이의 잠재력을 실현하도록 돕는 과정이다.
출처: 미국 제32대 대통령 프랭클린 D. 루스벨트의 연설.

프랭클린 D. 루스벨트는 대공황과 세계 대전의 어려운 시기에 복지 정책을 통해 미국 사회의 재건을 이끌었다. 그는 복지가 경제적 지원을 넘어, 사람들에게 기회를 제공하고 각자가 자신의 능력을 발휘할 수 있는 환경을 만들어야 한다고 강조했다.

"진정한 복지는 모든 사람이 자신의 잠재력을 발휘할 수 있도록 도와주는 것이다. 복지는 단순한 자선이 아니라, 사람들의 존엄성을 보호하고 그들의 잠재력을 실현할 수 있도록 돕는 것이다."

루스벨트는 복지 정책을 통해 사람들이 빈곤에서 벗어나고, 교육과 직업 기회를 얻을 수 있도록 돕는 것을 목표로 했다. 그는 복지가 단지 생계비를 지원하는 차원을 넘어서, 사람들에게 삶의 질을 향상시킬 수 있는 기회를 제공하는 것임을 강조했다.

엠마 톰슨 "진정한 복지의 의미"

의미: 복지는 단순한 경제 지원이 아닌 교육, 건강, 노동 등 삶의 전반적 향상을 위한 노력이다.
출처: 영국의 배우이자 사회운동가 엠마 톰슨의 발언.

엠마 톰슨은 영화 배우로서 뿐만 아니라 인권과 사회적 정의를 위한 활동에도 적극적으로 참여해왔다. 2010년, 엠마 톰슨은 유럽 복지 포럼에서 연설하며 현대 사회에서 복지의 의미를 재정의했다. 그녀는 복지가 단순한 경제적 지원에 머무르지 않고, 교육, 건강, 노동 등 모든 영역에서 사람들의 삶을 개선하는 노력이어야 한다고 강조했다.

"복지는 단순히 경제적 지원을 넘어서, 교육, 건강, 노동 등 모든 측면에서 사람들의 삶을 개선하려는 노력이다."

그녀는 복지가 단순한 구호가 아닌, 개인이 자신의 잠재력을 발휘하고 존엄성을 지킬 수 있도록 돕는 포괄적 시스템이라고 보았으며, 배우로서의 활동을 넘어, 인권과 복지 향상을 위한 다양한 캠페인에 참여했다. 그녀는 특히 취약 계층이 기본적인 삶의 권리를 넘어, 진정으로 성장하고 자립할 수 있는 환경을 조성해야 한다고 주장했다.

에리히 프롬 "갈등과 인간다운 가치"

의미: 갈등은 삶의 자연스러운 과정이며, 이를 해결하며 인간의 진정한 가치를 발견하게 된다.
출처: 독일 출신의 사회심리학자이자 철학자 에리히 프롬의 사상.

1900년, 유대인 가정에서 태어난 에리히 프롬은 인간의 본성과 사회적 관계에 대해 깊이 탐구한 인물로, 갈등이 인간 경험의 필수적인 부분임을 인정했다. 그는 갈등이 단지 부정적인 상황에 그치는 것이 아니라, 그것을 해결하는 과정에서 사람들 사이의 이해와 성장이 이루어지며, 진정한 인간다운 가치와 진실을 찾는 기회가 된다고 보았다.

"갈등은 자연스러운 인간 경험의 일부이며, 그것을 해결하는 과정에서 우리는 인간다운 가치와 진실을 찾는다."

그의 저서 〈자유로부터의 도피〉, 〈인간의 자유〉 등에서 언급했듯, 갈등을 두려워하거나 피하는 것이 아니라, 그것을 해결하는 과정에서 인간의 본질적 가치인 사랑, 이해, 연민 등을 더욱 깊이 이해하고 실천할 수 있으며, 갈등을 통해 서로를 더욱 이해하고, 인간의 상호 작용에서 중요한 진실을 깨닫는 과정이 바로 인간다운 삶으로 나아가는 길이라고 강조했다.

샤론 샬즈버그 "갈등과 이해"

의미: 갈등은 제거할 문제가 아닌 서로에 대한 이해를 깊게 만드는 성장의 기회다.
출처: 미국의 명상가이자 작가 샤론 샬즈버그의 사상.

샤론 샬즈버그는 명상과 마음챙김을 통해 사람들의 내면을 탐구하며, 갈등을 다루는 방법에 대해 많은 글을 썼다. 그녀는 갈등을 단지 부정적인 상황으로 보는 것이 아니라, 그것이 사람들 간의 관계에서 더 깊은 이해를 만들어가는 중요한 기회라고 보았다.

"갈등은 사람들 간의 이해를 깊게 할 수 있는 기회다."

그녀는 갈등을 해결하는 과정에서 사람들은 서로의 입장을 더욱 깊이 이해하게 되고, 이는 관계를 더욱 강화시키고, 감정적인 거리감을 좁히는 계기가 된다고 말했다. 갈등을 건강하게 해결하는 법을 배우면 그만큼 인간 관계에서의 신뢰와 존중이 깊어지며, 이는 개인적인 성장을 이끌어낸다고 강조했다.

카를로스 슬림 "갈등 해결의 중요성"

의미: 갈등은 피할 수 없지만, 중요한 건 그 갈등을 어떻게 해결하느냐에 달려 있다.
출처: 멕시코의 기업가이자 세계적인 부자인 카를로스 슬림의 발언.

멕시코 출신 기업가 카를로스 슬림은 1990년대, 카를로스 슬림은 멕시코 통신 산업을 개혁하며 다양한 이해관계자들과의 갈등을 겪었다. 그는 이러한 갈등을 피하기보다는 대화를 통해 해결하며, 이를 기업과 사회가 성장할 기회로 삼았다. 그는 갈등을 무시하거나 피하기보다는, 그것을 어떻게 다루고 해결하느냐가 기업의 성패와도 직결된다고 믿었다.

"갈등은 불가피하지만, 그 갈등을 어떻게 해결하느냐가 중요하다. 갈등은 결국 서로를 더 잘 이해하고, 성장할 수 있는 기회를 제공한다."

그는 기업 내에서의 갈등이나 경쟁 상황에서 대화를 통해 문제를 해결하고, 모든 사람의 의견을 고려하는 방식으로 갈등을 건설적인 방향으로 이끌었다. 그는 갈등을 해결할 때 감정을 배제하고 이성적으로 접근하는 것이 중요하다고 강조했다.

브레네 브라운 "갈등과 성장 관계"

의미: 갈등은 성장하고 발전하는 과정에서 반드시 겪게 되는 중요한 부분이다.
출처: 미국의 연구자이자 작가 브레네 브라운의 저서 〈마음가면〉, 〈리더의 용기〉.

미국의 작가 브레네 브라운은 주로 취약성과 용기, 인간 관계의 진정성에 대해 연구하고 글을 쓴 인물이다. 그녀는 갈등을 단지 피해야 할 문제로 보지 않고, 그것이 개인의 성장과 자아 발견의 중요한 과정임을 강조한다. 갈등을 잘 해결하는 과정에서 우리는 더 강해지고, 진정성 있는 관계를 맺을 수 있다는 것이다.

"갈등은 사람이 성장하는 과정에서 반드시 겪어야 할 부분이다."

그녀는 갈등을 직면하고 해결하는 과정에서 취약함을 인정하고, 이를 통해 더 깊은 이해와 공감을 이끌어낼 수 있다고 말했다. 갈등을 피하지 않고 건강하게 다루는 것이 개인의 성장과 관계에서의 진정성을 더욱 강화하는 방법이라고 역설했다.

스티븐 코비 "갈등 해결의 이성적 접근"

의미: 갈등을 해결하려면 이성적 사고와 대화를 통해 문제를 해결해야 한다.
출처: 미국의 경영 전문가이자 저자 스티븐 코비의 저서 〈성공하는 사람들의 7가지 습관〉.

스티븐 코비는 개인과 조직의 리더십을 강조한 경영학자이며, 갈등을 다룰 때 감정을 통제하고 이성적으로 접근하는 방법을 중요시했다. 그는 갈등을 해결할 때 감정적 반응에 의존하지 않고, 논리적이고 합리적인 대화를 통해 해결책을 찾는 것이 가장 효과적이라고 믿었다.

"갈등을 해결하려면 감정을 넘어서서 이성적인 사고와 대화가 필요하다."

코비는 갈등 상황에서 감정을 배제하고 서로의 입장을 객관적으로 이해하려는 노력이 중요하다고 주장했다. 그는 'WIN-WIN' 접근 방식을 통해 상호 존중과 협력을 바탕으로 문제를 해결해야 한다고 강조했다. 이성적 사고와 열린 대화는 갈등을 해결하는 데 중요한 역할을 하며, 공동의 해결책을 찾는 데 필수적인 요소임을 설명했다.

플라톤 "선을 지키는 길"

의미: 악을 처벌하는 것은 선을 보호하고, 사회의 정의를 실현하는 중요한 방법이다.
출처: 고대 그리스 철학자 플라톤의 철학.

플라톤은 고대 아테네에서 철학을 가르치며, 정의와 도덕에 대해 깊이 고민한 철학자였다. 그는 '악을 처벌하는 것은 선을 지키는 것이다.'는 신념을 바탕으로, 올바른 사회 질서를 세우기 위한 방법을 제시했다.

"악을 처벌하는 것은 선을 지키는 것이다."

그가 말한 '선'은 단순히 도덕적인 개념에 그치지 않고, 사회 전체가 정의롭게 살아가기 위한 필수적인 가치였다. 아테네 사회는 당시 민주주의가 실현되고 있었지만, 부패와 갈등이 심화되면서 정의와 질서가 흔들리고 있었다. 그는 법과 제도가 '선'을 보호하고 '악'을 처벌하는 데 있어 중요한 역할을 해야 한다고 믿었다. 플라톤은 '선'을 지키는 길이란 단순히 개인의 도덕적 행동을 넘어서, 사회의 질서와 정의를 지키는 것이라고 주장했다.

헨리 데이비드 소로 "선과 악의 선택"

의미: 선과 악은 일회성 선택이 아닌 우리가 삶의 매 순간 직면하는 결정의 연속이다.
출처: 미국의 철학자이자 작가 헨리 데이비드 소로의 저서 〈월든〉.

1846년, 헨리 데이비드 소로는 매사추세츠의 작은 마을에서 세금을 거부하며 감옥에 갇혔다. 이는 노예제와 멕시코-미국 전쟁에 반대하는 그의 신념에서 비롯된 행동이었다. 그는 모든 순간에 도덕적 선택을 내려야 한다는 자신의 철학을 몸소 실천했다.

"선과 악은 단지 두 가지 선택이 아니라, 우리의 매 순간마다 내려야 할 결정이다."

소로는 인간이 자연과 조화를 이루며 살아갈 때, 선한 선택을 할 수 있으며, 이러한 선택은 단지 이론적인 차원에서가 아니라 실생활에서 끊임없이 요구된다고 말했다. 그는 우리가 매일의 삶 속에서 맞닥뜨리는 선택들이 결국 우리의 도덕적 방향을 결정한다고 보았다. 그는 또한 우리가 일상에서 내리는 선택이, 우리가 추구하는 삶의 질과 깊이를 정의한다고 믿었다. 선한 선택을 통해 우리는 더 나은 사회를 만들 수 있으며, 악을 멀리하는 것이 바로 인간다운 삶을 살아가는 길임을 설파했다.

엘리너 루즈벨트 "선택의 책임"

의미: 악을 외면하는 것은 선을 선택하는 것이다.
출처: 미국의 첫 번째 여성을 대표하는 인물 엘리너 루즈벨트의 발언.

엘리너 루즈벨트는 남편인 프랭클린 D. 루즈벨트 대통령의 첫 번째 여왕으로, 또한 인권과 사회 정의의 강력한 옹호자였다. 그녀는 '악'에 대한 무관심이 결국 '선'의 선택을 하지 않는 것과 같다는 신념을 가지고 있었다.

"악을 외면하는 것은 선을 선택하는 것과 같다."

그녀는 우리 모두가 사회적 책임을 다해야 한다고 역설했다. 그녀는 '악'에 대해 침묵하거나 무시하는 것이 결국 더 큰 문제를 일으킬 수 있음을 경고하며, 사람들은 '선'을 선택하는 과정에서 적극적으로 행동해야 한다고 믿었다.

장 자크 루소 "선과 악의 균형"

의미: 악을 피하려는 지나친 노력은 결국 선을 왜곡하거나 상실하게 만들 수 있다.
출처: 프랑스의 철학자 장 자크 루소의 사상.

장 자크 루소는 인간 본성과 사회의 관계에 대해 깊이 탐구한 철학자로, 그의 사상은 인간의 자유와 평등을 강조했다. 그는 지나치게 '선'만을 추구하면 그 본래의 의미가 왜곡되고, 결국 원래의 '선'도 사라질 수 있다고 경고했다.

"악을 피하려고 너무 많이 선을 추구하면, 결국 선도 사라지게 된다."

루소는 '선'과 '악'을 구분하려는 시드가 과도하게 이루어지면, 그것이 인간 본연의 자유를 억압하는 방향으로 흐를 수 있다고 보았다. 그는 자연 상태에서 인간이 자유롭게 살아가며 '선'을 따르는 것이 가장 이상적인 사회라 믿었지만, 지나친 규제와 도덕적 강요가 오히려 인간 본성을 억제하고 부정적인 결과를 초래한다고 강조했다. 그의 철학은 인간이 '선'과 '악'을 구분하고자 하는 의도보다, 자연스럽고 균형 잡힌 방식으로 삶을 살아가는 것이 중요하다는 메시지를 전한다.

칼 융 "내면의 갈등"

의미: 선과 악의 갈등은 각자의 내면에서 벌어지는 싸움이다.
출처: 스위스의 심리학자 칼 융의 심리학 이론.

칼 융은 인간 심리와 무의식에 대한 깊은 통찰을 제공한 심리학자로서, 인간이 경험하는 '선과 악'의 갈등이 외부 세계에서 일어나는 것이 아니라, 각 개인의 내면에서 벌어지고 있다는 생각을 가졌다. 그는 우리의 무의식 속에 존재하는 다양한 성향들이 때로는 서로 충돌하며, 인간 내면의 복잡한 감정과 욕망, 그리고 무의식의 영향을 반영한 현실적인 갈등으로 이해했다.

"선과 악의 싸움은 밖에서 일어나는 것이 아니라, 우리 내면에서 벌어진다."

융은 우리가 외부 세계에서 겪는 갈등이 사실은 내면에서 벌어지는 싸움의 결과라고 보았다. 이 싸움은 우리가 스스로를 이해하고, 내면의 어두운 면과도 화해해야 진정한 성장이 가능하다는 그의 철학적 메시지를 담고 있다.

아리스토텔레스 "선의 영향력"

의미: 선한 행동은 당장 보이지 않아도, 그 영향은 점차 확산되는 힘을 갖는다.
출처: 고대 그리스 철학자 아리스토텔레스의 도덕 철학.

아리스토텔레스는 인간의 도덕적 선택과 행동이 개인의 행복과 사회에 미치는 영향을 깊이 연구한 철학자로서, '선과 '악'의 행동이 사회와 개인에게 미치는 영향을 다르게 보았다. 그는 선한 행동은 그 자체로 큰 변화나 결과를 즉각적으로 만들어내지 않지만, 시간이 지나면서 사회와 인간에게 긍정적인 영향을 끼치며 넓게 퍼져나간다고 믿었다. 반면, 악한 행동은 그 결과가 즉각적으로 드러나며, 사회를 해치고 사람들 간의 관계를 악화시킨다고 역설했다.

"선한 일은 당장 보이지 않지만, 그 영향은 계속해서 퍼져나간다. 반면, 악은 즉각적인 결과를 낳는다."

아리스토텔레스는 선한 행동이 사회를 변화시키는 힘이 되며, 시간이 흐를수록 그 영향이 깊고 넓게 퍼지기 때문에 중요한 가치라고 강조했다. 그는 '선'이 단기적인 결과를 넘어, 사람들의 삶과 공동체에 장기적인 긍정적인 영향을 미친다고 믿었다.

프리드리히 니체 "선과 악의 상대성"

의미: 선과 악은 절대적 기준이 아닌 개인의 가치관과 관점에 따라 달리 해석되는 개념이다.
출처: 독일 철학자 프리드리히 니체의 도덕 철학.

프리드리히 니체는 도덕과 가치에 대한 기존의 절대적인 기준을 강하게 비판한 철학자였다. 그는 '선'과 '악'을 고정된 범주로 보지 않고, 개인의 관점과 시대적인 맥락에 따라 달라질 수 있다는 주장을 펼쳤다. 그의 철학에 따르면, 도덕적 기준은 절대적이지 않으며, 그것은 각 사회와 문화, 그리고 개인의 경험에 따라 형성된 상대적인 개념이다.

"선과 악은 종종 그 자체로 상대적이며, 각 사람의 관점에 따라 달라진다."

니체는 전통적인 도덕적 가치들이 인간 본성에 맞지 않으며, 그것이 강요된 사회적 규범일 뿐이라고 강조했다. 그는 각자가 자기만의 도덕적 기준을 세우고, 사회적 조건에 맞는 선과 악의 개념을 찾아가야 한다고 설파했다.

마르쿠스 아우렐리우스 "양심의 소리"

의미: 양심은 잘못을 저질렀을 때, 그것을 인식하고 반성하게 하는 내면의 존재.
출처: 로마 황제이자 철학자 마르쿠스 아우렐리우스의 저서 《명상록》.

마르쿠스 아우렐리우스는 고대 로마 제국의 제16대 황제이며, 스토아 철학의 중심 인물로, 인간의 도덕적 자기 인식과 자아 성찰을 매우 중요하게 여겼다. 그는 통치자로서 외부 세계의 문제를 다루는 것만큼, 내면의 평화와 자기 반성도 중요한 일이라고 믿었다. 그는 양심이란 잘못을 저지른 후 그 사실을 깨닫게 하고, 그로 인해 우리가 올바른 길로 돌아설 수 있도록 도와주는 중요한 존재라고 생각했다.

"양심은 우리가 잘못을 저지를 때 그것을 느끼게 하는 친구다."

마르쿠스 아우렐리우스는 '양심'을 단순한 부정적인 감정이나 불쾌한 자각이 아니라, 올바른 방향으로 나아가도록 이끌어주는 중요한 내부의 지침으로 보았다. 양심의 목소리는 우리가 내면에서 무엇이 옳고 그른지를 구별하게 해주며, 이를 통해 우리는 더 나은 사람으로 성장할 수 있다고 믿었다. 그의 철학은 사람들에게 내면의 목소리에 귀 기울이고, 자기 자신과의 관계에서 정직과 성찰을 실천하는 것이 얼마나 중요한지를 일깨워준다.

소크라테스 "양심의 심판"

의미: 양심은 자신의 행동에 대해 가장 공정하고 엄격하게 심판하는 내면의 존재.
출처: 고대 그리스 철학자 소크라테스의 철학.

소크라테스는 인간의 도덕적 책임과 자기 성찰을 매우 중요하게 여긴 철학자였다. 그는 '양심'을 단순히 감정적인 자각이 아니라, 우리가 한 행동을 깊이 성찰하고 올바른 결정을 내리도록 이끄는 중요한 내면의 지침으로 보았다.

"양심은 자신의 행동에 대해 가장 엄격한 심판자다."

소크라테스는 자신이 한 행동이나 선택에 대해 가장 엄격한 심판을 내리는 존재는 외부의 사회적 규범이나 타인의 의견이 아니라 바로 자신의 양심이라고 주장했다. 그는 외부의 평가보다 더 중요한 것은 자신이 내리는 도덕적 판단임을 강조하며, 진정한 자기 성찰을 통해 올바른 길을 찾아야 한다고 말했다.

마하트마 간디 "양심의 개책"

의미: 양심은 진정으로 옳고 그름을 인식할 수 있게 해주는 내면의 유일한 목소리.
출처: 인도 독립 운동가이자 철학자 마하트마 간디의 철학.

마하트마 간디는 비폭력과 진리의 실천을 강조한 인물로, 인간이 진정으로 올바른 길을 따를 수 있도록 내면의 양심에 귀를 기울여야 한다고 믿었다. 그는 자신의 양심을 따르며 평생을 살았고, 이로 인해 인도 독립 운동에서 중요한 역할을 했다.

"양심은 인간의 내면에서 유일하게 진실을 알려주는 소리다."

간디는 양심을 인간의 도덕적 나침반으로 보고, 그것이 우리가 선택하는 길을 올바르게 이끌어준다고 확신했다. 그는 외부의 영향이나 사회적 압력에 휘둘리지 않고, 오직 양심의 소리에 따라 행동하는 것이 진정한 자유와 정의를 실현하는 방법이라고 믿었다.

존 롤스 "양심의 확신"

의미: 양심은 우리가 옳은 일을 하고 있다는 확신을 주며, 도덕적 선택을 내리는 데 중요한 역할을 한다.
출처: 미국의 정치철학자 존 롤스의 저서 〈정의론〉과 그의 철학.

1971년, 존 롤스는 그의 저서 정의론을 통해 정의와 도덕적 판단에 대한 심도 깊은 철학적 체계를 제시했다. 그는 정의와 평등의 문제를 다룬 정치철학자로, 그의 이론은 공정하고 정의로운 사회를 만드는 방법을 제시하며, '정의론'을 통해, 사회적 불평등을 줄이고 공평한 기회를 제공하는 방식으로 정의를 실현할 수 있다고 강조했다.

"양심은 우리가 옳은 일을 하고 있다는 확신을 준다."

롤스는 양심이 우리가 도덕적 결정을 내릴 때, 그것이 정의롭고 올바른 선택임을 알려주는 중요한 내면의 지침임을 강조했다. 그는 사회적 구조와 규범이 개인의 양심과 일치할 때, 사람들은 더욱 공정한 사회를 만들 수 있으며, 각자가 정의로운 길을 선택하는 데 확신을 가질 수 있다고 믿었다.

에드먼드 버크 "양심은 신의 심판이다"

의미: 양심은 신이 인간이 옳은 일을 선택하도록 이끄는 내면의 힘이다.
출처: 중세 철학자이자 신학자 토마스 아퀴나스의 철학.

13세기, 토마스 아퀴나스는 신학과 철학을 통합하여 인간 존재와 도덕적 삶에 대한 깊은 사유를 펼친 중세의 중요한 사상가였다. 그는 신의 존재와 도덕적 법칙을 연결짓고, 인간이 자신의 도덕적 의무를 이행하는 데 있어 양심이 중요한 역할을 한다고 믿었다.

"양심은 우리의 삶에 대한 신의 감시이다."

아퀴나스는 양심을 단순히 인간의 내면적 목소리가 아니라, 신의 뜻을 따르도록 이끄는 중요한 도덕적 지도자로 보았다. 그는 양심이 신의 감시 역할을 하며, 우리가 옳은 길을 가도록 돕는다고 강조했다. 즉, 양심은 신의 법칙을 실천하는 방법이자, 인간이 도덕적으로 살아가는 데 필요한 내적 지침이라는 것이다.

로자 룩셈부르크 "양심과 신념"

의미: 양심은 신념을 넘어, 진정으로 옳다는 것을 따르도록 이끄는 내면의 힘이다.
출처: 독일의 혁명가이자 정치 이론가 로자 룩셈부르크의 철학.

19~20세기, 폴란드 출신 독일 혁명가 로자 룩셈부르크는 사회주의 혁명 운동의 중요한 인물로, 자유와 정의, 평등을 추구하며 정치적 신념을 실천해 온 철학자였다. 그녀는 인간의 양심이 단지 사회나 외부의 규범에 따라 행동하는 것이 아니라, 그 사람이 진정으로 옳다고 믿는 내면의 목소리에 따르는 것이라고 믿었다.

"양심은 우리가 세운 신념을 넘어, 우리가 진정으로 옳다고 느끼는 것을 따르도록 만든다."

그녀는 양심이 내적인 도덕적 기준을 제시하는 중요한 역할을 한다고 보았다. 세운 신념이나 외부의 압박보다, 자신이 옳다고 믿는 방향으로 나아가는 것이 진정한 자유와 정의를 실현하는 길이라고 말했다. 그녀의 말은 사회와 제도가 아니라, 각 개인이 내면의 목소리에 따라 옳은 길을 선택하는 것이 가장 중요한 일임을 강조한다.

디팩 초프라 "책임과 자기 이해"

의미: 책임을 진다는 것은 자신의 행동에 대한 결과를 받아들이는 과정.
출처: 인도 출신의 의사이자 작가 디팩 초프라의 연설과 저서.

1998년 이그노벨상 물리학을 수상한 상디팩 초프라는 인간의 내면과 정신적인 건강을 깊이 탐구한 명상 전문가이자 작가로, 사람들에게 자신을 이해하고 내면의 평화를 찾을 수 있도록 돕는 철학을 전파했다. 그는 '책임'을 단순히 의무나 강제적인 요소로 보지 않고, 내면의 자각과 성찰을 통해 자신의 삶을 변화시키는 중요한 과정으로 설명했다.

"책임을 지는 것은 나 자신을 이해하고, 내 행동에 대해 결과를 받아들이는 것이다."

초프라는 우리가 자신이 한 선택의 결과를 진지하게 받아들일 때 비로소 진정한 책임을 다하는 것이라고 믿었다. 그는 이를 통해 자신을 이해하고, 더 나은 선택을 할 수 있는 힘을 기를 수 있다고 설명했다. 결국, 책임을 지는 것은 외부의 결과가 아닌, 우리가 내면에서 느끼는 진정한 자아의 깨달음과 연결되어 있다고 강조했다.

스티븐 코비 "책임과 함께 성장하다"

의미: 책임을 지는 것은 더 나은 선택의 기회와 그로 인해 성장을 이루게 한다.
출처: 경영 컨설턴트이자 작가 스티븐 코비의 저서 〈성공하는 사람들의 7가지 습관〉.

미국의 작가이자 전문 연설가 스티븐 코비는 성공적인 리더십과 자기 개발에 관한 이론으로 널리 알려져 있으며, 그의 저서 〈성공하는 사람들의 7가지 습관〉은 전 세계에서 많은 사람들에게 영향을 끼쳤다. 코비는 책임을 다하는 것이 단순히 의무를 수행하는 것이 아니라, 개인이 더 나은 선택을 하고 성장하는 데 중요한 열쇠라고 믿었다.

"책임은 우리에게 더 나은 선택을 할 수 있는 기회를 주고, 그 기회를 통해 우리는 성장한다."

그는 우리가 자신의 선택에 대해 책임을 질 때, 그 선택이 우리가 원하는 방향으로 나아가게 하는 중요한 기회를 제공한다고 강조했다. 책임을 다함으로써 우리는 더 나은 결정을 내리고, 그로 인해 성숙하고 성장할 수 있다는 것이다. 코비의 철학은 개인뿐만 아니라 조직과 리더들에게도 큰 영향을 미쳤다.

조셉 캠벨 "자기 기준에서의 책임"

의미: 책임은 자신이 설정한 기준에 따라 살아가는 것.
출처: 미국의 신화학자 조셉 캠벨의 철학.

20세기, 미국의 신화학자 조셉(조지프) 캠벨은 신화와 인간의 심리를 연구한 학자로, 그는 인생에서의 진정한 책임이란 타인의 기대를 맞추는 것이 아니라, 자신이 진정으로 믿고 따르는 기준에 의해 살아가는 것이라고 믿었다. 그는 자신을 이해하고, 내면의 목소리를 따르는 것이 진정한 성취를 이루는 길이라고 강조했다.

"책임은 다른 사람의 기대를 충족하는 것이 아닌, 내 자신의 기준을 따르는 것이다."

캠벨은 인간이 성장하고 진정한 삶을 살아가기 위해서는 사회적 규범이나 외부의 기대에 휘둘리지 않고, 자신만의 신념과 가치관을 기준으로 선택하고 행동해야 한다고 말했다. 그는 '영웅의 여정'에서처럼, 각 개인이 자신만의 길을 찾아내고 그것을 충실히 따르는 것이 진정한 책임을 다하는 길임을 설파했다.

마틴 루터 킹 주니어 "공정함의 의미"

의미: 공정함은 모든 사람에게 적용되어야 하는 것이 아니다.
출처: 마틴 루터 킹 주니어의 연설 및 저서 〈왜 우리는 기다릴 수 없는가〉.

20세기, 미국의 목사이자 흑인 민권운동가 마틴 루터 킹 주니어는 미국의 민권 운동을 이끈 중요한 인물로, 평등과 공정, 정의를 실현하기 위해 평화적인 방법으로 싸운 리더였다. 그는 모든 사람들이 동등하게 대우받아야 한다고 믿었으며, 공정함은 특정 계층이나 집단의 이익을 위한 것이 아니라, 모두에게 동일하게 적용되어야 한다고 강조했다.

"공정함은 모든 사람을 위한 것이며, 특정한 사람만을 위한 것이 아니다."

이 말은 그의 민권 운동과 맞물려, 차별받는 사람들에게 평등한 권리와 기회를 보장해야 한다는 강력한 메시지를 전달한다. 킹 목사는 '공정'이란 단지 법적인 측면에서의 평등만을 의미하는 것이 아니라, 사회적, 경제적 불평등을 해소하는 과정이기도 하다고 강조했다.

존 롤스 "공정함의 기준"

의미: 공정함은 타인을 대할 때, 받고 싶은 대우를 그들에게도 베푸는 것.
출처: 미국의 정치철학자 존 롤스의 저서 〈정의론〉.

존 롤스는 공정한 사회를 위한 이론을 제시한 정치철학자로, '원초적 입장'과 '무지의 베일' 개념을 통해 공정함을 정의했다. 그는 사람들이 사회적 위치나 특권을 알지 못한 상태에서 공정한 사회 계약을 만들 때, 사회적 불평등을 최소화할 수 있다고 강조했다.

"공정은 우리가 서로를 대할 때, 우리가 받을 대우를 생각하며 하는 것이다."

롤스는 이 말을 통해, 우리가 타인에게 공정하게 대하는 방식은 바로 우리가 스스로 어떤 대우를 받고 싶은지에 대한 기준을 반영해야 한다고 역설했다. 예를 들어, 우리는 자신이 약자일 수도 있다는 점을 염두에 두고, 모든 사람에게 공정한 기회를 제공하는 사회를 만들어야 한다는 것이다.

버락 오바마 "공정함과 책임"

의미: 공정은 단순히 기회를 제공하는 것에 그치지 않고, 그 결과에 대해서도 책임을 져야 한다.
출처: 미국의 제44대 대통령 버락 오바마의 연설에서 유래.

버락 오바마는 공정한 사회를 만들기 위해서는 기회를 제공하는 것뿐만 아니라, 그 기회가 어떻게 활용되는지에 대한 책임도 동반되어야 한다고 강조했다. 그는 경제적 불평등을 줄이기 위해, 모든 사람에게 동일한 기회를 제공하면서 그 기회가 실제로 잘 활용되도록 돕는 것이 중요하다고 말했다.

"공정은 단순히 기회만을 제공하는 것이 아니라, 결과에 대해서도 책임을 진다."

오바마는 기회만으로는 충분하지 않다고 보았고, 이를 통해 결과적으로 사회가 공정하고 지속 가능한 방향으로 나아가야 한다고 믿었다. 그는 특히 교육과 경제적 기회가 어떻게 실현되고, 그로 인한 결과가 어떻게 책임 있게 다뤄지는지가 공정한 사회를 위한 중요한 요소라고 말하며, 사람들이 스스로의 발전을 위해 노력하도록 격려했다.

말랄라 유사프자이 "공정과 약자에게 주는 기회"

의미: 공정은 약자에게 먼저 기회를 주는 것이며, 그것이 사회를 강하게 만든다.
출처: 파키스탄의 교육 운동가 말랄라 유사프자이의 발언.

1903년, 이사도라 덩컨은 파리의 한 무대에 섰다. 발레가 지배하던 시대, 그녀는 토슈즈와 코르셋 대신 맨발로, 몸을 그 말랄라 유사프자이는 여성 교육을 위한 활동으로 세계적으로 유명한 인물이다. 그녀는 어려운 환경 속에서 교육을 받을 권리를 주장하며, 특히 여자아이들의 교육 기회를 확장해야 한다고 강조했다.

"공정은 약자에게 먼저 기회를 주는 것이며, 그것이 사회의 진정한 강점을 만든다"

말랄라는 교육이 사회적 변화를 일으킬 수 있는 가장 강력한 도구라고 믿었다. 그녀는 특히 여성과 소수자들이 교육을 통해 더 많은 기회를 얻고, 이를 통해 스스로의 삶을 변화시킬 수 있다는 점을 강조했다.

아르투어 쇼펜하우어 "불평등의 시작"

의미: 모든 사람은 평등하게 태어나지만, 환경과 조건에 의해 불평등이 생긴다.
출처: 독일의 철학자 아르투어 쇼펜하우어의 철학.

18~19세기, 아르투어 쇼펜하우어는 인간 존재의 본질과 삶의 고통에 대해 깊이 고민한 철학자였다. 그는 인간이 태어날 때는 모두 평등하다고 보았으나, 삶의 여정 속에서 각자의 환경, 선택, 사회적 조건 등이 다르게 작용하면서 불평등이 생겨난다고 말했다. 쇼펜하우어는 이 불평등을 인간 존재의 본질적인 부분으로 받아들였다.

"모든 사람은 평등하게 태어났으나, 곧 불평등해진다."

그의 철학은 인간의 존재 자체에 내재된 고통과 갈등을 중시하면서, 인간 사회에서 발생하는 불평등의 원인에 대한 통찰을 제공했다. 쇼펜하우어는 사회적, 경제적, 문화적 차이로 인해 사람들이 불평등하게 대우받고, 이로 인해 갈등과 고통이 발생한다고 주장했다.

존 F. 케네디 "평등과 기회"

의미: 평등은 법적 동등함을 넘어 모든 사회적, 경제적 기회가 공정하게 주어져야 하는 가치다.
출처: 미국의 제35대 대통령 존 F. 케네디의 연설.

존 F. 케네디는 미국의 대표적인 민주주의 지도자로, 민권 운동과 사회적 평등을 강력히 지지했다. 그는 평등이 단지 법적인 측면에 그치는 것이 아니라, 경제적 기회와 사회적 조건에서도 동일한 기회를 보장받아야 한다고 주장했다.

"평등은 단지 사람들이 법 앞에서 동일한 대우를 받아야 한다는 것이 아니다. 그것은 사람들이 사회적으로도 동등한 기회를 가져야 한다는 것이다."

케네디는 특히 흑인과 소수자들이 겪는 사회적 불평등을 해결하고, 모든 시민이 동등한 기회를 가질 수 있도록 해야 한다고 강조했다. 그는 경제적 기회와 교육, 직업 기회 등에서의 평등이 이루어질 때, 진정한 사회적 평등이 실현될 것이라고 믿었다.

칼 마르크스 "평등과 존엄성"

의미: 평등은 사회적 지위나 권리의 차이를 없애는 것이 아니라, 모든 인간의 존엄성을 인정하는 것이다.
출처: 독일의 철학자이자 사회주의 혁명가 칼 마르크스의 사상.

칼 마르크스는 인간 사회에서의 평등 문제를 깊이 연구한 철학자로, 특히 자본주의 체제에서 나타나는 계급 불평등을 비판했다. 그는 '평등은 무엇보다 인간 존엄성을 인정하는 것이다.'라는 말로, 평등이 단순히 법적인 권리나 기회의 동등을 넘어, 사람들 간의 본질적인 인간 존엄성을 인정하는 과정임을 강조했다.

"평등은 무엇보다 인간 존엄성을 인정하는 것이다."

마르크스는 자본주의가 인간을 착취하고, 경제적 불평등을 심화시키는 구조적 문제를 지적하며, 노동자 계층의 권리를 회복하고 인간의 기본적인 존엄성을 지키기 위해 싸워야 한다고 주장했다. 그는 평등한 사회가 실현되기 위해서는 사람들 사이의 경제적, 사회적 불평등을 해결해야 하며, 이를 통해 모든 사람이 존엄한 삶을 살 수 있는 사회를 만들어야 한다고 믿었다.

알렉산더 해밀턴 "법 앞에서의 평등"

의미: 평등의 첫 번째 단계는 모든 사람이 법 앞에서 동등하게 대우받는 것.
출처: 미국의 정치가이자 건국의 아버지 알렉산더 해밀턴의 철학.

18~19세기, 미국의 법률가이자 정치인 알렉산더 해밀턴은 미국 건국의 아버지 중 한 명으로, 새로운 국가의 헌법을 형성하는 데 중요한 역할을 했다. 그는 미국 정부가 법과 제도를 통해 평등을 보장해야 한다고 믿었다. 해밀턴은 국가가 법 앞에서 모든 사람을 동등하게 대우할 때, 진정한 의미의 평등이 실현된다고 강조했다.

"평등을 이루는 가장 중요한 단계는 모든 사람이 법 앞에서 동등하게 대우받는 것이다."

그는 법이 사회의 모든 구성원에게 공정하게 적용될 때, 사회의 정의가 실현되며 평등이 가능하다고 강조했다. 해밀턴은 법의 적용이 특정 집단이나 개인에게 유리하게 편향되지 않고, 모두에게 동일하게 적용되어야 한다고 믿었다.

마크 트웨인 "선의의 거짓말"

의미: 정직은 이상적이지만, 때에 따라 거짓말이 더 나은 선택일 때도 있을 수 있다.
출처: 미국의 작가 마크 트웨인의 인터뷰와 저서.

마크 트웨인은 유머와 풍자, 사회 비판을 통해 미국 문학에 큰 영향을 미친 작가이다. 그는 진실과 거짓을 주제로 한 많은 이야기를 통해 인간 본성과 도덕적 딜레마를 탐구했다. 트웨인은 정직이 최고의 정책이라고 주장하면서도, 때로는 특정 상황에서는 거짓말이 더 나은 선택이 될 수 있음을 인정했다.

"정직은 최고의 정책이지만, 때로는 거짓말이 더 나을 때도 있다."

그의 대표작 〈허클베리 핀의 모험〉을 통해 진실과 거짓말 사이에서 인간의 딜레마를 유쾌하면서도 깊이 있게 탐구했다. 그는 정직이 언제나 옳고 이상적인 선택이라는 신념을 표명하면서도, 사회적, 감정적 상황에서는 거짓말이 불가피할 수 있다는 현실적인 면도 염두에 두고 있다. 그는 인간 관계에서 때로는 상대방을 보호하거나, 불필요한 갈등을 피하기 위해 '선의의 거짓말'을 사용할 수 있다는 복잡한 상황을 인정한 것이다.

조지 워싱턴 "정직의 기초"

의미: 정직은 모든 도덕적 미덕과 품격의 근본이 되는 기초.
출처: 미국의 초대 대통령 조지 워싱턴의 연설과 철학.

조지 워싱턴은 미국 독립 전쟁의 지도자이자, 초대 대통령으로서 나라를 이끌며 많은 도덕적 가치와 원칙을 세운 인물이다. 그는 자신의 신념과 행동에서 항상 정직을 중요하게 여겼으며, 이는 그가 국가의 지도자로서 신뢰와 존경을 얻을 수 있게 만든 근본적인 요소였다. 워싱턴은 정직은 모든 미덕의 기초라고 믿었고, 이는 단지 개인의 도덕적 성향뿐만 아니라, 국가와 사회가 발전하는 데 중요한 가치라고 여겼다.

"정직은 모든 미덕의 기초이며, 인간 관계의 기초이다."

워싱턴은 정직이 없으면 그 어떤 미덕도 제대로 실현될 수 없다고 주장하며, 리더는 물론, 모든 시민이 진실을 말하고 자신의 행동에 책임을 져야 한다고 강조했다. 그는 이를 통해 신뢰를 쌓고, 공동체의 결속력을 강화할 수 있다고 믿었다.

로버트 브라우닝 "정직과 용기"

의미: 정직은 어려운 상황에서도 용기를 내어 진실을 말하는 것이다.
출처: 영국의 시인 로버트 브라우닝의 시.

19세기, 영국의 시인이자 극작가 로버트 브라우닝은 인간 심리와 감정을 탐구한 시인으로, 그의 작품은 인간의 내면을 깊이 들여다보는 특징이 있다. 그는 정직을 단지 도덕적인 미덕으로 보지 않고, 그것이 용기와 관련이 깊다고 주장했다. 또한, 정직은 우리가 진실을 말할 때 단지 도덕적인 올바름을 지키는 것뿐만 아니라, 어려운 상황에서도 진실을 이야기하는 용기를 가진 사람만이 진정으로 실천할 수 있다고 강조했다.

"정직은 용기이다. 그것은 진실을 말하고, 어려운 상황에서 할 말을 찾는 것이다."

브라우닝은 사람들이 직면한 어려운 상황에서 정직을 실천하는 것이 얼마나 중요한지를 깨달았다. 이는 때때로 다른 사람들의 반응이나 사회적 압박을 두려워할 수 있지만, 진정한 정직은 불편한 진실을 말하는 데서 나온다는 것이다. 그는 정직이란 감정적으로나 도덕적으로 어려운 상황에서도 용기 있게 진실을 말하는 것임을 강조하며, 이로써 사람들은 내적으로 성장하고, 외적으로도 신뢰를 얻을 수 있다고 믿었다.

마하트마 간디 "자아 성찰의 길"

의미: 정직은 잘못을 했을 때, 그것을 인정하고 수정하는 과정.
출처: 인도 독립 운동의 지도자 마하트마 간디의 철학.

마하트마 간디는 비폭력과 진리의 실천을 강조하며, 자신의 행동과 신념을 항상 일치시키려 노력한 인물이다. 그는 단순히 도덕적으로 올바른 길을 가는 것만큼이나 중요한 것이 잘못을 인정하고, 그 잘못을 바로잡는 것이라고 믿었다. 간디는 자신이 잘못을 했을 때, 그것을 숨기지 않고 인정하는 것이 진정한 정직임을 강조했다.

"정직이란 잘못을 저지른 후에도 그것을 인정하고 수정하는 것이다."

간디는 그가 직접 이끌었던 독립 운동에서 항상 정직과 도덕적 실천을 중요하게 여겼다. 그는 잘못을 바로잡는 것을 통해 사람들은 내적으로 성장하고, 더 큰 도덕적 깊이를 얻을 수 있다고 믿었다. 그는 사회적으로 큰 변화를 일으키는 것도 중요하지만, 개인이 스스로의 잘못을 인정하고 고치는 과정을 통해 진정한 정의와 평화를 이룰 수 있다고 말하며, 이를 삶의 원칙으로 삼았다.

해리 S. 트루먼 "정직은 힘의 원천이다"

의미: 정직은 사람들에게 본보기가 되며, 그 자체로 강력한 무기로 작용한다.
출처: 미국의 제33대 대통령 해리 S. 트루먼의 발언.

해리 S. 트루먼은 미국 대통령으로 재임하면서 제2차 세계대전 후의 혼란을 극복하고, 전후 복구를 이끌었던 지도자였다. 그는 국가와 국민을 이끌 때, 정직이 가장 중요한 리더십의 자질 중 하나라고 믿었다. 트루먼은 정직이 단순히 도덕적인 미덕에 그치지 않고, 사회적, 정치적 상황에서 큰 영향을 미치는 중요한 무기라고 강조했다.

"정직은 그 어떤 거짓보다 강하다. 정직은 모두에게 귀감이 된다. 그 자체로 가장 강력한 무기이다."

트루먼은 정직을 통해 사람들 사이에 신뢰를 쌓고, 사회적으로 긍정적인 영향을 미칠 수 있다고 믿었다. 그는 정치와 지도력에서 정직이 없으면 모든 것이 붕괴될 수 있다고 경고하며, 정직을 실천하는 것이 결국 사회적 변화를 이끄는 원동력이 된다고 말했다.

프랭클린 D. 루스벨트 "정직은 신뢰의 시작이다"

의미: 정직은 신뢰를 주며, 그 신뢰가 모든 성공의 근본적인 기초가 된다.
출처: 미국의 제32대 대통령 프랭클린 D. 루스벨트의 발언.

프랭클린 D. 루스벨트는 미국을 대공황과 제2차 세계대전을 이끈 지도자로, 그의 리더십과 정책은 신뢰를 기반으로 했다. 루스벨트는 정직이 사람들 사이에 신뢰를 쌓는 중요한 요소라고 믿었으며, 그 신뢰가 모든 성공의 기초가 된다고 강조했다. 그의 지도력 아래, 미국 국민들은 신뢰와 희망을 가지고 어려운 시기를 헤쳐 나갔다.

"정직은 사람들에게 신뢰를 주며, 신뢰는 모든 성공의 기초이다."

루스벨트는 특히 위기 상황에서 진실을 말하고, 투명하게 정책을 펼치는 것이 얼마나 중요한지를 잘 알았다. 그는 정직을 통해 사람들의 신뢰를 얻고, 그 신뢰가 국가의 회복과 발전을 이끄는 원동력이 되었다고 믿었다.

헨리 포드 "정직의 중요성"

의미: 정직은 실천하기 어려운 일이지만, 그것이 가장 중요한 일.
출처: 미국의 기업가 헨리 포드의 저서 〈나의 삶과 일〉과 그의 발언.

'자동차 왕' 헨리 포드는 자동차 산업의 혁신을 이끌었던 인물로, 그의 경영 철학은 단순한 기술 혁신에 그치지 않고, 윤리적 기준과 정직에 대한 강한 신념을 바탕으로 했다. 그는 정직이 모든 성공적인 기업 운영과 인간 관계의 근본적인 원칙이라고 믿었으며, 비즈니스의 성공은 정직에서 비롯된다고 확신했다.

"정직은 세상에서 가장 어려운 일이지만, 가장 중요한 일이다."

포드는 정직이 때로는 어려운 선택을 요구할 수 있다고 말했지만, 그것이 장기적으로 기업과 개인에게 가장 중요한 가치임을 강조했다. 그는 비즈니스에서 진실을 말하고, 신뢰를 기반으로 한 관계를 맺는 것이 성공적인 경영의 열쇠라고 믿었다.

프리드리히 니체 "거짓말의 대가"

의미: 거짓말을 하는 사람은 결국 그 거짓말로 인해 가장 큰 피해를 입게 된다.
출처: 독일의 철학자 프리드리히 니체의 저서 〈차라투스트라는 이렇게 말했다〉.

프리드리히 니체는 인간의 도덕성과 진리, 그리고 사회적 규범에 대해 끊임없이 질문을 던진 철학자였다. 그는 종종 인간이 자신을 속이거나, 거짓말을 통해 자신을 보호하려 할 때, 그 거짓이 결국 그 사람에게 가장 큰 상처가 된다고 경고했다. 니체는 인간의 삶에서 진실을 추구하는 것이 얼마나 중요한지를 강조하며, 거짓말은 단기적으로는 자신을 보호할 수 있을지 몰라도, 결국 그 거짓이 인간의 본질을 훼손하고 내면의 혼란을 일으킨다고 보았다.

"거짓말을 하는 사람은, 결국 자신에게 가장 큰 피해를 입히게 된다."

니체는 특히 '힘의 의지'라는 개념을 통해 사람들은 자기 자신을 강화하려는 본능적인 욕망을 가지고 있다고 말했지만, 그 힘을 잘못된 방향으로 사용하면 자신을 파괴할 수 있다는 사실을 경고했다. 니체의 철학은 역사적으로 수많은 인물들에게 영향을 미쳤으며, 특히 인간 본성과 도덕적 가치에 대한 깊은 성찰을 이끌어 내었다.

아르투어 슈니츨러 "약재의 강점과 약점"

의미: 거짓말과 아집은 약자의 양날의 검이다.
출처: 오스트리아 작가 슈니츨러의 저서와 그의 인간 내면과 도덕적 딜레마 탐구.

20세기 초, 아르투어 슈니츨러는 오스트리아 빈에서 연극과 소설을 통해 인간 내면의 복잡한 심리를 탐구했다. 슈니츨러는 그의 희곡 운명의 손과 단편소설 꿈의 노벨레에서 인간이 고립된 상황 속에서 선택하는 도덕적 이율배반과 심리적 긴장을 깊이 있게 그려냈다. 그는 특히 인간의 약점과 그것을 극복하려는 시도의 이중성을 날카롭게 묘사했다.

"거짓말과 아집은 약자의 유일한 강점이다. 물론 약점의 측면이 더 크지만..."

이 말은 슈니츨러가 인간 심리에 대해 가졌던 독특한 시각을 보여준다. 그는 약자가 거짓말과 고집을 통해 자신을 보호하려 하지만, 그것이 오히려 더 큰 약점을 드러내는 아이러니를 담고 있다고 보았다. 이러한 통찰은 그의 작품 속에서 인간의 내면적 갈등과 모순으로 형상화되었다. 그의 희곡 〈운명의 손〉과 단편소설 〈꿈의 노벨레〉에서 인간이 고립된 상황 속에서 선택하는 도덕적 이율배반과 심리적 긴장을 깊이 있게 그려냈다.

칼 융 "거짓말의 연쇄작용"

의미: 거짓말은 하나의 거짓말을 불러오며, 그것이 결국 자신의 파멸을 초래한다.
출처: 정신분석학자 칼 융의 칼 융의 저서 〈심리학과 종교〉, 〈자아와 무의식〉.

칼 융은 인간의 무의식과 심리적 갈등을 깊이 연구한 정신분석학자로, 그는 사람들의 내면 세계와 그들이 겪는 심리적 충돌에 대해 많은 통찰을 남겼다. 융은 특히 거짓말이 개인의 내면에 미치는 영향을 잘 이해하고 있었으며, 거짓말이 연쇄적으로 이어지며 결국 자기 파멸로 이어진다고 경고했다.

"거짓말은 일시적인 해결책처럼 보이지만, 그 위에 또 다른 거짓말을 덧붙여야 한다. 그리고 그것이 결국 자기 파멸로 이어진다."

그는 거짓말을 하면서 사람들은 점차적으로 자신의 진실을 잃고, 내면의 갈등을 키우게 된다고 말했다. 융은 사람들이 자신을 속이거나, 거짓을 통해 외부 세계와의 관계를 형성하려 할 때, 결국 그 거짓은 더 큰 내면의 갈등을 만들어내고, 개인의 내면에서의 진실과 거짓의 균형을 맞추는 것이 얼마나 중요한지, 그리고 거짓이 일으키는 심리적 피해와 결과를 일깨우는 교훈을 전달한다.

빌리 그레이엄 "거짓말과 진실"

의미: 거짓말은 언젠가 드러나며, 진실은 마음을 움직이고, 그들의 신뢰를 얻는다.
출처: 미국의 유명한 복음전도자 빌리 그레이엄의 발언.

빌리 그레이엄은 20세기에 가장 영향력 있는 복음 전도자로, 그의 연설과 저서는 수많은 사람들에게 신앙과 진리의 중요성을 일깨웠다. 그는 종종 진실과 거짓의 차이를 강조했으며, 거짓말은 언젠가 그 진실이 드러날 수밖에 없다고 말하였다. 그러나 그는 진실이 가진 고유한 힘에 대해서도 깊이 이야기했으며, 진실이 사람들의 마음을 움직여 그들에게 긍정적인 변화를 가져온다고 믿었다.

"거짓말은 진실을 압도할 수 없으며, 결국 거짓말은 드러난다. 그러나 진실은 항상 사람들의 마음을 움직인다."

그레이엄은 사람들이 진실을 알게 될 때, 그 진실이 그들의 마음을 변화시키고, 그들의 신뢰와 존경을 얻을 수 있다고 믿었다. 그는 종교적 믿음뿐만 아니라, 인간 존재의 본질적인 가치를 다룰 때에도 진실을 존중하는 것이 중요하다고 강조했다.

장폴 사르트르 "기만의 기술"

의미: 거짓말은 기만의 기술이지만, 그것은 결국 불완전하고 불완전함을 드러낸다.
출처: 프랑스의 철학자 장폴 사르트르의 사상.

장폴 사르트르는 실존주의 철학의 중요한 인물로, 인간 존재와 자유에 대해 깊이 탐구한 철학자이다. 그는 인간의 선택과 책임을 강조하면서, 거짓말이 사람들을 속이기 위한 기술적 수단일 수 있지만, 그것은 결국 불완전하다고 주장했다. 왜냐하면, 거짓말은 결국 진실을 드러내고, 그 기만이 깨질 수밖에 없기 때문이다.

"거짓말은 기만의 예술이다. 하지만 그것은 불완전하다."

그는 인간이 자아와 자유를 실현하기 위해서는 진실을 마주해야 한다고 믿었다. 거짓말은 자신을 포함한 다른 사람들을 속일 수 있지만, 그것이 지속적으로 유지될 수 없다고 봤다. 거짓말은 필연적으로 내면의 불일치와 충돌을 일으켜 결국 드러나게 되며, 이로 인해 인간 존재의 진정성과 자유를 훼손한다고 설파했다.

로버트 콜리어 "거짓말의 파괴력"

의미: 거짓말은 빠르게 퍼져나가며, 그로 인한 파괴력은 예상보다 훨씬 강하다.
출처: 미국의 사회학자이자 경영 전문가 로버트 콜리어의 저서와 연설.

19~20세기, 미국의 자기 계발 작가이자 카피라이터 로버트 킬리어는 사회적 네트워크와 인간 행동의 관계와 정보의 확산과 그로 인한 사회적 파장에 대해 많은 연구를 했다. 킬리어는 거짓말이 어떻게 빠르게 퍼져나가며, 그로 인해 발생하는 파괴적인 영향을 예리하게 분석했다. 그는 거짓말이 거질 때, 그것이 사람들 간의 신뢰와 관계를 어떻게 파괴하는지에 대해 경고했다.

"거짓말은 마치 불을 붙인 것처럼 빠르게 번지며, 그 파괴력은 생각보다 강하다."

이 말은 작은 거짓말이 점차 확대되어, 결국 사회적, 경제적, 심리적 문제를 일으킬 수 있다는 것이다. 킬리어는 거짓말이 사회적 네트워크를 통해 급속히 퍼질 수 있으며, 그로 인한 결과는 단기적인 것보다 장기적인 파괴력을 갖는다고 강조했다.

프리드리히 슐레겔 "타인에게 이르는 고통"

의미: 거짓말은 결국 그 진실을 알게 될 사람들에게 더 큰 고통을 안겨준다.
출처: 독일의 철학자이자 문학 이론가 프리드리히 슐레겔의 사상.

프리드리히 슐레겔은 독일 낭만주의의 대표적인 사상가로, 인간 감정과 진리에 대한 깊은 탐구를 했던 인물이다. 그는 거짓말이 사람들 간의 신뢰를 무너뜨리고, 결국 진실을 알게 되는 이들에게 더 큰 고통을 초래한다고 주장했다. 슐레겔은 거짓말이 단기적으로는 보호막이 될 수 있지만, 시간이 지나면서 그것이 불러오는 정신적 고통과 갈등을 강조했다.

"거짓말은 마음의 평화를 방해하며, 거짓말은 결국 진실을 알게 될 사람들에게 더 큰 고통을 안겨준다."

그는 거짓말이 사실을 숨기고 왜곡하는 과정에서, 그 거짓이 밝혀졌을 때 사람들에게 더 큰 상처를 준다고 보았다. 진실을 알게 되는 사람들은 거짓말을 통해 형성된 관계에서 상실감을 느끼고, 신뢰를 회복하는 것이 얼마나 어려운 일인지를 경험하게 된다는 사회적 관계의 붕괴를 초래할 수 있다는 점에서 중요한 경고였다.

오스카 와일드 "원칙의 강인함"

의미: 원칙은 실수나 어려움으로 흔들리지 않고, 그 자체로 강력하게 유지된다.
출처: 아일랜드의 극작가 오스카 와일드의 작품과 철학.

오스카 와일드는 유머와 풍자로 유명한 작가이지만, 그의 작품 속에는 인간의 도덕적 선택과 가치에 대한 깊은 통찰도 담겨 있다. 그는 사람들의 원칙이 외부의 상황이나 순간적인 실수에 의해 흔들리지 말아야 한다고 말했다. 또한, 원칙이란 삶에서 중요한 기준을 제공하며, 그 기준이 흔들리면 결국 인생의 방향도 잃게 된다고 경고했다.

"원칙은 한 번의 실수로 흔들리지 않는다."

와일드는 사람들이 실수를 통해 배우는 것의 중요성을 인정하면서도, 그 실수로 원칙 자체가 변해서는 안 된다고 믿었다. 원칙이란 강한 내면의 기준으로, 일시적인 실수나 어려움은 그 원칙을 흔들 수 없다는 메시지를 전했다. 이는 인생에서 어려운 상황을 맞이할 때에도 자신의 믿음과 원칙을 지키는 것이 얼마나 중요한지를 일깨운다.

에이브러햄 링컨 "원칙의 힘"

의미: 원칙이 올바르다면 모든 것이 자연스럽게 그 뒤를 따르게 된다.
출처: 미국의 제16대 대통령 에이브러햄 링컨의 정치 철학.

링컨은 미국의 대통령으로서 국가의 분열을 극복하고, 인종 차별을 종식시키기 위해 많은 어려운 결정을 내렸다. 그는 항상 옳은 원칙을 따르는 것이 가장 중요한 지도자의 자질이라 믿었다. 특히, 노예제 폐지와 관련된 그의 원칙은 그의 정치적 결정과 행동의 중심에 있었다. 그는 개인적인 이득이나 단기적인 결과보다는, 장기적인 정의와 국가의 통합을 위한 원칙을 고수했다.

"원칙을 따르는 것이 중요하다. 만약 그 원칙이 옳다면, 다른 모든 것은 그 뒤를 따라온다."

링컨은 이 말을 통해, 원칙이 단순한 규범이나 이론적 규칙을 넘어서, 실제로 사람들의 삶과 사회를 변화시키는 중요한 힘이 될 수 있다는 것과 옳은 원칙을 따를 때, 그 원칙에 따른 결과는 결국 정의롭고, 사회적 합의와 평화로 이어진다는 확신을 가졌다.

존 C. 맥스웰 "계획과 원칙"

의미: 원칙이 없는 계획은 아무리 잘 설계되더라도 성공할 수 없다.
출처: 미국의 리더십 전문가 존 C. 맥스웰의 저서와 강연.

존 C. 맥스웰은 리더십과 성공적인 조직 운영에 관한 많은 저서와 강연을 통해 널리 알려진 인물이다. 그는 계획을 세우는 데 있어 원칙의 중요성을 강조했다. 맥스웰은 아무리 뛰어난 계획이라도 그것이 신뢰할 수 있는 원칙에 기반하지 않으면 결국 실패할 수밖에 없다고 주장했다.

"원칙 없이 세운 계획은 아무리 잘 되어도 실패할 것이다."

그는 사람들이 목표를 설정하고 계획을 세울 때, 반드시 강력하고 확고한 원칙을 바탕으로 해야 한다고 믿었다. 원칙이 없으면 계획은 단기적인 성공을 거둘 수 있을지 모르지만, 결국 지속 가능하지 않으며, 조직이나 개인에게 장기적인 실패를 초래한다고 경고했다. 또한, 원칙을 중심으로 한 계획이야말로 사람들에게 신뢰를 주고, 팀워크를 강화하며, 더 나아가 장기적인 성공으로 이어진다고 강조했다.

헨리 앨프리드 키신저 "목표와 원칙"

의미: 원칙은 목표 달성의 방향을 명확히 하고 이를 실현하도록 이끄는 핵심 지침이다.
출처: 미국의 외교학자이자 정치인 헨리 앨프리드 키신저의 저서와 강연.

헨리 앨프리드 키신저는 미국의 국가안보 및 외교정책을 이끌었던 인물로, 특히 냉전 시대의 외교 전략에서 중요한 역할을 했다. 그는 복잡한 국제 관계 속에서 외교적 목표를 실현하기 위해 항상 일관된 원칙을 바탕으로 행동했다. 키신저는 목표를 설정할 때, 그 목표를 이루기 위한 원칙이 명확해야 한다고 믿었다.

"원칙은 우리가 세운 목표를 향해 나아가는 길을 명확하게 만든다."

키신저는 목표가 아무리 중요해도, 그것을 달성하는 데 필요한 원칙과 기준이 없다면 길을 잃을 수밖에 없다고 강조했다. 그는 외교적 협상이나 국가 간의 관계에서 항상 신뢰와 일관성을 유지해야 하며, 이를 위해서는 명확한 원칙을 지키는 것이 필수적이라고 말했다.

존 로크 "원칙과 자유"

의미: 원칙은 변하지 않는 기준으로, 이를 지킬 때 진정한 자유를 얻을 수 있다.
출처: 영국의 철학자 존 로크의 〈인간 이해에 대한 에세이〉, 〈정부의 두 책〉.

17세기, 영국의 철학자이자 정치사상가 존 록은 자유와 평등, 정부의 역할에 대해 깊이 탐구한 철학자로, 그의 사상은 근대 정치 철학에 큰 영향을 미쳤다. 그는 인간이 자유롭게 살아가기 위해서는 안정적인 원칙과 규범이 필요하다고 믿었으며, 원칙을 따르는 것이 인간의 자유와 번영을 위한 필수적인 요소라고 강조했다.

"원칙은 변하지 않는 기준이며, 그것을 지킬 때 우리는 진정한 자유를 얻는다."

그는 인간이 본래 자유롭고 평등하다고 주장했지만, 이 자유는 사회적 계약과 공공의 이익을 위한 법과 원칙에 의해 유지된다고 보았으며, 자유가 무제한의 방종이 아니라, 공동체와 사회 내에서 규범과 원칙에 의해 조화롭게 이루어져야 한다고 믿었다.

헨리 데이비드 소로 "원칙적인 삶"

의미: 원칙이 바로 삶의 본질이며, 그것이 당신의 행동과 선택을 결정짓는다.
출처: 미국의 사상가 헨리 데이비드 소로의 삶과 자기 성찰 철학.

19세기, 헨리 데이비드 소로는 자연과 인간의 관계, 그리고 단순한 삶을 강조한 철학자이자 작가였다. 그는 자주 개인의 내면적인 원칙과 도덕적 기준이 외부 세계와 어떻게 상호작용하는지에 대해 깊이 탐구했다. 소로는 특히, 자기 자신에게 충실하고, 내면의 원칙을 따르는 삶을 중요시하며, 개인의 원칙이 곧 그 사람의 삶의 질을 결정짓는다고 믿었다.

"당신의 원칙이 바로 당신의 삶이다."

소로는 그의 저서 월든에서 자연 속에서 자립적인 삶을 살며, 사회적 규범과 기대에서 벗어난 삶을 실천했다. 그는 '자기 자신이 되어라'는 메시지를 전하며, 각자가 자신의 진정한 원칙을 따를 때, 삶의 진정성과 자유를 얻을 수 있다고 주장했다. 소로의 철학은 단순한 생활을 통해 인간이 가장 본질적인 삶을 살 수 있다는 믿음에 기반을 두고 있다.

마틴 루터 킹 주니어 "용기는 원칙"

의미: 진정한 용기는 어려운 상황에서도 원칙을 지키며 행동하는 것이다.
출처: 미국의 민권 운동 지도자 마틴 루터 킹 주니어의 연설과 철학.

마틴 루터 킹 주니어는 비폭력적 저항을 통해 미국의 인종 차별을 싸운 지도자였다. 그는 언제나 원칙을 고수하며, 평등과 정의를 위한 싸움을 이끌었다. 킹 목사는 '진정한 용기는 원칙을 지키는 것이다.'라고 말하며, 어려운 상황에서도 자신의 신념을 흔들림 없이 지키는 것이 진정한 용기임을 강조했다.

"진정한 용기는 바로 원칙을 지키는 것이다."

킹 목사는 자신이 이끌었던 민권 운동에서 진정성과 원칙을 중시했으며, 비폭력과 사랑의 원칙을 고수하면서, 사회적 압박과 위험을 무릅쓰고 정의를 실현하려 했다. 그는 과거의 불의에 저항하며, 사람들에게 원칙을 지키는 것이야말로 진정한 용기와 강인함의 표본임을 보여주었다.

소크라테스 "원칙과 삶의 방향"

의미: 원칙 없이 살아가는 삶은 방향이 없이 떠도는 것과 같다.
출처: 고대 그리스 철학자 소크라테스의 제자 플라톤과 크세노폰의 저서.

소크라테스는 고대 그리스에서 인간의 삶과 도덕에 대해 깊이 고민한 철학자로, 그의 철학은 인간 존재와 원칙을 중심으로 전개되었다. 그는 사람들에게 단지 외적인 규범을 따르는 것이 아니라, 내면의 원칙에 충실하게 살아갈 것을 강조했다. 소크라테스는 원칙을 따르지 않고 사는 삶이 얼마나 혼란스럽고 불안정한지를 비유적으로 설명했다.

"원칙 없이 살아가는 삶은 바람에 흔들리는 나뭇잎과 같다."

소크라테스는 자신의 철학적 대화에서 언제나 인간이 추구해야 할 고귀한 원칙을 찾고, 그 원칙을 삶에 적용해야 한다고 말했다. 원칙 없이 살아가는 사람은 자기 자신을 잃고, 외부 환경에 따라 흔들리며, 결국 방향을 잃게 된다고 경고했다. 그는 진정한 자유와 평화를 얻기 위해서는 자신의 내면에서 원칙을 찾고 그것을 지키는 것이 필수적임을 강조했다.

안중근 "원칙과 본분"

의미: 원칙을 지키는 것이 진정한 인간으로서의 본분임을 강조하는 말.
출처: 대한민국의 독립운동가 안중근의 정치 철학.

안중근은 일제강점기 한국의 독립을 위해 싸운 위대한 독립운동가였다. 그는 의병 활동을 통해 일본 제국에 맞서 싸웠으며, 특히 1909년 하얼빈에서 이토 히로부미를 처단한 사건으로 널리 알려졌다. 안중근은 단지 독립을 위한 행동을 한 것이 아니라, 자신이 가진 신념과 원칙을 고수하며 그것을 실천했다.

"내가 추구하는 것은 원칙이고, 그것을 지키는 것이야말로 사람으로서의 본분이다."

안중근은 자신의 신념을 행동으로 옮기며, 일본 제국의 침략에 맞서 싸웠고, 그의 행동은 개인의 원칙과 정의를 지키기 위한 투쟁이었다. 그는 독립을 위한 목숨을 건 싸움에서도 원칙을 잃지 않았으며, 이를 통해 진정한 인간으로서의 본분을 다했다고 믿었다.

토마스 제퍼슨 "배려의 힘"

의미: 배려는 단순히 말로 표현되는 것 이상으로 강력한 영향을 미친다.
출처: 미국의 제3대 대통령 토마스 제퍼슨의 정치적 연설.

토마스 제퍼슨은 미국의 독립을 이끈 지도자 중 한 명으로, 그의 정치적 사상과 인간에 대한 깊은 이해는 많은 이들에게 영향을 미쳤다. 그는 단지 정치적인 리더십뿐만 아니라, 인간 관계에서도 배려의 중요성을 강조했다.

"배려는 말보다 더 큰 힘을 가진다."

그는 배려가 말로만 하는 것이 아닌 실제 행동으로 타인에게 배려를 보이는 것이 진정한 영향력을 발휘한다고 믿었으며, 사람들과의 관계에서 배려가 말이나 지시보다 더 큰 변화를 일으킨다고 보았다. 정치적 결정이나 법률을 제정할 때에도, 그는 사람들을 이해하고 배려하는 태도를 중요시했다. 그가 말하는 배려는 단순한 친절을 넘어, 타인의 입장에서 생각하고, 그들의 필요와 권리를 존중하는 마음에서 비롯되었다.

마더 테레사 "배려가 주는 선물"

의미: 배려는 가장 아름다운 행동이며, 타인에게 줄 수 있는 최고의 선물이다.
출처: 난한 이들의 어머니 마더 테레사의 삶과 철학.

1950년, 마더 테레사는 인도의 캘커타에서 사랑의 선교회를 설립하며 가장 소외된 사람들을 돕기 위한 여정을 시작했다. 그녀는 가난과 병고 속에서 고통받는 이들에게 헌신하며, 배려와 사랑의 가치를 행동으로 보여주었다. 그녀에게 배려란 단순히 친절한 태도가 아니라, 인간의 존엄성을 회복시키는 가장 강력한 도구였다.

"배려는 우리가 할 수 있는 가장 아름다운 일이자, 타인에게 주는 최고의 선물이다."

그녀의 헌신은 단순히 개인적인 선행에 그치지 않고, 전 세계 사람들에게 배려와 사랑의 가치를 일깨우는 영감을 주었으며, 1979년 노벨 평화상을 수상하며, 인간애와 연민의 상징으로 자리 잡았다.

마야 안젤루 "배려가 주는 변화들"

의미: 배려는 우리가 예상하는 것보다 훨씬 더 큰 변화를 일으킬 수 있다.
출처: 미국의 시인 겸 작가 마야 안젤루의 작품과 강연.

마야 안젤루는 미국의 유명한 시인, 작가, 그리고 인권 운동가로, 그녀의 작품과 활동은 인간의 존엄성과 평등을 위한 투쟁을 상징한다. 안젤루는 배려의 중요성을 강조하며, 작은 배려의 행동이 얼마나 큰 변화를 만들어낼 수 있는지에 대해 깊이 성찰했다. 그녀는 사람들이 서로를 배려할 때, 그 영향이 예상보다 더 크고, 사회 전반에 긍정적인 변화를 일으킬 수 있다고 믿었다.

"배려는 우리가 생각하는 것보다 더 큰 변화를 만들어낸다."

안젤루는 자신의 경험을 바탕으로 배려가 사람들 간의 관계에서 신뢰를 쌓고, 더 나아가 사회적 불평등과 갈등을 해결하는 데 중요한 역할을 한다고 강조했다. 그녀는 배려가 단순한 친절 이상의 것이며, 서로의 다름을 인정하고 존중하는 방법임을 알렸다.

넬레 하퍼 리 "존중의 시선"

의미: 배려는 타인의 관점으로 세상을 보는 능력이며, 이로써 더 깊은 이해와 유대가 생긴다.
출처: 미국 작가 넬레 하퍼 리의 저서 〈앵무새 죽이기〉와 그의 인간 존중과 공감 철학.

1960년, 넬레 하퍼 리는 그녀의 대표작 〈앵무새 죽이기〉를 출간하며 미국 사회에 큰 울림을 주었다. 소설은 인종차별과 편견이 만연했던 남부를 배경으로, 타인을 이해하는 배려와 공감의 중요성을 깊이 탐구했다. 소설 속 주인공 아티커스 핀치는 자녀들에게 타인의 입장에서 생각하고, 그들의 처지를 이해하려는 노력을 강조한다.

"배려는 진정한 존중에서 비롯된다. 배려는 타인의 입장에서 세상을 바라보는 능력이다."

그녀는 단순히 인종 문제를 다룬 것이 아니라, 인간의 본성을 바라보는 깊은 시선을 통해 배려와 공감이 어떻게 세상을 더 나은 곳으로 만들 수 있는지를 탐구했다. 그녀의 문학은 독자들에게 타인의 시선으로 세상을 바라보는 능력을 길러주는 소중한 선물이 되었다.

알버트 슈바이처 "평화의 전령"

의미: 진정한 선은 타인을 해치지 않고, 모두를 평화롭게 만드는 것.
출처: 알버트 슈바이처의 인류애와 윤리적 삶의 철학.

알버트 슈바이처는 유명한 역사이자 철학자이며, 그의 생애와 사상은 인간과 자연, 그리고 모든 생명체에 대한 깊은 존중과 배려로 가득 차 있다. 그는 '진정한 선은 그 누구도 다치게 하지 않으며, 모두를 평화롭게 만든다.'라는 철학을 바탕으로, 자신이 실천할 수 있는 선을 생활 속에서 보여주었다.

"선은 그 누구도 다치게 하지 않으며, 모두를 평화롭게 만든다. 진정한 선은 타인의 행복을 위해 나의 이익을 희생하는 것이다.

슈바이처는 의사로서의 활동을 통해, 인간의 고통을 덜어주고, 타인에게 해를 끼치지 않는 삶을 살려고 노력했다. 그는 모든 생명체가 존중받아야 하며, 선한 행동은 남을 해치는 것이 아니라 그들을 위한 평화를 이루는 것이라고 믿었다. 그의 철학은 인간과 자연, 모든 생명체가 상호존중 속에서 평화롭게 공존해야 한다는 메시지를 건넨다.

조지 오웰 "선은 인간의 사명이다"

의미: 선한 일을 하려는 노력은 인류가 추구해야 할 가장 중요한 사명이다.
출처: 영국의 작가이자 사회 비평가 조지 오웰의 문학 철학과 사상.

조지 오웰은 그의 작품에서 사회적 불평등과 부패를 날카롭게 비판하며, 인간의 본성과 정의, 자유에 대한 깊은 고민을 전개했다. 그는 인류가 직면한 다양한 문제들을 해결하기 위해서는 각자의 선을 실천하고, 이타적인 태도를 취해야 한다는 철학을 강조했다.

"선한 일을 하려고 노력하는 것이야말로 인류의 진정한 사명이다."

오웰은 특히 〈1984〉와 〈동물농장〉 같은 작품을 통해, 권력의 부패와 사회적 불의에 대해 비판하며, 사회를 변화시키기 위한 인류의 책임을 강조했다. 그는 우리가 살아가는 사회에서 선한 일을 실천하려는 노력 자체가 가장 중요한 목적이자 사명임을 주장했다. 그의 이 사상은 단지 문학적 교훈을 넘어서, 현재에도 많은 사람들에게 영향을 미치며, 우리가 어떻게 살아야 할지에 대한 깊은 질문을 던진다.

레프 톨스토이 "선은 자기 성장의 기회"

의미: 선의 실천은 타인에게 좋은 영향을 주며, 동시에 자신을 성장시키는 힘이 된다.
출처: 러시아의 소설가이자 철학자 레프 톨스토이의 저서와 사상.

레프 톨스토이는 〈전쟁과 평화〉와 〈안나 카레니나〉와 같은 대작을 남긴 세계적인 작가로, 그의 작품은 인간 존재와 도덕적 삶에 대한 깊은 탐구를 담고 있다. 그는 인간이 선을 실천할 때, 단순히 타인을 돕는 것을 넘어, 자신이 더 나은 사람으로 성장하는 길을 발견한다고 믿었다.

"선의 실천은 언제나 자신을 더 나은 사람으로 만든다."

톨스토이는 그의 후반기 작품과 철학에서 도덕적 삶의 중요성을 강조했으며, 선의 실천이 인간 존재의 가장 중요한 목표 중 하나라고 보았다. 그는 자아의 개선과 사회적 책임을 강조하며, 자신이 선한 행동을 실천함으로써 내면적으로 성장하고, 궁극적으로 더 나은 인간이 될 수 있다는 메시지를 전한다.

마더 테레사 "선의 기쁨"

의미: 선한 행동을 하는 것이 내가 살아가며 느끼는 가장 큰 기쁨 중 하나.
출처: 마더 테레사의 인류애와 헌신적인 삶.

마더 테레사는 평생을 가난하고 어려운 사람들을 돕는 데 헌신한 인물로, 그녀의 삶은 사랑과 봉사의 실천으로 가득 차 있었다. 그녀는 선한 행동이 자신에게 주는 기쁨과 만족을 깊이 깨닫고, 그 실천을 통해 얻는 행복이 가장 큰 기쁨 중 하나라고 믿었다.

"선한 행동은 내가 살아가며 누리는 가장 큰 기쁨 중 하나이다."

이 말은 우리가 선을 실천할 때, 타인뿐만 아니라 자신도 행복을 느끼고 내적인 만족을 얻을 수 있음을 상기시킨다. 마더 테레사는 인도에서 가난한 이들을 돕기 위해 평생을 바쳤고, 그녀의 사명은 단지 물질적인 도움이 아니라, 사람들의 존엄성과 사랑을 존중하는 것이었다. 그녀는 선한 행동이 자신에게 주는 기쁨이 다른 어떤 것보다 소중하다고 말하며, 사랑을 실천하는 것이 인간 존재의 본질적 기쁨임을 강조했다.

넬슨 만델라 "선의 실천과 세상의 변화"

의미: 선은 모든 것의 기초가 되어야 하며, 그 실천이 세상을 변화시키는 힘.
출처: 남아프리카 공화국의 전 대통령 넬슨 만델라의 정치 철학.

넬슨 만델라는 아파르트헤이트(인종 차별 정책)에 맞서 싸운 지도자이며, 그의 삶과 철학은 자유, 평등, 화해, 그리고 선의 실천에 뿌리를 두고 있다. 그는 선의 실천이 사회적 변화와 평화를 이끌어낼 수 있다는 확고한 믿음을 가지고 있었다.

"선은 모든 것의 기초가 되어야 하며, 그 실천은 세상을 바꾸는 가장 강력한 힘이다."

만델라는 아파르트헤이트를 끝내고 남아프리카 공화국에서 인종 차별을 철폐하는 데 중요한 역할을 했다. 그는 자신이 겪은 고통과 억압 속에서도 복수와 증오보다는 용서와 화해를 선택하며, 이를 통해 사회적 변화를 이끌어냈다. 그의 지도력은 단순히 정치적인 승리에 그치지 않고, 인간애와 선의 실천을 통해 전 세계에 큰 영향을 미쳤다.

시몬 드 보부아르 "선의와 실천의지"

의미: 선은 생각이 아닌 세상을 보는 방식에 따라 실천되는 행동의 결과다.
출처: 프랑스의 작가이자 철학자이자 시몬 드 보부아르의 저서 〈제2의 성〉.

시몬 드 보부아르는 여성의 권리와 자유, 그리고 인간 존재에 대해 깊은 철학적 논의를 펼친 인물이다. 그녀는 〈제2의 성〉을 통해 성차별과 사회적 억압을 비판하며, 인간의 자유와 평등을 위한 싸움을 이끌었으며, 선의가 단순히 이론적 개념에 그치지 않고, 그것이 실천과 행동으로 이어져야 진정한 의미가 있다는 철학을 강조했다.

"선의는 우리가 세상을 바라보는 방식과 그 방식을 행동으로 옮기는 것이다."

그녀는 사람들이 세상을 바라보는 방식, 즉 자신의 가치관과 믿음에 따라 선한 행동을 실천해야 한다고 믿었다. 선은 이론이나 말로만 끝나는 것이 아니라, 실제로 세상에서 어떻게 행동하느냐에 의해 실현된다고 말했다. 이는 단지 윤리적인 주장이나 이론적 생각을 넘어서, 우리의 행동과 선택에 의해 진정한 선이 나타난다는 것을 의미한다.

정치와 경제

정치, 권력, 투표, 외교, 정책, 리더, 분배, 자본주의, 사회주의,
경제, 돈, 금융, 투자와 관련된 문장들

오토 폰 비스마르크 "현실과 이상을 잇는 예술"

의미: 정치는 이상과 현실 사이에서 가능성을 찾아가는 균형의 예술이다.
출처: 독일 제국 통일을 이끈 비스마르크의 실용주의적 정치 철학.

19세기 유럽은 혼란과 분열의 시대였다. 특히 독일은 크고 작은 국가들로 나뉘어 서로 경쟁하며 갈등을 빚고 있었다. 오토 폰 비스마르크는 프로이센 수상으로 임명된 뒤, 독일 민족을 하나로 묶는 거대한 통일의 꿈을 품었다. 그러나 그는 단순한 이상주의자가 아니었다. 통일의 목표를 이루기 위해 현실의 제약을 인정하고, 그 안에서 가장 효율적인 길을 찾으려 했다.

"정치는 가능성의 예술이며, 현실과 이상 사이에서 균형을 찾는 것이다."

비스마르크는 '철과 피로 상징되는 강력한 의지를 바탕으로 프로이센 오스트리아 전쟁과 프로이센 프랑스 전쟁을 주도했다. 하지만 전쟁은 단지 수단에 불과했다. 그의 진정한 힘은 협상 테이블에서 발휘되었다. 외교관들과 밤낮으로 대화를 이어가며, 적국의 이익까지 고려한 현실적인 타협안을 제시했다. 그의 철학은 단순한 구호가 아니라 그의 정치적 전략을 온전히 설명하는 말이었다.

클라우제비츠 "언어로 치르는 전쟁"

의미: 정치는 갈등과 경쟁의 연속이지만, 무력 대신 설득과 협상이 중심이다.
출처: 전쟁 이론가 클라우제비츠의 저서 〈전쟁론〉.

19세기 초, 나폴레옹 전쟁이 유럽 전역을 휩쓴 뒤, 군사 이론가였던 클라우제비츠는 전쟁의 본질에 대해 깊이 고민했다. 그는 단순한 전투 행위로서의 전쟁을 넘어, 전쟁과 정

치가 어떻게 연결되어 있는지를 탐구했다. 그의 저서 〈전쟁론〉에서 그는 전쟁은 다른 수단에 의한 정치의 연장이라고 선언하며 정치와 전쟁을 같은 맥락에서 바라보았지만, 무력 충돌만이 갈등 해결의 방법은 아니라고 보았다.

"정치는 전쟁의 연장이다. 그러나 칼이 아닌 언어로 싸운다."

그의 말은 정치가 격렬한 대립의 장이지만, 무력을 대신해 대화와 설득이라는 도구를 활용해야 함을 의미했다. 실지로 그는 외교와 협상이 전쟁 못지않게 강력한 무기임을 강조했다. 나폴레옹 전쟁이 끝난 후 유럽의 정세는 새로운 균형을 찾아야 했다. 강대국들은 비엔나 회의를 통해 서로의 이익을 조율하며 평화를 도모했다. 그의 통찰은 이처럼 대화와 협상이 중심이 되는 현대 정치의 기초로 작용했다.

김대중 "이상과 현실의 균형"

의미: 정치는 이상과 현실의 조화를 추구한다.
출처: 대한민국 정치가이자 제15대 대통령 김대중의 정치 철학과 실천.

1997년, 김대중은 대한민국 최초의 평화적 정권 교체를 이뤄내며 대통령으로 당선되었다. 오랜 야당 생활과 민주화 투쟁을 거치며, 그는 정치의 본질은 이상과 현실의 균형에 있다고 믿었다.

"참된 정치는 서생적 문제의식과 상인적 현실감각의 균형이다."

이 말은 김대중이 정치를 바라보는 철학적 관점을 가장 잘 드러낸다. 그는 서생(학자)처럼 높은 이상과 문제의식을 가지고 사회를 개선하려는 한편, 상인처럼 현실을 직시하고 실질적인 해결책을 마련해야 한다고 강조했다. 그의 정치적 행보는 이러한 철학을 실천한 사례였다.

또한, 김대중은 민주주의와 인권의 이상을 추구하면서도, 남북 관계 개선과 경제 위기 극복을 위해 현실적인 타협과 협력을 중요시했다. 특히 그는 2000년 남북 정상회담을 성사시키며 한반도 평화의 길을 열었고, 그 공로로 노벨 평화상을 수상했다.

린든 B. 존슨 "타협으로 이루는 정치"

의미: 정치는 갈등과 대립을 넘어 상호 이해와 양보를 통해 실질적 변화를 이루는 과정.
출처: 미국 제37대 대통령 린든 B. 존슨의 정치적 실용주의 철학.

1960년대 미국은 인종 차별, 빈부 격차, 베트남 전쟁 등 수많은 갈등과 위기 속에 있었다. 린든 B. 존슨은 이 혼란 속에서 대통령직을 맡으며 대규모 개혁을 이끌어야 했다. 그는 이상적인 변화를 추구하되, 현실 정치의 복잡한 이해관계를 풀어내기 위해 끊임없이 타협과 설득에 나섰다.

"정치란 무언가를 이루기 위해 상대방과 타협하는 것이다."

이 말처럼, 존슨은 양극단의 갈등을 해결하기 위해 민주당과 공화당을 아우르는 협상을 주도했다. 그는 1964년 시민권법을 통과시키기 위해 보수적인 남부 의원들과도 대화의 문을 열었다. '위대한 사회'라는 비전을 실현하기 위해 그는 교육, 의료, 복지 등 다방면의 정책을 추진하며 협상의 중요성을 몸소 보여주었다.

프랭클린 D. 루스벨트 "국민을 섬기는 정치"

의미: 정치는 국민을 위한 봉사의 도구가 되어야지, 국민 위에 군림해서는 안 된다.
출처: 미국 대공황 극복과 뉴딜 정책을 이끈 프랭클린 D. 루스벨트의 정치 철학.

1933년, 미국은 대공황의 깊은 상처 속에 있었다. 수백만 명이 일자리를 잃었고, 가난과 불안이 국민의 삶을 짓눌렀다. 이 위기 속에서 제32대 대통령으로 취임한 프랭클린 D. 루스벨트는 새로운 정치적 비전을 제시했다. 그는 정부와 정치는 국민을 돕기 위한 도구가 되어야 한다는 신념을 가졌다.

"정치는 국민의 봉사자가 되어야 하며, 그 반대가 되어서는 안 된다."

루스벨트는 이 신념을 바탕으로 뉴딜 정책을 추진했다. 대규모 공공사업과 사회 보장 제도를 통해 경제를 되살리고 국민의 삶을 안정시키는 데 전념했다. 그는 위기 극복의 중심에 정부의 적극적 개입을 두면서도, 그 목적이 국민을 위한 봉사임을 분명히 했다.

대공황을 극복하는 동안 그는 국민과의 소통을 중요시했다. 라디오 연설을 통해 국민들에게 정책을 설명하고, 희망과 연대를 심어 주었다. 루스벨트의 이 말은 단순한 정치 철학을 넘어, 민주주의 정부가 반드시 지켜야 할 원칙으로 자리 잡았다.

헨리 키신저 "문제를 다루는 정치의 예술"

의미: 정치는 해결된 문제나 그렇지 않은 문제를 관리하며 균형을 유지하는 과정.
출처: 냉전 시기 미국 외교를 이끌었던 헨리 키신저의 현실주의적 외교 철학.

20세기 후반, 냉전의 긴장 속에서 세계는 전쟁과 평화의 기로에 서 있었다. 이 시기 미국의 외교를 이끈 헨리 키신저는 이상적 목표를 추구하기보다 현실적인 문제 해결에 집중했다. 그는 정치란 단순히 문제를 끝내는 것이 아니라, 문제를 관리하며 더 큰 혼란을 방지하는 '균형의 예술'이라고 보았다.

"정치란 문제를 해결하기 위한 예술이며, 때로는 문제를 관리하는 것이다."

키신저는 이러한 철학을 바탕으로 역사적인 외교적 성과를 이뤘다. 중국과의 관계 정상화를 통해 냉전 구도를 완화했으며, 중동의 갈등을 조정하며 전쟁의 확산을 막았다. 그의 외교 방식은 종종 비판받기도 했지만, 키신저는 문제를 해결하거나 통제할 수 있는 실질적 접근을 통해 세계의 균형을 유지하고자 했다.

에드먼드 버크 "다음 세대를 위한 준비"

의미: 유능한 정치가는 당장의 이익이나 권력보다 미래 세대의 행복과 번영을 위해 행동해야 한다.
출처: 영국 정치가이자 철학자인 에드먼드 버크의 보수주의 정치 철학.

에드먼드 버크는 18세기, 영국의 정치적 격변 속에서 활동하며 프랑스 혁명의 극단적 혼란과 영국 사회의 점진적 발전을 대조했다. 그는 정치란 단순히 현재의 문제를 해결하는 것을 넘어, 다음 세대를 위한 책임 있는 결정을 내려야 한다고 강조했다.

"유능한 정치가는 다음 세대를 생각하며 행동해야 한다."

버크는 단기적 인기와 당장의 성과를 좇는 정치인을 경계했다. 그는 정책이란 국민의 삶에 장기적인 영향을 미치는 것이므로, 미래를 고려하지 않는 정치적 결정은 무책임한 행동이라고 보았다. 그의 이러한 철학은 점진적 변화와 전통의 존중을 통해 사회적 안정을 유지하려는 그의 정치적 신념과 일맥상통했다. 그는 국민과 정치가 모두 과거로부터 교훈을 배우고, 현재를 개선하며, 미래를 위해 행동해야 한다고 믿었다.

월터 리프먼 "울림이 있는 설득의 힘"

의미: 선동은 순간의 힘을 얻지만, 진정한 설득은 지속적인 신뢰와 존경을 만들어낸다.
출처: 저널리스트이자 정치 평론가인 월터 리프먼의 언론과 정치 철학.

20세기 초, 월터 리프먼은 정치와 언론이 대중의 사고에 미치는 영향을 깊이 연구하며 공공 담론의 수준을 높이고자 노력했다. 대중을 선동하는 방식이 아닌, 사실과 논리로 설득하는 것이 민주주의를 강화하는 길이라고 믿었다.

"선동하는 자는 한순간을 지배하지만, 설득하는 자는 영원히 존경받는다."

리프먼은 대중이 선동적 구호에 쉽게 휘둘릴 수 있음을 경계했다. 그는 언론과 정치 지도자들이 감정에 호소하며 공포나 분노를 조장하기보다는, 논리와 사실로 설득해야 한다고 강조했다. 특히, 그는 민주주의가 성공하려면 국민이 진실을 이해하고, 비판적 사고를 통해 결정을 내릴 수 있는 환경이 필요하다고 주장했다. 그의 이러한 철학은 대공황과 세계대전 같은 극심한 혼란 속에서도 그의 글과 분석이 많은 이들에게 통찰과 방향성을 제시했던 이유였다.

존 애덤스 "자유를 위한 관심의 힘"

의미: 정치에 무관심하면 자유와 권리를 잃을 위험이 있다.
출처: 미국 독립운동 지도자이자 초대 부통령 존 애덤스의 공화주의 철학.

미국이 영국으로부터 독립을 쟁취하기 위한 싸움을 벌일 때, 존 애덤스는 국민에게 자유의 진정한 의미를 깨닫게 하고자 노력했다. 그는 정치적 참여와 공공의식이 자유를 지키는 필수 요소임을 강조했다. 애덤스는 독립운동 당시 많은 이들이 정치에 무관심하거나, 그저 강대국의 결정에 따르려는 태도를 경계했다.

"정치적 무관심은 자유를 잃는 가장 빠른 길이다."

그는 국민이 정치적 결정을 내리는 과정에 적극 참여하지 않으면, 결국 권력자들이 모든 결정을 내리고 자유는 그들의 손에 휘둘릴 수밖에 없음을 설파했다. 그의 말은 단지 독립운동 시기에 국한되지 않았다. 미국의 독립 이후에도 그는 공화국이 유지되려면 국민이 끊임없이 권력과 정치 과정에 관심을 가져야 한다고 강조했다.

빌 클린턴 "성과로 증명되는 정치"

의미: 선동은 쉽게 관심을 끌지만, 실제 성과로 신뢰를 얻는 것은 더 어려운 과정이다.
출처: 미국 대통령 빌 클린턴의 저서와 강연 그리고 정치 철학.

1990년대, 빌 클린턴은 경제적 불황과 정치적 갈등 속에서 미국 제42대 대통령직을 맡았다. 그는 뛰어난 연설과 선거 운동으로 국민의 지지를 얻었지만, 대통령으로서의 과제는 단순한 선동으로 해결할 수 없음을 깨달았다. 실제로 정책을 실행하고 성과를 내는 것은 전혀 다른 도전이었다.

"정치적 선동은 쉬운 일이지만, 정치적 성과는 어려운 일이다."

클린턴은 정치란 단순히 사람들을 설득하거나 끌어들이는 것으로 끝나는 것이 아니라, 실질적인 결과를 만들어 내야 한다고 강조했다. 그는 재임 중 경제 개혁과 복지 제도 개편을 통해 미국 경제를 되살리며, 자신의 말에 책임을 다하는 모습을 보여주었다. 그는 정치적 어려움과 비판을 피하지 않았으며, 북미자유무역협정(NAFTA) 체결, 복지 개혁, 그리고 국제적 외교 문제 해결 등 수많은 성과를 이루는 동안, 정치가 감정적 호소가 아닌 실질적 결과로 평가받아야 함을 실천했다.

제임스 프리먼 클라크 "정치와 지도자의 차이"

의미: 참 정치 지도자는 다음 선거가 아닌, 미래 세대를 우선으로 한다.
출처: 미국 신학자 클라크의 저서와 그의 사회적 리더십 철학.

19세기, 미국의 신학자이자 사상가였던 제임스 프리먼 클라크는 정치와 리더십의 본질적인 차이를 꿰뚫는 통찰로 유명하다. 그는 단기적인 이익과 장기적인 비전을 구분하며, 진정한 지도자는 다음 세대를 염두에 두고 결정을 내린다고 주장했다.

"정치인은 다음 선거를 생각하고, 지도자는 다음 세대를 생각한다."

그는 정치가 단기적 목표에 집중할 때, 지도자는 지속 가능하고 미래를 준비하는 결정을 해야 한다고 보았다. 그의 철학은 단순히 정치적 비판에 그치지 않고, 리더가 개인의 이익을 넘어 공동체의 미래를 설계해야 한다는 윤리적 책임을 강조했다. 그는 단순한 신학자가 아니었다. 그는 단기적 성공보다 지속 가능한 미래를 강조하며, 리더십의 본질을 정의한 선구적 사상가였다.

버락 오바마 "국민의 삶을 책임지는 정치"

의미: 정치는 권력 다툼이나 경쟁이 아니라, 국민의 삶과 직결된 중요한 책임을 가진다.
출처: 미국 대통령 버락 오바마의 정치적 리더십과 공공정책 철학.

2008년, 미국은 경제 위기와 사회적 분열 속에서 새로운 리더를 필요로 했다. 버락 오바마는 희망과 변화의 메시지를 내세우며 제44대 대통령에 당선되었고, 그의 리더십은 단순한 정치적 승리를 넘어 국민의 삶을 개선하는 데 초점이 맞춰져 있었다.

"정치는 단순히 게임이 아니다. 정치에는 국민의 삶이 걸려 있다. 정치는 국민 자신의 운명을 스스로 결정하게 하는 과정이다."

오바마는 재임 기간 동안 국민이 체감할 수 있는 변화를 만들기 위해 대공황 이후 최악의 경제 위기를 극복하기 위해 대규모 경기부양책을 시행했고, 국민의 건강을 지키기 위해 오바마케어라는 의료 개혁을 추진했다. 이 과정에서 많은 정치적 반대와 논란이 있었지만, 그는 정치가 국민의 실질적 삶에 영향을 미친다는 책임감으로 흔들리지 않았다.

그는 또한 인종, 성별, 계층 간의 불평등을 해소하기 위해 사회적 통합과 포용의 메시지를 지속적으로 전달했다.

존 밀턴 "도덕성을 잃은 정치의 대가"

의미: 정치가 도덕성을 상실할 때, 그 피해는 고스란히 국민에게 돌아간다.
출처: 영국의 시인이자 정치 철학자인 존 밀턴의 저서 〈실락원〉과 공화주의적 사상.

17세기, 영국은 왕권과 의회의 갈등으로 내전과 혼란을 겪고 있었다. 존 밀턴은 이 시기에 자유와 정의를 옹호하며, 권력 남용과 부패에 맞서 싸웠다. 그는 정치는 도덕성을 바탕으로 국민을 위해 봉사해야 하며, 그렇지 않을 경우 그 대가는 국민의 고통으로 이어진다고 경고했다.

"정치가 도덕성을 잃으면, 국민은 고통받는다."

밀턴은 당시 왕권 강화와 독재적 통치에 맞서 공화주의를 옹호하며, 국민의 권리와 자유를 주장했다. 그는 정치 지도자들이 사리사욕과 권력 욕망에 빠져 도덕적 기준을 잃을 때, 사회적 불평등과 억압이 심화된다고 지적했다. 그의 대표작 실락원에서도 도덕적 타락과 그로 인한 고통의 이야기를 통해 인간의 선택과 책임을 강조했다.

노무현 "사람답게 사는 세상 만들기"

의미: 정치는 체제 유지가 아닌 모두가 인간다운 삶을 누릴 수 있게 하는 실천이다.
출처: 대한민국 제16대 대통령 노무현의 연설과 저서 〈운명이다〉, 〈사람 사는 세상〉.

노무현은 평범한 시민 출신으로 정치에 입문해, 사람 중심의 정치를 강조하며 국민의 마음을 얻었다. 그는 변호사 시절 노동자들과 약자들의 권리를 위해 싸우면서, 정치가 개인의 삶을 얼마나 크게 바꿀 수 있는지 체감했다. 이 경험은 그의 정치 철학에 깊이 스며들었다.

"사람이 사람답게 사는 세상을 만드는 것이 정치의 역할이다."

그는 대통령 재임 중 교육, 복지, 노동 문제를 중심으로 사회적 약자를 배려하는 정책을 추진했다. 또한, 행정 수도 이전과 균형 발전을 통해 모두가 평등한 기회를 누릴 수 있는 환경을 만들고자 했으며, 정책은 부패 척결, 지역주의 타파, 사회적 약자를 위한 복지 강화에 중점을 두었다.

존 달버그 액턴 "절대 권력의 최후"

의미: 권력은 부패하기 쉬우며, 절대적인 권력은 통제되지 않으면 필연적으로 타락하게 된다.
출처: 영국 역사가이자 정치 철학자인 존 달버그 액턴의 저서와 발언.

19세기 후반, 존 달버그 액턴은 권력의 속성과 그 위험성에 대해 깊이 고민했다. 당시 유럽은 군주제와 중앙집권적 권력이 강대하게 작용하던 시대였다. 그는 권력이 통제되지 않을 때 얼마나 쉽게 부패로 이어질 수 있는지 목격했다.

"권력은 타락한다. 절대 권력은 절대적으로 타락한다. 따라서 견제와 균형은 필수적이다."

이 말은 그의 정치적 신념을 잘 반영한다. 액턴은 권력이 아무리 좋은 의도로 시작되더라도, 견제와 균형이 없는 경우 타락할 가능성이 크다고 보았다. 그는 특히 종교와 정치 권력이 결합될 때 생길 수 있는 위험성을 경고하며, 권력의 남용이 인간 사회에 미치는 영향을 강하게 비판했다.

마르쿠스 툴리우스 키케로 "존경으로 다스리는 지도자"

의미: 폭군은 공포로 권력을 유지하나, 위대한 지도자는 국민의 신뢰로 나라를 이끈다.
출처: 고대 로마의 정치가이자 철학자인 마르쿠스 툴리우스 키케로의 저서.

기원전 1세기, 로마 공화정은 내전과 독재로 인해 혼란에 휩싸여 있었다. 마르쿠스 툴리우스 키케로는 이러한 시대 속에서 공화정의 가치를 수호하려 했고, 폭군의 통치 방식이 로마 사회에 어떤 해악을 끼치는지 날카롭게 비판했다. 그는 권력을 공포에 의존하여 유지하려는 폭군의 본질을 간파하며, 진정한 지도자는 공포가 아닌 존경으로 통치해야 한다고 주장했다.

"폭군은 두려움으로 다스리지만, 위대한 지도자는 존경으로 통치한다."

키케로는 정치가의 핵심 덕목으로 도덕성과 정의를 강조하며, 국민의 신뢰와 존경을 얻는 것이야말로 지속 가능한 통치의 기반이라고 보았다. 그는 젊은 정치가들에게도 두려움이 아닌 덕으로 다스리는 방법을 가르쳤다. 그러나 키케로 자신도 폭군과 대립하며 위험을 감수해야 했다. 결국 그는 마르쿠스 안토니우스와의 갈등 속에서 암살당했지만, 그의 철학은 로마의 공화정 정신을 계승하고 발전시키는 데 기여했다.

존 로크 "국민의 동의로 세워지는 권력"

의미: 정당한 권력은 국민의 자발적 동의와 참여를 통해서만 정립될 수 있다.
출처: 근대 정치철학의 아버지로 불리는 존 로크의 저서 〈통치론〉.

17세기 영국, 왕권신수설과 절대군주제가 팽배하던 시기, 존 로크는 인간의 자연권과 사회 계약을 바탕으로 새로운 정치 철학을 제시했다. 그는 왕의 권력이 신에게서 오는 것이 아니라, 국민의 동의에서 비롯된다고 주장하며 권력의 정당성에 대해 근본적인 질문을 던졌다.

"정당한 권력은 국민의 동의에서 나온다."

로크는 모든 인간이 자유롭고 평등하게 태어나며, 정부란 국민의 권리와 자유를 보호하기 위해 존재한다고 보았다. 그는 권력이 국민의 동의에 기반하지 않는다면 그 권력은 정당성을 잃으며, 국민은 그러한 권력에 저항할 권리가 있다고 주장했다. 그의 철학은 영국의 명예 혁명과 미국 독립선언서와 프랑스 혁명에서도 사상적 기반이 되었다.

넬슨 만델라 "위임하는 지도자의 힘"

의미: 진정한 지도자는 권력을 독점하지 않고, 나누어 자율과 연대를 만드는 사람이다.
출처: 남아프리카공화국의 민주화를 이끈 넬슨 만델라의 리더십 철학.

넬슨 만델라는 인종 차별과 억압이 극에 달했던 남아프리카공화국에서 27년간의 수감 생활을 겪으며 자유와 평등을 위한 투쟁을 이어갔다. 그가 석방되고 대통령에 오른 뒤, 많은 사람들은 그가 권력을 독점할 것을 예상했지만, 그는 그와 반대되는 길을 택했다. 대통령으로 재임하며 그는 인종 간 화해를 이끌고, 민주주의의 기반을 다지기 위해 권력을 분산시켰다.

"진정한 지도자는 권력을 잡는 것이 아니라 권력을 위임하는 자이다."

만델라는 자신을 중심으로 한 정치가 아니라, 각계각층의 목소리를 반영하며 국가를 운영했다. 그는 권력의 무게를 혼자 짊어지는 대신, 모든 국민이 권력을 나누고 함께 국가를 만들어가는 데 초점을 맞췄다. 만델라는 재임 후 권력에 연연하지 않고, 후진들에게 권력을 물려주며 평화로운 정권 교체를 이루어냈다. 그의 철학은 지도자의 역할이 권력의 정점에 머무르는 것이 아니라, 권력을 나누어 지속 가능한 시스템을 구축하는 데 있음을 보여주었다.

레프 톨스토이 "무력의 권력은 정당하지 않다"

의미: 권력은 무력으로 얻어질 수 있지만, 그것은 정당성을 가질 수 없다.
출처: 러시아 작가이자 사상가인 레프 톨스토이의 평화주의 철학.

19세기 말, 러시아는 정치적 억압과 혁명의 물결 속에 휩싸여 있었다. 이 시대, 레프 톨스토이는 권력과 폭력의 본질에 대해 깊이 고민했다. 그는 폭력을 통해 얻어진 권력은 두려움과 강제에 의해 유지될 뿐, 국민의 진정한 동의나 신뢰를 얻지 못한다고 믿었다.

"무력으로 얻어진 권력은 정당하지 않다."

톨스토이는 자신의 대표작 〈전쟁과 평화〉와 여러 수필을 통해 폭력과 전쟁의 무의미함을 고발했다. 그는 무력으로 세워진 권력은 일시적으로는 성공할 수 있지만, 장기적으로는 국민의 반발과 불안정을 초래한다고 보았으며, 사회적 변화가 필요하다면 그것은 평화와 도덕적 설득을 통해 이루어져야 한다고 주장했다.

토머스 제퍼슨 "양날의 검"

의미: 권력은 사용 방법에 따라 자유를 증진시키거나, 반대로 억압을 가져올 수 있다.
출처: 미국의 제3대 대통령 토머스 제퍼슨의 민주주의와 자유에 대한 철학.

미국 독립운동의 선두에 섰던 토머스 제퍼슨은 권력의 양면성을 누구보다 잘 이해하고 있었다. 그는 권력이 자유를 보호하고 확대하는 데 사용될 수 있지만, 통제되지 않을 경우 억압의 도구로 변할 위험이 있다고 경고했다. 제퍼슨은 미국의 독립선언서를 통해 자유와 평등의 이상을 제시했지만, 그는 독립 이후에도 강력한 중앙집권적 정부가 다시 국민의 자유를 침해할 가능성을 염려했다.

"권력은 양날의 검이다. 올바르게 사용하면 자유를 낳지만, 잘못 사용하면 억압을 낳는다."

그는 권력의 남용을 막기 위해 지방 자치와 시민의 권리 강화, 그리고 헌법적 견제 장치를 강조했다. 그의 철학은 단순히 이론적 주장에 그치지 않고, 독립 후의 미국 정치 구조에 깊이 스며들었다. 제퍼슨은 대통령으로 재임하면서도 권력을 절제하며, 국민의 목소리를 정책에 반영하려 노력했다.

에이브러햄 링컨 "약자를 대하는 자세"

의미: 권력의 진정한 가치는 강자가 아닌 약자를 대하는 태도에서 드러난다.
출처: 미국의 제16대 대통령 에이브러햄 링컨의 노예제 폐지와 평등 정치 철학.

19세기 중반, 미국은 노예제와 연방 분열로 극심한 혼란을 겪고 있었다. 에이브러햄 링컨은 노예해방선언과 남북전쟁을 이끌며, 권력의 진정한 역할과 책임을 고민했다. 그는 권력이 단순히 강자들의 이익을 보호하는 데 사용되어서는 안 되며, 가장 약한 이들에게 정의와 평등을 보장하는 데 쓰여야 한다고 믿었다.

"권력의 진정한 시험은 약한 자들을 어떻게 대하느냐에 달려 있다."

링컨은 자신의 철학을 행동으로 증명했다. 그는 노예해방선언을 통해 억압받던 이들에게 자유를 보장하고, 전쟁 중에도 적국의 병사와 시민을 인간적으로 대우하라고 명령했다. 그는 남북전쟁 이후에도 화합과 재건을 통해 모든 국민이 평등한 권리를 누릴 수 있도록 노력했다.

마가렛 대처 "변화를 위한 도구"

의미: 권력은 단순한 유지가 아닌 더 나은 세상을 만들기 위한 변화의 도구여야 한다.
출처: 영국 최초의 여성 총리 마가렛 대처의 실용적이고 혁신적인 정치 철학.

1979년, 영국은 경제 침체와 사회적 갈등 속에서 변화를 요구받고 있었다. 마가렛 대처는 강력한 리더십으로 집권하며, 정치란 단순히 권력을 잡고 유지하는 것이 아니라, 국민의 삶을 개선하고 시대에 필요한 변화를 만들어내는 과정임을 행동으로 보여주었다.

"권력의 목적은 권력을 유지하는 것이 아니다. 권력은 단지 변화를 위해 사용되는 도구일 뿐이다."

그녀는 총리 재임 기간 동안, 대처는 국가 경제를 재건하기 위해 급진적인 시장 개혁과 민영화를 추진했다. 또한, 단기적 인기보다 장기적 변화를 선택하며, 정치적 비판과 저항을 무릅쓰고도 자신의 비전을 밀어붙였다. 대처는 단순히 권력을 유지하는 데 만족하지 않고, 그 권력을 통해 영국 사회를 근본적으로 변화시키려 했다.

그녀의 말은 단지 개인의 리더십 철학을 넘어, 권력이 목적이 아닌 도구로 사용될 때 진정한 의미를 가진다는 것을 상기시킨다.

엘리너 루스벨트 "권력의 무게를 감당할 준비"

의미: 권력은 그 책임과 부담을 감당할 준비가 되어 있는지 스스로 돌아보아야 한다.
출처: 미국의 퍼스트레이디이자 인권 운동가 엘리너 루스벨트의 리더십 철학.

20세기 중반, 엘리너 루스벨트는 단순히 대통령의 배우자로 머무르지 않고, 인권과 평등을 위한 활동으로 세계적인 지도자로 자리매김했다. 그녀는 권력이란 단순히 특권이나 명예가 아니라, 무거운 책임을 동반하는 것임을 깊이 이해했다.

"권력을 얻으려 하기 전에 그 무게를 감당할 준비가 되어 있는지 스스로 물어라."

제2차 세계대전 후, 그녀는 유엔 인권 선언 초안을 작성하는 데 중요한 역할을 하며, 권력을 지닌 자들에게 그 힘을 어떻게 사용할 것인지 스스로 성찰하라고 촉구했다. 그녀는 권력이 책임을 다하지 못할 경우, 그 피해가 고스란히 국민에게 돌아감을 경고했다. 엘리너는 자신의 영향력을 활용해 여성과 소외 계층의 권리를 옹호하며, 권력을 올바르게 사용하는 것이 얼마나 중요한지를 행동으로 보여주었다.

달라이 라마 "빈 그릇에 채우는 빛"

의미: 권력은 그 자체로 중립적이나, 사용하는 이의 도덕성에 따라 선악이 결정된다.
출처: 티베트의 정신적 지도자 달라이 라마의 평화와 책임에 대한 철학.

달라이 라마는 평생을 통해 평화와 자비를 설파하며, 권력의 본질과 책임에 대해 깊은 통찰을 보여주었다. 그는 권력을 단지 지위나 힘으로 보지 않고, 이를 사용하는 사람의 마음과 의도에 따라 그 의미가 결정된다고 강조했다.

"권력은 비어 있는 그릇과 같다. 올바른 손에 들릴 때만 그릇이 빛난다."

그는 자신의 지도자로서의 위치를 개인적 권위가 아닌, 티베트 국민과 세계의 평화를 위한 도구로 삼았다. 그는 티베트의 독립과 자치를 위해 비폭력 운동을 이끌며, 권력은 반드시 도덕적 목적을 위해 사용되어야 한다고 강조했다. 그는 지도자들이 권력을 남용하지 않고, 겸손과 자비로 이를 다룰 때 권력이 비로소 빛을 발한다고 믿었다.

클라렌스 대로우 "더 나빠지는 것을 막는 방패"

의미: 투표는 세상을 근본적으로 바꾸는 것이 아닌, 악화를 막는 최소한의 방어 수단이다.
출처: 미국의 변호사이자 사회 운동가인 클라렌스 대로우의 정치적 현실주의 철학.

20세기 초, 클라렌스 대로우는 미국 사회의 불평등과 부조리를 바로잡기 위해 활동하며 정치와 법제도의 한계를 체감했다. 그는 대중이 투표를 통해 직접적인 변화를 기대하기보다는, 투표를 더 나쁜 상황을 예방하는 필수적인 책임으로 여겨야 한다고 강조했다.

"투표는 세상을 바꾸기 위한 것이 아니라, 더 나빠지는 것을 막는 가장 기본적인 수단이다."

그는 대공황과 같은 사회적 위기를 목격하며, 정치의 이상과 현실 사이의 간극을 경험했다. 그는 국민이 정치에 냉소적 태도를 보이거나 무관심해지면, 극단적인 권력이나 잘못된 정책이 세상을 지배하게 된다고 경고했다. 따라서 투표는 완벽한 해결책이 아니라, 더 큰 위험을 예방하기 위한 도구로 사용되어야 한다고 역설했다.

에이브러햄 링컨 "투표의 힘"

의미: 총으로는 물리적 파괴만 가능하나, 투표는 사회와 역사의 흐름을 바꾸는 힘이 된다.
출처: 미국의 제16대 대통령 에이브러햄 링컨의 민주주의와 시민 참여에 대한 철학.

에이브러햄 링컨은 미국 내 노예제와 남북 분열의 갈등 속에서 민주주의의 본질과 가치를 지키기 위해 싸웠다. 그는 전쟁 중에도 민주적 절차와 시민의 권리를 보호하려 했으며, 투표가 국민의 목소리를 반영하는 가장 강력한 힘이라고 믿었다.

"투표는 총보다 강하다. 총은 적을 쓰러뜨릴 수 있지만, 투표는 미래를 바꾼다."

링컨은 노예 해방과 민주주의 강화를 위한 법안을 추진하면서, 모든 국민이 자신의 권리를 행사하고 사회 변화를 이끌어야 한다고 강조했다. 그는 전쟁의 혼란 속에서도 선거를 통해 국민의 의지를 확인하려 했으며, 민주주의는 총이 아닌 투표로 유지되고 강화된다고 역설했다.

마틴 루터 킹 주니어 "침묵이 낳는 패배"

의미: 투표하지 않는 것은 스스로 목소리를 내지 않는 선택이며, 그로 인해 자신과 사회가 더 나쁜 결과를 맞을 수 있다.
출처: 미국의 시민권 운동가 마틴 루터 킹 주니어의 참여 민주주의에 대한 신념.

1960년대 미국, 마틴 루터 킹 주니어는 인종 차별과 불평등에 맞서 시민권 운동을 이끌며, 모든 국민이 평등한 권리를 가지는 세상을 꿈꿨다. 그는 특히 투표권을 박탈당한 흑인들에게 투표의 중요성을 강조하며, 이를 되찾기 위한 비폭력 투쟁에 헌신했다.

"투표하지 않는 사람은 침묵을 선택한 것이며, 그 침묵은 때로 가장 큰 패배가 된다."

킹은 투표를 통해 억압과 차별에 저항하고, 정의로운 사회를 만드는 데 기여해야 한다고 설파했다. 그는 투표권을 행사하지 않는 것이 자신의 권리를 스스로 포기하는 것과 같다고 보았으며, 그 침묵이 부정의와 억압을 강화한다고 경고했다. 1965년 투표권법이 통과되며 흑인들에게 투표권이 보장된 것은 그의 철학과 운동의 결실이었다.

존 애덤스 "역사를 바꾼 한 표"

의미: 작은 한 표처럼 보여도, 결정적 순간에는 한 표가 역사의 방향을 바꿀 수 있다.
출처: 미국 독립선언의 주역이자 초대 부통령, 제2대 대통령이었던 존 애덤스의 민주주의 철학.

미국 독립 초기, 존 애덤스는 국민의 참여와 한 사람의 선택이 민주주의에 미치는 영향을 강조했다. 그는 독립 전쟁부터 헌법 제정까지, 단 하나의 결정이 국가의 운명을 바꾼 순간들을 목격하며 투표의 중요성을 설파했다.

"한 표로 세상을 바꿀 수 없다 생각하겠지만, 역사는 종종 한 표의 차이로 쓰인다."

그의 말은 단순한 이상론이 아니었다. 애덤스가 속했던 독립 의회에서도 독립 선언이 통과된 것은 몇 표 차이에 불과했다. 또한, 헌법 제정 당시에도 각 주의 지지가 약간의 차이로 승패를 가르는 중요한 순간이 많았다. 그는 투표가 한 개인의 작은 행위처럼 보일지라도, 그것이 모여 역사를 만드는 원동력이 된다고 믿었다.

헨리 루이스 멘켄 "덜 나쁜 사람의 선택"

의미: 투표는 완벽한 선택이 아닌 현실에서 더 나쁜 결과를 피하기 위한 실천적 판단이다.
출처: 미국의 언론인이자 풍자가인 H.L. 멘켄의 정치와 민주주의에 대한 냉소적 통찰.

20세기 초, 헨리 루이스 멘켄은 미국의 정치와 대중문화를 예리하게 분석하며 풍자와 냉소로 가득한 명언들을 남겼다. 그는 민주주의의 이상을 부정하지 않았지만, 현실의 정치에서 투표란 종종 선이 아닌 덜 악한 대안을 선택하는 과정이라고 보았다. 멘켄은 정치가들이 이상적 리더로서 행동하기보다, 종종 권력 유지와 이익 추구에 몰두한다고 비판했다.

"투표는 좋은 사람의 선택이 아니라, 덜 나쁜 사람을 선택하는 것이다."

그는 유권자들이 완벽한 후보를 기대하기보다, 더 큰 해악을 막는 방향으로 투표해야 한다고 강조했다. 그의 말은 냉소적이면서도 현실적인 정치의 본질을 꿰뚫는다. 멘켄의 이 말은 현재에도 투표가 이상과 현실 사이의 간극을 메우는 중요한 행위임을 일깨우며, 정치적 선택이 가져오는 책임감을 상기시킨다.

에이브러햄 링컨 "법 앞의 평등"

의미: 모든 사람은 법 앞에서 동등한 권리를 가진다.
출처: 미국 제16대 대통령 링컨의 자유와 평등에 대한 철학.

19세기, 미국의 16대 대통령 에이브러햄 링컨은 노예제를 폐지하고 민주주의의 이상을 실현하기 위해 헌신한 지도자였다. 그는 인종, 계급, 성별에 관계없이 모든 사람이 법 앞에서 평등해야 한다는 신념을 바탕으로 나라를 이끌었다.

"모든 사람은 법 앞에 평등하다."

그는 인간의 존엄성과 법의 공정성을 강조하며, 노예 해방 선언을 통해 노예제 철폐에 결정적인 기여를 했다. 그의 노력은 미국의 민주주의를 강화하고, 평등이라는 헌법적 가치를 현실로 만드는 데 큰 역할을 했다. 링컨은 법과 정의를 인간의 기본 권리와 연결하며, 사회적 불평등과 차별을 극복하는 데 법이 중요한 도구임을 강조했다.

에드먼드 버크 "조화를 선사하는 타협의 예술"

의미: 외교는 승리를 위한 것이 아닌 갈등을 조율하고 조화를 이루는 타협의 과정이다.
출처: 영국 정치가이자 철학자인 에드먼드 버크의 보수주의 정치 철학.

에드먼드 버크는 18세기, 영국과 미국 간의 갈등, 프랑스 혁명 등 격동의 시대를 살아가며 갈등을 해결하는 외교의 중요성을 설파했다. 그는 극단적인 충돌 대신, 상호 존중과 타협을 통해 공존의 길을 찾는 것이 외교의 본질이라고 보았다.

"외교란 적절한 말을 적절한 사람에게 적절한 시점에 말하는 예술이다. 외교는 타협의 예술이며, 승리보다 조화를 우선시한다."

버크는 특히 미국 독립 전쟁 당시, 식민지와의 충돌을 평화적으로 해결해야 한다고 주장하며, 강경책 대신 대화를 통한 해결을 강조했다. 그는 갈등을 무력으로 해결하려는 시도가 더 큰 불화를 낳는다고 경고하며, 타협을 통해 서로의 이익을 조율하는 외교적 방안을 제안했다.

안토니오 구테흐스 "이해로 연결되는 외교"

의미: 외교는 단순한 이익 거래가 아닌 상호 이해를 통해 공통점을 찾아가는 과정이다.
출처: 유엔 사무총장 안토니오 구테흐스의 국제 협력과 평화에 대한 철학.

21세기, 세계는 분쟁과 불평등, 기후 위기 등 초국가적 문제들로 연결되어 있었다. 안토니오 구테흐스는 유엔 사무총장으로서 전 세계 지도자들이 갈등을 해결하고 협력의 길을 찾도록 외교적 다리를 놓았다. 그는 외교란 단순히 거래를 통해 이익을 분배하는 것이 아니라, 각자의 입장을 존중하고 이해하며 공통의 목표를 설정하는 과정이라고 강조했다.

"외교는 이해관계를 나누는 것이 아니라, 서로를 이해하는 것이다."

그는 난민 문제와 기후 변화와 같은 글로벌 위기에 직면했을 때, 모든 국가가 이해와 협력을 통해 함께 해결책을 찾아야 한다고 강조했다. 그의 철학은 외교를 단순한 협상의 기술이 아니라, 인류 공동의 목표를 실현하는 도구로 보았다. 구테흐스는 종종 갈등 지역을 직접 방문하여 대화를 통해 해결책을 모색하며, 외교가 상호 이해와 신뢰를 기반으로 작동해야 한다는 점을 행동으로 보여주었다.

손자 "싸우지 않고 승리하는 외교"

의미: 외교의 최고 목표는 전쟁을 피하고 평화적 방법으로 문제를 해결하는 지혜의 실천이다.
출처: 고대 중국의 병법가 손자의 저서 〈손자병법〉.

고대 중국, 손자는 손자병법에서 전쟁과 외교의 본질을 탐구하며, 무력 충돌이 아닌 지혜를 통해 문제를 해결하는 전략을 강조했다. 그는 싸움을 통해 승리를 얻는 것은 최선이 아니며, 가장 이상적인 승리는 전쟁을 피하면서도 상대를 굴복시키는 것이라고 보았다.

"좋은 외교란 싸우지 않고 적을 친구로 만드는(이기는) 방법을 찾는 것이다."

손자는 외교를 전쟁의 연장선으로 보았지만, 그 핵심은 상대를 이해하고 설득하여 갈등을 최소화하는 데 있다고 강조했다. 그의 철학은 단순한 군사 전략을 넘어, 정치와 외교의 원칙으로 확장되었다.

도미닉 라브 "공통점과 차이를 다루는 기술"

의미: 외교는 국가 간 공통 이익으로 협력의 토대를 만들며 갈등을 관리하는 실천적 기술이다.
출처: 영국 정치가이자 외교부 장관을 지낸 도미닉 라브의 외교적 철학.

현대 국제 사회는 서로 다른 이해관계와 갈등으로 가득하다. 도미닉 라브는 외교란 단순히 갈등을 해결하는 것이 아니라, 공통점을 발견해 협력을 도모하고, 동시에 차이를 조정하며 평화를 유지하는 기술이라고 강조했다.

"외교란 공통된 이익을 발견하고 차이를 관리하는 기술이다."

그는 영국이 브렉시트로 유럽연합을 떠난 이후, 여러 국가와의 새로운 관계를 구축하며 이 철학을 실천했다. 유럽연합과의 무역 협상, 미국과의 동맹 강화, 아시아 및 개발도상국과의 경제 협력을 진행하며, 라브는 공통의 이익을 중심으로 협력을 도출하고, 차이에 따른 갈등을 최소화하려 노력했다.

헨리 키신저 "외교의 위력"

의미: 외교는 대화와 설득으로 갈등을 해결하는 강력한 도구이다.
출처: 냉전 시대 미국의 외교를 이끈 헨리 키신저의 현실주의적 외교 철학.

1970년대, 냉전의 긴장 속에서 헨리 키신저는 전쟁 대신 외교를 통해 평화를 유지하려는 노력을 이끌었다. 그는 베트남 전쟁을 끝내기 위한 파리 평화 회담, 중국과의 관계 정상화, 중동의 갈등 해결을 위해 외교적 대화를 주도하며 대립을 줄이는 데 중점을 두었다.

"외교란 다섯 마디 말로 폭탄 하나의 위력을 대신하는 것이다."

키신저는 전쟁과 갈등이 아닌 대화를 통해 국가 간의 긴장을 완화하고 협력을 이끌어내는 것이 외교의 핵심이라고 강조했다. 그는 냉전이라는 무력 충돌의 위험을 피하기 위해 외교적 언어를 활용해 상대방을 설득하고 공감대를 형성하려 노력했다.

프랭클린 D. 루스벨트 "국민의 소리가 담긴 책"

의미: 정책은 국민의 소리를 반영하며, 그들의 삶을 더 나은 방향으로 이끄는 도구.
출처: 대공황 시기에 뉴딜 정책을 펼친 프랭클린 D. 루스벨트의 정치 철학.

1930년대, 미국은 대공황으로 인해 실업과 빈곤, 경제적 불안이 극에 달했다. 대통령에 당선된 프랭클린 D. 루스벨트는 국민의 고통을 직접 듣고 이를 해결하기 위한 구체적인 정책을 마련했다. 그는 뉴딜 정책을 통해 공공사업을 확대하고, 은행 개혁과 사회 보장 제도를 도입하며 국민의 신뢰를 회복했다.

"정책은 국민의 목소리를 대변하는 것이며, 그들의 삶을 개선하기 위한 수단이다."

루스벨트는 단지 경제를 회복시키는 것에 그치지 않고, 국민의 삶에 실질적인 변화를 가져오는 정책을 통해 정부의 역할을 재정의했다. 그는 라디오 연설을 통해 국민과 직접 소통하며, 정책이 국민의 목소리를 반영해야 한다는 점을 강조했다. 그의 철학은 단순히 당시의 위기를 극복한 데서 그치지 않고, 정책이란 국민의 요구와 필요를 바탕으로 설계되어야 한다는 점을 역설했다.

에이브러햄 링컨 "장기적 이익을 위한 정책"

의미: 정책은 일시적 효과나 인기가 아닌, 지속 가능한 장기적 발전을 위해 설계되어야 한다.
출처: 미국의 제16대 대통령 에이브러햄 링컨의 리더십과 정치 철학.

에이브러햄 링컨이 대통령으로 재임하던 시기, 미국은 남북전쟁과 노예제 폐지라는 중대한 도전에 직면해 있었다. 그는 노예제 폐지를 통해 모든 국민이 평등하게 자유를 누릴 수 있는 국가를 만들고자 했지만, 이는 당시 많은 반발과 논란을 불러일으켰다.

"좋은 정책은 당장의 인기보다 장기적인 이익을 추구한다."

링컨은 자신의 정책이 당장은 비판받더라도, 궁극적으로 미국의 통합과 번영을 가져올 것이라는 믿음으로 추진했다. 그는 남북전쟁이 단기적으로는 큰 희생을 요구했지만, 장기적으로는 자유와 평등이라는 더 나은 국가의 기반을 마련할 것이라고 확신했다. 그의 노예 해방 선언은 단순히 법률적 조치가 아니라, 인류의 도덕적 진보를 위한 정책이었으며, 이는 현재까지도 자유와 인권의 상징으로 평가받는다.

존 F. 케네디 "현실에서 시작하는 정책"

의미: 정책은 이론적 논리보다 국민의 실제 삶에 기반을 둔 현실적 대안이어야 한다.
출처: 미국의 제35대 대통령 존 F. 케네디의 실용주의적 정치 철학.

1960년대, 미국은 냉전, 인권 문제, 경제 불평등 등 여러 도전에 직면해 있었다. 존 F(피츠제럴드) 케네디는 대통령으로 취임하면서 정책이 단순히 이상적인 논리에 머물지 않고, 국민의 실제 필요와 고통에서 출발해야 한다고 강조했다. 케네디는 이 철학을 바탕으로 사회와 경제, 외교 정책을 설계했다.

"정책은 계획이 아니라, 국민의 삶을 위해 행동으로 시작되어야 한다."

그는 인종차별 철폐를 위한 시민권법, 경제 발전을 위한 세제 개혁, 그리고 빈곤 해소 프로그램을 추진하며 국민의 삶을 개선하고자 했다. 또한, 우주 개발 계획(아폴로 프로젝트)을 통해 국민에게 꿈과 미래를 제시하며 현실의 도전과 이상적 목표를 동시에 실현하려 했다. 그의 정책은 단순히 정치적 이상이 아니라, 현실적 필요와 국민의 목소리를 반영한 실질적 대응이었다.

윈스턴 처칠 "국민의 삶의 길로 평가"

의미: 정책의 성공은 목표나 계획의 완벽함이 아닌 국민 삶의 실질적 개선으로 평가된다.
출처: 제2차 세계대전 당시 영국의 총리였던 윈스턴 처칠의 실용주의적 리더십.

제2차 세계대전의 어두운 시기에 윈스턴 처칠은 영국을 이끌며 국민들에게 단순한 희망의 약속이 아닌, 실제적인 변화를 가져다줄 정책을 실행했다. 그는 목표가 아무리 위대해도 그것이 국민의 삶을 개선하지 못하면 그 정책은 실패한 것이라고 믿었다. 그의 리더십은 전시 경제와 복지 시스템을 조율하는 데 초점이 맞춰져 있었다.

"정책의 성공은 그 목표가 아니라, 국민의 삶에서 평가된다."

처칠은 자원의 공정한 분배를 통해 전쟁으로 인한 고통을 최소화하려 노력했고, 국민이 실제로 체감할 수 있는 지원 정책을 마련했다. 전쟁이 끝난 후에도 그는 재건 정책을 통해 국민의 삶을 안정시키고 평화로운 사회를 구축하려는 노력을 이어갔다. 이 과정에서 처칠은 정책의 최종 목표는 국민의 안녕과 삶의 질을 향상시키는 것임을 강조했다.

넬슨 만델라 "완벽함보다 공정을 우선"

의미: 정책은 그 과정과 결과가 공정성을 유지해야 한다.
출처: 남아프리카공화국의 민주화를 이끈 넬슨 만델라의 통합과 평등에 대한 정치 철학.

넬슨 만델라는 아파르트헤이트(인종차별 정책)로 분열된 남아프리카공화국에서 국민의 통합과 화해를 이끌어내며 정책이 갖춰야 할 핵심 가치를 설파했다. 그는 사회의 모든 문제를 한 번에 해결하는 완벽한 정책을 만들기는 어렵지만, 그것이 공정성과 평등을 기반으로 해야만 국민의 신뢰를 얻을 수 있다고 강조했다.

"정책은 완벽할 필요는 없다. 다만 공정해야 한다."

대통령 재임 중, 만델라는 과거의 억압적인 법을 폐지하고, 새로운 헌법을 통해 모든 인종이 평등한 권리를 누릴 수 있는 기틀을 마련했다. 특히, 진실과 화해위원회를 통해 과거의 잘못을 직면하면서도 복수보다는 화해와 공정을 추구했다. 그는 정책이 모든 사람에게 이상적인 결과를 제공하지는 못하더라도, 누구에게나 공정한 원칙에 따라 적용될 때 지속 가능성을 얻을 수 있다고 보았다.

아마르티아 센 "인간 중심의 경제학"

의미: 정책은 경제적 이익의 목표보다는 사람들의 삶과 복지를 우선으로 해야 한다.
출처: 노벨 경제학상 수상자 아마르티아 센의 저서 〈자유로서의 발전〉.

1999년, 아마르티아 센은 저서 〈자유로서의 발전〉을 통해 경제 발전의 새로운 방향을 제시했다. 그는 경제가 단순히 부를 쌓는 도구가 아니라, 인간이 자유롭고 존엄한 삶을 살도록 돕는 수단이 되어야 한다고 강조했다.

"정책의 중심은 경제가 아니라 인간이어야 한다. 경제 성장 그 자체가 목적이 아니라, 사람들이 더 나은 삶을 살도록 만드는 과정이어야 한다."

센은 빈곤을 단순히 돈이 부족한 상태로 보지 않았다. 그는 빈곤을 인간이 자신의 가능성을 실현할 수 있는 능력을 박탈당한 상태로 정의하며, 정책의 초점이 사람들의 삶의 질을 향상시키는 데 맞춰져야 한다고 강조했다. 그의 이론은 세계은행, UNDP 등 국제기구의 정책에 깊은 영향을 주었고, '인간 개발 지수(HDI)'와 같은 새로운 척도를 개발하는 데 기여했다.

토머스 제퍼슨 "미래를 위한 결정"

의미: 정책은 그 영향이 다음 세대와 미래 사회의 운명까지 좌우한다.
출처: 미국 독립선언서 작성자인 토머스 제퍼슨의 정치 철학과 공화주의 사상.

18세기 말, 미국의 독립과 새로운 공화국의 기반을 마련하는 과정에서 토머스 제퍼슨은 정책의 장기적 영향을 깊이 고민했다. 그는 헌법 제정과 국가 시스템 구축에 있어, 정책이 단순히 한 시대를 넘어 미래 세대까지 영향을 미칠 수 있다는 점을 설파했다.

"나쁜 정책은 한 세대를 망치고, 좋은 정책은 미래를 바꾼다."

제퍼슨은 국가 부채, 교육, 농업 정책 등을 설계할 때, 단기적인 이익보다 장기적인 지속 가능성을 중시했다. 특히 그는 교육을 강화하고 농민 중심의 경제를 발전시켜 민주주의를 지탱할 시민 사회를 만들고자 했다. 그는 정책이 다음 세대의 자유와 번영을 보장하는 기초가 되어야 한다고 믿었다. 당시 논란이 되었던 루이지애나 매입(Louisiana Purchase)도 제퍼슨의 철학을 반영한 결정이었다. 이는 당장의 재정 부담을 늘릴 수 있었지만, 국가의 영토를 확장하고 미래 세대에게 더 큰 기회를 제공할 것이라는 신념에서 이루어진 선택이었다.

존 C. 맥스웰 "최적의 길을 보여주는 지도"

의미: 진정한 리더는 명령하는 자가 아닌, 올바른 길을 알고 앞장서 이끄는 안내자다.
출처: 리더십 전문가 존 C. 맥스웰의 저서와 강연에서 유래한 리더십 철학.

존 C. 맥스웰은 현대 리더십 이론의 대가로, 리더의 역할은 단순히 권력을 행사하거나 목표를 설정하는 데 그치지 않고, 스스로 행동으로 모범을 보이며 팀과 공동체를 이끄는 것이라고 강조했다.

"리더란 길을 알고, 그 길을 가며, 다른 사람들에게 그 길을 보여주는 사람이다."

맥스웰은 〈리더십: 불편의 법칙〉과 〈리더는 무엇에 집중하는가〉 등의 저서를 통해 리더십의 핵심은 신뢰와 일관성에 있으며, 단순히 길을 가르치는 사람이 아니라, 그 길을 먼저 걷는 사람이어야 한다고 역설했다. 이것은 리더가 비전과 방향성을 가지고 팀을 이끌어가는 동시에, 스스로 모범을 보이며 다른 사람들에게 영감을 주는 역할을 해야 한다는 중요한 교훈을 전달한다.

셰릴 샌드버그 "책임의 본질"

의미: 리더십은 권력이 아닌 책임에서 시작된다.
출처: 페이스북 COO(최고 운영 책임자) 셰릴 샌드버그의 책임 중심 리더십 철학.

2012년 미국 타임지 세계에서 가장 영향력 있는 100인에 선정된 셰릴 샌드버그는 그녀의 베스트셀러 〈린인(Lean In)〉을 통해 여성 리더십과 책임의 중요성을 역설했다. 그녀는 리더십이 단순히 권력을 얻고 명령을 내리는 것이 아니라, 조직과 사람들의 미래를 책임지고 지원하는 데 있음을 강조했다.

"리더는 권력을 얻는 사람이 아니라, 책임을 지는 사람이다. 리더십은 다른 사람들에게 영향력을 주어 그들이 스스로 최고가 될 수 있도록 돕는 것이다."

그녀는 리더십을 지위나 특권으로 보는 전통적 관점에서 벗어나, 리더가 조직과 팀의 성공을 위해 희생하고 헌신하는 사람이라고 정의했으며, 페이스북 COO로 재직하면서, 셰릴은 회사의 위기 관리와 글로벌 성장 과정에서 책임을 다하는 리더십을 실천했다.

마하트마 간디 "비전으로 이끄는 리더"

의미: 훌륭한 리더는 비전과 모범을 통해 영감을 주고 자발적으로 따르게 한다.
출처: 인도의 독립운동 지도자 마하트마 간디의 비폭력 저항과 리더십 철학.

마하트마 간디는 인도의 독립을 이끄는 과정에서 자신만의 독특한 리더십 방식을 보여주었다. 그는 폭력적 투쟁이나 강압적 명령을 거부하고, 비폭력과 진리라는 명확한 비전을 통해 국민을 단결시켰다.

"훌륭한 리더는 명령하지 않는다. 대신 비전을 제시하고 사람들을 이끌어간다."

간디는 단순히 정치적 지도자가 아니라, 국민들의 삶 속에서 실천으로 리더십을 보여준 인물이었다. 그는 검소한 삶과 자급자족의 가치를 몸소 실천하며, 영국의 식민 지배에 맞서 비폭력적 방식으로 저항의 길을 제시했다. 그의 비전은 단순히 독립이라는 목표에 그치지 않고, 모든 인류가 평등하고 조화롭게 살아가는 세계였다. 간디의 철학은 사람들이 스스로 행동하게 만드는 힘이 진정한 리더십이라는 것을 보여준다.

에이브러햄 링컨 "약자를 돕는 리더의 겸함"

의미: 훌륭한 리더는 권력을 과시하지 않고 약자를 보호하는 데서 진정한 가치를 보여준다.
출처: 미국의 제16대 대통령 에이브러햄 링컨의 공정성과 정의 중시의 리더십 철학.

에이브러햄 링컨은 남북전쟁과 노예제 폐지라는 역사적 과제를 해결하며, 리더십의 본질을 몸소 보여주었다. 그는 대통령으로서 강력한 권력을 가지고 있었지만, 이를 약자를 억누르거나 자신의 힘을 과시하는 데 사용하지 않았다. 대신, 그는 노예와 같은 사회적 약자를 보호하고, 그들에게 자유와 권리를 돌려주기 위해 싸웠다.

"훌륭한 리더는 자신이 얼마나 강한지 보여주는 것이 아니라, 자신이 얼마나 약자를 돕는지 보여준다."

그의 철학은 리더십이란 단순히 강력함의 과시가 아니라, 그 강함을 약자를 위해 사용하는 데 있다고 말한다. 링컨은 노예 해방 선언을 통해 모든 인간이 평등하며 자유를 누릴 권리가 있다는 신념을 정책으로 실현했다. 그는 전쟁이라는 혼란 속에서도 약자들을 위한 정의로운 사회를 만드는 데 자신의 리더십을 집중했다.

마가렛 대처 "목표를 위한 헌신"

의미: 진정한 지도자는 개인의 명예가 아닌 공동체의 목표 실현과 성장을 위해 헌신한다.
출처: 영국의 여성 총리 마가렛 대처의 실용적이고 목표 지향적인 리더십 철학.

1979년, 마가렛 대처는 영국의 경제 위기를 극복하기 위해 강력한 개혁 정책을 단행하며 흔들리는 국가를 안정시키고 재건하는 데 힘썼다. 그녀는 정책의 성과와 국가의 미래를 자신의 우선순위로 두었으며, 자신이 어떤 비판이나 주목을 받는지는 크게 개의치 않았다.

"지도자는 자신이 드러나는 데 연연하지 않고, 목적을 실현하는 더 헌신한다."

대처는 논란을 피하지 않는 지도자였다. 그녀의 신자유주의 경제 개혁과 민영화 정책은 국민들 사이에서 극명하게 평가가 엇갈렸지만, 그녀는 국가의 장기적 번영이라는 목적을 실현하기 위해 흔들리지 않았다. 그녀는 결과와 실질적인 성과를 통해 자신의 리더십을 입증했다.

노자 "무위의 완성"

의미: 진정한 리더십은 사람들이 독립적으로 행동할 때 완성된다.
자출처: 고대 중국 철학자 노자의 도덕경에서 유래한 리더십 철학.

기원전 6세기, 노자는 그의 저서 〈도덕경〉에서 '무위자연(無爲自然)'을 바탕으로 한 리더십 철학을 설파했다. 그는 리더가 억지로 지배하거나 간섭하지 않고, 사람들의 잠재력을 이끌어내며, 그들 스스로 문제를 해결할 수 있도록 돕는 것이 가장 이상적인 리더십이라고 강조했다.

"리더십은 사람들이 더 이상 당신이 필요 없다고 느낄 때 완성된다."

그는 진정한 리더는 자신의 존재를 드러내지 않으면서도 조직이나 공동체가 자연스럽게 조화롭게 작동하게 만드는 사람이라고 했다. 이는 강압적 리더십과는 대조적으로, 타인의 자율성을 존중하며 신뢰를 바탕으로 한 리더십을 지향한다.

존 F. 케네디 "문제를 예방하는 능력"

의미: 좋은 리더는 문제 해결에 능하고, 위대한 리더는 문제를 미리 예측하여 예방하는 통찰력이 있다.
출처: 미국의 제35대 대통령 존 F. 케네디의 미래 지향적 리더십 철학.

존 F. 케네디는 냉전 시기의 복잡한 국제 정세와 국내 문제 속에서, 위기를 해결하는 것뿐만 아니라 이를 미리 대비하는 리더십의 중요성을 강조했다. 그는 핵전쟁의 위험을 줄이기 위해 미국과 소련(지금의 러시아)의 외교적 대화를 이끌어냈고, 우주 개발 프로젝트를 통해 미래를 대비하는 국가적 비전을 제시했다.

"좋은 리더는 문제를 해결하지만, 위대한 리더는 문제를 예방한다."

케네디는 쿠바 미사일 위기에서 전쟁으로 이어질 수 있었던 문제를 예방하기 위해 외교와 타협의 길을 선택했다. 이는 단순히 위기를 해결하는 것이 아니라, 더 큰 갈등과 피해를 방지하는 리더십의 대표적인 사례로 평가받는다. 또한 그는 교육, 과학, 기술 분야에 대한 투자를 통해 장기적인 사회 문제를 예방하려는 노력을 기울였다. 이것은 리더십의 핵심은 단기적인 문제 해결에 머물지 않고, 장기적인 안목으로 미래의 위험을 예측하고 준비하는 데 있음을 강조한다.

존 퀀시 애덤스 "더 큰 꿈을 이끄는 능력"

의미: 리더십의 자신의 잠재력을 최대한 발휘할 수 있도록 동기를 부여하는 것.
출처: 미국의 제6대 대통령 존 퀀시 애덤스의 리더십 철학.

존 퀀시 애덤스는 외교관과 대통령으로 활동하며, 미국이 단순히 생존하는 국가에서 벗어나 더 큰 꿈을 품는 강력한 나라가 되도록 이끌었다. 그는 리더의 역할은 국민과 동료들이 더 큰 비전을 가지게 하고, 그 목표를 이루기 위해 노력하도록 영감을 주는 것이라고 믿었다.

"리더십의 목적은 사람들이 더 큰 꿈을 꾸도록 만드는 것이다."

애덤스는 재임 중에 과감한 인프라 프로젝트를 추진하고, 교육과 과학의 중요성을 강조하며, 국민들이 더 큰 비전을 품도록 독려했다. 그는 리더의 성공은 자신의 업적에 달린 것이 아니라, 자신이 이끄는 사람들의 성장과 성공에 달려 있다고 보았다.

윈스턴 처칠 "혼돈에서 질서 만들기"

의미: 지도자는 혼란 속에서도 명확한 방향을 제시하여 구성원들에게 안정과 희망을 주어야 한다.
출처: 제2차 세계대전 당시 강력한 리더십을 발휘한 윈스턴 처칠의 철학.

1940년, 나치 독일의 위협 아래 유럽은 혼돈에 빠졌고, 영국은 침공의 위기와 내부적인 두려움에 직면해 있었다. 이때 윈스턴 처칠은 총리로 취임하며, 영국 국민에게 강한 메시지를 전달했다. 그는 혼란 속에서도 국민들에게 질서와 희망을 심어주는 지도자로서의 임무를 자각하고, 이를 행동으로 보여주었다.

"지도자의 가장 중요한 임무는 혼돈 속에서도 질서를 만들어내는 것이다."

처칠은 전쟁의 혼란 속에서도 국가의 방향을 명확히 설정하고, 국민을 단결시키는 데 집중했다. 그는 강력한 연설과 실질적인 전략으로 영국인들에게 자신감을 불어넣으며, '우리는 결코 굴복하지 않을 것'이라는 신념을 심어주었다. 그는 질서를 통해 혼란을 제압했고, 전쟁의 승리로 그 리더십을 입증했다.

넬슨 만델라 "필요한 순간에 나서는 해결사"

의미: 지도자는 뒤에 있다가 정말 중요한 순간에 나서야 하는 존재.
출처: 남아프리카공화국의 민주화 운동을 이끈 넬슨 만델라의 리더십 철학.

1994년, 넬슨 만델라는 남아프리카공화국에서 아파르트헤이트(인종차별 정책)와 싸우며, 국민을 단결시키고 자유와 평등을 이끌어내기 위해 평생을 헌신했다. 그는 지도자의 역할이 단순히 앞에서 지휘하는 것이 아니라, 사람들에게 자율성을 주고, 그들의 잠재력을 발휘하도록 돕는 것임을 보여주었다.

"지도자는 뒤에 서서 사람들을 지켜보며, 가장 필요한 순간에 나서는 사람이다."

만델라는 대통령으로서도 권력을 독점하지 않고, 협력을 통해 국가를 운영했다. 그는 국민들이 스스로 문제를 해결하고 성장할 수 있도록 신뢰와 기회를 제공했다. 그러나 중요한 순간, 갈등이 심화되거나 화해가 필요할 때는 직접 나서서 방향을 제시하며 결단력을 보여주었다.

앤드류 카네기 "동기 부여하기"

의미: 리더는 동기를 부여하고 그들이 스스로 열정을 가지고 행동하도록 이끄는 역할을 해야 한다.
출처: 미국의 철강 왕이자 자선가인 앤드류 카네기의 리더십 철학.

앤드류 카네기는 철강 산업의 거대한 제국을 일구는 동안 수많은 사람들을 이끌었다. 그는 단순히 지시하고 결과를 요구하는 리더십 방식을 거부하고, 직원들이 스스로 동기를 가지고 창의적으로 일할 수 있도록 지원했다. 카네기는 직원들의 노력과 공로를 인정하며, 그들에게 성취감을 심어주는 리더십을 실천했다.

"리더는 지시를 내리는 사람이 아니라, 사람들에게 동기를 부여하는 사람이다."

그는 성과를 공유하고 팀원들에게 신뢰와 책임을 부여함으로써 조직의 성장과 개인의 성취를 동시에 이루었다. 또한, 그의 자선 활동은 리더로서 단순히 물질적 성공에 머물지 않고, 사람들에게 영감을 주고 더 나은 세상을 위해 기여하는 길을 보여주었다.

버락 오바마 "진정성에서 나오는 리더십"

의미: 리더십은 완벽한 모습이 아니라, 진솔함과 진정성을 통해 신뢰와 존경을 얻는 데서 비롯된다.
출처: 미국의 제44대 대통령 버락 오바마의 인간적이고 소통 중심의 리더십 철학.

버락 오바마는 미국의 첫 흑인 대통령으로서 엄청난 기대와 비판 속에서 리더십을 발휘해야 했다. 그는 자신의 한계와 실수를 인정하며, 국민과 진솔하게 소통하는 것을 통해 신뢰를 구축했다. 오바마는 리더로서 완벽할 수 없음을 인정하고, 대신 진정성을 바탕으로 국민의 마음을 얻는 데 집중했다.

"리더십은 완벽함이 아니라, 진정성에서 나온다."

오바마는 그의 연설과 행동을 통해 공감을 이끌어내며, 국민들에게 더 나은 미래를 꿈꾸게 했다. 그는 정책적으로 어려운 결정들을 내려야 하는 순간에도, 그 이유를 국민들에게 솔직히 설명하며 투명한 리더십을 보여주었다.

엘리너 루스벨트 "성취로 평가받는 리더"

의미: 진정한 지도자는 자신이 이끈 사람들의 성장과 성취로 평가받아야 한다.
출처: 미국의 퍼스트레이디이자 인권 운동가였던 엘리너 루스벨트의 리더십과 봉사 철학.

엘리너 루스벨트는 단순히 대통령의 배우자로 머무르지 않고, 자신의 리더십을 통해 인권과 평등을 위한 운동을 이끌었다. 그녀는 리더십의 성공은 리더 개인의 명성과 성과가 아니라, 그가 이끄는 사람들과 공동체가 어떤 성취를 이루었는지에 달려 있다고 믿었다.

"지도자는 자신의 성과로 평가받는 것이 아니라, 자신이 이끈 사람들의 성취로 평가받는다."

엘리너는 유엔 인권 선언의 초안을 작성하는 과정에서, 다양한 국가의 대표들이 자신들의 의견을 제시하고 최상의 결과를 도출할 수 있도록 격려하고 조정하는 역할을 했다. 그녀의 리더십은 단순히 자신이 빛나는 데 초점이 맞춰져 있지 않았고, 주변 사람들의 성취를 통해 자신의 역할을 입증했다.

시어도어 루스벨트 "함께 걸어가기"

의미: 리더는 지시하는 사람이 아닌, 선두로 팀과 함께 목표를 향해 나아가는 존재.
출처: 미국의 제26대 대통령 시어도어 루스벨트의 행동 중심 리더십.

시어도어 루스벨트는 정치와 군사, 환경 보호 등 여러 분야에서 리더로서 모범을 보이며, 말뿐인 리더십이 아니라 행동으로 이끄는 리더십을 강조했다. 그는 지도자의 역할은 단순히 지시하거나 명령하는 것이 아니라, 팀과 함께 목표를 위해 행동하고 도전에 맞서는 것이라고 주장했다.

"리더는 길을 안내하는 사람이자, 그 길을 함께 걸어가는 사람이다."

그의 리더십은 미국 역사상 최초로 대규모 자연보호구역과 국립공원을 설립한 데서 잘 드러난다. 그는 환경 보호의 필요성을 설파할 뿐만 아니라, 실제로 보존 정책을 추진하고 이에 대한 국민의 공감을 이끌어냈다. 또한, '러프 라이더스(Rough Riders)'로 알려진 전쟁 중 자발적으로 전선에 나선 사례는 자신이 말한 이상을 직접 실천하는 리더십의 상징적 장면이었다.

존 스튜어트 밀 "평화를 위한 공정한 분배"

의미: 부의 공정한 분배를 통해 사회적 불평등을 해소하고 안정과 평화를 이룰 수 있다.
출처: 영국의 철학자이자 경제학자인 존 스튜어트 밀의 공리주의와 사회 정의 철학.

19세기 산업혁명 시대, 영국은 급격한 경제 성장 속에서 빈부격차와 노동 착취가 심해되었다. 존 스튜어트 밀은 이러한 사회적 불평등이 결국 사회의 분열과 갈등을 초래한다고 경고하며, 부의 공정한 분배가 필수적이라고 주장했다. 밀은 경제학에서 단순한 부의 축적이 아닌, 그 부가 어떻게 분배되는지가 사회의 질과 정의를 결정한다고 보았다.

"부의 공정한 분배는 사회의 평화를 지키는 가장 중요한 원칙이다."

그는 세금 정책과 복지 제도를 통해 부를 공정하게 나눌 것을 제안했으며, 노동자의 권리를 보호하고 경제적 불평등을 해소하기 위한 방안을 강조했다. 그의 철학은 단순히 경제적 논리에 그치지 않았으며, 공정한 분배를 통해 사회적 신뢰와 연대를 형성하고, 사회 구성원 모두가 평화롭게 공존할 수 있는 환경을 조성해야 한다고 역설했다.

존 메이너드 케인스 "정의로운 분배와 경제"

의미: 경제의 역할은 부를 공정하게 나누어 사회 전체의 복지를 증진하는 데 있다.
출처: 현대 경제학의 아버지로 불리는 존 메이너드 케인스의 분배와 경제 철학.

1929년 대공황은 전 세계적으로 경제적 불평등과 혼란을 야기했다. 존 메이너드 케인스는 이러한 위기 속에서, 경제는 단순히 시장의 효율성을 추구하는 것을 넘어, 불평등을 해소하고 사회적 안정을 유지하기 위한 도구로 활용되어야 한다고 주장했다. 케인스는 공공 투자와 정부 개입을 통해 일자리와 소득을 창출하고, 부가 특정 계층에 집중되지 않도록 조정하는 정책을 제안했다.

"경제의 목표는 부를 창출하는 것뿐만 아니라, 그것을 정의롭게 분배하는 데 있다."

그의 경제 이론은 단순히 생산과 소비를 확대하는 것이 아니라, 이를 통해 사회적 정의를 실현하는 데 초점을 맞췄다. 그의 철학은 20세기 복지 국가 모델에 큰 영향을 미쳤으며, 경제적 성장이 공정한 분배와 결합될 때만이 사회적 안정과 지속 가능성을 확보할 수 있음을 보여주었다.

조지프 스티글리츠 "불평등을 먹는 분배의 필요성"

의미: 분배 없는 경제 성장은 부의 편중을 낳고 결국 성장마저 저해하는 결과를 가져온다.
출처: 노벨 경제학상을 수상한 경제학자 조지프 스티글리츠의 경제 불평등과 분배에 관한 연구.

미국의 경제학자 조지프 스티글리츠는 현대 경제학에서 불평등 문제를 해결하지 않는 성장은 지속 가능하지 않다고 경고했다. 그는 시장의 효율성만 강조하며 분배를 외면하면, 부가 소수에 집중되어 다수의 소비 여력을 감소시키고 경제 성장의 엔진을 약화시킨다고 강조했다.

"분배 없는 성장은 불평등을 키우고, 불평등은 결국 성장을 멈추게 한다."

스티글리츠는 미국과 같은 선진국에서조차 경제 성과의 대부분이 '상위 1%'에게 집중되는 현실을 지적하며, 불평등이 경제적 기회와 사회적 연대를 약화시킨다고 분석했다. 그는 부유층에 대한 세금 강화, 공공 서비스 확대, 그리고 노동자 권리 강화와 같은 정책을 통해 분배를 개선해야 한다고 역설했다.

토머스 피케티 "경제적 안정을 위한 분배"

의미: 부의 공정한 분배는 도덕적 문제가 아닌 경제적 안정과 지속 성장의 필수 조건이다.
출처: 프랑스 경제학자 토머스 피케티의 저서 〈21세기 자본〉.

토머스 피케티는 〈21세기 자본〉에서 부의 집중과 불평등이 현대 경제에서 가장 큰 위협이라고 주장했다. 그는 역사적 데이터를 바탕으로, 부와 소득이 상위 계층에 과도하게 집중될수록 경제적 안정이 흔들리고, 사회적 갈등이 심화된다는 점을 강조했다.

"부의 분배는 단지 윤리적인 문제가 아니라, 경제적 안정의 기초다."

피케티는 자본주의 체제가 제대로 작동하려면, 부의 분배가 공정하게 이루어져야 한다고 설명한다. 그는 소수의 부유층이 자본을 독점할 경우, 다수의 소비 능력이 줄어들고, 이는 결국 투자와 경제 성장의 둔화로 이어진다고 경고했다. 이를 해결하기 위해 그는 부유세와 글로벌 자산 과세와 같은 정책을 제안하며, 분배의 중요성을 역설했다.

프랭클린 D. 루스벨트 "희망과 책임의 공정한 분배"

의미: 공정한 분배는 약자에게 희망을 주고 강자에게 사회적 책임을 일깨우는 핵심적 가치다.
출처: 미국의 제32대 대통령 프랭클린 D. 루스벨트의 뉴딜 정책과 사회 정의 철학.

1930년대 대공황은 미국 사회의 빈부 격차와 경제적 불안정을 극단적으로 드러냈다. 루스벨트는 뉴딜 정책을 통해 약자들에게 기회를 제공하고, 부유층과 대기업에게는 사회적 책임을 요구하며 경제적 균형을 되찾고자 했다. 그는 불평등한 경제 구조를 해결하기 위해 강자에게는 더 큰 책임을, 약자에게는 기회를 제공하는 정책을 추진했다.

"공정한 분배는 약자에게 희망을 주고, 강자에게 책임을 지운다."

그는 사회보장제도(Social Security Act)를 도입해 노인과 실업자, 장애인을 보호했으며, 대기업과 부유층에 대한 세금을 높여 그들이 경제 회복에 기여하도록 했다. 루스벨트는 약자들에게는 기회를, 강자들에게는 책임을 부여함으로써 공정한 분배가 경제 회복과 사회적 안정을 이루는 핵심이라고 믿었다.

존 롤스 "개인과 공동체 모두의 균형 잡힌 분배"

의미: 사회적 분배는 개인의 권리와 자유를 보장하면서도, 공동체 전체의 복지를 증진하는 균형을 유지해야 한다.
출처: 현대 정치철학자 존 롤스의 저서 〈정의론〉.

존 롤스는 정의롭고 공정한 사회를 위해 분배가 어떻게 이루어져야 하는지를 철학적으로 탐구했다. 그는 '정의의 두 원칙'을 통해, 개인의 자유를 극대화하면서도 사회적 약자를 배려하는 분배 시스템을 설계해야 한다고 주장했다.

"사회적 분배는 개인의 이익과 공동체의 이익 사이의 균형을 찾아야 한다."

롤스는 '차등의 원칙'을 통해, 분배가 불평등을 허용하더라도 그것이 사회의 가장 약한 구성원에게 이익이 되는 방식으로 이루어져야 한다고 설명했다. 그는 이 원칙이 개인의 권리를 존중하면서도 공동체의 협력을 강화할 수 있는 핵심이라고 보았다.

앤드류 카네기 "책임 있는 시스템을 통한 분배"

의미: 부는 자발적으로 공정하게 분배되지 않으며, 이를 실현하기 위해서는 책임감 있는 사회적 시스템이 필요.
출처: 철강왕이자 자선가였던 앤드류 카네기의 저서 〈부의 복음〉.

19세기 후반, 산업혁명으로 막대한 부를 축적한 앤드류 카네기는 부유층이 가진 책임에 대해 깊이 고민했다. 그는 단순히 부를 소유하는 것을 넘어, 그 부를 사회적 가치로 환원하는 것이 부유층의 도덕적 의무라고 보았다.

"부는 스스로 분배되지 않는다. 그것은 책임감 있는 시스템이 필요하다."

카네기는 자신의 철학을 실천에 옮기며, 교육과 도서관, 과학 연구소 등 공공의 이익을 위한 기부를 아끼지 않았다. 그는 부유층과 정부가 협력하여 부의 분배를 공정하게 관리하는 시스템을 마련해야 한다고 강조했다. 그의 철학은 부유층의 자발적 기여와 체계적인 시스템이 결합될 때, 사회적 불평등이 완화되고 공동체가 번영할 수 있음을 보여준다.

버락 오바마 "불공정한 분배는 사회 분열 조장"

의미: 부와 자원의 불공정한 분배는 공동체를 분열시키는 원인이 된다.
출처: 미국의 제44대 대통령 버락 오바마의 경제적 불평등에 대한 연설과 정책 철학.

2008년 금융 위기 이후, 버락 오바마는 미국 내 경제적 불평등과 부의 집중이 심화되는 상황에 직면했다. 그는 중산층과 노동 계층이 점점 더 어려운 환경에 놓이는 반면, 소수의 부유층은 막대한 부를 축적하는 현실을 비판하며 공정한 분배의 필요성을 강조했다.

"불공정한 분배는 결국 사회를 분열시킨다."

오바마는 세금 개혁, 의료 보험 확대(오바마케어), 교육 기회 확대 등으로 불평등을 줄이고, 사회적 연대와 신뢰를 회복하기 위한 정책을 추진했다. 그는 경제적 불평등이 단지 개인의 문제가 아니라, 사회 전체의 안정과 지속 가능성을 위협하는 문제라고 경고했다.

알렉시스 드 토크빌 "민주주의의 분열의 원인"

의미: 공정한 분배가 없으면 불평등이 심화되어 결국 민주주의의 근간이 무너지게 된다.
출처: 프랑스 정치 사상가 알렉시스 드 토크빌의 저서 〈미국의 민주주의〉.

알렉시스 드 토크빌은 19세기 초, 미국을 방문하며 민주주의가 사회적 평등과 공정한 분배에 의해 유지될 수 있다고 분석했다. 그는 부의 집중과 분배의 실패가 사회적 갈등을 초래하고, 민주주의의 핵심 원칙인 평등과 연대를 약화시킨다고 경고했다.

"분배의 실패는 결국 민주주의의 실패로 이어진다."

토크빌은 공정한 분배가 이루어지지 않는 사회에서는 소수의 부유층이 과도한 권력을 장악하게 되고, 대다수의 국민이 정치적 무력감과 불신을 느끼게 된다고 강조했다. 이러한 상황은 민주주의의 토대를 흔들고, 사회를 독재나 과두정치로 퇴보시킬 위험을 안고 있다고 보았다.

그의 철학은 단지 경제적 논리를 넘어, 정치적 자유와 사회적 평등을 위한 경고이기도 했다. 분배의 공정성이야말로 민주주의를 지탱하는 핵심 요소라는 점을 강조하며, 그것이 실패할 경우 민주주의가 얼마나 취약해질 수 있는지를 보여준다.

윈스턴 처칠 "자본주의의 불완전한 장점"

의미: 자본주의는 불평등이란 한계가 있으나, 다른 체제들은 더 큰 불평등을 낳았다.
출처: 영국 총리 윈스턴 처칠의 자본주의와 민주주의에 대한 현실주의적 관점.

1940년대, 윈스턴 처칠은 영국 총리로서 2차 세계대전을 승리로 이끈 지도자로 널리 알려져 있다. 하지만 그는 전쟁 후 경제와 사회의 재건 과정에서도 깊은 통찰을 보여주었다. 그는 자본주의가 불평등을 수반한다고 인정하면서도, 역사적으로 다른 경제 체제들이 훨씬 더 큰 불평등과 고통을 가져왔음을 강조했다.

"자본주의는 불평등을 수반하지만, 역사적으로 다른 체제들은 더 큰 불평등과 고통을 가져온다."

그는 자본주의가 완벽하지 않지만, 인간의 자유와 창의성을 발휘할 수 있는 가장 효과적인 시스템이라고 보았다. 처칠은 시장 경제의 효율성을 옹호하면서도, 사회적 안전망을 강화해 최악의 불평등을 완화해야 한다고 주장했다. 특히 전후 복지 국가를 설계하는 과정에서 처칠은 국가의 책임과 개인의 자유 사이의 균형을 강조했다.

밀턴 프리드먼 "가장 효과적인 체제"

의미: 자본주의는 완벽하진 않으나 자유와 경제적 효율성 측면에서 가장 성공적인 체제.
출처: 노벨 경제학상을 수상한 경제학자 밀턴 프리드먼의 자유시장 경제 철학에서 유래.

밀턴 프리드먼은 20세기 중반 자유시장 자본주의를 옹호하며, 정부의 지나친 개입과 규제가 경제의 효율성을 저해한다고 주장했다. 그는 그의 저서 〈자본주의와 자유〉에서 자본주의가 불평등이나 탐욕과 같은 문제를 안고 있지만, 다른 경제 체제들이 보여준 결과와 비교했을 때, 개인의 자유와 경제적 번영을 가장 잘 보장한다고 보았다.

"자본주의는 최선의 경제 시스템이 아니지만, 지금까지 우리가 가진 것 중 가장 효과적이다."

프리드먼은 자본주의가 인간의 본능적인 선택과 욕망을 반영하며, 이를 통해 경제적 효율성과 혁신을 촉진한다고 설명했다. 그는 정부의 역할을 최소화하고 시장이 스스로 작동하도록 해야 경제 성장이 가능하다고 믿었다. 그러나 그는 동시에 자본주의가 윤리적 규제와 공정한 경쟁을 필요로 한다는 점도 인정했다.

프리드리히 하이에크 "노력과 창의성을 보상하는 체제"

의미: 자본주의는 단순한 탐욕의 체제가 아닌 개인의 노력과 창의성이 보상받는 시스템이다.
출처: 오스트리아 경제학자 프리드리히 하이에크의 자유시장 경제와 저서 〈자유헌정론〉.

19~20세기, 프리드리히 하이에크는 중앙집권적 경제 체제를 비판하며, 개인의 자유와 창의성을 최대로 발휘할 수 있는 자본주의의 장점을 강조했다. 그는 자본주의가 인간의 욕망을 악용하거나 탐욕을 조장한다는 비판을 반박하며, 자본주의는 오히려 창의성과 노력의 가치를 인정하고 이를 보상하는 체제라고 주장했다.

"자본주의는 탐욕이 아니라, 노력과 창의성을 보상하는 체제다."

하이에크는 시장이 인간의 다양한 선택과 자율성을 반영하며, 이는 결과적으로 더 혁신적이고 효율적인 경제 시스템을 만들어낸다고 설명했다. 그는 탐욕이 아닌 개인의 성취와 발전이 자본주의를 작동하게 하는 핵심 요소라고 보았다.

조지프 스티글리츠 "상위 1%로 몰리는 불평등"

의미: 자본주의는 제대로 운영되지 않으면 부가 소수층에 집중되어 불평등이 깊어진다.
출처: 노벨 경제학상을 수상한 조지프 스티글리츠의 저서 〈불평등의 대가〉.

조지프 스티글리츠는 자본주의 체제의 문제점으로 부와 소득이 '상위 1%'에 지나치게 집중되는 현상을 지적했다. 그는 이러한 불평등이 단지 사회적 문제가 아니라, 경제 성장 자체를 저해하고 민주주의를 위협한다고 경고했다.

"자본주의는 모든 이익을 상위 1%에게 몰아주는 체제가 되어가고 있다."

스티글리츠는 2008년 금융 위기 이후, 부유층과 대기업이 경제적 이익을 독점하는 동안, 중산층과 노동 계층은 경제적 어려움에 시달리고 있다고 분석했다. 그는 정부가 불평등 문제를 해결하기 위해 강력한 분배 정책과 공정한 세금 제도를 도입해야 한다고 주장했다.

그의 연구는 자본주의가 규제 없이 방치되면 소수의 이익만을 보호하게 된다는 점을 강조하며, 부의 공정한 분배와 사회적 안전망 구축이 자본주의를 지속 가능하게 만드는 열쇠임을 보여준다.

토마 피케티 "불평등 심화의 현인"

의미: 자본주의는 자유와 기회를 주지만, 관리되지 않으면 불평등이 심화되는 체제.
출처: 프랑스 경제학자 토마 피케티의 저서 〈21세기 자본〉.

토마 피케티는 역사적 데이터를 분석하여, 자본주의가 발전할수록 자본의 수익률이 경제 성장률을 초과하는 경향이 있다고 주장했다. 이는 부가 소수의 자본 소유자에게 집중되고, 불평등이 심화되는 구조적 문제를 낳는다. 피케티는 이러한 불평등을 해결하기 위해 진보적인 세금 정책과 글로벌 부유세와 같은 제도적 개혁이 필요하다고 강조했다.

"자본주의는 자유를 약속하지만 제대로 관리되지 않으면 불평등을 심화시킨다."

그는 자본주의가 단순히 방치될 경우, 부의 집중이 사회적 불만과 경제적 침체를 초래할 수 있다고 경고하며, 민주주의의 지속 가능성에도 영향을 미친다고 지적했다. 그의 분석은 자본주의가 경제적 자유를 보장하는 동시에, 규제와 관리가 없다면 사회적 불평등과 불안정을 초래할 수 있다는 점을 분명히 한다.

프랭클린 D. 루스벨트 "인간 중심의 자본주의"

의미: 자본주의는 인간 삶의 풍요를 위한 것이지 사람이 자본을 위해 희생되는 도구가 아니다.
출처: 미국의 제32대 대통령 프랭클린 D. 루스벨트가 뉴딜 정책에 관한 연설.

1929년 대공황은 경제적 불평등과 자본주의의 한계를 극명하게 드러냈다. 이 위기 속에서 대통령이 된 루스벨트는 자본주의의 목적이 인간의 존엄과 복지를 보장하는 데 있어야 한다고 주장했다.

"자본주의는 사람을 위해 존재해야지, 사람이 자본을 위해 존재해서는 안 된다."

루스벨트는 뉴딜 정책을 통해 사회보장제도(Social Security Act), 최저임금 도입, 실업보험 등 노동자와 사회적 약자를 보호하기 위한 시스템을 구축했다. 그는 자본주의가 시장의 이익을 위해서만 작동하면 불평등과 고통을 초래할 수 있다고 보았고, 이를 조정하기 위해 정부의 역할을 확대했다. 그의 철학은 자본주의가 단지 경제적 효율성을 추구하는 체제가 아니라, 인간의 삶을 중심으로 재구성되어야 한다는 점을 분명히 했다.

알렉시스 드 토크빌 "도덕적 기반을 잃는 자본주의"

의미: 자본주의가 이윤 추구만을 중시하면 결국 사회적 신뢰와 도덕성을 잃고 지속 불가능하게 된다.
출처: 프랑스 정치사상가 알렉시스 드 토크빌의 저서 〈미국의 민주주의〉.

19세기 초, 알렉시스 드 토크빌은 미국 사회를 관찰하며 자본주의와 민주주의의 잠재적 위험과 장점을 분석했다. 그는 자본주의가 개인의 자유와 경제적 번영을 촉진하지만, 동시에 이윤 추구에만 몰두할 경우 사회의 도덕적 기반과 연대를 약화시킬 수 있다고 경고했다.

"자본주의는 이익만을 추구할 때 도덕적 기반을 상실한다."

토크빌은 자본주의가 지속 가능하기 위해서는 개인의 자유뿐만 아니라, 공동체의 이익과 윤리적 책임을 함께 고려해야 한다고 강조했다. 그는 경제적 성공이 민주주의의 가치를 훼손하거나, 부의 집중으로 인해 사회적 불평등을 심화시키지 않도록 견제 장치가 필요하다고 보았다.

헨리 데이비드 소로 "윤리 없는 자본주의의 결말"

의미: 자본주의는 윤리적 기준과 통제가 없으면 무분별한 자원 소모로 인간과 자연을 파괴한다.
출처: 미국의 철학자이자 자연주의자 헨리 데이비드 소로의 저서 〈월든〉.

헨리 데이비드 소로는 19세기, 산업화와 자본주의의 확산 속에서 자연 파괴와 인간 소외를 비판하며, 자본주의가 인간과 자연의 조화로운 공존을 무시하고 있다고 경고했다. 그는 인간의 탐욕이 자본주의를 통해 극대화되면서, 자원을 무분별하게 소비하고 결국 사회와 환경에 심각한 영향을 미칠 것이라고 보았다.

"자본주의는 윤리적 통제가 없다면, 결국 모든 것을 소비해 버릴 것이다."

소로는 자본주의가 지속 가능하려면 물질적 성공뿐 아니라, 자연과 인간의 관계를 존중하는 윤리적 기준이 필요하다고 주장했다. 그는 자신의 삶에서도 이러한 철학을 실천하며, 간소한 생활과 자급자족을 통해 자연과 조화를 이루는 삶을 모범적으로 보여주었다.

버트런드 러셀 "경쟁과 인간성의 균형"

의미: 자본주의는 과도한 경쟁으로 인해 인간의 근본 가치를 잃고 비인간화를 초래할 수 있다.
출처: 영국 철학자이자 사회 비평가인 버트런드 러셀의 저서 〈게으름에 대한 찬양〉.

버트런드 러셀은 자본주의의 장점인 경쟁이 인간의 창의성과 생산성을 끌어내는 데 효과적임을 인정했다. 그러나 그는 경쟁이 과도하게 강조되면, 사람들을 물질적 성공에만 몰두하게 만들고 인간성을 희생시킬 수 있다고 비판했다.

"자본주의는 경쟁을 통해 경제적 번영을 하지만, 지나치면 인간성을 잃는다."

러셀은 자본주의 사회에서 경쟁이 삶의 본질적인 요소를 압도하며, 사람들을 단순히 경제적 성과의 도구로 전락시키는 상황을 경고했다. 그는 경제적 성공보다 인간의 행복과 공동체의 조화로운 발전이 더 중요한 가치라고 주장하며, 이러한 균형을 되찾기 위해 자본주의의 윤리적 통제가 필요하다고 보았다.

칼 마르크스 "능력과 필요에 따른 이상 사회"

의미: 공산주의는 능력에 따라 일하고 필요에 따라 분배받는 평등한 사회를 추구하는 체제.
출처: 칼 마르크스의 〈고타 강령 비판〉에서 제시된 공산주의 사회의 이상적 원칙.

19세기, 자본주의의 불평등과 노동 착취를 목격한 칼 마르크스는 이를 극복하기 위한 대안으로 공산주의 사회를 제안했다. 그는 자본주의 체제에서 노동자가 자신의 노동 가치를 온전히 누리지 못한다고 비판하며, 공산주의 사회는 자본주의와 달리 필요와 능력을 기준으로 자원을 분배하는 시스템이라고 강조했다.

"공산주의는 모든 사람이 필요에 따라 얻고, 능력에 따라 일하는 사회를 꿈꾼다."

마르크스는 공산주의 사회를 자본주의 발전의 최종적 단계로 보았다. 그는 이 사회가 계급 갈등이 해소되고, 각 개인이 경제적 제약 없이 자신의 잠재력을 발휘할 수 있는 환경을 제공한다고 설명했다. 이 원칙은 인간의 존엄성과 평등을 강조하며, 분배의 정의와 노동의 가치를 재해석한 것이다. 그러나 이 이상은 현실에서 구현되는 과정에서 많은 논란과 실패를 겪었다. 그럼에도 불구하고 마르크스의 철학은 자본주의의 문제를 극복하려는 대안적 사상으로 여전히 많은 논의와 영감을 불러일으키고 있다.

프리드리히 엥겔스 "평등과 연대의 사회"

의미: 공산주의는 평등한 권리와 연대를 통해 공동체의 이익을 최우선으로 추구하는 체제다.
출처: 프리드리히 엥겔스의 저작 〈공산당 선언〉, 〈국가의 기원〉.

프리드리히 엥겔스는 칼 마르크스와 함께 공산주의의 이론적 기초를 세우며, 자본주의의 불평등과 착취 구조를 비판했다. 그는 공산주의가 계급 간의 갈등을 제거하고, 인간이 평등하고 연대하는 사회를 만드는 데 초점이 있다고 보았다.

"공산주의는 인간의 평등과 연대를 기반으로 한 사회를 만들고자 한다."

엥겔스는 자본주의 체제에서는 노동자가 자신의 노동력을 착취당하고, 부의 불평등이 확대되며, 이로 인해 사회적 연대가 약화된다고 주장했다. 그는 공산주의 사회가 이러한 문제를 해결하고, 인간의 존엄성과 공동체의 조화를 회복할 것이라고 설명했다. 그는 또한 공산주의가 단순히 경제적 평등을 넘어서, 모든 사람이 자신의 잠재력을 발휘할 수 있는 환경을 제공하며, 개인과 사회의 조화를 추구하는 체제라고 보았다.

블라디미르 레닌 "빈곤 없는 사회의 꿈"

의미: 공산주의는 부자의 존재를 부정하는 것이 아닌 모두의 기본적 삶의 질을 보장하는 사상이다.
출처: 러시아 혁명 지도자 블라디미르 레닌의 연설과 저서 〈국가와 혁명〉.

1917년 러시아 혁명 당시, 블라디미르 레닌은 부의 불평등과 사회적 불공정을 비판하며 공산주의 체제를 옹호했다. 그는 자본주의가 소수의 부유층에게 부를 집중시키고 다수의 노동자를 빈곤으로 몰아넣는다고 강조했다.

"공산주의의 목표는 부유층이 없는 것이 아니라, 빈곤층이 없는 것이다."

레닌은 공산주의가 모든 사람이 최소한의 필요를 충족할 수 있도록 자원을 공평하게 분배하고, 빈곤과 착취를 근본적으로 해소하려는 체제라고 설명했다. 그는 이를 위해 토지와 자원의 국유화, 노동자의 권리 강화, 그리고 소득 재분배 정책을 적극 추진했다. 그의 철학은 부의 집중을 비판하면서도, 단순히 부유층을 억압하는 데 그치지 않고, 빈곤을 근본적으로 해결하고자 하는 공산주의의 긍정적 목표를 강조한다.

호찌민 "공동체를 위한 체제"

의미: 공산주의는 공동체 전체의 이익과 조화를 우선적으로 고려하는 체제.
출처: 베트남 혁명 지도자 호찌민의 연설과 그의 사상.

1945년, 호찌민은 베트남 민주공화국의 초대 주석으로 취임하며, 독립과 공산주의 혁명을 동시에 이끌었다. 그는 베트남 독립을 위한 투쟁 속에서 공산주의를 채택하며, 공동체의 단결과 협력을 강조했다. 그는 식민 지배로 인한 착취와 불평등을 극복하기 위해 개인의 이익보다 공동체의 이익을 앞세우는 것이 필요하다고 보았다.

"공산주의는 개인의 자유보다 공동체의 이익을 우선시한다."

호찌민은 개인의 자유가 공동체의 협력과 조화를 방해할 수 있다고 보고, 사회적 평등과 집단적 번영을 이루기 위해서는 개인의 희생도 정당화될 수 있으며, 이를 통해 독립과 사회주의 체제를 구축하는 데 집중했다. 그의 철학은 베트남 사회주의 체제의 기초가 되었지만, 동시에 개인의 자유와 권리가 억압될 위험성도 함께 내포했다.

조지 오웰 "현실의 공산주의와 억압"

의미: 공산주의는 평등과 정의가 목표만, 현실은 독재와 억압의 체제로 변질되기 쉽다.
출처: 영국 작가 조지 오웰의 소설 〈동물농장〉, 〈1984〉.

조지 오웰은 20세기 초, 소련의 공산주의 체제가 이상과는 달리 독재와 억압으로 변질되는 모습을 목격했다. 그는 특히 스탈린주의 체제에서 나타난 권력의 집중과 대중의 자유 억압을 비판하며, 공산주의가 현실에서 어떻게 왜곡될 수 있는지를 경고했다.

"공산주의는 평등을 약속하지만, 현실에서는 독재와 억압으로 이어지기 쉽다."

오웰은 소설 〈동물농장〉과 〈1984〉에서, 모든 동물이 평등하다는 이상 아래 혁명이 시작되었지만, 결국 일부 동물이 다른 동물들보다 더 평등하다는 부조리한 결과로 이어지는 이야기를 통해 공산주의 체제의 실패를 풍자했다. 그는 공산주의가 본질적으로 악한 체제라고 보지는 않았으나, 권력 남용과 인간의 탐욕이 이상을 파괴할 가능성을 지적했다.

윈스턴 처칠 "평등하지만 가난한 체제"

의미: 공산주의는 경제적 풍요보다 가난을 평등하게 나누는 결과를 초래한다.
출처: 윈스턴 처칠의 공산주의와 자본주의에 대한 비판적 연설.

윈스턴 처칠은 냉전이 시작되면서 공산주의와 자본주의 간의 체제 대립 속에서 공산주의 체제를 강하게 비판했다. 그는 공산주의가 평등과 정의를 약속하지만, 실제로는 생산성을 저해하고 부의 창출을 억제하여 궁극적으로 모두가 가난해지는 상황을 만든다고 주장했다.

"공산주의는 부를 평등하게 나누려 하지만, 결과적으로 가난만을 평등하게 나눈다."

처칠은 공산주의 체제 아래에서 개인의 창의성과 동기가 사라지고, 경제가 정체되며, 국민들이 고통받는 사례를 소련과 동유럽 국가들에서 목격했다. 그는 자본주의의 불완전성을 인정하면서도, 공산주의가 경제적 풍요를 창출할 능력이 없다는 점을 강조했다.

존 F. 케네디 "이상과 본성의 간극"

의미: 공산주의는 인간의 이기심과 경쟁심이라는 본질적 특성을 간과해 실패할 수밖에 없다.
출처: 미국의 제35대 대통령 존 F. 케네디의 연설과 공산주의에 대한 정치적 발언.

존 F. 케네디는 냉전 시기 미국의 대통령으로서 자본주의와 공산주의의 대립을 직접 경험했다. 그는 공산주의가 가진 평등과 연대의 이상을 인정했지만, 인간 본성에 대한 이해 부족이 체제의 실패를 초래한다고 분석했다. 케네디는 인간은 본질적으로 경쟁을 통해 발전하고, 자신과 가족의 이익을 우선시하는 경향이 있다고 보았다.

"공산주의는 이상은 훌륭하지만, 인간의 본성을 간과한 체제다."

그는 공산주의 체제가 이러한 특성을 무시한 채 집단의 이익만을 강조함으로써, 개인의 창의성과 동기를 억압한다고 비판했으며, 공산주의가 평등을 목표로 하지만, 결과적으로는 독재와 비효율로 이어질 위험성에 대한 경고와 인간 본성을 존중하는 자본주의 체제가 더 현실적이고 지속 가능하다고 역설했다.

알렉산더 솔제니친 "자유와 억압의 역설"

의미: 공산주의는 자유와 평등을 약속하지만 결국 체제가 개인의 자유를 억압하는 결과를 낳는다.
출처: 노벨 문학상 수상 작가이자 알렉산더 솔제니친의 저서 〈수용소군도〉.

러시아 소설가 알렉산더 솔제니친은 공산주의 체제 하에서의 억압과 부조리를 직접 경험하며, 소련의 강제 수용소에서 체제 비판의 글을 작성했다. 그는 공산주의가 평등과 자유를 목표로 시작되었지만, 체제가 유지되는 과정에서 필연적으로 권력이 집중되고 개인의 자유가 억압된다고 주장했다.

"공산주의는 자유의 이름 아래 시작되지만, 자유를 제한하는 결과를 낳는다."

솔제니친은 공산주의 체제에서 정치적 반대자를 억압하고, 표현의 자유와 개인의 권리를 철저히 제한하는 현실을 폭로했다. 그는 소련(현재의 러시아)이 체제의 이상을 내세워 전체주의적 통제를 정당화하는 과정을 목격하며, 이러한 모순을 강력히 비판했다.

프리드리히 하이에크 "기회 제한의 체제"

의미: 공산주의는 개인의 창의성과 경제적 성취를 막아 사회 전체의 발전 가능성을 제한한다.
출처: 오스트리아 경제학자 프리드리히 하이에크의 저서 〈노예의 길〉.

19~20세기, 프리드리히 하이에크는 공산주의와 같은 중앙집권적 경제 체제가 평등을 강제하려다 보니, 개인의 자유와 창의성이 억압되고, 경제적 성장의 동력을 약화시킨다고 주장했다. 그는 시장경제의 자율성이야말로 번영과 기회를 촉진하는 열쇠라고 보았다.

"공산주의는 빈곤의 불평등을 해소하지만, 번영의 기회를 제한한다."

그는 공산주의 체제에서 모든 사람이 비슷한 수준의 삶을 누릴 수 있는 평등은 이루어질 수 있지만, 경제적 다양성과 성장이 제한되기 때문에 개인의 성취욕과 동기를 저하시킨다고 비판했다. 그는 번영과 발전의 기회를 창출하는 데 필요한 경쟁과 시장의 자율성을 공산주의가 무시하며, 공산주의의 평등과 자본주의의 번영 사이의 갈등과 자유 시장이 가진 창의적 에너지와 기회의 중요성을 강조한다.

밀턴 프리드먼 "억제된 창의성과 동기"

의미: 공산주의는 개인의 창의성과 경제적 성취를 위한 동기를 저하시킨다.
출처: 노벨 경제학상을 수상한 밀턴 프리드먼의 저서 〈자본주의와 자유〉.

20세기 초, 미국의 경제학자이자 작가 밀턴 프리드먼은 경제적 자유와 개인의 선택권을 강조하며, 공산주의 체제가 가진 근본적인 문제를 비판했다. 그는 공산주의가 공정한 분배를 위해 개인의 자유를 억압하고, 경제 활동에서 필수적인 경쟁과 동기를 제거한다고 지적했다.

"공산주의는 공정한 분배를 목표로 하지만, 창의성과 동기를 억제한다."

그는 자유 시장 체제에서 개인은 자신의 노력과 창의성을 통해 부를 창출할 수 있다고 믿었다. 반면, 공산주의는 평등을 강제하는 과정에서 개인의 성취 욕구를 약화시키고, 경제적 성장이 정체되는 결과를 낳는다고 주장했다. 또한, 경제 체제가 개인의 자유를 존중하고, 경쟁을 통해 혁신을 촉진해야만 지속 가능한 발전을 이룰 수 있다고 보았다.

토마스 소웰 "실패한 유토피아의 꿈"

의미: 공산주의의 유토피아는 현실적으로는 실행 과정에서 실패할 가능성이 크다.
출처: 미국 경제학자 토마스 소웰의 저서 〈기본 경제학〉과 그의 강연.

토마스 소웰은 공산주의가 이상적으로는 매력적일 수 있지만, 현실에서는 인간 본성과 경제적 동기의 복잡성을 간과하여 실패로 끝날 가능성이 크다고 주장했다. 그는 공산주의 체제가 생산성과 동기를 저하시켜 경제를 정체시키고, 권력의 집중으로 인해 독재와 억압으로 변질되기 쉽다고 지적했다.

"공산주의는 유토피아를 꿈꾸지만, 현실에서는 실패하는 경향이 있다."

소웰은 공산주의 체제가 평등을 구현하려 하지만, 실제로는 자원의 비효율적 사용과 빈곤을 초래하며, 궁극적으로 그 이상을 실현하지 못한다고 분석했다. 그는 공산주의가 현실적인 인간 행동과 경제의 복잡한 메커니즘을 충분히 반영하지 못한다고 비판했다.

레프 트로츠키 "노동자의 억압으로 끝내는 체제"

의미: 공산주의는 권력의 집중과 억압으로 노동자들을 희생시키는 체제로 변질된다.
출처: 러시아 혁명 지도자 레프 트로츠키의 저서 〈배신당한 혁명〉.

19~20세기, 레프 트로츠키는 러시아 혁명 초기 공산주의의 이상적 목표를 옹호했지만, 소련 체제가 스탈린주의로 변질되는 과정을 목격하며 그 본질적 모순을 비판했다. 그는 공산주의가 노동자 해방을 외쳤으나, 실제로는 노동자 계급을 통제하고 억압하는 체제로 전락했다고 지적했다.

"공산주의는 노동자를 위해 시작되지만, 결국 그들을 억압하는 체계가 된다."

트로츠키는 혁명 초기에는 노동자와 농민의 해방을 목표로 했지만, 권력이 소수의 당 관료들에게 집중되면서 노동자들이 새로운 억압 체제에 종속되었다고 비판했다. 그는 이를 극복하기 위해 민주적 통제를 강화하고, 공산주의의 이상을 되살려야 한다고 주장했다.

헨리 키신저 "현실과 괴리된 공산주의"

의미: 공산주의는 평등과 정의를 지향하는 것으로 보일 수 있지만, 현실에서 성공적으로 작동하지 못한다.
출처: 미국 전 국무장관 헨리 키신저의 외교적 경험과 공산주의 체제에 대한 분석.

미국과 소련(현재의 러시아)의 냉전 시기, 헨리 키신저는 미국의 외교정책을 주도하며 소련과 중국 같은 공산주의 국가들과의 대립과 협상을 경험했다. 그는 공산주의가 이론적으로는 매력적일 수 있지만, 현실적으로는 경제적 비효율성과 정치적 억압을 초래한다고 주장했다.

"공산주의는 이상적인 이론일지 모르지만, 현실에서는 작동하지 않는다."

키신저는 공산주의 체제가 개인의 창의성과 동기를 억압하며, 자원 배분에서의 비효율성과 권력 집중으로 인해 실패할 수밖에 없다고 보았다. 그는 또한 공산주의 국가들이 혁명을 통해 권력을 잡은 이후, 그 이상을 유지하기보다 독재와 억압으로 치닫는 경향이 있다고 지적했다.

레프 트로츠키 "혁명에서 권력 투쟁으로"

의미: 공산주의의 현실은 권력의 집중과 투쟁으로 변질된다.
출처: 러시아 혁명가 레프 트로츠키의 저서 〈배신당한 혁명〉과 그의 정치적 활동.

레프 트로츠키는 러시아 혁명을 주도하며 공산주의가 계급 해방을 목표로 했던 원래의 이상에서 점점 멀어지는 과정을 직접 목격했다. 그는 특히 스탈린 체제에서 혁명의 이상이 권력 투쟁으로 변질되고, 독재와 억압이 정당화되는 현실을 강하게 비판했다.

"공산주의는 혁명으로 시작되지만, 결국 권력 투쟁으로 끝난다."

트로츠키는 러시아 혁명 후 소련 공산당이 초기의 민주적 이상을 상실하고, 권력 집단 간의 투쟁과 부패가 만연한 체제로 변했다고 분석했다. 그는 공산주의 체제가 권력을 소수에게 집중시키는 경향이 있으며, 이는 결국 혁명의 가치를 훼손하고 독재로 귀결된다고 주장했다. 그는 스탈린주의를 '혁명의 배신'으로 규정하며, 혁명을 지탱하려면 권력의 민주적 통제와 투명성이 필수적이라고 강조했다.

리하르트 니콜라이 "혁명과 불평등의 역설"

의미: 공산주의 혁명은 사회적 불평등 해소지만, 현실에서는 혁명의 결과로 더 심각한 불평등이 발생할 수 있다.
출처: 독일 철학자 리하르트 니콜라이의 공산주의 혁명과 구조의 비판적 사상.

리하르트 니콜라이는 20세기 초, 공산주의 혁명을 분석하며 권력 구조의 변화가 단순히 불평등을 해소하는 것이 아니라, 새로운 권력층과 특권 계층을 형성한다고 비판했다. 그는 공산주의 체제가 이론적으로는 평등을 약속하지만, 현실에서는 권력과 자원의 집중으로 인해 또 다른 형태의 불평등이 발생한다고 주장했다.

"공산주의 혁명은 불평등을 없애려 하지만, 자주 더 큰 불평등을 초래한다."

니콜라이는 소련과 같은 공산주의 국가들이 혁명 이후 권력의 집중으로 인해 계층 간 불평등이 오히려 심화된 사례를 지적했다. 그는 혁명의 과정에서 새로운 권력 엘리트가 탄생하며, 일반 대중은 이전과 같은 억압과 빈곤 속에 놓이게 되는 역설을 경고했다.

윈스턴 처칠 "민주주의의 역설"

의미: 민주주의는 불완전하지 만, 지금까지는 최선의 체제이다.
출처: 영국 총리 윈스턴 처칠이 1947년 하원 연설에서 남긴 발언.

제2차 세계대전 이후, 윈스턴 처칠은 전쟁의 혼란 속에서 민주주의 체제를 유지하고 재건하려는 노력을 이끌었다. 그는 독재와 전체주의가 가져온 파괴와 억압을 목격하며, 민주주의가 가진 문제에도 불구하고 인간의 자유를 지키기 위한 유일한 대안이라고 믿었다.

"민주주의는 최악의 정치 체제다. 다만 지금까지 시도된 다른 모든 체제를 제외하면 말이다."

처칠은 이 발언을 통해 민주주의가 때로는 비효율적이고 혼란스러울 수 있지만, 독재, 군주제, 공산주의 같은 대안적 체제들에 비하면 훨씬 더 나은 결과를 가져온다고 강조했다. 그는 민주주의의 강점은 바로 시민들이 정부를 선택하고, 그들의 목소리를 반영할 기회를 가진다는 점에 있다고 보았다.

프랭클린 D. 루스벨트 "책임감으로 유지되는 체계"

의미: 민주주의는 시민들이 책임감 있게 행동하고 참여할 때만 지속될 수 있다.
출처: 미국의 제32대 대통령 프랭클린 D. 루스벨트의 민주주의에 대한 철학.

프랭클린 D. 루스벨트는 대공황과 제2차 세계대전이라는 역사적 위기를 맞아 국민의 단결과 참여를 통해 문제를 해결하려 했다. 그는 민주주의가 정치 지도자들만의 책임이 아니라, 시민 한 사람 한 사람의 책임감과 행동을 통해 유지된다고 강조했다.

"민주주의는 시민들이 책임감을 가지고 행동할 때만 유지될 수 있다."

루스벨트는 뉴딜 정책을 통해 경제 회복과 사회적 안전망을 구축하는 과정에서, 국민들에게 적극적인 참여와 협력을 요청했다. 그는 국민들이 자신의 권리를 주장하는 동시에, 공동체의 이익을 위해 책임감을 갖고 행동해야만 민주주의가 제대로 작동한다고 믿었다.

제임스 매디슨 "소수의 권리 보호"

의미: 민주주의는 다수결을 넘어 소수의 권리와 목소리를 보호할 때 진정한 가치를 지닌다.
출처: 미국 헌법의 아버지로 불리는 제임스 매디슨의 저서 〈연방주의자 논집〉.

18~19세기, 제임스 매디슨은 미국 헌법을 설계하며 민주주의가 다수의 지배만을 강조할 경우 소수의 권리가 침해될 위험이 있다는 점을 인식했다. 그는 다수결의 원칙이 민주주의의 핵심이지만, 소수의 권리를 보호하는 헌법적 장치가 없다면 민주주의는 결국 불공정한 체제로 전락할 수 있다고 주장했다.

"민주주의는 다수의 지배가 아니라, 소수의 권리를 보호하는 체제다."

매디슨은 권력의 분립과 견제와 균형 시스템을 통해 다수의 폭정을 방지하고, 소수의 목소리와 권리를 보장하는 체제를 설계했다. 그는 소수의 권리를 보호하는 것이 민주주의를 안정적으로 유지하고, 모든 시민에게 공정한 환경을 제공하는 데 필수적이라고 믿었다.

알렉시스 드 토크빌 "국민의 수준이 만든 민주주의"

의미: 민주주의는 국민의 의식과 수준이 현실 정치에 그대로 반영한다.
출처: 프랑스 정치사상가 알렉시스 드 토크빌의 저서 〈미국의 민주주의〉.

알렉시스 드 토크빌은 19세기 초, 미국을 방문하며 민주주의 체제가 국민의 참여와 책임에 의해 얼마나 큰 영향을 받는지 관찰했다. 그는 민주주의가 단순히 제도의 문제가 아니라, 국민의 의식 수준과 참여도에 따라 성공 여부가 결정된다고 보았다.

"민주주의는 국민의 수준을 반영한다. 결국 우리는 우리가 선택한 정치인을 가지게 된다."

토크빌은 민주주의가 권력을 국민에게 돌려주지만, 그 권력을 어떻게 사용하는지는 국민 개개인의 의식에 달려 있다고 강조했다. 그는 정치 지도자들의 질은 국민의 가치관, 참여 수준, 그리고 책임 의식의 직접적인 결과라고 분석했다. 이것은 곧 민주주의에서 시민들의 역할과 책임의 중요성을 강조한다.

존 애덤스 "무관심이 만든 민주주의의 위협"

의미: 민주주의에서 가장 큰 위협은 국민이 정치에 무관심에 있다.
출처: 미국의 초대 부통령이자·제2대 대통령인 존 애덤스의 정치적 철학.

존 애덤스는 미국 독립과 헌법 제정 과정에서 민주주의의 본질이 국민의 참여와 책임감에 있다는 점을 강조했다. 그는 독립 전쟁을 통해 얻은 자유와 민주주의가 국민들의 정치적 무관심과 방관으로 인해 약화될 수 있음을 경고했다.

"민주주의의 가장 큰 위험은 무관심이다."

애덤스는 국민이 정치에 무관심해지면, 권력이 소수의 손에 집중되고 독재와 부패로 이어질 수 있다고 보았다. 그는 민주주의가 제대로 작동하려면 시민들이 끊임없이 정치적 권리를 행사하고, 공공의 이익을 위해 행동해야 한다고 주장했다.

김대중 "국민과 함께하는 참다운 정치"

의미: 민주주의는 국민의 참여와 공감이 기반이 되어야 하며 이것이 없으면 진정성을 잃는다.
출처: 대한민국 제15대 대통령 김대중의 저서와 그의 민주주의 철학과 연설.

1998년, 대한민국의 경제와 사회가 IMF 외환위기로 혼란에 빠져 있을 때, 김대중은 대통령으로 취임하며 국민과의 소통과 협력을 통해 위기를 극복하겠다고 선언했다. 그는 민주주의가 단순히 제도와 절차에 머무르지 않고, 국민과 함께 이루어지는 실천적 과정임을 강조했다. 또한 그는 국민과의 소통과 참여를 민주주의의 핵심 요소로 간주하며, 국민의 의견을 반영하는 정치가 진정한 민주주의임을 역설했다.

"국민과 함께하지 않는 민주주의는 참다운 민주주의가 아니다."

그의 철학은 민주주의가 단순한 제도적 체제가 아니라 국민의 참여와 소통을 통해 진정으로 완성된다는 교훈과 정치 엘리트 중심의 통치를 비판하며, 모든 국민이 정치적 과정에 참여할 수 있는 환경을 조성해야 한다는 신념으로 이어졌다. 특히 그는 대통령 재임 시절 '국민의 정부'를 표방하며 국민 중심의 정책을 펼쳤다.

유진 V. 데브스 "모두에게 평등한 기회 제공"

의미: 사회주의는 부자를 억압하려는 것이 아닌 모두에게 평등한 기회를 보장하는 체제.
출처: 평등과 노동자 권리를 강조한 유진 V. 데브스의 연설과 저서.

유진 V. 데브스는 20세기 초 미국에서 노동운동을 이끌며, 자본주의 체제의 불평등과 노동자 착취를 비판했다. 그는 사회주의가 부유층의 부를 빼앗기 위한 체제가 아니라, 모든 사람이 자신의 잠재력을 실현할 수 있는 공정한 기회를 제공하는 데 중점을 둔다고 설명했다.

"사회주의는 부유층의 특권을 없애는 것이 아니라, 모든 사람에게 기회를 제공하는 것이다."

데브스는 평생 동안 노동자의 권익을 보호하고, 모든 시민이 교육, 의료, 일자리에서 평등한 기회를 얻을 수 있는 사회를 만들기 위해 노력했다. 그는 자본주의가 소수의 부유층에게만 특권을 제공한다고 비판하며, 사회주의는 이러한 불평등을 해소하고 인간다운 삶을 보장하는 체제라고 주장했다.

알버트 아인슈타인 "협력으로 성취하는 체제"

의미: 사회주의는 개인이 할 수 없는 것을 협력을 통해 성취하는 체제.
출처: 알버트 아인슈타인의 에세이 〈왜 사회주의인가?(Why Socialism?)〉.

알버트 아인슈타인은 단순히 물리학자에 머무르지 않고, 사회적 불평등과 경제적 구조의 문제에 관심을 가졌다. 그는 사회주의가 인간 사회에서 개인의 이익만을 강조하는 자본주의를 넘어, 협력과 연대를 통해 모든 구성원의 복지를 증진할 수 있는 체제라고 보았다.

"사회주의는 사람들이 단독으로는 할 수 없는 것을 협력을 통해 성취하고자 하는 체제이다."

아인슈타인은 개인의 자유를 보장하면서도, 공동체를 위해 협력하는 사회가 지속 가능하다고 주장했다. 그는 자본주의가 불평등을 심화시키고 개인의 가치를 경제적 성공으로만 판단한다고 비판하며, 사회주의가 이러한 문제를 해결할 수 있는 대안이라고 보았다.

버트런드 러셀 "인간의 존엄성을 회복하는 체제"

의미: 사회주의는 평등뿐 아니라 인간의 존엄성을 회복하는 것을 목표로 한다.
출처: 버트런드 러셀의 사회 정의와 평등에 관한 철학.

버트런드 러셀은 20세기 초, 자본주의 체제가 인간성을 훼손하고 빈부격차를 심화시키는 문제를 강하게 비판했다. 그는 사회주의가 단순히 경제적 불평등을 해결하는 것을 넘어, 인간의 기본 권리와 존엄성을 회복하는 데 중점을 둬야 한다고 주장했다.

"사회주의의 목표는 평등만 아니라, 인간의 존엄성을 회복하는 데 있다."

러셀은 빈곤과 착취가 인간의 자유와 존엄을 침해한다고 보았다. 그는 사회주의가 모든 사람에게 교육, 의료, 주거와 같은 기본적 권리를 보장하고, 각 개인이 자신다운 삶을 영위할 수 있도록 돕는 체제라고 설명했다. 또한, 경제적 평등은 존엄성을 실현하기 위한 수단이지 궁극적인 목표가 아니라고 강조했다.

오스카 와일드 "모두를 위한 사회"

의미: 사회주의는 사람들이 자신만이 아니라 모두를 위해 일하는 사회를 지향한다.
출처: 오스카 와일드의 에세이 〈인간의 영혼에 대한 사회주의의 영향〉.

아일랜드 출신의 작가 오스카 와일드는 예술가로서 개인의 창의성과 자유를 중요하게 여겼지만, 사회적 불평등과 자본주의의 모순에 깊은 회의감을 가졌다. 그는 개인의 자유와 공동체의 연대가 조화를 이루는 사회를 상상하며, 사회주의가 이러한 이상을 실현할 수 있는 체제라고 보았다.

"사회주의는 사람들이 단지 자신만을 위해 일하는 것이 아니라, 모두를 위해 일하는 사회를 만드는 것이다."

와일드는 자본주의가 인간을 지나치게 이기적으로 만들고, 부를 가진 소수가 대다수의 삶을 통제하는 체제로 변질되었다고 비판했다. 그는 사회주의가 개인의 고유한 가치를 존중하는 동시에, 사회 전체의 이익을 위한 협력과 나눔을 촉진한다고 설명했다.

프리드리히 하이에크 "평등과 자유의 딜레마"

의미: 사회주의는 평등을 약속하지만, 그 과정에서 개인의 자유를 제한한다.
출처: 오스트리아 태생의 영국 경제학자 프리드리히 하이에크의 저서 〈노예의 길〉.

프리드리히 하이에크는 사회주의가 가진 평등의 이상을 인정하면서도, 그 이상을 실행하기 위해 강력한 정부 개입이 필수적이라고 보았다. 그는 이러한 정부의 역할 확대가 필연적으로 개인의 선택권과 자유를 침해한다고 주장했다.

"사회주의는 평등을 약속하지만, 종종 자유를 제한한다."

그는 정부가 평등을 강제하려다 보면 경제적 자율성과 개인의 권리가 희생될 수 있다고 경고했다. 그는 사회주의 체제가 평등이라는 목표를 앞세워 모든 사람을 동일하게 대우하려 하지만, 결과적으로는 소수의 권력층이 대중을 통제하고 억압하는 결과를 초래할 수 있다고 분석했다.

윈스턴 처칠 "평등 속의 궁핍"

의미: 사회주의는 모두를 평등하게 만들지만, 결국 모두를 가난하게 만든다.
출처: 경제적 평등의 부작용을 비판한 윈스턴 처칠의 연설과 저서.

1945년, 2차 세계대전에서 승리한 윈스턴 처칠은 전후 재건을 위한 경제적, 정치적 방향을 두고 치열한 논쟁을 벌였다. 당시 영국 사회는 전쟁의 상처를 치유하기 위해 사회주의적 정책을 고려했지만, 처칠은 이러한 움직임이 자유와 번영을 위협할 수 있다고 경고했다.

"사회주의는 모두를 평등하게 만들겠다는 목표로, 결국 모두를 가난하게 만든다."

처칠은 사회주의 국가들이 경제 성장을 위한 동기와 경쟁을 억제함으로써, 개인의 창의성과 생산성이 약화된다고 지적했다. 그는 경제적 평등을 강제하려는 과정에서 자원의 비효율적 분배와 권력 남용이 발생하고, 이러한 시스템이 장기적으로 사회 전체를 빈곤으로 몰아넣는다고 주장했다.

밀턴 프리드먼 "이타주의의 역설"

의미: 사회주의는 이타주의를 강요하지만, 현실에서는 탐욕과 게으름을 부추긴다.
출처: 미국의 경제학자 프리드먼의 〈자본주의와 자유〉.

20세기 초, 밀턴 프리드먼은 사회주의가 이타주의에 기반한 이상적인 체제로 보일 수 있지만, 인간 본성과 경제적 동기를 충분히 고려하지 않았다고 지적했다. 그는 강제된 평등과 이타주의가 개인의 책임감을 약화시키고, 오히려 탐욕과 비효율을 초래한다고 주장했다.

"사회주의는 이타주의를 강요하지만, 현실에서는 탐욕과 게으름을 부추긴다."

프리드먼은 사회주의 체제에서 개인이 노력하지 않아도 평등한 결과를 얻을 수 있다는 믿음이 경제적 성과를 약화시키고, 사회 전반에 비효율성을 초래한다고 설명했다. 그는 강제된 이타주의는 개인의 성취 욕구를 억누르고, 결국 체제가 목표로 한 공공선조차 이루지 못한다고 비판했다.

조지 오웰 "자유를 억압하는 평등의 역설"

의미: 사회주의는 평등을 명분으로 개인의 자유를 억압한다.
출처: 영국의 작가 조지 오웰의 〈동물농장〉과 〈1984〉 속 체제의 모순 비판.

조지 오웰은 스페인 내전과 소련 체제를 목격하며 사회주의가 가진 이상적인 목표와 현실에서의 왜곡된 실행 방식을 깊이 분석했다. 그는 사회주의가 평등이라는 이상을 강조하지만, 권력의 집중과 통제라는 현실적 결과를 낳으며, 개인의 자유와 권리를 침해한다고 경고했다.

"사회주의는 평등이라는 명분 아래 개인의 자유를 억압한다."

그의 저서 〈동물농장〉에서는 모든 동물이 평등하다는 슬로건 아래 권력을 장악한 돼지들이 점차 독재적으로 변해가는 과정을 통해, 사회주의 체제가 어떻게 이상을 상실하고 억압적 체제로 변질될 수 있는지를 풍자적으로 보여준다. 오웰은 특히 권력이 공정하게 분배되지 않을 경우, 체계가 국민을 위한 것이 아니라 국민을 통제하는 도구로 전락할 수 있다고 비판했다.

에이브럼 노엄 촘스키 "도전에 직면하는 사회주의 이상"

의미: 사회주의는 이상적이지만, 실행 과정에서 현실적 도전에 부딪힌다.
출처: 미국 언어학자이자 사회비평가 에이브럼 노엄 촘스키의 강연과 저서.

에이브럼 노엄 촘스키는 자본주의가 불평등과 착취를 초래한다고 비판하며, 사회주의의 이상이 인류의 더 나은 미래를 위한 강력한 방향성을 제공한다고 주장했다. 그러나 그는 이상적인 사회주의를 실행하기 위해서는 인간의 본성과 복잡한 사회 구조를 이해하고 극복해야 할 도전이 많다고 강조했다.

"사회주의의 이상은 인간에게 영감을 주지만, 실행 과정에서 도전에 직면한다."

촘스키는 사회주의 체제가 실행되면서 권력의 집중, 경제적 비효율, 그리고 정치적 갈등 같은 문제가 발생할 수 있다고 지적했다. 그는 특히 사회주의의 본질적 목표인 인간 존엄과 평등이 권력 남용과 체제 비효율로 인해 훼손되지 않도록, 지속적인 감시와 개혁이 필요하다고 보았다.

안토니오 그람시 "희망과 위협의 사회주의"

의미: 사회주의는 빈곤층에게 희망을 주지만, 부유층에게는 위협처럼 느껴진다.
출처: 이탈리아 마르크스주의 철학자 안토니오 그람시의 저서 〈옥중수고〉.

안토니오 그람시는 20세기 초, 이탈리아에서 사회주의 운동과 지식인 혁명을 이끌며, 자본주의와 사회적 불평등을 비판했다. 그는 사회주의가 빈곤층에게는 평등과 정의를 이루려는 이상적 체제로 다가오지만, 부유층에게는 기존 권력을 해체하고 특권을 위협하는 구조로 여겨진다고 분석했다.

"사회주의는 가난한 사람에게 희망을 주지만, 부유한 사람에게는 위협처럼 느껴진다."

그람시는 자본주의 사회에서 경제적 불평등이 구조적으로 고착화되어 있다고 주장하며, 이를 해결하려면 지배 계급의 권력과 문화적 헤게모니를 해체해야 한다고 보았다. 그는 이 과정에서 부유층이 사회주의를 자신들의 특권을 위협하는 체제로 인식해 강력히 저항할 수밖에 없다고 지적했다.

애덤 스미스 "무한한 욕망과 한정된 자원의 균형"

의미: 인간의 욕망은 끝이 없지만, 충족할 수 있는 자원은 한정적이라는 경제학의 본질.
출처: 스코틀랜드 경제학자 아담 스미스의 저작 〈국부론〉.

18세기, 애덤 스미스는 인간의 욕망이 무한하며, 이를 충족시키기 위해서는 자원의 효율적 배분이 필수적이라고 보았다. 그는 시장의 보이지 않는 손이 이러한 균형을 자연스럽게 만들어낼 수 있다고 주장했다. 그러나 그는 동시에 탐욕과 독점이 시장의 균형을 무너뜨릴 수 있음을 경고하며, 공공의 이익을 고려한 제도와 정책의 중요성을 강조했다.

"인간의 욕망은 무한하지만, 자원은 한정되어 있다."

스미스는 이러한 통찰을 바탕으로 시장경제가 어떻게 자원을 효율적으로 배분하고, 개인의 이익 추구가 공공의 번영으로 이어질 수 있는지를 탐구했다. 그는 다만, 시장의 자정 능력에 지나치게 의존하는 것의 위험성을 경계하며, 균형 잡힌 경제 체계가 필요하다고 주장했다.

김대중 "대중경제론"

의미: 정의로운 분배를 통해 국민 모두가 잘 사는 사회를 목표로 한다.
출처: 대한민국의 정치인이자 제15대 대통령인 김대중의 저서 〈대중경제론〉.

김대중은 대중경제론을 통해 경제 구조의 문제점을 지적하며, 상층과 하층 간의 경제적 불균형이 심화되고 있다고 주장했다. 그는 국민경제가 일부 상위 계층에 의해 독점되거나 혜택이 집중되면서 하위 계층은 점차 소외되고 있다고 분석했다. 김대중은 이러한 경제적 분열이 사회적 불안과 경제 성장의 저해 요인으로 작용할 수 있다고 경고하며, 대중 중심의 경제 구조 개혁을 제안했다.

"대중경제는 정의로운 분배를 통해 모두가 함께 잘사는 사회를 목표로 한다."

이 말은 대중경제론의 핵심 원칙으로, 경제 성장이 소수 특권층의 독점이 아니라, 대중의 삶의 질을 향상시키는 데 기여해야 한다는 의미로, 김대중은 경제적 불평등을 해소하고 공정한 기회를 제공함으로써, 모든 국민이 경제적 번영의 혜택을 공유할 수 있는 체제를 주장했으며, 극심한 '양극화' 문제를 '국민경제가 이질적인 상하구조로 철저히 분해되어가고 있다'고 비판하고, 이를 해결하기 위한 '이중곡가제도'를 주장했다.

헨리 포드 "돈과 신뢰의 본질"

의미: 돈은 단순한 물질적 자산이 아니라, 사람들 간의 신뢰와 약속을 바탕으로 존재한다.
출처: 미국의 자동차 산업 혁신가 헨리 포드의 경영 철학.

헨리 포드는 돈이 단순히 교환의 매개체가 아니라, 사람들의 신뢰가 기반이 되어 만들어진 사회적 약속이라고 보았다. 그는 생산자와 소비자, 기업과 고객 간의 관계에서 신뢰가 무너지면 돈의 가치는 사라진다고 강조했다. 특히 그는 자신의 자동차 생산 과정에서 효율성과 신뢰를 결합해 대량 생산을 가능하게 하며, 모든 사람들이 적정 가격에 자동차를 구매할 수 있는 기반을 마련했다.

"돈이란, 믿음의 산물이다."

그는 기업이 돈을 벌기 위해서는 신뢰를 구축해야 하며, 이는 품질, 약속 이행, 그리고 사회적 책임을 통해 이루어진다고 주장했다. 그는 돈이 단순히 가치의 저장 수단이 아니라, 사람들의 협력과 경제 활동을 지속 가능하게 하는 윤활유라고 보았다. 돈은 신뢰를 바탕으로 번영과 혁신을 가능하게 하는 핵심 요소라는 그의 통찰은 현재에도 유효하다.

솔론 "진정한 부의 철학"

의미: 만족할 줄 아는 삶이 진정한 부를 가져다준다.
출처: 고대 아테네의 입법자 솔론의 지혜와 철학.

기원전 6세기, 고대 아테네. 솔론은 사회적 불평등을 해결하기 위해 법률 개혁을 추진하며, 인간의 탐욕과 만족에 대한 깊은 통찰을 제시했다. 그는 부와 가난을 물질적인 기준이 아닌, 마음가짐과 태도에서 찾았다.

"만족할 줄 아는 사람은 진정한 부자이고, 탐욕스러운 사람은 진실로 가난한 사람이다."

그는 물질적 부유함이 아닌, 삶에서 만족을 느끼는 태도가 진정한 부의 척도라고 보았다. 탐욕은 끝없는 결핍을 만들며, 진정한 행복에서 멀어지게 한다고 경고했다. 솔론의 개혁은 단순히 법률적 변화에 그치지 않고, 개인과 사회의 가치관을 새롭게 정의했으며, 시민들에게 내적 만족과 균형 잡힌 삶의 중요성을 통해, 아테네 사회를 더 나은 방향으로 이끌었다.

오스카 와일드 "돈과 삶의 가치"

의미: 돈으로 잴 수 있는 가치에 집착하다가, 돈으로 살 수 없는 소중한 것들을 놓친다.
출처: 아일랜드 작가 오스카 와일드의 풍자적이면서도 통찰력이 돋보이는 그의 저서.

오스카 와일드는 돈이 인간의 삶에서 중요한 역할을 하지만, 지나치게 돈에 집착하면 본질적으로 중요한 가치를 잃어버릴 수 있다고 경고했다. 그는 자신의 작품과 대중 연설에서 인간이 돈으로 모든 것을 해결하려는 태도가 오히려 삶의 풍요로움을 훼손한다고 지적했다. 와일드는 돈으로 행복이나 사랑, 시간과 같은 본질적 요소를 살 수 없다는 점을 강조하며, 물질적 가치에 치우친 사회를 풍자했다.

"사람들은 돈으로 너무 많은 것을 계산하고, 그로 인해 잃는 것들을 간과한다."

와일드는 돈으로 무엇을 얻을 수 있는지 계산하는 동안, 인간이 정작 사랑, 우정, 자유와 같은 중요한 가치를 잃고 있다는 아이러니를 표현했다. 그는 돈의 가치를 제대로 이해하려면, 물질적 계산을 넘어 인간다움과 삶의 깊이를 성찰해야 한다고 역설했다. 그의 통찰은 현대 사회에서도 여전히 강렬한 메시지를 전한다.

마크 트웨인 "돈과 인간의 본성"

의미: 돈은 사람을 변화시키지 않지만, 돈이 사람의 본래 성격과 본성을 드러내게 한다.
출처: 미국 작가 마크 트웨인의 사회 비판적 에세이와 강연.

마크 트웨인은 돈이 단순히 물질적 가치가 아니라, 인간의 내면을 시험하는 도구라고 보았다. 그는 돈을 가진 사람의 행동과 선택이 그 사람이 본래 어떤 사람인지를 보여준다고 주장했다. 돈이 권력, 탐욕, 또는 자비와 같은 인간의 본성을 증폭시키는 거울 역할을 한다는 것이다. 트웨인은 자신의 유머와 풍자를 통해, 돈이 인격을 바꾸는 것처럼 보이지만 사실은 그 사람의 진짜 모습을 드러내는 촉매일 뿐이라고 말한다.

"돈은 인격을 만들지 않지만, 있는 그대로의 사람을 드러내게 한다."

트웨인은 사람들이 돈을 어떻게 사용하느냐가 그들의 가치관과 도덕성을 보여주는 지표라고 강조했다. 그는 특히 부유함이 겸손과 자비를 드러낼 수도 있고, 반대로 탐욕과 이기심을 폭로할 수도 있다고 지적했다. 그의 명언은 돈이 인간의 본성과 도덕적 선택을 깊이 관찰하게 만드는 도구임을 상기시킨다.

워렌 버핏 "돈과 가치의 사용법"

의미: 돈은 단순히 소비를 위한 것이 아닌, 자신의 삶에서 진정한 가치를 실현하는 데 사용해야 한다.
출처: 세계적 부호이자 투자자 워렌 버핏의 저서와 강연.

워렌 버핏은 돈을 사용함에 있어 개인의 가치관이 최우선이 되어야 한다고 강조했다. 그는 단순한 사치나 과소비보다는 삶에 진정한 만족과 의미를 가져오는 데 돈을 사용하는 것이 중요하다고 주장했다. 평소 검소한 생활을 실천하며, 자신에게 꼭 필요한 것과 가치 있는 것을 분명히 구분하는 그의 태도는 이 철학을 잘 보여준다.

"돈은 자신에게 가치 있는 것을 사는 데 써야 한다."

버핏은 돈이 삶의 도구일 뿐 궁극적인 목표가 아니라고 보았다. 그는 돈을 통해 자신에게 중요한 관계, 경험, 그리고 미래를 위한 투자를 실현하라고 조언하며, 올바른 소비와 투자가 개인의 삶뿐 아니라 세상에도 긍정적인 영향을 미칠 수 있다고 믿었다. 그의 철학은 물질적 풍요가 아닌, 의미 있는 삶을 지향하는 데 중점을 둔다.

존 러스킨 "부의 가치와 올바른 활용법"

의미: 부의 진정한 가치는 얼마나 소유했는지가 아니라, 어떻게 활용했는지에 달려 있다.
출처: 영국 미술평론가이자 사회사상가 존 러스킨의 저서 〈이 시대의 정치경제학〉.

존 러스킨은 물질적 부의 축적이 개인의 위대함이나 행복을 보장하지 않으며, 부를 어떻게 활용하느냐가 그 가치를 결정한다고 주장했다. 그는 부를 올바르게 사용하는 것은 단순히 개인적 이익을 넘어, 사회적 공익을 위해 사용해야 한다고 강조했다. 러스킨은 부유한 사람들이 자신들의 부를 나눔과 창조적 사용을 통해 인간성과 공동체의 발전에 기여할 책임이 있다고 보았다.

"부의 가치는 소유가 아니라, 올바르게 사용함에 있다."

러스킨은 부가 단순히 계좌에 쌓인 숫자가 아니라, 그것이 삶과 세상에 어떤 긍정적인 영향을 미치는지에 의해 평가되어야 한다고 역설했다. 그는 부가 인간다움을 꽃피우고, 공동체의 번영을 이루는 도구로 활용될 때 비로소 진정한 가치를 지닌다고 보았다. 이 말은 현재에도 나눔과 책임 있는 소비에 대한 깊은 영감을 준다.

조지 버나드 쇼 "돈과 인간의 환상"

의미: 돈은 물질적으로 존재하지만, 그 가치는 인간이 부여한 믿음과 환상에서 비롯된다.
출처: 아일랜드 극작가이자 철학가 조지 버나드 쇼의 사회 비판적 작품과 강연.

조지 버나드 쇼는 돈을 인간이 스스로 만들어낸 가장 강력한 환상으로 보았다. 그는 돈의 힘이 실제로는 사람들이 그 가치를 믿기 때문에 작동한다고 주장했다. 그러나 이 환상이 때로는 인간의 판단을 흐리고, 진정으로 중요한 가치들을 간과하게 만든다고 비판했다. 그는 돈이란 단순히 교환과 권력을 상징할 뿐, 그것이 인생의 진정한 목표나 행복의 원천이 되어서는 안 된다고 역설했다.

"돈은 세상에서 가장 강력한 환상이다."

그는 사람들이 돈을 통해 세상을 움직이려 하지만, 사실 돈이야말로 인간 욕망과 두려움이 만들어낸 허상에 불과하다고 지적했다. 또한, 돈의 실질적 한계와 그것이 가져오는 도덕적, 사회적 혼란을 폭로하며, 돈보다 중요한 인간다움과 진정한 가치를 추구해야 한다고 역설했다.

장 폴 사르트르 "돈과 자유의 역설"

의미: 돈은 인간에게 선택의 자유를 주지만, 그 과정에서 돈에 종속되거나 자유를 잃게 만들 수도 있다.
출처: 프랑스 실존주의 철학자 장 폴 사르트르의 저서와 인터뷰.

장 폴 사르트르는 돈이 인간의 자유를 확장시킬 수 있는 도구라고 보면서도, 동시에 돈이 인간을 억압하는 힘이 될 수 있다고 경고했다. 그는 돈을 통해 우리는 더 많은 선택과 기회를 얻을 수 있지만, 돈에 대한 집착이 커질수록 우리의 행동과 가치가 그것에 지배당할 수 있다고 강조했다. 사르트르는 돈이 가진 이중적인 특성 '해방과 속박'이 인간 존재의 아이러니를 드러낸다고 보았다.

"돈은 자유를 사지만, 동시에 자유를 속박하기도 한다."

사르트르는 돈이 인간의 삶에서 필수적인 수단이지만, 그 자체가 목적이 되면 인간성을 잃게 된다고 역설했다. 그는 돈이 인간의 자유를 넓혀줄 수 있는 도구로 사용되려면, 개인이 돈에 대한 의존에서 벗어나 그것을 적절히 통제할 수 있어야 한다고 강조했다.

앨런 왓츠 "돈은 즐거운 음악과 같다"

의미: 돈은 음악처럼 올바르게 활용하고 즐길 때만 진정한 의미를 가진다.
출처: 영국 철학자이자 작가 앨런 왓츠의 강연과 저서.

20세기, 앨런 왓츠는 돈이 단지 삶의 도구일 뿐이며, 그것 자체가 목적이 되어서는 안 된다고 주장했다. 그는 돈을 음악에 비유하며, 단지 음악을 쌓아두기 위해 듣는 사람이 없듯, 돈도 단순히 축적을 위해 존재해서는 안 된다고 말했다. 왓츠는 돈을 삶의 조화를 이루는 도구로 바라보며, 이를 통해 풍요롭고 즐거운 삶을 만들어야 한다고 강조했다.

"돈은 음악처럼, 그것을 즐기지 못하면 무의미해진다."

왓츠는 돈이란 단지 물질적 필요를 충족하는 것이 아니라, 삶의 경험을 풍요롭게 하고 자유를 누리는 데 사용되어야 한다고 보았다. 그는 돈의 가치를 제대로 이해하려면, 삶을 단순히 수단과 목적의 관점에서 벗어나, 순간의 즐거움과 의미를 찾는 방향으로 전환해야 한다고 역설했다. 이 명언은 돈을 삶의 활력과 연결시키는 독특한 철학적 시각을 제시한다.

조지 오웰 "권력의 언어"

의미: 돈은 부유한 계층이 가난한 계층을 지배하고 통제하는 도구로 작용한다.
출처: 영국 작가 조지 오웰의 사회 비판적 저서 〈1984〉, 〈카탈로니아 찬가〉.

조지 오웰은 돈이 단순한 경제적 매개체를 넘어, 사회적 권력의 언어로 기능한다고 보았다. 그는 돈이 부유한 사람들에게 더 큰 영향력과 지배력을 부여하는 반면, 가난한 사람들을 경제적 억압 속에 가둔다고 분석했다. 오웰은 이를 통해 사회적 불평등과 자본주의 체제의 본질을 날카롭게 비판했다. 그는 돈이 권력의 수단으로 작용하면서 계층 간의 격차를 심화시키고, 가난한 사람들을 점점 더 불리한 위치로 내몰 수 있음을 경고했다.

"돈은 부자가 가난한 자를 통제하는 언어다."

오웰은 자본주의 사회에서 돈이 단순히 거래를 위한 도구가 아니라, 불평등한 구조를 유지하고 강화하는 수단이 된다고 역설했다. 그는 이 말을 통해 공정한 대화나 협력을 촉진하지 않고, 오히려 소외와 억압을 강화한다고 비판했다. 그의 철학은 돈의 사회적 역할과 그로 인해 생기는 권력의 문제를 성찰하게 만든다.

프리드리히 니체 "돈과 도덕적 허상"

의미: 돈은 도덕적 결함과 내면의 부족함을 가리고, 그럴듯한 모습을 연출할 수 있다.
출처: 독일 철학자 프리드리히 니체의 저서 〈도덕의 계보학〉과 그의 사상.

프리드리히 니체는 돈이 단순한 물질적 가치 이상의 사회적 힘을 가지며, 사람들의 도덕적 결핍을 가리는 도구로 사용된다고 보았다. 그는 부유함이 인간의 내면적 빈곤과 결핍을 숨길 수 있지만, 그것이 결코 진정한 도덕성이나 고귀함을 대체할 수 없다고 주장했다. 니체는 돈을 통해 사람들이 외적인 위장에 성공할 수 있을지언정, 그것이 인간의 내면적 강인함과 본질적 가치를 증명하지 못한다고 보았다.

"돈은 도덕적 결핍을 감출 수 있는 유일한 커튼이다."

니체는 돈이 사회적으로 높은 지위를 부여하거나 사람들의 존경을 얻는 도구로 작용할 수 있지만, 그것은 진정한 인간성과 도덕적 우월함을 왜곡하는 일종의 허상이라고 경고했다. 그는 인간이 돈에 의존하여 자신의 부족함을 감추기보다, 내면적 강인함과 도덕적 성숙을 추구해야 한다고 역설했다.

엘런 드제너러스 "돈과 행복의 역할"

의미: 돈은 삶의 편리함을 제공할 수 있지만, 진정한 행복의 본질은 돈으로 얻을 수 없다.
출처: 미국 코미디언이자 방송인 엘런 드제너러스의 인터뷰와 그녀의 철학.

엘런 드제너러스는 성공적인 커리어와 부를 쌓았음에도, 행복이 돈에 의해 결정되지 않는다는 점을 자주 강조해 왔다. 그녀는 돈이 물질적 편리함을 가져다줄 수는 있지만, 사랑, 우정, 그리고 삶의 진정한 만족과 같은 본질적 요소는 돈으로 얻을 수 없다고 말했다. 엘런은 자신의 삶 속에서 돈보다 중요한 가치는 정직함, 유머, 그리고 사람들과의 관계를 지키려 노력해 왔다.

"돈은 삶을 더 편리하게 만들지만, 더 행복하게 만들지는 않는다."

엘런은 돈이 삶의 일부를 개선할 수는 있지만, 행복은 내면의 충족감, 인간관계, 그리고 자신이 사랑하는 일을 하는 데서 온다고 믿었다. 그녀는 사람들에게 삶에서 진정으로 중요한 것들을 찾고, 그것을 위해 돈을 도구로 사용할 것을 권하며, 돈에 지나치게 집착하지 말 것을 강조했다.

앤디 워홀 "예술과 돈의 경계"

의미: 돈을 버는 것, 일하는 것, 그리고 사업 자체가 예술의 연장선에 있다.
출처: 팝아트의 거장 앤디 워홀의 저서 〈철학: 앤디 워홀에서 A부터 B까지 그리고 다시 B로〉.

20세기, 앤드루 워홀라 주니어는 예술과 상업, 돈의 관계를 재정의하며, 돈을 단순히 경제적 수단이 아니라 창조적 활동의 일부로 보았다. 그는 자신의 팝아트 작품에서 소비 문화와 대중의 욕망을 탐구하며, 돈과 상품이 현대인의 삶에서 중요한 역할을 한다는 점을 예술적으로 표현했다. 워홀은 예술과 상업이 분리된 것이 아니라, 서로를 강화하며 창조적 가능성을 확장할 수 있다고 강조했다.

"예술은 비즈니스, 비즈니스는 예술이다."

워홀은 '돈은 예술이고, 좋은 사업이야말로 최고의 예술'로 보는 창의성과 연결되는 도구로 여겼다. 그는 사업이 단순한 이윤 추구를 넘어, 창의적인 사고와 실행을 통해 하나의 예술 작품처럼 완성될 수 있다고 보았다. 이 말은 예술과 돈, 일의 경계를 허물고, 현대 사회에서 창조적 삶을 사는 방식으로 볼 수 있게 한다.

빌 게이츠 "진정한 성공에 대하여"

의미: 돈은 단지 수단에 불과하며, 성공은 그것을 통해 세상에 긍정적인 변화를 이루는 데 달려 있다.
출처: 마이크로소프트의 창립자이자 세계적 자선가 빌 게이츠의 강연과 인터뷰.

빌 게이츠는 젊은 나이에 세계적인 부자가 되었지만, 자신의 재산이 단순히 축적을 위한 것이 아니라 세상을 더 나은 곳으로 만드는 데 쓰여야 한다고 믿었다. 그는 마이크로소프트를 통해 기술 혁신을 이루고, 이후 자선 활동을 통해 빈곤, 질병, 교육 등 다양한 사회 문제를 해결하는 데 집중했다.

"돈은 도구일 뿐, 진정한 성공은 세상에 어떤 변화를 남겼느냐에 달려 있다."

그의 삶과 철학은 돈을 통해 자신만의 성공 기준을 세우고, 그것이 세상에 긍정적인 영향을 남기는 데 집중하는 모습을 보여준다. 그는 자신의 부를 활용해 인류에게 실질적 도움을 주는 것을 목표로 삼았다. 그는 돈이란 단순한 목표가 아니라, 더 나은 미래를 만드는 수단이 되어야 한다고 강조했다.

볼테르 "돈과 권력의 본질"

의미: 돈은 왕이나 정치 권력이 없이도 세상을 움직이고 지배할 수 있는 힘을 가진다.
출처: 프랑스 계몽주의 철학자 볼테르의 저작과 사회 비판적 철학.

볼테르는 돈이 인간 사회에서 정치적 권력과 동등하거나 그 이상으로 강력한 영향을 미친다고 보았다. 그는 제왕과 같은 절대 권력자들이 사라질지라도, 돈이 그 자리를 대신하여 사회의 흐름과 인간의 행동을 지배할 것이라고 경고했다. 계몽주의적 사고를 바탕으로, 볼테르는 돈이 법과 도덕을 초월해 인간의 욕망과 선택을 통제할 수 있는 강력한 도구라고 비판했다.

"돈은 제왕 없이도 세상을 다스린다."

볼테르는 돈이 인간의 삶을 지배하고, 계층 구조와 권력을 형성하는 데 중심적인 역할을 한다고 보았다. 그는 돈이 제왕이나 군주의 명령보다 더 보편적이고 강력하게 작용하며, 이를 통해 사회적 규범과 인간 관계를 정의한다고 주장했다.

스티브 잡스 "돈으로 할 수 없는 것"

의미: 물질적 부와 성공이 삶의 본질적인 문제를 해결할 수 없다.
출처: 스티브 잡스의 병상에서의 성찰과 그의 삶 회고.

스티브 잡스는 애플을 설립하며 혁신과 성공의 아이콘으로 자리 잡았고, 세계적인 부와 명성을 얻었다. 그러나 췌장암과의 싸움이 계속되던 시기에 그는 돈으로 의사와 치료법을 동원할 수 있었지만, 죽음이라는 현실 앞에서는 그 모든 부와 자원이 무력하다는 사실을 깨달았다.

"나는 돈으로 유능한 의사는 구할 수 있었지만, 더 이상의 생명을 연장할 수는 없었다."

그의 병상에서의 고백을 통해 전해졌으며, 병상에서 자신의 성공과 부가 생명을 연장하거나 삶의 본질적인 문제를 해결하지 못한다는 점을 성찰하며, 물질적 성공보다 인간관계와 사랑, 그리고 자신이 남긴 변화가 더 중요한 가치임을 깨달았다.

워렌 버핏 "위험 관리와 투자 대비"

의미: 예상치 못한 위험에 대비하여 투자에서도 철저한 준비와 계획이 필요하다.
출처: 세계적인 투자자 워렌 버핏의 인터뷰와 주주 서한에서 유래된 말로, 그의 투자 철학을 대표하는 말.

워렌 버핏은 투자를 단순히 이익을 추구하는 행위로 보지 않고, 항상 리스크를 관리하며 장기적 안목을 유지하는 것을 강조했다. 그는 주식 시장의 불확실성과 경기 변동에 대비해 언제든 안정적으로 버틸 수 있는 자산 구조와 현금을 확보하는 것을 중요하게 여겼다. 이는 투자에서 준비와 계획이 얼마나 중요한지를 비유적으로 표현한 것으로, 버핏의 철학인 '절대로 원금을 잃지 말라'는 원칙과도 연결된다.

"비가 올 때를 대비해 우산을 준비하라."

그는 시장 상황이 좋을 때에도 비상 상황을 염두에 두어야 하며, 예측 불가능한 위기에 대비해야 한다고 주장했다. 버핏은 개인 투자자와 기업 모두가 재정적 안정성을 유지하며, 비상시에 필요한 자원을 확보해야만 시장의 불확실성을 이겨낼 수 있다고 보았다.

벤저민 그레이엄 "투자와 위험 관리"

의미: 투자는 무모한 위험 감수가 아닌 분석과 계획으로 위험을 관리하는 전략적 과정이다.
출처: 가치투자의 아버지라 불리는 벤저민 그레이엄의 저서 〈현명한 투자자〉.

19~20세기, 벤저민 그레이엄은 투자란 도박이나 모험이 아니라, 철저한 분석과 준비를 통해 위험을 통제하고 예측 가능한 수익을 추구하는 행위라고 정의했다. 그는 가치투자 철학을 통해, 적절한 가격에 가치 있는 자산을 매입함으로써 시장의 변동성과 리스크를 줄일 수 있다고 강조했다. 그레이엄은 투자자가 단순히 높은 수익을 추구하기 위해 위험을 감수하기보다, 위험을 이해하고 관리하는 데 초점을 맞추어야 한다고 주장했다.

"투자는 위험을 감수하는 것이 아니라, 위험을 관리하는 것이다."

그는 성공적인 투자를 위해 첫째, 자산의 내재 가치를 분석해 가격이 가치보다 낮을 때만 투자하라. 둘째, 항상 안전마진(Margin of safety)을 확보하라. 이러한 철학은 현재 가치투자의 근간이 되었으며, 워렌 버핏과 같은 전설적 투자자들에게 큰 영향을 미쳤다.

피터 린치 "이해를 기반으로 한 투자"

의미: 기업과 사업모델, 성장성을 제대로 이해하지 못한다면 그 주식투자를 피해야 한다.
출처: 피델리티 매지ellan 펀드를 성공적으로 이끈 전설적 투자자 피터 린치의 저서 〈월가의 영웅〉.

피터 린치는 투자자가 잘 이해하고 있는 분야와 회사에 투자해야 성공 확률이 높아진다고 주장했다. 그는 시장에서의 단순한 추측이나 유행에 휩쓸려 투자 결정을 내리는 것이 아닌, 자신이 잘 알고 신뢰할 수 있는 회사에 투자해야 한다고 강조했다. 린치는 투자 대상 기업의 제품과 서비스, 산업 내 경쟁 위치, 그리고 재무 건전성을 철저히 분석한 후에야 투자해야 한다고 말했다.

"당신이 투자하려는 회사를 이해하지 못한다면, 그 주식을 사지 말라."

린치의 철학은 투자란 단순히 숫자에 의존하는 것이 아니라, 기업의 비즈니스 모델과 가치 창출 능력을 깊이 이해하는 과정이라는 것을 보여준다. 그는 또한 장기적인 시각에서 투자 대상을 바라보고, 자신이 이해한 내용에 대한 확신이 없는 경우 절대로 투자하지 말라고 경고했다.

존 템플턴 "역발상 투자와 시장 심리"

의미: 시장이 지나치게 비관적일 때 사고, 과도하게 낙관적일 때 팔아야 최대 수익이 가능하다.
출처: 글로벌 투자자 존 템플턴의 역발상 투자 철학을 설명하며 남긴 말.

존 템플턴은 군중 심리와 반대로 행동하는 역발상 투자 전략으로 성공한 대표적인 인물이다. 그는 시장이 지나치게 비관적일 때야말로 주식이 과도하게 저평가되는 시기라고 보았으며, 그 순간에 과감히 매수해야 한다고 주장했다. 반대로, 시장이 낙관에 휩싸여 자산 가격이 과도하게 상승할 때는 냉정하게 매도해야 한다고 강조했다.

"비관 속에서 사고, 낙관 속에서 팔아라."

템플턴은 1939년 2차 세계대전이 시작될 무렵, 대부분의 사람들이 시장 붕괴를 두려워할 때, 극도로 저평가된 주식을 대거 매입해 큰 성공을 거두었다. 그는 시장 심리가 투자자들의 판단을 왜곡시키기 때문에, 군중 심리에서 벗어나 이성적인 판단을 해야 한다고 역설했다.

찰리 멍거 "인내와 훈련의 투자 원칙"

의미: 성공적인 투자는 단기적인 성과가 아닌, 인내심과 꾸준한 학습을 통해 이루어지는 결과이다.
출처: 워렌 버핏의 오랜 파트너이자 가치투자자로 유명한 찰리 멍거의 강연과 인터뷰.

찰리 멍거는 투자가 단순히 시장에서 돈을 벌기 위한 행위가 아니라, 지식을 쌓고 원칙을 지키는 훈련과 시간이 필요한 과정이라고 강조했다. 그는 투자에서 성공하려면 충동적인 결정을 피하고, 꾸준히 학습하며, 자산이 성장할 시간을 기다릴 줄 알아야 한다고 말했다.

"좋은 투자란 인내심과 훈련의 결실이다."

멍거는 투자자들이 단기적 유행이나 시장 변동에 휩쓸리지 말고, 장기적인 관점에서 가치 있는 자산을 찾아내는 인내심을 가져야 한다고 조언했다. 또한, 투자 기술뿐 아니라 심리적 안정과 원칙을 지키는 훈련이 성공의 핵심이라고 믿었으며, 성공적인 투자가 단순히 뛰어난 전략이나 정보에 의존하지 않고, 자신을 통제하며 꾸준히 목표를 향해 나아가는 과정에서 이루어진다고 역설했다.

조지 소로스 "투자의 성공과 실행력"

의미: 투자 성공은 예측의 정확성이 아닌 올바른 판단을 실행하여 얻는 수익의 크기에 달려있다.
출처: 전설적인 투자자 조지 소로스의 저서 〈소로스의 투자철학〉.

조지 소로스는 금융 시장의 변동성을 이해하고, 이를 활용해 엄청난 수익을 거둔 투자 전략가로 유명하다. 그는 시장에서 항상 옳은 결정을 내리는 것은 불가능하지만, 옳은 판단을 했을 때 그 기회를 최대한 활용하는 것이 성공의 핵심이라고 보았다. 소로스는 투자에서 중요한 것은 실수를 줄이는 것이 아니라, 맞았을 때 실행력을 극대화하여 큰 수익을 얻는 것이라고 강조했다.

"시장에 대한 나의 성공은 내가 옳은지 틀린지가 아니라, 내가 옳을 때 얼마나 돈을 버느냐에 달려 있다."

그는 1992년 영국 파운드화에 대해 공격적인 공매도를 실행해 '영국은행을 무너뜨린 남자'라는 별명을 얻으며 투자자로서 세계적인 명성을 얻었다. 그의 전략은 옳은 판단에 집중하기보다는 기회를 극대화하는 데 초점을 맞추는 실행력의 중요성을 보여준다. 그의 말은 투자자들에게 실패를 두려워하지 말고, 옳은 판단을 했을 때 이를 실행으로 옮기는 능력과 자신감을 갖추라는 교훈을 준다.

로버트 키요사키 "돈과 자산의 활용"

의미: 단순 노동으로 돈을 버는 것보다 자산을 만들어 지속적 수익을 창출하는 것이 중요하다.
출처: 로버트 키요사키의 베스트셀러 〈부자 아빠, 가난한 아빠〉 속 핵심 철학.

로버트 키요사키는 자신의 저서를 통해 부유한 사람들과 일반 사람들 사이의 근본적인 돈에 대한 사고방식의 차이를 설명했다. 그는 대부분의 사람들이 돈을 벌기 위해 일하고, 번 돈을 소비하는 데 초점을 맞추는 반면, 부자들은 돈을 활용해 자산을 만들고, 그 자산이 지속적인 소득을 창출하도록 시스템을 구축한다고 강조했다.

"돈을 위해 일하지 말고, 돈이 당신을 위해 일하게 하라."

키요사키는 특히 소득을 창출하는 자산(Asset)과 비용을 증가시키는 부채(Liability)의 차이를 이해해야 한다고 말하며, 수동적 소득(Passive income)을 만드는 것이 재정적 독립을 이루는 열쇠라고 역설했다. 그는 자본을 투자하고 자산을 관리하며, 이를 통해 돈이 스스로 일하도록 만드는 시스템을 구축하는 것이 진정한 부를 이루는 길이라고 강조했다.

버턴 말킬 "시장 효율성과 장기적 합리성"

의미: 단기적으로 시장은 비합리적인 변동성을 보일 수 있지만, 시간이 지나면 내재된 가치에 따라 합리적으로 작동한다.
출처: 버턴 말킬의 저서 〈랜덤 워크 투자론〉 속 투자 철학.

버턴 말킬은 효율적 시장 가설(Efficient Market Hypothesis)을 지지하며, 단기적으로는 시장이 비효율적이거나 비합리적으로 보일 수 있어도, 장기적으로는 모든 정보가 가격에 반영되며 공정한 평가를 받으며, 투자자들이 단기적 변동에 흔들리지 않고 장기적 관점을 유지해야 한다고 강조했다.

"시장은 효율적이지 않을 수 있지만, 장기적으로는 언제나 합리적이다."

말킬은 특히 개별 주식의 단기적 가격 변동성을 예측하려는 시도를 '랜덤 워크'에 비유하며, 대부분의 투자자들에게 인덱스 펀드와 같은 분산된 장기 투자 전략이 더 유리하다고 설파했다. 그는 단기적 시장의 혼란 속에서도 시간이 지나면 가격이 기업의 본질적 가치를 반영하게 된다고 믿었다.

앤드류 카네기 "집중 투자와 철저한 관리"

의미: 자산은 과도한 분산보다 신중히 선택한 소수의 투자에 집중하고 관리하는 것이 성공의 길이다.
출처: 철강 왕으로 불리는 앤드류 카네기의 저서 〈앤드류 카네기: 자서전〉.

앤드류 카네기는 철강 사업에서 집중적인 자원 투자를 통해 성공을 거두며, 자산을 관리하는 데 있어 초점을 맞추는 것이 중요하다고 강조했다. 그는 투자나 사업에서 너무 많은 분야에 분산하면 통제력을 잃고, 결국 손실을 볼 가능성이 높아진다고 보았다. 대신, 자신의 능력과 경험을 바탕으로 선택한 투자에 집중하고, 그 자산을 지속적으로 관찰하고 보호하는 것이 성공의 열쇠라고 주장했다.

"모든 계란을 한 바구니에 담고 그 바구니를 지켜라."

이 말은 단순히 한곳에 모든 것을 투자하라는 것이 아니라, 신중한 선택과 철저한 관리가 동반되어야 한다는 것을 의미한다. 카네기의 철학은 현대의 투자 세계에서 다소 논쟁적일 수 있지만, 철저한 관리와 통제의 중요성을 상기시키는 교훈을 준다.

나폴레온 힐 "준비와 성공의 기회"

의미: 기회는 철저히 준비된 사람만이 그것을 알아보고 활용할 수 있다.
출처: 성공 철학의 대가 나폴레온 힐의 저서 〈생각하라 그리고 부자가 되라〉.

나폴레온 힐은 성공의 핵심 요소로 목표 설정, 철저한 준비, 그리고 실행력을 꼽았다. 그는 사람들이 운이나 우연을 통해 성공을 얻는다고 생각하지만, 실제로는 준비된 사람만이 눈앞에 다가온 기회를 알아차리고 그것을 성공으로 전환할 수 있다고 강조했다.

"기회는 준비된 자에게만 보인다."

힐은 특히 자신의 저서에서 성공한 사람들의 사례를 연구하며, 그들이 기회가 왔을 때 이를 잡기 위해 얼마나 철저히 준비했는지 보여주었다. 그는 목표를 설정하고, 꾸준히 학습하며, 변화를 맞이할 준비가 되어 있는 사람이 기회를 통해 더 큰 성공을 이룰 수 있다고 주장했다.

레이 달리오 "시장의 불확실성과 겸손"

의미: 시장은 늘 예상치 못한 방향으로 움직여, 자신의 판단이 틀릴 수 있음을 상기시킨다.
출처: 세계 최대 헤지펀드 브리지워터 어소시에이츠 설립자 레이 달리오의 저서 〈원칙〉.

레이 달리오는 금융 시장의 복잡성과 불확실성을 누구보다 깊이 이해한 투자자로, 성공적인 투자를 위해서는 자신의 가정이 틀릴 가능성을 인정하고 이에 대비해야 한다고 주장했다. 그는 투자자들이 시장의 예측 불가능성을 받아들이고, 항상 열린 마음으로 학습하며 계획을 수정해야 한다고 강조했다.

"시장은 당신이 틀렸다는 것을 증명하려고 항상 준비되어 있다."

그는 투자자들이 시장을 통제하려 하기보다, 시장의 흐름과 정보를 객관적으로 분석하고 이에 유연하게 대응하는 것이 성공의 열쇠라고 보았다. 그의 철학은 실패를 두려워하지 않고, 이를 통해 배우며 더 나은 결정을 내리는 데 초점을 맞추었다.

존 C. 보글 "복리와 장기적 투자"

의미: 성공적인 투자는 흥미롭거나 스릴 넘치는 것이 아니라 차분하고 지속적인 과정이다.
출처: 인덱스 펀드의 창시자 존 C. 보글의 투자 철학과 그의 저서 〈상식 투자〉.

존 보글은 투자자들에게 시장의 단기적 변동에 휩쓸리지 말고, 복리 효과와 시간의 힘을 믿으며 장기적인 안목으로 투자하라고 조언했다. 그는 주식 투자에서 가장 강력한 무기가 '복리(compounding)'임을 강조하며, 복리가 극대화되기 위해서는 장기 투자가 필수적이라고 역설했다.

"복리의 마법을 이해하고, 시간을 활용하라. 사실, 투자란 잔잔하고 지루해야 한다."

보글은 특히 단기적인 시장 변동이나 흥미로운 투자 아이디어를 쫓기보다는, 인덱스 펀드와 같은 분산된 장기 투자를 통해 꾸준히 자산을 쌓아가는 것이 성공의 비결이라고 말했다.

과 학 과 기 술

과학, 우주, 진화, 물질, 실험, 기술, 정보, 인공지능,
혁신, 발명과 관련된 문장들

알버트 아인슈타인 "단순함에 담긴 진리"

의미: 과학은 복잡한 현상을 탐구하여 명확하게 이해하고 설명하려는 인간의 노력이다.
출처: 현대 물리학의 아버지로 불리는 아인슈타인의 상대성이론과 과학 철학.

아인슈타인은 세상의 복잡한 현상을 탐구하면서 그 이면에 숨겨진 간결하고 우아한 진리를 찾아내는 데 평생을 바쳤다. 그의 상대성이론은 단순한 수학적 공식으로 표현되지만, 그 안에는 시간, 공간, 에너지의 본질이 함축되어 있었다. 그는 물리학을 넘어서 인류가 세상을 바라보는 방식을 혁신적으로 바꿨다.

"과학의 궁극적 목표는 단순함에 도달하는 것이다. 그러나 이 단순함은 우리가 세계를 이해한 후에만 발견된다."

그는 상대성이론을 통해 우주의 법칙을 간결한 공식으로 표현하는 데 성공했다. 그러나 그가 말한 단순함은 단지 표면적인 것이 아니었다. 그의 이론은 과학적 탐구의 본질로, 현대 과학 기술, 예컨대 GPS 시스템과 원자 에너지 연구에 이르기까지 방대한 영향을 미쳤다.

리처드 파인만 "의심에서 시작되는 과학"

의미: 과학은 확신이 아니라 질문에서 출발하며, 답을 모를 때 가장 흥미로운 탐구이다.
출처: 노벨 물리학상을 수상한 리처드 파인만의 연구와 과학 철학.

1960년대 미국, 캘리포니아 공과대학교 강의실에서 물리학자 리처드 파인만은 어려운 이론을 단순한 비유로 설명하며 학생들의 웃음을 이끌어냈다. 그는 뛰어난 물리학자였을 뿐만 아니라 과학을 이해하기 쉽고 재미있게 전하는 데 탁월한 인물이었다. 파인만

은 복잡한 물리학적 문제를 탐구하며 새로운 발견을 이룰 때마다 즐거움을 느꼈다.

"과학은 의심을 품고 질문하는 데서 시작한다."

그에게 과학은 끝없는 호기심과 질문의 연속이었다. 그는 확실한 답변이 아니라, 모르는 문제를 향한 질문과 탐구의 여정을 과학의 진정한 본질로 여겼다. 그는 의심하고, 질문하며, 해결되지 않은 문제를 즐기면서 새로운 진리를 발견해 나갔다. 그의 강연과 글은 복잡한 과학을 일반인에게도 친숙하게 만들어 주었고, 그 과정에서 과학적 사고의 중요성을 일깨웠다.

마리 퀴리 "과학의 유산"

의미: 과학은 단순한 지식 축적이 아닌, 자연의 조화와 아름다움을 발견하여 인류에 기여하는 여정이다.
출처: 최초로 두 개의 노벨상을 수상하며 과학과 인류애를 연결한 마리 퀴리의 삶과 연구.

1898년, 파리의 어두운 연구실. 물리학자이자 화학자 마리 퀴리는 실험대 앞에서 작은 물질을 관찰하고 있었다. 그녀의 이름은 마리 퀴리. 당시 여성 과학자는 흔치 않았고, 그녀의 연구 환경은 부족했지만 그녀는 물러서지 않았다. 그녀는 라듐과 폴로늄이라는 새로운 원소를 발견했고, 이 발견은 물리학과 화학의 판도를 뒤흔들었다.

"과학에서 우리는 아름다움을 수상하는 법을 배워야 한다. 과학은 개인의 것이 아니다. 그것은 인류의 빛이다. 과학의 진보는 전 인류를 밝히는 데 그 본질이 있다."

그녀의 말은 과학이란 자연의 본질을 탐구하며, 그 속에 담긴 조화와 경이로움을 발견하는 과정임을 보여준다. 퀴리의 연구는 단순한 호기심을 넘어서, 인류의 건강과 생명에 직접적인 영향을 미쳤다. 방사선 치료의 기초가 되는 그녀의 연구는 수많은 생명을 구했고, 과학이 인간 삶의 질을 어떻게 향상시킬 수 있는지를 증명했다.

칼 세이건 "증거로 밝혀 올린 진리"

의미: 과학은 믿음이나 추측이 아닌 객관적 증거를 통해 신뢰할 수 있는 지식을 구축한다.
출처: 천문학자이자 과학 대중화의 선구자인 칼 세이건의 저서 〈코스모스〉와 강연.

1977년, 태양계를 넘어설 첫 번째 우주 탐사선인 보이저 1호가 지구를 떠났다. 이 프로젝트를 이끄는 과학자 중 한 명이 칼 세이건이었다. 그는 단순히 우주의 경이로움을 탐구하는 것을 넘어, 인간이 얼마나 작은 존재인지 그리고 얼마나 놀라운 가능성을 가진 존재인지를 증명하고자 했다.

"과학은 신뢰할 수 없는 것을 거부하고, 증거를 통해 신뢰할 수 있는 지식을 구축하는 것이다."

그는 모든 탐구가 명확한 증거와 논리에 기반해야 한다고 주장했다. 이것은 그의 모든 연구와 활동의 근본 원칙이었다. 또한, 대중을 대상으로 한 강연과 책을 통해 과학을 쉽게 이해시키고, 과학적 사고가 우리의 일상에 얼마나 중요한지를 알렸다. 그의 저서 〈코스모스〉는 과학적 진리를 이야기하면서도 인간의 상상력과 감성을 자극하며 전 세계적으로 큰 반향을 일으켰다.

찰스 다윈 "적응이 곧 생존이다"

의미: 과학은 새로운 사실을 발견하고 이해하며 변화에 적응하는 법을 배우는 과정이다.
출처: 진화론을 정립하며 생물학의 근간을 바꾼 찰스 다윈의 연구와 저서 〈종의 기원〉.

1835년, 젊은 자연학자인 찰스 다윈은 탐험선 비글호를 타고 갈라파고스 제도에 도착했다. 그곳에서 그는 같은 섬이라도 환경에 따라 달라진 핀치새의 부리를 관찰하며 중대한 깨달음을 얻었다. 생물은 단순히 환경에 맞춰 변화할 뿐 아니라, 그 적응이 생존에 있어 결정적 역할을 한다는 사실이었다.

"과학은 새로운 사실을 발견하고, 새로운 길을 찾는 과정이다."

그는 단순히 관찰에 만족하지 않고, 생물들이 어떻게 진화해 왔는지에 대한 새로운 길을 열었다. 그의 연구는 인간이 자연과 생명의 본질을 이해하는 데 있어 커다란 전환점을 가져왔다. 또한 그는 '가장 강한 자도, 가장 똑똑한 자도 생존하지 못한다. 오직 변화에 가장 잘 적응하는 자가 살아남는다'라는 말로 생존과 진화의 핵심을 요약했다. 이는 단순한 과학적 진리를 넘어, 우리 삶의 방식에 대한 깊은 통찰을 제공한다.

닐 디그래스 타이슨 "호기심과 사실의 힘"

의미: 과학은 객관적 사실이며, 호기심은 이러한 과학적 탐구를 지속시키는 원동력.
출처: 천체물리학자이자 과학 대중화의 선구자인 닐 디그래스 타이슨의 강연과 저서.

2020년, 천문학자 닐 디그래스 타이슨은 우주의 이야기를 들려주며 복잡한 과학적 개념을 놀랍도록 쉽고 유머러스하게 풀어냈다. 그는 과학의 아름다움과 힘을 대중에게 전달하는 데 열정을 쏟는 과학 대중화의 아이콘이었다. 타이슨은 과학이 믿음에 의존하지 않음을 강하게 주장했다.

"호기심은 과학을 움직이는 연료다. 과학은 사실이며, 당신이 그것을 믿든 믿지 않든 관계없다."

타이슨은 어린 시절부터 밤하늘을 바라보며 우주에 대한 무한한 호기심을 느꼈고, 그것이 그를 천체물리학의 세계로 이끌었다. 그는 호기심이 없다면 과학적 탐구도 있을 수 없다고 믿었다. 그의 연구와 강연은 새로운 질문을 던지고 그 답을 찾으려는 과정이 과학의 핵심임을 일깨운다.

갈릴레오 갈릴레이 "진리를 측정하다"

의미: 과학은 관찰과 측정, 그리고 이를 통해 결과를 설명하며 진리를 탐구하는 과정.
출처: 현대 과학의 토대를 세운 갈릴레오의 실험과 천문학 연구.

16~17세기, 갈릴레오 갈릴레이는 망원경을 통해 밤하늘을 관찰하고 있었다. 그의 망원경은 단순한 기계 장치를 넘어 우주의 비밀을 드러내는 창이었다. 그날 밤, 그는 목성 주위를 도는 네 개의 위성을 발견했다. 이는 천동설을 반박하고, 지동설을 뒷받침하는 결정적 증거가 되었다.

"과학은 두 가지 방법으로만 이해된다. 첫째는 측정하고, 둘째는 그 측정을 설명하는 것이다. 모든 과학의 진리는 수학으로 쓰여 있다."

그는 과학이 수학적 표현을 통해 자연의 본질을 설명할 수 있음을 강조했다. 그의 연구는 수학을 과학의 언어로 자리 잡게 했고, 이를 통해 과학적 사고가 체계적이고 정밀한 기반 위에 서게 되었다. 그러나 그의 진리 탐구는 당대 종교적 권위와 충돌을 일으켰다. 지동설을 옹호한 그는 종교 재판을 받았고, 가택 연금에 처해졌다. 그럼에도 그는 자신의 신념을 굽히지 않고 진리를 밝히기 위한 탐구를 계속하여, 측정과 수학이라는 도구로 자연의 법칙을 밝혀내며, 현대 과학의 문을 열었다.

아이작 뉴턴 "거인의 어깨 위에서"

의미: 과학은 이전의 지식을 기반으로 발전하며, 인간은 스스로의 한계를 넘어 새로운 가능성을 탐구.
출처: 고전역학과 만유인력 법칙을 정립한 아이작 뉴턴의 연구와 철학.

1665년, 젊은 대학생 아이작 뉴턴은 고향의 농장에서 사과나무 아래 앉아 있었다. 순간 그의 옆으로 사과가 떨어졌다. 떨어진 사과를 주어 들은 뉴턴은, 왜 사과는 항상 아래로 떨어지는지, 이 현상을 설명하는 자연의 법칙은 무엇인지 궁금해하며 깊은 사고에 잠겼다. 그는 이전 세대의 과학자들, 특히 갈릴레오와 케플러의 연구를 토대로 자신의 이론을 발전시켰다.

"나는 거인의 어깨 위에 서 있었기 때문에 더 멀리 볼 수 있었다. 나는 무엇을 할 수 있는지 알려 하지 않고, 내가 할 수 있는 것을 탐구한다."

그는 지식이란 혼자 이루어내는 것이 아니라, 선배들의 발견을 이어받아 더 나아가는 것임을 강조했다. 뉴턴에게 과학은 자신이 이미 알고 있는 것에 머무르지 않고, 미지의 영역을 향한 끝없는 탐구였다. 이 신념은 그가 고전역학의 기본 원리와 만유인력 법칙을 정립하는 데 결정적인 역할을 했다.

스티븐 호킹 "호기심으로 열린 우주의 열쇠"

의미: 과학은 문제 해결을 넘어 우주의 신비를 탐구하고 인간의 상상력을 깨우는 열쇠다.
출처: 현대 물리학의 대중화를 이끈 스티븐 호킹의 연구와 철학.

1974년, 물리학자 스티븐 호킹은 블랙홀의 본질에 대해 전례 없는 주장을 발표했다. 그는 블랙홀이 단순히 빛과 물질을 삼키는 것이 아니라, 미세한 복사를 방출하며 점차 사라질 수 있다는 이론을 제시했다. 이 이론은 물리학계에 큰 충격을 주었다. 호킹은 단순히 우주의 법칙을 연구하는 과학자가 아니었다. 그는 과학의 역할에 대해 이렇게 말했다.

"나는 과학이 단순히 문제를 해결하는 도구가 아니라, 인류의 호기심을 자극하는 열쇠라고 믿는다."

그에게 과학은 인간이 우주의 경이로움을 이해하기 위한 도전이자, 우리의 상상력을 확장하는 수단이었다. 그는 ALS(근위축성 측색 경화증)라는 치명적인 질환과 싸우며, 몸이 점차 마비되어가는 상황에서도 우주의 법칙을 탐구하며 새로운 이론을 제시했다. 그의 연구는 블랙홀, 빅뱅, 시간과 공간의 본질 등 현대 물리학의 가장 어려운 문제들을 다루었고, 우리가 우주의 기원을 이해하는 데 중요한 실마리를 제공했다. 그의 저서 〈시간의 역사〉는 전 세계 독자들에게 과학적 사고를 열어 주었으며, 과학을 대중의 언어로 풀어내는 데 성공한 대표적인 작품으로 평가받는다.

에이다 러브레이스 "생각을 확장하는 기계"

의미: 과학은 창조적 사고와 논리적 탐구의 결합이며, 기술은 인간의 사고를 확장하는 도구.
출처: 세계 최초의 프로그래머로 알려진 에이다 러브레이스의 연구와 통찰.

1843년, 에이다 러브레이스는 기계와 수학, 그리고 인간의 사고를 연결하는 획기적인 글을 쓰고 있었다. 그녀는 단순히 수학자가 아니었다. 그녀는 당시로서는 혁신적인 기계를 상상하며, 인간의 창조적 사고와 기술의 융합 가능성을 처음으로 제시하였다. 그녀는 수학적 논리의 엄격함 속에서도 창의성을 발휘하며, 당시 개발 중이던 찰스 배비지의 해석기관이 단순히 계산에 그치지 않고 더 복잡한 작업을 수행할 수 있음을 예견했다.

"과학은 창조적인 사고와 논리적 탐구의 융합이다. 기계는 우리의 생각을 확장할 수 있다."

그녀는 기계가 인간의 고유한 사고를 대체하는 것이 아니라, 인간의 상상력과 창조성을 증폭시킬 수 있는 도구로서 작용할 것이라고 주장했다. 그녀의 이 통찰은 오늘날 우리가 사용하는 컴퓨터의 기본 철학을 예견한 것이었다.

헨리 포앙카레 "사실과 의심의 조화"

의미: 과학은 사실을 발견하며 발전하고, 의심은 탐구를 이끄는 강력한 원동력.
출처: 현대 수학과 물리학에 혁신적인 통찰을 제시한 헨리 포앙카레의 연구와 철학.

헨리 포앙카레는 수학, 물리학, 그리고 과학 철학의 경계를 허물며 현대 과학의 기반을 다진 인물이었다. 그는 과학이 단순히 데이터를 모으는 활동이 아니라, 그 데이터들 사이의 패턴과 원리를 탐구하는 과정임을 강조했다. 그의 연구는 혼돈 이론과 비선형 동역학 등 다양한 분야에서 중요한 기반을 제공했다.

"과학은 사실을 수집하는 것이 아니다. 사실들 간의 관계를 발견하는 것이다. 의심은 과학의 가장 큰 원동력이다."

그는 확실성을 추구하기보다, 기존의 이론을 의심하고 새로운 가능성을 모색하는 것이야말로 과학적 혁신의 출발점이라고 믿었다. 그는 문제를 해결하려는 과정에서 수없이 질문을 던졌고, 이러한 질문이 그의 독창적인 발견으로 이어졌다. 그의 연구는 단순히 학문적 경계를 넓힌 것을 넘어, 과학이란 무엇인가에 대한 근본적인 통찰을 제시했다.

맥스 플랑크 "진리가 자리 잡는 방식"

의미: 과학적 진리는 기존의 반대를 넘어, 자연의 본질을 철학적으로 탐구하는 여정이다.
출처: 양자역학의 창시자로 현대 물리학의 토대를 마련한 맥스 플랑크의 연구와 철학.

19~20세기, 독일의 과학자 맥스 플랑크. 당시 물리학은 고전 이론의 틀 안에 갇혀 있었지만, 그는 이 틀을 넘어서야만 자연의 법칙을 설명할 수 있음을 깨달았다. 그는 기존의 이론으로 설명되지 않는 현상을 이해하기 위해 '양자'라는 새로운 개념을 도입했다. 그의 양자이론은 초기에는 큰 반발에 부딪혔다. 그러나 시간이 지나면서 그의 이론은 자연현상을 설명하는 데 필수적인 도구로 자리 잡았다.

"물리학자는 자연이 어떻게 일하는지 설명하려는 철학자다. 새로운 과학적 진리는 반대자들을 설득하기보다, 결국 그들의 반대를 넘어 자리 잡는다."

플랑크에게 물리학은 단순한 수식과 실험이 아니라, 자연의 근본 원리를 탐구하며 우주의 본질을 이해하려는 철학적 여정이었다. 그는 자연현상을 이해하기 위해 수학적 엄밀함과 철학적 깊이를 결합했다. 또한, 과학적 진리가 단순히 논쟁을 통해 승리하는 것이 아니라, 새로운 세대가 이를 받아들임으로써 발전한다는 통찰을 남겼다.

닐스 보어 "오류 속에서 진리를 찾다"

의미: 과학은 오류와 틀린 것을 인정하고, 이를 올바른 지식으로 대체해 가는 과정.
출처: 원자 구조와 이론을 정립하며, 물리학의 토대를 마련한 닐스 보어의 연구와 통찰.

덴마크의 물리학자 닐스 헨리크 다비드 보어는 원자의 구조와 양자 이론을 설명하며, 물리학에 새로운 패러다임을 제시한 선구자였다. 하지만 그의 연구는 성공의 연속만이 아니었다. 그는 자신과 동료 과학자들의 오류와 한계를 끊임없이 인정하며, 이를 극복하는 데 집중하여 1922년에 노벨 물리학상을 수상했다.

"과학은 틀린 것을 받아들이고, 올바른 것으로 대체하는 과정이다. 물리학의 진보는 오류를 수정하는 과정에서 이루어진다."

그의 말은 과학자들이 기존의 이론에 집착하기보다, 새로운 관찰과 실험 결과를 수용하며 진리를 향해 나아가야 함을 상징한다. 그는 아인슈타인과의 열띤 논쟁 속에서도 자신의 이론이 가진 한계를 인정하며, 과학적 탐구에서 열린 태도를 유지했다. 닐스 보어의 연구는 양자역학의 발전에 결정적인 기여를 했으며, 물리학의 새로운 지평을 열었다.

장영실 "시간의 흐름 속에서 우주를 읽다"

의미: 시간은 우주와 과학을 이해하는 열쇠이다.
출처: 조선 시대 과학 발전의 선구자였던 장영실의 업적에서 영감.

15세기 조선의 하늘은 농사와 국가의 안정을 위해 그 흐름을 정확히 읽어야 했다. 왕의 명을 받은 과학자 장영실은 하늘의 움직임을 측정하고 시간을 알려주는 도구를 만들고자 했다. 그는 자격루, 앙부일구, 혼천의 등 독창적인 발명품을 통해 조선의 과학 수준을 비약적으로 끌어올렸다.

"우주는 시간을 품고 있으며, 우리는 그 흐름 속에 살고 있다. 시간은 과학의 원리를 일깨워 준다."

그는 하늘의 움직임과 시간의 흐름이 인간의 삶과 밀접하게 연결되어 있음을 깨닫고, 이를 과학적으로 해석하는 데 평생을 바쳤다. 그가 만든 자격루는 정밀한 물의 흐름으로 시간을 측정하며, 당시 세계적으로도 뛰어난 과학 기술의 결실이었다. 그의 발명품들은 단순한 도구가 아니라, 인간이 우주를 이해하기 위한 첫걸음이었다.

칼 세이건 "우주의 일부로서 인간"

의미: 인간은 우주의 일부로서, 우주를 탐구하는 것은 곧 자기 자신을 이해하려는 여정.
출처: 천문학자 칼 세이건의 저서 〈코스모스〉와 보이저 탐사선 프로젝트.

20세기, 인간은 하늘을 넘어 우주로 나아가기 시작했다. 과학자 칼 세이건은 밤하늘을 보며 우주의 광대함 속에서 인간이 얼마나 작은 존재인지를 깊이 깨달았다. 그는 태양계의 행성들을 탐사하며, 우주가 단순히 신비한 공간이 아니라, 우리가 속한 집임을 증명하려 했다.

"우리는 우주의 일부이며, 우주가 스스로를 이해하려는 시도이다."

세이건은 우주를 탐구하는 것이 곧 인간 자신을 이해하는 일이라고 믿었다. 그의 작업은 단순한 연구를 넘어, 인간과 우주의 연결을 철학적으로 탐구하는 것이었다. 그는 보이저 탐사선에 지구의 모습을 담은 '창백한 푸른 점'을 제안하며, 우주가 단순히 광활한 공간이 아니라, 우리가 탐구하고 이해해야 할 무한한 가능성의 영역임을 알려주었다.

닐 디그래스 타이슨 "우주의 가능성과 인간"

의미: 우주의 광활함은 우리의 존재를 작게 하지만, 무한대의 가능성과 탐구의 여지를 줌.
출처: 천체물리학자 닐 디그래스 타이슨의 강연과 저서 〈우주에서 온 과학〉.

21세기, 천문학자 닐 디그래스 타이슨은 하늘을 올려다보며 별과 은하의 광활함 속에서 인간의 위치를 사유했다. 그는 우주의 크기를 설명하며, 인간이 그 안에서 얼마나 작은 존재인지 자주 언급했다. 그러나 그의 메시지는 단순히 우리의 작음을 강조하는 것이 아니었다.

"우주는 우리를 무한히 작게 느끼게 하지만, 동시에 무한한 가능성을 열어준다."

타이슨은 우주의 크기가 인간을 위축시키는 것이 아니라, 탐구의 열정을 불러일으킨다고 보았다. 그는 우주의 법칙을 이해하고, 우리가 그 안에서 어떻게 진화했는지를 아는 것이 인류가 자신의 가치를 깨닫는 과정이라고 말했다. 그의 강연과 저서에서 그는 별의 탄생과 죽음, 은하의 형성과 우주 팽창 같은 주제를 대중에게 친근하게 전달했다. 그는 우리가 별의 먼지에서 태어났음을 강조하며, 인간이 우주와 본질적으로 연결되어 있음을 설득력 있게 설명했다.

스티븐 호킹 "무에서 발견한 무한한 가치"

의미: 우주는 무에서 시작되었지만, 그 안에는 무한한 가치가 있다.
출처: 스티븐 호킹의 저서 〈시간의 역사〉와 그의 우주론과 인간의 탐구 철학.

1988년, 스티븐 호킹은 그의 저서 〈시간의 역사〉를 통해 우주의 기원과 시간의 본질을 대중에게 소개하며, 과학적 탐구의 새로운 장을 열었다. 그는 빅뱅 이론과 양자 중력 이론을 통해 우주의 탄생을 설명했으며, 인간의 의식과 우주의 관계를 깊이 탐구했다.

"우주는 무에서 탄생했을지 모르지만, 우리는 그 안에서 무한한 가치를 발견한다."

호킹은 우주의 기원을 단순히 물리적 현상으로만 보지 않았다. 그는 이 거대한 우주가 인간에게 던지는 질문과 그 질문 속에서 발견되는 가치에 주목했다. 우주는 우리의 상상력을 자극하고, 존재와 시간, 그리고 삶의 본질에 대한 깊은 통찰을 제공한다고 강조했다.

갈릴레오 갈릴레이 "수학으로 읽는 우주의 법칙"

의미: 우주는 수학의 언어로 쓰였으며, 그 법칙은 단순하지만 모든 진리가 담김.
출처: 근대 천문학과 물리학에 혁신을 가져온 갈릴레오의 연구와 저술.

17세기 이탈리아, 갈릴레오 갈릴레이는 하늘을 바라보며 우주의 법칙을 탐구했다. 그는 망원경을 통해 목성의 위성을 발견하고, 천체의 움직임을 관찰하며 세상의 본질을 수학적으로 이해하려 했다. 그는 우주의 움직임이 단순히 신비로운 것이 아니라, 수학적 법칙을 통해 정확히 설명될 수 있다고 주장했다.

"우주는 수학의 언어로 쓰여 있다. 우주의 법칙은 단순하면서도 그 안에 모든 것이 담겨 있다."

그의 관찰과 실험은 기존의 천동설을 부정하고, 지동설을 뒷받침하며 과학 혁명의 선봉에 섰다. 또한 그는 우주의 통찰을 통해, 복잡해 보이는 자연 현상도 단순한 원리로 설명될 수 있음을 강조했다. 그의 실험과 연구는 과학이 신비로운 것을 단순하고 명확한 진리로 바꾸는 과정임을 보여준다.

알버트 아인슈타인 "이해의 가능성"

의미: 우주의 신비도 결국 인간이 풀어낼 수 있는 영역이다.
출처: 상대성이론을 정립한 물리학의 아버지 알버트 아인슈타인의 철학과 과학적 사유.

20세기 초, 아인슈타인은 자연의 법칙을 탐구하며 인류의 지적 경계를 넘어섰다. 그는 시간과 공간, 그리고 에너지와 질량 사이의 관계를 설명하며, 자연현상을 이해하는 새로운 관점을 열었다. 아인슈타인은 인간의 이성이 어떻게 우주의 복잡한 구조를 풀어낼 수 있는지에 대해 깊은 경외심을 느꼈다.

"우주의 가장 불가사의한 점은 우리가 그것을 이해할 수 있다는 것이다."

그의 상대성이론은 단순히 이론적 혁신에 그치지 않고, 우주가 하나의 조화로운 체계로 작동한다는 사실을 드러냈다. 그는 우주의 법칙을 이해하는 과정이 단순한 과학적 도전을 넘어, 인간 존재의 의미를 탐구하는 길이라고 여겼다. 그의 연구는 GPS 기술부터 블랙홀 연구에 이르기까지 현대 과학과 기술에 지대한 영향을 미쳤다.

아이작 뉴턴 "신성한 기계, 우주"

의미: 우주는 정교한 기계처럼 작동하지만, 그 배후에는 신성하고 조화로운 원리가 있음.
출처: 만유인력 법칙을 정립하며 현대 과학의 토대를 마련한 아이작 뉴턴의 연구와 철학.

17세기 후반, 아이작 뉴턴은 만유인력의 원리를 통해 우주의 움직임을 수학적으로 설명했다. 사과가 떨어지는 이유에서 시작된 그의 탐구는 지구상의 물체뿐 아니라 천체의 운동까지 설명하며, 과학의 새로운 시대를 열었다.

"우주는 하나의 기계처럼 작동한다. 그러나 그 배후에는 신성한 조화가 있다."

뉴턴은 우주의 작동 방식을 정밀한 기계로 비유했지만, 그 속에는 인간의 이성으로도 완전히 이해할 수 없는 신성한 조화가 깃들어 있다고 믿었다. 그는 과학이 단순히 물리적 현상을 설명하는 것을 넘어, 자연의 질서와 우주의 아름다움을 드러내는 도구라고 여겼다. 그의 연구는 단순히 이론적 발견에 그치지 않고, 천문학, 물리학, 심지어 철학적 사고에도 깊은 영향을 미쳤다.

에드윈 허블 "팽창하는 우주, 시작의 흔적"

의미: 우주의 팽창은 과거에 시작점이 있었음을 의미한다.
출처: 허블 법칙을 통해 우주의 팽창을 밝혀낸 천문학자 에드윈 허블의 연구.

1929년, 에드윈 허블은 미국의 윌슨산 천문대에서 거대한 망원경을 통해 관찰을 이어가고 있었다. 그는 은하들이 서로 멀어지고 있다는 사실을 발견했다. 이는 우주가 고정된 공간이 아니라 팽창하고 있다는 결정적인 증거였다. 허블은 그의 발견을 통해, 우주가 정적이라는 기존의 통념을 뒤집었다.

"우주는 팽창하고 있다. 그것은 과거에 무언가가 시작되었음을 의미한다."

그의 연구는 우주가 일정한 속도로 팽창하고 있으며, 이는 빅뱅 이론의 기초가 되는 중요한 단서를 제공했다. 그는 이 발견이 단순히 천문학적 관측에 그치지 않고, 우주의 기원과 진화를 이해하는 데 핵심적인 역할을 한다고 강조했으며, 허블의 연구는 현대 천문학의 초석이 되었다.

리처드 파인만 "단순함 속에 숨겨진 우주의 법칙"

의미: 우주는 광대하지만, 그 법칙은 단순하다. .
출처: 노벨 물리학상 수상과 양자역학의 발전에 기여한 리처드 파인만의 강연과 저서.

20세기 중반, 리처드 파인만은 양자역학과 물리학의 복잡한 개념을 대중에게 쉽게 설명하며, 과학의 매력을 널리 알린 혁신적인 학자였다. 그는 우주의 광대함에 경외감을 느끼면서도, 자연을 지배하는 단순하고 아름다운 법칙을 발견하는 데 평생을 바쳤다.

"우주는 인간이 이해할 수 없을 만큼 크지만, 우리가 발견한 법칙은 놀라울 만큼 단순하다."

그의 연구는 전자와 광자의 상호작용을 설명하는 양자전기역학(QED)의 기초를 다지며, 자연의 복잡성을 단순한 수식으로 표현하는 데 성공했다. 그는 단순함이란 진리로 가는 열쇠라고 믿었다. 파인만은 이를 예술적인 감각으로 대중에게 전달하며, 과학적 탐구가 얼마나 창조적인 작업인지 보여주었다.

아서 C. 클라크 "우주가 열어주는 가능성"

의미: 우주는 인간의 문제를 작게, 가능성을 크게 만든다.
출처: 과학소설 작가이자 미래학자인 아서 C. 클라크의 저서와 그의 과학적 사유.

1968년, 아서 C. 클라크는 〈2001: 스페이스 오디세이〉를 통해 인류가 우주를 탐험하는 상상을 현실로 그려냈다. 그는 우주를 단순히 과학적 탐구의 대상이 아니라, 인간의 상상력을 자극하고 무한한 가능성을 열어주는 공간으로 보았다.

"우주를 바라보면, 우리의 문제는 작아지고, 가능성은 커진다."

그는 인류가 우주를 탐구하는 과정에서, 지구라는 작은 행성에서의 갈등과 어려움이 얼마나 미미하게 느껴질 수 있는지를 강조했다. 우주의 광활함은 인간이 가진 문제를 상대화시키며, 동시에 더 크고 위대한 가능성에 눈뜨게 한다고 강조했다. 그의 작품들은 단순한 과학소설을 넘어, 인류의 미래를 위한 비전을 담고 있었다.

찰스 다윈 "자연의 법칙이 만든 진화"

의미: 진화는 우연이 아니라, 생존과 적응을 위한 자연의 법칙에 따른 필연적 결과.
출처: 진화론의 아버지로 불리는 찰스 다윈의 연구와 저서 〈종의 기원〉.

1859년, 자연학자 찰스 다윈은 갈라파고스 제도에서 각 섬마다 환경에 따라 다르게 진화한 핀치새의 부리를 관찰하며, 자연은 무작위로 변하지만 생존에 유리한 특징을 가진 개체만이 환경에 적응해 살아남는다는 중요한 사실을 깨달았다.

"진화는 우연이 아니라, 생존을 위한 자연의 법칙에 따른 결과다."

다윈은 자연 선택이라는 개념을 통해 진화의 원리를 설명했다. 이는 무작위적인 변이가 생존의 법칙에 따라 필터링되고, 유리한 형질이 다음 세대로 전달되는 과정이었다. 그는 진화가 우연처럼 보이지만, 사실은 자연의 법칙이 빚어낸 필연적 결과임을 강조했다.

리처드 도킨스 "진화를 관찰하는 존재"

의미: 인간은 진화의 결과이자, 진화의 과정을 인식하고 탐구하는 유일한 존재.
출처: 생물학자이자 진화론의 선구자인 리처드 도킨스의 저서 〈이기적 유전자〉.

1976년, 생물학자 리처드 도킨스는 그의 저서 이기적 유전자를 통해 진화에 대한 혁신적 시각을 제시했다. 그는 생명의 진화가 단순히 생존의 문제를 넘어, 유전자가 자신을 다음 세대로 복제하고 전달하려는 과정이라는 통찰을 풀어냈다. 그는 인간이 다른 생명체와 마찬가지로 진화의 결과물임을 강조하면서도, 우리가 스스로 진화의 메커니즘을 이해하고 탐구할 수 있다는 점에서 특별하다고 말했다.

"우리는 진화의 산물이며, 동시에 진화를 관찰하는 존재이다. 진화는 단순한 생존의 문제가 아니라, 어떻게 존재가 자신의 유전자를 다음 세대로 전달하는가의 문제다."

도킨스는 유전자가 생명체를 통해 자신을 복제하려는 메커니즘을 진화의 핵심으로 보았다. 생명체는 단순히 환경에 적응하는 것이 아니라, 유전자를 성공적으로 남기기 위해 형태와 행동을 변화시키며 적응해 나간다. 이 통찰은 생명을 이해하는 새로운 패러다임을 열었으며, 진화생물학의 핵심 개념이 되었다.

허버트 스펜서 "변화 속의 질서"

의미: 진화는 자연이 필요에 따라 적응한 결과이다.
출처: 사회 진화론을 확립한 허버트 스펜서의 사회 진화론과 그의 저서.

19세기, 허버트 스펜서는 생물학적 진화의 개념을 사회와 철학으로 확장한 최초의 사상가 중 하나였다. 그는 다윈의 자연 선택 이론에 영감을 받아 자연의 법칙이 단순히 생물학적 세계에만 국한되지 않는다고 강조했다. 그에게 진화란 환경의 변화에 맞춰 생명체가 끊임없이 적응하고 발전하는 과정이었다. 생명은 단순히 우연의 산물이 아니라, 생존을 위한 자연스러운 적응의 결과로 발전해 왔다고 보았다.

"자연은 필요에 따라 끊임없이 변화하며, 진화는 그 적응의 결과이다."

스펜서는 생명체의 진화뿐 아니라, 사회, 문화, 인간의 정신까지도 점진적으로 복잡하고 정교해지는 방향으로 나아간다고 믿었다. 그는 자연과 사회의 발전이 무질서에서 점차 질서와 체계를 갖춰가는 과정이라고 설명했다. 스펜서의 사상은 생물학을 넘어 사회학, 정치학, 철학에까지 깊은 영향을 미쳤다.

토머스 헉슬리 "투쟁 속에서 발견된 진화의 진리"

의미: 진화는 생존을 위한 투쟁의 결과이며, 자연이 필연적으로 선택한 진리.
출처: 찰스 다윈의 강력한 지지자이자 '다윈의 불독'이라 불렸던 토머스 헉슬리의 진화론.

19세기, 영국의 과학자 토머스 헉슬리는 찰스 다윈의 종의 기원을 읽고 깊은 감명을 받았다. 그는 진화론이 생물학의 근본 원리를 설명하는 핵심이라고 확신하며, 과학계와 대중을 상대로 다윈의 이론을 적극적으로 옹호했다. 그는 자연이 끊임없는 생존 경쟁과 적자생존의 법칙을 통해 진화한다는 점을 강조했다. 생물은 환경에 적응하며 살아남기 위해 변화해 왔으며, 이러한 과정은 단순한 우연이 아니라 자연의 필연적 결과라고 보았다.

"진화는 생존의 투쟁 속에서 필연적으로 나타난 자연의 진리다."

그는 과학적 증거와 논리를 바탕으로 진화론의 정당성을 주장했고, 종교와 과학이 충돌하던 당시의 시대적 반발에도 맞섰다. 유명한 옥스퍼드 논쟁에서 그는 다윈의 진화론을 변호하며 과학적 사고와 증거의 중요성을 설파했다.

다니엘 데닛 "진화, 단순함이 만든 경이로운 결과"

의미: 진화는 무작위적 변화와 비무작위적 선택의 조합의 결과.
출처: 철학자이자 진화생물학의 사상가인 다니엘 데닛의 저서 〈다윈의 위험한 생각〉.

20세기 후반, 철학자 다니엘 데닛은 진화론이 단순히 생물학적 이론에 그치지 않고 자연의 원리와 인간의 사유까지 설명하는 강력한 도구임을 역설했다. 그는 다윈의 진화론을 탐구하며 진화가 마치 마법처럼 느껴지지만, 사실은 단순한 과정의 반복과 축적으로 이루어진 결과라고 설명했다.

"진화는 무작위적 변화와 비무작위적 선택의 산물이다. 진화는 마법이 아니다. 그것은 단순한 원리가 축적되며 만든 놀라운 결과다."

데닛은 진화를 두 가지 핵심 요소로 설명했다. 생명체는 우연한 변이를 통해 다양한 형태를 만들어내지만, 그중 생존에 유리한 변이만이 선택되어 다음 세대로 전달된다. 이 과정이 반복되며 복잡해 보이는 진화의 결과가 나타난다. 그는 진화가 설명하는 생명의 복잡성이 마치 마법처럼 보일 수 있지만, 그 뒤에는 명확하고 단순한 원리가 작동하고 있음을 강조했다.

유발 하라리 "문명이 이끄는 아이디어"

의미: 진화는 생물학적 변화를 넘어 인간의 문화와 아이디어를 통해 더욱 빠르게 발전하고 변화하는 과정.
출처: 역사학자 유발 하라리의 저서 〈사피엔스와 호모 데우스〉.

2014년, 이스라엘 역사학자 유발 노아 하라리는 인간 진화의 과정을 새로운 시각으로 풀어냈다. 그는 생물학적 진화의 느린 속도와 달리, 인간은 문화를 통해 급속도로 발전하며 스스로를 변화시켜 왔다고 주장했다. 하라리는 인간이 단순히 자연 선택의 법칙에 따라 진화한 것이 아니라, 언어와 상징, 그리고 협력을 통해 문화를 창조하면서 스스로 환경과 삶의 방식을 바꿔 나갔다고 보았다.

"진화는 생물학적 현상이지만, 인간은 문화를 통해 스스로 진화한다."

그는 인간의 문명은 유전적 변화보다 훨씬 빠르게 진화하며, 새로운 아이디어와 기술이 탄생하고 확산되면서 역사를 변화시켜 왔다. 농업 혁명, 산업 혁명, 그리고 디지털 혁명까지, 하라리는 이러한 변화가 진화의 연장선상에 있음을 설명했다.

리처드 파인만 "자연이 찾아낸 답"

의미: 진화는 자연이 수많은 시행착오를 거치며 생존의 해답을 찾아가는 과정
출처: 물리학자 리처드 파인만의 과학적 탐구 정신과 자연에 대한 통찰.

리처드 파인만은 물리학자였지만, 그의 호기심은 물리학에만 국한되지 않았다. 그는 자연과 생명의 복잡함 속에서 아름다운 원리와 질서를 발견하고 경탄했다. 그는 수십 억 년에 걸쳐 자연은 무수한 실패와 변이를 거듭하면서 생명체를 변화시키고 적응하게 만들었고, 생명체는 단순한 돌연변이의 산물이 아니라, 자연이 끊임없이 문제를 해결하며 생존의 해답을 찾아낸 결과물이라고, 자연의 역사를 하나의 실험실로 비유했다.

"진화는 자연이 시행착오를 통해 답을 찾아가는 긴 여정이다. 모든 생명체는 진화를 통해 자연의 문제를 해결한 살아 있는 증거다."

그에게 생명은 자연이 만든 '살아 있는 증거'였다. 인간이든 동물이든, 그들은 환경의 도전에 맞서 적응하며 자연의 법칙에 대한 해답을 몸소 보여주는 존재였다. 자연은 시행착오를 두려워하지 않고, 오랜 시간에 걸쳐 가장 효율적이고 적합한 형태를 찾아냈다.

잭슨 폴록 "자유와 질서의 균형"

의미: 진화는 자유와 질서 사이에서 균형을 이루는 과정이다.
출처: 현대 추상 표현주의 화가 잭슨 폴록의 예술 세계와 그의 철학적 통찰.

20세기 중반, 미국의 화가 폴 잭슨 폴록은 캔버스를 마주하며 기존의 규칙을 깨뜨리는 새로운 방식으로 그림을 그렸다. 그는 붓 대신 물감을 흘리며 캔버스 위에 자유롭고 역동적인 선과 점을 만들어 냈다. 그의 작품은 무질서처럼 보이지만, 그 안에는 의도적 질서와 조화가 존재했다.

"진화는 예술처럼, 자유로움과 질서 사이에서 균형을 찾아낸 과정이다."

폴록은 예술과 진화의 과정이 닮았다고 보았다. 예술이 무한한 자유 속에서도 아름다움과 질서를 찾아가듯, 진화 역시 수많은 무작위적 변이를 통해 생명의 질서와 균형을 만들어 나간다. 그의 드리핑 기법은 통제되지 않는 자유로움이면서도, 그 안에 숨겨진 패턴과 조화를 담고 있었다. 자연 역시 혼돈처럼 보이는 환경 속에서 생명체가 끊임없이 적응하고 변하며, 그 결과로 복잡하면서도 조화로운 진화를 만들어 냈다.

피터 메다워 "최적을 향한 여정"

의미: 진화는 생존과 번성을 위해 환경에 가장 적합한 방식을 찾아가는 과정.
출처: 노벨 생리의학상을 수상한 면역 및 진화 생물학자 피터 메다워의 과학적 통찰.

피터 메다워는 생명과학의 혁신적인 연구를 통해 면역학과 진화생물학의 경계를 넓혀나갔다. 그는 생명체가 끊임없이 변화하는 환경 속에서 어떻게 살아남고 번성해왔는지 깊이 탐구했다. 그는 진화를 완벽으로 가는 길이 아니라, 생존을 위해 최적의 균형을 찾아가는 과정이라고 설명했다.

"진화는 완벽을 추구하지 않는다. 단지 환경에 적응하는 최적의 방법을 찾을 뿐이다."

그의 연구는 인간의 몸과 면역체계 역시 오랜 시간에 걸친 진화의 결과임을 보여주었다. 생명은 완벽하지 않지만, 수많은 시행착오 속에서 환경과의 균형을 맞추며 적응해 나간다.

데모크리토스 "세상을 이루는 원자의 움직임"

의미: 모든 것은 원자로 구성되었으며, 물질은 세상을 구성하는 근본적인 존재.
출처: 고대 그리스 철학자 데모크리토스의 원자론 사상과 그의 철학적 탐구.

기원전 5세기, 고대 그리스의 철학자 데모크리토스는 눈에 보이지 않는 세계를 상상하며 세상을 설명하고자 했다. 그는 만물의 근본이 '더 이상 나눌 수 없는 작은 입자들'로 이루어져 있다고 주장했다. 그것이 바로 원자였다. 당시의 철학자들은 자연의 본질을 논하며 다양한 가설을 세웠지만, 데모크리토스의 생각은 혁명적이었다. 그는 물질이 고정된 실체가 아니라, 보이지 않는 작은 입자들이 끊임없이 움직이고 상호작용하는 결과라고 보았다.

"모든 것은 원자로 이루어져 있으며, 원자는 공간에서 움직인다. 물질은 단순한 집합체가 아니라, 세상을 이루는 근본적인 존재다."

그에게 물질은 단순히 눈에 보이는 형태나 성질이 아니라, 세상을 구성하고 변화시키는 근본 원리였다. 물질의 조합과 배열이 모든 존재의 다양성을 만들어내며, 그것이 자연의 질서와 조화를 이룬다고 생각했다. 비록 그의 이론은 당시 기술적 한계로 증명되지 않았지만, 후대 과학자들에게 큰 영감을 주었다.

알버트 아인슈타인 "같은 존재의 다른 얼굴"

의미: 물질과 에너지는 본질적으로 동일하며, 서로 전환될 수 있다.
출처: 알버트 아인슈타인의 특수 상대성이론과 에너지(E)와 질량(m) E=mc² 논문.

1905년, 아인슈타인은 물리학의 새로운 지평을 여는 논문을 발표했다. 그는 특수 상대성이론을 통해 물질과 에너지가 서로 분리된 개념이 아니라, 본질적으로 동일하다는 혁명적인 사실을 밝혀냈다. 이 공식은 간단해 보이지만, 그 의미는 우주의 근본적인 법칙을 함축하고 있었다.

"물질과 에너지는 동일한 것이다. $E=mc^2$는 우주가 물질과 에너지를 교환할 수 있음을 보여준다."

이 통찰은 핵에너지와 원자력의 발견으로 이어졌고, 현대 물리학과 기술 발전의 기초가 되었다. 우주가 탄생한 빅뱅의 순간부터 별들의 내부에서 일어나는 핵융합 반응까지, 아인슈타인의 공식은 물질과 에너지가 끊임없이 교환되는 자연의 법칙을 설명한다.

리처드 파인만 "단순함 속의 무한한 복잡성"

의미: 물질은 단순해 보이지만 그 속에는 무한한 복잡성과 경이로움이 숨겨져 있다.
출처: 양자전기역학(QED)을 개척한 물리학자 리처드 파인만의 강연과 과학적 탐구.

20세기 후반, 리처드 파인만은 물리학의 복잡한 개념을 단순하고 명확하게 풀어내며 과학의 경이로움을 세상에 전했다. 그는 물질의 근본을 탐구하며 원자와 우주의 법칙을 연결짓는 데 집중했다. 그는 물질의 구성 단위인 원자가 얼마나 단순하면서도, 그것들이 서로 얽히고 섞이며 무한한 형태와 패턴을 만들어낸다는 사실에 감탄했다. 생명체, 광물, 물, 공기처럼 세상에 존재하는 모든 것이 원자의 조합과 상호작용에 의해 탄생한 복잡한 결과였다.

"물질의 진짜 신비는 그 단순함 속에서 무한한 복잡성을 만들어내는 데 있다."

원자의 내부는 대부분 빈 공간이지만, 그 미세한 크기와 움직임이 자연의 모든 힘을 만들어낸다는 사실을 설명했다. 파인만의 통찰은 물질이 단순해 보이는 원자에서 시작해 놀랍도록 복잡하고 경이로운 세계를 만들어 낸다는 점을 일깨워준다.

닐스 보어 "양자의 이중적 본질"

의미: 물질을 탐구하는 것은 자연의 근본 원리를 이해하는 시작점이다.
출처: 양자역학의 선구자 닐스 보어의 연구와 그의 원자 모델에 대한 통찰.

20세기 초, 물리학의 패러다임은 기존의 고전적 관념을 넘어 새로운 영역으로 나아가고 있었다. 덴마크의 물리학자 닐스 보어는 원자의 구조를 연구하며 물질의 본질을 새롭게 정의하는 데 기여했다. 보어는 원자가 단순한 고정된 입자가 아니라, 그 내부의 전자들이 특정 궤도를 따라 움직이며 에너지를 교환한다는 원자 모델을 제시했다. 이는 물질의 근본 단위가 자연의 질서와 에너지의 흐름 속에 있다는 것을 보여주었다.

"물질을 이해하는 것은 자연의 근본 원리를 이해하는 출발점이다. 물질의 본질은 고정되어 있지 않다. 양자역학은 물질이 파동이자 입자임을 보여준다."

그는 고전 물리학이 물질을 고정된 입자로만 여겼던 것과 달리, 보어는 양자역학을 통해 물질이 상황에 따라 입자이자 파동의 특성을 동시에 가질 수 있음을 증명했다. 이러한 이중성은 자연의 근본이 단순하지 않으며, 우리의 관찰과 해석에 따라 다양하게 표현될 수 있음을 나타낸다.

막스 플랑크 "에너지의 진동은 물질의 본질이다"

의미: 물질은 고정된 실체가 아니라, 에너지의 진동과 상호작용이 만들어낸 결과물.
출처: 양자이론의 창시자로 현대 물리학의 혁명을 이끈 막스 플랑크의 연구와 통찰.

20세기 초, 물리학의 전환점에 서 있던 막스 플랑크는 열복사 문제를 해결하려 새로운 물리학의 문을 열었다. 그는 에너지가 연속적이지 않고 불연속적인 작은 단위, 즉 양자(Quantum)로 나뉜다는 사실과 물질의 본질이 단단한 고정체가 아니라, 끊임없이 진동하는 에너지의 흐름에서 비롯된 것임을 밝혔다.

"물질은 실체가 아니라, 에너지의 진동이 만든 결과물이다. 우리는 물질을 탐구하며 그 배후에 숨겨진 신비를 발견한다."

그의 발견은 뉴턴의 고전 물리학을 넘어, 자연의 근본 원리를 설명하는 새로운 시각을 제시했다. 물질의 본질은 고정된 실체가 아니라, 에너지의 패턴이 만들어낸 역동적이고도 신비로운 구조였다. 막스 플랑크의 양자이론은 이후 아인슈타인의 광양자설, 닐스 보어의 원자 모델, 그리고 현대 양자역학으로 이어졌다.

스티븐 호킹 "물질의 역사는 우주의 역사이다"

의미: 우주의 모든 물질의 탄생과 진화는 곧 우주의 역사를 으미.
출처: 스티븐 호킹의 연구와 저서 〈시간의 역사〉.

138억 년 전, 우주는 존재하지 않는 어둠 속에 고요히 잠들어 있었다. 그러던 어느 순간, 믿을 수 없을 만큼 작은 점에서 엄청난 에너지가 폭발하며 시간과 공간, 그리고 모든 물질이 탄생했다. 이 사건이 바로 빅뱅이었다. 그는 물질이 단순히 지금 우리가 보는 형태로 존재한 것이 아니라, 빅뱅 직후 뜨겁고 밀도 높은 에너지에서 시작되었음을 설명했다.

"우주의 모든 물질은 빅뱅 이후 작은 점에서 시작되었다. 물질의 역사는 곧 우주으 역사다."

호킹은 블랙홀과 특이점, 시간의 본질을 탐구하며 물질이 어떻게 변화하고 진화하는지를 이해하려 했다. 물질의 역사는 곧 우주의 확장, 수축, 그리고 재탄생을 담고 있으며, 이를 이해하는 것은 인류가 자신의 기원을 이해하는 길과 같다고 믿었다. 그의 연구는 인간의 시선을 우주의 시작적으로 이끌었다.

아이작 뉴턴 "물질의 운동과 중력의 관계"

의미: 물질은 외부 힘이 없으면 운동 상태를 유지하며, 중력으로 서로 끌어당긴다.
출처: 아이작 뉴턴의 〈자연 철학의 수학적 원리〉와 그의 운동 법칙 및 만유인력의 법칙.

17세기 영국, 아이작 뉴턴은 자연의 질서를 설명할 새로운 법칙을 찾고 있었다. 어느 날, 사과가 나무에서 떨어지는 모습을 보고 그는 질문을 던졌다. '왜 사과는 위가 아닌 아래로 떨어지는가?' 이 단순한 질문이 중력의 법칙을 발견하는 출발점이었다.

"물질의 운동은 외부의 힘이 가해지지 않는 한 그대로 유지된다. 물질은 무게를 가지며, 중력에 의해 서로 끌어당긴다."

뉴턴은 관찰과 실험을 통해 물체는 정지 상태나 운동 상태를 유지하려는 관성을 갖는다는 사실을 발견했다. 이는 그가 정립한 '운동의 제1법칙(관성의 법칙)'의 핵심이었다. 자연 속에서 물체의 움직임은 단순해 보였지만, 그 배후에는 명확한 원리와 법칙이 존재했다.

데이비드 봄 "하나로 연결된 흐름"

의미: 물질은 독립적으로 존재하지 않으며, 우주라는 거대한 전체의 일부이다.
출처: 양자물리학자이자 철학자인 데이비드 봄의 홀로그램 우주론과 그의 통합적 세계관.

20세기 중반, 데이비드 봄은 양자역학의 한계를 뛰어넘기 위해 새로운 시각을 제시했다. 그는 물질의 이중성, 즉 입자와 파동이라는 양립할 수 없는 특성을 설명하기 위해 우주를 '하나의 통합된 전체'로 바라보았으며, 물질이 독립적으로 존재하는 고립된 실체가 아니라, 우주를 구성하는 하나의 연결된 흐름 속 일부라고 주장했다.

"물질은 분리된 것이 아니다. 우주는 하나의 연결된 전체이며, 물질은 그 일부일 뿐이다. 물질과 의식은 서로 나뉘지 않으며, 상호작용 속에서 존재한다."

그에게 물질과 의식은 이분법적 관계가 아니라, 상호 연결된 흐름이었다. 의식은 물질 세계를 해석하고 경험하는 과정에서 물질과 끊임없이 상호작용하며 진화해 나간다. 이 통합적 관점은 과학을 넘어 철학과 인간 존재에 대한 깊은 통찰을 제공했다. 데이비드 봄의 세계관은 과학과 철학의 경계를 허물며, 우주와 물질, 의식이 모두 하나로 연결된 큰 흐름 속에서 존재한다는 새로운 비전을 제시했다.

니콜라스 코페르니쿠스 "관찰로 밝혀낸 우주의 질서"

의미: 실험과 관찰은 과학적 진리를 결정짓는 궁극적 기준이다.
출처: 근대 천문학의 선구자 니콜라스 코페르니쿠스의 저서 〈천체의 회전에 관하여〉.

1543년, 니콜라스 코페르니쿠스는 저서 〈천체의 회전에 관하여〉를 통해 지동설을 제시하며 천문학의 혁명을 일으켰다. 당시 대부분의 사람들은 천동설을 의심하지 않았지만, 그는 수십 년간의 관찰과 계산을 통해 태양이 우주의 중심이라는 새로운 모델을 제안했다.

"실험은 과학의 궁극적인 심판자다. 이론이 아무리 완벽하더라도, 실험이 이를 반박하면 이론은 틀린 것이다. 우리는 자연의 법칙을 실험과 관찰로 탐구하며, 진실을 밝혀야 한다."

코페르니쿠스는 단순히 이론적 논증에 그치지 않고, 관측과 데이터를 통해 자신의 주장을 입증하고자 했다. 그의 연구는 새로운 천문학적 관점을 열었을 뿐만 아니라, 과학적 탐구에서 실험적 검증과 관찰의 중요성을 강조하는 전환점이 되었다.

앙리 푸앵카레 "진리를 향한 두 개의 길"

의미: 이론과 실험은 서로를 보완하며 진리를 탐구하는 두 축이다.
출처: 프랑스 수학자이자 물리학자 앙리 푸앵카레의 과학적 탐구와 철학.

19세기 말, 수학자이자 물리학자 앙리 푸앵카레는 과학이 단순한 관찰이나 논리적 추론에 머물러서는 안 된다고 강조했다. 그는 이론과 실험이 조화롭게 결합해야만 과학이 진보할 수 있다고 믿었다. 그는 이론이 방향성을 제시하지만, 그것이 실험을 통해 검증되지 않으면 맹목적일 뿐이라고 지적했다.

"실험이 없다면 이론은 맹목적이고, 이론이 없다면 실험은 무의미하다. 모든 진리는 실험을 통해 검증되어야 한다. 실험 없는 이론은 공허한 것이다."

그는 과학의 발전이 이론적 가설과 실험적 검증의 끊임없는 상호작용을 통해 이루어진다고 보았다. 그의 이론은 물리학, 특히 상대성이론과 양자역학의 초석이 되었다. 푸앵카레의 연구는 혼돈 이론과 비선형 시스템 등 현대 과학에도 큰 영향을 미쳤다.

니콜라스 카 "기술과 인간성"

의미: 기술 발전은 더 나은 미래와 인간성의 균형을 요구한다.
출처: 현대 기술 철학자 카의 저서 〈생각하지 않는 사람들〉, 〈유리 감옥〉, 〈빅스위치〉.

니콜라스 카는 자신의 저서에서 기술이 인간의 사고 방식과 삶의 본질에 미치는 영향을 탐구하며, 기술 발전 속에서 인간성의 중요성을 설파했다. 그는 기술이 더 나은 내일을 가능하게 하지만, 그 내일이 가치 있는 것이 되기 위해서는 인간의 감정과 공감이 핵심 자산이 되어야 한다고 강조했다.

"기술은 더 나은 내일을 약속하지만, 더 나은 인간성을 요구한다. 기술이 발전할수록, 인간의 감정과 공감은 더욱 중요한 자산이 된다."

그는 기술 발전의 이면을 통찰하며, 그것이 단순히 기능적 혁신에 그치지 않고 인간 중심적 가치를 동반해야 함을 보여준다. 니콜라스 카는 기술이 인간의 본질적인 감정과 연결되지 않으면, 진보가 오히려 인간성을 약화시킬 위험이 있다고 경고했다.

제임스 카메론 "가능성의 재정의"

의미: 기술은 인간이 자신의 한계를 뛰어넘는 가능성을 열어준다.
출처: 영화감독 카메론의 기술과 인간 잠재력에 대한 통찰.

영화 아바타와 터미네이터 시리즈를 통해 기술과 인간의 관계를 독창적으로 탐구한 제임스 카메론은 기술이 단순히 도구가 아니라, 인간의 잠재력을 다시 정의하는 혁명적인 역할을 한다고 강조했다.

"기술의 가장 큰 혁명은 인간이 자신의 가능성을 다시 정의할 수 있다는 점이다."

그는 영화 제작 과정에서 최첨단 기술을 도입하며, 상상력을 현실로 만드는 데 기술이 어떻게 기여할 수 있는지를 입증했다. 그의 작품 속 기술은 단순히 기능적인 요소를 넘어, 인간의 정체성과 잠재력을 탐구하는 도구로 작동한다. 카메론은 기술이 단순한 문제 해결을 넘어, 인간이 스스로의 한계를 뛰어넘고 새로운 가능성을 발견하도록 돕는 혁신의 원천이라고 보았다.

자크 엘륄 "기술과 자유"

의미: 기술은 인간을 자유롭게 할 때 진정한 가치를 지닌다.
출처: 기술 철학자 엘륄의 기술과 인간 자유에 대한 통찰.

20세기, 프랑스의 기술 철학자 자크 엘륄은 기술 사회를 통해 기술이 인간에게 미치는 영향과 그 윤리적 책임을 심도 있게 논의했다. 그는 기술의 발전이 단순히 효율성을 증가시키는 데 그쳐서는 안 되며, 인간의 자유를 증진시키는 방향으로 나아가야 한다고 주장했다

"기술이 인간을 자유롭게 할 때, 그것이 진정으로 유용하다."

이 말은 기술이 단순히 인간의 노동을 대체하거나 삶을 편리하게 만드는 것을 넘어, 인간이 자신의 삶을 더 풍요롭게 설계하고 본질적인 자유를 누릴 수 있도록 해야 한다는 그의 철학을 잘 드러낸다. 엘륄은 기술이 인간의 주인이 되는 것이 아니라, 인간에게 봉사하는 도구로 남아야 한다고 강조했다. 또한 그는 기술의 발전이 필연적으로 인간의 삶에 영향을 미친다고 보았지만, 그 방향성이 잘못 설정될 경우 인간의 자유와 창의력을 억압할 위험이 있다고 경고했다.

앨빈 토플러 "정보는 권력이다"

의미: 제대로 분석하고 활용하는 정보는 권력과 같다.
출처: 미래학자 앨빈 토플러의 저서 〈제3의 물결〉와 그의 정보 사회에 대한 통찰.

20세기 후반, 앨빈 토플러는 산업화 시대를 지나 정보화 시대로의 전환을 예견했다. 그는 정보가 현대 사회의 핵심 자원이자 새로운 시대의 권력이라고 주장했다. 하지만 그는 단순한 정보의 축적이 아니라, 그것을 능동적으로 활용하는 자가 진정한 힘을 가질 것이라고 강조했다.

"정보는 힘이고, 권력이다. 하지만 정보를 어떻게 사용하는지가 진짜 권력이다."

그는 정보가 넘쳐나는 시대에 정보의 가치는 그것을 얼마나 잘 분석하고 실천에 옮기느냐에 따라 달라진다고 보았다. 과거에는 부와 자원이 권력을 결정했지만, 정보화 시대에는 정보를 이해하고 전략적으로 활용하는 자가 권력을 쥐게 된다는 것이다. 그는 정보의 중요성을 강조하면서도 정보 과잉의 위험도 경고했다. 정보의 양이 많아질수록 이를 필터링하고 유의미한 결론을 도출하는 능력이 더 중요해진다고 말했다.

노버트 위너 "행동을 이끄는 조직화된 데이터"

의미: 정보는 체계적으로 조직화되어 행동을 위한 방향과 지침을 제공하는 도구.
출처: 사이버네틱스의 창시자 노버트 위너의 저서 〈사이버네틱스: 동물과 기계에서의 제어와 소통〉.

19~20세기, 수학자이자 철학자였던 노버트 위너는 기계와 인간, 그리고 정보의 관계를 탐구하며 새로운 패러다임을 제시했다. 그는 사이버네틱스라는 학문을 통해 정보의 흐름과 제어, 소통의 원리를 수학적으로 정의하며 인류가 정보 시대에 접어들 것을 예견했다. 위너에게 있어 정보는 단순한 데이터의 나열이 아니었다.

"정보는 조직화된 데이터이며, 그것이 바로 행동의 지침이 된다. 무질서한 데이터는 그 자체로 아무런 의미를 갖지 않지만, 그것이 체계적으로 조직되고 해석될 때 비로소 행동과 결정을 이끄는 힘을 가지게 된다."

노버트 위너의 통찰은 우리가 단순히 데이터를 수집하는 것에 그치지 않고, 그것을 조직화하고 의미 있게 활용할 때 진정한 행동의 지침과 혁신의 원동력이 된다는 것을 보여준다.

앨런 튜링 "사고의 본질"

의미: 인간과 기계의 사고의 본질은 정보 수집과 처리 능력이다.
출처: 현대 컴퓨터 과학의 아버지 앨런 튜링의 연구와 논문 〈계산 가능 수에 대한 연구〉.

1936년, 수학자 앨런 튜링은 인간의 사고와 계산이 어떻게 작동하는지를 탐구하며 새로운 개념을 제시했다. 그는 복잡한 연산을 자동으로 처리하는 튜링 기계의 이론적 모델을 개발해 정보 처리의 가능성을 열었다. 그는 인간의 사고를 단순히 감정이나 창의성으로 보지 않았다. 그는 정보를 입력받고 분석하며 결론을 도출하는 과정 자체가 사고의 핵심이라고 보았다. 이는 인간의 두뇌뿐 아니라 기계에서도 가능하다는 혁신적 시각이었다.

"정보를 처리하는 능력이 곧 사고의 핵심이다."

그의 연구는 인공지능(AI)의 기초가 되었다. 그는 기계가 인간처럼 생각할 수 있는지를 확인하기 위해 '튜링 테스트'를 고안했다. 이는 기계가 인간과 구별할 수 없을 정도로 자연스럽게 정보를 처리하고 대화할 수 있는지를 판단하는 기준이었다.

칼 세이건 "정보의 축적과 문명의 미래"

의미: 정보는 문명을 이루는 기반이며, 무지는 그 문명을 파괴한다.
출처: 천문학자이자 과학 저술가인 칼 세이건의 과학적 견해와 저서 〈코스모스〉.

20세기 후반, 칼 세이건은 과학과 인류의 미래를 깊이 고민하며 정보와 지식이 문명의 기둥이라는 점을 강조했다. 그는 과학의 몰락과 정보의 무시가 인류를 다시 과거의 암흑기로 되돌릴 수 있다고 우려했으며, 과학적 탐구와 정보의 축적이 인류를 어둠에서 빛으로 이끌었음을 수차례 역설했다.

"정보의 축적은 문명을 가능하게 하고, 무지는 그것을 파괴한다."

세이건은 인류가 정보와 지식을 쌓으며 자연을 이해하고 기술을 발전시켜 왔다고 말했다. 불, 바퀴, 인쇄술, 전기, 그리고 우주 탐사까지, 모든 문명의 혁신은 정보를 탐구하고 공유하려는 인간의 열망에서 시작되었다. 하지만 그는 동시에 무지와 정보의 왜곡이 문명의 가장 큰 적이라고 경고했다.

스티브 잡스 "정보와 창의력의 결합"

의미: 정보는 인간의 창의력을 자극할 때 비로소 가치가 있다.
출처: 애플의 창립자 스티브 잡스의 혁신 철학과 기술에 대한 통찰.

스티브 잡스는 기술과 인간의 창의력을 결합해 세상을 바꿔 놓았다. 그는 정보를 단순히 모으고 저장하는 것을 넘어, 그것을 활용해 혁신을 창조하는 것의 중요성을 설파했다. 그는 정보가 무한히 쌓이는 시대에도 그것만으로는 부족하다고 보았으며, 중요한 것은 정보를 어떻게 해석하고, 그것을 기반으로 어떤 새로운 아이디어를 만들어내느냐였다. 그는 창의력과 혁신이 정보에 생명을 불어넣는다고 믿었다.

"정보는 인간의 창의력을 자극할 때 비로소 가치가 있다."

아이폰, 아이패드, 맥북과 같은 그의 혁신은 단순한 기술 발전이 아니었다. 그는 정보를 인간의 경험과 연결시키고, 직관적이고 아름다운 사용자 경험을 창조했다. 기술과 창의력을 결합해 세상이 정보를 활용하는 방식을 바꾼 것이다.

조지프 스티글리츠 "정보의 비대칭이 만든 불평등"

의미: 정보가 편중되면 불평등과 불공정과 더불어 사회오· 경제의 균형이 깨진다.
출처: 경제학자 조지프 스티글리츠의 연구와 저서 〈정보경제학 및 불평등의 대가〉.

20세기 후반, 경제학자 조지프 스티글리츠는 시장이 완벽하게 작동하지 않는 이유를 탐구하며 정보의 비대칭성 문제를 제기했다. 그는 시장의 실패가 단순한 구조적 결함이 아니라, 정보가 불평등하게 분배되었기 때문이라고 강조했다.

"정보의 비대칭은 불평등과 불공정을 초래한다."

스티글리츠에 따르면, 시장의 참여자들이 동일한 정보를 갖지 못하면 한쪽은 이익을 보고, 다른 한쪽은 손해를 보게 된다. 예를 들어, 기업이 노동자나 소비자보다 더 많은 정보를 가질 경우, 공정한 거래는 불가능해지고 불평등은 심화된다고 역설했다.

그는 이러한 정보의 불균형이 빈부격차를 키우고 경제적 불평등을 구조화한다고 분석했다. 금융위기, 보험 시장의 실패, 불공정한 대출 관행 등은 정보의 비대칭에서 기인한 문제들이었다.

클로드 섀넌 "불확실성을 줄이는 열쇠"

의미: 정보의 본질은 불확실성을 해소하고 명확한 결정을 내리는 데 있다.
출처: 정보 이론의 아버지 클로드 섀넌의 연구와 그의 논문 〈통신의 수학적 이론〉.

1948년, 클로드 섀넌은 논문을 통해, 전기공학자이자 수학자 클로드 섀넌은 정보의 본질에 대한 새로운 시각을 제시했다. 그는 무질서하고 혼란스러운 데이터 속에서 질서를 찾아내는 방법을 수학적으로 정의하고자 했다. 섀넌은 정보가 단순한 데이터가 아니라, 불확실성을 줄이는 역할을 한다고 보았다. 예를 들어, 동전을 던져 앞면인지 뒷면인지 알 수 없을 때, '앞면이다'라는 정보가 전달되면 불확실성이 해소된다.

"정보는 불확실성을 줄이는 도구다."

그가 정의한 정보는 의사소통의 핵심이었고, 이는 모든 디지털 기술의 근간이 되어, 전보, 전화, 컴퓨터와 같은 커뮤니케이션 시스템의 혁신으로 이어졌다. 그의 정보 이론은 오늘날 인터넷, 데이터 압축, 인공지능과 같은 첨단 기술에까지 영향을 미치고 있다.

짐 그레이 "데이터, 의견을 넘어서 진실로"

의미: 데이터는 객관적 근거이며, 데이터가 없으면 단지 주관적 의견에 불과한 것.
출처: 분산 컴퓨팅의 선구자이자 짐 그레이의 저서와 데이터 중심 사고.

데이터베이스와 분산 컴퓨팅의 선구자이자 튜링상 수상자 짐 그레이는 데이터베이스 시스템의 혁신을 이끌며 현대 정보 기술의 기초를 세웠다. 그는 데이터가 단순한 숫자와 기록이 아니라, 진실과 결정을 위한 근거라고 강조했다. 그는 기술의 발전으로 방대한 양의 데이터를 수집할 수 있는 시대가 왔지만, 그 데이터를 분석하고 해석하지 않으면 의미가 없다고 지적했다.

"데이터가 없으면 당신은 단지 의견만 갖고 있을 뿐이다."

그는 데이터가 뒷받침되지 않는 말은 개인의 의견일 뿐이고, 검증되지 않은 의견은 신뢰할 수 없는 결과를 낳기 쉽다고 역설했다. 그의 통찰은 과학, 비즈니스, 정치, 모든 분야에 적용된다. 예를 들어, 기업이 의사결정을 내릴 때 데이터 없이 감에 의존하면 실패하기 쉽지만, 데이터에 기반한 판단은 결과를 예측하고 개선하는 힘을 제공한다.

세스 고딘 "스토리텔링의 힘"

의미: 정보의 홍수 속에서 중요한 것은 진실이 아니라 전달 방식이다.
출처: 마케팅 구루이자 작가 세스 고딘의 저서 〈퍼플 카우〉와 그의 커뮤니케이션 철학.

디지털 시대, 세상은 끝없는 정보로 가득 차 있다. 누구나 정보를 생산하고 공유할 수 있는 세상이 되었지만, 그 속에서 진실은 종종 묻히고 만다. 세계적인 마케팅 전문가 세스 고딘은 이 혼돈의 시대에서 어떻게 정보를 전달하느냐가 핵심이라고 역설했다.

"정보의 홍수 속에서 주목받는 것은 진실이 아니라 이야기를 전달하는 방식이다."

그는 사람들이 단순한 사실이나 숫자가 아니라, 이야기에 반응한다고 말했다. 정보가 감정과 공감, 그리고 의미를 담아 전달될 때 비로소 주목받고 기억된다는 것이며, 마케팅의 본질도 여기에 있다고 보았다. 평범한 정보는 쉽게 잊히지만, 독특하고 의미 있는 이야기는 사람들의 마음을 움직이고 행동을 이끌어낸다. 그의 통찰은 단순히 마케팅에 국한되지 않는다. 정치, 예술, 비즈니스, 개인 브랜딩에 이르기까지 진실을 어떻게 포장하고 이야기하느냐가 중요한 시대다.

앨런 튜링 "생각하는 기계보다 행동하는 기계"

의미: 기계가 인간처럼 행동하고, 인간과 상호작용할 수 있는가의 문제.
출처: 현대 컴퓨터 과학의 창시자 앨런 튜링의 논문 〈컴퓨팅 기계와 지능〉.

1950년, 앨런 튜링은 기계가 지능적으로 행동할 수 있는지를 탐구하며, 인간과 기계의 사고 차이를 논의한 혁신적 논문을 발표했다. 그는 단순히 기계가 '생각한다'고 말할 수 있는 기준을 세우기보다, 기계가 인간처럼 행동할 수 있는지에 초점을 맞췄다. 튜링은 인간과 기계 간의 상호작용을 통해 기계의 지능을 판단하는 튜링 테스트를 제안했다. 이 테스트는 기계가 대화에서 인간과 구별되지 않을 정도로 자연스럽게 행동할 수 있는지를 측정하는 것이었다.

"기계가 생각할 수 있느냐는 질문보다 중요한 것은 기계가 우리처럼 행동할 수 있느냐이다."

그의 접근법은 기계 지능에 대한 논의를 철학적 추상에서 실질적인 관점으로 전환시켰다. 튜링은 사고란 단순히 내부의 과정이 아니라, 외부 행동으로 드러나는 것이라고 보았다. 이는 인공지능의 궁극적인 목표를 단순히 '생각하는 기계'가 아니라, 인간과 유사하게 상호작용하는 기계로 설정하는 데 결정적인 영향을 미쳤다.

일론 머스크 "AI는 기회와 위협의 경계선이다"

의미: AI의 급속한 발전은 인류에게 위협이 될 가능성이 있다.
출처: AI 전문가 제프리 힌턴 박사의 기술 변화와 인간 미래에 대한 경고 인터뷰.

제프리 힌턴 박사, 그는 캐나다 토론토대 교수이자 AI 분야의 '개척자'로 불리며, 노벨 물리학상 수상 및 구글 부사장을 역임한 그는 최근 영국 BBC 라디오에서 AI 기술의 급속한 발전이 인류에게 심각한 위협이 될 수 있다고 경고했다.

"기술 변화의 속도가 예상보다 훨씬 빠르다. AI 기술의 급속한 발전이 인류의 존망을 가를 위협이 될 수 있다."

그는 'AI 기술의 급속한 발전으로 향후 30년 내 인류 멸종 가능성이 10~20%에 이를 수 있다.'고 밝혔으며, 또한 '인류는 자신보다 더 똑똑한 존재를 상대해본 적이 없다. 더 지능적인 것이 덜 똑똑한 것에 의해 통제되는 사례는 거의 없다.'고 강력한 AI 시스템과 인간 간의 격차를 강조했다. 그는 AI 시스템에 비하면 인간은 마치 세 살짜리 아이와 같은 상태라며, AI의 통제가 인간의 능력을 초월할 위험성을 경고했다.

레이 커즈와일 "인간 진화의 새로운 도구"

의미: 인공지능은 인간의 한계를 넘어 새로운 진화의 가능성을 열어주는 혁신적 기술.
출처: 미래학자이자 발명가 레이 커즈와일의 저서 〈특이점이 온다〉.

레이 커즈와일은 인공지능과 인간의 융합이 만들어낼 미래를 예측하며 세상을 놀라게 했다. 그는 AI를 도구가 아닌 동반자로 보았으며, 기술의 발전이 단순히 인간을 보조하는 데 그치지 않고, 인간 능력을 극대화하며 새로운 차원의 진화를 가능하게 할 것이라고 말했다. 또한, AI는 단순히 작업을 자동화하는 것을 넘어 인간의 창의력, 사고력, 그리고 문제 해결 능력을 확장시킬 수 있다고 주장했다.

"인공지능은 인간의 능력을 증폭시키는 도구이며, 인류의 다음 진화 단계다."

그는 AI와 인간이 결합하는 미래를 '특이점(Singularity)'이라고 명명했으며, 기술이 인간의 두뇌와 통합되어, 신경망과 AI가 융합된 인공지능 시스템은 인간의 기억을 보조하고, 판단 능력을 증강하며, 질병과 노화를 극복하는 데 기여할 수 있다고 역설했다.

닐 드그래스 타이슨 "질문을 넘어선 답의 도구"

의미: AI는 인간의 한계를 뛰어넘어 새로운 통찰과 해답을 제공하는 혁신 기술.
출처: 천체 물리학자 닐 드그래스 타이슨의 강연과 인터뷰에서 AI의 잠재력에 대한 통찰.

천체 물리학자 닐 드그래스 타이슨은 인간이 우주와 자연을 탐구하는 데 있어 상상력과 질문이 핵심적이라고 말해왔다. 하지만 그는 인공지능이 단순히 인간의 질문을 풀어주는 것을 넘어, 인간이 미처 생각하지 못한 새로운 질문과 답을 제시할 가능성이 있다고 보았다.

"인공지능은 우리가 질문하지 못한 질문들에 답을 줄 수 있는 도구다."

그는 AI를 과학적 탐구의 연장선으로 보았다. 과거 망원경과 같은 도구가 우리 시야를 넓혀준 것처럼, AI는 지적 탐구의 범위를 확장시키는 도구다. 우리가 AI를 통해 답을 얻을 때, 그것은 새로운 질문의 출발점이 된다고 말했다.

닉 보스트롬 "기술보다 중요한 인간의 책임"

의미: 인공지능 기술의 윤리적 통제는 기술 자체보다 더 중요한 인간의 근본적 과제.
출처: 철학자이자 미래학자 닉 보스트롬의 〈저서 슈퍼인텔리전스: 경로, 위험, 전략〉.

21세기 초, 닉 보스트롬은 인공지능이 인류에 미칠 영향을 심도 깊게 분석하며, AI 발전의 윤리적, 사회적 책임을 강조했다. 그는 기술의 발전이 단순히 긍정적인 결과를 가져오지 않을 수 있으며, 그 기술을 어떻게 통제하고 활용하느냐가 핵심이라고 강조했다.

"AI의 가장 큰 도전은 기술이 아니라, 그것을 통제할 수 있는 인간의 책임이다."

그는 AI가 기술적으로 성공할수록, 그것을 윤리적으로 통제하고 인간의 가치에 맞게 활용하는 것이 더욱 중요하다고 보았다. 특히 초지능(Superintelligence)이 인간의 이해와 통제를 넘어설 가능성에 대해 우려하며, 인간이 AI를 설계하고 발전시키는 과정에서 신중함을 잃지 않아야 한다고 강조했다.

사티아 나델라 "창의성과 생산성 향상"

의미: 인공지능은 인간의 창의력과 생산성을 극대화하는 혁신적 협력 도구.
출처: 마이크로소프트 CEO 사티아 나델라의 강연 및 인터뷰.

21세기 디지털 혁명의 중심에 선 사티아 나델라는 인공지능 기술의 발전이 인간의 삶과 일의 방식을 혁신적으로 바꾸는 데 초점을 맞춰야 한다고 강조했으며, AI의 역할을 단순한 자동화 기술이 아닌, 인간의 잠재력을 확대하는 동반자로 정의했다. 또한 그는 AI가 반복적이고 단순한 작업을 대신 수행함으로써 인간이 더 창의적이고 전략적인 업무에 집중할 수 있도록 돕는 것이 핵심이라고 말했다.

"인공지능의 성공은 인간이 더 창의적이고 생산적으로 일하도록 돕는 데 달려 있다."

그의 비전은 인간과 AI의 협력에 중점을 두고 있다. 마이크로소프트의 클라우드 서비스와 생산성 플랫폼은 이러한 철학을 기반으로 설계되었다. 나델라는 AI가 포용적이고 접근 가능한 기술이 되어야 하며, 모든 사람이 창의력과 생산성을 극대화할 수 있는 기회를 제공해야 한다고 강조했다.

샘 알트만 "상상력의 경계를 넘어 삶을 재구성하다"

의미: 인공지능은 상상력을 확장하고 삶의 패러다임을 변화시키는 혁신적 도구.
출처: OpenAI CEO 샘 알트만의 인터뷰와 강연에서 제시된 AI의 미래에 대한 통찰.

전 세계적으로 돌풍을 일으키고 있는 챗GPT를 개발한 OpenAI의 리더 샘 알트만은 인공지능이 가져올 미래에 대한 깊은 비전을 제시했다. 그는 AI가 단순히 인간의 문제를 해결하는 기술을 넘어, 우리의 상상력을 자극하고, 사회와 문명을 근본적으로 재구성할 잠재력을 가지고 있다고 역설했다.

"AI는 우리의 상상력의 한계를 시험하며, 우리 삶을 근본적으로 재구성할 잠재력을 지닌다."

알트만은 인공지능이 사람들의 상상 속에서만 가능했던 것을 현실로 만들 수 있다고 강조했다. 현재 AI(챗GPT)는 창의적 콘텐츠 생성, 인간의 언어 이해, 그리고 복잡한 과학적 문제 해결에서 인간의 능력을 뛰어넘는 도구로 자리 잡고 있다.

데미스 허사비스 "인간 지능의 확장과 문제 해결의 열쇠"

의미: 인공지능은 인간 지능을 보완하고 미해결 난제 해결에 핵심적 역할을 하는 도구.
출처: 딥마인드 창립자 데미스 허사비스의 AI 연구와 인터뷰에서 강조된 철학과 비전.

딥마인드의 창립자인 데미스 허사비스는 인공지능이 단순한 기술적 도구를 넘어 인간의 사고와 지능을 확장하는 동반자가 될 수 있음을 설파해왔다. 그는 AI가 과학, 의학, 환경 등에서 해결하기 어려운 문제를 풀어가는 데 결정적인 역할을 할 것이라고 믿었다. 그는 바둑의 신화를 깨뜨린 알파고와 단백질 구조를 예측하는 알파폴드 같은 프로젝트를 통해 AI의 잠재력을 입증했다.

"인공지능은 인간 지능의 확장이며, 우리가 아직 해결하지 못한 문제들을 풀어낼 열쇠다."

특히, 알파폴드는 생물학적 난제를 해결하며 신약 개발과 질병 치료에 혁신적인 기여를 하고 있다. 이는 인간 지능과 AI의 협력이 어떻게 복잡한 문제를 풀어낼 수 있는지를 보여주는 대표적인 사례다.

♥ AI에 관심이 많은 독자들을 위한 특별 선물 ♥

인공지능에 관심이 독자분들에게 480페이지 분량의 〈연봉 5억 N잡러가 되기 위한 AI 무자본 창업 50선〉 도서를 무료로 제공한다. 본 도서는 생성형 AI를 활용하여 누구나 도전해 볼 수 있는 AI 무자본 창업에 대한 영감과 아이디어가 담긴 전자책(PDF) 형태의 도서로, 현재 교보, 예스24, 알라딘 등에서 실물(종이책)로 판매되고 있다.

부록 전자책 비밀번호 요청하기

본 도서의 부록 전자책(PDF)은 다음과 같이 스마트폰 카메라를 이용해 QR 코드를 스캔한 후 "책바세 톡톡" 카카오톡으로 들어와 요청하면 된다.

 **이름**과 **직업**을 **지워지지 않는** 펜으로 쓴 후 촬영하여 QR 코드 스캔을 통해 카카오 톡에, 촬영한 **이미지**를 보내면서 요청한다.

스티브 잡스 "혁신, 리더를 만드는 힘"

의미: 혁신은 새로운 아이디어 창출을 넘어, 시장과 문화를 선도하는 리더십의 본질.
출처: 애플의 창립자 스티브 잡스의 리더십 철학과 기술 혁신에 대한 통찰.

스티브 잡스는 늘 관습에 얽매이지 않는 사고로 세상을 바꿀 혁신을 추구했다. 그는 제품 설계와 사용자 경험에 있어 기존의 틀을 깨고, 사람들이 필요로 하기 전에 그것을 제안하며, 시장을 선도하고자 했다. 그 결과 아이폰, 아이패드, 맥북 등 획기적인 제품들을 선보이며, 단순히 기술을 개발하는 것을 넘어 사용자 경험을 완전히 새롭게 정의했다.

"혁신은 리더와 추종자를 구분 짓게 하는 것이다."

그에게 혁신은 단순히 기존 기술을 개선하는 것이 아니라, 시장과 문화의 판도를 바꾸는 것이었다. 그는 아이폰을 통해 스마트폰의 개념을 새롭게 정의했고, 이는 사람들이 기술과 소통하는 방식을 근본적으로 변화시켰다.

피터 드러커 "혁신은 변화를 기회로 바꾼다"

의미: 혁신은 변화에 수동적 대응이 아닌, 변화를 적극적 기회로 전환하는 창의적 과정.
출처: 경영학의 아버지로 불리는 피터 드러커의 저서 〈혁신과 기업가 정신〉.

20세기 중반, 피터 드러커는 현대 경영학의 아버지로 불리며, 조직이 변화와 혁신을 통해 생존하고 성장할 수 있는 방식을 제시했다. 그는 변화에 단순히 반응하는 수동적 접근이 아니라, 변화를 새로운 기회로 전환하는 능동적 전략이 성공의 열쇠라고 강조했다.

"혁신은 변화에 반응하는 것이 아니라, 변화를 기회로 바꾸는 것이다."

드러커는 조직이 혁신을 통해 단순히 변화를 극복하는 것이 아니라, 변화를 성장과 발전의 발판으로 삼아야 한다고 설명했으며, 기업과 개인 모두가 외부 환경의 변화에 능동적으로 대응하지 않으면 도태될 수밖에 없다고 경고했다. 하지만 그는 변화가 항상 위기가 아니라, 오히려 새로운 시장과 가치를 창출할 기회라고 역설했다.

빌 게이츠 "혁신은 새로운 시각에서 시작된다"

의미: 혁신은 기술이 아닌 문제를 바라보는 창의적 관점의 전환에서 시작되는 과정.
출처: 마이크로소프트 창립자 빌 게이츠의 강연 및 저서에서 강조된 혁신에 대한 철학.

빌 게이츠는 기술 혁신을 통해 세상을 변화시키는 데 앞장섰지만, 그는 진정한 혁신이 기술 자체에서만 오는 것이 아니라고 강조했다. 그의 접근법은 문제를 새로운 시각으로 분석하고, 기존의 틀을 깨는 창의적 사고에 기반을 두고 있었다. 그는 마이크로소프트를 창립하며 기술의 민주화를 목표로 삼았다. 당시 대형 컴퓨터가 기업과 연구소 중심으로 사용되던 시기에, 그는 개인이 컴퓨터를 활용할 수 있는 시대를 상상했다.

"혁신은 기술에서만 오는 것이 아니다. 그것은 문제를 새로운 방식으로 바라보는 것이다."

그의 혁신적 사고는 비즈니스뿐만 아니라 자선 활동에서도 나타났다. '빌 & 멀린다 게이츠 재단'을 통해 그는 질병, 기아, 교육 문제를 해결하기 위해 새로운 접근 방식을 도입했다.

헨리 포드 "원하는 것을 더 빠르고 저렴하게"

의미: 혁신은 새로움을 넘어, 사람들의 요구를 효율적이고 경제적으로 충족시키는 것.
출처: 자동차 산업의 혁신을 이끈 헨리 포드의 경영 철학과 생산 공정 혁신 과정.

20세기 초, 헨리 포드는 자동차를 소수의 부유층만이 소유할 수 있었던 사치품에서, 누구나 접근할 수 있는 실용적인 필수품으로 탈바꿈시켰다. 그는 단순히 자동차를 생산하는 데 그치지 않고, 어떻게 더 빠르고 저렴하게 생산할 수 있을지를 고민했다.

"혁신이란 사람들이 원하는 것을 더 빨리, 더 저렴하게 제공하는 것이다."

포드는 조립라인 생산 방식을 도입하여 자동차 제조의 혁신을 이뤘다. 그의 시스템은 작업 공정을 세분화하고, 각 단계에서 효율성을 극대화하여 생산 속도를 크게 향상시켰다. 이로 인해 '모델 T'는 가격이 대폭 낮아졌고, 중산층 가정에서도 자동차를 소유할 수 있는 시대가 열렸다.

제프 베조스 "혁신은 고객의 불편에서 시작된다"

의미: 혁신은 고객의 불편과 문제점 파악에서 시작해 이를 해결하는 가치 창출 과정.
출처: 아마존 창립자 제프 베조스의 경영 철학과 인터뷰.

제프 베조스는 아마존을 창립하며, 고객 중심의 혁신을 기업 철학의 중심에 두었다. 그는 고객의 불편과 니즈를 이해하는 것이 새로운 가치를 창출하는 첫걸음이라고 강조했다. 아마존의 성공은 단순히 물건을 판매하는 전자상거래 플랫폼이 아니라, 고객 경험을 혁신하는 데 있었다.

"혁신은 고객의 불편함에서 시작된다. 그것을 해결하는 것이 우리의 일이다."

그는 온라인 쇼핑의 번거로움을 해결하기 위해 쉽고 빠른 결제 시스템, 1일 배송, 개인화된 추천 알고리즘 등 고객의 편의를 극대화하는 다양한 서비스를 도입했다. 그는 항상 고객의 입장에서 생각하며, 작은 불편도 놓치지 않았으며, 고객의 불만을 듣는 것이 미래의 혁신 기회를 발견하는 열쇠라고 믿었다. 아마존 프라임, 킨들, AWS와 같은 서비스들은 이러한 모두 고객의 요구와 불편함을 해결하려는 노력에서 탄생된 것들이다.

마크 저커버그 "혁신은 도전에서 시작된다"

의미: 혁신은 위험을 감수하는 용기가 필요하며, 안전 추구가 혁신의 가장 큰 적이다.
출처: 페이스북 창립자 마크 저커버그의 강연과 인터뷰에서 강조한 도전 정신과 혁신 철학.

마크 저커버그는 2004년 하버드 기숙사 방에서 단순한 대학생 네트워크로 시작한 페이스북을 세계 최대의 소셜미디어 플랫폼으로 성장시켰다. 그는 성장을 위해 끊임없이 위험을 감수하며 도전에 나서는 것을 주저하지 않았다. 저커버그는 페이스북이 안정적인 상태에 머물지 않도록 지속적인 변화를 추구했다.

"가장 큰 위험은 위험을 피하려는 것이다. 혁신은 도전에서 시작된다."

그는 알고리즘 개편, 새로운 기능 도입, 메타버스에 대한 대규모 투자 등, 항상 도전과 위험을 동반했으며, 혁신이란 실패의 가능성을 안고서도 새로운 길을 개척하려는 용기에서 나온다고 믿었다. 페이스북은 여러 차례 논란과 비판에 직면했지만, 저커버그는 이러한 상황에서도 기술과 비즈니스 모델을 끊임없이 발전시키며 글로벌 소통의 방식을 혁신했다.

리드 헤이스팅스 "규칙의 재해석에서 시작되는 혁신"

의미: 혁신은 규칙을 파괴하는 것이 아닌, 이를 새롭게 해석하고 적용하는 창조적 과정.
출처: 넷플릭스 창립자 리드 헤이스팅스의 경영 철학과 스트리밍 혁신에 대한 통찰.

1997년, 리드 헤이스팅스는 비디오 대여의 번거로움을 해결하기 위해 넷플릭스를 설립했다. 하지만 그는 단순히 기존의 비디오 대여 산업을 대체하려는 것이 아니라, 고객 경험의 본질을 재해석하는 데 집중했다. 그 결과 넷플릭스는 DVD 대여에서 시작해 스트리밍 서비스로 진화하며, 고객이 원하는 콘텐츠를 언제 어디서나 제공한다는 규칙을 재해석했다.

"혁신은 규칙을 부수는 것이 아니라, 그 규칙을 재해석하는 데서 온다."

넷플릭스는 기존의 텔레비전과 영화 배급 시스템의 한계를 파악하고, 이를 디지털 기술로 해결함으로써 고객의 요구를 충족시켰으며, 또한 전통적인 제작 방식을 재구성하며 오리지널 콘텐츠 제작에 투자했다. 이는 단순한 콘텐츠 소비 플랫폼에서 벗어나, 글로벌 엔터테인먼트 리더로 자리 잡는 혁신적인 도약이었다.

세르게이 브린 "상상을 현실로 만드는 혁신"

의미: 혁신은 미래에 대한 상상을 넘어, 이를 현실로 만드는 실천적 창조 과정.
출처: 구글 공동 창립자 세르게이 브린의 기술 혁신에 대한 철학과 비전.

세르게이 브린은 1998년 래리 페이지와 함께 구글을 창립하며, 단순한 검색 엔진을 넘어 세상을 변화시키는 플랫폼을 만들고자 했다. 그는 미래를 상상하는 것만으로는 충분하지 않으며, 상상을 현실로 구현하는 과정에서 진정한 혁신이 이루어진다고 믿었다.

"혁신은 미래를 상상하는 것이 아니라, 상상을 현실로 만드는 것이다."

그는 구글 검색 엔진을 통해 전 세계의 정보를 연결하고, 누구나 쉽게 접근할 수 있도록 만들었다. 또한, 구글 맵, 유튜브, 자율주행 자동차, 구글 글래스 등 다양한 프로젝트를 통해 상상을 기술로 실현했다. 브린의 접근법은 항상 가능성에 대한 상상과 이를 실현하기 위한 행동과 실행에 초점을 맞추었다. 특히 그는 도전적인 프로젝트인 구글 X를 통해 미래 기술을 탐구하며, 일상적으로 불가능하다고 여겨졌던 아이디어를 현실로 구현하는 데 집중했다.

다니엘 핑크 "창의성과 행동의 만남"

의미: 혁신은 창의성과 행동이 결합될 때 완성된다.
출처: 다니엘 핑크의 저서 〈드라이브: 우리를 움직이는 놀라운 동기부여의 과학〉.

다니엘 핑크는 현대 사회에서 창의성이 중요한 덕목으로 여겨지지만, 실질적인 행동이 수반되지 않으면 창의성만으로는 혁신을 이룰 수 없다고 강조했다. 그는 혁신을 단순한 영감의 순간으로 보지 않고, 끊임없는 실행과 조화를 이루는 과정으로 정의했다.

"혁신은 창의성과 행동의 결합이다. 아이디어만으로는 충분하지 않다."

그는 혁신이란 창의적 발상과 이를 구현하려는 행동력의 균형에서 비롯된다고 보았으며, 자율성, 통달, 목적이라는 동기부여 요소를 통해 사람들이 행동에 나설 수 있도록 촉진해야 한다고 제안했다. 이러한 요소는 개인이 창의적인 아이디어를 행동으로 전환하도록 동기를 부여하며, 진정한 혁신을 가능하게 한다.

제임스 와트 "상상에서 시작된 산업혁명"

의미: 발명은 상상력을 통해 시작되며, 이는 새로운 창조를 향한 첫 발걸음.
출처: 증기기관 개량으로 산업혁명을 이끈 제임스 와트의 업적.

1765년, 스코틀랜드의 한 공방에서 제임스 와트는 기존의 증기기관을 관찰하며 효율성을 높일 방법을 고민했다. 그는 단순히 동력을 만들어내는 것에 그치지 않고, 더 적은 에너지로 더 큰 힘을 만들어내는 새로운 설계를 상상했다.

"모든 발명은 상상력에서 시작된다. 우리는 상상하지 못하는 것을 만들 수 없다. 우리가 상상한 것만이 현실이 될 수 있다. 그러니 상상력을 두려워하지 말라."

이 말은 와트가 기술 혁신을 대하는 철학을 잘 보여준다. 와트는 별도의 응축기를 도입한 증기기관을 개발하며, 에너지 낭비를 줄이고 효율성을 극대화했다. 그의 발명은 공장과 교통 시스템의 변화를 이끌며, 산업혁명을 촉진하는 계기가 되었다. 또한 그의 상상력은 단순히 기술적 개선에 그치지 않고, 인류의 생산과 생활 방식을 근본적으로 바꾸었다.

토머스 에디슨 "영감과 노력"

의미: 발명은 순간의 영감이 아닌 끊임없는 노력으로 아이디어를 실현하는 과정의 결실.
출처: 토머스 에디슨의 발명 철학과 그의 인터뷰에서 남긴 유명한 어록.

전구, 축음기, 영화 카메라 등 1,000개 이상의 발명품을 세상에 내놓은 토머스 에디슨은 발명가로서의 삶에서 노력의 가치를 누구보다도 잘 이해했다. 그의 여정은 단순한 영감에서 시작되지 않았다.

"발명은 1%의 영감과 99%의 노력으로 이루어진다."

에디슨은 전구를 개발하는 과정에서 무려 10,000번의 실패를 경험했다. 하지만 그는 이 실패를 끝이 아니라, 올바른 방법을 찾아가는 과정으로 보았다. 그의 끈기는 전구를 완성하고, 전 세계에 빛을 가져오는 데 결정적인 역할을 했다. 그는 창의적 영감이 발명의 시작점이긴 하지만, 진정한 발명은 이 영감을 구체화하기 위한 끊임없는 노력과 실행에서 나온다고 강조했다.

알렉산더 그레이엄 벨 "창의적 의문에서 시작"

의미: 발명은 호기심과 창의적 의문을 해결하려는 노력으로 새 가능성을 여는 과정.
출처: 전화기의 발명으로 통신의 혁명을 이끈 알렉산더 그레이엄 벨의 발명 철학.

1876년, 알렉산더 그레이엄 벨은 '소리를 전기 신호로 전달할 수 있을까?'라는 창의적인 질문에서 출발하여 세상을 변화시키는 발명품, 전화기를 탄생시켰다. 그는 인간의 음성을 전기 신호로 변환해 먼 거리로 전달할 수 있는 가능성을 탐구하며, 이를 현실로 만들기 위해 끊임없이 노력했다.

"발명은 창의적인 의문을 통해 새로운 가능성을 열어가는 과정이다."

벨은 단순한 기술적 성과를 넘어, 인간의 의사소통 방식을 근본적으로 혁신했다. 그는 자신의 호기심과 문제 해결에 대한 열정을 결합하여, 새로운 기술과 개념을 창조했다. 그는 발명은 문제에 대한 창의적인 접근과 질문에서 시작된다고 믿었다. 기존의 틀에 얽매이지 않고, 새로운 방법을 탐구하는 과정에서 인간의 삶을 변화시키는 아이디어가 탄생한다고 보았다.

희망과 절망

희망, 기대, 행복, 고난, 극복, 위기, 위안, 성취. 절망, 상실,
한계, 어둠, 실패, 꿈, 방향, 성공과 관련된 문장들

알렉산드르 푸쉬킨 "희망은 깨어 있는 꿈이다"

의미: 삶이 어려워도 희망을 잃지 말아야 한다.
출처: 러시아 시인 푸쉬킨의 삶과 희망에 대한 철학.

19세기, 러시아의 대표적 시인 알렉산드르 푸쉬킨은 삶이 그대를 속일지라도라는 시를 통해 삶의 고난과 역경 속에서도 희망을 놓지 말라는 메시지를 전했다. 그는 삶이 힘들고 예기치 못한 일로 가득 차 있어도, 그것이 영원하지 않으며 더 나은 날이 올 것이라는 믿음을 잃지 말아야 한다고 강조했다.

"삶이 그대를 속일지라도 슬퍼하거나 노하지 말아라. 슬픈 날에 참고 견디라. 즐거운 날은 반드시 오리니..."

그는 이 시를 통해 개인적 고난과 정치적 억압을 예술로 승화하며, 희망과 용기의 가치를 노래했다. 그의 시는 단순히 위로의 말을 넘어서, 인생의 역경 속에서도 긍정적인 태도를 유지하는 법을 가르친다. 푸쉬킨의 이 시는 전 세계적으로 번역되며 사람들에게 인생의 희망과 용기를 주는 교훈적인 작품으로 지금까지도 사랑받고 있다.

에리히 프롬 "미래를 견디는 힘"

의미: 희망은 불확실한 미래 속에서도 삶을 지속하게 하는 내적 힘.
출처: 심리학자 에리히 프롬의 저서 〈사랑의 기술〉, 〈자유로부터의 도피〉.

에리히 프롬은 심리학과 철학, 사회학을 아우르며 인간의 내면을 깊이 탐구한 학자였다. 그는 불확실한 미래에 맞서 살아가는 인간에게 희망이란 무엇보다 중요한 힘이라

고 주장했다. 그의 저서 〈사랑의 기술〉과 〈자유로부터의 도피〉에서, 그는 인간이 절망과 혼란 속에서도 스스로를 지탱하는 힘으로서 희망을 설명한다.

"희망은 불확실한 미래를 견딜 수 있게 하는 힘이다."

프롬은 희망이 단순한 긍정적 기대가 아니라, 행동과 결합된 의식적인 태도라고 보았다. 희망은 단순히 결과를 기다리는 것이 아니라, 현재의 어려움을 딛고 행동하며 미래를 만들어가는 능동적인 힘이다. 그의 철학에서 희망은 고난과 두려움을 마주할 때의 용기와도 같다.

그는 희망이 인간이 가진 사랑과 연대의 능력과 깊이 연결되어 있다고 보았다. 이러한 희망은 인간이 자기 자신과 타인, 그리고 세상과의 관계를 긍정적으로 형성할 수 있도록 돕는다.

앙투안 드 생텍쥐페리 "숨겨진 생물"

의미: 희망은 절망적인 상황에서도 끝까지 버틸 수 있게 하는 원천.
출처: 프랑스 작가 생텍쥐페리의 소설 〈어린 왕자〉 속 철학.

앙투안 드 생텍쥐페리는 단순한 이야기꾼을 넘어 인간 존재, 삶의 본질, 그리고 인간 관계에 대한 철학적 통찰을 담아낸 작가로 그의 대표작 〈어린 왕자〉에서 삶과 희망에 대한 깊은 통찰을 담고 있다.

"사막이 아름다운 것은 어딘가에 샘이 숨겨져 있기 때문이다."

이 구절은 〈어린 왕자〉에서 사막이라는 황량하고 고독한 삶의 어려움과 시련 속에서도 숨겨진 샘, 즉 인간의 관계, 내면의 힘, 그리고 보이지 않는 희망과 같은 삶의 본질을 의미를 발견하며, 겉으로 보이지 않는 진정한 가치를 말한다. 이것은 사막이 고난과 시련의 상징처럼 보이지만, 그 안에 숨겨진 샘은 삶의 의미와 목적을 상징한다.

생텍쥐페리는 삶의 어려움 속에서도 그 안에 존재하는 작은 희망과 가능성을 놓치지 말라고 조언한다. 그는 인간이 삶의 겉모습에만 주목하지 않고, 본질을 발견하고자 하는 태도를 가져야 한다고 강조했다. 이 철학은 그의 모든 작품에 스며들어 있다.

알렉산더 포프 "끝없이 솟는 샘물"

의미: 희망은 고갈되지 않고 끊임없이 솟아나는 생명력.
출처: 영국의 시인 알렉산더 포프의 저서 〈인간론〉 속 인간의 희망.

18세기, 영국 문학을 대표하는 시인 알렉산더 포프는 인간의 본성과 한계를 통찰하며, 희망이란 고갈되지 않는 샘물처럼 우리 안에서 끊임없이 솟아오르는 것이라고 말했다. 그는 〈인간론〉에서 희망을 인간이 삶을 지속하게 만드는 본질적인 힘으로 표현했다. 그의 말은 희망이 고난 속에서도 우리를 버티게 하는 원천임을 상징적으로 보여준다.

"희망은 끝없이 솟아오르는 샘물이다."

그는 희망을 단순히 막연한 기대가 아니라, 인간 내면에서 스스로 재생되는 활력이라고 보았다. 고된 삶 속에서도 희망은 끝없이 솟아올라 인간이 좌절하지 않고 다시 일어설 수 있게 돕는다고 믿었다. 포프의 작품에서는 희망이 인간의 인내와 연결되어 있다. 삶의 불확실성과 고통을 마주할 때, 희망은 끊임없이 솟아오르는 샘물처럼 새로운 에너지와 방향을 제시한다. 그는 희망이 모든 인간에게 내재된 본능적인 힘이라고 보며, 이러한 힘이 인간을 고난에서 구원하고 미래로 나아가게 한다고 역설했다.

에밀리 디킨슨 "용기의 씨앗"

의미: 희망은 내면에 용기를 싹트게 하는 근원적인 힘.
출처: 미국의 시인 에밀리 디킨슨의 〈내가 아무것도 보지 못했다 해도〉.

19세기, 고독 속에서 위대한 시를 남긴 에밀리 디킨슨은 희망을 내면의 용기를 자라게 하는 씨앗으로 보았다. 그녀는 삶의 고난과 불확실성 속에서도 희망이란 우리 마음 깊은 곳에서 스스로를 일으켜 세우는 에너지를 가진 존재라고 말했다.

"희망은 용기의 씨앗을 품고 있다."

디킨슨의 이 말은 희망이 단지 바람이나 기대가 아니라, 용기의 출발점임을 보여준다. 그녀는 희망이 불확실한 상황에서 우리를 앞으로 나아가게 만드는 내적 힘임을 시를 통해 표현했다. 그녀의 작품 속에서 희망은 결코 요란하지 않다. 오히려 고요하고 지속적이며, 우리 마음속에서 자라나 행동으로 이어진다.

리처드 로어 "절망 위에 서는 힘"

의미: 희망은 절망을 극복하는 것이 아니라, 그 위에서 새로운 시각을 발견하는 힘.
출처: 신학자 리처드 로어 저서 〈통과 의례〉와 그의 강연에서 전한 영적 통찰.

20세기, 미국의 신학자 리처드 로어는 신학자이자 영성 지도자로서, 인간의 고통과 절망을 새로운 시각으로 바라보도록 돕는 데 평생을 바쳤다. 그는 희망이란 단순히 절망의 반대편에 있는 것이 아니라, 절망의 한가운데서 그것을 초월하는 깊은 통찰과 힘이라고 설명했다.

"희망은 절망의 반대가 아니라, 그 위에 있는 것이다."

그는 희망을 단순한 긍정적 태도나 고난 회피의 도구로 보지 않고, 희망을 절망 속에서도 현실을 직시하며 그 안에서 새로운 가능성을 발견하는 능력으로 정의했다. 그의 저서 〈통과 의례〉에서는 인간이 고통의 순간을 통해 더 깊은 이해와 영적 성장을 이룰 수 있음을 강조하며, 그 과정에서 희망이 핵심적인 역할을 한다고 강조한다. 로어는 절망을 무언가 피해야 할 부정적인 감정으로 보지 않았다. 오히려 그는 절망이 인간을 깨우고, 진정한 희망으로 나아가게 하는 밑거름이 된다고 보았다.

노먼 빈센트 필 "가능성의 시작점"

의미: 희망은 불가능한 상황 속에서도 가능성을 열어주는 출발점.
출처: 미국의 작가 노먼 빈센트 필의 저서 〈적극적 사고의 힘〉.

18~19세기, 노먼 빈센트 필은 긍정적 사고의 선구자로, 희망이란 모든 불가능을 가능으로 변화시키는 힘의 시작점이라고 믿었다. 그는 〈적극적 사고의 힘〉에서 희망과 긍정적인 마인드가 인간의 삶에 어떤 변화를 가져올 수 있는지를 역설하며, 희망이야말로 변화의 첫걸음이라고 강조했다.

"희망은 불가능을 가능으로 바꾸는 시작점이다."

그의 말은 단순히 희망을 막연한 기대감으로 정의하지 않는다. 오히려 희망을 구체적인 행동과 의지로 연결되는 실질적인 출발점으로 보았으며, 희망이란 현실을 무시하거나 회피하는 것이 아니라, 지금의 어려움을 딛고 새로운 가능성을 창출하는 힘이라고 역설했다.

칼 융 "꿈꾸는 자의 힘"

의미: 희망은 꿈을 현실로 만드는 정신적 에너지.
출처: 칼 융의 저서 〈심리학적 유형〉과 그의 분석 심리학에서 드러난 결론.

19~20세기, 칼 구스타브 융은 인간의 내면과 무의식을 탐구하며, 희망이란 꿈꾸는 자가 미래를 창조하는 힘이라고 정의했다. 그는 꿈이 단순한 환상이 아니라, 희망을 통해 현실로 변모할 수 있는 정신적 에너지라고 보았다. 그의 저서 〈심리학적 유형〉에서 융은 희망이 내면의 무의식적 동기와 연결되어 있으며, 그것이 행동으로 이어질 때 새로운 가능성을 열어준다고 설명했다.

"희망은 꿈꾸는 자의 힘이다."

이 말은 희망이 단순한 기대나 감정이 아니라, 꿈을 실행에 옮길 수 있는 구체적인 에너지라는 점을 강조한다. 융은 희망을 인간 내면에 깊이 자리한 창조적 본능과 연결지었다. 꿈꾸는 자는 희망을 통해 자신의 잠재력을 발견하고, 그것을 현실로 구현하기 위한 길을 찾는다. 그는 희망이 인간이 불확실한 미래를 탐구하고 새로운 길을 발견하는 데 필수적인 원동력이라고 보았다.

에드워드 G. 로빈슨 "인내의 이름"

의미: 희망은 모든 역경 속에서도 무너지지 않는 끈질긴 의지.
출처: 배우 에드워드 G. 로빈슨의 삶과 영화 속에서 보여준 도전과 극복의 상징.

미국의 배우 에드워드 G. 로빈슨은 20세기 영화의 아이콘으로, 그의 연기뿐 아니라 역경을 이겨내는 삶의 태도로도 많은 사람들에게 영감을 주었다. 그는 어려운 상황에서도 희망이란 무너지지 않는 인내와 같다고 믿었다. 그는 희망을 단순한 기대감이 아니라, 현실 속에서 끊임없이 견디고 나아가게 하는 힘으로 정의한다.

"희망은 무너지지 않는 인내의 이름이며, 우리가 포기하지 않도록 붙잡아 주는 마지막 힘이다."

그는 자신의 연기 경력을 통해, 그리고 현실에서의 도전을 통해 희망이란 단순한 위안이 아닌 행동으로 이어지는 인내임을 몸소 보여주었다. 그의 삶은 어려움 속에서도 포기하지 않는 끈질긴 정신을 상징한다. 그는 경제적 어려움과 사회적 편견을 극복하며 자신의 꿈을 이루었다.

사무엘 존슨 "삶을 움직이는 원동력"

의미: 기대는 실망을 가져올 수도 있지만, 삶을 지속하게 하는 힘.
출처: 사무엘 존슨의 〈영국인의 삶과 도덕적 성찰〉 속 인간 본성에 대한 통찰.

18세기, 영문학의 대가 사무엘 존슨은 기대를 인간의 삶을 움직이는 중요한 동력으로 보았다. 그는 삶에서 기대와 실망은 불가분의 관계지만, 그럼에도 불구하고 기대는 우리가 앞으로 나아가게 만드는 원천이라고 말했다. 그는 우리가 삶에서 실망을 겪더라도, 기대를 품는 것이 우리를 끊임없이 움직이게 한다고 설파했다.

"기대는 종종 실망을 낳지만, 그럼에도 삶을 움직이는 원동력이다."

이 말은 기대가 가지는 양면성을 보여준다. 기대는 때로는 이루어지지 않아 실망을 안기지만, 그것이 없다면 삶은 정지 상태에 머물 수밖에 없음을 강조한다. 그는 기대가 인간의 목표를 형성하고, 그 목표를 향해 행동하게 하는 동기를 부여한다고 보았다. 사무엘 존슨은 〈영국인의 삶과 도덕적 성찰〉에서 인간의 감정과 행위가 어떻게 얽혀 있는지 분석하며, 기대가 단순한 희망이나 바람을 넘어서 행동으로 연결된다는 점을 보여주었다.

윌리엄 셰익스피어 "양면성을 품은 기대"

의미: 기대는 행복과 고통을 동시에 내포하는 인간 감정의 복잡성이다.
출처: 윌리엄 셰익스피어의 〈햄릿〉과 〈로미오와 줄리엣〉 속 기대와 감정의 역학.

윌리엄 셰익스피어는 인간 감정의 복잡성을 탁월하게 묘사한 작가로, 그의 작품 속에는 기대가 가진 양면성이 자주 등장한다. 그는 기대가 행복의 씨앗이 될 수 있지만, 동시에 고통의 뿌리가 될 수도 있으며, 기대가 인간의 마음에 깊이 뿌리내린 본능임을 이해하고, 그것이 삶을 풍요롭게도, 파괴적으로도 만들 수 있다고 표현했다.

"기대는 행복의 씨앗이자 고통의 뿌리가 될 수 있다."

셰익스피어는 〈햄릿〉에서 왕위를 되찾으려는 기대와 그로 인해 발생하는 비극적 상황을 통해, 기대가 인간의 행동과 삶에 미치는 영향을 깊이 탐구했다. 또한, 〈로미오와 줄리엣〉에서는 사랑에 대한 기대가 이루어질 때의 환희와, 그 기대가 꺾였을 때의 비극을 극명하게 대조하며 기대의 두 얼굴을 보여주었다.

루이자 메이 올컷 "현실을 흐리는 과도한 기대"

의미: 과도한 기대는 현실에 대한 올바른 판단을 방해할 수 있는 위험 요소.
출처: 미국의 작가 루이자 메이 올컷의 저서 〈작은 아씨들〉 속 기대와 현실의 갈등.

19세기, 루이자 메이 올컷은 자신의 대표작 〈작은 아씨들〉을 통해 인간의 기대와 현실 사이의 미묘한 관계를 섬세하게 그려냈다. 그녀는 기대가 삶에 긍정적인 동기를 제공할 수 있지만, 과도한 기대는 현실을 흐리게 만들어 우리를 실망과 혼란 속에 빠뜨릴 수 있다고 경고했다.

"과도한 기대는 마음의 창을 흐리게 하여, 현실의 빛을 가린다."

이 말은 꿈과 기대가 지나칠 경우, 오히려 현실적인 선택과 판단력을 잃게 만들 수 있다는 사실을 상기시킨다. 〈작은 아씨들〉의 등장인물들은 각기 다른 삶의 목표와 기대를 품고 있지만, 그 기대를 조정하며 성장해 나가는 과정을 통해 삶의 본질과 조화를 배우게 된다. 올컷은 이를 통해 현실을 직시하며 균형 잡힌 기대를 가지는 것이 행복한 삶의 열쇠라고 강조했다.

알랭 드 보통 "남에 대한 기대는 실망의 길"

의미: 남에게 품는 과도한 기대는 실망과 좌절로 이어질 가능성이 크다.
출처: 알랭 드 보통의 저서 〈불안〉, 〈사랑에 대하여〉 속 인간관계와 감정의 복잡성.

현대 철학자이자 작가인 알랭 드 보통은 인간관계와 감정에 대한 통찰로 잘 알려져 있다. 그는 인간이 타인에게 품는 기대가 종종 불필요한 실망과 좌절을 불러온다고 경고했다. 그의 저서 〈불안〉과 〈사랑에 대하여〉에서는 기대가 관계에서 얼마나 큰 영향을 미치는지에 대해 깊이 다룬다.

"남에 대한 기대는 자신을 실망하게 만드는 가장 빠른 길이다."

이 말은 타인에게 지나치게 많은 것을 기대할 때, 그 기대가 충족되지 않았을 때 오는 실망이 얼마나 큰지를 보여준다. 그는 우리가 타인에게 기대하는 바가 종종 그들의 능력이나 의도와 동떨어져 있을 때, 관계가 어긋날 수 있다고 지적했다. 특히, 〈사랑에 대하여〉에서는 연인 간의 과도한 기대가 어떻게 관계를 악화시키는지 다루고 있다.

에드먼드 버크 "미래를 향해 힘"

의미: 기대는 우리의 시선을 미래로 돌리고, 행동하도록 만드는 원동력.
출처: 에드먼드 버크의 저서 〈프랑스 혁명에 대한 성찰〉 속 인간의 본성.

18세기, 아일랜드 출신 영국의 정치 철학자이자 사회 개혁가였던 에드먼드 버크는 기대가 인간과 사회를 움직이는 강력한 동력이라고 보았다. 그는 기대가 현재를 넘어 미래를 바라보게 하며, 그 미래를 향해 나아가도록 우리를 이끈다고 말했다.

"기대는 항상 미래로 향한다. 그것이 우리를 움직이게 하는 이유다."

버크의 이 명언은 기대가 시간 속에서 어떤 역할을 하는지를 정확히 보여준다. 그는 기대가 단순히 현재를 떠나 미래를 상상하는 것이 아니라, 행동으로 이어지는 실질적인 동기를 제공한다고 보았다. 특히 〈프랑스 혁명에 대한 성찰〉에서는 사회가 변화를 추구하는 과정에서 기대가 가지는 중요성을 설파하며, 기대가 없으면 개인과 공동체 모두 정체될 수밖에 없다고 주장했다.

공자 "적게 기대하고 많이 행동하기"

의미: 과도한 기대를 줄이고, 실질적인 행동에 집중하는 지혜가 중요하다.
출처: 공자의 〈논어(論語)〉에서 나타난 실천과 성찰의 철학.

동양 철학의 기초를 닦은 공자는 인간의 기대와 행동 사이의 균형을 강조했다. 그는 기대가 필요 이상으로 크면 실망을 초래하고, 그 대신 행동에 집중해야만 목표를 실현할 수 있다고 가르쳤다.

"현명한 사람은 적게 기대하고 많이 행동한다."

공자의 이 말은 현실적이고 실천적인 삶의 태도를 보여준다. 〈논어〉의 여러 구절에서 그는 자신의 삶을 돌아보고 행동을 바로잡는 것이 기대에 의존하는 것보다 훨씬 중요하다고 강조했다. 기대는 스스로를 속박할 수 있지만, 행동은 자유롭게 미래를 만들어 갈 수 있는 도구라는 것이 그의 철학이다.

공자는 기대를 품는 것은 인간의 본성이라고 인정하면서도, 지나친 기대는 삶의 방향을 흐리게 만들고 좌절을 가져올 수 있다고 경고했다.

마틴 루터 킹 주니어 "보이지 않는 사다리"

의미: 기대는 인간을 더 높은 목표로 이끄는 내적 동력.
출처: 마틴 루터 킹 주니어의 저서 〈나는 꿈이 있습니다〉와 연설.

마틴 루터 킹 주니어는 평등과 자유를 위한 투쟁 속에서 기대와 희망이 얼마나 강력한 무기인지 보여주었다. 그는 인간이 더 높은 곳을 향해 나아가기 위해서는 보이지 않는 사다리와 같은 기대가 필요하다고 믿었다.

"기대는 우리를 더 높은 곳으로 끌어올리는 보이지 않는 사다리다."

킹 목사의 이 말은 기대가 단순한 희망 이상의 역할을 한다는 것을 보여준다. 그는 기대가 우리를 미래의 더 나은 가능성으로 이끄는 도구라고 보았다. 그의 연설 〈나는 꿈이 있습니다〉는 이러한 기대의 철학을 잘 드러내며, 인종 차별과 억압 속에서도 사람들이 더 나은 세상을 꿈꾸도록 격려했다.

앤 프랭크 "불확실성을 품은 기대의 가치"

의미: 기대는 실현될지 알 수 없기 때문에 더욱 소중한 희망의 원천.
출처: 앤 프랭크의 저서 〈안네의 일기〉 속 희망과 불확실성 속에서의 삶.

1942년, 앤 프랭크는 가족과 함께 나치의 박해를 피해 은신처에서 생활하며, 일기를 통해 자신의 내면을 기록했다. 나치 점령하의 숨막히는 상황 속에서도 그녀는 기대와 희망을 잃지 않았다. 그녀는 자신의 일기에서 기대가 단지 확실한 미래에 대한 것이 아니라, 불확실한 상황 속에서도 삶을 살아가게 하는 중요한 동력임을 깨달았다.

"기대는 실현되지 않을 가능성을 품고 있어야 가치가 있다."

그녀는 기대란 반드시 실현되어야만 의미를 가지는 것이 아니라, 그 과정에서 인간에게 용기와 인내를 주는 힘이 된다고 보았다. 앤의 일기 속에서 그녀는 가족과의 단절, 외부 세계에 대한 두려움 속에서도 미래에 대한 기대를 포기하지 않았다. 그녀의 삶은 기대와 희망이 단순히 결과를 위한 것이 아니라, 인간의 정신을 지탱하는 중요한 원동력임을 증명했다.

탈무드 "행복의 비결"

의미: 행복은 소유보다 감사에서 비롯된다.
출처: 유대 경전 탈무드의 삶- 감사에 대한 통찰.

유대 경전 탈무드는 지혜와 윤리에 대한 수많은 가르침을 담고 있다. 그중에서도 '행복'에 대한 가르침은 인간의 욕망과 감사의 태도를 비교하며, 행복이 더 많은 것을 얻는 데 있지 않고, 이미 가진 것의 가치를 발견하고 감사하는 마음에서 온다고 말한다.

"행복은 원하는 것을 얻는 것이 아니라, 가진 것을 사랑하는 것이다."

이 가르침은 현대 사회에서 끊임없는 욕망과 비교는 사람들을 더 큰 불행으로 이끌지만, 현재의 삶과 환경 속에서 만족을 찾는 것이 행복의 진정한 비결임을 일깨운다. 탈무드는 단순히 종교적 경전이 아니다. 그것은 인간의 내면과 삶의 방식을 성찰하며, 행복이란 외부의 조건이 아니라 마음가짐에서 오는 것임을 가르치는 지혜의 보고다.

이승환 "자유와 조화의 길"

의미: 진정한 행복은 자유롭게 살며 조화를 이루는 데 있다.
출처: 대한민국 뮤지션 이승환의 삶과 관계에 대한 철학.

한국의 대표적인 싱어송라이터 이승환은 30년이 넘는 음악 경력 동안 자신만의 길을 걸으며 대중에게 감동을 전해왔다. 그는 자신만의 길을 걸으며, 삶에서 진정한 행복이란 하고 싶은 것을 하며, 하고 싶은 말을 하는 자유로운 삶이라고 믿었다. 또한 그는 뮤지션으로서 대중과 소통하는 것을 넘어, 공연을 통해 자신의 정치적 신념을 적극적으로 표현해왔다.

"나는 하고 싶은 걸 하며 살고, 하고 싶은 말을 하고 사는 게 최고의 행복이라 생각한다. 그러려면 주변이 깨끗해야 한다."

그는 갈등이나 관계의 균열에서 오는 불필요한 소음은 삶의 평온을 방해한다고 생각하여, 자신의 음악과 삶에서 항상 솔직함과 진정성을 추구하기 위해 주변 환경과 관계를 정리하며 자신만의 자유를 지켜왔다. 또한 그는 음악과 공연을 통해 자신의 의견을 강렬하게 표현하며, 자유와 정의를 실현하는 데 힘써왔다. 특히, 정치적 공연과 메시지를 통해 대중에게 불의에 맞서 싸우는 용기와 희망을 전했다.

찰리 채플린 "삶의 소중한 이유"

의미: 삶에서 가장 소중한 것은 행복을 느끼는 것이다.
출처: 배우 채플린의 삶과 인간 행복에 대한 철학.

20세기 초, 찰리 채플린은 무성영화 시대를 대표하는 코미디언이자 감독으로, 웃음과 감동을 통해 사람들의 삶에 깊은 영향을 미쳤다. 그는 단순히 웃음을 주는 데 그치지 않고, 행복의 본질과 삶의 가치를 탐구하며 작품에 녹여냈다.

"삶에서 가장 소중한 일은 자신이 행복하다고 느끼는 것이다."

그는 성공이나 외적인 요소보다, 삶의 순간에서 진정으로 행복을 느끼는 것이 인간 존재의 가장 중요한 목표라고 강조했다. 채플린의 영화 〈모던 타임스〉와 〈위대한 독재자〉는 사회적 부조리와 고난 속에서도 희망과 행복을 추구하는 인간의 모습을 담고 있다. 그는 웃음과 감동을 통해 관객들에게 행복의 가치는 환경이 아니라 내면에서 찾아야 한다는 메시지를 전했다.

샤를 보들레르 "순간의 미학"

의미: 행복은 영원이 아닌, 순간 속에서 발견된다.
출처: 프랑스 시인 보들레르의 삶과 순간에 대한 철학.

19세기 프랑스, 샤를 보들레르는 〈악의 꽃(Les Fleurs du mal)〉을 통해 인간 감정의 복잡성과 순간의 아름다움을 탐구했다. 그는 행복이란 거대한 성취나 영원한 상태가 아니라, 찰나의 순간 속에서 피어나는 감각적인 경험이라고 믿었으며, 그의 시는 순간의 감각과 내면의 진실을 포착하며, 행복의 정수를 탐구한다.

"행복은 순간 속에 깃들어있다."

이 말은 보들레르가 인생과 행복을 바라보는 독특한 시각을 보여준다. 그는 행복이란 한순간의 강렬한 경험, 즉 예술이나 사랑, 자연에서 얻는 순간적인 희열 속에서 발견된다고 보았다. 보들레르는 현대적 삶의 고통과 무의미 속에서도, 찰나적인 행복과 아름다움을 붙잡는 것이야말로 인간의 본질적 욕망이라고 강조했다.

프리드리히 니체 "성장을 위한 고난"

의미: 고난은 피해야 할 대상이 아니라, 인간을 더 강하게 만드는 성장의 기회.
출처: 프리드리히 니체의 〈차라투스트라는 이렇게 말했다〉, 〈선악의 저편〉.

프리드리히 니체는 삶에서 고난을 단순히 극복해야 할 장애물이 아니라, 인간을 더 강하게 만들고 성숙하게 하는 기회로 보았다. 그는 고난 속에서 스스로를 단련하며, 더 높은 단계로 나아가는 인간의 가능성을 철학적으로 탐구했다.

"고난은 극복해야 할 것이 아니라 성장의 기회다."

이 말은 그의 철학적 핵심인 '극복의 의지'를 잘 보여준다. 그는 인간이 고난을 두려워하거나 피하려는 대신, 그것을 적극적으로 맞이하며 스스로를 초월해야 한다고 말했다. 〈차라투스트라는 이렇게 말했다〉에서 그는 '초인'이라는 개념을 통해, 고난을 성장의 발판으로 삼는 인간의 모습을 묘사했다.

에이브러햄 링컨 "위대한 성취의 비결"

의미: 모든 위대한 업적은 고난과 역경을 극복하는 과정에서 이루어진다.
출처: 에이브러햄 링컨의 연설과 정치적 생애를 통해 드러난 극복의 리더십.

1860년대, 에이브러햄 링컨은 미국의 제16대 대통령으로 재임하며, 내전과 사회적 갈등 속에서도 국가 통합과 노예제 폐지를 이끌었다. 링컨은 미국 역사상 가장 어려운 시기에 국가를 이끈 지도자로, 그의 삶과 업적은 극복의 연속이었다. 가난한 어린 시절, 실패한 사업, 선거 패배, 그리고 국가를 남북전쟁에서 통합시키기까지 그는 수많은 역경 속에서도 포기하지 않았다.

"모든 위대한 성취는 극복의 과정에서 이루어진다."

이 말은 그의 삶과 리더십을 요약한 말이다. 그는 인간의 진정한 강함이 역경을 마주하고 극복하는 과정에서 발휘된다고 믿었다. 대통령으로서 그는 노예제를 끝내고, 미국을 분열에서 통합으로 이끄는 위대한 성취를 이뤘다. 하지만 이러한 업적은 수많은 실패와 비판, 그리고 개인적 고통을 딛고 이루어진 것이었다.

윈스턴 처칠 "도약의 발판"

의미: 장애물은 진로를 막는 방해물이 아니라, 더 높은 곳으로 나아가게 하는 기회.
출처: 윈스턴 처칠의 연설과 그의 생애에서 드러난 위기 극복의 리더십.

윈스턴 처칠은 세계사에서 가장 어려운 시기 중 하나였던 제2차 세계대전을 이끌며, 장애물을 단순한 방해물이 아닌 도약의 기회로 삼는 리더십을 보여줬다. 그는 전쟁의 혼란 속에서 국민들에게 희망을 심어주고, 도전을 극복하며 승리를 이끌어냈다.

"장애물은 방해물이 아니라 도약의 발판이다."

이 말은 그의 정치적 경력과 삶 전반에서 깊은 진실로 드러난다. 그는 초기에 여러 차례 선거에서 패배를 겪었지만, 그 경험을 통해 자신의 정치적 역량을 더욱 단단히 다졌다. 1940년, 유럽이 전쟁으로 휩싸였을 때 그는 영국의 총리가 되어, 어려운 상황 속에서도 국민들에게 용기와 결단력을 보여주었다.

윌리엄 A. 워드 "실패를 넘어서는 용기"

의미: 진정한 용기는 실패를 마주하고, 그것을 극복하며 나아가는 데서 비롯된다.
출처: 윌리엄 A. 워드의 저서와 강연에서 드러난 실패와 용기의 철학.

20세기, 미국의 작가 윌리엄 A. 워드는 희망과 격려를 주제로 한 글을 통해 수많은 이들에게 용기를 전했다. 그는 실패와 성공 사이의 연관성을 깊이 탐구하며, 용기가 실패를 극복하는 과정에서 가장 빛난다고 강조했다. 그는 실패를 피하지 말고, 그것을 직면하고 이겨낼 때 비로소 인생에서 진정한 성취와 의미를 찾을 수 있다고 말했다.

"인생의 가장 큰 용기는 실패를 극복하는 것이다."

이 말은 실패가 단순히 좌절의 순간이 아니라, 새로운 기회를 열어주는 전환점임을 상기시킨다. 그는 실패를 극복하는 과정이야말로 인간의 의지와 결단력을 시험하는 무대라고 보았다. 실패를 경험한 뒤에도 포기하지 않고 계속 도전하는 것이 성공의 본질이라고 주장했다.

마하트마 간디 "약점을 강점으로 바꾸는 힘"

의미: 약점은 극복했을 때 우리를 더 강하게 만드는 계기가 된다.
출처: 마하트마 간디의 연설과 저서 〈자서전: 나의 진리 실험 이야기〉.

마하트마 간디는 약점을 숨기거나 부정하지 않았다. 그는 자신의 약점과 한계를 인식하고, 이를 극복하는 과정에서 인간이 진정으로 강해질 수 있다고 믿었다. 그의 삶은 자신과 세상의 약점을 극복하려는 노력의 연속이었다.

"당신의 약점이 극복된다면, 그것은 곧 당신의 강점이 된다."

간디는 약점을 극복하는 것이 단지 개인적인 성장에 그치지 않고, 그것이 다른 사람들에게도 영감을 주고 변화를 이끌어낼 수 있는 강점으로 변모할 수 있다고 말했다. 그의 비폭력 운동은 그러한 철학의 산물이다. 그는 폭력이라는 약점을 극복하며, 그것을 정의와 평화를 위한 강점으로 바꾸었다.

빅터 프랭클 "역경 속에서 찾는 아름다움"

의미: 삶의 가장 진정한 아름다움은 역경을 이겨낸 뒤에야 비로소 느낄 수 있다.
출처: 빅터 프랭클의 저서 〈죽음의 수용소에서〉 속 고난과 극복의 철학.

20세기, 빅터 프랭클은 홀로코스트 생존자로서 인간의 고난과 의미를 탐구한 죽음의 수용소에서를 통해 세계적인 주목을 받았다. 그는 나치 수용소에서의 끔찍한 경험을 견디며, 삶의 진정한 의미와 아름다움은 역경을 극복하는 과정에서 발견된다고 깨달았다. 그는 고통 속에서도 인간이 희망을 잃지 않고 살아가는 법을 탐구하며, 고난 속에서 얻은 깨달음을 전했다.

"삶의 진정한 아름다움은 역경을 극복한 후에 발견된다."

그는 고난을 단순히 견디는 것이 아니라, 그것을 통해 삶의 더 깊은 의미를 찾는 과정의 중요성을 강조한다. 〈죽음의 수용소에서〉는 그가 아우슈비츠 수용소에서 겪은 고통과 그 속에서 발견한 인간 정신의 강인함을 기록한 책이다. 그는 고난을 피할 수 없는 현실로 받아들이면서도, 그것을 극복한 뒤에야 비로소 삶의 아름다움과 가치를 발견할 수 있다고 믿었다.

오프라 윈프리 "강함을 깨닫는 순간"

의미: 어려운 순간은 자신의 내면에 숨어 있는 강함을 발견할 기회.
출처: 오프라 윈프리의 인터뷰와 강연에서 드러난 회복력과 자기 발견의 메시지.

미국의 방송인 오프라 윈프리는 가난, 차별, 학대와 같은 어려움을 딛고 세계적으로 성공한 인물이 되었다. 그녀는 삶에서 가장 힘든 순간들이 자신의 강함과 가능성을 깨닫게 해준 기회였다고 말했다.

"힘든 순간은 자신이 얼마나 강한지 깨닫는 시간이다."

이 말은 단순한 위로의 말이 아니다. 그녀는 어려운 시기를 단순히 고통으로 보지 않고, 내면의 강함과 잠재력을 발견하는 과정으로 받아들였다. 특히 가난했던 어린 시절과 인종차별을 겪었던 경험은 그녀의 정신적 강인함을 키우는 계기가 되었다. 그녀는 자신이 성장한 방식처럼, 다른 사람들도 어려운 순간을 통해 자신의 강점을 발견하고 성장할 수 있음을 설파했다.

랄프 왈도 에머슨 "고난 속에서 발견하는 자신"

의미: 고난을 피하거나 극복하지 못해도, 그 속에서 자신의 진정한 본질을 발견한다.
출처: 랄프 왈도 에머슨의 에세이 〈자기 신뢰〉 속 자기 성찰과 고난에 대한 철학.

19세기, 미국 사상가 겸 시인 랄프 왈도 에머슨은 자기 성찰의 중요성을 강조하며, 고난이야말로 인간이 자신의 진정한 본질을 발견할 수 있는 특별한 기회라고 말했다. 그는 고난을 단순히 부정적인 경험으로 보지 않았고, 그것을 삶의 스승으로 여겼다.

"고난을 극복할 수 없다면, 고난 속에서 자신을 발견하라."

에머슨의 이 말은 극복이 불가능해 보이는 상황에서도, 그 고난이 인간 내면의 강함과 진정한 자아를 드러내는 기회가 될 수 있음을 의미한다. 그의 에세이 〈자기 신뢰〉에서는 외부 상황이 아무리 어려워도, 인간은 자기 자신에게서 해답을 찾아야 한다는 메시지를 전한다. 그의 철학은 고난을 두려워하지 않고, 그것을 자기 성찰과 성장의 기회로 삼는 삶의 태도를 제시한다.

존 맥스웰 "극복을 통해 이루어지는 성장"

의미: 인간의 성장은 경험한 고난과 그것을 어떻게 극복했는지에 달려 있다.
출처: 존 맥스웰의 저서 〈성공의 법칙〉과 그의 강연에서 전한 리더십과 성장의 철학.

세계적인 리더십 전문가 존 맥스웰(존 C. 맥스웰)은 성장이란 단순히 경험을 통해 이루어지는 것이 아니라, 고난과 도전을 극복하는 과정에서 만들어진다고 강조했다. 그는 성장의 진정한 척도는 우리가 무엇을 겪었는지가 아니라, 그것을 어떻게 극복했는지에 있다고 말했다.

"성장은 당신이 무엇을 극복했는지에 따라 결정된다."

맥스웰의 이 말은 개인의 발전과 리더십이 역경을 마주하는 태도와 그로부터 배운 교훈에 달려 있다는 점을 잘 보여준다. 그는 리더십 강연과 저서를 통해 도전과 실패를 회피하지 않고, 그것을 성장의 발판으로 삼는 자세를 끊임없이 설파했다. 〈성공의 법칙〉에서 맥스웰은 '모든 성공은 실패를 극복하는 과정에서 탄생한다.'는 점을 강조하며, 성장의 핵심은 고난을 통해 얻는 통찰과 경험이라고 말했다.

벤저민 디즈레일리 "극복은 위대함의 조건이다"

의미: 위대함은 역경을 마주하고 극복하는 과정에서만 얻어질 수 있다.
출처: 벤저민 디즈레일리의 연설과 저서 〈코닝스비〉 속 리더십과 도전의 철학.

19세기, 영국의 정치가 벤저민 디즈레일리는 역경을 극복하는 것이 위대함의 본질이라고 믿었다. 그는 영국의 총리로서, 정치적 실패와 비판을 견디며, 리더로서의 자질을 증명해냈다. 그의 삶은 도전과 극복의 연속이었다.

"역경을 극복하지 않고는 절대 위대함을 이룰 수 없다."

이 말은 그의 삶 자체를 대변한다. 그는 초기에 정치적 실패를 겪었지만, 포기하지 않고 지속적인 노력과 학습을 통해 궁극적으로 영국 역사상 가장 존경받는 총리 중 한 명이 되었다. 그는 역경을 단순한 장애물이 아니라, 자신을 단련하고 리더십을 강화하는 기회로 삼았다.

찰스 디킨스 "위기 속 가능성 찾기"

의미: 위기와 역경은 우리가 모르는 잠재력을 발견하게 한다.
출처: 영국 작가 찰스 디킨스의 작품과 삶의 철학.

1857년, 영국의 소도시에서 찰스 디킨스는 작가로서의 삶을 돌아보고 있었다. 그의 어린 시절은 가난과 고된 노동으로 얼룩졌지만, 그는 이러한 역경을 외면하지 않았다. 오히려 그것을 작품 속에 담아냈다. 디킨스는 자신의 경험을 통해 빈곤 속에서도 희망을 잃지 않는 인간의 이야기를 쓰기 시작했다.

"위기(역경)는 훌륭한 교사다. 그것은 우리가 미처 알지 못한 가능성을 깨닫게 한다."

그는 불행한 환경을 넘어설 수 있는 인간의 가능성을 믿었다. 그의 대표작 〈올리버 트위스트와 데이비드 코퍼필드〉는 사회적 불평등과 역경 속에서도 꿋꿋하게 살아가는 인물들의 이야기를 담고 있다.

존 F. 케네디 "위기 속에 피어내는 기회"

의미: 위기는 새로운 가능성을 여는 기회다.
출처: 미국 대통령 존 F. 케네디의 연설과 리더십.

1962년, 존 F. 케네디는 미소 간의 긴장이 극에 달한 쿠바 미사일 위기를 마주하고 있었다. 전 세계는 전쟁의 그림자에 짓눌렸고, 공포는 날로 커져만 갔다. 하지만 케네디는 이 위기를 단순히 피할 수 없는 재앙으로 보지 않았다. 그는 상황을 신중히 분석하고, 이를 통해 평화의 길을 모색할 기회로 삼았다.

"위기는 진정한 기회의 다른 이름이다."

그는 전쟁을 막기 위해 협상과 대화를 선택했다. 긴장된 순간마다 신중하게 행동하며 군사적 충돌을 피하고, 소련과의 합의를 이끌어냈다. 이는 냉전 기간 동안 가장 위험했던 순간을 극복한 역사적인 사건으로 남았다. 케네디의 리더십은 단순히 위기를 해결하는 데 그치지 않았다. 그는 이러한 경험을 통해 국제 사회의 협력과 상호 이해의 중요성을 역설했다. 그의 평화에 대한 비전은 현재까지도 많은 이들에게 귀감이 되고 있다.

브렌다 패터슨 "위기의 거울 속 진정한 나"

의미: 위기는 본질적인 자신을 비추는 순간이다.
출처: 심리학자 브렌다 패터슨의 연구와 강연.

1998년, 브렌다 패터슨은 재난 심리학 연구의 일환으로 한 지역 사회를 조사하고 있었다. 허리케인이 휩쓸고 지나간 후, 사람들은 재산을 잃고, 일상을 되찾기 위해 애쓰고 있었다. 하지만 패터슨은 단순히 상처를 복구하는 과정만 주목하지 않았다. 그녀는 위기 상황에서 사람들이 보이는 행동을 통해 그들의 진정한 성품과 내면을 이해하려 했다.

"위기는 우리가 진정 누구인지 드러내는 거울이다. 위기는 우리가 놓치고 있던 중요한 것을 다시 보게 만든다."

그녀는 위기 속에서 오히려 빛나는 인간성을 발견했다. 자신의 것을 나눠주는 이웃, 좌절 속에서도 용기를 잃지 않는 부모, 그리고 새로운 시작을 다짐하는 개인들. 위기는 단순히 고통이 아닌, 내면의 힘과 연대의 가치를 드러내는 계기임을 보여주었다.

마틴 루터 킹 주니어 "폭풍을 견딘 강한 나무"

의미: 역경은 진정한 강인함을 드러낸다.
출처: 미국 인권운동가 마틴 루터 킹 주니어의 연설과 비전.

1963년, 마틴 루터 킹 주니어는 알라바마주 버밍엄에서 시민권 운동을 이끌고 있었다. 경찰의 탄압과 폭력, 사회의 무관심은 그의 운동을 가로막는 폭풍과 같았다. 하지만 그는 한 걸음도 물러서지 않았다. 그는 그 순간이야말로 인권운동의 의지와 신념을 증명할 기회라고 믿었다.

"폭풍우가 지나간 후에야 어떤 나무가 가장 강한지 알 수 있다."

그는 비폭력 저항의 원칙을 고수하며, 동료들과 함께 체포와 위협을 감내했다. 폭풍처럼 몰아치는 억압 속에서도 그는 흔들리지 않는 신념의 나무로 서 있었다. 그의 노력은 결국 결실을 맺었다. 버밍엄 캠페인은 전국적인 관심을 불러일으켰고, 시민권 법안 통과의 초석이 되었다.

빅터 프랭클 "고통을 견디게 하는 위로"

의미: 위안은 고통을 완전히 없애지 못하지만, 그것을 이겨낼 힘과 의미를 준다.
출처: 빅터 프랭클의 저서 〈죽음의 수용소에서〉 속 고통과 의미에 대한 통찰.

빅터 프랭클은 나치 수용소에서의 비참한 삶 속에서도, 위안이 고통을 완전히 사라지게 하지 않더라도, 그것을 견딜 수 있는 힘을 제공한다고 믿었다. 그는 고통을 피할 수 없는 현실로 받아들이면서도, 그 속에서 위안과 희망을 찾는 법을 사람들에게 가르쳤다.

"위안은 고통을 없애지는 않지만, 고통을 견디게 한다."

그는 고통이 삶의 일부라는 사실을 받아들이는 데서 시작되며, 고통을 외면하거나 억누르지 않고, 그 안에서 삶의 의미를 발견하려 했다. 〈죽음의 수용소에서〉는 프랭클이 수용소에서 겪은 극심한 고통 속에서도 희망과 위안을 찾아냈던 이야기를 담고 있다.

루이자 메이 올컷 "슬픔 속에서 발견하는 진정한 위로"

의미: 위안은 슬픔을 피하지 않고 이를 이해하고 수용하는 과정에서 찾을 수 있다.
출처: 루이자 메이 올컷의 저서 〈작은 아씨들〉 속 감정의 수용과 치유의 메시지.

루이자 메이 올컷은 그녀의 작품 〈작은 아씨들〉에서 슬픔과 고난을 직면하는 캐릭터들을 통해, 진정한 위안이란 슬픔을 피하지 않고 온전히 이해하고 받아들이는 데 있다고 강조했다. 그녀는 슬픔을 억누르려 하기보다, 그것을 삶의 일부로 수용하며 성장의 기회로 삼는 이야기를 전했다.

"진정한 위안은 슬픔을 이해하고 받아들이는 데 있다."

이 말은 슬픔을 단순히 부정적인 감정으로만 보지 않고, 인간 경험의 일부로 여긴 그녀의 철학을 잘 보여준다. 〈작은 아씨들〉에서 마치 자매들은 사랑하는 사람을 잃는 고통과 개인적인 도전을 겪으며, 서로의 슬픔을 이해하고 공감하는 과정에서 위안을 찾는다.

오스카 와일드 "위로와 사랑의 재발견"

의미: 진정한 위로는 상처받은 마음에 새로운 사랑의 용기를 준다.
출처: 오스카 와일드의 저서 〈도리언 그레이의 초상〉과 그의 삶에서 드러난 메시지.

오스카 와일드는 삶과 사랑에서 겪은 고통과 실망을 통해, 위로가 얼마나 강력한 치유의 힘을 지니는지 깨달았다. 그는 사랑의 상처는 단순히 아픔으로 끝나지 않으며, 위로를 통해 다시금 마음을 열고 사랑할 수 있는 용기를 찾는다고 말했다.

"위로받는 마음은 다시 사랑할 힘을 찾는다."

그는 위로가 단순히 슬픔을 덜어주는 것이 아니라, 상처를 견디고 다시 마음을 열게 하는 힘이라고 강조했다. 그의 작품 속 인물들은 고통을 경험한 후 진정한 위로를 통해 자신과 타인에게 다시 사랑을 주는 용기를 얻는다. 와일드의 말은 상처받은 마음도 위로를 통해 회복되고, 사랑의 새로운 가능성을 찾을 수 있다는 희망을 전달한다.

브레네 브라운 "공감이 주는 힘"

의미: 진정한 위안은 다른 사람의 감정을 깊이 이해하고 공감할 때 나온다.
출처: 브레네 브라운의 저서 〈취약함의 힘〉과 강연에서 드러난 공감과 치유의 철학.

미국의 작가 브레네 브라운은 인간관계에서 가장 강력한 치유와 위로의 방법은 공감이라고 강조했다. 공감은 단순히 상대의 감정을 듣는 것을 넘어, 그 감정을 함께 느끼고 이해하는 과정이라고 말했다.

"위안을 주는 가장 큰 힘은 공감이다."

브라운은 공감이 사람들 사이의 연결을 강화하며, 고통 속에서도 혼자가 아니라는 확신을 준다고 설명했다. 그녀의 연구와 저술은 공감이 위안을 통해 사람들의 마음을 치유하고, 관계를 깊어지게 만든다는 메시지를 전달한다. 이것은 공감이 단순한 위로 이상의 힘을 지녔음을 보여준다.

앤 라모트 "옆에 있는 위로"

의미: 진정한 위로는 말보다 함께 있어주는 행동에서 나온다.
출처: 앤 라모트의 에세이 〈작은 순간의 기적〉 속 위로와 공감의 메시지.

작가이자 칼럼니스트 앤 라모트는 위로란 복잡하거나 화려한 말이 아니라, 그저 누군가 옆에 있어주는 단순한 행동에서 비롯된다고 강조했다. 그녀는 어려운 순간에 침묵 속에서도 함께하는 존재가 가장 큰 위안을 준다고 말했다.

"위로는 단순한 말이 아니라, 누군가 옆에 있는 것이다."

라모트는 자신의 글을 통해 말이 필요 없을 때도 위로는 가능하다고 이야기한다. 그녀의 에세이는 어려움 속에서 진정한 위로가 어떻게 행동과 존재 그 자체에서 나오는지를 보여준다. 이것은 우리가 위로를 전할 때, 말보다 중요한 것은 곁에 있는 것이라는 사실을 상기시킨다.

존 오도나휴 "새로운 의미의 발견"

의미: 위안은 고통의 치유를 넘어 삶의 새로운 의미를 발견하는 성장의 과정.
출처: 존 오도나휴의 저서 〈영혼의 아름다움〉 속 치유와 삶의 철학.

아일랜드의 시인이자 작가 존 오도나휴는 위안을 단순한 감정의 회복이 아니라, 삶의 방향과 의미를 새롭게 재정의하는 깊은 여정으로 보았다. 그는 위안이란 상처 속에서도 아름다움과 가능성을 발견하게 하는 내적 과정이라고 강조했다.

"위안은 단순한 치유가 아니라, 삶의 새로운 의미를 발견하는 과정이다."

오도나휴는 고통과 상실을 삶의 일부로 받아들이고, 그 속에서 새로운 시각과 의미를 발견할 때 비로소 진정한 위안이 찾아온다고 말했다. 그의 작품은 이러한 과정이 우리를 더욱 성숙하고 풍요로운 삶으로 이끈다는 메시지를 전한다.

조앤 디디온 "함께 나누는 슬픔"

의미: 위안은 슬픔을 완전히 없애지 않고, 그 무게를 함께 나누어 지는 데 있다.
출처: 조앤 디디온의 저서 〈마법 같은 생각의 해〉 속 상실과 위안에 대한 통찰.

20세기, 미국의 작가 조앤 디디온은 남편과 딸을 잃은 깊은 상실의 경험 속에서, 위안이란 슬픔을 줄이는 것이 아니라, 그 무게를 함께 지는 행동이라고 깨달았다. 그녀는 혼자 견딜 수 없는 슬픔도 누군가와 나누는 순간 가벼워질 수 있음을 강조했다.

"위안은 슬픔의 무게를 줄이는 대신, 그것을 나누어 지는 것이다."

디디온은 위로란 단순히 위안의 말을 전하는 것이 아니라, 슬픔을 함께 느끼고 공감하며 그 짐을 함께 지는 과정이라고 말했다. 그녀의 작품은 이러한 위로의 깊이를 담고 있으며, 고통 속에서도 인간의 연결이 얼마나 중요한지 보여준다.

토니 로빈스 "성취의 핵심은 목표와 실행이다"

의미: 성취는 명확한 목표를 세우고, 그것을 끝까지 실행하는 데서 나온다.
출처: 토니 로빈스의 저서 〈거인의 힘〉과 그의 동기부여 강연에서의 성공과 성취의 원칙.

토니 로빈스는 전 세계적으로 인정받는 동기부여 강사이자 코치로, 성취의 핵심은 단순한 열망이 아니라 구체적인 목표 설정과 끊임없는 실행에 있다고 말했다. 그는 성공한 사람들과의 상담을 통해 성취는 단순히 계획만으로 이루어지지 않으며, 행동과 끈기가 필수적이라는 점을 강조했다.

"성취는 목표를 설정하고 끝까지 실행할 때 이루어진다."

그는 실행 없는 목표는 단지 꿈에 머물 뿐이며, 지속적인 행동이 목표를 현실로 바꾼다고 설명한다. 그의 저서 〈거인의 힘〉에서는 목표를 명확히 하고, 매일 조금씩 실천해 나가는 방법이 성취의 열쇠로 제시된다.

오프라 윈프리 "큰 목표는 작은 성취에서부터"

의미: 큰 목표를 이루기 위해선 작은 성취를 인정하고 축하하는 태도가 중요.
출처: 오프라 윈프리의 강연과 인터뷰에서 드러난 성취와 동기 부여의 철학.

오프라 윈프리는 목표를 크게 세우되, 여정을 이루는 작은 성취를 축하하는 것이 성공으로 가는 데 중요한 요소라고 강조했다. 그녀는 작은 성취를 인정하는 과정이 자신감을 키우고, 큰 목표를 향해 지속적으로 나아가게 하는 힘이 된다고 말했다.

"목표를 크게 세우고, 작은 성취를 축하하라."

그녀는 목표가 크더라도 단계적으로 접근해야 한다고 강조하며, 매 단계에서의 성취를 자축하는 것이 동기와 긍정적 태도를 유지하는 데 중요하다고 설명한다. 그녀의 이야기는 작은 성취를 소홀히 하지 않고, 그것이 궁극적인 성공의 기반이 된다는 점을 상기시킨다.

존 맥스웰 "성취의 균형"

의미: 성취는 열망하는 마음과 이를 실현하기 위한 행동이 균형을 이룰 때 가능.
출처: 존 C. 맥스웰의 저서 〈성공의 법칙〉과 강연에서의 성공과 성취의 철학.

세계 최고의 리더십 전문가이자 작가인 존 맥스웰은 성취를 이루기 위해선 단순한 열망만으로는 부족하며, 그것을 행동으로 옮길 수 있는 실행력이 필수적이라고 강조했다. 그는 열망이 방향을 제시한다면, 행동은 목표를 실현하는 힘이라고 말했다.

"성취는 열망과 행동 사이의 균형에서 나온다."

맥스웰은 열망과 행동이 따로따로 존재할 때는 목표를 이룰 수 없다고 말하며, 둘 사이의 균형이 성공의 핵심이라고 설명한다. 그의 저서 〈성공의 법칙〉에서는 열망을 구체적인 계획으로 바꾸고, 이를 실천하는 과정을 통해 성취를 이루는 방법을 제시한다.

엘리너 루스벨트 "자기 의심을 넘어"

의미: 성취를 가로막는 가장 큰 장애물은 외부가 아닌, 자기 자신에 대한 의심부터.
출처: 엘리너 루스벨트의 연설과 저서 〈나의 하루〉에서 드러난 자기 믿음의 중요성.

미국의 제32대 대통령의 아내이자 사회운동가 엘리너 루스벨트는 성취를 방해하는 가장 큰 요인이 외부의 어려움이 아니라, 자기 자신에 대한 의심이라고 말했다. 그녀는 자신감이 성공의 시작이며, 의심을 극복해야만 목표를 이룰 수 있다고 강조했다.

"성취의 가장 큰 장애물은 스스로에 대한 의심이다."

루스벨트는 자신의 삶을 통해, 특히 제1차 세계대전과 대공황 같은 역사적 위기 속에서, 자기 믿음이 개인과 국가 모두의 재건에 얼마나 중요한지를 보여주었다. 그녀는 실패나 비판보다 자기 의심이 목표를 좌절시키는 더 큰 원인이라고 지적했다.

스티브 잡스 "비전이 만드는 성취"

의미: 성취는 타인의 기대를 만족시키는 것이 아니라, 자신의 비전과 열망에서 비롯.
출처: 스티브 잡스의 애플의 혁신적인 철학과 자기주도적 성공 철학 강연.

스티브 잡스는 성취의 본질이 외부의 기대에 맞추는 데 있는 것이 아니라, 자신만의 비전을 실현하는 데 있다고 강조했다. 그는 애플을 창립하고, 독창적인 아이디어와 강력한 비전을 통해 전 세계의 기술 혁신을 주도했다.

"성취는 타인의 기대가 아니라, 자신의 비전에서 나온다."

잡스는 외부의 비판이나 한계에 얽매이지 않고, 자신의 비전을 따라 새로운 길을 개척했다. 그는 타인의 기준에 맞추려는 사람은 성취보다는 타협을 선택할 가능성이 높다고 말하며, 진정한 성공은 자신의 비전에 충실할 때 이루어진다고 강조했다.

파울로 코엘료 "행동이 만드는 성취"

의미: 성취는 생각과 계획에 머무르지 않고, 그것을 실행으로 옮길 때 이루어진다.
출처: 파울로 코엘료의 저서 〈연금술사〉와 그의 철학.

브라질의 소설가 파울로 코엘료는 성취는 꿈을 꾸는 것에서 시작되지만, 그것을 행동으로 옮기는 과정이 없으면 결코 실현되지 않는다고 강조했다. 그는 자신의 대표작 〈연금술사〉에서 열망과 실행의 조화를 통해 꿈을 이루는 여정을 아름답게 묘사했다.

"성취란 행동의 결과물이다. 생각만으로는 이루어지지 않는다."

코엘료는 아무리 위대한 목표도 행동이 따르지 않으면 단지 머릿속 상상에 그칠 뿐이라고 말했다. 그는 독자들에게 생각한 바를 실천하고, 도전에 맞서 나아가는 행동이야말로 성취를 이루는 유일한 방법임을 깨닫게 한다.

토머스 에디슨 "작은 시작이 만드는 성취"

의미: 성취는 작고 미약한 것에서 출발하며, 그 첫걸음을 두려워하지 않는 데 있다.
출처: 토머스 에디슨의 발명 과정과 그의 명언에서 드러난 도전과 성취의 철학.

토머스 에디슨은 전구, 축음기 등 수많은 발명을 이루며, 위대한 성취는 작은 실험과 시작에서 시작된다는 점을 보여주었다. 그는 단 한 번의 큰 성공이 아닌, 수천 번의 실패와 작은 시도가 쌓여 성취로 이어졌다고 말했다.

"성취를 원한다면, 작은 시작을 두려워하지 말라."

에디슨은 처음부터 완벽한 결과를 기대하기보다는 작게 시작하고 끊임없이 개선해 나가는 과정을 강조했다. 그는 '나는 실패한 적이 없다. 단지 작동하지 않는 1만 가지 방법을 발견했을 뿐'이라는 말로, 작은 시도가 결국 성취로 이어진다는 믿음을 표현했다.

브루스 리 "자신과의 싸움"

의미: 진정한 성취는 외부의 장애물을 넘는 것보다, 내면의 한계를 극복할 때.
출처: 브루스 리의 글과 인터뷰에서 드러난 자기 훈련과 자기 극복의 철학.

영화배우 브루스 리(이소룡)는 성취의 시작이 외부 환경이나 상대방과의 경쟁이 아니라, 자신의 약점과 두려움을 극복하는 데 있다고 말했다. 그는 무술뿐만 아니라 인생에서도 가장 어려운 싸움은 내면의 나태함과 자기 의심을 이기는 것이라고 강조했다.

"성취는 자신과의 싸움에서 승리할 때 시작된다."

브루스 리는 자기 훈련과 정신적 단련을 통해, 내면의 한계를 극복해야만 진정한 성취를 이룰 수 있다고 주장했다. 그는 무술을 단순한 기술이 아니라, 자신을 발전시키고 극복하는 도구로 여겼다. 그의 철학은 삶의 모든 도전에 적용될 수 있는 강력한 메시지를 담고 있다.

월트 디즈니 "큰 꿈에서 시작되는 성취"

의미: 모든 성취는 현실적 제약을 뛰어넘는 큰 꿈을 꾸는 데서 출발.
출처: 월트 디즈니의 생애와 디즈니 스튜디오의 창립 과정에서의 상상력과 용기의 철학.

월트 디즈니는 자신의 꿈이 비현실적으로 보일지라도, 그 꿈을 실현하기 위한 첫걸음을 내디딘 용기로 모든 성취가 시작되었다고 믿었다. 그는 상상력과 용기가 결합될 때, 누구도 예상하지 못한 위대한 성과를 이룰 수 있다고 말했다.

"성취는 큰 꿈을 꾸는 용기로 시작된다."

디즈니는 처음부터 자원이 부족하고 실패를 겪었지만, 꿈을 포기하지 않았다. 그는 디즈니 스튜디오를 설립하며, 애니메이션과 테마파크라는 새로운 영역을 개척했다. 그의 큰 꿈은 수많은 사람들에게 감동을 주었고, 디즈니라는 브랜드를 전 세계적인 아이콘으로 만들었다.

헬렌 켈러 "새로운 시작의 씨앗"

의미: 절망은 실패나 포기의 순간이 아니라, 더 나은 시작을 위한 전환점.
출처: 헬렌 켈러의 강연과 저서 〈사흘만 볼 수 있다면〉.

미국의 작가이자 사회 복지가 헬렌 켈러는 시각과 청각을 잃은 절망적인 상황 속에서도, 그것을 새로운 출발의 계기로 삼아 삶을 개척했다. 그녀는 절망을 단순히 끝이 아닌, 스스로의 의지와 행동으로 변화시킬 수 있는 가능성의 씨앗으로 보았다.

"절망은 끝이 아니라, 새로운 시작의 씨앗이다."

켈러는 어려움 속에서 희망과 용기를 발견하고, 그것을 다른 사람들에게 전파하며 세상에 긍정적인 변화를 만들어냈다. 그녀는 자신의 삶을 통해, 절망의 순간이야말로 삶을 새롭게 시작할 기회임을 증명했다.

장 폴 사르트르 "희망을 찾기 위한 시작점"

의미: 절망은 희망이 없다는 신호가 아니라, 희망을 새롭게 발견해야 할 지점.
출처: 장 폴 사르트르의 저서 〈존재와 무〉와 그의 실존주의 철학.

프랑스의 실존주의 철학자 장 폴 사르트르는 절망을 단순히 희망의 결핍으로 보지 않았다. 그는 절망이야말로 우리가 새로운 희망과 선택을 발견해야 하는 출발점이라고 강조했다.

"절망은 희망의 부재가 아니라, 희망을 찾기 위한 시작점이다."

사르트르는 인간이 자유와 선택의 주체라고 주장하며, 절망의 순간에야 비로소 진정한 자유와 가능성을 직시할 수 있다고 말했다. 그의 철학은 절망 속에서 새로운 방향과 희망을 만들어내는 능력이 인간 본성의 중요한 일부임을 보여준다.

프리드리히 니체 "용기의 시험"

의미: 절망은 고통스러운 시험대가 아닌, 그것을 이겨내는 용기를 발견하는 순간이다.
출처: 프리드리히 니체의 〈차라투스트라는 이렇게 말했다〉, 〈선악의 저편〉.

독일의 철학자 프리드리히 니체는 절망을 인간이 직면한 고난의 극단적인 형태로 보았다. 그는 절망이 단순히 피해야 할 감정이 아니라, 그것을 통해 더 강한 의지와 용기를 시험받는 과정이라고 말했다.

"절망은 고통을 넘어설 수 있는 인간의 용기를 시험한다."

니체는 고통과 절망이 인간을 약화시키는 것이 아니라, 오히려 인간 본연의 강인함을 드러내는 계기라고 강조했다. 그는 절망 속에서도 인간은 자신의 한계를 넘어 더 높은 존재로 변화할 수 있는 가능성을 발견한다고 보았다.

앤 프랭크 "희망의 시험"

의미: 절망은 우리가 가진 희망의 강도를 시험하며, 희망을 더 강하게 만드는 과정.
출처: 앤 프랭크의 저서 〈안네의 일기〉 속 고난 속에서도 희망을 잃지 않는 삶의 태도.

유대인 소녀 앤 프랭크는 나치 치하의 은신처에서 삶을 이어가며, 절망 속에서도 희망을 지키는 것이 얼마나 중요한지를 일기에 기록했다. 그녀는 절망이 단순히 희망의 부재가 아니라, 우리의 희망이 진정으로 강한지를 시험하는 기회라고 보았다.

"절망은 우리가 가진 가장 강한 희망을 시험하기 위해 존재한다."

앤은 수많은 절망적인 상황 속에서도 희망을 포기하지 않고, 그것이 그녀와 가족이 살아갈 용기를 제공했다고 믿었다. 그녀는 희망이 고난을 넘어서는 힘이 되는 동시에, 절망의 순간에 더욱 강해질 수 있다고 말했다.

신해철 "재탄생의 시작"

의미: 절망은 끝이 아닌 새로운 자신을 만드는 과정이다.
출처: 뮤지션 신해철의 절망에 대하여에서 전하는 메시지.

대한민국 뮤지션 신해철은 〈절망에 대하여〉란 음악을 통해 인생의 고난과 내면의 갈등을 이야기하며, 절망을 두려움의 대상이 아니라 새로운 시작의 기회로 바라보았다. 그의 곡 절망에 대하여는 단순히 어둠을 노래하는 것이 아니라, 그 어둠 속에서 피어나는 희망과 변화를 강조한다.

"절망은 우리를 부서뜨리는 게 아니라, 새로운 자신으로 다시 태어나게 하는 과정이다."

그는 절망이 삶의 고통과 좌절을 상징하는 동시에, 인간의 내면을 단단히 다지고 새로운 자신으로 거듭나게 하는 필연적인 과정임을 역설했다. 신해철의 음악은 고난 속에서도 포기하지 않고 스스로를 재정립하는 인간의 가능성을 보여준다. 그의 메시지는 인생의 시련을 겪는 이들에게 큰 위로와 용기를 전하며, 절망을 딛고 일어서는 힘을 상기시킨다.

조지 버나드 쇼 "절망 끝에 피어나는 희망"

의미: 희망의 진정한 가치는 절망이 극한에 이르렀을 때 비로소 이해한다.
출처: 조지 버나드 쇼의 연극 〈피그말리온〉과 그의 저서 속 인간 의지와 희망.

아일랜드 출신 극작가 조지 버나드 쇼는 희망이란 절망의 끝에서 비로소 그 진정한 의미와 가치를 드러낸다고 믿었다. 그는 극한의 절망 속에서도 희망을 찾아내는 것이 인간 정신의 본질적인 능력이라고 말했다.

"절망의 끝에서만 희망의 진정한 의미를 이해할 수 있다."

그의 연극 〈피그말리온〉에서, 인물들은 역경과 좌절 속에서도 스스로를 변화시키고 희망을 발견하며, 새로운 가능성을 만들어낸다. 쇼는 희망이 단순히 편안한 환경에서 오는 것이 아니라, 절망의 경계를 넘는 과정을 통해 더욱 강렬하게 빛난다고 강조했다.

파울로 코엘료 "삶의 질문으로서의 절망"

의미: 절망은 삶이 우리에게 던지는 질문이다.
출처: 파울로 코엘료의 저서 〈연금술사〉와 그의 자기 발견과 성장의 메시지.

브라질 작가 파울로 코엘료는 절망을 단순한 좌절이나 실패로 보지 않았다. 그는 절망을 삶이 우리에게 보내는 질문으로 해석하며, 그 질문에 대한 답을 찾는 과정에서 인간은 성장할 수 있다고 말했다.

"절망은 단지 삶이 당신에게 묻는 질문일 뿐이다."

그의 대표작 〈연금술사〉에서도, 주인공 산티아고는 여러 번의 좌절을 경험하지만, 그 과정에서 삶의 본질적인 질문과 마주하며 자신의 꿈과 목적을 재발견한다. 코엘료는 절망을 피해야 할 것이 아니라, 자신에게 던져진 질문에 답을 찾아가는 기회로 삼으라고 조언한다.

에리히 프롬 "절망의 시작점에서 삶을 다시 보다"

의미: 절망은 고통의 끝이자 삶을 새롭게 바라보는 시작이다.
출처: 에리히 프롬의 저서 〈사랑의 기술〉과 그의 심리학적, 철학적 철학.

독일의 사회심리학자 에리히 프롬은 절망을 단순한 고통의 결과로 보지 않았다. 그는 절망이란 고통을 넘어서 삶을 새롭게 이해하고 방향을 전환할 기회를 제공하는 순간이라고 말했다.

"절망은 고통의 끝이 아니라, 삶을 다시 바라보는 시작이다."

프롬은 고통 속에서 인간이 자신의 내면을 성찰하고, 그로부터 새로운 삶의 의미를 발견할 수 있다고 보았다. 그의 저서 〈사랑의 기술〉에서는 인간이 절망 속에서도 사랑과 관계를 통해 새로운 삶의 가능성을 창조할 수 있음을 이야기한다. 그는 절망이야말로 진정한 성장과 변화를 시작하는 중요한 전환점이라고 강조했다.

빅터 휴고 "의지로 극복하는 희망"

의미: 절망은 우리의 의지가 강하게 남아 있을 때 극복할 수 있는 감정.
출처: 빅터 휴고의 〈레미제라블〉과 그의 문학 세계에서의 의지와 극복 철학.

프랑스의 작가 빅터 휴고는 인간의 의지가 절망을 극복하는 가장 강력한 무기라고 믿었다. 그는 절망이란 단순히 외부 상황에서 오는 것이 아니라, 스스로의 의지가 약화될 때 그 힘을 발휘한다고 말했다.

"절망은 당신의 의지를 깨트릴 수 없을 때 비로소 사라진다."

휴고의 대표작 〈레미제라블〉에서는 주인공 장 발장이 가난, 억압, 절망 속에서도 자신의 의지를 잃지 않고 결국 삶을 새롭게 만들어 가는 이야기가 펼쳐진다. 그는 절망이 아무리 깊어도 의지가 강하면 그것을 극복할 수 있으며, 결국 절망은 자취를 감춘다고 이야기한다.

빅터 프랭클 "새롭게 피어내는 새 희망"

의미: 상실은 고통스러운 상처이지만, 이를 통해 새로운 성장과 희망을 발견한다.
출처: 빅터 프랭클의 저서 〈죽음의 수용소에서〉 속 상실과 의미의 철학.

18세기 말, 빅터 프랭클은 나치 수용소에서 가족과 동료를 잃는 깊은 상실을 경험했다. 그러나 그는 이러한 상실 속에서도 삶의 의미를 발견하려는 의지를 잃지 않았다. 그는 상처가 단순히 고통으로만 남는 것이 아니라, 그것을 통해 새로운 가능성과 희망이 피어날 수 있음을 깨달았다.

"상실은 마음에 난 상처지만, 거기서 새로운 꽃이 피어날 수 있다."

프랭클은 상실의 순간이야말로 인간이 자신의 내면과 삶의 의미를 재발견하는 중요한 계기라고 보았다. 〈죽음의 수용소에서〉는 절망적인 상황 속에서도 희망을 찾고, 상실을 성장으로 변화시키는 과정을 담고 있다. 그는 상처는 사라지지 않지만, 그 상처가 삶의 새로운 가치를 창출하는 출발점이 될 수 있다고 강조했다.

존 오도나휴 "상실의 영원한 흔적"

의미: 상실은 완전한 소멸이 아닌, 우리 내면에 흔적으로 남아 삶을 형성한다.
출처: 존 오도나휴의 저서 〈영혼의 아름다움〉 속 상실과 영혼의 연결에 대한 철학.

아일랜드의 시인이자 철학자인 존 오도나휴는 상실을 단순히 무언가를 잃는 고통으로만 보지 않았다. 그는 우리가 상실한 것들이 기억과 감정으로 우리 내면에 남아, 삶의 의미와 아름다움을 더해주는 요소가 된다고 믿었다.

"우리가 상실한 것은 우리 안에 영원히 머문다."

오도나휴는 상실이 남긴 흔적은 단순한 아픔이 아니라, 그것이 삶의 다른 방식으로 우리를 풍요롭게 만들 수 있다고 강조했다. 그는 상실한 것들을 통해 우리가 인간적 깊이와 공감을 얻으며, 그것이 영혼의 한 부분으로 자리잡는 과정을 이야기한다.

조앤 디디온 "더 깊은 삶으로 향하는 문"

의미: 상실은 아픔으로 끝나지 않고, 삶의 깊이를 새롭게 이해하게 하는 계기가 된다.
출처: 조앤 디디온의 저서 〈마법 같은 생각의 해〉 속 상실과 삶에 대한 성찰.

미국의 작가 조앤 디디온은 남편과 딸을 잃는 비극적인 경험을 통해, 상실이 우리를 더 깊은 삶으로 인도하는 문이 될 수 있음을 깨달았다. 그녀는 상실이 삶의 끝처럼 느껴질 수 있지만, 동시에 그것이 인간 존재의 본질과 가치를 더 깊이 이해하는 출발점이 될 수 있다고 말했다.

"상실은 우리를 더 깊은 삶으로 인도하는 문이다."

디디온은 자신의 책 〈마법 같은 생각의 해〉에서 사랑하는 이를 잃은 상실감 속에서도 그들의 기억과 흔적을 통해 새로운 삶의 방향을 찾아가는 과정을 기록했다. 그녀는 상실이 고통스럽지만, 그 고통을 직면하고 삶을 다시 성찰하는 과정에서 더 큰 통찰과 성장의 가능성을 발견할 수 있음을 보여주었다.

오스카 와일드 "상실 속에 피는 아름다움"

의미: 상실은 슬픔 속에서 아름다움을 발견하는 과정이다.
출처: 오스카 와일드의 작품 〈도리언 그레이의 초상〉과 그의 예술 철학.

영국의 극작가이자 소설가인 오스카 와일드는 상실을 단순히 슬픔으로만 보지 않았다. 그는 상실의 아픔이 인간의 내면을 풍요롭게 만들고, 이를 통해 삶의 새로운 아름다움을 깨닫게 한다고 믿었다.

"상실은 슬픔 속에서 아름다움을 발견하는 과정이다."

와일드는 자신의 삶에서 겪은 실패와 상실, 그리고 그로 인한 고통을 예술로 승화시켰다. 그는 고통과 상실을 단순히 부정적인 것으로만 보지 않고, 그것이 우리에게 예술적 영감과 새로운 시각을 제공한다고 강조했다. 그의 작품 속 인물들은 종종 상실과 슬픔을 경험하며, 그 과정에서 인간의 본질적 아름다움을 찾아간다.

앤 라모트 "다시 사랑으로 돌아가는 길"

의미: 상실은 끝이 아니라, 새로운 사랑과 관계를 시작하는 전환점.
출처: 앤 라모트의 에세이 〈작은 순간의 기적〉 속 상실과 회복의 철학.

미국의 작가 앤 라모트는 상실을 단순히 무엇인가를 잃는 아픔으로 보지 않았다. 그녀는 상실이 우리가 과거의 사랑과 연결된 기억을 통해, 더 깊고 새로운 사랑으로 나아가는 길이 될 수 있다고 강조했다.

"상실이란 끝이 아니라, 다시 사랑하기 위한 새로운 시작이다."

라모트는 자신의 글에서 상실을 마주하는 과정을 통해 인간이 감정적으로 성장하고, 다시 사랑을 품을 수 있는 용기를 얻는다고 이야기한다. 그녀는 상실을 통해 깨달은 사랑이 인간에게 치유와 새로운 관계를 시작할 힘을 준다고 믿었다.

프리드리히 니체 "성장을 알리는 순간"

의미: 한계를 느낄 때 비로소 성장의 가능성이 열린다.
출처: 프리드리히 니체의 〈차라투스트라는 이렇게 말했다〉, 〈선악의 저편〉.

독일 철학자 프리드리히 니체는 인간의 한계를 단순히 극복해야 할 장애물로 보지 않았다. 그는 한계를 느끼는 순간이야말로 인간이 자신의 진정한 가능성을 발견하고, 더 높은 차원으로 나아갈 수 있는 계기라고 강조했다.

"한계를 느낀 순간이야말로 성장의 시작이다."

니체는 고난과 한계가 인간의 의지와 내면을 시험하며, 이를 통해 우리는 더 강한 존재로 변화한다고 믿었다. 이러한 과정이야말로 인간이 성장하고 자기 초월을 이룰 수 있는 열쇠라고 보았다.

나폴레온 힐 "스스로 만드는 한계"

의미: 한계는 현실이 아닌, 마음이 스스로 정하는 것이다.
출처: 나폴레온 힐의 저서 〈성공학개론: 생각하라 그리고 부자가 되라〉.

미국의 동기부여 작가 나폴레온 힐은 인간의 성공과 실패가 외부 요인보다 내면의 생각과 믿음에 의해 좌우된다고 강조했다. 그는 사람들이 스스로의 마음속에 제한을 두기 때문에 성공을 이루지 못한다고 역설했다.

"한계를 정하는 것은 현실이 아니라, 자신의 마음이다."

힐은 자신의 저서 〈성공학개론: 생각하라 그리고 부자가 되라〉에서, 사람들이 마음속에서 자신의 능력을 과소평가하거나 실패를 두려워하면 스스로 한계를 만든다고 강조했다. 그는 자기 믿음과 목표에 대한 확신이야말로 한계를 넘어설 수 있는 열쇠라고 보았다.

에리히 프롬 "한계에서 시작되는 출발점"

의미: 한계는 끝이 아니라, 새로운 가능성과 도전을 시작할 계기가 되는 출발점.
출처: 에리히 프롬의 저서 〈사랑의 기술〉과 그의 심리학적 철학.

독일 태생의 사회심리학자 에리히 프롬은 한계를 단순히 우리의 가능성을 제한하는 선으로 보지 않았다. 그는 한계는 인간이 자신의 능력을 시험하고, 그 이상으로 나아가기 위한 출발점이라고 주장했다.

"한계란 도달해야 할 지점이 아니라, 더 나아가기 위한 출발점이다."

프롬은 한계가 인간의 잠재력을 드러내는 기회가 될 수 있다고 강조했다. 그의 저서 〈사랑의 기술〉에서는 한계를 극복하기 위한 의지와 노력을 통해 인간은 더 깊은 삶의 의미와 자유를 발견할 수 있다고 설명한다. 그는 한계를 도전해야 할 대상으로 바라볼 때, 인간은 스스로를 초월하며 성장한다고 믿었다.

시어도어 루스벨트 "시험으로서의 한계"

의미: 한계는 장애물이 아니라, 강인함과 의지를 시험하는 도전이다.
출처: 테오도어 루스벨트의 연설과 그의 생애에서 드러난 결단력과 도전 정신 철학.

미국의 제26대 대통령 테오도어 루스벨트는 젊은 시절 병약한 신체와 극복해야 할 많은 어려움 속에서 성장했다. 그는 한계를 단순히 극복해야 할 벽이 아니라, 자신의 결단과 의지를 시험하고 강화하는 기회로 여겼다.

"한계란 당신을 막는 것이 아니라, 당신을 시험하는 것이다."

루스벨트는 개인적 도전과 정치적 위기를 맞닥뜨리며 한계를 기회로 전환하는 리더십을 보여주었다. 그는 삶에서 만나는 한계들이야말로 우리를 더 강하고 능력 있는 존재로 만드는 시험대라고 말했다.

빈센트 반 고흐 "어둠 속에서 빛나는 별"

의미: 어둠은 부정적인 상태가 아니라, 빛이 돋보이게 하는 배경이자 조건이다.
출처: 빈센트 반 고흐의 편지와 작품 〈별이 빛나는 밤〉 속 자연과 삶의 통찰.

네덜란드의 화가 빈센트 반 고흐는 어둠과 빛의 대비를 통해 인간의 감정을 표현하고,

삶의 진실을 탐구했다. 그는 어둠이 없다면 별의 아름다움은 존재할 수 없으며, 고난과 역경이야말로 삶의 빛을 더욱 강렬하게 만든다고 믿었다.

"어둠이 없다면, 별은 빛나지 않는다. 어둠은 우리가 빛을 더 선명히 볼 수 있게 해준다."

이 말은 반 고흐가 삶에서 겪은 고통과 상실 속에서도 아름다움과 희망을 찾아내려는 그의 철학을 담고 있다. 대표작 〈별이 빛나는 밤〉은 깊은 어둠 속에서 반짝이는 별과 달의 빛을 통해 희망과 영감을 표현한 작품으로, 그의 메시지를 시각적으로 전달한다.

프리체 "불행은 인생의 스승이다"

의미: 불행은 인생에서 배움을 주는 최고의 스승이다.
출처: 독일 철학자 프리체의 삶과 역경에 대한 통찰.

20세기 초, 독일 철학자 프리체는 인생의 고난과 역경 속에서 인간이 성장하고 단련된다고 강조했다. 그는 불행을 단순한 고통으로 보지 않고, 삶의 깊은 진리를 배우는 훌륭한 스승으로 여겼다.

"인생이란 학교에는 불행이란 훌륭한 스승이 있다. 그 스승 때문에 우리는 더욱 단련되는 것이다."

그는 불행이 우리에게 가르침을 주고, 이를 통해 인간은 더 강하고 성숙한 존재로 거듭날 수 있으며, 성장의 기회를 찾을 수 있는 인간의 내면을 단련하는 과정으로 승화했다.

빅터 프랭클 "어두운 밤의 희망"

의미: 가장 절망적인 순간은 희망과 새로움으로 이어지는 전환점이다.
출처: 빅터 프랭클의 저서 〈죽음의 수용소에서〉 속 고난과 희망에 대한 철학.

빅터 프랭클은 나치 수용소에서 가족과 동료를 잃고 극한의 고통을 경험했지만, 그 속에서도 희망을 잃지 않았다. 그는 가장 깊은 어둠 속에서도 삶의 의미를 발견하려는 노력이야말로 인간 존재의 본질이라고 믿었다.

"가장 어두운 밤이 가장 밝은 새벽으로 이끈다."

프랭클은 절망과 고통이 끝이라고 생각하지 않았다. 그는 고난의 극한에 이르렀을 때 비로소 희망과 자유, 그리고 삶의 새로운 가능성이 나타난다고 강조했다. 〈죽음의 수용소에서〉는 이러한 통찰을 바탕으로 고통 속에서도 인간이 살아갈 의미를 찾는 과정을 담고 있다.

세이노 "성공과 실패의 경계"

의미: 게으름은 성공과 실패를 가르는 가장 큰 장애물이다.
출처: 작가 세이노의 노력과 자기 계발에 대한 통찰.

수천억대의 자산가이자 성공학과 자기 계발의 대가로 알려진 세이노는 돈의 속성과 같은 저서를 통해 현실적인 삶의 원칙을 제시하며, 게으름이야말로 인생에서 가장 치명적인 독이라고 경고했다.

"게으름은 가장 치명적인 독이다. 성공과 실패는 바로 여기에 달렸다."

그는 성공이란 거창한 비전이나 재능에서 오는 것이 아니라, 매일의 성실한 노력에서 비롯된다고 강조했다. 반대로, 게으름은 자신을 무기력과 좌절로 몰아넣으며, 잠재력을 파괴하는 가장 큰 적이라고 강조했다. 세이노는 게으름을 극복하기 위해 자기 계발의 구체적 방법과 실천의 중요성을 설파하며, 성실함이 삶의 전환점을 만들 수 있다고 강조했다. 그는 작은 행동의 꾸준함이 성공으로 이어지고, 게으름을 극복하는 순간 인간은 진정한 가능성을 발견한다고 믿었다.

F. 스콧 피츠제럴드 "새로운 시작의 기회"

의미: 단 한 번의 실패가 영원한 실패를 의미하지 않는다.
출처: 작가 F. 스콧 피츠제럴드의 저서 〈위대한 개츠비〉와 그의 인생과 도전에 대한 통찰.

20세기, 미국의 작가 프랜시스 스콧 키 피츠제럴드는 〈위대한 개츠비〉를 통해 인간의 꿈과 좌절, 그리고 재기를 탐구했다. 그는 실패가 단순히 끝이 아니라, 새로운 시작의 기회가 될 수 있다고 믿었다.

"한 번 실패와 영원한 실패를 혼동하지 마라."

그는 인생에서 실패는 불가피하지만, 그것이 곧 끝을 의미하는 것은 아니라고 강조했다. 오히려 실패는 더 나은 방향으로 나아가기 위한 중요한 배움의 과정이다. 그 자신의 삶에서도 재정적 어려움과 개인적 위기를 겪었지만, 그는 끊임없이 글을 쓰며 자신의 한계를 넘어서려는 노력을 멈추지 않았다. 그의 이야기는 실패를 두려워하지 말고, 그것을 새로운 성공의 발판으로 삼으라는 메시지를 전한다.

허버트 스펜서 개서 "실패와 교훈의 가치"

의미: 실패는 잊어도, 그 안에서 얻은 교훈은 기억해야 한다.
출처: 생리학자 허버트 개서의 신경 연구와 노벨 생리학상 수상 업적 철학.

19~20세기, 허버트 스펜서 개서는 미국의 생리학자이자 신경 과학 분야의 선구자로, 1944년 조지프 얼랭어와 함께 신경 섬유 연구로 노벨 생리학(의학상)을 수상했다. 그는 신경계의 전기적 신호를 연구하며, 현대 의학과 생리학에 중대한 영향을 미쳤다.

"실패는 잊어라 그러나 그것이 준 교훈은 절대 잊으면 안된다."

그는 실패가 인간의 삶에서 필연적일 수 있지만, 중요한 것은 실패 자체가 아니라, 실패를 통해 배우고 성장할 수 있는 자세라고 보았다. 개서는 실패를 극복하고 교훈을 삶에 적용할 때, 더 큰 성공과 성장을 이룰 수 있다고 믿었다. 그의 연구는 단순히 신경 섬유의 기능 이해를 넘어, 현대 신경 과학의 발전 방향을 제시했다.

나딘 스테어 "실패 속에서 피는 삶"

의미: 실수(실패)는 더 풍요로운 삶을 위한 중요한 경험이다.
출처: 작가 스테어의 저서 〈영혼을 위한 닭고기 수프〉와 그의 인생에 대한 통찰.

1993년에 출간된 〈영혼을 위한 닭고기 수프〉의 작가 나딘 스테어는 노년의 지혜를 담아, 인생을 다시 살 수 있다면 더 많은 실수를 저지르겠다고 고백했다. 그녀는 완벽함을 추구하기보다 실수를 통해 배우고, 삶을 더 풍요롭게 만드는 것이 중요하다고 강조했다.

"인생을 다시 산다면 다음번에는 더 많은 실수(실패)를 저지르리라."

그녀는 실수를 두려워하지 않고, 이를 통해 더 많은 것을 배우고, 새로운 경험을 쌓으며 삶을 풍요롭게 만들겠다는 철학을 설파했다. 스테어는 인생에서 실수가 단순히 실패가 아니라, 인간을 성장시키는 중요한 과정임을 상기시켰다. 그녀의 메시지는 완벽함이 아닌, 실수를 통해 얻는 깨달음과 풍요로움에 초점을 맞춘다.

토머스 브래들리 "스스로 만드는 꿈"

의미: 꿈의 실현을 가로막는 것은 환경보다 자신의 내면적 두려움과 한계 의식에 있다.
출처: 토머스 브래들리의 연설과 그의 리더십에서의 자기 극복의 메시지.

미국의 정치인 토머스 브래들리는 로스앤젤레스 최초의 흑인 시장으로, 여러 인종적 편견과 어려움을 극복하며 자신의 꿈을 실현했다. 그는 자신의 성공이 외부의 장애물을 넘어설 뿐 아니라, 스스로의 한계를 뛰어넘는 과정에서 이루어졌다고 말했다.

"당신의 꿈을 이루는 것을 막는 사람은 당신 자신밖에 없다."

브래들리는 인종차별과 경제적 어려움 속에서도 교육과 노력을 통해 스스로를 발전시켰다. 그는 자신을 제한하는 것은 외부의 편견이 아니라, 자신의 두려움과 가능성에 대한 믿음 부족이라고 강조했다. 그의 리더십과 비전은 꿈을 향한 확고한 신념과 행동에서 비롯되었다.

빈스 롬바르디 "꿈을 현실로 만드는 목표"

의미: 꿈은 열망에 그치지 않고, 명확한 목표와 행동으로 전환될 때 현실이 된다.
출처: 빈스 롬바르디의 스포츠 철학과 그의 연설에서의 성공과 성취의 원칙.

미국의 전설적인 미식축구 감독 빈스 롬바르디는 성공은 단순히 꿈꾸는 데서 그치는 것이 아니라, 그것을 구체적인 목표로 변환하고 실행할 때 이루어진다고 강조했다. 그는 자신의 팀인 그린베이 패커스를 이끌며, 이러한 철학을 바탕으로 리더십을 발휘했다.

"꿈은 목표가 될 때 현실이 된다."

롬바르디는 팀원들에게 꿈을 꾸는 것은 중요하지만, 이를 실질적인 행동 계획으로 바꿀 때만이 승리와 성공을 가져올 수 있다고 가르쳤다. 그는 자신의 훈련 철학을 통해, 목표 설정과 끊임없는 노력이 꿈을 실현시키는 핵심이라고 역설했다. 그의 리더십 아래, 팀은 수많은 챔피언십 타이틀을 거머쥐며 스포츠 역사에 길이 남을 성공을 이루었다.

빅터 프랭클 "오늘 살게 하는 꿈의 힘"

의미: 꿈은 미래의 목표가 아니라, 현재를 살아가고 행동하게 만드는 원동력.
출처: 삶의 의미와 목표의 중요성이 드러난 빅터 프랭클의 저서 〈죽음의 수용소에서〉.

18세기, 빅터 프랭클은 나치 수용소에서 극한의 고통 속에서도 삶을 살아가는 원동력을 발견했다. 그는 인간이 고난 속에서도 살아갈 수 있는 힘은 미래의 꿈과 목표를 가지는 데 있다고 믿었다.

"꿈은 오늘 이 순간을 움직이는 에너지다."

프랭클은 꿈과 목표가 인간에게 단순한 희망 이상의 의미를 가진다고 강조했다. 그것은 현재의 행동을 이끄는 에너지이며, 절망 속에서도 삶을 포기하지 않도록 돕는 내면의 힘이다. 〈죽음의 수용소에서〉에서 그는 수용소에서 생존한 사람들 대부분이 미래에 대한 꿈과 이유를 가지고 있었던 점을 언급하며, 꿈이 현재를 살아가는 게 얼마나 중요한지를 설명한다.

칼 융 "잠재력을 말하는 꿈의 언어"

의미: 꿈은 우리의 무의식과 잠재력이 표현되는 가장 중요한 방식이다.
출처: 칼 융의 저서 〈심리학적 유형〉과 그의 분석 심리학에서의 꿈과 무의식의 관계.

스위스의 심리학자 칼 구스타브 융은 꿈을 단순한 환상이 아니라, 인간의 무의식과 잠재력을 탐구할 수 있는 중요한 도구로 보았다. 그는 꿈이 개인의 내면 세계와 연결되어 있으며, 그 속에서 숨겨진 가능성과 진실이 드러난다고 주장했다.

"꿈은 잠재력의 첫 번째 언어다."

융은 꿈이 인간의 무의식이 자신의 가능성과 욕망을 전달하는 방식이라고 설명했다. 그는 꿈 분석을 통해 사람들이 자신의 내면 깊은 곳에서 잠재된 능력과 해결되지 않은 문제를 발견할 수 있다고 믿었다. 그의 분석 심리학에서는 꿈이 인간의 내적 성장을 이끄는 중요한 지침 역할을 한다고 강조한다.

빈스 롬바르디 "방향이 이끄는 성공"

의미: 작은 발걸음이라도 올바른 방향으로 나아가고 있다면, 이미 성공한 것.
출처: 빈스 롬바르디의 스포츠 철학과 연설에서의 목표와 끈기의 중요성.

미식축구 역사에서 가장 존경받는 감독 중 한 명인 빈스 롬바르디는, 성공은 큰 도약이 아니라 작은 발걸음과 올바른 방향에서 시작된다고 강조했다. 그는 팀원들에게 꾸준히 목표를 향해 나아가는 자세가 궁극적으로 승리를 가져다준다고 설파했다.

"작은 발걸음이라도 올바른 방향이면 성공한 것과 같다."

롬바르디는 그린베이 패커스 팀을 이끌며, 목표를 명확히 설정하고, 매일 조금씩 그 목표를 향해 나아가도록 독려했다. 그는 진정한 성공은 단기적인 성과보다 방향성을 유지하며 꾸준히 전진하는 과정에서 얻어진다고 믿었다. 그의 리더십은 단지 경기장에서 뿐만 아니라, 삶의 모든 영역에서도 올바른 방향과 끈기의 중요성을 보여준다.

에리히 프롬 "방향의 중요성"

의미: 삶의 질과 성공은 얼마나 빨리 가는지가 아니라, 어디로 가고 있는지가 중요하다.
출처: 에리히 프롬의 저서 〈사랑의 기술〉과 그의 철학에서의 인간 성장과 선택의 중요성.

18세기, 독일 태생의 심리학자 에리히 프롬은 현대인이 속도와 효율성을 추구하는 데 집중하면서, 삶의 방향과 목적을 잃어가는 모습을 비판했다. 그는 속도 자체는 의미가 없으며, 올바른 방향이 삶의 본질적인 가치를 결정한다고 강조했다.

"인생은 속도가 아니라 방향이다."

프롬은 인간이 자신의 내면적 성장과 삶의 목적을 찾기 위해 속도를 늦추고 방향을 점검해야 한다고 강조했다. 그의 저서 〈사랑의 기술〉에서는 사랑과 관계를 무의미한 성취나 효율보다 깊이 있는 삶을 지향해야 한다고 표현했다. 그는 방향이 올바르다면 천천히 가더라도 궁극적인 목표에 도달할 수 있다고 믿었다.

스티븐 코비 "방향이 만드는 결과"

의미: 올바른 방향 설정이 삶의 길과 결과를 좌우한다.
출처: 경영 전문가 스티븐 코비의 저서 〈성공하는 사람들의 7가지 습관〉.

미국의 작가이자 연설가, 컨설턴트, 경영 전문가 스티븐 코비는 개인의 삶과 리더십에서 방향 설정이 얼마나 중요한지 강조했다. 그는 목표가 없는 방향 없는 삶은 혼란과 좌절을 가져오지만, 명확한 방향은 올바른 선택과 결과로 이어진다고 말했다.

"방향은 길을 결정하고, 길은 결과를 만든다. 당신의 삶은 당신이 선택한 방향으로 흘러간다."

그의 저서 〈성공하는 사람들의 7가지 습관〉에서 사람들이 먼저 자신이 가고자 하는 방향을 설정해야 한다고 설파했다. 그는 나침반(방향)과 시계(속도)를 비유로 사용하며, 방향 없는 속도는 아무런 성과도 가져오지 못한다고 설명했다. 그는 성공의 열쇠는 자신이 원하는 삶의 결과를 먼저 정의하고, 그 결과를 이끄는 방향과 길을 선택하는 데 있다고 보았다.

스티브 잡스 "미래를 설계하는 힘"

의미: 올바른 방향 설정은 미래의 설계도이며, 삶의 모습을 결정짓는 청사진이다.
출처: 스티브 잡스의 연설과 애플의 철학에서 드러난 비전과 방향의 중요성.

애플의 공동 창업자인 스티브 잡스는 방향 설정이 단순히 오늘의 선택에 영향을 미치는 것이 아니라, 궁극적으로 미래를 설계한다고 강조했다. 그는 애플의 성공을 이끈 핵심이 명확한 방향성과 비전에서 나왔다고 믿었다.

"길은 선택이지만, 방향은 삶이다. 방향은 자신의 미래를 보여주는 설계도다."

잡스는 자신과 애플의 미래를 설계하기 위해 명확한 목표와 철학을 설정했다. 그는 제품 디자인에서부터 사용자 경험에 이르기까지, 모든 것이 방향성을 중심으로 이루어지도록 했다. 아이폰, 맥북 같은 혁신적인 제품들은 단순히 기술적 성취가 아니라, 애플의 방향성이 현실로 구현된 결과였다.

윈스턴 처칠 "변화를 위한 용기"

의미: 잘못된 방향일 때 이를 수정할 용기가 없으면, 더 이상 진전이 없다.
출처: 윈스턴 처칠의 연설과 정치 경력에서 드러난 결단력과 변화를 향한 용기.

영국의 전시 지도자 윈스턴 처칠은 변화를 두려워하지 않고, 필요할 때 방향을 바꾸는 용기가 진정한 리더십의 본질이라고 믿었다. 그는 제2차 세계대전 동안 영국의 전략을 결정하며, 상황에 따라 과감히 결정을 바꿀 줄 아는 지도자로 평가받았다.

"방향을 바꿀 용기가 없다면, 당신은 영원히 같은 곳에 머문다."

처칠은 상황이 악화되거나 목표를 향한 길이 잘못되었을 때, 기존의 방식을 고수하지 않고 더 나은 방향으로 변화하려는 결단이 필요하다고 강조했다. 그는 단순히 안정성을 유지하는 것보다, 더 나은 결과를 위해 위험을 감수하며 방향을 수정하는 것이 중요하다고 믿었다.

알버트 아인슈타인 "기적의 방향"

의미: 삶은 기적을 부정하거나, 모든 것을 기적으로 여기는 방식의 선택이다.
출처: 과학자 알버트 아인슈타인의 삶과 우주에 대한 철학적 통찰.

20세기, 알버트 아인슈타인은 현대 물리학을 혁신한 과학자이지만, 그의 철학적 통찰 또한 깊은 울림을 준다. 그는 삶을 바라보는 태도가 우리의 경험을 어떻게 형성하는지를 강조하며, 기적을 대하는 관점을 통해 삶의 가치와 의미를 논했다.

"삶을 사는 데는 단 두 가지 방식이 있다. 하나는 기적이 전혀 없다고 여기는 것이고 또 다른 하나는 모든 것이 기적이라고 여기는 방식이다."

그는 과학자로서 우주의 법칙을 탐구했지만, 삶을 대하는 태도와 관점이 개인의 경험을 형성한다는 믿음 아래, 모든 것을 기적으로 여기는 방식을 선택했다. 기적이 없다고 믿는 냉소적 태도 대신, 모든 것이 기적임을 깨닫는 경이로운 시선을 통해, 우리에게 삶을 바라보는 새로운 길을 제시했다.

헨리 포드 "성공과 행복의 교차점"

의미: 성공은 목표 달성이고, 행복은 그 성취를 즐기는 것이다.
출처: 미국 기업가 헨리 포드의 경영 철학과 삶의 지혜.

1920년대, 헨리 포드는 자동차 산업의 혁명을 일으키며 시대를 선도했다. 대량 생산 시스템을 도입해 자동차를 대중화한 그는 당시 많은 이들에게 성공의 상징이었다. 하지만 포드는 단순히 물질적 성취를 넘어, 성공과 행복의 본질에 대해 깊이 고민했다.

"성공은 당신이 원하는 것을 얻는 것이고, 행복은 당신이 얻은 것을 원하는 것이다."

그는 성공과 행복을 상호 보완적인 개념으로 보았다. 즉, 원하는 목표를 이루는 것이 성공이라면, 그 성과를 진정으로 즐기고 가치 있게 여기는 것이 행복이라는 것이다. 포드는 단순히 부를 쌓는 데 그치지 않고, 자신의 성취가 사회에 긍정적인 영향을 미치기를 바랐다.

잭 웰치 "변화는 성공의 열쇠"

의미: 변화에 적응하지 못하면 성공할 수 없다.
출처: 미국 경영자 잭 웰치의 리더십과 혁신 전략.

1981년, 잭 웰치는 GE(제너럴 일렉트릭)의 CEO로 취임하며, 당시 침체되어 있던 기업을 변화와 혁신의 상징으로 탈바꿈시켰다. 그는 안정에 안주하기보다 급격한 변화를 선택했다.

"변화에 적응하지 못하면 성공도 없다."

웰치는 기존의 관습과 구조를 과감히 철폐했다. 그는 성과가 낮은 사업부를 정리하고, 새로운 기술과 시장을 중심으로 회사의 방향을 재설정했다. 웰치는 빠르게 변화하는 시장에서 생존과 성공을 위해 적응과 혁신이 필수적이라고 믿었다.

빌 게이츠 "성공이란 함정"

의미: 성공은 실패를 간과하게 만드는 위험이 있다.
출처: 마이크로소프트 창업자 빌 게이츠의 비전과 경영 철학.

1990년대 초, 빌 게이츠가 이끄는 마이크로소프트는 윈도우 운영 체제로 세계 소프트웨어 시장을 지배하고 있었다. 하지만 게이츠는 성공의 달콤함에 안주하지 않았다. 그는 성공이 때로는 위험한 환상을 가져올 수 있음을 경계했다.

"성공은 나쁜 스승이다. 그것은 똑똑한 사람들이 결코 실패하지 않을 것처럼 착각하게 만든다."

게이츠는 성공이 자신감이 아니라 자만심을 키울 수 있다고 보았다. 그는 과거 기술 기업들이 성공에 취해 변화와 혁신을 놓쳤던 사례를 상기하며, 실패를 두려워하기보다 배움의 기회로 삼아야 한다고 주장했다. 그는 이를 회사 경영에도 적용했다. 마이크로소프트는 끊임없이 새로운 기술을 연구하며, 시장의 변화에 신속히 대응했다. 게이츠는 직원들에게 성공의 함정에 빠지지 말고, 실패에서 배우는 자세를 유지할 것을 강조했다.

코코 샤넬 "열정이 실로 엮은 성공"

의미: 열정은 성공의 근원이다.
출처: 패션 디자이너 코코 샤넬의 성공적인 삶과 창조적 업적.

1913년, 코코 샤넬은 프랑스 도빌에 작은 모자 가게를 열었다. 당시 여성 패션은 불편하고 과도하게 장식된 옷이 주류였다. 하지만 샤넬은 단순하고 실용적인 디자인으로 새로운 패션의 물결을 일으켰다.

"열정 없는 성공은 있을 수 없다. 성공은 당신이 하는 일에 열정을 느낄 때 온다."

샤넬의 성공은 단지 재능에서 비롯된 것이 아니었다. 그녀는 자신이 디자인하는 모든 옷과 액세서리에 열정을 담았다. 그녀에게 패션은 단순한 의복이 아니라, 자유와 자신감을 표현하는 도구였다. 샤넬의 열정은 당시 사회적 제약에 갇혀 있던 여성들에게 새로운 삶의 가능성을 제시했다.

그녀는 '내가 디자인에 담는 건 단지 실과 천이 아니라 나의 모든 것이다.'는 말을 자주 강조했으며, 샤넬의 철학은 그녀의 작품 속에 고스란히 스며들었고, 오늘날 그녀의 이름은 단순한 브랜드를 넘어 열정과 혁신의 상징으로 남아 있다.

스티븐 코비 "성공의 3가지 열쇠"

의미: 성공은 변화, 집중, 신뢰로 완성된다.
출처: 〈성공하는 사람들의 7가지 습관〉의 저자 스티븐 코비의 철학과 가르침.

1989년, 스티븐 코비는 그의 대표작 〈성공하는 사람들의 7가지 습관〉을 통해 전 세계 독자들에게 성공의 원칙을 제시했다. 그는 단순한 목표 달성이 아닌, 삶의 본질을 완성하는 성공의 본질에 대해 말하며 많은 이들에게 깊은 영향을 미쳤다.

"성공은 자신을 변화시키고, 가장 중요한 것에 집중하며, 신뢰와 습관으로 삶을 완성하는 것이다."

코비는 먼저 변화의 중요성을 강조했다. 그는 자신을 객관적으로 돌아보고 부족한 점을 개선하는 것이 성공의 첫걸음이라 말했다. 이어, 삶의 우선순위를 설정하고 가장 중요한 것에 에너지를 집중하는 능력이 성공의 핵심이라 역설했다. 또한 그는 신뢰와 습관의 힘을 통해 일관성 있는 행동이 성공을 지속 가능하게 만든다고 보았다.

그의 철학은 단지 개인의 성취뿐 아니라, 관계와 공동체 안에서의 성장을 통해 진정한 성공을 추구하도록 이끈다.

리처드 브랜슨 "성공의 진짜 척도"

의미: 성공은 다른 사람의 삶에 미친 영향으로 평가된다.
출처: 버진 그룹 창립자 리처드 브랜슨의 철학과 사업 전략.

1970년대, 리처드 브랜슨은 작은 음반 판매점에서 시작해 버진 그룹을 세계적인 기업으로 성장시켰다. 하지만 그의 성공의 기준은 단순히 재정적 성과에 머무르지 않았다. 브랜슨은 항상 다른 사람들의 삶을 더 나아지게 하는 데 집중했다.

"성공은 얼마나 많은 돈을 벌었느냐가 아니라, 다른 사람의 삶에 얼마나 영향을 미쳤느냐로 측정된다."

그는 기업의 이익보다 직원, 고객, 그리고 사회에 미치는 영향을 더 중요하게 여겼다. 버진 항공은 경쟁사보다 더 나은 서비스와 혁신적인 경험을 제공하며 고객 만족을 최우선으로 삼았다. 또한 그는 다양한 사회 공헌 활동을 통해 전 세계적으로 긍정적인 변화를 만들어내고자 했으며, 기업가정신이란 단지 수익을 창출하는 데 그치지 않고, 세상에 더 나은 가치를 제공하는 과정이라 믿었다. 그의 리더십 아래, 버진 그룹은 지속 가능한 혁신과 환경 보호를 실천하며 성공의 새로운 모델을 제시했다.

채근담 "성공의 지혜"

의미: 조급히 나아가려 하기보다 인내와 균형을 중시해야 한다.
출처: 동양 고전 채근담의 인생 철학과 삶의 태도.

채근담은 동양 사상의 깊은 통찰을 담은 고전으로, 특히 조급함이 가져오는 허무함과 장기적인 관점을 중시하는 태도를 강조한다. 먼저 핀 꽃이 아름다움을 자랑하다가 빨리 지는 것처럼, 인생에서 조급히 성공하려는 마음은 결국 더 큰 실패나 허무함을 초래할 수 있음을 경고한다. 채근담은 일상의 삶에서 겸손과 균형의 중요성을 강조하며, 순간적인 성공이나 성취가 아닌 꾸준하고 내실 있는 성장을 추구해야 한다는 가르침을 준다.

"먼저 핀 꽃은 먼저 진다. 남보다 먼저 성공하려고 조급히 서둘 필요가 없다."

이 구절은 현대 사회에서도 여전히 유효한 지혜를 전한다. 빠른 성공을 쫓는 대신, 자신의 길을 차분히 걸으며 과정 속에서 배움과 성장을 찾는 것이 진정한 성공으로 이어진다는 점을 상기시킨다.

알베르 카뮈 "성공의 진정한 의미"

의미: 성공은 자신이 원하는 삶을 사는 것이다.
출처: 프랑스 철학자 알베르 카뮈의 사상과 작품 세계.

1957년, 알베르 카뮈는 노벨 문학상을 수상했다. 그의 철학적 탐구와 문학적 성취는 세계적으로 인정받았지만, 그는 외부의 찬사보다 자기 자신에게 충실한 삶을 더 중요하게 여겼다. 카뮈는 성공을 사회적 기준이 아니라, 스스로의 가치와 선택에 따라 정의했다.

"진정한 성공은 자신이 원하는 삶을 사는 것이다."

그의 삶은 이 신념을 증명하는 여정이었다. 그는 부조리한 세상 속에서도 인간의 자유와 선택을 옹호했고, 이로 인해 때로는 외로움과 비판을 감수해야 했다. 하지만 카뮈는 흔들리지 않았다. 그는 자신의 글과 행동을 통해, 어떤 환경에서도 스스로 원하는 길을 선택하고 그것을 따르는 삶이야말로 진정한 성공이라고 믿었다. 그의 작품 〈이방인〉과 〈시지프 신화〉는 이러한 철학적 태도를 문학적으로 풀어낸 예이다.

조 지라드 "성공, 계단을 오르는 여정"

의미: 성공은 지름길이 아닌 한 계단씩 올라가는 과정이다.
출처: 세일즈의 거장 지라드의 저서와 그의 꾸준한 노력의 철학.

조 지라드는 세계에서 가장 위대한 세일즈맨으로 불리며, 그의 커리어는 끊임없는 노력과 성실함의 상징이었다. 그는 35살까지 인생의 낙오자였다. 고등학교 중퇴에 변변한 기술도 자본도 없던 그는 구두닦이, 접시닦이, 난로 수리공, 건설현장 인부 등 40여 개의 직업을 전전하며 온갖 고생고- 실패를 경험했다.

"성공으로 가는 엘리베이터는 고장났다. 당신은 계단을 이용해야만 한다. 한계단 한계단씩..."

그는 큰 성취를 이루는 비결은 빠른 결과를 기대하는 것이 아니라, 꾸준히 작은 목표를 달성하며 앞으로 나아가는 데 있다고 보았으며, 자신의 성공 비결로 성실한 태도, 일관된 노력, 그리고 고객에 대한 신뢰를 꼽았다. 그의 저서 〈성공하는 사람들의 99가지 화술〉과 〈사람을 움직이는 대화의 기술〉에 담긴 그의 메시지는 성공이란 단순한 운이나 재능이 아니라, 땀과 시간, 그리고 반복되는 작은 성공들의 결과임을 일깨운다.

리처드 바크 "변화의 날개"

의미: 성공은 고난의 끝에서 기적처럼 새로운 날개가 솟아나는 것.
출처: 작가 리처드 바크의 저서 〈갈매기의 꿈〉 속 성장과 변화에 대한 통찰.

리처드 바크는 자신의 저서 〈갈매기의 꿈〉을 통해 한계를 뛰어넘는 자유와 변화를 이야기한 작가다. 그는 고난과 절망이 끝이 아니라, 진정한 발전을 위한 과정임을 강조하며, 새로운 시작을 은유적으로 표현했다.

"애벌레가 세상이 끝났다고 생각하는 순간, 화려한 나비로 변했다."

그는 인생의 어려움 속에서도 변화를 통해 새로운 가능성을 발견할 수 있다고 믿었다. 애벌레가 번데기로 갇혀 고립감을 느끼는 순간, 나비로 탈바꿈하며 자유롭게 날아오를 준비를 하듯, 인간도 고난을 통해 스스로를 새롭게 정의할 기회를 얻는다. 바크는 자신의 작품에서 꿈과 자유를 추구하는 주인공들을 통해 변화의 힘과 아름다움을 노래했다. 그의 이야기는 단순히 어려움을 극복하라는 메시지가 아니라, 고난을 통해 더 큰 자신으로 거듭날 수 있는 힘을 전한다.

시간과 공간

시간, 과거, 현재, 미래, 순간, 영원, 역사, 기억,
공간, 차원과 관련된 문장들

소포클레스 "시간의 소중함"

의미: 오늘의 시간은 어제 죽은 이들이 바라던 소중한 시간이다.
출처: 고대 그리스 극작가 소포클레스의 시간과 삶의 통찰.

기원전 5세기, 고대 그리스의 비극 작가 소포클레스는 오이디푸스 왕과 같은 작품을 통해 인간의 삶, 운명, 그리고 시간의 본질을 탐구했다. 그는 시간의 중요성을 깊이 깨닫고, 하루하루를 소중히 살아가야 한다는 메시지를 전했다.

"내가 헛되이 보낸 오늘은 어제 죽어간 이들이 그토록 바라던 하루이다. 단 하루면 모든 것을 멸망시킬 수도 다시 소생시킬 수도 있다."

그는 오늘이라는 시간이 단순한 흐름이 아니라, 인간의 운명을 결정짓는 강력한 힘을 지니고 있다고 보았다. 소포클레스의 작품은 인간이 순간의 선택과 행동으로 운명을 변화시킬 수 있음을 일깨우며, 매일을 책임감 있게 살아야 함을 강조한다.

벤저민 프랭클린 "금처럼 소중한 시간"

의미: 시간은 금처럼 귀중하기 때문에 이를 낭비하지 말아야 한다.
출처: 벤저민 프랭클린의 저서 〈가난한 리처드의 달력〉.

벤저민 프랭클린은 자신의 저서 〈가난한 리처드의 달력〉에서 생산성과 절약의 가치를 강조하며 시간 낭비가 곧 재산의 손실이라고 언급했다.

"시간은 금이다."

이 말은 단순히 물질적 부의 축적을 넘어 삶의 전반에 적용되는 프랭클린의 철학을 잘

드러낸다. 그는 시간을 소중히 여기는 태도가 개인의 성공뿐 아니라 사회적 발전에도 기여한다고 믿었다. 과학자, 촬영가, 외교관으로서의 그의 삶은 시간 관리의 중요성을 잘 보여준다.

레프 톨스토이 "시간의 선택"

의미: 시간은 원하는 것을 성취하기 위한 중요한 도구.
출처: 레프 톨스토이의 저서 〈전쟁과 평화〉.

톨스토이는 삶의 복잡한 본질을 탐구하며, 시간의 가치를 철학적으로 접근했다. 톨스토이는 〈전쟁과 평화〉에서 인물들의 결단과 행동을 통해 시간이 어떻게 인간의 욕망, 목표, 그리고 삶의 방향성을 결정하는지를 보여주었다. 그의 글은 시간의 흐름 속에서 인간이 자신의 선택을 통해 삶의 의미를 창조해가는 과정을 강조한다.

"시간이란 당신이 가장 원하는 것을 얻기 위해 사용하는 것이다."

톨스토이는 삶의 복잡한 본질을 탐구하며, 시간의 가치를 철학적으로 접근했다. 그의 말처럼 시간은 단순한 것이 아닌 그것을 통해 무엇을 이루는지가 중요하다는 메시지를 담고 있다.

로이스 맥마스터 부욜 "시간은 상처를 치유할 수 없다"

의미: 상처를 치유하는 것은 스스로의 선택이다.
출처: 로이스 맥마스터 부욜의 저서 〈바라야 내전〉.

로이스 맥마스터 부욜은 자신의 소설 〈바라야 내전〉에서 시간과 인간의 선택을 깊이 탐구했다. 그녀는 작품 속 인물들은 과거의 아픔을 안고 살아가며, 치유를 위해 용기 있는 결단과 행동을 선택한다. 이는 독자들에게 치유란 시간이 아니라, 스스로의 의지와 노력에서 비롯된다는 교훈을 전달한다.

"시간은 상처를 치유할 수 없다. 상처를 치유하는 것은 당신의 선택이다"

그녀는 말은 상처의 치유는 단순히 시간이 흘러가는 것만으로 이루어지지 않음과 치유와 회복이 개인의 선택에 달려 있음을 일깨워준다.

허버트 조지 웰스 "서로 죽고 죽이는 시간"

의미: 시간의 낭비는 바로 삶의 낭비다.
출처: 허버트 조지 웰스의 저서 〈타임머신〉.

허버트 조지 웰스는 그의 저서 〈타임머신〉에서 시간 여행을 소재로 삼아 인간이 시간의 본질을 이해하고 활용해야 함을 강조한다. 작품 속 주인공은 시간을 넘나들며 과거와 미래를 관찰하지만, 결국 현재에 충실한 삶이야말로 가장 가치 있음을 깨닫는다.

"우리가 시간을 죽이는 동안 시간은 우리를 죽이고 있다"

이 말은 시간의 낭비가 단순히 무의미한 것이 아니라, 삶 자체의 소멸로 이어질 수 있음을 일깨워주며, 시간을 소중히 여기며 살아야 한다는 경각심을 불러일으킨다.

빌 키넌 "과거, 현재, 미래에 대한 시간"

의미: 시간의 과거, 현재, 미래에 대한 세 가지 측면으로 삶을 형성한다.
출처: 미국의 작가 빌 키넌의 회고록 〈체이스 유어 섀도우〉.

빌 키넌은 아이스하키 선수에서 금융 전문가로, 그리고 작가로 변모하며 그의 인생에서 시간의 세 가지 측면이 어떤 역할을 했는지를 풀어냈다. 그의 회고록 〈체이스 유어 섀도우〉는 과거의 실패와 현재의 도전을 통해 미래에 영감을 주는 그의 이야기를 담고 있다.

"과거는 교훈이고, 현재는 선물이며, 미래는 영감이다."

이 말은 그의 삶 자체를 압축적으로 설명한다. 키넌은 과거의 실수를 단순히 후회하는 대신, 그것을 성장의 기회로 삼았다. 현재의 순간에는 그가 가진 모든 것을 쏟아부었고, 미래는 그에게 더 큰 도전을 위한 영감의 원천이 되었다. 특히, 그는 아이스하키 선수로 활동하던 시절, 부상과 실패를 겪으며 얻은 교훈들을 현재의 전문 경력에 접목시켰다. 그의 이야기는 과거의 아픔, 현재의 노력, 미래의 비전을 조화롭게 활용하는 삶의 예시다.

소크라테스 "시간은 모든 것을 드러낸다"

의미: 시간은 감추려했던 모든 것들의 진실과 본질을 밝혀준다.
출처: 소크라테스의 저서와 그의 철학적 통찰.

소크라테스는 시간의 역할을 진리를 탐구하는 도구로 보았다. 그의 대화법인 소크라틱

메소드는 시간이 지남에 따라 질문과 답변을 통해 사람들로 하여금 자신의 무지와 숨겨진 진리를 깨닫게 하는 과정이었다. 소크라테스는 시간을 진리로 이끄는 필수적인 조건으로 보았다.

"시간은 모든 것을 드러낸다. 시간을 두려워하지 말라."

그는 시간이 지나면 감추어진 진실과 본질이 드러난다는 철학적 통찰을 제시했다. 그의 말은 진실을 두려워하지 않고 마주하며, 시간을 통해 내면의 성찰과 깨달음을 얻으라는 메시지를 담고 있다.

헨리 데이비드 소로 "영원의 순간을 잇는 길"

의미: 순간은 영원의 시작이며, 삶의 본질이다.
출처: 헨리 데이비드 소로의 저서 〈월든〉.

미국의 철학자이자 시인 헨리 데이비드 소로는 자연 속에서 단순한 삶을 실천하며 인간 존재의 본질을 탐구했다. 그의 저서 〈월든〉에서 그는 현재라는 순간의 중요성을 강조하며, 영원한 삶이란 순간들의 연속으로 이루어진다고 강조했다.

"우리는 순간을 산다. 영원은 그 순간의 연속이다."

소로는 이 말을 통해 삶을 더 이상 미래를 향한 끝없는 질주로 여기지 말고, 매 순간에 깊이 몰입하라고 촉구했다. 그는 물방울이 모여 강을 이루듯, 순간이 모여 영원을 만든다고 믿었다. 작은 들꽃 하나, 바람에 흔들리는 나뭇가지, 호숫가에 비친 자신의 모습을 바라보는 그 순간이야말로 스로우에게는 영원의 단면이었다. 그의 철학은 단순히 시간을 채우는 것이 아니라, 시간을 완전히 살아내는 데 있다.

요한 볼프강 폰 괴테 "영원을 품은 순간"

의미: 현재는 영원의 일부이며, 모든 시간이 이 순간에 존재한다.
출처: 요한 볼프강 폰 괴테의 저서와 그의 철학.

18세기 말과 19세기 초, 독일 문학과 철학의 중심에 있던 요한 볼프강 폰 괴테는 시인, 극작가, 과학자로서 다방면에서 활동하며 유럽 사상에 깊은 흔적을 남겼다. 그는 인간 경험의 본질을 탐구하며, 삶을 시간의 흐름으로가 아닌 순간의 축적으로 보았다.

"현재는 영원히 지속되는 시간의 한 순간이다."

괴테는 이 말을 통해 과거와 미래를 넘어서 현재의 순간이 가진 무한한 가치를 강조했다. 그는 우리가 살아가는 모든 순간이 시간이라는 거대한 강의 일부일 뿐 아니라, 그 자체로도 완전한 영원의 조각임을 설파했다. 그의 철학은 단지 순간을 즐기라는 단순한 조언이 아니었다. 괴테는 현재라는 순간이 삶의 모든 것이 응축된 정점이라고 보았다. 그가 창조한 문학 작품에서 등장인물들이 늘 '지금'의 선택에 몰두하고, 그 결과로 이루어진 삶의 무늬는 그의 사상을 그대로 반영한다.

알버트 아인슈타인 "우주의 선물"

의미: 시간은 우리가 소유한 가장 귀중한 자원이다.
출처: 알버트 아인슈타인의 저서 〈인생의 짧음에 대하여〉와 그의 철학.

20세기 초, 독일에서 태어나 물리학의 혁명을 이끈 아인슈타인은 단순한 과학자를 넘어 인류의 사고방식을 바꾼 혁신가였다. 그의 상대성 이론은 시간과 공간에 대한 우리의 관념을 새롭게 정의했지만, 아인슈타인이 시간에 대해 남긴 말은 과학적 이론을 넘어서는 철학적 통찰을 담고 있다.

"시간은 우리가 가진 것 중 가장 소중한 것이다."

아인슈타인은 시간의 상대성을 탐구했지만, 그 자체로도 인간 삶에서 시간의 절대적 가치를 놓치지 않았다. 그는 물리적 시간뿐 아니라, 우리가 그것을 어떻게 사용하고 경험하는지가 삶의 질을 결정한다고 보았다. 그는 과학적 발견과 창의성은 단지 많은 시간을 쏟는 데서 오는 것이 아니라, 그 시간을 어떻게 활용하느냐에서 비롯된다고 강조했다. 삶에서 우리가 가진 유일한 제한된 자원인 시간을 낭비하는 것은 곧 자신을 잃는 것과 같다고 역설했다.

루키우스 안나이우스 세네카 "삶의 길이가 아닌 깊이"

의미: 삶의 가치는 그 길이가 아니라, 어떻게 살아가는가에 있다.
출처: 루키우스 안나이우스 세네카의 저서 〈인생의 짧음에 대하여〉.

1세기, 로마 제국의 철학자이자 정치가였던 루키우스 안나이우스 세네카는 스토아 철학의 중심에 있던 인물이었다. 그는 치열한 정치적 음모와 갈등 속에서도 삶의 본질에 대한 깊은 통찰을 남겼다. 특히 그는 삶의 질과 가치가 시간의 양이 아닌 그 활용에 달려 있다고 역설했다.

"긴 삶이 좋은 것이 아니라, 잘 사는 삶이 좋은 것이다."

세네카는 이 말을 통해 단순히 오래 사는 것을 목표로 삼기보다는, 각 순간에 의미를 부여하며 살아가는 것이 진정한 행복이라고 강조했다. 그의 저서 〈인생의 짧음에 대하여〉에서는 시간이라는 자원을 낭비하지 말고, 현재를 충실히 살아가야 한다는 메시지를 전했다.

토머스 에디슨 "시간은 가장 비싼 자본이다"

의미: 시간 낭비는 물질적 손실보다 더 큰 손해이다.
출처: 발명왕 토머스 에디슨의 삶과 철학.

미국의 발명가이자 기업가인 토머스 에디슨은 세상을 혁신한 인물이었다. 그는 전구, 축음기, 영화 카메라 등을 발명하며 현대 문명을 이끈 선구자로 평가받는다. 하지만 그의 성공은 단순한 재능이나 아이디어에서 비롯된 것이 아니었다. 시간이라는 자원을 가장 효율적으로 활용하려는 그의 철학이 그 바탕에 있었다.

"시간을 헛되이 쓰는 것은 자본을 잃는 것보다 더 큰 손실이다."

에디슨은 시간의 가치를 누구보다 깊이 이해했다. 그는 하루를 16시간 이상 일하며 연구와 실험에 몰두했고, 실패를 두려워하지 않으면서도 한 순간도 낭비하지 않았다. 시간은 그에게 가장 중요한 자본이자, 혁신의 원천이었다.

레프 톨스토이 "긴 시간 속의 공허함"

의미: 시간이 길게 느껴지는 것은 삶이 진정으로 채워지지 않았다는 것.
출처: 레프 톨스토이의 철학적 에세이 〈전쟁과 평화〉, 〈안나 카레니나〉.

19세기, 러시아의 작가이자 사상가인 레프 톨스토이는 인간의 내면과 삶의 본질을 탐구하며 깊은 철학적 메시지를 남겼다. 그의 대표작인 〈전쟁과 평화〉와 〈안나 카레니나〉는 인간 존재와 시간의 흐름을 다룬 대작이다. 하지만 그의 철학적 글에서는 시간을 바라보는 독특한 관점이 더욱 돋보인다.

"시간이 길다고 느껴진다면, 당신은 진정으로 살아가고 있지 않는 것이다."

톨스토이는 이 문장에서 삶의 공허함과 시간의 체감 사이의 관계를 지적했다. 그에게 시간은 단순히 흐르는 것이 아니라, 삶의 질에 따라 다르게 느껴지는 것이었다. 순간에 몰입하고 열정을 다할 때, 시간은 짧고 강렬하게 흘러간다. 반면, 목표나 의미 없는 삶 속에서는 시간이 무겁고 길게 느껴진다.

그는 한 농부가 매일 반복되는 노동 속에서도 뿌듯함을 느끼며 하루를 마감하는 모습을 묘사하며, '진정한 삶은 시간의 양이 아닌 그 안에 담긴 열정과 목적에 달려 있다'고 말했다.

리처드 브랜슨 "시간에 가치를 부여하는 법"

의미: 시간의 가치는 단순한 흐름이 아닌, 그 속에서 이루어진 행동에 달려 있다.
출처: 리처드 브랜슨의 저서 〈버진다움을 찾아서(Like a Virgin)〉.

영국 출신의 기업가 리처드 브랜슨은 버진 그룹의 창업자로서, 모험적 기업가 정신과 독창적인 접근 방식으로 세계적인 성공을 이뤄냈다. 그는 시간의 양보다, 그 시간을 어떻게 활용하느냐가 성공과 삶의 가치를 결정한다고 믿었다.

그는 버진 그룹을 창립하며 도전과 혁신의 아이콘으로 자리 잡았다. 그는 전통적인 비즈니스 관념을 깨고, 창의성과 열정을 통해 자신만의 길을 개척했다. 그의 삶과 철학은 시간의 중요성을 깊이 인식하는 데에서 비롯되었다.

"시간의 가치란 그 안에서 무엇을 하는가에 달려 있다."

브랜슨은 이 말을 통해 시간 자체는 중립적이지만, 우리가 그것을 어떻게 활용하는가에 따라 그 가치가 달라진다고 강조했다. 그는 하루 24시간을 똑같이 가지지만, 목표와 열정이 없는 시간은 아무런 의미를 가지지 않는다고 설명했다.

그의 비즈니스 철학은 '해야 할 일을 찾고, 그것을 즉시 실행하라'는 단순한 원칙에 기초하며, '기회를 기다리지 말고, 스스로 만들어라. 시간은 항상 흐르지만, 그 안에 무엇을 담을지는 우리의 선택이다.'라는 말은 그의 삶은 이 원칙의 완벽한 실천이었다.

엘리 위젤 "작은 순간들이 만든 역사"

의미: 오늘의 사소한 순간들이 모여 내일의 역사를 만든다.
출처: 루마니아 태생 미국의 유대계 작가 엘리 위젤의 강연과 에세이.

20세기 유럽, 특히 제2차 세계대전 당시의 어두운 역사를 겪은 유대인 작가이자 인권운동가 엘리 위젤은, 홀로코스트 생존자로서 기억의 중요성을 설파했다. 그의 삶과 작품은 단순히 과거를 기록하는 데 머물지 않고, 현재의 순간이 미래를 형성한다는 메시지를 전달한다.

"오늘의 작은 순간이 내일의 역사가 된다. 아무리 작은 행동이라도, 그것이 내일의 세상을 만든다. 오늘 당신이 누군가에게 베푸는 친절, 혹은 방관한 침묵조차도 역사의 일부가 된다."

위젤은 이 말을 통해 우리가 살아가는 매 순간의 중요성을 강조했다. 그는 과거의 비극이 단번에 발생한 것이 아니라, 사소한 선택과 행동들이 쌓여 이루어진 결과임을 깨달았다. 그의 말은 우리에게 하루하루를 단순히 흘려보내는 것이 아닌, 역사의 조각으로 대하라는 깊은 울림을 준다.

루이 엑토르 베를리오즈 "시간의 가르침과 유한함"

의미: 시간은 많은 것을 가르치지만, 그 교훈을 완전히 배우기 전에 인간은 죽는다.
출처: 프랑스의 후기 낭만주의 작곡가 루이 엑토르 베를리오즈의 저작과 서신.

19세기, 프랑스의 작곡가 엑토르 베를리오즈는 음악의 경계를 확장한 혁신가였다. 그는 교향곡과 오페라를 통해 감정과 이야기를 음악에 담아냈다. 그러나 그의 예술적 천재성은 단순히 영감에서 비롯된 것이 아니었다. 그는 인생의 시간적 유한성과 그 안에서 배워야 할 것들에 대한 깊은 성찰을 음악에 녹여냈다.

"시간은 위대한 스승이다. 그러나 그 제자는 언제나 죽는다."

베를리오즈는 이 말을 통해 시간의 역설을 드러냈다. 시간은 우리에게 경험과 통찰을 제공하는 가장 큰 스승이지만, 인간은 그 교훈을 모두 소화하기도 전에 죽음을 맞는다. 그는 시간의 가르침을 음악을 통해 남기고자 했다. 그의 작품은 인생의 찰나와 영원의 경계를 넘나들며, 인간의 삶이 가진 아름다움과 슬픔을 동시에 노래한다.

조지 산타야나 "기억하지 않으면 반복된다"

의미: 과거의 교훈을 잊으면 같은 실수를 반복할 수 있다.
출처: 스페인의 철학이자 시인 조지 산타야나의 저서 〈이성의 삶〉.

20세기 초, 스페인 출신의 철학자이자 시인이었던 조지 산타야나는 인간의 역사와 경험을 깊이 성찰했다. 그의 저서 〈이성의 삶〉에서는 인간이 과거로부터 배우지 못할 때 겪게 되는 비극을 경고하며, 역사의 중요성을 강조했다.

"과거를 잊는 자는 그것을 반복할 운명에 처한다."

산타야나는 이 말을 통해 과거의 실패와 성공에서 배우는 것이야말로 인간의 본질적인 과제임을 설파했다. 그는 개인뿐 아니라 사회와 국가 차원에서도 과거를 기억하고 그것으로부터 교훈을 얻지 않으면, 동일한 문제와 비극을 되풀이하게 된다고 강조했다. 그의 철학은 단지 과거를 기념하라는 의미가 아니다. 산타야나는 '기억은 미래를 준비하는 도구'라고 표현하며, 과거를 통해 현재와 미래를 더 나은 방향으로 이끌 수 있음을 강조했다.

윈스턴 처칠 "과거와 미래"

의미: 과거는 사람을 묶을 수 있지만, 미래는 새로운 가능성을 열어준다.
출처: 영국의 정치 지도자 윈스턴 처칠의 저서와 연설.

영국의 정치 지도자 윈스턴 처칠은 두 차례의 세계 대전을 겪으며 역사의 중심에 서 있었다. 그는 역사의 무게를 누구보다도 깊이 느끼고, 이를 극복하기 위해 미래를 향한 낙관과 행동의 중요성을 설파했다.

"과거는 당신의 발목을 붙잡을 수도 있지만, 미래는 당신의 손을 붙잡는다. 과거는 우리를 가르치는 스승이지만, 그것에 머물러서는 안 된다."

처칠은 이 말을 통해 과거의 실패와 실수, 고통이 사람을 얽매일 수 있지만, 미래는 새로운 기회를 통해 우리를 앞으로 나아가게 할 힘을 제공한다고 강조했다. 그는 자신의 삶에서도 수많은 정치적 실패를 겪었지만, 미래를 향한 희망과 비전을 잃지 않고 결국 제2차 세계대전 당시 영국의 승리를 이끌었다.

에크하르트 톨레 "지금 이 순간은 유일한 순간"

의미: 과거와 미래는 생각의 틀일 뿐, 우리가 살아가는 실제 시간은 현재이다.
출처: 독일의 작가 에크하르트 톨레의 저서 〈지금 이 순간을 살아라〉.

독일 출신의 영적 스승이자 작가인 에크하르트 톨레는 현대인의 삶에서 중요한 질문을 던졌다. 그는 우리가 어떻게 시간을 바라보느냐가 행복과 고통의 갈림길을 결정한다고 믿었다. 그의 저서 〈지금 이 순간을 살아라〉는 전 세계적으로 큰 반향을 일으키며 현재에 집중하는 삶의 철학을 설파했다.

"과거는 지나갔고, 미래는 아직 오지 않았다. 우리는 현재에 산다. 시간은 우리의 사고 안에서만 존재한다. 우리가 실제로 가진 것은 지금 이 순간뿐이다."

톨레는 이 말을 통해 과거와 미래에 대한 집착이 우리의 현재를 갉아먹는다고 경고했다. 그는 과거의 후회와 미래의 불안을 내려놓고, 지금 이 순간에 온전히 존재해야 진정한 평화와 자유를 얻을 수 있다고 설명했다.

L. P. 하틀리 "과거라는 먼 나라"

의미: 과거는 현재와는 전혀 다른 맥락과 규범이 작용하는 공간이다.
출처: L. P. 하틀리의 저서 〈미들턴의 메신저〉, 〈중재(The Go-Between)〉.

20세기 초 영국의 소설가 레슬리 폴스 하틀리는 인간의 기억과 시간의 본질을 탐구하는 작품으로 널리 알려졌다. 그의 대표작 〈미들턴의 메신저〉는 어린 시절과 성인의 시각을 교차하며, 과거를 회상하는 복잡한 감정을 섬세하게 그린 작품이다.

"과거는 곧 다른 나라와 같다. 그곳은 다르게 행동한다. 과거는 낯설고 멀리 떨어져 있는 땅처럼 우리에게 영향을 미치지만, 다시 돌아갈 수 없는 장소다."

하틀리는 이 말을 통해 과거가 현재와 단절된, 그 나름의 법칙과 관습이 있는 별개의 세계임을 표현했다. 과거를 기억 속에서 불러낼 수는 있지만, 그곳의 경험과 규칙은 현재의 우리와 다르게 작동한다는 의미다. 소설 속 주인공은 어린 시절의 기억을 통해 당시의 사랑과 상처, 그리고 그것이 현재의 자신에게 어떤 영향을 미쳤는지를 이해하려 한다. 그러나 그는 과거를 완전히 되돌릴 수 없다는 사실을 깨닫고, 그저 그로부터 배울 뿐이다.

존 F. 케네디 "과거를 통해 미래로"

의미: 과거를 돌아보는 것은 과거에 묶이지 않고 미래를 준비하는 학습의 과정.
출처: 미국의 제35대 대통령 존 F. 케네디의 저서 및 연설.

존 F. 케네디는 격동의 시대를 이끌며 역사를 바꾼 지도자였다. 냉전의 긴장 속에서 그는 국민들에게 미래에 대한 낙관과 행동의 중요성을 설파했다. 그의 연설과 정책은 과거를 교훈 삼아 더 나은 미래를 구축하려는 의지로 가득했다.

"과거를 들여다보는 것은 과거에 머무는 것이 아니라, 미래로 나아가기 위한 것이다. 우리는 과거의 실수와 성과에서 배워야 하지만, 그것에 얽매이지 말아야 한다."

케네디는 이 말을 통해 역사의 중요성을 강조하며, 과거를 단순히 회상하는 것이 아니라, 현재와 미래를 개선하기 위한 지침으로 삼아야 한다고 강조했다. 그는 쿠바 미사일 위기와 같은 도전을 맞이할 때, 과거의 외교 실패를 분석하고 이를 바탕으로 새로운 접근 방식을 통해 위기를 극복했다.

존 맥스웰 "과거와 미래의 캔버스"

의미: 과거는 바꿀 수 없지만, 미래는 당신이 만들어갈 가능성으로 가득하다.
출처: 리더십 전문가이자 작가 존 C. 맥스웰의 저서 〈성공의 법칙〉.

미국의 리더십 전문가이자 작가인 존 맥스웰은 전 세계 수백만 사람들에게 삶의 변화와 성장의 비결을 가르쳤다. 그는 과거의 경험을 인정하되, 미래에 대한 책임감을 강조하며 더 나은 선택과 행동을 통해 삶을 설계하라고 조언했다.

"과거는 당신이 피할 수 없는 한 부분이지만, 미래는 당신이 쓸 수 있는 빈 캔버스다. 과거는 당신이 누구인지 알려주는 역할을 하지만, 미래는 당신이 누구로 살아갈지를 결정하는 기회다."

맥스웰은 이 말을 통해 과거를 부정하거나 억압할 필요는 없지만, 그것에 얽매이지도 말라고 했다. 과거는 당신의 이야기의 일부로서 인정받아야 하며, 동시에 그 한계를 넘어 새로운 미래를 설계하는 도구로 사용되어야 한다고 설명했다.

엘리너 루스벨트 "오늘과 미래는 선물"

의미: 과거는 역사가 되고 미래는 미지이며, 현재는 우리가 가진 유일한 순간이다.
출처: 미국의 퍼스트 레이디이자 사회운동가 엘리너 루스벨트의 연설과 에세이.

미국의 퍼스트 레이디로서 활동하며 사회운동가, 외교관으로도 활약한 엘리너 루스벨트는 평등과 자유를 위해 헌신했다. 그녀는 삶을 현재에 집중하며, 과거와 미래에 얽매이지 않는 태도를 강조했다.

"어제는 역사이고, 내일은 미스터리며, 오늘은 선물이다. 어제의 교훈을 배우되, 내일의 두려움에 시간을 빼앗기지 말라. 오늘이라는 선물은 당신의 삶을 바꿀 힘을 가지고 있다."

엘리너는 이 말을 통해 과거의 실수나 미래의 불확실성에 휘둘리지 말고, 지금 이 순간이 가진 가치를 깨닫고 살아가라고 독려했다. 그녀의 철학은 단순한 긍정적 사고를 넘어, 현재의 행동이 미래를 만드는 열쇠라는 점을 강조했으며, 어려운 가정환경과 사회적 비판을 이겨내며, 현재의 순간에 충실한 그녀는 인류의 더 나은 내일을 위해 행동했다.

달라이 라마 "과거를 놓고, 앞으로 나아가라"

의미: 과거에 머물지 말고, 현재와 미래에 집중하자.
출처: 달라이 라마의 강연과 저서 〈행복론〉.

티베트의 영적 지도자인 달라이 라마는 전 세계를 여행하며 평화와 자비를 설파했다. 그의 가르침은 단순히 종교적 철학에 그치지 않고, 현대인이 삶을 살아가는 방식에 대한 실용적인 지침을 제공한다. 그는 과거에 얽매이는 것이 우리의 행복과 성장을 가로막는 가장 큰 장애물이라고 강조했다.

"과거에 갇히지 말라. 그것은 이미 끝났고, 우리가 변화시킬 수 없다."

달라이 라마는 이 말을 통해 과거의 고통, 실수, 후회로부터 자유로워져야 한다고 말했다. 그는 과거를 회상하는 것은 유익할 수 있지만, 그것이 현재를 부정적으로 지배하지 않도록 경계해야 한다고 가르쳤다.

윌리엄 셰익스피어 "서문을 넘어 이야기로"

의미: 과거는 이야기의 시작일 뿐, 절정은 앞으로의 삶에서 써 내려간다.
출처: 윌리엄 셰익스피어의 희곡과 산문에서의 영감.

16세기 후반과 17세기 초, 영국의 위대한 극작가 윌리엄 셰익스피어는 인간의 삶과 감정을 무대 위에 펼쳐 보였다. 그의 작품 속 인물들은 종종 과거에 얽매이거나 그것을 딛고 새로운 미래를 만들어가는 과정을 겪는다. 셰익스피어의 철학은 과거를 수용하되, 그것을 시작점으로 삼아야 한다는 메시지를 담고 있다.

"과거는 서문일 뿐이다. 과거는 필요하지만, 그것에 머무는 자는 다음 장의 기회를 잃는다."

셰익스피어는 이 말을 통해 인생의 이야기가 과거의 사건으로 끝나는 것이 아니라, 그것을 바탕으로 더 큰 이야기가 쓰여진다고 강조했다. 그는 과거의 경험은 단지 다음 장으로 나아가기 위한 준비일 뿐이며, 사람의 진정한 가치는 앞으로 어떤 삶을 만들어가느냐에 있다고 보았다. 작품 〈햄릿〉에서 복수와 정의를 고민하는 햄릿, 〈로미오와 줄리엣〉에서 사랑과 운명을 선택하는 주인공들 모두 과거의 사건을 넘어 새로운 길을 만들어가는 이야기를 보여준다.

크리스틴 해나 "과거를 넘어 시작으로"

의미: 과거는 사람의 전부를 결정하지 않으며, 앞으로의 가능성을 여는 출발점.
출처: 미국의 작가 크리스틴 해나의 소설 〈밤으로의 길〉, 〈불의 여인〉.

현대 미국 문학의 대표 작가 크리스틴 해나는 인간의 고통과 희망을 섬세하게 그려내는 작품으로 사랑받고 있다. 그녀의 소설 〈밤으로의 길〉과 〈불의 여인〉은 상처 입은 과거를 가진 인물들이 새로운 시작을 만들어가는 이야기를 담고 있다.

"당신의 과거는 당신을 정의하지 않는다. 그것은 당신의 시작일 뿐이다."

해나는 이 말을 통해 과거가 한 사람의 모든 것을 규정할 수 없으며, 우리가 어떻게 앞으로 나아가느냐가 진정한 이야기를 만들어간다고 강조했다. 그녀는 인생의 어려움과 실수를 극복하고, 이를 성장의 계기로 삼을 수 있는 인간의 강인함을 이야기 속에서 보여준다.

해나는 인터뷰에서 이렇게 말했다. '내가 소설을 쓰는 이유는 독자들에게 희망을 주기 위해서다. 우리는 모두 과거를 가지고 있지만, 그것이 우리를 결정짓는 족쇄가 될 필요는 없다.' 그녀의 주인공들은 과거의 아픔을 인정하면서도, 새로운 가능성을 향해 발을 내딛는다.

벤저민 디즈레일리 "오늘의 시간, 내일의 가치를 넘어"

의미: 현재의 시간은 미래로 미룰 수 없는 중요한 자원.
출처: 영국의 작가 벤저민 디즈레일리의 연설과 저서.

19세기, 영국 정치 무대에서 두각을 나타낸 벤저민 디즈레일리는 작가이자 보수당 정치인으로, 두 차례 영국 총리를 역임하며 역사에 큰 발자취를 남겼다. 그는 삶의 현장에서 배운 실용적 철학을 바탕으로 시간의 중요성을 역설했다

"오늘 한 시간도 내일 두 시간의 가치가 없다. 시간은 당신의 가장 강력한 동맹일 수도, 가장 큰 적일 수도 있다. 오늘을 놓친다면, 내일 두 배로 보상받을 수는 없다."

디즈레일리는 이 말을 통해 현재를 미루지 말고, 즉각적인 행동의 중요성을 강조했다. 그의 경력은 이러한 철학을 충실히 반영했다. 그는 초기 정치적 실패를 극복하고, 매 순간을 활용하며 결국 영국의 가장 영향력 있는 지도자 중 한 사람이 되었다.

레프 톨스토이 "지혜의 순간, 현재를 살아가래"

의미: 현재를 사는 것이야말로 삶에서 가장 중요한 진리다.
출처: 레프 톨스토이의 철학적 에세이와 그의 사상.

19세기, 러시아의 대문호 레프 톨스토이는 〈전쟁과 평화〉와 〈안나 카레니나〉 같은 작품을 통해 인간 본질을 탐구했다. 하지만 그의 후반부 삶은 철학과 영성에 깊이 빠져들며, 삶의 지혜와 본질에 대해 고민하는 데 집중되었다.

"현재를 사는 것이야말로 삶의 진정한 지혜다."

톨스토이는 이 말을 통해 우리가 살아가는 지금 이 순간이야말로 가장 소중하다고 강조했다. 그는 과거에 얽매이거나 미래를 걱정하며 시간을 낭비하지 말고, 현재의 순간에 온전히 몰입하는 것이 진정한 행복과 지혜를 가져온다고 말했다.

마르쿠스 아우렐리우스 "지금 이 순간이 전부이다"

의미: 영원은 존재하지 않으며, 지금 이 순간만이 우리의 실제 삶이다.
출처: 마르쿠스 아우렐리우스의 저서 〈명상록〉.

2세기, 로마 제국의 황제이자 스토아 철학자였던 마르쿠스 아우렐리우스는 제국의 통치와 전쟁 속에서도 내면의 평화를 유지하는 방법을 탐구했다. 그의 저서 〈명상록〉은 자신과 후대에 남긴 삶의 지혜로 가득 차 있다.

"우리는 영원을 살지 않는다. 지금 이 순간이 우리의 전부다. 우리는 죽음을 피할 수 없지만, 삶의 질은 우리의 선택에 달려 있다. 현재라는 순간만이 우리의 진정한 소유다."

아우렐리우스는 이 말을 통해 인간의 유한함을 인정하고, 현재를 충실히 살아가는 것이 삶의 본질임을 강조했다. 그는 영원을 꿈꾸며 현재를 낭비하는 것을 경계하고, 시간의 흐름 속에서 지금을 온전히 붙잡는 태도를 설파했다.

호라티우스 "오늘을 붙잡는 예술"

의미: 내일을 기약하기보다는 현재를 붙잡아 충실히 살아야 한다.
출처: 호라티우스의 시집 〈카르페 디엠〉.

기원전 1세기, 로마의 시인 호라티우스는 〈카르페 디엠(Carpe Diem)〉이라는 라틴 격언으로 잘 알려진 작품을 통해 현재를 살며 순간의 가치를 누리는 삶의 철학을 인간의 유한함과 삶의 즐거움으로 노래했다. 그는 미래에 대한 불확실성을 걱정하기보다, 오늘이라는 계절을 온전히 품으라고 강조했으며, '카르페 디엠' 즉, 지금 이 순간을 붙잡으라는 강렬한 메시지를 전파했다.

"오늘을 붙잡아라, 내일은 없다. 오늘이라는 계절을 품으라, 내일은 그리움을 남길 뿐이다."

호라티우스는 이 말을 통해 내일이라는 불확실한 미래에 의존하지 말고, 오늘이라는 확실한 순간을 최대로 활용하라고 강조했다. 그는 삶이 예측할 수 없는 연속성 속에 있지만, 우리가 진정으로 통제할 수 있는 시간은 지금뿐이라고 말했다. 호라티우스의 시에서는 자연의 아름다움과 순간의 즐거움을 만끽하는 삶의 철학이 반복적으로 등장한다.

마하트마 간디 "오늘에 집중하는 힘"

의미: 미래에 대한 걱정은 내려놓고, 현재의 일에 충실히 임해야 한다.
출처: 마하트마 간디의 연설과 저서 〈자서전: 나의 진리 실험 이야기〉.

인도의 독립운동 지도자 마하트마 간디는 비폭력과 진리를 바탕으로 한 삶을 통해 전 세계에 큰 영향을 미쳤다. 그의 철학은 단순히 정치적 운동에 그치지 않고, 개인의 삶 속에서 평화와 균형을 이루는 방식을 제시했다.

"미래에 대해 걱정하지 마라. 오늘 할 수 있는 일에 최선을 다하라."

간디는 이 말을 통해 불확실한 미래에 대해 걱정하며 현재를 낭비하지 말고, 오늘이라는 시간 속에서 자신의 역할을 다하라고 가르쳤다. 그는 삶의 순간순간을 성실히 살아가는 것이 더 나은 미래를 만드는 열쇠라고 보았다.

에크하르트 톨레 "다시 오지 않을 순간"

의미: 현재의 순간은 한 번뿐이니, 그것을 최대한 가치 있게 살아야 한다.
출처: 에크하르트 톨레의 저서 〈지금 이 순간을 살아라〉.

독일 태생의 영적 지도자 에크하르트 톨레는 현대인들에게 '지금'에 집중하는 삶의 중요성을 설파했다. 그의 저서 〈지금 이 순간을 살아라〉는 전 세계적으로 베스트셀러가 되었으며, 우리가 흔히 놓치는 현재의 가치를 일깨워준다.

"지금 이 순간은 다시 오지 않는다. 그러니 마음껏 살아라. 시간은 과거에서 미래로 흐르는 것처럼 보이지만, 우리가 진정으로 살 수 있는 시간은 오직 지금뿐이다."

톨레는 이 말을 통해 현재가 가진 유일성과 소중함을 강조했다. 그는 우리가 과거에 얽매이거나 미래를 걱정하느라, 정작 지금이라는 순간을 놓치고 있다고 지적했다. 그의 철학은 지금 이 순간이야말로 삶의 진정한 무대라는 깨달음에서 비롯된다.

말콤 X "미래는 준비된 자의 것"

의미: 미래는 준비와 행동을 통해 만들어지는 것.
출처: 말콤 X의 연설과 저서 〈말콤 X 자서전〉.

20세기 중반, 미국의 민권운동가 말콤 X는 차별과 억압 속에서 자신의 목소리를 높이며 흑인 사회의 자립과 존엄성을 강조했다. 그의 삶은 끊임없는 자기혁신과 준비를 통해 변화와 진보를 이끌어낸 이야기로 가득 차 있다.

"미래는 준비하는 자에게 주어진다. 무지에서 벗어나기 위한 첫걸음은 배우는 것이며, 배운 것을 행동으로 옮기는 것이 미래를 여는 열쇠다."

말콤 X는 이 말을 통해 미래는 단순히 기다리거나 꿈꾸는 것으로 얻어지는 것이 아니라, 철저한 준비와 노력을 통해 만들어지는 것이라고 설파했다. 그는 개인적 고난과 실패를 자신의 성장과 변화의 원동력으로 삼아, 교육과 행동을 통해 미래를 개척해나갔다.

엘리너 루스벨트 "꿈꾸는 자의 미래"

의미: 미래는 비전을 가지고 꿈을 실현하려는 사람들의 것.
출처: 엘리너 루스벨트의 연설과 에세이.

20세기 초, 미국의 퍼스트레이디로서 활약한 엘리너 루스벨트는 단순한 정치적 동반자를 넘어, 사회운동가로서 다양한 영역에서 변화를 이끌었다. 그녀는 꿈과 행동이 결합될 때 미래를 창조할 수 있다는 철학을 설파하며 많은 이들에게 영감을 주었다.

"미래는 꿈꾸는 사람들의 것이다. 꿈은 희망의 시작이며, 그 꿈을 실현하기 위한 행동이 미래를 만들어간다."

루스벨트는 이 말을 통해 미래는 단순히 오는 시간이 아니라, 꿈꾸고 행동하는 사람들에 의해 만들어진다고 강조했다. 그녀는 역경 속에서도 긍정적인 비전을 유지하며, 현실을 변화시키려는 의지를 가진 사람들이 역사를 이끌어간다고 믿었다.

피터 드러커 "미래를 설계하는 법"

의미: 미래는 단순히 예측하는 것이 아니라, 주체적으로 만들어가는 과정.
출처: 피터 드러커의 저서 〈미래를 준비하는 경영〉.

20세기의 위대한 경영학자 피터 드러커는 현대 비즈니스의 기반을 다진 선구자였다. 그는 조직과 개인의 성장을 이끌어내는 방법을 제시하며, 미래를 준비하는 자세의 중요성을 강조했다. 그의 철학은 단순히 변화에 대응하는 것을 넘어, 변화를 주도하는 사고방식을 설파했다.

"미래를 예측하는 가장 좋은 방법은 그것을 만드는 것이다."

드러커는 이 말을 통해 미래는 단순히 예상하거나 기다리는 것이 아니라, 현재의 선택과 행동을 통해 만들어지는 것이라고 설명했다. 그는 미래가 불확실하다는 이유로 소극적 태도를 취하기보다는, 즈체적으로 비전을 세우고 그에 따라 행동해야 한다고 강조했다.

브라이언 트레이시 "씨앗에서 열매로"

의미: 오늘의 노력과 행동이 미래의 결과를 결정한다.
출처: 브라이언 트레이시의 저서 〈목표를 이룰 수 있는 방법〉.

현대 미국의 자기 계발 전문가이자 작가인 브라이언 트레이시는 목표 설정과 성취를 주제로 한 책과 강연으로 전 세계 사람들에게 영감을 주었다. 그는 우리가 지금 하는 작은 행동들이 미래의 성공과 즈 결된다고 강조하며, 꾸준한 노력의 중요성을 설파했다.

"오늘 심은 씨앗이 내일의 열매를 만든다. 매일 하나의 씨앗을 심고 그것을 돌보라. 그러면 시간이 지남에 따라 그 씨앗이 열매로 변해 당신의 삶을 풍요롭게 할 것이다."

트레이시는 이 말을 통해 미래는 우연히 다가오는 것이 아니라, 오늘 우리가 심고 가꾸는 행동과 선택의 결과라고 설명했다. 그는 사람들이 작은 노력과 습관이 쌓여 큰 변화를 만들어낸다는 것을 인식하고, 장기적인 관점에서 삶을 설계하길 바랐다.

존 밀턴 "미래라는 빈 페이지"

의미: 미래는 아직 결정되지 않았으며, 우리가 선택과 행동으로 써 내려갈 여지가 있다.
출처: 존 밀턴의 저서 〈실락원〉 속 문학적 철학.

17세기, 영국의 시인이자 작가인 존 밀턴은 그의 대표작 〈실락원〉을 통해 인간의 선택과 자유의지에 대해 깊이 성찰했다. 그는 신과 인간의 관계뿐 아니라, 개인이 자신의 삶과 미래를 창조할 책임과 권리에 대해 탐구했으며, 미래를 두려워하거나 미리 예단하기보다는, 새로운 가능성을 열어가는 공간으로 바라보았다.

"미래는 아직 쓰이지 않은 책이다. 비록 낙원을 잃었지만, 우리는 새로운 낙원을 창조할 수 있다."

밀턴은 미래가 이미 정해진 것이 아니라, 우리가 현재의 행동과 결단으로 그 내용을 써 내려가는 것이라고 강조했다. 〈실락원〉에서 아담과 이브가 에덴에서 추방된 후에도 스스로 선택한 삶을 살아가려는 의지를 보이는 장면은, 인간의 미래가 선택과 행동에 달려 있다는 메시지를 담고 있다.

찰스 케터링 "공평한 시간의 선물"

의미: 미래는 누구에게나 동등하며, 그것을 어떻게 활용하느냐가 중요하다.
출처: 발명가이자 엔지니어 찰스 케터링의 강연과 저술에서.

20세기 초, 미국의 발명가이자 엔지니어였던 찰스 케터링은 자동차 기술의 혁신을 이끈 선구자였다. 그는 자동차 시동기의 개발과 같은 기술적 업적 외에도, 미래를 준비하는 자세에 대해 강한 철학적 메시지를 남겼다.

"미래의 시간은 그 누구에게도 공평하게 주어진다. 미래는 기다리는 것이 아니라 창조하는 것이다. 같은 24시간을 어떻게 활용하는지가 그 사람의 미래를 결정한다."

케터링은 이 말을 통해 시간이 모든 사람에게 똑같이 주어지는 자원이지만, 그것을 어떻게 활용하느냐가 개인의 삶과 성공을 결정짓는다고 강조했다. 그의 철학은 단순히 성공을 향한 지침이 아니라, 삶의 태도에 대한 메시지를 담고 있다.

앨런 케이 "미래는 우리의 창조물"

의미: 과거와 현재는 배움의 시간이고, 미래는 창조의 시간이다.
출처: 컴퓨터 과학자 앨런 케이의 강연과 저술.

컴퓨터 과학의 선구자인 앨런 케이는 개인용 컴퓨터와 그래픽 사용자 인터페이스의 개념을 발전시키며, 현대 기술 혁신에 중요한 역할을 했다. 그는 기술적 창조뿐 아니라, 미래를 설계하는 사고방식을 강조한 철학자로도 평가받는다.

"과거와 현재는 우리가 배울 수 있는 시간이지만, 미래는 우리가 만들어야 할 시간이다."

케이는 이 말을 통해 미래는 단순히 도래하는 것이 아니라, 현재의 노력과 행동으로 창조된다고 설파했다. 그는 과거의 실수와 현재의 상황에서 교훈을 얻되, 그것에 머물지 말고 미래를 적극적으로 설계하라고 강조했다.

닐 암스트롱 "두려움이 아닌 탐험의 대상"

의미: 미래는 두려움의 대상이 아닌, 도전과 탐구를 통해 발견해야 할 대상이다.
출처: 달에 첫발을 내디딘 우주 비행사 암스트롱의 달 탐험과 도전 정신.

1969년 7월, 닐 암스트롱은 아폴로 11호를 타고 인류 최초로 달에 발을 디뎠다. 그는 달 표면에 첫 발을 내딛으며, '이것은 한 사람의 작은 발걸음이지만, 인류에게는 거대한 도약이다.'는 역사적인 말과 함께 다음과 같은 명언을 남겼다.

> "미래는 두려워할 대상이 아니라, 탐험해야 할 대상이다."

그는 우주라는 미지의 세계를 두려움이 아닌, 인류의 발전과 가능성을 확장하는 기회로 보았다. 위험이 가득한 탐험 속에서도 그는 희망과 용기를 통해 미래를 향한 발걸음을 멈추지 않았다. 암스트롱은 달 탐사를 통해 인류가 두려움을 극복하고 미지의 세계로 나아가는 과정에서 얻는 성취와 희망의 가치를 보여주었다.

에밀리 디킨슨 "삶은 순간들의 집합체다"

의미: 인생은 거대한 사건이 아닌, 우리가 경험하는 순간들의 연속으로 이루어진다.
출처: 미국의 시인 에밀리 디킨슨의 시와 서신.

19세기, 미국의 시인이었던 에밀리 디킨슨은 그녀만의 독특한 시선으로 인간의 삶과 감정을 탐구했다. 외부 세계와의 접촉을 최소화하며, 그녀는 일상 속의 작은 순간들에서 깊은 통찰과 아름다움을 발견했다.

> "삶은 우리가 사는 순간들의 집합이다. 위대한 삶은 거대한 사건이 아니라, 작은 순간들을 얼마나 깊이 느끼느냐에 달려 있다."

디킨슨은 이 말을 통해 인생이 단순히 특별한 사건이나 업적들로 구성된 것이 아니라, 우리가 경험하는 모든 순간의 합이라는 사실을 강조했다. 그녀는 순간의 소중함을 인식하며, 작은 일상 속에서도 시적 영감을 얻었다.

조지프 캠벨 "가장 중요한 순간"

의미: 인생에서 가장 중요한 시간은 과거도 미래도 아닌, 현재이다.
출처: 신화학자이자 철학자 조지프 캠벨의 저서 〈천의 얼굴을 가진 영웅〉.

20세기, 미국의 신화학자이자 철학자인 조지프 캠벨은 인간의 삶과 이야기를 통해 보편적인 진리를 탐구했다. 그의 연구는 신화와 상징 속에서 인간이 지금 이 순간을 살아가는 의미를 찾는 데 중점을 두었다.

"인생에서 가장 중요한 순간은 지금이다. 우리는 인생의 길 위에 있지만, 그 길은 지금 이 순간의 발걸음으로 만들어진다."

캠벨은 과거와 미래에 얽매이기보다, 현재라는 순간 속에서 삶의 의미를 발견하라고 강조했다. 그는 우리가 지금이라는 순간에 온전히 존재할 때, 비로소 삶이 진정으로 시작된다고 보았다. 〈천의 얼굴을 가진 영웅〉에서 그는 영웅이 여정을 떠나기 전, 현재의 순간에서 결단과 용기를 내는 것이 모든 이야기를 시작하게 만든다고 말하며, 영웅의 여정 속에 현재의 선택이 얼마나 중요한지를 설명한다.

알프레드 드 수자 "행복은 순간 속에 있다"

의미: 행복은 미래에 특정한 날이 아닌, 매 순간 속에서 발견되는 것.
출처: 포르투갈의 시인 알프레드 드 수자의 철학적 글과 시.

20세기, 포르투갈 시인이자 철학자였던 알프레드 드 수자는 인간의 삶과 행복에 대해 깊은 통찰을 남겼다. 그는 사람들이 행복을 미래에만 기대며 현재의 순간을 놓치는 것을 안타깝게 여겼다.

"행복은 특정한 날에 오는 것이 아니라, 순간 속에 존재한다. 많은 사람들이 행복을 미래로 미루지만, 그들은 행복이 이미 지금 이 순간 속에 있다는 사실을 놓치고 있다."

그는 행복이 특정한 목표나 성취를 이룬 후에 찾아오는 것이 아니라, 지금 이 순간 속에서 스스로 발견해야 하는 것이라고 말했다. 그는 행복이란 외부에서 오는 것이 아니라, 현재를 바라보는 우리의 태도에서 비롯된다고 믿었다.

오스카 와일드 "예상치 못한 위대한 순간"

의미: 인생에서 가장 의미 있는 순간들은 예상치 못한 곳에서 찾아오는 선물.
출처: 오스카 와일드의 저서 〈도리언 그레이의 초상〉와 연설.

19세기 말, 영국의 극작가이자 소설가였던 오스카 와일드는 그의 재치 있는 언어와 깊은 통찰력으로 유명하다. 그는 삶의 예측 불가능성을 즐기며, 예상치 못한 순간이 가져오는 놀라움과 아름다움을 예찬했다.

"가장 위대한 순간은 언제나 예상치 못한 때에 찾아온다. 인생은 계산되지 않은 순간들 속에서 가장 아름다운 장면을 선사한다."

와일드는 인생의 가장 중요한 순간은 우리가 미리 계획하거나 준비한 순간이 아니라, 삶이 예기치 않은 방식으로 선사하는 기회와 경험 속에서 온다고 강조했다. 그는 예상치 못한 순간이야말로 삶의 진정한 기쁨과 성취를 가져다준다고 믿었다. 그의 작품 〈도리언 그레이의 초상〉에서도 도리언이 우연한 만남을 통해 삶의 전환점을 맞이하는 장면은, 위대한 순간이 예기치 않게 다가온다는 그의 철학을 반영한다.

나폴레온 힐 "순간의 선택"

의미: 순간적 선택이 평생에 걸쳐 우리 삶의 방향과 결과를 결정짓는 전환점이다.
출처: 자기 계발 작가 나폴레온 힐의 저서 〈성공의 법칙〉.

20세기, 미국의 자기 계발 작가 나폴레온 힐은 성공과 성취의 원칙을 설파하며 수많은 독자에게 영감을 주었다. 그의 대표작 〈성공의 법칙〉은 개인의 선택과 행동이 삶에 어떤 영향을 미치는지에 대한 깊은 통찰을 담고 있다.

"순간의 선택이 평생을 좌우한다. 모든 위대한 성취는 한 순간의 결단에서 시작된다."

힐은 인생의 중요한 결단은 짧은 순간에 내려지지만, 그 선택의 결과가 인생의 방향과 성공을 결정짓는 데 얼마나 큰 영향을 미치는지, 그리고 성공과 실패를 가르는 핵심 요소가 바로 선택의 순간에 있다고 강조했다.

에크하르트 톨레 "매 순간의 선택"

의미: 우리의 삶은 크고 작은 선택들이 모여 만들어지는 과정.
출처: 에크하르트 톨레의 저서 〈지금 이 순간을 살아라〉.

독일 출신의 영적 지도자 에크하르트 톨레는 현대인들이 현재의 순간과 자신을 연결하며, 더 깊이 있는 삶을 살 수 있도록 돕는 가르침으로 유명하다. 그는 삶을 단순한 흐름이 아니라, 선택으로 구성된 과정으로 바라보았다.

"삶의 모든 순간은 선택의 연속이다. 현재의 순간에 어떤 생각과 태도를 선택하느냐가 당신의 삶의 방향을 결정한다."

톨레는 이 말을 통해 우리의 삶이 크고 작은 결정들로 구성되어 있으며, 매 순간 우리가 내리는 선택이 우리의 미래를 만들어간다고 강조했다. 그는 순간의 선택이 단순히 외적인 행동뿐만 아니라, 우리의 내면 상태와 태도에서도 이루어진다고 설명했다.

라빈드라나트 타고르 "순간 속의 영원"

의미: 현재의 순간이야말로 영원의 본질을 담고 있다.
출처: 라빈드라나트 타고르의 시집 〈기탄잘리(Gitanjali)〉.

인도의 시인이자 철학자였던 라빈드라나트 타고르는 동양적 사유와 서양적 문학 기법을 결합하여 삶의 본질을 탐구했다. 그는 순간의 아름다움 속에서 우주의 영원을 발견하고, 그 경험을 시와 음악으로 표현했다.

"순간이 곧 영원이다. 한 줄기 빛이 내게 다가올 때, 나는 그 빛 속에서 우주의 영혼을 본다."

타고르는 이 말을 통해 우리가 경험하는 매 순간이 영원과 연결되어 있음을 강조했다. 순간은 단순히 시간의 흐름 중 하나가 아니라, 영원이라는 무한의 본질이 압축된 작은 조각이라는 것이다. 그는 순간 속에서 깊은 의미를 발견하고, 그것이 삶의 진정한 가치라고 보았다. 그의 시 〈기탄잘리〉에서는 순간의 경험이 어떻게 우주적 의미와 연결되는지를 아름답게 묘사한다.

마르셀 프루스트 "기억은 시간을 초월한다"

의미: 기억은 시간을 뛰어넘어 과거의 순간을 현재로 소환하는 능력을 가진다.
출처: 마르셀 프루스트의 소설 〈잃어버린 시간을 찾아서〉.

20세기, 프랑스 문학을 대표하는 작가 마르셀 프루스트는 그의 방대한 소설 〈잃어버린 시간을 찾아서〉에서 시간, 기억, 그리고 인간의 본질을 탐구했다. 그의 작품은 사소한 기억의 조각들이 어떻게 우리를 과거로 데려가며, 그 안에서 영원성을 발견할 수 있는지를 섬세하게 그려낸다.

"기억은 우리가 시간을 초월하도록 만든다. 기억은 단순한 회상이 아니라, 과거의 순간을 현재 속에서 다시 살아내는 과정이다."

프루스트는 이 말을 통해 기억이 단순히 과거를 회상하는 것이 아니라, 그 순간의 감정과 경험을 현재로 불러와 재창조할 수 있는 힘을 가지고 있음을 강조했다. 그는 기억이 시간의 제약을 뛰어넘어, 인간에게 영원성을 경험하게 하는 매개체라고 보았다. 〈잃어버린 시간을 찾아서〉에서 주인공이 마들렌을 먹으며 과거의 기억 속으로 빠져드는 장면은 프루스트의 철학을 상징적으로 보여준다.

C. S. 루이스 "인간의 가장 소중한 재산"

의미: 기억은 인간의 가장 중요한 재산으로, 삶의 경험과 감정을 보존하는 수단이다.
출처: C.S. 루이스의 철학적 에세이와 저서 〈순전한 기독교〉.

20세기, 영국의 작가이자 신학자였던 클라이브 스테이플스 루이스는 인간의 내면과 영성에 대한 깊은 통찰로 독자들에게 감동을 주었다. 그는 기억이 단순한 과거의 흔적이 아니라, 우리의 정체성을 형성하고 삶의 가치를 되새기는 가장 중요한 자산이라고 강조했다.

"인간의 진정한 자산은 기억이다. 기억은 우리가 삶의 진정한 의미를 이해하고, 현재를 풍요롭게 살아가는 지혜를 준다."

루이스는 기억이 단지 과거를 기록하는 기능이 아니라, 우리의 삶과 경험을 연결하고, 인간 존재의 깊이를 더하는 도구라고 설명했다. 그는 우리가 기억을 통해 사랑, 고통, 희망 같은 감정들을 다시 경험하며, 이를 통해 성장한다고 보았다.

라빈드라나트 타고르 "삶의 화폭에 그려진 예술"

의미: 기억은 우리의 감정과 경험을 담아내는 작품이다.
출처: 라빈드라나트 타고르의 시집 〈기탄잘리〉와 그의 철학적 에세이.

20세기 초, 인도의 시인이자 철학자인 라빈드라나트 타고르는 기억을 단순한 과거의 흔적이 아닌, 삶을 창조하는 예술적 도구로 바라보았다. 그는 삶의 순간들이 기억을 통해 화폭에 그림처럼 그려지며, 각자의 고유한 작품이 된다고 믿었다.

"기억은 삶의 화폭에 그려진 예술이다. 모든 기억은 빛과 그림자로 이루어진 그림과 같아, 우리의 영혼 속에서 새롭게 그려진다."

타고르는 이 말을 통해 인간의 기억이 우리의 감정과 경험을 예술로 승화시킨다고 설명했다. 그는 기억이 단순히 지나간 시간을 저장하는 것이 아니라, 삶의 의미를 담아내고 그것을 되새기게 하는 창조적 과정이라고 보았다. 그의 시 〈기탄잘리〉에서는 자연의 작은 순간과 감정의 흔적들이 기억 속에서 되살아나는 모습을 자주 묘사한다.

루이스 부뉴엘 "잊혀진 기억의 힘"

의미: 선택적으로 잊어버린 기억이 결국 우리를 형성한다.
출처: 영화감독 루이스 부뉴엘의 자서전 〈내 마지막 한숨(My Last Sigh)〉.

20세기, 초현실주의 영화의 거장. 스페인의 영화감독이자 예술가였던 루이스 부뉴엘은 인간의 무의식과 기억의 작동 방식을 탐구했다. 그의 작품은 종종 꿈과 현실, 기억과 망각이 뒤섞인 독특한 내러티브로 구성되었다. 그는 기억뿐 아니라 망각의 과정도 인간 존재에 중요한 영향을 미친다고 보았다.

"우리가 잊어버리기를 선택하는 것들이 결국 우리를 형성한다."

부뉴엘은 이 말을 통해 잊는다는 행위가 단순히 기억을 지우는 것이 아니라, 선택적으로 삶의 일부를 받아들이고 거부하는 과정이라고 설명했다. 그는 망각이 우리의 정신과 정체성을 재구성하는 중요한 도구라고 주장했다. 그의 영화 〈부르주아의 은밀한 매력〉에서는 등장인물들이 현실과 환상, 그리고 자신들이 억압하거나 잊으려 한 기억 속에서 혼란을 겪는다.

라모트 "붙잡으며 떠나 보내는 것"

의미: 기억은 과거를 수용함과 동시에 그 순간의 의미와 가치를 마음에 담는 방식.
출처: 작가 앤 라모트의 에세이 〈쓰기의 감각(Bird by Bird)〉.

미국의 작가이자 에세이스트 앤 라모트는 삶의 고난과 희망을 깊이 탐구하며, 우리를 인간답게 만드는 감정과 경험을 섬세하게 묘사했다. 그녀는 기억을 단순히 과거의 기록이 아니라, 그 순간의 본질을 간직하며 동시에 놓아주는 행위로 보았다.

"기억은 과거를 떠나 보내면서도 붙잡는 우리의 방식이다."

라모트는 기억이란 과거의 상처와 기쁨을 인정하며, 그 감정을 현재로 가져와 우리의 삶을 풍요롭게 하는 과정이라고 설명했다. 그녀는 우리가 기억을 통해 과거를 정리하면서도, 그로부터 교훈과 의미를 계속 가져올 수 있다고 믿었다. 그녀의 에세이에서는 자신의 경험과 가족, 사랑, 상실에 대한 기억을 반추하며, 그 기억들이 어떻게 그녀를 성장시키고 변화시켰는지를 보여준다.

엘리자베스 비숍 "위대한 인간의 능력"

의미: 잊지 않고 기억하는 능력은 인간의 가진 가장 특별한 능력 중 하나.
출처: 미국의 시인 엘리자베스 비숍의 시와 에세이.

20세기, 미국의 대표적인 시인이었던 엘리자베스 비숍은 섬세한 감각과 기억을 통해 삶의 순간들을 시로 담아냈다. 그녀는 기억이 단순한 회상이 아니라, 인간이 경험과 감정을 보존하고 삶의 의미를 발견하는 특별한 능력이라고 강조했다.

"잊지 않는 것은 인간이 가진 가장 위대한 능력 중 하나다. 기억은 우리가 잃어버린 것들을 잊지 않도록 하며, 동시에 그것을 현재 속에서 살아 있게 한다."

비숍은 기억이 인간의 정체성과 연결되어 있음을 강조했다. 기억은 우리를 과거와 연결시키고, 사랑과 상실, 희망과 고통을 간직함으로써 인간다움을 유지하게 한다고 믿었다. 그녀의 대표작 〈기초적인 질문(The Art of Losing)〉에서는 기억과 상실의 역설적 관계를 탐구한다.

루이스 칸 "삶을 담는 그릇"

의미: 공간은 단순한 건축물이 아니라, 인간의 삶과 감정을 담아내는 그릇과 같다.
출처: 루이스 칸의 강연과 저서 〈침묵과 빛 사이(Between Silence and Light)〉.

20세기, 건축의 거장 루이스 칸은 건축을 단순한 형태나 구조를 넘어, 인간의 삶과 연결된 예술로 바라보았다. 그의 건축 철학은 공간이란 사람들이 살아가며 경험과 이야기를 담아내는 그릇과 같다는 깊은 통찰에서 출발했다.

"공간은 우리의 삶을 담아내는 그릇이다. 공간은 우리가 어떤 환경에서 무엇을 경험하느냐에 따라 완성된다."

칸은 공간이 단지 물리적 환경이 아니라, 인간의 정체성과 경험을 담는 중요한 요소라고 설명했다. 그는 건축이 인간의 감정과 활동을 담아내며, 그것을 통해 공간이 진정한 의미를 가진다고 보았다. 그의 대표작인 〈킴벨 미술관〉에서는 자연광과 구조적 질서가 조화를 이루어, 방문객들이 예술을 경험하는 순간을 풍요롭게 만들어준다.

미스 반 데어 로에 "가능성의 캔버스"

의미: 공간은 비어 있는 상태가 아니라, 창조와 변화를 위한 무한한 가능성을 품고 있다.
출처: 건축가 미스 반 데어 로에의 건축 철학과 강연.

20세기, 현대 건축의 거장 미스 반 데어 로에는 '적을수록 더 좋다.'는 미니멀리즘 철학으로 유명하다. 그의 디자인은 단순함 속에서 공간이 가진 잠재력과 가능성을 강조하며, 사람들이 그 안에서 창조적인 방식으로 살아가도록 격려했다.

"공간은 단순한 비어 있음이 아니라, 가능성으로 가득 차 있는 것이다."

미스는 공간은 단순히 물리적으로 비어 있는 상태가 아니라, 그것이 어떻게 사용되고 경험되느냐에 따라 무한한 가능성을 제공한다고 설명했다. 그는 공간의 본질을 최대한 단순화하면서도, 그 속에서 인간이 자유롭게 상상하고 창조할 수 있는 여지를 남겼다. 그의 대표작인 〈바르셀로나 파빌리온〉에서는 간결한 구조와 열린 공간이 조화를 이루며, 사람들에게 건축의 아름다움과 자유로움을 동시에 느끼게 한다.

이토 토요오 "존재와 관계의 매개체"

의미: 공간은 단순한 물리적 장소가 아닌, 우리의 존재와 관계를 형성하는 핵심 요소.
출처: 건축가 이토 토요오의 강연과 건축 철학.

21세기, 현대 건축의 선구자 이토 토요오는 유연하고 창의적인 공간 설계를 통해 인간과 환경의 조화를 탐구했다. 그는 공간이 단지 물리적인 구조물이 아니라, 인간의 존재 방식을 형성하고, 사람과 사람, 그리고 자연과 연결을 가능하게 하는 매개체라고 강조했다.

"공간은 우리가 존재하는 방식과 관계를 맺는 중요한 매개체다."

이토는 이 말을 통해 건축과 공간이 단순히 물리적 장소를 제공하는 것이 아니라, 우리의 삶과 감정, 그리고 다른 존재들과의 상호작용에 깊이 영향을 미친다고 설명했다. 그는 공간이 삶의 질을 결정하고, 사회적 관계를 형성하며, 자연과 공존할 수 있는 환경을 만들어간다고 강조했다. 그의 대표작인 〈센다이 미디어테크〉는 투명성과 개방성을 강조하며, 사람들이 소통하고 협력할 수 있는 공간으로 설계되었다.

피타고라스 "질서와 조화 속의 아름다움"

의미: 공간의 아름다움은 무질서가 아닌 조화로운 구조와 질서 속에서 발견된다.
출처: 철학자이자 수학자 피타고라스의 철학과 수학적 원리.

기원전 6세기, 그리스 철학자이자 수학자인 피타고라스는 세상의 모든 것이 수와 비율을 통해 설명될 수 있다고 믿었다. 그는 조화로운 비율과 질서가 자연뿐만 아니라 공간과 예술에서도 아름다움을 형성하는 근본 원리라고 주장했다.

"아름다움은 공간의 질서와 조화 속에서 발견된다. 공간은 그 안에 숨어 있는 질서와 조화를 통해 우리의 감각을 풍요롭게 한다."

피타고라스는 혼란스럽고 무질서한 것보다 균형과 조화를 이루는 공간에서 진정한 아름다움을 발견할 수 있다고 강조했다. 그는 황금비율과 같은 수학적 비율이 자연과 건축, 예술에서 아름다움을 창출하는 핵심이라고 보았다. 그의 철학은 고대 그리스의 건축물에 영향을 미쳤다. 〈파르테논 신전〉의 설계는 피타고라스가 강조한 비율과 대칭을 바탕으로 만들어졌으며, 이로 인해 공간이 가진 고유의 아름다움이 완성되었다.

레오나르도 다 빈치 "감정을 담는 그릇"

의미: 공간은 단순히 건축적 요소가 아니라, 인간의 감정과 경험을 담아내는 역할.
출처: 레오나르도 다 빈치의 예술과 과학적 철학에서 영감을 얻은 표현.

르네상스 시대의 천재 예술가이자 과학자인 레오나르도 다 빈치는 건축과 공간을 단순히 물리적 구조물로 보지 않았다. 그는 공간이 사람들의 감정과 경험을 담아내는 그릇이며, 이를 통해 삶과 예술이 서로 교감한다고 믿었다.

"공간은 단지 건축의 일부가 아니라, 인간의 감정을 담는 그릇이다. 공간은 사람들의 마음을 담는 곳이며, 그 안에서 삶의 이야기가 형성된다."

그는 이 말을 통해 공간이 물리적 한계를 넘어, 사람들에게 심리적이고 감정적인 영향을 미치는 중요한 요소라고 설명했다. 그는 공간이 조화와 아름다움을 통해 사람들에게 안식과 영감을 제공해야 한다고 강조했다. 그의 설계 도면과 스케치를 보면, 건축물 하나하나가 단순한 기능적 요소를 넘어, 사람들의 감각과 감정을 자극하도록 정교하게 설계되었음을 알 수 있다.

알버트 아인슈타인 "공간과 시간의 상호작용"

의미: 공간은 시간의 흔적과 흐름을 담아내며, 시간은 공간에 의미를 부여하는 요소.
출처: 알버트 아인슈타인의 상대성 이론과 철학적 통찰.

20세기, 물리학의 혁명을 이끈 아인슈타인은 시간과 공간의 개념을 새로운 차원으로 확장했다. 그의 일반 상대성 이론은 시간과 공간이 독립적인 것이 아니라, 서로 상호작용하며 우주를 구성한다는 사실을 밝혀냈다. 나아가 그는 이 과학적 원리를 철학적이고 인간적인 관점에서도 해석했다.

"공간은 시간을 담고, 시간은 공간을 의미 있게 만든다. 시간과 공간은 우리가 살아가는 무대이자, 우리의 이야기를 담는 그릇이다."

아인슈타인은 공간과 시간은 물리적 현상일 뿐 아니라, 인간의 경험과 삶의 이야기를 형성하는 본질적인 요소라고 설명했다. 그는 공간은 시간의 흔적을 간직하며, 그 속에서 인간의 삶이 기록된다고 보았다. 또한, 시간이 흘러가며 공간은 새로운 의미와 가치를 얻게 된다고 역설했다.

헤르만 민코프스키 "시간과 공간의 정의"

의미: 시간은 흐르는 개념이 아니다. 공간과 결합해 우주를 구성하는 네 번째 차원.
출처: 헤르만 민코프스키의 1908년 강연 〈공간과 시간〉.

20세기 초, 독일의 수학자 헤르만 민코프스키는 아인슈타인의 특수 상대성 이론을 수학적으로 정교하게 발전시키며, 시간과 공간이 독립적인 개념이 아니라는 혁신적인 주장을 제시했다. 그는 시간과 공간을 통합한 '시공간' 개념을 통해 우주를 이해하는 새로운 시각을 열었다.

> "시간은 네 번째 차원이며, 그것이 공간과 융합될 때 우주를 정의한다. 시간과 공간은 서로 분리될 수 없다. 그것들은 하나의 통합된 실체로 우주를 구성하는 기본적인 틀이다."

민코프스키는 시간과 공간이 각각 독립적으로 작용하지 않고, 서로 긴밀하게 연결되어 있음을 강조했다. 그는 3차원의 공간에 시간이라는 네 번째 차원을 더해 시공간이라는 개념을 창조했다. 이를 통해 우주에서 물체의 운동과 중력을 설명하는 새로운 수학적 틀을 제시했다.

스티븐 호킹 "우주의 비밀을 여는 열쇠"

의미: 차원은 공간 정의를 넘어 우주의 본질과 구조를 이해하는 근본.
출처: 스티븐 호킹의 저서 〈시간의 역사〉와 강연.

20세기 후반, 이론물리학의 선구자인 스티븐 호킹은 블랙홀, 우주론, 차원 이론을 통해 인간의 우주에 대한 이해를 혁신적으로 확장했다. 그는 차원이란 물리적 공간의 설명에 그치는 것이 아니라, 우주의 근본 구조를 파악하는 데 필요한 열쇠라고 주장했다.

> "차원은 단지 공간을 설명하는 도구가 아니라, 우주를 이해하는 열쇠다. 우리가 상상할 수 없는 차원에서 우주의 진정한 비밀이 숨겨져 있을 수 있다."

호킹은 차원이란 우리가 인지하는 3차원 세계를 넘어, 시간, 중력, 에너지와 같은 요소들과 긴밀히 연결된 개념임을 설명했다. 그는 고차원 세계의 가능성을 탐구함으로써 우주의 작동 방식을 더 깊이 이해할 수 있다고 보았다.

인명찾기

A~Z

C.S. 루이스 076, 469
F. 스콧 피츠제럴드 434
J.R.R. 톨킨 076, 079
L. P. 하틀리 455

ㄱ~ㄷ

가브리엘라 미스트랄 141
갈릴레오 갈릴레이 137, 365, 371
고드프리 해럴드 하디 161
공자 146, 176, 210, 216, 221, 407
구스타프 말러 061
그로 할렘 브룬틀란 137, 150
글로리아 스타이넘 259
김대중 186, 294, 341, 347
나딘 스테어 435
나폴레온 힐 127, 360, 431, 467
나폴레옹 보나파르트 122, 124, 180
넬레 하퍼 리 290
넬슨 만델라 088, 104, 229, 293, 303, 314, 320
노먼 빈센트 필 403
노무현 301
노버트 위너 385
노자 133, 225, 318
니콜라스 카 067, 383
니콜라스 코페르니쿠스 382
닉 보스트롬 391
닐 드그래스 타이슨 391, 364, 370
닐스 보어 368, 380
닐 암스트롱 465
다니엘 데닛 376
다니엘 카너먼 154
다니엘 핑크 398
다비드 에밀 뒤르켐 240, 252
달라이 라마 018, 192, 306, 457
데모크리토스 378
데미스 허사비스 392
데스몬드 투투 016, 193, 230, 250
데이비드 매멧 056
데이비드 봄 382
데이비드 서튼 132
데이비드 아텐버러 138
데이비드 흄 215
도미닉 라브 311
도스토옙스키 201
동경대전 176
디에고 리베라 082
디팩 초프라 272
딜런 토마스 166

ㄹ~ㅁ

라마누자 087
라모트 471
라비아 바실리 032
라빈드라나트 타고르 042, 201, 237, 468, 470
라이너 마리아 릴케 181, 236
라이트 형제 110
랄프 왈도 에머슨 224, 227, 114, 146, 189, 414
레너드 번스타인 020
레오나르도 다 빈치 049, 474
레이 달리오 361
레이 커즈와일 390
레이첼 카슨 134, 138, 140
레이첼 코리 168
레지나 브렛 197
레프 톨스토이 072, 083, 161, 292, 303, 447, 451, 459
레프 트로츠키 337, 338
로버트 루이스 스티븐슨 074
로버트 브라우닝 278
로버트 콜리어 283
로버트 키요사키 359
로사 파크스 022
로알 아문센 097
로이스 맥마스터 부욜 447
로자 룩셈부르크 271
로자 파크스 105
로자리오 베르니 114
루스 베네딕트 039
루시 켈러웨이 174
루이 암스트롱 052
루이 엑토르 베를리오즈 453
루이 파스퇴르 103
루이스 부뉴엘 470
루이스 칸 472
루이스 헤이 030
루이자 메이 올컷 081, 406, 418
루이즈 빌몬드 154
루키우스 안나이우스 세네카 059, 149, 450
루트비히 판 베토벤 082
르네 데카르트 206, 213
리드 헤이스팅스 397
리처드 도킨스 195, 219, 374
리처드 로어 403
리처드 바크 445
리처드 브랜슨 443, 452
리처드 테일러 235
리처드 파인만 120, 362, 373, 377, 379
리하르트 니콜라이 338
린든 B. 존슨 296
릴리안 가시 092
마가렛 대처 126, 305, 317
마거릿 미드 020

마거릿 울프 헌터   057
마더 테레사   017, 069, 170, 289, 292
마르셀 뒤샹   047
마르셀 프루스트   041, 469
마르코 폴로   028
마르쿠스 아우렐리우스   018, 123, 157, 232, 269, 460
마르쿠스 툴리우스 키케로   011, 302
마르틴 부버   088
마르틴 하이데거   218
마리 앙투아네트   026
마리 퀴리   363
마리안느와 마가렛   071
마리야 하르도프스카야   033
마릴린 먼로   010
마사 그레이엄   054
마사 페이퍼   150
마셜 매클루언   064
마야 린   167
마야 안젤루   010, 018, 106, 116, 290
마이모니데스   036
마이클 패러데이   110
마크 저커버그   096, 396
마크 트웨인   078, 199, 277, 349
마틴 루이스 킹 3세   196
마틴 루터 킹 주니어   015, 089, 093, 171, 273, 287, 307, 408, 417
마하트마 간디   039, 090, 124, 164, 192, 228, 242, 347, 270, 279, 316, 413, 461
막스 플랑크   380
말랄라 유사프자이   025, 184, 275
말콤 X   461
말콤 포브스   013
맥스 플랑크   368
맹자   211, 217

멜로디 비티   029
미스 반 데어 로에   472
미하일 바쿠닌   129
밀턴 프리드먼   327, 336, 345

ㅂ~ㅅ

바루흐 스피노자   235
바츨라프 하벨   248
밥 딜런   051
백남준   052
밴자민 디즈레일리   041
버락 오바마   244, 274, 300, 321, 326
버지니아 울프   050
버턴 말킬   359
버트런드 러셀   157, 198, 331, 343
벤저민 그레이엄   356
벤저민 디즈레일리   241, 251, 256, 415, 459
벤저민 프랭클린   029, 068, 079, 446
벨 훅스   178
보브 고프   029
볼테르   194, 223, 355
브라이언 트레이시   463
브레네 브라운   172, 198, 264, 419
브렌다 패터슨   417
브루스 리   424
블라디미르 레닌   332
블레즈 파스칼   153, 252
빅터 위고   190
빅터 프랭클   123, 413, 418, 428, 433, 437
빅터 휴고   428
빅토르 위고   069, 092
빈센트 반 고흐   432
빈스 롬바르디   436, 438
빌 게이츠   354, 395, 441

빌 클린턴   299
빌 키년   448
빌리 그레이엄   282
사무엘 존슨   405
사이먼 시넥   021
사티아 나델라   391
샘 알트만   392
샤론 살즈버그   263
샤를 드 몽테스키외   254
샤를 보들레르   410
성철   239
세르게이 브린   397
세르반테스   073
세르비아 속담   160
세스 고딘   389
세이노   165, 434
세종대왕   017, 113
셰릴 샌드버그   316
소크라테스   075, 191, 207, 213, 231, 236, 269, 288, 448
소포클레스   446
소피아 톨스토이   073
손자   310
솔론   348
수잔 B. 앤서니   257
스베틀라나 알렉시예비치   086
스테파니 포스텔   186
스티브 잡스   113, 355, 387, 394, 422, 439
스티븐 코비   265, 272, 438, 442
스티븐 호킹   202, 204, 366, 370, 381, 475
스페인 속담   094
시몬 드 코부아르   153, 177, 293
시몬 볼리바르   028, 189
시어도어 루스벨트   182, 322, 432
신해철   426

ㅇ~ㅈ

아녜스 콜린스 163
아놀드 슈워제네거 100
아담 그랜트 175
아룬다티 로이 203
아르투어 쇼펜하우어 210, 275
아서 C. 클라크 373
아르투어 슈니츨러 281
아리스토텔레스 019, 057, 078, 121, 135, 190, 216, 243, 245, 250, 268
아마르티아 센 314
아만다 고먼 174
아멜리아 이어하트 105
아비지트 배너지 173, 202
아이작 뉴턴 366, 372, 381
안중근 034, 169, 288
안토니오 가우디 044, 136
안토니오 구테흐스 310
안토니오 그람시 346
안토니오 마차도 098
알도 레오폴드 135
알랭 드 보통 178, 406
알레한드로 잉아리투 169
알렉산더 그레이엄 벨 399
알렉산더 대왕 125
알렉산더 솔제니친 335
알렉산더 포프 402
알렉산더 폰 훔볼트 136, 139, 145
알렉산더 해밀턴 277
알렉산드르 메를루 083
알렉산드르 푸쉬킨 075, 400
알렉시스 드 토크빌 067, 183, 326, 340, 330
알버트 스미스 099
알버트 아인슈타인 049, 112, 152, 158, 342, 362, 371, 379, 440, 450, 474,
알베르 카뮈 093, 200, 444

알버스 슈바이처 031, 145, 291
알프레드 드 수자 466
앙드레 지드 095, 234, 238
앙리 푸앵카레 383
앙투안 드 생텍쥐페리 191, 401
앙투안 라부아지에 141
애나 핑크 142
애덤 스미스 347
앤 라모트 152, 419, 430
앤 프랭크 408, 426
앤드류 카네기 035, 320, 325, 360
앤디 워홀 354
앨런 왓츠 352
앨런 케이 464
앨런 튜링 386, 389
앨빈 토플러 064, 385
어니스트 헤밍웨이 103, 151
에드가 드가 058
에드먼드 버크 062, 270, 297, 309, 407
에드먼드 힐러리 100
에드워드 G. 로빈슨 404
에드워드 기번 179
에드워드 애비 134
에드워드 에버렛 헤일 091
에드워드 윌슨 140, 220
에드워드 텔러 166
에드윈 허블 121, 372
에리히 마리아 레마르크 159
에리히 셀리그만 프롬 230
에리히 프롬 066, 080, 171, 238, 263, 400, 428, 432, 438
에머슨 이글스 177
에밀 졸라 083
에밀리 디킨슨 402, 465
에밀리 브론테 070

에밀리아 어윈 109
에이다 러브레이스 367
에이브러햄 링컨 170, 188, 247, 285, 304, 307, 309, 312, 317, 411
에이브럼 노엄 촘스키 346
에크하르트 톨레 012, 239, 455, 461, 468
에피쿠로스 149, 155
에픽테토스 074
엘라 모리스 206
엘런 드제너러스 353
엘리 위젤 251, 453
엘리너 루스벨트 014, 089, 115, 124, 305, 321, 422, 457, 462, 253, 266
엘리자베스 길버트 131
엘리자베스 비숍 471
엘리자베스 콜버트 142
엘리자베스 프라이 167
엠마 라자러스 168
엠마 톰슨 262
오귀스트 로댕 082
오노레 드 발자크 072, 219
오드리 로드 188, 205
오드리 헵번 068
오손 웰스 128
오스카 쉰들러 013, 031
오스카 와일드 047, 077, 081, 091, 156, 284, 343, 349, 418, 430, 467
오토 폰 비스마르크 294
오프라 윈프리 116, 414, 421
와리스 디리 185
왕가리 마타이 139
왕건 026
요한 볼프강 폰 괴테 037, 038, 050, 061, 062, 449
워렌 버핏 350, 356
워실리 칸딘스키 045
원효 212

월터 리프먼 298

월트 디즈니 424

윈스턴 처칠 035, 101, 313, 319, 327, 334, 339, 344, 412, 439, 454

윌리엄 A. 워드 412

윌리엄 노드하우스 144

윌리엄 서머셋 모음 063

윌리엄 셰익스피어 053, 095, 126, 180, 405, 458

윌리엄 제임스 260

윌리엄 조지프 워드 085

윌리엄 헌틀리 096

유관순 025

유대인의 속담 036

유리 가가린 104

유발 하라리 196, 376

유진 V. 데브스 160, 342

윤봉길 033

율리우스 카이사르 127

이디스 워튼 070

이마누엘 칸트 060, 185, 207, 214, 226, 246

이본 크로포드 162

이봉창 022, 034

이비드 애튼버러 154

이사도라 덩컨 042

이사벨 아옌데 040

이사벨 알렌데 197

이사벨 윌커슨 183

이사벨라 버드 032

이사벨라 트리 143

이순신 024

이승환 409

이토 토요오 473

이황 233

일론 머스크 390

자크 엘륄 384

장 르네 페리노 117

장 앙리 파브르 118

장 자크 루소 147, 209, 215, 228, 256, 267

장 폴 사르트르 066, 351, 425

장기려 016

장바티스트 콜베르 024

장영실 369

장자 211, 224

장폴 사르트르 283

잭 웰치 441

잭슨 폴록 044, 377

정약용 217

제인 애덤스 243

제임스 매디슨 340

제임스 와트 398

제임스 카메론 384

제임스 프리먼 클라크 299

제프 베조스 396

제프 포스터 237

조 지라드 444

조르당 아모리스 023

조르주 브라크 046

조르주 퐁피두 085

조셉 베르나르 011

조셉 캠벨 273

조안 디디온 221

조앤 K. 롤링 030, 115

조앤 디디온 420, 429

조지 버나드 쇼 126, 260, 351, 427

조지 산타야나 179, 454

조지 소로스 358

조지 오웰 165, 291, 333, 345, 352

조지 워싱턴 158, 278

조지 해버트 131

조지프 리스터 111

조지프 스티글리츠 323, 328, 387

조지프 캠벨 233, 466

존 A. 셰드 108

존 C. 맥스웰 285, 315

존 C. 보글 361

존 F. 케네디 027, 159, 261, 276, 313, 318, 334, 416, 456

존 달버그 액턴 301

존 듀이 244

존 러스킨 350

존 로크 266, 302

존 롤스 248, 255, 270, 274, 325

존 맥스웰 415, 422, 456

존 메이너드 케인스 323

존 뮤어 132

존 밀턴 300, 463

존 스튜어트 밀 246, 261, 322

존 애덤스 298, 308, 341

존 오도나휴 420, 429

존 퀸시 애덤스 319

존 키츠 358

존 템플턴 357

주역 175

지그문트 바우만 065

짐 그레이 388

짐 론 101, 107, 130

ㅊ~ㅌ

찰리 멍거 358

찰리 채플린 410

찰스 다윈 021, 151, 364, 374

찰스 디킨스 416

찰스 부코스키 051

찰스 커터링 464

채근담 443

천상병 148

카를로스 슬림 264

카미유 클로델 082

칼 마르크스 181, 193, 245,

258, 276, 331
칼 세이건 121, 199, 209, 363, 369, 386
칼 융 267, 282, 404, 437
칼 폰 클라우제비츠 162
코코 샤넬 442
콘스탄틴 스탠니슬랍스키 054
크리스토퍼 히친스 222
크리스티안 보벵 205
크리스티앙 랑 163
크리스틴 해나 458
클라라 에델만 143
클라렌스 대로우 306
클라리사 핑콜라 에스테스 220
클라우제비츠 294
클라이브 스테이플스 루이스 109
클로드 모네 045
클로드 섀넌 388
클로이 스왑 144
타라 브랙 172, 195, 203, 204
탈무드 409
테레제 말파트리 082
토니 로빈스 099, 421
토마 피케티 329
토마스 만 076, 122
토마스 머튼 080
토마스 소웰 336
토마스 아퀴나스 225
토마스 제퍼슨 289
토머스 H. 헉슬리 249
토머스 브래들리 436
토머스 스턴스 엘리엇 098
토머스 에드워드 로렌스 027
토머스 에디슨 077, 117, 399, 423, 451, 187, 254, 257
토머스 제퍼슨 304, 315, 182
토머스 칼라일

토머스 피케티 324
토머스 헉슬리 375
톰 랜드리 130
틱낫한 184

ㅍ~ㅎ

파블로 네루다 086
파블로 피카소 043, 048, 227
파울로 코엘료 108, 423, 427
퍼디낸드 마젤란 102
펠리페 피네로 119
폴 로브슨 085
폴 칼라니티 148
프란치스코 교황 194
프랑수아 드 라 로슈푸코 156
프랜시스 베이컨 012, 119, 222
프랜시스 후쿠야마 173
프랭클린 D. 루스벨트 240, 262, 280, 296, 312, 329, 339, 324
프레더릭 더글라스 112
프레데리코 펠리니 038
프리다 칼로 014, 033, 043, 082
프리드리히 니체 060, 087, 092, 102, 111, 128, 147, 155, 200, 208, 214, 218, 226, 229, 231, 253, 268, 280, 353, 411, 425, 431
프리드리히 슐레겔 284
프리드리히 실러 071
프리드리히 엥겔스 332
프리드리히 하이에크 328, 335, 344
프리체 433
프리츠 랑 046
플라톤 059, 075, 234, 265
플루타르코스 056
피나 바우쉬 055
피니어스 테일러 바넘 055

피타고라스 473
피터 드러커 022, 084, 249, 255, 394, 463
피터 린치 357
피터 메다워 378
하워드 카터 118
한강 106
한나 아렌트 065, 208, 232
한스 크리스티안 안데르센 053, 084
해리 S. 트루먼 279
해리엇 비처 스토 258
해리엇 터브먼 023
허버트 스펜서 375
허버트 스펜서 개서 435
허버트 조지 웰스 448
헤르만 민코프스키 475
헤르만 헤세 040, 076
헨리 데이비드 소로 133, 223, 266, 287, 330, 449
헨리 루이스 멩켄 308
헨리 몬테피오리 036
헨리 앨프리드 키신저 286
헨리 워드 비처 242
헨리 제임스 063
헨리 키신저 297, 311, 337
헨리 포드 019, 077, 116, 280, 348, 395, 440
헨리 포앙카레 367
헨리 허드슨 097
헬렌 켈러 015, 090, 107, 094, 187, 425
혜능 212
호라티우스 460
호찌민 333
휴이 퍼시 뉴턴 241
힐러리 클린턴 259